성공을 위한 가장 확실한 선택

박문각은 1972년부터의 노하우와 교육에 대한 끊임없는 열정으로 공인중개사 합격의 기준을 제시하며 경매 및 중개실무 연계교육과 합격자 네트워크를 통해 공인중개사 합격자들의 성공을 보장합니다.

### 공인중개사의 시작 박문각

공인중개사 시험이 도입된 제1회부터 제35회 시험까지 수험생들의 합격을 이끌어 온 대한민국 유일의 교육기업입니다.

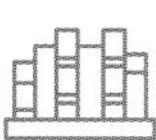

### 오랜시간 축적된 데이터

1회부터 지금까지 축적된 방대한 데이터로 박문각 공인중개사는 빠른 합격 & 최다 합격률을 자랑합니다.

### 업계 최고&최다 교수진 보유

공인중개사 업계 최다 교수진이 최고의 강의로 수험생 여러분의 합격을 위해 끊임없이 연구하고 있습니다.

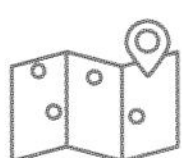

### 전국 학원 수 규모 1위

전국 20여 개 학원을 보유하고 있는 박문각 공인중개사는 업계 최대 규모로서 전국 학원 수 규모 1위 입니다.

박문각 공인중개사

2025 합격 로드맵

합격을 향한 가장 확실한 선택

박문각 공인중개사 수험서 시리즈는 공인중개사 합격을 위한 가장 확실한 선택입니다.

## 01 기초입문

합격을 향해
기초부터 차근차근!

–
기초입문서 총 2권

합격 자신감 UP! **합격지원 플러스 교재**

합격설명서 | 민법판례 | 핵심용어집 | 기출문제해설

## 02 기본이론

기본 개념을
체계적으로 탄탄하게!

–
기본서 총 6권

## 03 필수이론

합격을 향해
저자직강 필수 이론 과정!

–
저자필수서

· 하단의 책 이미지는 실제 이미지와 다를 수 있습니다.

## 04 기출문제풀이

기출문제 풀이로
출제경향 체크!

–

핵심기출문제 총 2권
회차별 기출문제집 총 2권
저자기출문제

| 핵심기출문제 |

| 회차별 기출문제집 |

| 저자기출문제 |

## 05 예상문제풀이

시험에 나오는
모든 문제유형 체크!

–

합격예상문제 총 6권

## 06 핵심마무리

단기간 합격을 위한
핵심만을 정리!

–

핵심요약집 총 2권
파이널 패스 100선

| 핵심요약집 |

| 파이널 패스 100선 |

## 07 실전모의고사

합격을 위한
마지막 실전 완벽 대비!

–

실전모의고사 총 2권
THE LAST 모의고사

| 실전모의고사 |

| THE LAST 모의고사 |

전면개정판 제36회 공인중개사 시험대비
방송대학TV 무료강의 | 첫방송 2025.1.13(월) 오전 7시

# 박문각
# 공인중개사

## 기본서 2차
## 공인중개사법·중개실무

최상준 외 박문각 부동산교육연구소 편

브랜드만족 1위 박문각
근거자료 후면표기

2025

동영상강의
www.pmg.co.kr

합격까지 박문각
**세대교체 혁신 기본서!**

박문각

# 이 책의 머리말

본 교재는 2025년도에 시행되는 제36회 공인중개사 자격시험에 대비한 “공인중개사법령 및 중개실무” 과목의 이론 중심 기본 교재입니다. 본서는 제1편 “공인중개사법”과 제2편 “부동산 거래신고 등에 관한 법률” 및 제3편 “중개실무” 순으로 서술하였습니다.

합격을 위하여 공인중개사법령 및 중개실무 과목은 고득점을 받아야 하는 과목입니다. 최근의 출제경향을 분석해 보았을 때 본 과목의 특성상 단순한 암기 문제는 계속 출제되고 있으나 사례 및 실무 중심의 종합적 사고를 요하는 문제의 비중이 커지고 있으며, 판례와 관련된 문제도 다수 출제되고 있습니다. 그러므로 고득점을 위해서 무엇보다 기본 내용에 충실하되 각 단원별 내용을 종합적으로 묶어 사고할 수 있도록 유기적인 학습을 한다면 본 과목이 2차 과목 중 고득점을 받을 수 있는 효자 과목이 될 것입니다.

이러한 출제경향에 따라 공인중개사법령 및 중개실무 과목의 핵심적인 내용을 좀 더 쉽고 잘 이해할 수 있도록 다음의 내용에 중점을 두어 교재를 집필하였습니다.

01 수험서의 목적에 맞게 최근 출제경향에 맞추어 내용을 충실히 구성하였습니다.

02 법·시행령·시행규칙을 정확히 이해할 수 있도록 상세히 설명하였고 출제 빈도가 높은 관련 서식을 수록하여 입체적으로 공부할 수 있도록 하였습니다.

03 단순 요점 중심이 아닌 서술적·논리적으로 내용을 기술하여 혼자서도 쉽게 이해하고 정리할 수 있도록 하였습니다.

04 본문은 각 제도의 도입 배경과 취지 및 적용에 유의하여 기술하였으며, 관련 조문과 판례·유권해석을 적절히 배치하여 본문 내용을 유기적으로 이해할 수 있도록 하였습니다.

05 출제경향에 맞는 학습이 되도록 중요한 기출문제를 각 단원별 예제로 삽입하여 학습한 내용을 점검하고 이를 통해 학습 능력이 배가되도록 구성하였습니다.

06 반드시 숙지하여야 할 부분은 따로 정리하여 핵심다잡기로 구성하였으며, 중요하고 본질적인 내용을 이해하기 위해서 기본적으로 알아 둘 필요가 있는 부분은 넓혀보기로 표시하여 학습의 효율성을 제고할 수 있도록 하였습니다.

본서로 수험 준비를 하시는 수험생 여러분은 법조문의 명확한 숙지가 합격의 첩경이므로 현행 법령을 충분히 이해 및 소화하고, 교재 내용을 3회 이상 정독하여 기본 내용을 파악한 후 기출문제와 예상문제 등을 풀어보는 것이 효과적이라 하겠습니다.

본서를 통하여 만나는 모든 분들이 소망하는 "합격의 영광"을 단박에 거머쥐시기를 진심으로 기원하며 수험생 여러분의 매사 행운과 건승을 기원합니다.

또한 본서를 집필하는 데 협조해 주신 교수님들과 물심양면으로 많은 도움과 관심을 베풀어 주신 박문각 출판사 임직원 여러분께 충심으로 감사드립니다.

편저자 일동

# 제35회 공인중개사 **시험총평**

## 2024년 제35회 공인중개사 시험
## **"전년도에 비해 난이도가 상승하였다."**

제35회 공인중개사 시험에서 1차 과목인 부동산학개론은 지엽적이고 어려운 문제가 앞부분에 집중 배치되었고 계산문제와 2차 과목의 문제도 다수 출제되어 전년도에 비해 어려웠고, 민법은 예년보다 다소 쉽게 출제되었지만, 최근 판례들을 응용한 문제들이 출제되어 체감 난이도는 전년도와 비슷하였다.
2차 과목은 전반적으로 어려웠으나 부동산세법은 기본개념, 논점 위주로 출제되어 기본서를 바탕으로 꾸준히 학습을 했다면 충분히 합격할 수 있을 난이도였다. 반면 공인중개사법·중개실무, 부동산공법, 부동산공시법령은 고난도 문제와 생소한 유형의 문제가 대거 출제되어 수험생들의 체감 난이도는 예년에 비해 훨씬 높아졌다고 할 수 있다.

제35회 시험의 과목별 출제 경향은 다음과 같다.

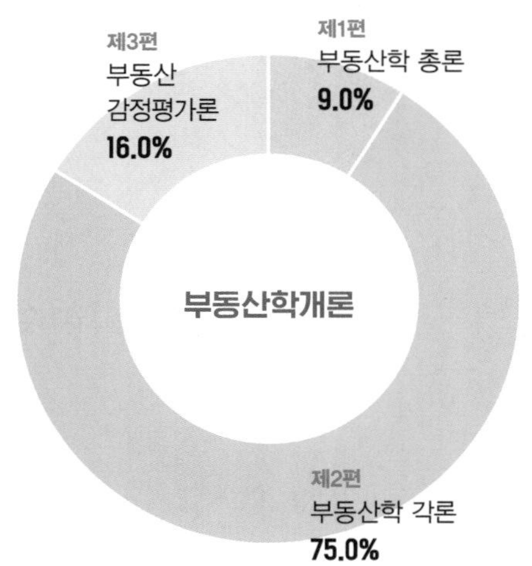


부동산학개론은 계산문제, 2차 과목 문제 등 지엽적이고 어려운 문제가 다수 출제되어 작년보다 어려운 시험이었다.

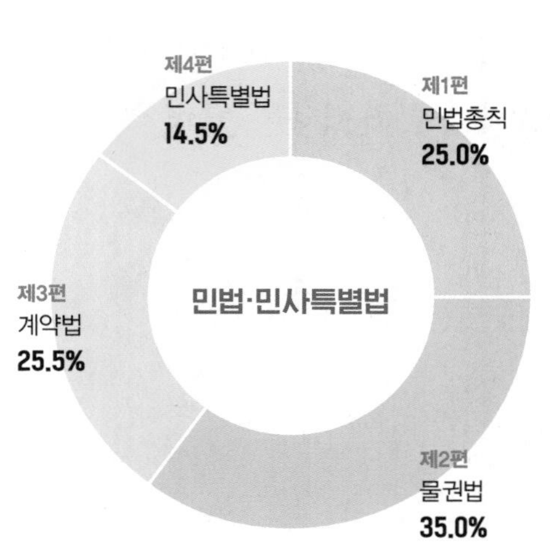


민법·민사특별법은 최근 판례들을 응용한 문제들이 다수 출제되어 체감 난이도가 다소 높았던 시험이었다.

## 2차

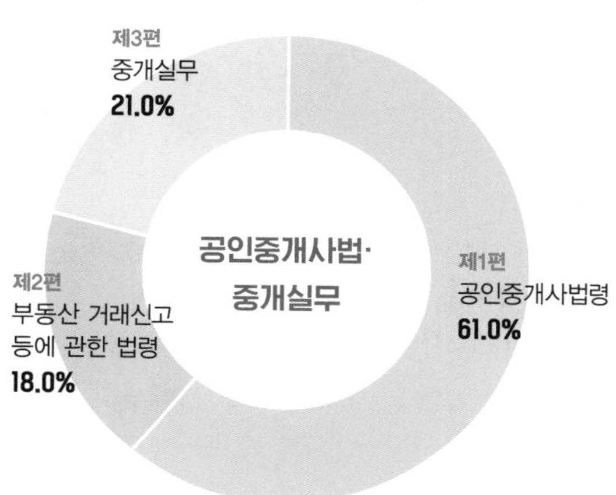


공인중개사법·중개실무는 전반적으로 전년도와 비슷한 난이도로 출제되었으나, 시험범위를 벗어난 문제가 다소 출제되어 체감 난이도가 높아졌다.

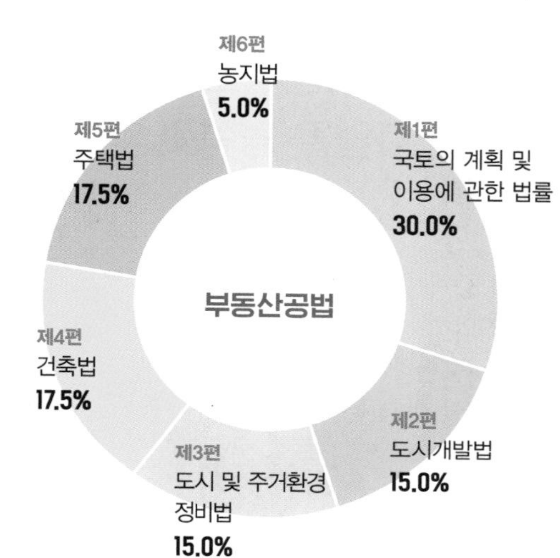


부동산공법은 일부 법률에서 최근 출제된 적 없는 계산문제와 매우 지엽적인 문제가 출제되어 전체적인 난이도가 많이 상승했다.

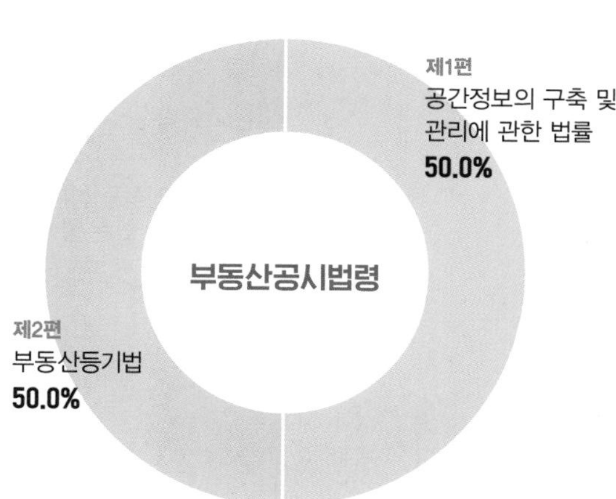


'공간정보관리법'은 몇 문제 외에는 비교적 평이한 난이도를 유지했고, '부동산등기법'은 지금까지 출제된 적 없던 유형의 문제들이 절반 가까이 출제되어 어려웠다.

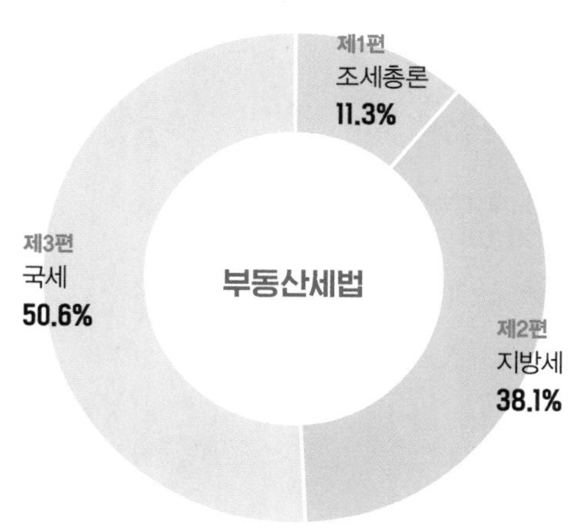


부동산세법은 기본개념을 이해하였는지를 중점적으로 물어보았고 단순 법조문을 묻는 문제, 사례형 문제, 계산문제를 혼합하여 출제하였다.

# 공인중개사 개요 및 전망

"자격증만 따면 소자본만으로 개업할 수 있고
**'나'의 사업을 능력껏 추진할 수 있다."**

공인중개사는 자격증만 따면 개업하고, 적당히 돌아다니기만 해도 적지 않은 수입을 올릴 수 있는 자유직업. 이는 뜬구름 잡듯 공인중개사가 되려는 사람들의 생각인데 천만의 말씀이다. 예전에도 그랬고 지금은 더하지만 공인중개사는 '부동산 전문중개인다워야' 제대로 사업을 유지할 수 있고 괜찮은 소득도 올릴 수 있는 최고의 자유직업이 될 수 있다.

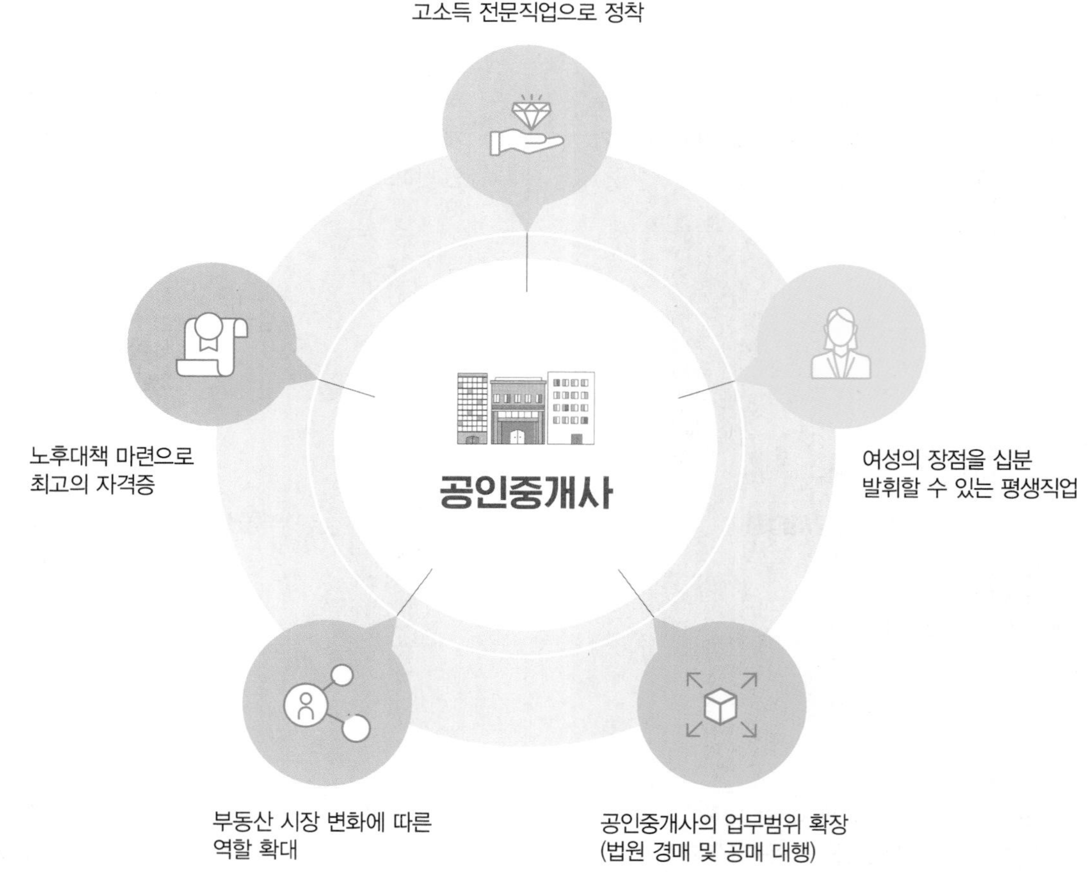

## "자격증 취득하면 무슨 일 할까?"

공인중개사 자격증에 대해 사람들이 가장 많이 궁금해하는 점이 바로 '취득 후 무슨 일을 하나'이다. 하지만 공인중개사 자격증 취득 후 선택할 수 있는 직업군은 생각보다 다양하다.

개업공인중개사로서의 공인중개사 업무는 알선·중개 외에도 중개부동산의 이용이나 개발에 관한 지도 및 상담(부동산컨설팅)업무도 포함된다. 부동산중개 체인점, 주택 및 상가의 분양대행, 부동산의 관리대행, 경매 및 공매대상 부동산 취득의 알선 등 부동산의 전문적 컨설턴트로서 부동산의 구입에서 이용, 개발, 관리까지 폭넓은 업무를 다룰 수 있다.

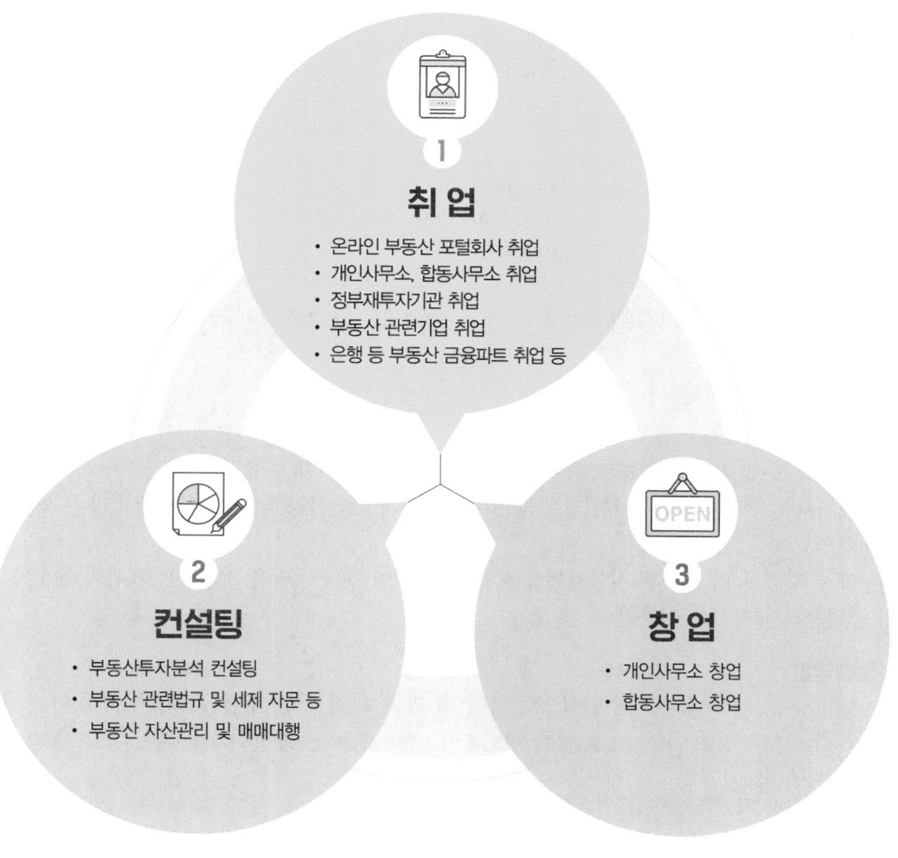

1
취 업
• 온라인 부동산 포털회사 취업
• 개인사무소, 합동사무소 취업
• 정부재투자기관 취업
• 부동산 관련기업 취업
• 은행 등 부동산 금융파트 취업 등
2
컨설팅
• 부동산투자분석 컨설팅
• 부동산 관련법규 및 세제 자문 등
• 부동산 자산관리 및 매매대행
OPEN
3
창 업
• 개인사무소 창업
• 합동사무소 창업

# 공인중개사 시험정보

## 시험일정 및 시험시간

### 1. 시험일정 및 장소

| 구 분 | 인터넷 / 모바일(App) 원서 접수기간 | 시험시행일 | 합격자발표 |
|---|---|---|---|
| 일 정 | 매년 8월 2번째 월요일부터 금요일까지(2025. 8. 4 ~8. 8 예정) | 매년 10월 마지막 주 토요일 시행(2025. 10. 25 예정) | 11월 중 |
| 장 소 | 원서 접수시 수험자가 시험지역 및 시험장소를 직접 선택 | | |

TIP 1. 제1·2차 시험이 동시접수·시행됩니다.
2. 정기 원서접수 기간(5일간) 종료 후 환불자 범위 내에서만 선착순으로 추가 원서접수 실시(2일간)하므로, 조기마감될 수 있습니다.

### 2. 시험시간

| 구 분 | 교 시 | 시험과목 (과목당 40문제) | 시험시간 | |
|---|---|---|---|---|
| | | | 입실시간 | 시험시간 |
| 제1차 시험 | 1교시 | 2과목 | 09:00까지 | 09:30 ~ 11:10(100분) |
| 제2차 시험 | 1교시 | 2과목 | 12:30까지 | 13:00 ~ 14:40(100분) |
| | 2교시 | 1과목 | 15:10까지 | 15:30 ~ 16:20(50분) |

* 수험자는 반드시 입실시간까지 입실하여야 함(시험 시작 이후 입실 불가)
* 개인별 좌석배치도는 입실시간 20분 전에 해당 교실 칠판에 별도 부착함
* 위 시험시간은 일반응시자 기준이며, 장애인 등 장애유형에 따라 편의제공 및 시험시간 연장가능(장애 유형별 편의제공 및 시험시간 연장 등 세부내용은 큐넷 공인중개사 홈페이지 공지사항 참조)
* 2차만 응시하는 시간연장 수험자는 1·2차 동시응시 시간연장자의 2차 시작시간과 동일 시작

TIP 시험일시, 시험장소, 시험방법, 합격자 결정방법 및 응시수수료의 환불에 관한 사항 등은 '제36회 공인중개사 자격시험 시행공고'시 고지

## 응시자격 및 합격자 결정방법

### 1. 응시자격: 제한 없음

다만, 다음의 각 호에 해당하는 경우에는 공인중개사 시험에 응시할 수 없음

① 공인중개사시험 부정행위자로 처분 받은 날로부터 시험시행일 전일까지 5년이 지나지 않은 자(공인중개사법 제4조의3)

② 공인중개사 자격이 취소된 후 시험시행일 전일까지 3년이 지나지 않은 자(공인중개사법 제6조)

③ 이미 공인중개사 자격을 취득한 자

### 2. 합격자 결정방법

제1·2차 시험 공통. 매 과목 100점 만점으로 하여 매 과목 40점 이상, 전 과목 평균 60점 이상 득점한 자

TIP 제1·2차 시험 응시자 중 제1차 시험에 불합격한 자의 제2차 시험에 대하여는 「공인중개사법 시행령」 제5조 제3항에 따라 이를 무효로 합니다.

* **제1차 시험 면제대상자:** 2024년 제35회 제1차 시험에 합격한 자

## 시험과목 및 출제비율

| 구 분 | 시험과목 | 시험범위 | 출제비율 |
|---|---|---|---|
| 제1차 시험 (2과목) | 부동산학개론<br>(부동산 감정평가론 포함) | 부동산학개론<br>• 부동산학 총론[부동산의 개념과 분류, 부동산의 특성(속성)]<br>• 부동산학 각론(부동산 경제론, 부동산 시장론, 부동산 정책론, 부동산 투자론, 부동산 금융론, 부동산 개발 및 관리론) | 85% 내외 |
| | | 부동산 감정평가론(감정평가의 기초이론, 감정평가방식, 부동산가격 공시제도) | 15% 내외 |
| | 민법 및 민사특별법 중 부동산중개에 관련되는 규정 | 민 법<br>• 총칙 중 법률행위<br>• 질권을 제외한 물권법<br>• 계약법 중 총칙·매매·교환·임대차 | 85% 내외 |
| | | 민사특별법<br>• 주택임대차보호법<br>• 집합건물의 소유 및 관리에 관한 법률<br>• 가등기담보 등에 관한 법률<br>• 부동산 실권리자명의 등기에 관한 법률<br>• 상가건물 임대차보호법 | 15% 내외 |
| 제2차 시험 1교시 (2과목) | 공인중개사의 업무 및 부동산 거래신고 등에 관한 법령 및 중개실무 | 공인중개사법 | 70% 내외 |
| | | 부동산 거래신고 등에 관한 법률 | |
| | | 중개실무 | 30% 내외 |
| | 부동산공법 중 부동산중개에 관련되는 규정 | 국토의 계획 및 이용에 관한 법률 | 30% 내외 |
| | | 도시개발법 | 30% 내외 |
| | | 도시 및 주거환경정비법 | |
| | | 주택법 | 40% 내외 |
| | | 건축법 | |
| | | 농지법 | |
| 제2차 시험 2교시 (1과목) | 부동산공시에 관한 법령 및 부동산 관련 세법 | 부동산등기법 | 30% 내외 |
| | | 공간정보의 구축 및 관리 등에 관한 법률 제2장 제4절 및 제3장 | 30% 내외 |
| | | 부동산 관련 세법(상속세, 증여세, 법인세, 부가가치세 제외) | 40% 내외 |

TIP 답안은 시험시행일에 시행되고 있는 법령을 기준으로 작성

# 출제경향 분석 및 수험대책

## 어떻게 출제되었나?

▶ 출제경향 분석

| 구 분 | | 제31회 | 제32회 | 제33회 | 제34회 | 제35회 | 총 계 | 비율(%) |
|---|---|---|---|---|---|---|---|---|
| 공인중개사법령 | 총 설 | 1 | 1 | 2 | 2 | 0 | 6 | 3.0 |
| | 공인중개사제도 | 1 | 0 | 2 | 1 | 1 | 5 | 2.5 |
| | 중개사무소 개설등록 및 결격사유 등 | 2 | 3 | 2 | 3 | 2 | 12 | 6.0 |
| | 중개사무소 등 중개업무제도 | 10 | 5 | 1 | 0 | 3 | 19 | 9.5 |
| | 중개계약 및 부동산거래정보망 | 3 | 1 | 4 | 1 | 2 | 11 | 5.5 |
| | 개업공인중개사 등의 업무상 의무 | 4 | 5 | 1 | 9 | 3 | 22 | 11.0 |
| | 중개보수 등 | 2 | 0 | 3 | 1 | 1 | 7 | 3.5 |
| | 공인중개사협회 및 보칙 | 0 | 2 | 2 | 2 | 3 | 9 | 4.5 |
| | 지도·감독 및 벌칙 | 4 | 6 | 4 | 4 | 3 | 21 | 10.5 |
| | 법령 통합문제 | 2 | 4 | 1 | 1 | 2 | 10 | 5.0 |
| | **소 계** | **29** | **27** | **22** | **24** | **20** | **122** | **61.0** |
| 부동산 거래신고 등에 관한 법령 | 부동산거래신고제 | 2 | 4 | 2 | 3 | 4 | 15 | 7.5 |
| | 외국인 등의 부동산 등 취득에 관한 특례 | 1 | 1 | 2 | 1 | 1 | 6 | 3.0 |
| | 토지거래허가제 | 2 | 3 | 5 | 3 | 2 | 15 | 7.5 |
| | 법령 통합문제 | 0 | 0 | 0 | 0 | 0 | 0 | 0.0 |
| | **소 계** | **5** | **8** | **9** | **7** | **7** | **36** | **18.0** |
| 중개실무 | 중개실무 총설 및 중개의뢰접수 | 0 | 0 | 4 | 0 | 0 | 4 | 2.0 |
| | 중개대상물의 조사·확인의무 | 1 | 1 | 3 | 3 | 3 | 11 | 5.5 |
| | 중개영업활동 | 0 | 0 | 0 | 0 | 0 | 0 | 0.0 |
| | 거래계약체결 및 개별적 중개실무 | 3 | 3 | 0 | 4 | 5 | 15 | 7.5 |
| | 경매·공매 및 매수신청대리인 등록 | 2 | 1 | 2 | 2 | 2 | 9 | 4.5 |
| | 법령 통합문제 | 0 | 0 | 0 | 0 | 3 | 3 | 1.5 |
| | **소 계** | **6** | **5** | **9** | **9** | **13** | **42** | **21.0** |
| **총 계** | | 40 | 40 | 40 | 40 | 40 | 200 | 100.0 |

제35회 시험의 전체적인 난이도는 제34회 시험과 비슷한 수준으로 출제되었다고 볼 수 있다.

특이한 점은 제1편 공인중개사법령에서 20문제, 제2편 부동산 거래신고 등에 관한 법령에서 7문제, 제3편 중개실무에서 13문제가 출제되어 2편과 3편의 중개실무에 해당하는 분야의 비중이 예년과 달리 매우 높게 출제되었다는 점이다.

그리고 시험범위를 벗어난 민법 및 민사특별법, 집합건물의 소유 및 관리에 관한 법률 분야에서 문제가 출제되어 체감 난이도를 높였다.

## 이렇게 준비하자!

공인중개사 자격시험은 매과목 40점 미만 없이 평균 60점 이상만 얻으면 합격하는 절대평가 시험이라는 것을 수험기간 내내 결코 잊어서는 안 된다. 즉, 6과목 모두가 1문제당 2.5점의 점수를 주기 때문에 어느 과목도 소홀히 해서는 안 되고 똑같이 시간과 비용을 투자해야 하며 그것이 수험 기간을 단축할 수 있는 지름길이다.

최근 시험 출제경향과 내용을 분석해 보면 공인중개사법령 및 중개실무 과목도 전처럼 단순하게 암기만 하면 점수를 주는 유형의 문제가 거의 없으므로 이제는 만만한 과목으로 봐서는 안 된다. 시간이 갈수록 법조문의 개정 및 신설로 공부할 내용의 깊이와 분량이 매우 많아지고 관련 판례 또한 늘어나고 있다.

따라서 시작부터 다른 과목과 같이 마음가짐을 단단히 하고 체계적으로 기본서를 읽어 나가며 이해 위주로 학습하되 단원에 따라 때론 암기를 병행하며 꾸준하게 반복 학습을 해야 한다. 다행히 이 과목은 여러분이 흘린 땀과 노력을 절대 외면하지 않고 공부한 만큼에 비례한 점수를 반드시 취득할 수 있다.

그럼 앞으로 수험 기간 동안 어떻게 하면 좀 더 쉽게 고득점을 맞을 수 있을까?

1 | 공인중개사법령 및 중개실무는 법과목이다. 따라서 법조문(법률, 시행령, 시행규칙)과 판례를 자주 읽어야 한다. 그러면 이 과목의 전체적이면서도 개략적인 내용이 파악되고 시험 문제 또한 80% 이상이 법조문에서 출제가 된다.

2 | 기본서를 최우선으로 하여야 하며 법학을 전공한 수험생이 아니라면 강의를 열심히 들으면서 기본서 회독을 반복해야 한다. 처음에는 목차와 의의 정도를 읽고, 내용 파악이 잘 되지 않더라도 전체를 한 번 파악하는 것이다. 그리고는 다시 2회독, 3회독을 거듭하면 점점 더 많은 내용이 자연스레 이해될 것이다.

3 | 기본서를 통해 어느 정도 내용 파악이 되었으면 이제 그 내용을 1/3 내지 1/4로 줄여 압축한 필수서를 읽을 단계가 된다. 필수서를 3회독 이상 읽으면 기출문제와 예상문제가 술술 풀리게 되고 이로써 문제 풀이가 두려운 것이 아니라 재미있어질 것이다. 이러한 방법이 법학을 공부하는 정석이다.

4 | 마무리 단계에서는 그간 자주 보았던 기본서나 필수서 그리고 문제집을 반복해서 보되 특히 자주 출제되는 중요 영역과 자주 틀리는 부분들을 명확하게 정리해 나가는 것이 고득점을 얻는 방법이다.

# 이 책의 구성 및 특징

## 핵심개념 학습

① 단원열기: 각 단원의 학습 방향을 제시하고, 중점 학습 내용을 강조하여 수험생들의 자율적 학습 강약 조절을 도움
② 본문: 출제가능성이 높은 핵심개념을 모아 이해하기 쉽도록 체계적으로 정리·구성하여 학습효율 UP!

01

Chapter 01

**총 설**

단원열기

제1장 '총설' 부분은 서론과 공인중개사법 제1조 법의 제정목적, 제2조 법률용어에 대한 정의, 제3조 중개대상물로 구성되어 있다. 이는 이 법의 적용 범위와 법규 해석의 기준, 중개대상물 및 권리의 범위 등을 정하는 내용을 담고 있다. 최근 출제 경향을 보면 단순 암기보다는 다른 법률과 유기적으로 연결된 높은 수준의 이해력을 요하는 문제들을 출제하고 있으며, 이 부분은 매년 2~3문제가 출제되고 있다.

제1절 **부동산중개업의 개관**

01 **법의 체계와 공인중개사법의 구성**

통상 법령이란 국회에서 제정한 법률과 그 하위규범인 대통령령·총리령·부령 등의 시행령 및 시행규칙을 합하여 부르는 말이다.
법의 적용은 상위법 우선의 원칙에 따라 헌법 ⇨ 법률 ⇨ 명령 ⇨ 규칙의 순서로 적용된다.

1 헌 법

헌법은 국가의 근본법으로 국민의 기본권을 규정하고 이를 보장하며, 국가의 통치 작용과 통치 조직을 정하고, 국가 권력의 행사와 그 근원에 대해 규정한 국가의 근본법이다. 현행 헌법은 제130조와 부칙으로 규정되어 있다.

2 공인중개사법(률)

공인중개사법은 총 7장(제1장 총칙, 제2장 공인중개사, 제3장 중개업 등, 제4장 지도·감독, 제5장 공인중개사협회, 제6장 보칙, 제7장 벌칙)으로 구분되며, 제1조(목적)에서 제51조(과태료) 및 부칙 규정을 두고 있다.

3 공인중개사법 시행령(대통령령)

(1) 이 시행령은 공인중개사법에서 위임된 사항과 그 시행에 관하여 필요한 사항을 규정함을 목적으로 하며 제1조에서 제38조 및 부칙 규정을 두고 있다.

## 다양한 학습 tip

① 핵심다지기: 반드시 암기해야 하는 사항을 놓치지 않도록 체계적으로 정리
② 넓혀보기: 본문과 관련하여 더 알아두어야 할 내용들을 정리하여 제시함으로써 보다 폭넓은 학습 가능
③ 예제: 이론학습이 끝난 뒤에 문제풀이를 통해서 완벽 마스터
④ 판례: 판례가 다수 출제되는 최근 시험경향에 맞추어 최신 판례는 물론 중요 판례도 빠짐없이 수록
⑤ 일러스트: 이해하기 어려운 이론을 그림으로 알기 쉽고 재미있게 학습

02

② 주의할 점은 주택을 제외한 토지나 상가 등에 대한 중개보수는 요율·한도 등이 시·도 조례에 위임되어 있지 않다는 점과 일정 요건을 구비한 오피스텔을 제외한 주택 외는 매매·교환·임대차 등 계약의 종류에 관계없이 요율의 한도가 모두 0.9% 이내로 규정되어 있다는 점이다.

따라서 한도를 초과한 중개보수의 약정은 무… 초과하여 받은 금액은 부당이득으로써 반환…

소속공인중개사

핵심다지기

등록신청 ⇨ 수수료(조례)
예 1) 서울특별시 종로구에 중개사무소를 등록하는 경우
등록관청 ⇨ 종로구청장 / 수수료(조례) ⇨ 종로구 조례
예 2) 경기도 고양시 일산동구에 중개사무소를 등록하는 경우
등록관청 ⇨ 일산동구청장 / 수수료(조례) ⇨ 고양시 조례

넓혀 보기

"다른 법령에 따른 제한에 위반되는 경우"의 범위 등(법제처 13-0380, 2013.9.27, 국토교통부)
「주택법」 제42조 제2항 제4호 및 같은 법 시행령 [별표 3] 제5호를 위반하여 허가를 받거나 신고를 하지 않고 무단으로 비내력벽(非耐力壁)을 철거한 건물에 「공인중개사법」 제9조에 따른 중개사무소를 확보한 경우
가. 중개사무소의 안전에 중대한 위험을 초래하는 경우라면 등록관청이 개설등록을 거부할 수 있는 「공인중개사법 시행령」 제13조 제2항 제4호의 "다른 법령에 따른 제한에 위반되는 경우"에 해당한다.
나. 이미 중개사무소의 개설등록이 된 경우라면 그 개설등록을 취소할 수 있는 사유 중 하나인 「공인중개사법」 제38조 제2항 제1호의 "같은 법 제9조 제3항의 규정에 의한 등록기준에 미달하게 된 경우"에 해당하지 않는다.

(2) **등록통지**

중개사무소 개설등록의 신청을 받은 등록관청은 개업공인중개사의 종별에 따라 구분하여 개설등록을 하고 개설등록 신청을 받은 날부터 7일 이내에 등록신청인에게 서면으로 통지하여야 한다(규칙 제4조 제2항).

예제

**공인중개사법령상 중개사무소 개설등록에 관한 설명으로 옳은 것을 모두 고른 것은?** 제32회 수정

㉠ 피특정후견인은 중개사무소의 등록을 할 수 없다.
㉡ 금고 이상의 형의 집행유예를 받고 그 유예기간이 만료된 날부터 2년이 지나지 아니한 자는 중개사무소의 등록을 할 수 없다.
㉢ 자본금이 5천만원 이상인 「협동조합 기본법」상 사회적 협동조합은 중개사무소의 등록을 할 수 있다.

① ㉠ ② ㉡ ③ ㉠, ㉡
④ ㉠, ㉢ ⑤ ㉡, ㉢

해설 ㉠ 결격사유자는 중개사무소의 등록을 할 수 없으나 피특정후견인은 결격사유가 아니므로 중개사무소의 등록을 할 수 있다.
㉢ 「협동조합 기본법」상 사회적 협동조합은 중개사무소의 등록을 할 수 없다. ◆ 정답 ②

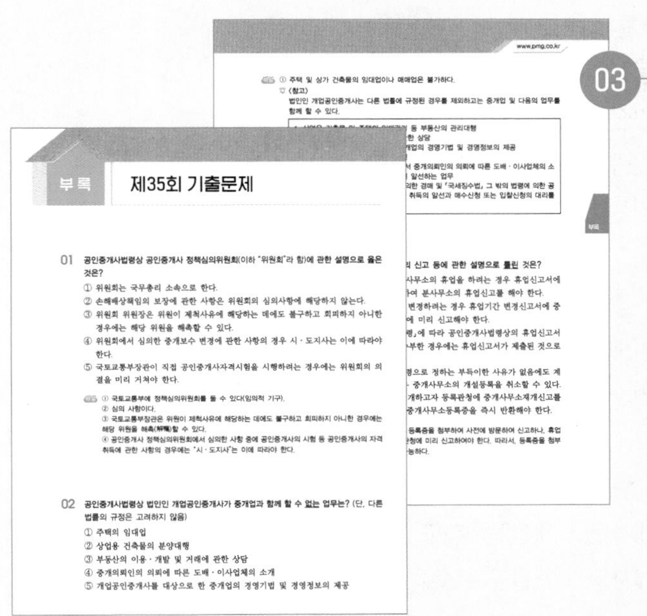

## 03 부록_기출문제

제35회 공인중개사 기출문제와 명쾌한 해설을 수록하여 기출 유형을 파악하고 실전에 대비할 수 있도록 하였다.

## 04 INDEX_찾아보기

찾아보기(색인)를 통해 공인중개사 시험을 공부하면서 접하는 생소한 용어들을 기본서 내에서 쉽고 빠르게 찾을 수 있다.

# 이 책의 차례

PART 01

공인중개사 법령

CONTENTS

# 이 책의 차례

PART 02

## 부동산 거래신고 등에 관한 법령

PART 03

## 중개실무

부 록

박문각 공인중개사

제1장 총 설
제2장 공인중개사제도
제3장 중개사무소 개설등록 및 결격사유 등
제4장 중개사무소 등 중개업무제도
제5장 중개계약 및 부동산거래정보망
제6장 개업공인중개사 등의 업무상 의무
제7장 중개보수 등
제8장 공인중개사협회 및 보칙
제9장 지도·감독 및 벌칙

# 공인중개사법령

Chapter 01

# 총 설

단원 열기

제1장 '총설' 부분은 서론과 공인중개사법 제1조 법의 제정목적, 제2조 법률용어에 대한 정의, 제3조 중개대상물로 구성되어 있다. 이는 이 법의 적용 범위와 법규 해석의 기준, 중개대상물 및 권리의 범위 등을 정하는 내용을 담고 있다. 최근 출제 경향을 보면 단순 암기보다는 다른 법률과 유기적으로 연결된 높은 수준의 이해력을 요하는 문제들을 출제하고 있으며, 이 부분은 매년 2~3문제가 출제되고 있다.

## 제 1 절 부동산중개업의 개관

### 01 법의 체계와 공인중개사법의 구성

통상 법령이란 국회에서 제정한 법률과 그 하위규범인 대통령령 · 총리령 · 부령 등의 시행령 및 시행규칙을 합하여 부르는 말이다.

법의 적용은 상위법 우선의 원칙에 따라 헌법 ⇨ 법률 ⇨ 명령 ⇨ 규칙의 순서로 적용된다.

#### 1 헌 법

헌법은 국가의 근본법으로 국민의 기본권을 규정하고 이를 보장하며, 국가의 통치 작용과 통치 조직을 정하고, 국가 권력의 행사와 그 근원에 대해 규정한 국가의 근본법이다. 현행 헌법은 제130조와 부칙으로 규정되어 있다.

#### 2 공인중개사법(률)

공인중개사법은 총 7장(제1장 총칙, 제2장 공인중개사, 제3장 중개업 등, 제4장 지도 · 감독, 제5장 공인중개사협회, 제6장 보칙, 제7장 벌칙)으로 구분되며, 제1조(목적)에서 제51조(과태료) 및 부칙 규정을 두고 있다.

#### 3 공인중개사법 시행령(대통령령)

(1) 이 시행령은 공인중개사법에서 위임된 사항과 그 시행에 관하여 필요한 사항을 규정함을 목적으로 하며 제1조에서 제38조 및 부칙 규정을 두고 있다.

(2) 시행령에서는 구체적인 기준이나 법률에서 위임한 사항을 규정하고 있는바, 중개대상물의 범위, 공인중개사 시험과목, 중개사무소의 개설등록기준, 중개사무소 및 분사무소의 설치기준, 확인 · 설명사항, 과태료 부과기준 등이 해당된다.

### 4 공인중개사법 시행규칙(국토교통부령)

(1) 이 시행규칙은 공인중개사법 및 동법 시행령에서 위임된 사항과 그 시행에 관하여 필요한 사항을 규정함을 목적으로 하며 제1조에서 제29조 및 부칙 규정을 두고 있다.

(2) 시행규칙에서는 주로 절차적 사항, 첨부서류, 각종 서식 등을 규정하는바, 예를 들면 자격증 · 등록증의 교부, 중개사무소의 이전절차, 게시사항, 업무정지의 기준 등과 전속중개계약서, 중개대상물 확인 · 설명서 등이 이에 해당한다.

## 02 공인중개사법의 성격(성질)

### 1 부동산중개업에 관한 기본법(일반법)

이 법은 부동산중개 및 중개업 분야에 대하여 일반적 · 기본적으로 적용되는 법이다. 즉, 성별 · 연령 · 국적을 불문하고 행위자에게 적용되는 일반법 · 기본법적 지위에 있는 법이다.

### 2 민법 및 상법에 대한 특별법

(1) 공인중개사법과 민법의 관계를 살펴보면, 부동산 중개 및 중개업 분야는 당연히 이 분야의 기본법인 공인중개사법이 우선적으로 적용되고, 공인중개사법에서 규정되지 않은 사항은 「민법」이 후순위로 보충 적용된다는 것이다.
예컨대, 불법행위로 인한 손해배상책임에 관한 사건을 해결하기 위한 법 적용은 원칙적으로 「민법」(제750조 등)이 사적 법률관계에 있어 적용된다. 다만, 부동산 중개 및 중개업 분야에서 개업공인중개사 등의 중개행위로 인한 손해배상책임에 대하여 공인중개사법(제30조, 손해배상책임)이 「민법」보다 우선하여 적용되고 「민법」이 보충적으로 적용되므로 「민법」의 특별법적 지위에 있다.

(2) 상거래와 기업의 법률관계를 규율하는 「상법」은 「민법」에 대한 특별법으로써 사법적인 법률관계 중에서 상업적 법률관계를 규율한다.
따라서, 개업공인중개사의 중개행위도 상행위의 범주에 포함되므로 상인에 관한 일반규정인 「상법」의 총칙편 일부 규정이 부동산중개업에도 적용된다.

**판례**

개업공인중개사는 중개를 영업으로 하기 때문에 상인의 자격을 갖고 있으며, 상인보수청구권(상법 제61조)이 적용된다(대판 1995.4.21, 94다36643). 즉, 민사중개인(혼인중개, 부동산중개 등)도 점포 등 유사한 설비를 갖추고 영리를 추구하는 의제상인(상법 제5조)으로 보고 상법의 일부 규정을 준용하고 있다.

**특별법우선의 원칙**(법적용 순서)

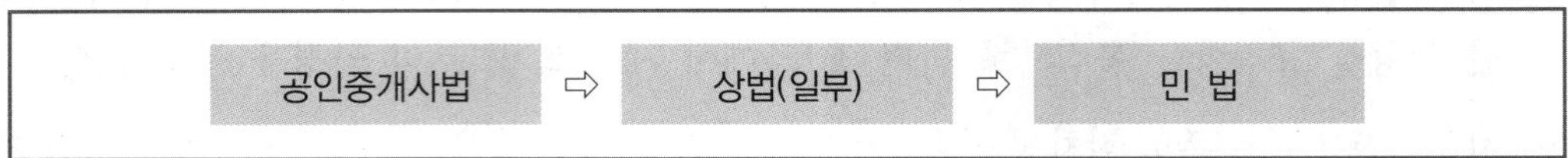


## ③ 사회법(중간법, 혼합법)

현행 공인중개사법은 주류가 공법적 요소로 구성되어 있다. 공권력의 행정 · 사법주체(국토교통부장관, 시 · 도지사, 시 · 군 · 구청장)의 업무인 지도 · 감독, 자격증시험 및 교부, 등록처분 및 교부, 과태료, 행정처분, 행정형벌 등이 대표적인 공법적 요소에 해당하고, 개인 간의 법률관계인 일반중개계약 · 전속중개계약, 거래계약, 손해배상책임 등은 대표적인 사법적 요소에 해당된다.

## ④ 국내법

이 법은 대한민국 영토 내에 있는 중개대상물에 그 효력이 미친다. 따라서 내 · 외국인을 불문하고 대한민국 안에서 중개업을 영위하는 경우에는 이 법의 적용을 받는다. 우리 국민이 외국에 소재하는 부동산에 대한 매매, 임대차 등 부동산 거래를 했다면 국제사법의 관례에 따라 해당 국가의 법, 즉 외국법이 적용된다.

## ⑤ 실체법

이 법은 개업공인중개사 등의 권리와 의무를 규정한 실체법에 해당한다. 따라서 이러한 권리와 의무를 구체적으로 실현하기 위한 절차를 규정한 절차법이 아니다.

## 제2절 공인중개사법의 제정목적

**법 제1조 【목 적】** 이 법은 공인중개사의 업무 등에 관한 사항을 정하여 그 전문성을 제고하고 부동산 중개업을 건전하게 육성하여 국민경제에 이바지함을 목적으로 한다.

제1조에는 그 법규를 제정한 취지와 지향하는 목적과 법의 근본이념(가치)이 표창되어 있어, 기타 법조항의 해석의 기준이 된다. 따라서 법률과 시행령 및 시행규칙의 제정은 목적에 적합하여야 하고, 법령의 해석도 목적에 부합하게 하여야 한다.

### 1 공인중개사의 전문성 제고

공인중개사의 업무는 전문 직종으로서 거래당사자의 재산을 보호하고 원활한 거래를 위해 그 중요성이 강조되고 있으며 현행법은 이를 위한 공인중개사 자격시험 제도, 적법절차에 따른 등록제도, 실무교육, 연수교육 등을 규정하여 공인중개사업무 등에 그 전문성을 제고하고자 함을 1차적인 목적으로 설정하고 있다고 볼 수 있다.

### 2 부동산중개업을 건전하게 육성

(1) 부동산중개업을 국가정책적으로 건전하게 이끌어 나가고 중개업에 종사하는 사람들을 전문직업인으로서 그 수준을 끌어올려 부동산중개업을 건전하게 육성하고자 하는 정책적 의지를 2차적 목적으로 설정하고 있다.

(2) 따라서, 목적을 달성하기 위한 수단으로 개업공인중개사 등의 결격사유제도, 금지행위, 비밀준수의무, 지도・감독, 공인중개사협회를 통한 부동산중개업에 관한 제도의 개선을 위한 노력을 하게 하는 등의 법 규정을 두고 있다.

### 3 국민경제에 이바지함

(1) 이 법의 최종적, 궁극적인 목적에 해당한다. 즉, 앞의 1차・2차적인 직접 목적을 수단으로 하여 궁극적으로는 국민경제에 이바지하는 효과를 달성하고자 하는 취지를 담고 있다.

(2) 개업공인중개사의 법정보수초과 수령 금지제도의 위헌소송에 대하여는 이 법규정이 추구하는 경제적 공익은 결국 국민전체의 경제생활의 안정이라 할 것이어서 대단히 중요하다고 하지 않을 수 없고, 이는 개업공인중개사의 사익에 비하여 보다 우월하므로 법정보수제도는 개업공인중개사의 직업수행의 자유나 신체의 자유를 합리적 근거 없이 필요 이상으로 지나치게 제한하는 것이라 할 수 없다고 하였다(헌재 2002.6.27, 2001헌바12).

**넓혀 보기**

**다음 내용들은 법 제1조의 제정목적에 해당하지 않는다.**

부동산업의 육성, 부동산거래질서의 규제, 부동산중개질서의 확립, 개업공인중개사의 재산권보호, 부동산 수요와 공급조절, 부동산투기억제 등은 제정목적에 해당하지 않으므로 주의를 요한다.

**예제**

**다음 중 현행 「공인중개사법」의 법적 성격에 관한 설명으로 틀린 것은?**

① 「공인중개사법」은 공법과 사법적 내용이 혼합된 중간법적 성격을 지닌다.

② 「공인중개사법」은 부동산중개업 분야에 일반적으로 적용되는 일반법(기본법)적 성격을 지니지만 「민법」 및 「상법」에 대해서는 특별법적 성격도 지닌다.

③ 부동산중개계약, 손해배상책임규정 등은 사법적 요소에 속한다.

④ 「공인중개사법」상 부동산 중개는 민사중개이므로 상사중개를 규율하는 「상법」의 규정은 전혀 적용될 여지가 없다.

⑤ 「공인중개사법」은 대한민국 영토 내에서 그 효력이 미치고 외국의 영토에는 효력이 미치지 않는 법률로서 국내법적 성격을 갖는다.

**해설** 부동산 중개는 민사중개이므로 원칙적으로 「상법」이 적용되지 않지만 개업공인중개사가 상호를 내걸고 영업을 하게 되면 「상법」상 상인의 지위를 가지므로 「상법」의 일부 규정이 적용된다. **정답** ④

## 제 3 절 공인중개사법령상 용어의 정의

**법 제2조 【정 의】** 이 법에서 사용하는 용어의 정의는 다음과 같다.

1. '중개'라 함은 제3조의 규정에 의한 중개대상물에 대하여 거래당사자 간의 매매·교환·임대차 그 밖의 권리의 득실변경에 관한 행위를 알선하는 것을 말한다.
2. '공인중개사'라 함은 이 법에 의한 공인중개사 자격을 취득한 자를 말한다.
3. '중개업'이라 함은 다른 사람의 의뢰에 의하여 일정한 보수를 받고 중개를 업으로 행하는 것을 말한다.
4. '개업공인중개사'라 함은 이 법에 의하여 중개사무소의 개설등록을 한 자를 말한다.
5. '소속공인중개사'라 함은 개업공인중개사에 소속된 공인중개사(개업공인중개사인 법인의 사원 또는 임원으로서 공인중개사인 자를 포함한다)로서 중개업무를 수행하거나 개업공인중개사의 중개업무를 보조하는 자를 말한다.
6. '중개보조원'이라 함은 공인중개사가 아닌 자로서 개업공인중개사에 소속되어 중개대상물에 대한 현장안내 및 일반서무 등 개업공인중개사의 중개업무와 관련된 단순한 업무를 보조하는 자를 말한다.

# 01 중 개

## 1 중개의 정의

법 제3조의 법정 중개대상물에 대하여 거래당사자 간의 매매 · 교환 · 임대차 그 밖의 권리의 득실변경에 관한 행위를 알선하는 것을 말한다.

### (1) 법정 중개대상물

부동산 중개가 성립되기 위한 첫 번째 요소는 법 제3조 규정에 의한 중개대상물이어야 한다. 이에는 법률에 따른 토지, 건축물, 기타 토지정착물이 있고, 그 밖에 대통령령이 정하는 재산권 및 물건 중에는 입목, 광업재단, 공장재단인 준부동산이 규정되어 있다.

### (2) 거래당사자 간에 매매 · 교환 · 임대차 그 밖의 권리의 득실변경에 관한 행위

① **거래당사자**: 거래당사자 간이란 2인 이상이 상호 대가적 쌍무관계를 수반하는 경제상 활동이라 할 수 있다. 매매계약의 경우에는 매도인 및 매수인, 교환계약의 경우에는 교환을 하는 당사자 쌍방, 임대차계약에서는 임대인 및 임차인, 지상권설정계약에서는 지상권설정자 및 지상권자 등 권리설정자와 권리자를 의미한다. 즉, 이들이 거래계약이라는 법률행위를 하는 당사자가 되는 것이다.
따라서 개업공인중개사의 측면에서는 권리를 이전하고자 하는 자(매도인, 임대인, 전세권설정자 등)와 권리를 취득하고자 하는 자(매수인, 임차인, 전세권자 등)를 의미하게 된다.

② **매매 · 교환 · 임대차 그 밖의 권리의 득실변경에 관한 행위**

㉠ "매매 · 교환 · 임대차"는 중개로 인한 권리의 득실변경에 관한 하나의 예시이다.

㉡ 그 밖의 권리의 득실변경(권리변동)

ⓐ "그 밖의 권리" 중에 중개행위 대상이 되는 권리의 포괄적 개념으로는 부동산 권리의 득실변경을 가져오는 물권과 채권(등기된 환매권, 일신 전속적이 아닌 부동산임차권 등)을 지칭한다고 볼 수 있다.

ⓑ 물권인 본권으로서 소유권, 용익 물권으로서 지상권, 지역권, 전세권과 저당권 등 담보물권을 말한다. 다만, 물권의 모두가 포함되는 것은 아니다. 예컨대 점유자가 물건에 대한 사실상의 지배를 상실한 때에 소멸하는 점유권, 관습법에 의한 법정지상권의 성립, 법정저당권 성립, 동산을 권리의 객체로 하는 질권 등은 일반적으로 중개행위 대상인 "그 밖의 권리"에 포함되지 않는다.

ⓒ 그러나 판례에 따르면 담보물권 중 저당권과 유치권은 중개대상권리에 해당한다고 판시한 바 있다. 이 부분의 자세한 내용은 제3조 법정 중개대상물 편에서 후술하기로 한다.

**판례**

공인중개사법 제2조 제1호에서 말하는 '그 밖의 권리'에는 저당권 등 담보물권도 포함되고, 따라서 타인의 의뢰에 의하여 일정한 보수를 받고 저당권의 설정에 관한 행위의 알선을 업으로 하는 경우에도 중개업에 해당한다(대판 1991.6.25, 91도485), 나아가 그와 같은 저당권 설정에 관한 행위의 알선이 금전소비대차의 알선에 부수하여 이루어졌다 하여 달리 볼 것도 아니다(대판 1996.9.24, 96도1641).

ⓓ 부동산에 관한 권리가 아닌 정신적인 창작물인 무체재산권(지적재산권)인 저작권, 특허권, 실용신안권, 의장권 등과 신분상의 권리인 상속권, 친족권 등은 "그 밖의 권리"에 포함되지 않는다.

ⓔ 증여·상속·경매에 의한 소유권 취득이나 법정지상권 성립, 분묘기지권의 성립 및 이전 등은 중개행위의 개입이 불가능하기 때문에 중개대상행위에 포함되지 않는다.

ⓕ 중개대상행위는 계약으로써 법률행위이며 원칙적으로 채권행위와 물권행위를 포함한다.

ⓖ 환매권 및 등기된 환매권은 이전이 가능하므로 중개행위대상 범위에 포함된다.

ⓗ 기타 중개대상물에 관한 권리가 아닌 영업권, 어업권, 권리금 등도 중개대상권리에 포함되지 않는다.

### (3) 알선(주선, 소개)하는 행위

① 알선이란 개업공인중개사가 전문가인 제3자로서 거래당사자 쌍방의 거래행위에 개입하여 각종 정보 및 자료의 제공, 권리분석, 시장조사 등과 거래상대방의 소개, 거래조건의 흥정·교섭·조정 등을 행하는 사실행위로 조력 또는 주선하는 행위라 볼 수 있다.

② 알선행위의 주체에 대해 공인중개사 자격증이나 개설등록 여부는 무관하다. 따라서 무자격자나 일반인 또는 무등록업자의 알선행위도 중개에 포함된다.

③ 중개활동에서는 일반적으로 거래당사자 쌍방이 모두 중개를 의뢰하고 있으나 당사자 중 일방만 개업공인중개사에게 중개를 의뢰한 경우에도 중개행위가 이루어지고 있다. 예컨대 공동중개로서 매수인과 중개계약을 체결한 개업공인중개사와 매도인과 중개계약을 체결한 개업공인중개사가 공동으로 거래를 성사시키는 경우도 흔히 볼 수 있다.

**판례**

중개행위에는 개업공인중개사가 거래의 쌍방 당사자로부터 중개 의뢰를 받은 경우뿐만 아니라 거래의 일방 당사자의 의뢰에 의하여 중개대상물의 매매·교환·임대차 그 밖의 권리의 득실·변경에 관한 행위를 알선, 중개하는 경우도 포함한다(대판 1995.9.29, 94다47261).

## 2 중개의 3요소 및 법적 성격

### (1) 중개의 3요소

중개의 3요소는 중개대상물, 중개의뢰인(거래당사자), 중개행위자(개업공인중개사, 일반인)이다. 이때의 중개의뢰인은 거래당사자 본인인 것이 원칙이나 거래당사자 본인의 대리인, 수임인도 중개의뢰인이 될 수 있다.

### (2) 중개행위의 법적 성질

① 중개행위는 거래계약의 체결을 위해 중개대상물에 관한 자료를 발급·분석하고, 그에 대한 정보 제공, 현장안내, 거래당사자 간의 이해관계를 조정·주선 등을 하는 사실행위이다. 다시 말하면, 개업공인중개사는 영리를 목적으로 한 부동산전문가로서 법률행위인 매매, 임대차 등의 거래계약 성립에 독자적인 판단에 따라 조력하는 보조적인 사실행위 또는 준비행위의 성격을 띤다(대판 2006.5.11, 2003두14888).

② 따라서 개업공인중개사의 중개행위는 전혀 의사결정권이 없이 심부름만 하는 중개의뢰인의 사자(使者)로서의 행위와도 다르며, 또한 직접 당사자로서 매매 등 법률행위를 대리하는 의뢰인(본인)의 대리인(代理人)과도 다르다.

**판 례**

**1. 중개행위의 법적 성격**

중개행위는 당사자 사이에 매매 등 법률행위가 용이하게 성립할 수 있도록 조력하고 주선하는 사실행위라 할 것이다. 따라서 변호사법 제3조에서 규정한 법률사무는 거래당사자의 행위를 사실상 보조하는 업무를 수행하는 데 그치는 중개행위와는 구별되는 것이고, 일반의 법률사무에 중개행위가 당연히 포함되는 것이라고 해석할 수 없다(대판 2006.5.11, 2003두14888).

**2. 중개행위에 해당 여부 판단기준**

개업공인중개사가 진정으로 거래당사자를 위하여 거래를 알선·중개하려는 의사를 갖고 있었느냐고 하는 개업공인중개사의 주관적 의사에 의하여 결정할 것이 아니라 개업공인중개사의 행위를 객관적으로 보아 사회통념상 거래의 알선·중개를 위한 행위라고 인정되는지 여부에 의하여 결정하여야 한다(대판 2005.10.7, 2005다32197).

### (3) 중개계약의 종류(유형)

중개의 유형은 일반적으로 중개행위의 대상(상사중개와 민사중개), 중개행위의 개입 정도에 따라(지시중개와 참여중개), 개업공인중개사의 법적근거에 따라(공인중개와 사중개), 개업공인중개사의 주체 수에 따라(단독중개와 공동중개) 구별된다. 이를 좀 더 살펴보면 다음과 같다.

| 구 분 | 유 형 | 특 징 |
| --- | --- | --- |
| 중개업무 관여 정도 (중개행위의 개입 정도) | 지시중개 | • (=전시중개, 알선)<br>• 자료전시 · 정보 및 조언제공으로 중개완성 |
| | 참여중개 | • (=매개중개, 중개)<br>• 거래당사자 간의 거래계약이 체결되어야 중개완성 |
| 중개행위 대상 | 상사중개 | • 타인 간의 상행위를 중개(「상법」 제93조)<br>• 「상법」 상사중개 규정 적용 |
| | 민사중개 | • 상행위 외 행위를 중개(부동산 · 혼인 · 직업중개)<br>• 개별법(「공인중개사법」) 우선 적용<br>「상법」 총칙 및 「민법」 규정 적용. 단, 「상법」 중 상사중개 규정은 적용되지 않음 |
| 중개행위의 법적근거 | 공인중개 | 법적 · 제도적 근거에 의해서 이루어지는 중개(등록 등) |
| | 사중개 | 일반인이 경제활동의 일환으로서 이루어지는 중개 |
| 중개행위 주체의 수 | 단독중개 | 거래계약체결을 개업공인중개사 1인이 완성 |
| | 공동중개 | 2인 이상이 협력하여 거래계약체결(중개완성) |

• 개업공인중개사는 참여중개업과 전시중개업을 동시에 할 수 있으며, 전시중개업만을 할 수도 있다.
• 개업공인중개사가 행하는 부동산중개는 통상 상인 간의 상거래가 아닌 사인 간의 일반인의 사적 거래행위(민사행위)를 대상으로 하므로 민사중개의 성격을 지니며, 적법절차에 따라 등록한 공인된 중개에 해당된다. 또한 이 법은 단독중개를 원칙으로 하되 부동산거래정보망 등을 매개로 공동중개를 간접규정하고 있다고 볼 수 있다.

## 02 중개업

### 1 정 의

**법 제2조 【정 의】** 이 법에서 사용하는 용어의 정의는 다음과 같다.
3. “중개업”이라 함은 다른 사람의 의뢰에 의하여 일정한 보수를 받고 중개를 업으로 행하는 것을 말한다.

“다른 사람의 의뢰에 의하여 일정한 보수를 받고 공인중개사법 제3조의 중개대상물에 대한 거래당사자 간의 매매 · 교환 · 임대차 그 밖의 권리의 득실 · 변경에 관한 행위의 알선을 업으로 하는 것”으로 정의할 수 있다.

## ② 성립요건

중개업이 성립되기 위해서는 다음과 같은 요건을 반드시 구비하여야 한다.

### (1) '다른 사람의 의뢰'가 있어야 한다

① 중개업이 되기 위해서는 다른 사람의 의뢰를 받고 중개행위를 하여야 한다. 다른 사람이란 개업공인중개사에게 법 제3조의 중개대상물에 대하여 중개를 부탁한 매도인·임대인 등 권리이전의뢰인이나 매수인·임차인 등 권리취득의뢰인을 의미한다. 다시 말하면 이들로부터 개업공인중개사가 중개청약을 받아 중개해주겠다는 승낙을 함으로써 이루어지는 법률행위, 즉 중개계약이 있어야 한다는 의미이다.

② 여기서 중개의뢰인의 범위는 판례에 따르면 중개대상물의 소유자뿐만 아니라 거래에 관한 대리권을 수여받은 대리인이나 거래에 관한 사무의 처리를 위탁받은 수임인 등도 포함된다.

③ 위의 중개계약이 유효하게 성립하지 않는다면 판례가 취하는 중개계약시에 정지조건부로 발생하는 중개보수청구권도 발생되지 않으며, 가령 매매 등 거래계약체결로 중개를 완성시켜도 개업공인중개사는 대가로써 중개보수를 받을 수 없다.

④ 개업공인중개사가 자신을 위해 행하는 직거래는 중개라 할 수 없으며, 타인의 의뢰 없이 중개대상물에 대하여 영리성을 가지고 이를 계속·반복하여 한다하더라도 이는 중개업은 아니다.

### (2) '일정한 보수'를 받아야 한다

① 중개업이 성립되기 위해서는 반드시 '일정한 보수'를 받아야 한다. 즉, 알선행위로 거래가 성립되었다 하더라도 그 대가인 보수를 받지 않았다면 "중개"의 개념에는 해당될지라도 중개업은 아니다.

② 중개대상물의 거래당사자들로부터 보수를 현실적으로 받지 아니하고 단지 보수를 받을 것을 약속하거나 거래당사자들에게 보수를 요구하는 데 그친 경우에는 '중개업'에 해당한다고 할 수 없다(대판 2006.9.22, 2006도4842).

③ 다만, 개업공인중개사가 중개행위의 대가로 보수를 받지 아니한 경우는(할인, 면제 등) 개업공인중개사가 스스로 권리를 포기한 것이기 때문에 위법한 중개행위가 아니며, 공인중개사법에 저촉되는 것으로도 볼 수 없다.

④ 개업공인중개사가 겸업으로 할 수 있는 업무 중 관리대행이나 분양대행, 경매대리 등의 업무에 대한 보수는 개별법 규정 또는 당사자 간의 합의로 받을 수 있을 뿐 이 법에 따른 법정 중개보수를 받는 것이 아니므로 여기서 말하는 부동산 중개업이 아니고 중개업 외의 겸업에 해당될 뿐이다.

### (3) '중개'를 '업'으로 하여야 한다

#### ① 중 개

㉠ 중개는 법정 중개대상물에 대한 거래당사자 간의 매매·교환·임대차 그 밖의 권리의 득실변경에 관한 행위를 알선하는 것을 말한다. 따라서 '법정 중개대상물이 아닌 물건'의 거래를 알선하는 것은 중개가 아니다.
예컨대, 권리금이나 중고자동차, 세차장구조물 등의 거래를 알선하는 것은 현행법상 부동산중개가 아니다. 이러한 거래를 영리목적으로 계속·반복적으로 알선하여도 역시 부동산 중개업이 될 수 없다.

㉡ 또한 이 법 제14조의 겸업 즉, 토지의 이용·개발에 대한 '상담', 주택이나 상가에 대해 '관리대행', '건축물 분양대행'을 해주는 행위, 경매·공매대상 부동산에 대한 '매수신청대리'를 해주는 행위 등을 영리목적으로 계속·반복하였다 하더라도 부동산 중개업이 될 수 없다.

㉢ 중개대상물이 특정되거나 중개행위가 매매만으로 특정되더라도 일정한 보수를 받고 계속·반복적으로 이에 대해 중개가 이루어진다면 중개업에 해당한다.

㉣ 중개업은 반드시 주된 업무로써 수행하여야 한다는 요건을 요하지 않으므로 부수적으로 중개를 업으로 하여도 중개업이 된다.

**판 례**

1. 부동산 컨설팅업을 하면서 중개사무소의 개설등록을 하지 아니한 자의 부동산 중개행위가 부동산 컨설팅행위에 부수하여 이루어졌다고 하여도 이는 공인중개사법상 소정의 중개업에 해당한다(대판 2007.1.11, 2006도7594).
2. 부동산에 대한 저당권의 설정을 알선함을 업으로 하는 것은 그것이 설령 금전소비대차계약에 부수하여 이루어졌다 하더라도 중개업에 해당한다(대판 1996.9.24, 96도1641).

---

㉤ 중개와 중개업의 개념을 파악함에 있어서 주의할 점은 공인중개사자격증이나 등록 여부는 성립요건이 아니라는 점이다. 따라서 일반인도 중개를 할 수 있다. 다만, 불특정다수를 상대로 영리를 목적으로 계속·반복하게 되면 '중개 + 업'이 되어 무등록업자로 이 법 제48조에 따라 3년 이하 징역 또는 3천만원 이하 벌금으로 처벌을 받게 된다. 즉, 자격 없는 일반인의 중개·알선행위도 중개 또는 중개업의 개념에는 포함될 수 있다지만 중개는 제재 대상이 아닌 반면에 중개업은 행정형벌의 대상이 된다.

② **'업'으로 행할 것**: 이 법은 '업'의 개념에 대해서 어떠한 의미인지를 명확하고 구체적으로 규정하지 않고 있다. 따라서 판례에 따른 "업"의 의미를 살펴보면 아래와 같다.

㉠ 계속·반복성: "업"이 성립되기 위해서는 계속성·반복성이 있어야 한다.
영리목적으로 계속·반복적으로 행할 의도이면 단 한 번의 중개행위라도 중개업에 해당한다. 따라서 중개사무소의 개설등록한 후 첫 번째 중개행위도 잠재적 계속성이 인정되어 중개업에 해당한다. 그러나 "우연히", "일회적"으로 한 중개행위는 "업"으로 볼 수 없다. 이는 중개에는 해당되어도 중개업에는 해당되지 않는다. 예컨대, 일반인들의 자연스러운 경제활동의 일환으로 친구 또는 동호인 간에 중개·알선을 완전히 금지하는 것은 아니므로 우연한 기회에 토지 등을 매매·임대차 등을 중개하는 것은 이 법 위반이 아니다.

**판 례**

우연한 기회에 단 1회 건물 전세계약의 중개를 하고 보수를 받은 사실만으로는 알선·중개를 업으로 하는 것이라고 볼 수 없다(대판 1998.8.9, 98도998).

㉡ 영리 목적성: 재산상의 이익을 도모할 목적을 가지고 중개행위를 하여야 중개업에 해당된다. 따라서 행정기관 등에서 주민편의 제공을 목적으로 부동산 전·월세계약을 알선하였다면 이는 비영리성을 가지므로 중개업이라 할 수 없을 것이다. 판례에 따르면, 개업공인중개사가 아닌 자가 이 법에 의한 개업공인중개사임을 표시하는 사무소명칭 표시를 하고 중개를 1회 하였더라도 간판은 영업의 표시로 보아야 하고 이는 영리성을 내포한 경우이므로 중개업에 해당된다고 하였다.

**판 례**

"알선·중개를 업으로 한다."함은 반복·계속하여 영업으로 알선·중개를 하는 것을 의미한다고 해석하여야 할 것이므로 알선·중개를 업으로 하였는지의 여부는 알선·중개행위의 반복·계속성, 영업성 등의 유무와 그 행위의 목적이나 규모, 횟수, 기간, 태양 등 여러 사정을 종합적으로 고려하여 사회통념에 따라 판단하여야 한다(대판 1998.8.9, 98도998).

## 03 공인중개사

> **법 제2조 【정 의】** 이 법에서 사용하는 용어의 정의는 다음과 같다.
> 2. "공인중개사"라 함은 이 법에 의한 공인중개사자격을 취득한 자를 말한다.

(1) 다시 말하면, 공인중개사란 이 법 제4조 제1항에 따라 특별시장·광역시장 또는 도지사·특별자치도지사(시·도지사)가 시행하는 공인중개사자격시험에 합격하여 자격을 취득한 자를 말한다.

(2) 공인중개사는 중개를 할 수 있는 자격을 소지한 자이다. 그러나 공인중개사 자격증을 소지하고 있다고 하여 당연히 개업공인중개사가 되는 것은 아니다.
이 법에 따른 등록요건을 갖추어 중개사무소의 개설등록을 하여야 개업공인중개사가 된다. 따라서 공인중개사와 개업공인중개사는 구분하여야 한다.

(3) 공인중개사가 등록한 개업공인중개사에 소속(고용)하여 중개업무 등에 종사하고 있으면 이를 소속공인중개사라 한다.

(4) 한편, 이 법은 공인중개사의 지위와 의뢰인들을 보호하고, 무자격자들로부터 중개사고 등을 미연에 방지하기 위하여 이 법 제8조에서는 "공인중개사가 아닌 자는 공인중개사 또는 이와 유사한 명칭을 사용하지 못하도록 규정"하고 있다.

## 04 개업공인중개사

### 1 정 의

> **법 제2조 【정 의】** 이 법에서 사용하는 용어의 정의는 다음과 같다.
> 4. "개업공인중개사"라 함은 이 법에 의하여 중개사무소의 개설등록을 한 자를 말한다.

(1) 이 법상 개업공인중개사가 되기 위해서는 공인중개사가 법 제9조에 따라 중개사무소를 두고자 하는 지역을 관할하는 시장·군수·구청장에게 중개사무소의 개설등록을 하여야 한다.

(2) 개념상 유의할 점은 개업공인중개사는 장래에 중개업을 할 수 있는 자격을 취득한 것에 불과한 공인중개사와 구별이 되며, 또한 개업공인중개사에 소속되어 현재 중개업무 등에 종사하고 있는 소속공인중개사와도 구별하여야 한다.

(3) 또한 중개업을 영위하는 자가 모두 개업공인중개사는 아니다. 중개사무소의 개설등록을 하고 있지 아니한 채 중개업무를 하는 자는 무등록업자로 행정형벌의 처벌대상이지 개업공인중개사는 아니다.

## 2 종 별

현행법상 개업공인중개사는 다음의 3종류로 구별된다.

### (1) 법인인 개업공인중개사

① 중개업을 영위할 목적으로 설립된 법인이 등록요건을 갖추어 중개사무소 개설등록을 한 자를 의미한다.

② **특수법인**

㉠ 다른 법률의 규정에 의해 부동산중개업을 영위하는 법인(이하 특수법인이라 한다)도 원칙적으로는 등록은 하여야 한다. 따라서 법인인 개업공인중개사를 법문의 해석상 넓은 의미로 보면 특수법인도 포함하는 것으로 볼 수 있다.

㉡ 특수법인으로는 「농업협동조합법」에 의한 "지역농업협동조합", 「산림조합법」에 의한 "지역산림조합", 「한국자산관리공사 설립 등에 관한 법률」에 의한 "한국자산관리공사", 「산업집적활성화 및 공장설립에 관한 법률」에 따른 "산업단지관리기관" 등이 있다. 기타 세부적인 내용은 후술하기로 한다.

### (2) 공인중개사인 개업공인중개사

공인중개사로서 이 법에 의해 중개사무소의 개설등록을 한 자를 말한다. 공인중개사자격을 취득하였다 하여 개업공인중개사가 되는 것은 아니며, 반드시 이 법에 의하여 중개사무소 개설등록을 하여야 공인중개사인 개업공인중개사가 되는 것이다.

### (3) 법 부칙 제6조 제2항에 따른 개업공인중개사(종전 ⇨ 중개인)

① 중개인인 개업공인중개사는 공인중개사자격제도가 도입되기 전에 「소개영업법」에 따라 소개영업의 신고를 하고 중개업을 영위하고 있는 자 또는 1984년 「부동산중개업법」이 제정된 후 공인중개사자격이 없는 데도 중개업의 허가를 받아 현재까지 중개업을 영위하고 있는 자를 말한다.

② 또한 이들은 공인중개사처럼 자격은 없지만 과거부터 중개업을 해오던 것에 대하여 기득권을 인정하여 중개업을 할 수 있도록 한 개업공인중개사이다.

③ 따라서 중개인인 개업공인중개사는 자격증이 없으므로 폐업하거나 등록이 취소된 경우에는 새로이 공인중개사자격을 취득하여 중개사무소 개설등록을 하지 않는 한 다시 개업공인중개사가 될 수 없다.

④ 주의할 것은 현행법상으로 공인중개사가 신규등록을 할 경우에 중개인인 개업공인중개사의 종별을 선택하여 등록을 할 수 없다.

## 05 소속공인중개사 제31회, 제33회

### 1 정 의

> **법 제2조 【정 의】** 이 법에서 사용하는 용어의 정의는 다음과 같다.
> 5. "소속공인중개사"라 함은 개업공인중개사에 소속된 공인중개사(개업공인중개사인 법인의 사원 또는 임원으로서 공인중개사인 자를 포함한다)로서 중개업무를 수행하거나 개업공인중개사의 중개업무를 보조하는 자를 말한다.

### 2 소속공인중개사의 지위

#### (1) 소속공인중개사의 요건

반드시 서면으로 고용계약서를 작성해야 한다거나 법 제15조의 규정에 따라 고용인 신고를 마쳐야 소속공인중개사의 지위가 확정되는 것은 아니다. 판례도 "외형상 · 직무상 직 · 간접적으로 직무 관련성이 있으면 개업공인중개사는 고용으로 인한 책임을 져야 한다."라고 판시한 바 있다.

#### (2) 법인인 경우 소속공인중개사의 유형

법인인 개업공인중개사의 사원 · 임원 중에 공인중개사자격을 소지한 자가 있다. 법인은 이들이 업무집행하는 기관에 해당된다. 이들을 "사원 · 임원으로서의 소속공인중개사"라 한다. 또 하나는 법인인 개업공인중개사나 개인인 개업공인중개사에게 일반적인 직원으로서 고용된 이들로서 이를 "고용인으로서의 소속공인중개사"라 한다.

#### (3) 소속공인중개사의 업무

① **중개업무 수행 범위**: 개업공인중개사의 주된 중개업무를 수행할 수 있다. 따라서 중개행위의 본질적인 업무인 중개대상물의 확인 · 설명 및 중개대상물확인 · 설명서 작성이나 매매 등 거래계약서 작성 등의 업무를 할 수 있다.

② **중개보조 업무 범위**: 중개보조원의 업무와 마찬가지로 현장안내 및 일반서무, 운전, 공적 행정문서 발급, 업무일지 작성 등 개업공인중개사의 중개업무와 관련된 단순한 업무를 보조할 수 있다.

#### (4) 기타 관련내용

소속공인중개사를 고용할 의무는 없다. 고용시에 숫자 제한도 없다. 다만, 고용 및 고용관계 종료시에는 신고의무가 있다. 또한 소속공인중개사는 부동산거래의 신고(전자문서에 의한 신고를 제외한다)를 대행할 수 있다(제2편에서 후술한다).

## 06 중개보조원 제31회

### 1 정 의

**법 제2조 【정 의】** 이 법에서 사용하는 용어의 정의는 다음과 같다.

6. "중개보조원"이라 함은 공인중개사가 아닌 자로서 개업공인중개사에 소속되어 중개대상물에 대한 현장안내 및 일반서무 등 개업공인중개사의 중개업무와 관련된 단순한 업무를 보조하는 자를 말한다.

### 2 중개보조원의 지위

(1) 공인중개사가 아닌 자이어야 한다. 만약 공인중개사인 경우에는 '소속공인중개사'가 된다.

(2) 개업공인중개사에 소속된 자이다. '개업공인중개사에게 소속된 자'라 함은 개업공인중개사에게 고용된 자를 의미하는 것으로 형식상의 고용은 물론 실질적인 고용을 모두 포함한다.

(3) 현행법은 공인중개사가 아닌 자의 지위에 대해서는 특별한 규정이 없다. 생각건대, 「상법」상의 사원・임원은 해당 법인의 업무집행기관에 해당되어 본질적인 회사업무를 수행하게 된다. 그렇다면 공인중개사 자격이 없는 사원・임원은 이 법과의 유기적인 해석상 중개보조원의 지위를 갖는 것으로 해석된다. 따라서 중개업무와 관련하여서는 "중개업무 수행"은 불가하고, 중개보조원과 같은 중개대상물에 대한 현장안내 및 일반서무 등 단순한 업무만을 보조하여야 한다.

### 3 중개보조원의 업무범위

(1) 중개대상물 관리대장, 경리장부 등을 작성・관리하거나 등기부 등 공적서면을 발급받는 행위, 자료수집원, 전화교환원 등의 보조업무를 의미한다.

**판 례**

법인의 직원이나 운전기사는 물론 개인 중개사무소의 경리, 전화교환원도 고용인의 범위에 포함된다(유권해석, 1997.11.25. 회신 토관58370-661).

(2) 중개대상물에 대한 권리관계분석, 중개대상물의 확인・설명 또는 중개대상물 확인・설명서나 거래계약서 작성 등의 본질적인 중개업무는 할 수 없다.

판례

**헌법재판소 헌법소원 인용**(21. 6. 24.)

임대계약 체결 당시 개업공인중개사가 아닌 중개보조원만 입회했더라도, 개업공인중개사가 직접 오피스텔 내부와 등기부등본을 보여주며 임대인이 제시한 계약조건을 설명 한 후 당사자의 동의를 얻어 미리 계약서를 작성했고, 계약 당시에도 중개보조원에게 전화로 잔금지급일자를 변경, 수정업무를 지시하는 등 실질적으로 중개업무를 수행하였다면, 비록 중개보조원이 지시에 따라 이 계약서를 수정한 후에 최종 서명하도록 하여 임대인과 임차인에게 계약서를 교부했다 하더라도 공인중개사법 위반으로 볼 수 없다.

## 4 개업공인중개사와 중개보조원의 법적 관계

(1) 결격사유에 해당되는 자는 중개보조원으로 고용할 수 없다(법 제10조).

(2) 중개보조원을 고용할 의무는 없으나 소속공인중개사와 마찬가지로 고용하거나 고용관계를 종료한 때에는 등록관청에 이를 신고하여야 한다(규칙 제8조).

(3) 고용할 수 있는 중개보조원의 수는 개업공인중개사와 소속공인중개사를 합한 수의 5배를 초과하여서는 아니 된다(법 제15조 제3항).

(4) 중개보조원은 현장안내 등 중개업무를 보조하는 경우 중개의뢰인에게 본인이 중개보조원이라는 사실을 미리 알려야 한다(법 제18조의4).

예제

**공인중개사법령상 용어의 설명으로 <u>틀린</u> 것은?** 제33회

① 중개는 중개대상물에 대하여 거래당사자 간의 매매・교환・임대차 그 밖의 권리의 득실변경에 관한 행위를 알선하는 것을 말한다.
② 개업공인중개사는 이 법에 의하여 중개사무소의 개설등록을 한 자를 말한다.
③ 중개업은 다른 사람의 의뢰에 의하여 일정한 보수를 받고 중개를 업으로 행하는 것을 말한다.
④ 개업공인중개사인 법인의 사원 또는 임원으로서 공인중개사인 자는 소속공인중개사에 해당하지 않는다.
⑤ 중개보조원은 공인중개사가 아닌 자로서 개업공인중개사에 소속되어 개업공인중개사의 중개업무와 관련된 단순한 업무를 보조하는 자를 말한다.

해설 "소속공인중개사"라 함은 개업공인중개사에 소속된 공인중개사(개업공인중개사인 법인의 사원 또는 임원으로서 공인중개사인 자를 포함한다)로서 중개업무를 수행하거나 개업공인중개사의 중개업무를 보조하는 자를 말한다(법 제2조 제5호).

정답 ④

## 제 4 절 법정 중개대상물 제34회

**법 제3조【중개대상물의 범위】** 이 법에 의한 중개대상물은 다음 각 호와 같다.
1. 토지
2. 건축물 그 밖의 토지의 정착물
3. 그 밖에 대통령령으로 정하는 재산권 및 물건

**영 제2조【중개대상물의 범위】** 공인중개사법 제3조 제3호에 따른 중개대상물은 다음 각 호와 같다.
1. 「입목에 관한 법률」에 따른 입목
2. 「공장 및 광업재단 저당법」에 따른 공장재단 및 광업재단

### 01 법정 중개대상물에 대한 개설

#### 1 중개대상물의 의의

(1) 법정 중개대상물이란 개업공인중개사의 중개행위의 대상이 되는 물건을 말하는 것으로써 현행법은 법 제3조와 시행령 제2조에서 규정하고 있다. 따라서 법령에서 규정하고 있지 아니한 자동차, 항공기, 선박, 건설기계, 어업재단·항만운송재단 등은 중개대상물에 해당하지 않는다.

(2) 광의의 부동산은 협의의 부동산과 준부동산으로 분류할 수 있는데 현행 법률에서 직접 규정하고 있는 토지, 건축물 그 밖의 토지의 정착물은 협의의 부동산으로써 「민법」상의 부동산이 되고, 시행령에서 규정하고 있는 입목, 공장재단, 광업재단은 준부동산이 된다.

(3) 「공인중개사법」이 규정한 중개대상물의 범위에는 준부동산 중 일부가 포함되어 있으므로 「민법」상의 부동산의 범위보다 넓고 광의의 부동산 범위보다는 좁다.

#### 2 중개대상물 규정의 취지

(1) 법정 중개대상물은 적법하게 등록한 개업공인중개사만의 고유·전속적인 중개대상 영역이다. 따라서 등록을 하지 아니한 자가 이 중개대상물 거래에 대한 중개를 업으로 한 때에는 무등록업자로서 행정형벌의 대상이 된다.

(2) 법정 중개대상물의 구체적 범위는 중개행위의 대상인 부동산과 그 부동산인 물건에 성립할 수 있는 권리를 포함한다. 예 부동산인 토지 ⇨ 지상권, 지역권 등 포함

(3) 법정 중개대상물이 아닌 물건의 거래에 대한 알선행위는 이 법이 규제하는 것이 아니므로 특별히 다른 법률에서 규제하지 아니한다면 개업공인중개사나 일반인도 거래의 중개를 할 수 있다. 예 수목, 대토권, 세차장구조물 등

(4) 이 법은 개업공인중개사 종별에 따라 법정 중개대상물의 취급 범위를 차별화 하지 않고 있어서 모든 개업공인중개사가 모두를 동일하게 취급할 수 있다

(5) .법정 중개대상물 및 권리라고 하더라도 모두가 중개행위의 대상물 및 권리가 될 수 있는 것은 아니다. 중개행위의 대상이 되려면 사적 거래가 가능하고, 그 거래에 개업공인중개사의 중개행위가 개입될 수 있어야 한다.

(6) 한편, 법정 중개대상물은 개업공인중개사 등의 매매업이 금지되며, 중개의뢰인과의 직접 거래 금지대상물이기도 하다(법 제33조 제1항 제1호와 제6호의 금지행위)

## 02 법정 중개대상물의 범위 제31회, 제32회, 제33회, 제35회

### 1 토 지

(1) 토지는 전, 답, 과수원, 대지, 임야, 잡종지 등 지목을 불문하고 중개대상물이 될 수 있다. 또한 공법상 용도지역, 지구, 구역 지정 여부나 이용제한 및 규제를 불문하고 원칙적으로 중개대상물이 된다.

(2) 토지에 속한 암석, 토사, 지하수, 온천수 등은 토지의 구성물로서 토지와 별개의 부동산으로 취급하지 않는다. 따라서 토사, 암석, 지하수만을 독립해서 중개대상물이 될 수는 없다.

(3) 토지 속에 묻힌 미채굴의 광물은 토지소유권이 미치지 않고 국가소유이다. 또한 이를 채굴할 수 있는 권리인 "광업권"과 "미채굴의 광물"은 중개대상물이 될 수는 없다.

(4) 1필지의 토지를 일정한 절차를 밟아서 수필로 분할하거나 수필의 토지를 1필로 합병할 수도 있다. 따라서 목적물의 범위가 확정된 경우 1필지의 토지의 일부 매매도 가능하며, 다수의 필지를 1개의 매매 목적으로 할 수도 있다.

**판 례**

**대토권의 중개대상물 여부**

주택이 철거될 경우 일정한 요건하에서 택지개발지구 내 이주자택지를 공급받을 수 있는 지위인 이른바 '대토권'은 특정한 토지나 건물 기타 정착물 또는 법 시행령이 정하는 재산권 및 물건에 해당한다고 볼 수 없으므로 법 제3조에서 정한 중개대상물에 해당하지 않는다. 따라서 대토권이 법이 규율하는 중개대상물에서 제외되는 이상 대토권의 매매 등을 알선한 행위는 「공인중개사법」상 중개행위가 아니므로 손해배상책임 등의 규정이 적용되지 않는다(대판 2011.5.26, 2011다23682).

## 2 건축물 그 밖의 토지의 정착물

### (1) 건축물

① 현행법은 중개대상물로써 '건축물 및 그 밖의 토지정착물'을 규정하고 있으며, '건축물'은 토지와 별개의 독립한 부동산으로 중개대상물에 해당된다.

② **중개대상물인 건축물의 개념**
판례의 입장을 종합하여 보면 중개대상물인 '건축물'은 토지로부터 쉽게 분리・철거될 수 있는 것이 아닌 토지의 정착물로써 최소한 기둥과 지붕 그리고 주벽이 이루어진 것을 의미하는 것으로 판시하였다(대판 2009.1.15, 2008도9427). 따라서 「건축법」상 건축물의 개념을 그대로 '중개대상물인 건축물'로 볼 수는 없다.

③ **구분건물(구분소유한 공동건물)**: 「민법」에 "1동의 건물의 일부가 독립하여 소유권의 객체가 될 수 있다."고 구분소유권을 규정하고 있고(「민법」 제215조), 또한 「집합건물의 소유 및 관리에 관한 법률」에서도 1동의 건물 중 구조상 구분된 수개의 부분이 독립된 건물로서 사용될 수 있을 때에는 그 각 부분은 이 법이 정하는 바에 따라 각각 소유권의 목적으로 할 수 있다고 규정하고 있다. 따라서 1동의 건물의 일부(예 101동 101호)에 대하여도 매매, 교환, 임대차, 전세권 설정, 이전 등을 중개할 수 있다.

④ **단독주택**: 1동(건물 1동 전체 표제부 1개)의 건물 전체에 대한 매매, 교환, 임대차 등의 중개는 가능하나 1동의 일부에 대한 매매 등의 중개는 불가하다.

⑤ **미등기・무허가**: 중개대상물이 되기 위해서는 공적장부에 등기 또는 허가 등을 요하지 않는다. 따라서 일정 공정단계에 이른 건축 중인 건물이나 사용 중인 미등기건물 또는 무허가건물도 중개대상물이 될 수 있다.

⑥ **장차 완공될 건축물(아파트・상가의 분양권 등)**: 현존 건축물(건축 중 또는 완공)뿐만 아니라 장차 건축될 특정의 건물도 포함된다. 따라서 아파트의 특정 동・호수에 대하여 피분양자가 선정되거나 분양계약이 체결된 후에는 그 특정아파트가 완성되기 전이라도 거래 가능한 건축물로써 중개가 가능하다. 또한 「도시 및 주거환경정비법」 규정에 따른 관리처분계획의 인가로 인하여 취득한 입주자로 선정된 지위, 즉 재건축・재개발 조합원의 입주권은 중개대상물에 포함된다. 하지만, 주택법 제65조(공급질서 교란금지)에 따른 특정한 아파트에 입주할 수 있는 권리가 아니라 아파트에 대한 추첨기일에 신청을 하여 당첨이 되면 아파트의 분양예정자로 선정될 수 있는 지위를 가리키는 데에 불과한 입주권은 중개대상물에 해당하지 않는다는 점에 주의해야 한다.

⑦ **건축물 외 정착물**: 건축물은 토지와는 별개의 중개대상물이 된다. 토지로부터 쉽게 해체, 이동할 수 있는 전시목적인 견본주택, 너덜한 판잣집, 차량주택, 세차장구조물 등은 중개대상물에 해당하지 않는다.

⑧ **권리금**: 영업용 상가건물 등의 임대차 거래에 부수하여 발생하는 영업시설과 비품 등 유형물과 영업상의 노하우 또는 점포 위치 등 무형적 재산가치인 권리금은 '건축물' 자체의 가치가 아니므로 중개대상물에 해당하지 않는다.

**판례**

**1. 분양권의 중개대상물 여부**

중개대상물 중 '건물'에는 기존의 건축물뿐만 아니라 장차 건축될 특정의 건물도 포함된다고 볼 것이므로 아파트의 특정 동·호수에 대하여 피분양자가 선정되거나 분양계약이 체결된 후에는 그 특정아파트가 완성되기 전이라 하여도 이에 대한 매매 등 거래를 중개하는 것은 '건물'의 중개에 해당한다(대판 2005.5.27, 2004도62).

또한 특정 동·호수에 대하여 피분양자가 선정되거나 분양계약이 체결되지는 아니하였다고 하더라도 장차 예정된 동·호수의 추첨이 분양 대상으로 정하여져 아파트를 분양받는 것 자체는 당연히 보장되고, 분양 목적물이 현실적인 제공 또한 가능한 상태에 이르러 상당히 구체화되었다면 이에 대한 거래를 중개하는 것 또한 '공인중개사법'이 중개대상물로 정한 '건축물의 중개'에 해당한다고 봄이 상당하다(대판 2013.1.24, 2010다16519).

**2. 입주권의 중개대상물 여부**

특정한 아파트에 입주할 수 있는 권리가 아니라 아파트에 대한 추첨기일에 신청을 하여 당첨이 되면 아파트의 분양예정자로 선정될 수 있는 지위를 가리키는 데에 불과한 입주권은 「공인중개사법」 제3조 제2호 소정의 중개대상물인 건물에 해당한다고 보기 어렵다(대판 1991.4.23, 90도1287).

⇨ 「도시 및 주거환경정비법」 규정에 따른 관리처분계획의 인가로 인하여 취득한 입주자로 선정된 지위, 즉 재건축·재개발 입주권은 부동산거래 신고대상이 되는 것에 비추어 중개대상물에 포함된다고 볼 수 있다(국토교통부 유권해석, 2AA−0905−038734, 2009.5.19).

**3. 권리금의 중개대상물 여부**

영업용 건물의 영업시설과 비품 등 유형물이나 거래처, 신용, 영업상의 노하우 또는 점포 위치에 따른 영업상의 이점 등 무형적 재산가치의 양도는 중개대상물이라고 할 수 없으므로 그러한 유·무형의 재산적 가치의 양도에 대하여 이른바 '권리금' 등을 수수하도록 중개한 것은 중개행위에 해당되지 아니하고, 따라서 중개보수의 한도액 역시 이러한 거래대상의 중개행위에는 적용되지 아니한다(대판 2006.9.22, 2005도16054).

### (2) 토지의 정착물

① '토지의 정착물'이라 함은 토지에 고정적으로 부착하여 용이하게 이동할 수 없는 물건으로 그러한 상태로 사용되는 것이 그 물건의 거래상의 성질로 인정되는 것을 말한다.

② 원칙적으로 건물 이외의 토지의 정착물은 토지의 종물로서 토지와 별개의 거래객체가 될 수 없다. 그러나 정착물이기는 하지만 일정한 공시방법을 갖춘 경우에는 토지와는 별개의 독립한 소유권의 객체가 되어 거래의 대상이 되는 경우에 대하여 살펴보기로 한다.

㉠ 명인방법을 갖춘 수목의 집단: 일반적으로 수목은 토지의 구성물로써 독립하여 중개대상물이 되지 못하나 수목의 집단에 대하여 명인방법이라는 관습법상의 공시방법을 갖춘 때에는 독립한 물건이 되어 소유권의 객체로써 거래의 목적물이 됨을 판례가 인정한다. 다만, 명인방법을 갖춘 수목의 집단은 명인방법이라는 불완전한 공시방법 때문에 오직 소유권의 객체가 될 뿐이고 저당권 등 다른 권리의 객체가 될 수 없다.

판례

**명인방법을 갖춘 수목집단의 중개대상물 여부**

「입목에 관한 법률」에 의하여 등기를 갖춘 입목 또는 명인방법이라는 관습법상의 공시방법을 갖추는 경우에는 토지와는 독립하여 거래의 대상이 될 수도 있다는 것이 일반적인 견해이다. 따라서 '명인방법을 갖춘 수목집단'은 토지와 독립하여 거래의 대상이 되는 토지의 정착물이므로, 이는 「부동산중개업법」에 의한 중개대상물에 해당한다고 보아야 할 것이다('행정심판' 2004.7.4, 사건번호 2004-01961).

---

㉡ 미분리 과실과 농작물: 공인중개사법령상에 법 제3조의 법정 중개대상물로 볼 수 있냐는 견해의 대립이 있다. 일반적인 견해나 사견상으로 집단수목과는 달리 미분리 과실이나 농작물은 토지로부터 아주 쉽게 채취가 가능하므로 성질상 중개대상물로 보기에는 다소무리가 있다. 따라서, 견해의 대립으로 입법적으로 해결하여야 할 사항으로 보인다. 참고로, 아직까지 시험에 출제된 적이 없다.

㉢ 기타 중개대상물 여부

ⓐ 토지와 일체로 처분되는 정착물인 교량, 담장, 도로의 포장, 정원석, 정원수 등은 정착물이기는 하나 「민법」 제100조 제2항 "종물은 주물의 처분에 따른다"는 규정에 따라 독립한 거래의 대상이 아니므로 중개대상물이 아니다.

ⓑ 토지의 구성부분인 온천수·광천권·온천이용권 등은 중개대상물이 아니다.

ⓒ 토지로부터 볼트만 해체하면 쉽게 분리·철거가 가능하고 사용목적에 따라 일시적인 부착물에 불과한 공중전화 부스, 세차장구조물 등은 토지의 정착물로 볼 수 없어 중개대상물이 아니다.

ⓓ 기타 여객선 객실, 가식묘목, 사무소로 사용 중인 컨테이너박스 등도 중개대상물로 볼 수 없다.

판례

**세차장구조물의 중개대상물 여부**

'법률상 독립된 부동산으로서의 건물이라고 하려면 최소한의 기둥과 지붕 그리고 주벽이 이루어져야 할 것인바(대판 1986.11.11, 86누173 ; 1996.6.14, 94다53006 등 참조), 세차장구조물은 콘크리트 지반 위에 볼트조립방식 등을 사용하여 철제 파이프 또는 철골의 기둥을 세우고 그 상부에 철골 트러스트 또는 샌드위치 판넬 지붕을 덮었으며, 기둥과 기둥 사이에 차량이 드나드는 쪽을 제외한 나머지 2면 또는 3면에 천막이나 유리 등으로 된 구조물로서 주벽이라고 할 만한 것이 없고, 볼트만 해체하면 쉽게 토지로부터 분리 · 철거가 가능하므로 이를 토지의 정착물이라 볼 수는 없다(대판 2009.1.15, 2008도9427).

## 3 「입목에 관한 법률」에 따른 입목

### (1) 입목의 의의 및 범위

① 입목이란 토지에 부착된 수목의 집단으로서 그 소유자가 「입목에 관한 법률」에 따라 소유권보존등기를 받은 것을 말한다.

② 입목으로 등기를 받을 수 있는 수목의 집단은 그 소재지를 관할하는 특별자치도지사, 시장, 군수 또는 구청장(자치구의 구청장을 말한다)에게 입목등록을 신청하여 입목등록원부에 등록된 것에 한정되며, 그 범위는 수종 · 수량의 제한 없이 1필의 토지의 전부 또는 일부분에 생립하고 있는 모든 수종의 수목으로 한다.

③ 입목은 이를 부동산으로 보며, 입목의 소유자는 토지와 분리하여 입목을 양도하거나 이를 저당권의 목적으로 할 수 있고, 토지 소유권 또는 지상권 처분의 효력은 입목에 영향을 미치지 아니한다.

④ 입목의 경매나 그 밖의 사유로 토지와 그 입목이 각각 다른 소유자에게 속하게 되는 경우에는 토지소유자는 입목소유자에 대하여 지상권을 설정한 것으로 본다.

### (2) 입목의 공시

① 이미 등기되어 있는 토지에 부착된 수목에 대하여 소유권보존등기를 하였을 때와 입목의 구분등기를 하였을 때에는 토지의 등기기록 중 표제부에 입목등기기록을 표시하고, 등기관이 날인하여야 한다. 입목의 등기용지를 표시할 때에는 그 토지에 부착된 수목에 대한 입목등기번호를 기재한다.

② 입목은 입목이 자라고 있는 토지와는 별개의 부동산이므로 토지를 처분한 경우에도 입목의 소유권에는 영향을 주지 않는다. 따라서 토지 위의 수목이 등기된 입목인지 아닌지는 법률관계에 상당한 영향을 주게 되고 자칫 거래의 안전을 해칠 염려가 있으므로 이를 제3자가 알아볼 수 있게 하는 장치가 필요하다. 그래서 토지를 매수하는 자는 토지등기사항증명서 표제부를 확인하여 토지 위에 생립하고 있는 수목이 등기된 입목인지 확인할 필요가 있다.

③ 입목의 소유자, 저당권설정 여부 등 상세한 내용을 확인하기 위해서는 입목등기부를 열람해 보아야 한다. 입목등기부는 1개의 입목에 대하여 1용지를 사용하며 각 등기소에 입목등기부를 비치한다.

### (3) 입목의 저당권설정

① 입목을 담보로 저당권을 설정하고자 하는 경우에는 사전에 그 입목에 대하여 보험에 가입하여야 한다.

② 입목을 목적으로 하는 저당권의 효력은 입목을 벌채한 경우에 그 토지로부터 분리된 수목에 대하여도 미친다. 이 경우 저당권자는 채권의 기한이 도래하기 전이라도 그 분리된 수목을 경매할 수 있다. 다만, 그 매각대금은 이를 공탁하여야 한다.

③ 지상권자 또는 토지의 임차인에게 속하는 입목이 저당권의 목적이 되어 있는 경우에는 지상권자 또는 임차인은 저당권자의 승낙 없이 그 권리를 포기하거나 계약을 해지할 수 없다.

## 4 「공장 및 광업재단저당법」에 따른 공장재단

### (1) 공장재단의 의의

① '공장재단'이란 공장에 속하는 일정한 기업용 재산으로 구성되는 일단의 기업재산으로서 이 법에 따라 소유권과 저당권의 목적이 되는 것을 말한다.

② 공장재단은 부동산의 분류에 있어 준(의제)부동산으로 구분되나 중개대상물이 된다.

### (2) 공장재단의 설정 및 구성

① 공장 소유자는 하나 또는 둘 이상의 공장으로 공장재단을 설정하여 저당권의 목적으로 할 수 있다. 공장재단에 속한 공장이 둘 이상일 때 각 공장의 소유자가 다른 경우에도 공장재단을 설정하여 저당권의 목적으로 할 수 있다. 이 경우 공장재단의 구성물은 동시에 다른 공장재단에 속하게 하지 못한다.

② 공장재단은 공장재단등기사항증명서에 소유권보존의 등기를 함으로써 설정하고, 공장재단의 소유권보존등기의 효력은 소유권보존등기를 한 날로부터 10개월 내에 저당권설정등기를 하지 아니하면 상실된다.
등기관은 공장재단에 관하여 소유권보존등기를 하면 그 공장재단 구성물의 등기용지 중 관련 구의 사항란에 공장재단에 속한다는 사실을 적어야 한다.

③ 공장재단은 다음에 열거하는 것의 전부 또는 일부로써 이를 구성할 수 있다. 다만, 공장에 속하는 토지나 건물로서 미등기된 것이 있으면 공장재단을 설정하기 전에 그 토지나 건물의 소유권보존등기를 하여야 한다. 또한 다른 사람의 권리의 목적인 물건이나 압류, 가압류 또는 가처분의 목적인 물건은 공장재단의 구성물이 될 수 없다.
㉠ 공장에 속하는 토지, 건물, 그 밖의 공작물
㉡ 기계, 기구, 전봇대, 전선, 배관, 레일, 그 밖의 부속물

ⓒ 항공기, 선박, 자동차 등 등기나 등록이 가능한 동산

ⓡ 지상권 및 전세권

ⓜ 임대인이 동의한 경우에는 물건의 임차권

ⓑ 지식재산권

④ 공장재단의 소유권보존등기가 있는 경우 공장재단 목록은 등기부의 일부로 보고 기재된 내용은 등기된 것으로 본다.

### (3) 공장재단의 단일성

① 공장재단은 이를 1개의 부동산으로 보며, 소유권과 저당권 이외의 권리의 목적이 되지 못한다. 다만, 저당권자가 동의한 경우에는 임대차의 목적물로 할 수 있다. 공장재단은 그 전체가 소유권과 저당권의 목적이 되므로 일체로만 거래할 수 있고, 제3자에 의한 개별적인 강제집행이 불가능하다.

② 공장재단의 구성물은 공장재단과 분리하여 이를 양도하거나 소유권 이외의 권리, 압류·가압류 또는 가처분의 목적으로 하지 못한다. 다만, 저당권자가 동의한 경우에는 임대차의 목적물로 할 수 있다. 따라서 공장재단의 구성물인 토지, 건물, 기계 등은 독립하여 중개대상물이 될 수 없다.

## 5 「공장 및 광업재단저당법」에 따른 광업재단

### (1) 광업재단의 의의

① '광업재단'이란 광업권(鑛業權)과 광업권에 기하여 광물을 채굴·취득하기 위한 각종 설비 및 이에 부속하는 사업의 설비로 구성되는 일단의 기업재산으로서 「공장 및 광업재단저당법」에 따라 소유권과 저당권의 목적이 되는 것을 말한다.

② 광업재단도 부동산의 분류에 있어 준(의제)부동산으로 구분되나 중개대상물이 된다.

### (2) 공장재단 규정의 준용

① 광업재단에 관하여는 공장재단에 관한 규정을 준용한다.

② 따라서 광업재단을 중개대상물로 취급함에 있어서도 공장재단에 관련된 사항에 준하여 처리하면 된다.

## 03 중개대상물이 되기 위한 3가지 요건

「공인중개사법」상 법정 중개대상물에 해당한다 하여도 개업공인중개사가 전부 중개할 수 있는 것은 아니고 다음과 같은 3가지의 요건을 모두 충족해야 현실적이고 구체적인 개업공인중개사의 중개대상물이 될 수 있다.

| 첫째, 「공인중개사법」상 규정된 중개대상물이어야 한다.<br>둘째, 법정 중개대상물이 사적인 거래가 가능하여야 한다.<br>셋째, 개업공인중개사의 중개행위가 개입할 수 있어야 한다. |
|---|

중개대상물 해당 여부를 3가지 요건을 기준으로 좀 더 체계적이고 구체적인 내용을 살펴보면 다음과 같다.

### 1 공인중개사법령상 규정된 중개대상물이어야 한다.

법정 중개대상물인 토지, 건축물, 토지의 정착물, 입목, 공장재단, 광업재단만이 해당된다. 따라서 법 규정에 없는 특허권, 영업권, 20톤 이상 선박(「선박법」), 어업권, 어업재단, 자동차, 중기・광업권, 공업소유권, 권리금, 중개대상물에 대한 권리가 아닌 것, 저작권 등은 법정 중개대상물이 아니다.

### 2 사적 소유의 대상으로서 거래가 가능한 것이어야 한다.

#### (1) 사적 소유인 부동산 ⇨ 중개대상물에 해당된다.

법정 중개대상물이라 하더라도 개업공인중개사의 중개가 가능하기 위해서는 사적 소유의 대상으로서 거래가 가능한 것이어야 한다. 그 정확한 판단기준은 융통물과 불융통물로 구분하는 것이 가장 정확하다. 따라서 사법상 거래의 객체가 될 수 있는 물건인 융통물은 중개대상물이 되는 반면 공용물, 공공용물 같은 불융통물은 중개대상물이 될 수 없다.

① **공법상 이용제한 및 거래규제를 받는 경우**: 토지거래허가구역 내의 토지, 개발제한구역 내의 토지 또는 임야, 접도구역 내의 토지, 문화재보호구역 내의 토지, 도로예정지인 사유지, 「도로법」상 접도구역 안에 포함된 토지, 도시계획시설예정지로서 수용되지 않은 사유지, 사도, 전매금지가 해제된 분양권 등은 공법상 규제를 받아도 중개대상물이 될 수 있다.

② **사법상의 이용제한이나 거래규제를 받는 경우**: 순위보전 가등기 또는 가압류된 토지나 건물, 법정지상권의 부담이 있는 토지, 유치권이 성립된 건물, 처분금지가처분이 된 빌딩, 압류된 입목, 경매기입등기된 부동산, 분묘기지권이 성립된 임야, 미등기・무허가건물 등도 중개대상물이 될 수 있다.

### (2) 국 · 공유 재산 ⇨ 중개대상물이 될 수 없다.

① **국 · 공유재산**(용도에 따라 행정재산과 일반재산으로 구분)

㉠ 행정재산 : 국가 · 지방자치단체가 직접 사무용 · 사업용 또는 공무원의 주거용으로 사용하거나 사용하기로 결정한 재산인 공용재산, 국가 · 지방자치단체가 직접 공공용으로 사용하거나 사용하기로 결정한 재산인 공공용재산, 정부기업 · 지방자치단체가 경영하는 기업이 직접 사무용 · 사업용 또는 그 기업에 종사하는 직원의 주거용으로 사용하거나 사용하기로 결정한 재산인 기업용재산과 법령이나 그 밖의 필요에 따라 국가 · 지방자치단체가 보존하는 재산인 보존용 재산으로 분류된다.

㉡ 일반재산 : 행정재산 외의 모든 국 · 공유재산을 말한다.

㉢ 국유재산이나 공유재산에는 원칙적으로 사권을 설정하지 못하고, 특히 행정재산은 시효취득이나 처분의 대상도 되지 아니하므로 사법상 거래의 대상이 될 수 없어 중개대상물이 될 수 없다.

② **하천** : 하천을 구성하는 토지와 그 밖의 하천시설에 대하여는 원칙적으로 사권(私權)을 행사할 수 없고(「하천법」 제4조), 국가 및 지방자치단체는 하천구역으로 된 때에는 국가하천인 경우 「국유재산법」에 따른 국유재산으로, 지방하천인 경우 「공유재산 및 물품관리법」에 따른 공유재산으로 확보되도록 노력하여야 하므로(「하천법」 제10조) 중개대상물이 될 수 없다고 본다. 다만, 사유인 하천으로서 하천에 대한 소유권을 이전하는 경우나 저당권을 설정하는 경우는 예외적으로 중개대상물이 될 수 있을 것이다.

③ **포락지** : 하천이나 하천의 범람으로 사권이 소멸된 포락지는 사적 소유의 대상이 될 수 없으므로 중개대상물이 될 수 없다.

④ **무주의 토지, 미채굴의 광물** : 무주의 토지는 「민법」에 의하여 국유가 되므로 중개대상물이 될 수 없으며, 미채굴의 광물도 토지소유권이 미치지 못하므로 중개대상물이 될 수 없다.

⑤ **바닷가**(빈지) : 바닷가는 만조수위선으로부터 지적공부에 등록된 지역까지의 사이를 말하는 것이다. 자연의 상태 그대로 공공용에 제공될 수 있는 실체를 갖추고 있는 이른바 자연공물로서 「국유재산법」상의 행정재산에 속하는 것으로 사법상 거래의 대상이 되지 아니하므로(대판 2000.5.26, 98다15446) 중개대상물이 되지 아니한다. 다만, 바닷가를 「공유수면매립법」에 의하여 개인이 그 절차에 따라 매립하고 소유권을 취득한 때에는 「공간정보의 구축 및 관리 등에 관한 법률」상 등록된 토지가 되므로 중개대상물이 된다.

⑥ **공도** : 공도는 중개대상물이 될 수 없으나 도로예정지인 사유지나 사도는 중개대상물이 될 수 있다.

## 3 거래의 성질상 개업공인중개사의 중개행위가 개입될 수 있어야 한다.

법정 중개대상물이라 하더라도 중개행위의 대상은 매매 등 거래계약체결(「민법」 제186조)이므로 법률의 규정에 의한 권리의 변동(「민법」 제187조)은 개업공인중개사의 중개행위가 개입될 여지가 없어 중개대상물 및 권리에 해당될 수 없다.

### (1) 거래의 성질상 중개행위 개입이 가능한 경우

① **공법상 규제가 있는 물건**: 토지거래허가구역 안의 토지, 농지취득자격증명이 필요한 농지 등은 허가·증명 등의 절차가 따른다 하더라도 타 거래의 목적물은 될 수 있으므로 중개대상물이 될 수 있다.

② **법정저당권**: 토지임대인이 변제기를 경과한 최후 2년의 차임채권에 의하여 그 지상에 있는 임차인소유의 건물을 압류한 때에는 저당권과 동일한 효력이 있다(「민법」 제649조). 이를 법정저당권이라 하는데 그 성립은 중개행위가 개입되지 못하나 이전성은 인정되므로 법정저당권도 중개대상권리가 된다.

③ **가등기담보권**: 「가등기담보 등에 관한 법률」에서는 담보가등기의 우선변제권이나 경매에 있어서는 저당권화 된다고 하고 있으므로 가등기담보권도 양도 가능하다. 따라서 다수의 견해는 저당권과 마찬가지로 가등기담보권도 중개대상권리로 본다.

④ **법정지상권·환매권**: 법정지상권이나 등기된 환매권은 양도가 가능한 권리이므로 중개대상권리가 된다.

⑤ **유치권**: 유치권은 법정담보물권이다. 유치권이 발생하는 과정(성립)에는 중개행위가 개입될 여지가 없다. 다만, 판례는 유치권도 일신전속적이 아닌 재산권으로서 피담보채권과 목적물의 점유를 함께 이전할 경우 그 이전이 가능하고, 이는 유치권의 경우도 마찬가지이므로 결국 유치권은 중개대상 권리가 된다고 인정하고 있다.

### (2) 거래의 성질상 중개행위 개입이 불가능한 경우

① **법률규정에 의한 권리변동**: 법률규정에 의한 권리가 변동되는 경우는 원칙적으로 중개행위가 개입할 수 없다. 상속, 경매, 공매, 판결, 증여 등은 취득 당시에 그리고 법정지상권, 법정저당권 등은 성립 당시에는 중개행위 개입이 불가능하므로 중개대상물이 될 수 없다.

② **분묘기지권**: 분묘기지권은 다른 사람 토지를 사용할 수 있는 물권으로서 관습법상 인정되는 권리이다. 이는 그 성립 및 이전에 있어서 모두 중개대상물이 될 수 없다.

③ **점유권**: 점유권은 본권의 유·무를 떠나 물건을 사실상 지배하는 그 자체에 성립하는 물권으로서 일반적으로 권리의 성질상 점유권의 자체는 중개대상 권리가 될 수 없다고 본다.

④ **질권**: 질권은 재산권(저당권, 주식 등)이나 동산을 객체로 하고, 부동산의 사용·수익과 관련된 권리를 객체로 하는 것이 아니므로 중개대상권리로 볼 수 없다.

☑ **중개대상물 핵심정리**

| 3요건 | 해당되는 것 | 3요건 | 해당되지 않는 것 |
|---|---|---|---|
| ① **법정 중개대상물 규정(○)** | • 토지<br>• 건축물 그 밖의 토지의 정착물<br>• 입목, 공장재단, 광업재단 | **법정 중개대상물 규정(×)** | 자동차, 기계장비, 선박, 항공기, 어업재단, 항만운송사업재단 등 |
| ② **사적 재산(○)** | • 토지거래허가구역 내 토지<br>• 개발제한구역 내 토지<br>• 접도구역 내 토지<br>• 도로예정지인 사유지<br>• 공유수면매립지 중 사유지<br>• 가압류된 토지 · 건물<br>• 법정지상권이 설정된 토지<br>• 미등기 건물, 무허가 건물 | **국 · 공유 재산(×)** | • 청사, 관사 등 행정재산<br>• 문화재 등 보존재산<br>• 미채굴광물<br>• 공도, 공원<br>• 도로예정지 중 공유지<br>• 공유수면매립지 중 공유지<br>• 하천(국 · 공유)<br>• 포락지 |
| ③ **중개 개입 가능(○)** | • 소유권<br>• 지상권, 지역권, 전세권<br>• 부동산임차권<br>• 매매, 교환, 임대차<br>• 지상권 · 지역권 · 전세권 설정<br>• 저당권의 설정 · 이전<br>• 환매권, 담보가등기<br>• 유치권과 법정지상권이전<br>• 환매권 양도 | **중개 개입 불가능(×)** | • 동산질권<br>• 상표권, 저작권<br>• 어업권, 광업권<br>• 분묘기지권<br>• 지식재산권<br>• 증여, 기부채납<br>• 상속, 공용수용, 경매<br>• 유치권의 발생<br>• 법정지상권의 성립<br>• 환매권의 행사 |

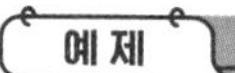

**공인중개사법령상 중개대상물에 해당하는 것을 모두 고른 것은?** (다툼이 있으면 판례에 따름)

제33회

> ㉠ 동·호수가 특정되어 분양계약이 체결된 아파트분양권
> ㉡ 기둥과 지붕 그리고 주벽이 갖추어진 신축 중인 미등기상태의 건물
> ㉢ 아파트 추첨기일에 신청하여 당첨되면 아파트의 분양예정자로 선정될 수 있는 지위인 입주권
> ㉣ 주택이 철거될 경우 일정한 요건하에 택지개발지구 내에 이주자택지를 공급받을 지위인 대토권

① ㉠, ㉡
② ㉡, ㉢
③ ㉢, ㉣
④ ㉠, ㉡, ㉣
⑤ ㉠, ㉡, ㉢, ㉣

**해설** ㉢ 특정한 아파트에 입주할 수 있는 권리가 아니라 아파트에 대한 추첨기일에 신청을 하여 당첨이 되면 아파트의 분양예정자로 선정될 수 있는 지위를 가리키는 데에 불과한 입주권은 중개대상물인 건물에 해당한다고 보기 어렵다(대판 1991.4.23, 90도1287).

㉣ 주택이 철거될 경우 일정한 요건하에서 택지개발지구 내 이주자택지를 공급받을 수 있는 지위인 이른바 '대토권'은 특정한 토지나 건물 기타 정착물 또는 법 시행령이 정하는 재산권 및 물건에 해당한다고 볼 수 없으므로 중개대상물에 해당하지 않는다(대판 2011.5.26, 2011다23682).

**정답** ①

Chapter

# 02 공인중개사제도

**단원 열기**

공인중개사제도 부분은 시험시행기관, 시험방법, 응시자격에 관한 내용, 응시수수료 반환규정, 정책심의위원회의 위원장과 위원회의 임명, 위촉권자 및 구성인원, 최소선발인원 또는 응시자 대비 최소선발비율제도, 자격증 양도·대여 및 유사명칭 등으로 구성되어 있다. 이는 공인중개사제도의 단독문제 또는 등록, 결격사유, 행정처분 및 형벌 등과 유기적인 문제가 출제되기도 하므로 고득점을 위해서는 명확히 정리해 두어야 한다.

## 제 1 절 공인중개사 자격시험제도

**법 제4조 【자격시험】** ① 공인중개사가 되려는 자는 특별시장·광역시장·도지사·특별자치도지사(이하 "시·도지사"라 한다)가 시행하는 공인중개사자격시험에 합격하여야 한다.

② 국토교통부장관은 공인중개사자격시험 수준의 균형유지 등을 위하여 필요하다고 인정하는 때에는 대통령령으로 정하는 바에 따라 직접 시험문제를 출제하거나 시험을 시행할 수 있다.

③ 공인중개사자격시험의 시험과목·시험방법 및 시험의 일부면제 그 밖에 시험에 관하여 필요한 사항은 대통령령으로 정한다.

### 01 시험시행기관

#### 1 원 칙

공인중개사가 되려는 자는 특별시장·광역시장·도지사·특별자치도지사(이하 "시·도지사"라 한다)가 시행하는 공인중개사 자격시험에 합격하여야 한다.

**넓혀 보기**

공인중개사 자격시험에 있어서 비록 시험의 계획과 중요 부분의 주관을 국토교통부에서 하였다 하더라도 시험의 대외적인 합격 여부 처분행위의 주체는 어디까지나 시·도지사이다(대판 1994.12. 15, 94구12069). 즉, 공인중개사 자격시험의 이의신청 또는 행정심판이나 법원에 제기하는 행정소송의 당사자 적격은 시·도지사에게 있다.

### 2 예 외

(1) 국토교통부장관은 공인중개사 자격시험 수준의 균형유지 등을 위하여 필요하다고 인정하는 때에는 대통령령이 정하는 바에 따라 직접 시험문제를 출제하거나 시험을 시행할 수 있다.

(2) 국토교통부장관이 법 제4조 제2항에 따라 직접 공인중개사 자격시험(이하 "시험"이라 한다)의 시험문제를 출제하거나 시험을 시행하려는 경우에는 법 제4조의2에 따른 공인중개사 정책심의위원회(이하 "심의위원회"라 한다)의 의결을 미리 거쳐야 한다(영 제3조).

### 3 시험시행업무의 위탁

시험시행기관의 장은 시험의 시행에 관한 업무를 「공공기관의 운영에 관한 법률」 제5조 제4항에 따른 공기업, 준정부기관 또는 협회에 위탁할 수 있다. 시・도지사 또는 시험시행기관장은 시험의 시행에 관한 업무를 위탁한 때에는 위탁받은 기관의 명칭・대표자 및 소재지와 위탁업무의 내용 등을 관보에 고시하여야 한다.

## 02 공인중개사 정책심의위원회 제32회, 제33회, 제34회, 제35회

### 1 설치 및 심의사항

(1) 공인중개사의 업무에 관한 다음의 사항을 심의하기 위하여 국토교통부에 공인중개사 정책심의위원회를 둘 수 있다.

① 공인중개사의 시험 등 공인중개사의 자격취득에 관한 사항

② 부동산 중개업의 육성에 관한 사항

③ 중개보수 변경에 관한 사항

④ 손해배상책임의 보장 등에 관한 사항

(2) 심의위원회에서 공인중개사의 시험 등 공인중개사의 자격취득에 관한 사항을 정하는 경우에는 시・도지사는 이에 따라야 한다.

## 2 심의위원회의 구성 및 운영

(1) 심의위원회는 위원장 1명을 포함하여 7명 이상 11명 이내의 위원으로 구성한다.

(2) 위원장은 국토교통부 제1차관이 되고, 위원은 다음 어느 하나에 해당하는 사람 중에서 국토교통부장관이 임명하거나 위촉한다.

① 국토교통부의 4급 이상 또는 이에 상당하는 공무원이나 고위공무원단에 속하는 일반직공무원

② 고등교육법 제2조에 따른 학교에서 부교수 이상의 직(職)에 재직하고 있는 사람

③ 변호사 또는 공인회계사의 자격이 있는 사람

④ 법 제41조에 따른 공인중개사협회에서 추천하는 사람

⑤ 법 제45조에 따라 법 제4조에 따른 공인중개사자격시험(이하 "시험"이라 한다)의 시행에 관한 업무를 위탁받은 기관의 장이 추천하는 사람

⑥ 비영리민간단체 지원법 제4조에 따라 등록한 비영리민간단체에서 추천한 사람

⑦ 소비자 기본법 제29조에 따라 등록한 소비자단체 또는 같은 법 제33조에 따른 한국소비자원의 임직원으로 재직하고 있는 사람

⑧ 그 밖에 부동산·금융 관련 분야에 학식과 경험이 풍부한 사람

(3) 위 (2)의 ②부터 ⑧까지의 규정에 따른 위원의 임기는 2년으로 하되, 위원의 사임 등으로 새로 위촉된 위원의 임기는 전임위원 임기의 남은 기간으로 한다.

(4) 위원장은 심의위원회를 대표하고, 심의위원회의 업무를 총괄한다. 위원장이 부득이한 사유로 직무를 수행할 수 없을 때에는 위원장이 미리 지명한 위원이 그 직무를 대행한다.

(5) 위원장은 심의위원회의 회의를 소집하고, 그 의장이 된다. 위원장은 심의위원회의 회의를 소집하려면 회의 개최 7일 전까지 회의의 일시, 장소 및 안건을 각 위원에게 통보하여야 한다. 다만, 긴급하게 개최하여야 하거나 부득이한 사유가 있는 경우에는 회의 개최 전날까지 통보할 수 있다. 위원장은 심의에 필요하다고 인정하는 경우 관계 전문가를 출석하게 하여 의견을 듣거나 의견 제출을 요청할 수 있다.

(6) 심의위원회의 회의는 재적위원 과반수의 출석으로 개의(開議)하고, 출석위원 과반수의 찬성으로 의결한다.

(7) 심의위원회에 심의위원회의 사무를 처리할 간사 1명을 둔다. 간사는 심의위원회의 위원장이 국토교통부 소속 공무원 중에서 지명한다.

(8) 심의위원회에 출석한 위원 및 관계 전문가에게는 예산의 범위에서 수당과 여비를 지급할 수 있다. 다만, 공무원인 위원이 그 소관 업무와 직접적으로 관련되어 심의위원회에 출석하는 경우에는 그러하지 아니하다.

(9) 대통령령에서 규정한 사항 외에 심의위원회의 운영 등에 필요한 사항은 심의위원회 의결을 거쳐 위원장이 정한다.

## 3 위원의 제척 · 기피 · 회피 · 해촉 등

(1) 심의위원회의 위원이 다음 어느 하나에 해당하는 경우에는 심의위원회의 심의 · 의결에서 제척(除斥)된다.

① 위원 또는 그 배우자나 배우자이었던 사람이 해당 안건의 당사자(당사자가 법인 · 단체 등인 경우에는 그 임원을 포함한다)가 되거나 그 안건의 당사자와 공동권리자 또는 공동의무자인 경우

② 위원이 해당 안건의 당사자와 친족이거나 친족이었던 경우(당사자가 법인 · 단체 등인 경우에는 그 임원을 포함한다)

③ 위원이 해당 안건에 대하여 증언, 진술, 자문, 조사, 연구, 용역 또는 감정을 한 경우

④ 위원이나 위원이 속한 법인 · 단체 등이 해당 안건의 당사자의 대리인이거나 대리인이었던 경우

(2) 해당 안건의 당사자는 위원에게 공정한 심의 · 의결을 기대하기 어려운 사정이 있는 경우에는 심의위원회에 기피 신청을 할 수 있고, 심의위원회는 의결로 이를 결정한다. 이 경우 기피 신청의 대상인 위원은 그 의결에 참여하지 못한다.

(3) 위원 본인이 제척 사유에 해당하는 경우에는 스스로 해당 안건의 심의 · 의결에서 회피(回避)하여야 한다.

(4) 국토교통부장관은 위원이 제척사유의 어느 하나에 해당하는 데에도 불구하고 회피하지 아니한 경우에는 해당 위원을 해촉(解囑)할 수 있다.

## 03 응시자격 등 제31회

### 1 응시자격

(1) 현행 법령에는 공인중개사시험 응시자격에 관련한 규정을 두고 있지 않다. 따라서 원칙적으로 국적, 연령, 경력, 지역 등에 제한 없이 누구나 응시할 수 있다.

(2) 또한 법 제10조의 결격사유자인 미성년자 등 제한능력자, 파산자 또는 수형자 도 시험에 응시하여 자격을 취득할 수 있다. 다만, 자격이 취소된 자는 그 취소된 날로부터 3년 이내에는 공인중개사의 자격을 취득하지 못한다.

(3) 유의할 것은 (2)에 해당하는 자들이 자격을 취득하였다 하더라도 법 제10조에서 규정하는 등록의 결격사유 기간 동안은 개업공인중개사가 될 수 없고, 고용인도 될 수 없다.

(4) 외국인의 경우에도 공인중개사가 될 수 있다.

### 2 응시자격이 없는 자

(1) **자격이 취소된 자**

공인중개사자격이 취소된 자는 그 취소된 날로부터 3년 이내에는 공인중개사의 자격을 취득하지 못한다. 또한 자격이 취소된 자는 결격사유에 해당되어 3년간 중개업에 종사할 수도 없다.

(2) **시험부정행위자**

① 시험시행기관장은 시험에서 부정한 행위를 한 응시자에 대하여는 그 시험을 무효로 하고, 그 처분이 있은 날부터 5년간 시험응시자격을 정지한다. 이 경우 시험시행기관장은 지체 없이 이를 다른 시험시행기관장에게 통보하여야 한다(법 제4조의3).

② 부정행위자는 5년간 응시자격이 정지될 뿐이지 결격사유에는 해당하지 아니하므로 법인인 개업공인중개사의 공인중개사가 아닌 임원・사원 또는 중개보조원으로 근무할 수 있다.

## 04 시험방법

### 1 시험의 시행

공인중개사 자격시험은 매년 1회 이상 시행한다. 다만, 시험시행기관의 장은 시험을 시행하기 어려운 부득이한 사정이 있는 경우에는 심의위원회의 의결을 거쳐 당해 연도의 시험을 시행하지 아니할 수 있다.

### 2 시험의 일부면제

제1차 시험에 합격한 자에 대하여는 다음 회의 시험에 한하여 제1차 시험을 면제한다. 예를 들어, 제35회 자격시험의 제1차 시험에 합격한 자에 대하여는 본인의 시험응시 여부와는 관계없이 다음 회인 제36회 시험의 제1차 시험만 면제되는 것이다.

## 05 시험의 출제 및 채점

### 1 출제위원의 임명 · 위촉

(1) 시험시행기관장은 부동산중개업무 및 관련 분야에 관한 학식과 경험이 풍부한 자 중에서 시험문제의 출제 · 선정 · 검토 및 채점을 담당할 자(이하 "출제위원"이라 한다)를 임명 또는 위촉한다.

(2) 출제위원으로 임명 또는 위촉된 자는 시험시행기관장이 요구하는 시험문제의 출제 · 선정 · 검토 또는 채점상의 유의사항 및 준수사항을 성실히 이행하여야 한다.

(3) 출제위원 및 시험시행업무 등에 종사하는 자에 대하여는 예산의 범위 안에서 수당 및 여비를 지급할 수 있다.

### 2 출제위원 징계

(1) 시험시행기관장은 시험의 신뢰도를 크게 떨어뜨리는 행위를 한 출제위원이 있는 때에는 그 명단을 다른 시험시행기관장 및 그 출제위원이 소속하고 있는 기관의 장에게 통보하여야 한다.

(2) 국토교통부장관 또는 시 · 도지사는 시험시행기관장이 명단을 통보한 출제위원에 대하여는 그 명단을 통보한 날부터 5년간 시험의 출제위원으로 위촉하여서는 아니 된다.

## 06 시험의 실시

### 1 시험의 시행 · 공고

(1) **영 제7조**(시험의 시행 · 공고)

시험시행기관장은 시험을 시행하려는 때에는 예정 시험일시 · 시험방법 등 시험시행에 관한 개략적인 사항을 매년 2월 말일까지 일반일간신문, 관보, 방송 중 하나 이상에 공고하고, 인터넷 홈페이지 등에도 이를 공고해야 한다.

(2) 시험시행기관장은 제2항에 따른 공고 후 시험을 시행하려는 때에는 시험일시, 시험장소, 시험방법, 합격자 결정방법 및 응시수수료의 반환에 관한 사항 등 시험의 시행에 필요한 사항을 시험시행일 90일 전까지 일간신문, 관보, 방송 중 하나 이상에 공고하고, 인터넷 홈페이지 등에도 이를 공고해야 한다.

### 2 응시원서의 제출 및 응시수수료

(1) 시험에 응시하고자 하는 자는 국토교통부령이 정하는 바에 따라 응시원서를 제출하여야 한다.

(2) 시험에 응시하고자 하는 자는 지방자치단체의 조례가 정하는 바에 따라 수수료를 납부하여야 한다. 다만, 국토교통부장관이 직접 시험을 실시하는 경우에는 국토교통부장관이 결정하여 공고하는 수수료를 납부하여야 한다. 또한 시험업무를 위탁한 경우에는 당해 업무를 위탁받은 자가 위탁한 자의 승인을 얻어 결정 · 공고하는 수수료를 각각 납부하여야 한다(법 제47조).

(3) 시험시행기관장은 응시수수료를 납부한 자가 다음에 해당하는 경우에는 국토교통부령이 정하는 바에 따라 응시수수료의 전부 또는 일부를 반환하여야 한다(영 제8조 제2항).

① 수수료를 과오납한 경우

② 시험시행기관의 귀책사유로 시험에 응하지 못한 경우

③ 시험시행일 10일 전까지 응시원서 접수를 취소하는 경우

(4) 응시수수료의 반환기준은 다음과 같고, 수수료의 반환절차 및 반환방법 등은 시험시행공고에서 정하는 바에 따른다.

① 수수료를 과오납한 경우에는 그 과오납한 금액의 전부

② 시험시행기관의 귀책사유로 시험에 응하지 못한 경우에는 납입한 수수료의 전부

③ 응시원서 접수기간 내에 접수를 취소하는 경우에는 납입한 수수료의 전부

④ 응시원서 접수마감일의 다음 날부터 7일 이내에 접수를 취소하는 경우에는 납입한 수수료의 100분의 60

⑤ ④에서 정한 기간을 경과한 날부터 시험시행일 10일 전까지 접수를 취소하는 경우에는 납입한 수수료의 100분의 50

## 3 합격자의 공고

공인중개사 자격시험을 시행하는 시험시행기관의 장은 공인중개사 자격시험의 합격자가 결정된 때에는 이를 공고하여야 한다(법 제5조 제1항).

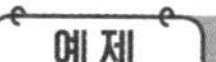

**공인중개사법령상 공인중개사 정책심의위원회**(이하 '위원회'라 함)**에 관한 설명으로 옳은 것을 모두 고른 것은?** 제32회

| |
|---|
| ㉠ 위원회는 중개보수 변경에 관한 사항을 심의할 수 있다.<br>㉡ 위원회는 위원장 1명을 포함하여 7명 이상 11명 이내의 위원으로 구성한다.<br>㉢ 위원장은 국토교통부장관이 된다.<br>㉣ 위원장이 부득이한 사유로 직무를 수행할 수 없을 때에는 위원 중에서 호선된 자가 그 직무를 대행한다. |

① ㉠, ㉡
② ㉠, ㉢
③ ㉢, ㉣
④ ㉠, ㉡, ㉢
⑤ ㉠, ㉡, ㉣

해설 위원장은 국토교통부 제1차관이 되고, 위원은 국토교통부장관이 임명하거나 위촉하며, 위원장이 부득이한 사유로 직무를 수행할 수 없을 때에는 위원장이 미리 지명한 위원이 그 직무를 대행한다. 정답 ①

# 07 공인중개사자격증의 교부 제33회

## 1 자격증 교부

(1) 시・도지사는 합격자에게 국토교통부령이 정하는 바에 따라 공인중개사자격증을 교부하여야 한다(법 제5조 제2항). 이 경우 시・도지사는 시험합격자의 결정・공고일부터 1개월 이내에 시험합격자에 관한 사항을 공인중개사자격증교부대장에 기재한 후 시험합격자에게 공인중개사자격증을 교부하여야 한다.

(2) 공인중개사자격증교부대장은 전자적 처리가 불가능한 특별한 사유가 없으면 전자적 처리가 가능한 방법으로 작성・관리하여야 한다.

## ② 자격증의 재교부

(1) 공인중개사자격증을 교부받은 자가 공인중개사자격증을 잃어버리거나 못쓰게 되어 자격증의 재교부를 신청하고자 하는 경우에는 재교부신청서(별지 제4호 서식)를 당해 자격증을 교부한 시 · 도지사에게 제출하여야 한다(법 제5조 제3항).

(2) 공인중개사자격증의 재교부를 신청하고자 하는 자는 당해 지방자치단체의 조례가 정하는 바에 따라 수수료를 납부하여야 한다(법 제47조 제1항 제2호). 다만, 공인중개사자격증 재교부 업무를 위탁한 경우에는 당해 업무를 위탁받은 자가 위탁한 자의 승인을 얻어 결정 · 공고하는 수수료를 납부하여야 한다(법 제47조 제2항).

**핵심 다지기**

**법 제47조의 조례에 따른 수수료 납부**

① 중개사무소 개설등록신청 ⇨ 시 · 군 · 자치구 조례
② 중개사무소등록증 재교부신청 ⇨ 시 · 군 · 자치구 조례
③ 공인중개사 자격증 재교부신청 ⇨ 시 · 도 조례
④ 분사무소 설치신고시 ⇨ 시 · 군 · 자치구 조례
⑤ 분사무소 신고확인서 재교부 ⇨ 시 · 군 · 자치구 조례
다만, 국토교통부장관이 시험을 실시하는 경우 ⇨ 국토교통부장관이 결정 · 공고하는 수수료

# 제 2 절 공인중개사자격증 양도 · 대여 금지 등

**법 제7조 【자격증 대여 등의 금지】** ① 공인중개사는 다른 사람에게 자기의 성명을 사용하여 중개업무를 하게 하거나 자기의 공인중개사자격증을 양도 또는 대여하여서는 아니 된다.
② 누구든지 다른 사람의 공인중개사자격증을 양수하거나 대여 받아 이를 사용하여서는 아니 된다.
③ 누구든지 제1항 및 제2항에서 금지한 행위를 알선하여서는 아니 된다.

**법 제8조 【유사명칭의 사용금지】** 공인중개사가 아닌 자는 공인중개사 또는 이와 유사한 명칭을 사용하지 못한다.

## 01 자격증의 양도 · 양수 등 금지 제31회, 제34회

### 1 자격증의 양도 등 금지

(1) 공인중개사는 다른 사람에게 자기의 성명을 사용하여 중개업무를 하게 하거나 자기의 공인중개사자격증을 양도 또는 대여하여서는 아니 된다(법 제7조 제1항).

① "다른 사람"이란 공인중개사 본인을 제외한 배우자, 형제는 물론이고 다른 공인중개사도 포함된다고 해석된다. 또한, 양도 · 대여에 따른 대가가 반드시 수반되어야 하는 것도 아니므로 무상으로 양도 · 대여한 경우도 포함된다고 보아야 한다.

② "중개업무를 하게 하는 행위"란 중개업무를 행하도록 적극적으로 권유 · 지시한 경우는 물론 양해 또는 허락하거나 이를 알고서 묵인한 경우도 포함된다.

③ 누구든지 다른 사람에게 성명을 사용하여 중개업무 또는 자격증을 양도 · 대여 또는 양수 · 대여 행위를 알선 하여서는 아니 된다.

(2) 위반시에는 공인중개사의 자격이 취소되고 1년 이하의 징역이나 1천만원 이하의 벌금형에 처해진다.

(3) 누구든지 다른 사람에게 성명을 사용하여 중개업무를 하게 하거나 자격증을 양도 또는 대여를 알선한 자는 1년 이하의 징역이나 1천만원 이하의 벌금형에 처해진다(법 제49조 제1항 제1의2호).

### 2 자격증의 양수 등 금지

(1) 누구든지 다른 사람의 공인중개사자격증을 양수하거나 대여 받아 이를 사용하여서는 아니 된다(법 제7조 제2항).

① "누구든지"의 범위에는 모든 자연인과 법인이 포함되므로 공인중개사나 개업공인중개사도 포함되는 것으로 볼 수 있다.

② 공인중개사 자격증을 양수하거나 대여 받아 중개사무소를 개설등록하는 행위나 중개업무를 수행하는 행위, 법인인 개업공인중개사의 임원이나 사원으로 취임하는 행위 등이 해당될 것이다.

판 례

**자격증 대여의 판단기준**(대판 2007.3.29, 2006도9334)

1. 공인중개사자격증의 대여 ⇨ 다른 사람이 그 자격증을 이용하여 공인중개사로 행세하면서 공인중개사의 업무를 행하려는 것을 알면서도 그에게 자격증 자체를 빌려주는 것을 말한다.
2. 무자격자가 공인중개사의 업무를 수행하였는지 여부 ⇨ 외관상 공인중개사가 직접 업무를 수행하는 형식을 취하였는지 여부에 구애됨이 없이 실질적으로 무자격자가 공인중개사의 명의를 사용하여 업무를 수행하였는지 여부에 따라 판단하여야 한다.
3. 공인중개사가 비록 스스로 몇 건의 중개업무를 직접 수행한 바 있다 하더라도, 무자격자가 거래를 성사시켜 작성한 계약서에 자신의 인감을 날인하는 방법으로 자신이 직접 공인중개사 업무를 수행하는 형식만 갖추었을 뿐, 실질적으로는 무자격자로 하여금 자기 명의로 공인중개사 업무를 수행하도록 한 것이므로, 이는 공인중개사자격증의 대여행위에 해당한다.
4. 공인중개사가 무자격자로 하여금 그 공인중개사 명의로 개설등록을 마친 중개사무소의 경영에 관여하거나 자금을 투자하고 그로 인한 이익을 분배받도록 하는 경우 ⇨ 공인중개사 자신이 부동산거래 중개행위를 수행하고 무자격자로 하여금 중개업무를 수행하도록 하지 않는다면, 이를 가리켜 등록증·자격증의 대여를 한 것이라고 말할 수는 없다.
5. 중개업무를 행하도록 적극적으로 권유·지시한 경우는 물론, 다른 사람이 자기의 이름을 사용하여 중개업무를 하는 것을 양해 또는 허락하거나 이를 알고서 묵인한 경우도 포함되는 것으로 봐야 할 것이다(대판 2005.10.28, 2005도5044).
6. 공인중개사 아닌 사람이 영위하는 중개업이 업무방해죄의 보호대상이 되는지 여부 ⇨ 공인중개사인 피고인이 자신의 명의로 등록되어 있으나 실제로는 공인중개사가 아닌 자가 주도적으로 운영하는 형식으로 동업하다가 동업관계의 종료로 부동산중개업을 그만두기로 한 경우, 공인중개사 아닌 사람의 중개업은 법에 의하여 금지된 행위로서 형사처벌의 대상이 되는 범죄행위에 해당하는 것으로서 업무방해죄의 보호대상이 되는 업무라고 볼 수 없다(대판 2007.1.12, 2006도6599).

(2) 위반시에는 1년 이하의 징역이나 1천만원 이하의 벌금형에 처해진다(법 제49조 제1항 제1호).

(3) 누구든지 다른 사람의 공인중개사자격증을 양수하거나 대여 행위를 알선한 경우는 1년 이하의 징역이나 1천만원 이하의 벌금형에 처해진다(법 제49조 제1항 제1의2호).

## 02 공인중개사 사칭(유사명칭)금지 제31회

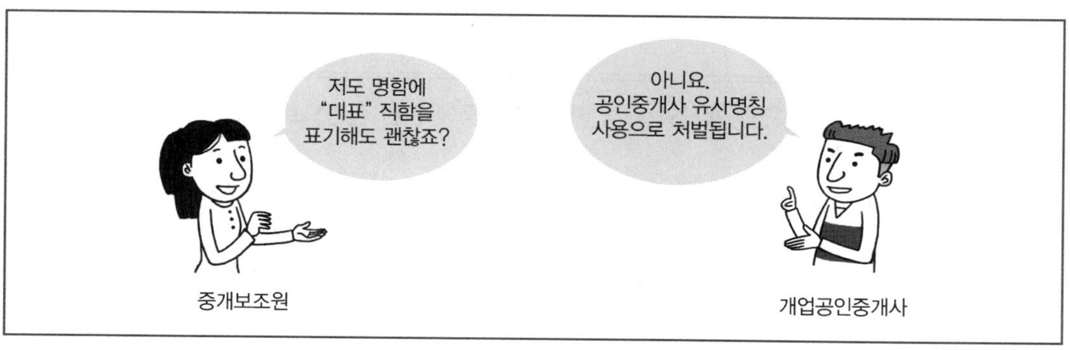


(1) 공인중개사가 아닌 자는 공인중개사 또는 이와 유사한 명칭을 사용해서는 아니 된다(법 제8조).

① "공인중개사가 아닌 자"에는 공인중개사자격이 없는 중개보조원이나 중개인도 포함된다고 할 것이다. 예컨대, 중개보조원의 명함에 등록번호 및 사무소명칭, 대표를 기재한 경우는 유사명칭의 사용금지 규정을 위반한 것으로 판단된다(국토부 전자민원 2000. 10.19 회신 34168호).

② "유사한 명칭"이란 일반적인 상식을 가진 자가 공인중개사로 오인하도록 하는 명칭을 쓰는 것을 의미하는 것이므로 행위자의 상대방 있는 언행은 물론이고 사무소 간판이나 명함, 광고, 출판물, 방송 등 대외적으로 공표되는 매체를 통하여 공인중개사 명칭을 사용하는 것은 금지된다고 보아야 할 것이다.

**판 례**

**공인중개사 사칭의 기준**

1. 중개사무소의 개설등록은 공인중개사 또는 법인만이 할 수 있도록 정하여져 있으므로 중개사무소의 대표자를 가리키는 명칭은 일반인으로 하여금 그 명칭을 사용하는 자를 공인중개사로 오인하도록 할 위험성이 있는 것으로 '공인중개사와 유사한 명칭'에 해당한다. 따라서 무자격자가 자신의 명함에 '부동산뉴스 대표'라는 명칭을 기재하여 사용한 것은 공인중개사와 유사한 명칭을 사용한 것에 해당한다(대판 2007.3.29, 2006도9334).
2. 공인중개사가 아님에도 '발품부동산' 및 '부동산cafe'라고 표시된 간판을 설치하고, '발품부동산대표'라는 명칭이 기재된 명함을 사용한 것은 일반인으로 하여금 피고인인 공인중개사사무소 또는 부동산중개를 하거나 공인중개사인 것으로 오인하도록 할 위험성이 있는 것으로 보이므로 「공인중개사법」 규정에서 말하는 유사한 명칭을 사용한 경우에 해당한다(대판 2015.7.23, 2014도12437).

(2) 공인중개사가 아닌 자가 공인중개사 또는 이와 유사한 명칭을 사용한 때에는 1년 이하의 징역 또는 1천만원 이하의 벌금형에 처한다(법 제49조 제1항 제2호).

예 제

**1. 공인중개사법령상 공인중개사의 자격 및 자격증 등에 관한 설명으로 틀린 것은?** (다툼이 있으면 판례에 따름) 제27회

① 시·도지사는 공인중개사자격시험 합격자의 결정·공고일로부터 2개월 이내에 시험합격자에 관한 사항을 공인중개사자격증교부대장에 기재한 후 자격증을 교부하여야 한다.
② 공인중개사의 자격이 취소된 후 3년이 경과되지 아니한 자는 공인중개사가 될 수 없다.
③ 공인중개사자격증의 재교부를 신청하는 자는 재교부신청서를 자격증을 교부한 시·도지사에게 제출해야 한다.
④ 공인중개사자격증의 대여란 다른 사람이 그 자격증을 이용하여 공인중개사로 행세하면서 공인중개사의 업무를 행하려는 것을 알면서도 그에게 자격증 자체를 빌려주는 것을 말한다.
⑤ 공인중개사가 다른 사람에게 자기의 성명을 사용하여 중개업무를 하게 한 경우, 시·도지사는 그 자격을 취소해야 한다.

해설 자격증교부는 합격자 결정·공고일로부터 1개월 이내에 하여야 한다. 정답 ①

**2. 공인중개사법령상 공인중개사자격증에 관한 설명으로 틀린 것은?** 제33회

① 시·도지사는 공인중개사자격 시험합격자의 결정·공고일부터 2개월 이내에 시험합격자에게 공인중개사자격증을 교부해야 한다.
② 공인중개사자격증의 재교부를 신청하는 자는 재교부신청서를 자격증을 교부한 시·도지사에게 제출해야 한다.
③ 공인중개사자격증의 재교부를 신청하는 자는 해당 지방자치단체의 조례로 정하는 바에 따라 수수료를 납부해야 한다.
④ 공인중개사는 유·무상 여부를 불물하고 자기의 공인중개사자격증을 양도해서는 아니 된다.
⑤ 공인중개사가 아닌 자로서 공인중개사 명칭을 사용한 자는 1년 이하의 징역 또는 1천만원 이하의 벌금에 처한다.

해설 특별시장·광역시장·도지사·특별자치도지사("시·도지사")는 시험합격자의 결정·공고일부터 1개월 이내에 시험합격자에 관한 사항을 공인중개사자격증교부대장에 기재한 후, 시험 합격자에게 별지 제3호 서식의 공인중개사자격증을 교부하여야 한다(규칙 제3조 제1항). 정답 ①

MEMO

# Chapter 03 중개사무소 개설등록 및 결격사유 등

**단원 열기**

중개사무소 개설등록과 결격사유는 공인중개사법령의 가장 기본적이면서도 법 전체에 통용되는 비중 있는 부분에 해당되며 또한 반드시 출제되는 영역이다. 특히 등록의 절차, 등록의 기준, 등록신청서류, 등록의 효력, 표시・광고, 2중등록 및 소속금지, 무등록중개업의 유형과 효력은 잘 정리하여야 한다. 결격사유 12가지의 내용분석과 효과도 철저히 숙지하여야 박스형 또는 사례형 문제를 해결할 수 있다.

## 제1절 중개사무소 개설등록제도

**법 제9조 【중개사무소의 개설등록】** ① 중개업을 영위하려는 자는 국토교통부령이 정하는 바에 따라 중개사무소(법인의 경우에는 주된 중개사무소를 말한다)를 두려는 지역을 관할하는 시장(구가 설치되지 아니한 시의 시장과 특별자치도 행정시의 시장을 말한다. 이하 같다)・군수 또는 구청장(이하 "등록관청"이라 한다)에게 중개사무소의 개설등록을 하여야 한다.

### 1 등록의 의의

공인중개사의 자격을 취득하였다 하더라도 중개업을 영위하고자 하는 경우에는 다시 중개사무소의 개설등록을 하여야 한다.

따라서, 부동산중개업을 주된 업무로 하든 부수적인 업무로 하든 중개업을 영위하고자 한다면 「공인중개사법」이 정한 절차에 따라 중개사무소의 개설등록을 하여야 한다.

### 2 등록의 법적 성격 및 특징

#### (1) 기속적 행정행위

등록신청인이 법정등록요건을 갖추어 등록 신청을 하면 등록관청은 등록의 수리를 하여야 하며, 법령에 규정된 등록 거부사유가 없는 한 개설등록을 해주어야 한다.

#### (2) 대인적 성격 및 일신전속성

등록의 효력은 등록을 받은 특정 주체만이 향유할 수 있는 권리로 이전성이 인정되지 않으며 대여나 양도, 증여, 상속 등은 불가능하다.

### (3) 영속성

현행법상 등록갱신에 관하여는 규정되어 있지 않으므로 유효기간 없이 등록의 효력은 지속되며 등록 후 폐업이나 등록취소의 처분, 사망, 법인의 해산시까지 영속적이다.

## 제 2 절 중개사무소 개설등록절차 제35회

### 01 등록신청자

법 제9조 【중개사무소의 개설등록】 ② 공인중개사(소속공인중개사를 제외한다) 또는 법인이 아닌 자는 제1항에 따라 중개사무소의 개설등록을 신청할 수 없다.

#### 1 공인중개사 및 법인

(1) 공인중개사(소속공인중개사를 제외한다) 또는 법인이 아닌 자는 중개사무소의 개설등록을 신청할 수 없다(법 제9조 제2항). 이 규정은 공인중개사 또는 법인만 등록을 신청할 수 있음을 명확히 하고 있다. 따라서 등록신청을 하기 위해서는 먼저 이 법에 의한 공인중개사 자격취득을 하거나 주된 사무소의 소재지에서 설립등기를 한 법인이어야 한다. 즉, 신규로 등록이 가능한 개업공인중개사는 공인중개사인 개업공인중개사와 법인인 개업공인중개사로 제한하고 있다. 따라서 법 부칙 제6조 제2항의 개업공인중개사(중개인)로는 신규등록이 불가능하다.

(2) 외국인도 공인중개사라면 등록을 신청할 수 있고 외국법인도 법이 정한 등록기준만 충족하면 중개사무소의 개설을 신청하여 등록을 받을 수 있다.

(3) 다른 법률의 규정에 의하여 중개업을 할 수 있는 법인(특수법인) 중에서 등록이 필요한 법인은 등록을 받아야 중개업을 적법하게 영위할 수 있다. 다만, 등록을 요하지 않는 특수법인도 있다(후술하기로 한다).

#### 2 등록신청을 제한받는 자

(1) 소속공인중개사인 자는 개업공인중개사에게 소속된 상태에 있는 자이므로 등록을 신청할 수 없다. 즉, 소속공인중개사는 개업공인중개사가 될 수 없는 것이다. 이는 이중소속을 금지하고 있는 이 법에 위반하기 때문이다. 따라서 개업공인중개사인 법인의 사원 또는 임원인 자가 공인중개사인 개업공인중개사로서의 등록신청도 당연히 할 수 없다.

(2) 「변호사법」상 변호사는 등록을 신청할 수 없다. 변호사의 직무에 부동산중개행위가 당연히 포함된다고 해석할 수도 없고, 「변호사법」에서 변호사의 직무가 「공인중개사법 시행령」 제13조 단서 소정의 "다른 법률의 규정에 해당한다고 명시한 바도 없으므로, 변호사는 중개사무소 개설등록을 할 수 없다"(대판 2006.5.11, 2003두14888 ; 부동산중개사무소 개설등록신청반려처분취소).

(3) 휴업한 개업공인중개사가 폐업한 경우와 달리 "업무정지처분을 받은 개업공인중개사"는 그 기간 중에 당해 중개업의 폐업은 할 수 있지만 폐업하였다 하더라도 그 업무정지처분 기간 중에는 다시 중개사무소의 개설등록을 신청할 수 없다.

## 02 등록기준(요건) 구비 제31회, 제32회, 제34회, 제35회

**법 제9조 【중개사무소의 개설등록】** ③ 제1항에 따라 중개사무소 개설등록의 기준은 대통령령으로 정한다.

**영 제13조 【중개사무소 개설등록의 기준 등】** ① 법 제9조 제3항에 따른 중개사무소 개설등록의 기준은 다음 각 호와 같다. 다만, 다른 법률의 규정에 따라 부동산중개업을 할 수 있는 경우에는 다음 각 호의 기준을 적용하지 아니한다.

1. 공인중개사가 중개사무소를 개설하고자 하는 경우
   가. 법 제34조 제1항의 규정에 따른 실무교육을 받았을 것
   나. 건축물대장(「건축법」 제20조 제5항에 따른 가설건축물대장은 제외한다. 이하 같다)에 기재된 건물(준공검사, 준공인가, 사용승인, 사용검사 등을 받은 건물로서 건축물대장에 기재되기 전의 건물을 포함한다. 이하 같다)에 중개사무소를 확보(소유·전세·임대차 또는 사용대차 등의 방법에 의하여 사용권을 확보하여야 한다)할 것
2. 법인이 중개사무소를 개설하려는 경우
   가. 「상법」상 회사 또는 「협동조합 기본법」 제2조 제1호에 따른 협동조합(같은 조 제3호에 따른 사회적 협동조합은 제외한다)으로서 자본금이 5천만원 이상일 것
   나. 법 제14조에 규정된 업무만을 영위할 목적으로 설립된 법인일 것
   다. 대표자는 공인중개사이어야 하며, 대표자를 제외한 임원 또는 사원(합명회사 또는 합자회사의 무한책임사원을 말한다. 이하 이 조에서 같다)의 3분의 1 이상은 공인중개사일 것
   라. 대표자, 임원 또는 사원 전원 및 분사무소의 책임자(법 제13조 제3항에 따라 분사무소를 설치하려는 경우에만 해당한다)가 법 제34조 제1항에 따른 실무교육을 받았을 것
   마. 건축물대장에 기재된 건물에 중개사무소를 확보(소유·전세·임대차 또는 사용대차 등의 방법에 의하여 사용권을 확보하여야 한다)할 것

② 시장(구가 설치되지 아니한 시의 시장과 특별자치도의 행정시장을 말한다. 이하 같다)·군수 또는 구청장(이하 "등록관청"이라 한다)은 법 제9조에 따른 개설등록 신청이 다음 각 호의 어느 하나에 해당하는 경우를 제외하고는 개설등록을 해 주어야 한다.

1. 공인중개사 또는 법인이 아닌 자가 중개사무소의 개설등록을 신청한 경우
2. 중개사무소의 개설등록을 신청한 자가 법 제10조 제1항 각 호의 어느 하나에 해당하는 경우
3. 제1항의 개설등록 기준에 적합하지 아니한 경우
4. 그 밖에 이 법 또는 다른 법령에 따른 제한에 위반되는 경우

**법 제34조【개업공인중개사 등의 교육】** ① 제9조에 따라 중개사무소의 개설등록을 신청하려는 자(법인의 경우에는 사원 · 임원을 말하며, 제13조 제3항에 따라 분사무소의 설치신고를 하려는 경우에는 분사무소의 책임자를 말한다)는 등록신청일(분사무소 설치신고의 경우에는 신고일을 말한다) 전 1년 이내에 시 · 도지사가 실시하는 실무교육(실무수습을 포함한다)을 받아야 한다. 다만, 다음 각 호의 어느 하나에 해당하는 자는 그러하지 아니하다.
1. 폐업신고 후 1년 이내에 중개사무소의 개설등록을 다시 신청하려는 자
2. 소속공인중개사로서 고용관계 종료 신고 후 1년 이내에 중개사무소의 개설등록을 신청하려는 자

## 1 공인중개사의 등록기준

공인중개사는 다음의 법정 등록기준을 갖추어야 공인중개사인 개업공인중개사로 등록을 할 수 있다.

### (1) 실무교육을 받았을 것

① 중개사무소 개설등록을 신청하고자 하는 자는 등록신청일 전 1년 이내에 시 · 도지사가 실시하는 실무교육을 받아야 한다. 등록신청일을 기준으로 하여 최근 1년 이내에 실무교육을 이수한 경우에만 유효하다.
다만, 폐업신고 후 1년 이내에 중개사무소의 개설등록을 다시 신청하려는 자와 소속공인중개사로서 고용관계 종료 신고 후 1년 이내에 중개사무소의 개설등록을 신청하려는 자는 실무교육을 다시 받지 않아도 된다.

② 법 부칙 제6조 제2항의 개업공인중개사(중개인)가 공인중개사 자격을 취득하여 공인중개사인 개업공인중개사로 종별을 변경하는 경우에는 개업공인중개사의 지위가 연속되므로 실무교육을 받지 않아도 될 것이다.

### (2) 중개사무소를 확보할 것

① 건축물대장에 기재된 건물에 중개사무소를 확보하여야 한다(영 제13조 제1항 제1호 나목). 이러한 '건물'에는 준공검사, 준공인가, 사용승인, 사용검사 등을 받은 건물로서 건축물대장에 기재되기 전의 건물을 포함한다. 다만, 건축물대장에 기재되지 아니한 건물에 중개사무소를 확보하였을 경우에는 건축물대장 기재가 지연되는 사유를 적은 서류도 함께 내야 한다.
그러나 '건축물대장'에는 가설건축물대장은 제외되므로 가설건축물에 중개사무소를 확보한 경우에는 등록을 받을 수 없다. 주의할 점은 건축물대장에 기재된 건물이면 족하므로 반드시 소유권보존등기가 경료된 건물일 필요는 없다는 것이다.

② 중개사무소 개설등록신청을 위해서는 신청 이전에 소유권이나 전세권, 임대차 또는 사용대차 등에 의하여 중개사무소의 사용권한을 확보하여야 한다. 따라서 중개사무소로 사용될 건축물이 반드시 등록하려는 자의 소유일 필요는 없다. 또한 자신의 이름으로 임대차계약을 체결해야 하는 것은 아니며 다른 사람 명의로 임차한 건물은 임차인과 사용계약을 통해 사용권을 확보하면 된다.

③ 중개사무소의 면적에 대한 제한은 없다. 또한 중개사무소를 자신의 중개업에만 전용해야 하는 제한도 없으므로 중개업 이외에 겸업을 하고 있다면 겸업을 위한 용도로도 사용할 수 있다.

④ 중개사무소를 공동으로 이용하고자 하는 경우에는 사무소를 공동명의로 임대차계약을 하거나 1인 명의로 임대차계약을 맺고 임대차계약을 맺은 사람이 임대인의 동의를 받아 다른 등록신청인에게 사용승낙을 하면 가능할 것이다.

⑤ 국토교통부는 "중개사무소의 개설등록을 함에 있어 다른 법률에 의한 제한 사항이 있는 경우에는 이를 반영하여 등록처분을 하여야 한다."라고 유권해석을 내렸다. 따라서 중개사무소 설치를 위해서는 사전에 건축물 대장의 유무 확인은 물론 건축법상 적합한 용도인지 확인이 필요하다.

「건축법 시행령」은 중개사무소로 쓰일 수 있는 건물의 용도가 바닥면적의 합계가 30m$^2$ 미만의 경우는 제1종 근린생활시설로, 500m$^2$ 미만의 경우는 제2종 근린생활시설로, 500m$^2$ 이상의 경우는 일반 업무시설로 규정하고 있다.

따라서 제1종 또는 제2종 근린생활시설 및 일반 업무시설에 중개사무소 설치가 가능하다 할 것이다.

### (3) 법 제10조의 결격사유에 해당하지 않을 것

등록을 신청한 공인중개사가 결격사유의 어느 하나에 해당하는 경우에는 등록관청이 중개사무소의 개설등록을 거부할 수 있기 때문에 중개사무소의 개설등록을 신청한 공인중개사는 등록의 결격사유에 해당하지 않아야 한다(영 제13조 제2항).

## 2 법인의 등록기준 제31회, 제33회

법인의 등록에 대하여는 '개업공인중개사인 법인'과 '다른 법률에 의하여 중개업을 할 수 있는 법인(강학상 특수법인)'으로 구분하여 살펴볼 필요가 있다. 먼저 개업공인중개사인 법인은 「공인중개사법」에 의하여 부동산중개업을 본래적 업무로 수행하는 법인이므로 등록관련 규정을 제한 없이 적용받는다. 따라서 중개업을 영위하기 위해서는 법령이 요구하는 등록기준을 모두 갖추고 중개사무소의 개설등록을 하여야 한다. 그러나 특수법인은 지역농업협동조합이나 지역산림조합처럼 등록을 하지 않고도 중개업을 영위할 수 있는 법인과 한국자산관리공사처럼 등록을 하여야 중개업을 영위할 수 있는 법인으로 구분된다. 다만, '특수법인' 중 등록을 필요로 하는 법인이더라도 「공인중개사법」에 의한 등록기준은 갖출 필요가 없다(영 제13조 단서).

**(1) 「상법」상 회사 또는 「협동조합 기본법」 제2조 제1호에 따른 협동조합**(같은 조 제3호에 따른 사회적 협동조합은 제외한다)**으로서 자본금이 5천만원 이상일 것**

① 「상법」상 회사란 상행위 그 밖의 영리를 목적으로 설립된 영리사단법인을 말하며, 그 종류는 합명회사 · 합자회사 · 유한책임회사 · 유한회사 · 주식회사의 5종이 있으며, 본점 소재지에서 설립등기를 함으로써 성립한다.
또한 협동조합도 중개사무소를 개설등록 할 수 있도록 허용하고 있으므로 등록신청 이전에 「협동조합 기본법」에 따라 신고를 마쳐야 한다. 다만, 협동조합 유형 중에 성질상 사회적 협동조합은 제외됨에 주의를 요한다.

② 「상법」상의 회사 설립에는 최소 자본금의 요건이 없으므로 자본금 5천만원 미만의 회사도 설립은 가능하다. 그러나 「공인중개사법」에서 개업공인중개사인 법인이 되려면 "자본금이 5천만원 이상이어야 한다."라고 규정하고 있으므로, 자본금이 5천만원 미만이라면 중개사무소의 개설등록은 할 수 없다.

③ 「상법」상 회사는 개업공인중개사인 법인으로 등록이 가능하지만 비영리법인인 「민법」상의 법인은 등록을 할 수 없다. 또한 「협동조합 기본법」 제2조 제3호에 따른 사회적 협동조합은 비영리법인이므로 등록을 할 수 없다.

④ 「상법」상 회사의 종류를 불문하며 중개사무소 개설등록 신청 전에 「상법」상 회사를 설립하고 또한 협동조합 역시 등록신청 이전에 「협동조합 기본법」에 따라 신고를 마쳐야 한다.

**(2) 법정업무**(법 제14조)**만을 영위할 목적으로 설립된 법인일 것**

중개사무소의 개설등록은 중개업을 영위하기 위해 필요한 것이므로 개업공인중개사인 법인은 기본적 · 필수적으로 중개업을 영위할 목적으로 설립되어야 하며, 중개업 이외의 다음의 업무만을 영위할 목적으로 설립되어야 한다(영 제13조 제1항 제2호 나목). 만약 등록을 신청하는 법인이 중개업 및 다음의 6가지 업무 외의 업무를 영위할 목적으로 설립된 경우에는 등록신청이 수리되지 않는다.

| |
|---|
| ① 상업용 건축물 및 주택의 임대관리 등 부동산의 관리대행<br>② 부동산의 이용 · 개발 및 거래에 관한 상담<br>③ 개업공인중개사를 대상으로 한 중개업의 경영기법 및 경영정보의 제공<br>④ 상업용 건축물 및 주택의 분양대행<br>⑤ 그 밖에 중개업에 부수되는 업무로서 대통령령으로 정하는 업무<br>⑥ 「민사집행법」에 의한 경매 및 「국세징수법」 그 밖의 법령에 의한 공매대상 부동산에 대한 권리분석 및 취득의 알선과 매수신청 또는 입찰신청의 대리 |

### (3) 대표자는 공인중개사이어야 하며, 대표자를 제외한 임원 또는 사원의 3분의 1 이상은 공인중개사일 것

① 법인의 대표자는 반드시 공인중개사이어야 하고, 대표자를 제외한 임원 또는 사원의 3분의 1 이상이 공인중개사이어야 한다(영 제13조 제1항 제2호 다목). 공인중개사인 법인의 대표자를 제외한 임원 또는 사원이 3명인 경우라면 그중 1명만 공인중개사이어도 등록이 가능하다.

② 법인의 임원이란 주식회사나 유한회사의 이사(주식회사의 집행임원 포함)와 감사를 말하며, 유한책임회사의 업무집행자를 말한다. 법인의 사원이란 합명회사나 합자회사의 무한책임사원을 말한다. 본래 「상법」상 합명회사는 무한책임사원만으로 구성되며, 합자회사는 무한책임사원과 유한책임사원으로 구성된다. 그러나 공인중개사법령상 등록기준으로서의 사원에는 무한책임사원만 해당되고, 유한책임사원은 해당되지 않는다는 점을 주의하여야 한다.

③ 회사의 종류에 따른 임원 또는 사원의 숫자는 공인중개사법령에 별도의 규정을 두고 있지 않으므로 「상법」규정을 따라야 할 것이다. 참고로 상법상에 주식회사는 자본금이 10억원 미만인 회사는 이사가 1인 또는 2인, 감사는 임의기관이고, 유한회사와 유한책임회사는 이사 또는 업무집행자 1인 이상, 감사는 임의기관이므로 법 해석상 1인 법인인 개업공인중개사도 설립이 가능하다고 볼 수 있다.

### (4) 대표자, 임원 또는 사원 전원이 실무교육을 받았을 것

① 임원 또는 사원 전원은 등록신청일 전 1년 이내에 시・도지사가 실시하는 실무교육을 받아야 한다. 이 경우 임원 또는 사원은 공인중개사 자격 유무를 불문하며, 중개업을 담당하는 자뿐만 아니라 중개업을 담당하지 않는 자도 포함한다. 다만, 개업공인중개사가 폐업신고 후 1년 이내에 중개사무소의 개설등록을 다시 신청하려는 자와 소속공인중개사로서 고용관계 종료 신고 후 1년 이내에 중개사무소의 개설등록을 신청하려는 자는 실무교육을 받지 아니하여도 된다.

② 기존에 등록을 하여 중개업을 영위하고 있는 개업공인중개사인 법인의 임원 또는 사원이 되고자 하는 경우에도 실무교육을 미리 받아야 한다. 다만, 중개사무소 개설등록을 받은 공인중개사인 개업공인중개사가 개업공인중개사인 법인으로 종별을 변경하여 법인의 대표자가 될 경우에는 실무교육을 받지 않아도 될 것이다.

### (5) 중개사무소를 확보할 것

공인중개사의 등록기준과 마찬가지로 중개사무소는 건축물대장에 기재된 건물로서 소유・전세・임대차 또는 사용대차 등의 방법에 의하여 사용권을 확보한 것이어야 한다(영 제13조 제1항 제2호 마목).

### (6) 임원 또는 사원 전원이 등록의 결격사유에 해당하지 않을 것

임원 또는 사원 전원은 등록의 결격사유에 해당하지 않아야 한다. 이 경우에도 공인중개사 자격 유무나 중개업 담당 여부를 불문하고 임원 또는 사원 모두 결격사유에 해당하지 않아야 하며, 단 1인이라도 결격사유에 해당하는 임원 또는 사원이 있으면 법인 자체의 결격이 되기 때문에 등록신청이 수리되지 않는다.

**넓혀 보기**

**다른 법률에 의하여 중개업을 할 수 있는 법인(특수법인)의 종합**

**1. 종 류**

(1) 「한국자산관리공사 설립 등에 관한 법률」에 의한 한국자산관리공사
비업무용 자산 및 구조개선기업의 자산에 대한 매매의 중개를 할 수 있다.

(2) 「농업협동조합법」에 의한 지역농업협동조합
농지에 대한 매매·교환·임대차를 중개할 수 있고, 농지 외의 중개대상물은 중개할 수 없다.

(3) 「산업집적활성화 및 공장설립에 관한 법률」에 의한 산업단지관리기관
해당 산업단지의 공장용지 및 공장건축물에 대한 부동산중개업을 할 수 있다.

(4) 「산림조합법」에 의한 지역산림조합
입목이나 임야에 대한 매매·교환·임대차 등을 중개할 수 있다.

**2. 등록규정의 적용 여부**

(1) 등록을 필요로 하는 경우
한국자산관리공사는 당해 법인을 규율하는 법률에 의하여 부동산중개업을 할 수 있으나 중개사무소의 개설등록은 받아야 한다. 다만, 이들이 중개사무소 개설등록을 하는 경우라도 등록기준은 갖출 필요가 없다. 따라서 대표자나 임원의 3분의 1 이상이 공인중개사가 아니어도 되고, 대표자 및 임원이 실무교육을 수료하지 않아도 된다.

(2) 등록을 필요로 하지 않는 경우
지역농업협동조합 및 농업협동조합중앙회, 산업단지관리기관, 산림조합의 지역조합은 「공인중개사법」 제9조(중개사무소의 개설등록)의 규정을 적용하지 않으므로 중개사무소 개설등록을 받지 않고도 중개업을 할 수 있다.

**3. 업무범위 등**

(1) 특수법인이 중개업을 하는 경우라도 해당 법률에서 허용되는 범위 내에서 중개업을 영위할 수 있을 뿐 모든 중개대상물에 대하여 전반적으로 중개업을 영위할 수 있는 것은 아니다.

(2) 특수법인도 분사무소를 설치할 수 있는바, 그 책임자는 공인중개사가 아니어도 된다.

(3) 특수법인도 중개업을 영위하기 위해서는 손해배상책임을 보장하기 위한 보증을 4억원 이상 설정하여야 한다. 다만, 지역농업협동조합은 특례를 인정하여 보증을 2천만원 이상으로 설정하면 된다.

(4) 「공인중개사법」상 확인·설명의무규정이나 손해배상책임규정, 거래계약서 작성의무규정, 부동산거래신고규정 등 일반규정은 특수법인에게도 적용된다고 본다.

## 03 등록신청

### 1 등록관청

#### (1) 시장 · 군수 · 구청장

등록관청은 중개사무소(법인의 경우에는 주된 중개사무소)를 두려는 지역을 관할하는 시장(구가 설치되지 아니한 시의 시장과 특별자치도 행정시의 시장) · 군수 또는 구청장이다.
등록관청은 등록신청자의 주소지 관할이 아닌 중개사무소 소재지 관할 시장 · 군수 · 구청장이 된다. 특히 법인의 경우에는 주된 중개사무소를 두고자 하는 지역을 관할하는 시장 · 군수 · 구청장이 등록관청이 되며, 분사무소를 관할하는 시장 · 군수 · 구청장은 등록관청이 아니다.

#### (2) 자치구 · 비자치구 불문

구가 설치된 지역은 무조건 구청장이 등록관청이 되는바, 자치구(서울특별시 및 광역시 안에 설치된 구를 말한다)이건 비자치구(서울특별시 및 광역시 외의 지역에 설치된 구를 말한다)이건 구청장이 등록관청이 된다.

#### (3) 등록관청의 변경

등록관청은 등록신청자의 주소지가 아니라 중개사무소 소재지를 기준으로 결정되므로 개별 개업공인중개사에 대한 등록관청은 항상 고정적인 것이 아니라는 것을 주의하여야 한다. 즉, 현행법상 개업공인중개사는 중개사무소를 등록관청 관할구역 밖으로 이전할 수 있으며, 중개사무소를 이전하고 이전신고를 마치게 되면 등록관청도 이전 후의 중개사무소 소재지 관할 시장 · 군수 · 구청장으로 변경되는 것이다.

### 2 등록신청

#### (1) 구비서류 제34회, 제35회

중개사무소의 개설등록을 하려는 자는 부동산중개사무소 개설등록신청서에 다음의 서류(전자문서를 포함)를 첨부하여 등록관청에게 신청하여야 한다. 이 경우 등록관청은 공인중개사 자격증을 발급한 시 · 도지사에게 개설등록을 하려는 자(법인의 경우에는 대표자를 포함한 공인중개사인 임원 또는 사원을 말한다)의 공인중개사 자격 확인을 요청하여야 하고, 「전자정부법」에 따라 행정정보의 공동이용을 통하여 법인 등기사항증명서(신청인이 법인인 경우에만 해당한다)와 건축물대장(「건축법」 제20조 제5항에 따른 가설건축물대장은 제외한다)을 확인하여야 한다.

① 여권용 사진

② 건축물대장에 기재된 건물(준공검사, 준공인가, 사용승인, 사용검사 등을 받은 건물로서 건축물대장에 기재되기 전의 건물을 포함)에 중개사무소를 확보(소유 · 전세 · 임대차 또는 사용대차 등의 방법에 의하여 사용권을 확보하여야 한다)하였음을 증명하는 서류. 다만, 건축물대장에 기재되지 아니한 건물에 중개사무소를 확보하였을 경우에는 건축물대장 기재가 지연되는 사유를 적은 서류도 함께 내야 한다.

③ 실무교육의 수료확인증 사본(실무교육을 위탁받은 기관 또는 단체가 실무교육 수료 여부를 등록관청이 전자적으로 확인할 수 있도록 조치한 경우는 제외한다)

④ **다음의 서류**(외국인이나 외국에 주된 영업소를 둔 법인의 경우에 한함)

㉠ 등록의 결격사유에 해당되지 아니함을 증명하는 당해 국가의 정부 그 밖에 권한 있는 기관이 발행한 서류 또는 공증인이 공증한 신청인의 진술서로서 「재외공관 공증법」에 따라 그 국가에 주재하는 대한민국공관의 영사관이 확인하는 서류 또는 「외국공문서에 대한 인증의 요구를 폐지하는 협약」을 체결한 국가의 경우에는 해당 국가의 정부나 공증인, 그 밖의 권한이 있는 기관이 발행한 것으로서 해당 국가의 아포스티유(Apostille) 확인서 발급 권한이 있는 기관이 그 확인서를 발급한 서류

㉡ 「상법」 제614조의 규정에 따른 영업소의 등기를 증명할 수 있는 서류

> **「상법」 제614조 【대표자, 영업소의 설정과 등기】** ① 외국회사가 대한민국에서 영업을 하려면 대한민국에서의 대표자를 정하고 대한민국 내에 영업소를 설치하거나 대표자 중 1명 이상이 대한민국에 그 주소를 두어야 한다.
> ② 전항의 경우에는 외국회사는 그 영업소의 설치에 관하여 대한민국에서 설립되는 동종의 회사 또는 가장 유사한 회사의 지점과 동일한 등기를 하여야 한다.
> ③ 전항의 등기에서는 회사설립의 준거법과 대한민국에서의 대표자의 성명과 그 주소를 등기하여야 한다.

### (2) 등록신청 수수료

중개사무소의 개설등록을 신청하고자 하는 자는 당해 지방자치단체의 조례가 정하는 바에 따라 수수료를 납부하여야 한다(법 제47조 제1항 제3호). 당해 지방자치단체의 조례는 시 · 군 · 자치구의 조례를 말하므로 모든 등록관청의 수수료가 동일한 것은 아니다.

### (3) 종별변경

① **원칙**: 신규등록

중개사무소의 개설등록을 한 개업공인중개사가 종별을 달리하여 업무를 하고자 하는 경우에는 등록신청서를 다시 제출하여야 한다. 이 경우 종전에 제출한 서류 중 변동사항이 없는 서류는 제출하지 아니할 수 있으며, 종전의 등록증은 이를 반납하여야 한다(규칙 제4조 제3항).

| 종별변경 형태 | 방 법 |
| --- | --- |
| ㉠ 공인중개사 ⇨ 법인인 개업공인중개사 | 신규등록신청 |
| ㉡ 법인인 개업공인중개사 ⇨ 공인중개사 | 신규등록신청 |
| ㉢ 중개인 ⇨ 공인중개사(관할 외) 또는 법인인 개업공인중개사 | 신규등록신청 |

② **예외**: 등록증 재교부(기재사항 변경)

법 부칙 제6조 제2항에 따른 개업공인중개사가 공인중개사자격을 취득하여 동일한 등록관청 관할구역 안에서 공인중개사인 개업공인중개사로서 업무를 계속하고자 하는 경우에는 재교부신청서에 이미 교부받은 등록증과 변경사항을 증명하는 서류를 첨부하여 등록증재교부신청을 하여야 한다.

**핵심 다지기**

**등록신청** ⇨ **수수료**(조례)

예 1) 서울특별시 종로구에 중개사무소를 등록하는 경우
등록관청 ⇨ 종로구청장 / 수수료(조례) ⇨ 종로구 조례

예 2) 경기도 고양시 일산동구에 중개사무소를 등록하는 경우
등록관청 ⇨ 일산동구청장 / 수수료(조례) ⇨ 고양시 조례

## 04 등록처분 제35회

### 1 등록처분 및 서면통지 제35회

#### (1) 등록처분의 기속성

등록관청은 중개사무소 개설등록 신청이 다음의 어느 하나에 해당하는 경우를 제외하고는 개설등록을 해 주어야 한다(영 제13조 제2항).

① 공인중개사 또는 법인이 아닌 자가 중개사무소의 개설등록을 신청한 경우

② 중개사무소의 개설등록을 신청한 자가 등록의 결격사유에 해당하는 경우

③ 중개사무소 개설등록 기준에 적합하지 아니한 경우

④ 그 밖에 이 법 또는 다른 법령에 따른 제한에 위반되는 경우

**넓혀 보기**

**"다른 법령에 따른 제한에 위반되는 경우"의 범위 등**(법제처 13-0380, 2013.9.27, 국토교통부)

「주택법」 제42조 제2항 제4호 및 같은 법 시행령 [별표 3] 제5호를 위반하여 허가를 받거나 신고를 하지 않고 무단으로 비내력벽(非耐力壁)을 철거한 건물에 「공인중개사법」 제9조에 따른 중개사무소를 확보한 경우

가. 중개사무소의 안전에 중대한 위험을 초래하는 경우라면 등록관청이 개설등록을 거부할 수 있는 「공인중개사법 시행령」 제13조 제2항 제4호의 "다른 법령에 따른 제한에 위반되는 경우"에 해당한다.

나. 이미 중개사무소의 개설등록이 된 경우라면 그 개설등록을 취소할 수 있는 사유 중 하나인 「공인중개사법」 제38조 제2항 제1호의 "같은 법 제9조 제3항의 규정에 의한 등록기준에 미달하게 된 경우"에 해당하지 않는다.

### (2) 등록통지 제35회

중개사무소 개설등록의 신청을 받은 등록관청은 개업공인중개사의 종별에 따라 구분하여 개설등록을 하고 개설등록 신청을 받은 날부터 7일 이내에 등록신청인에게 서면으로 통지하여야 한다(규칙 제4조 제2항). 등록관청은 등록신청서 및 첨부서류, 등록기준의 충족 여부, 중개사무소의 현장답사 등을 하여 확인 후 등록요건에 적합하면 등록처분을 하고 서면으로 통지를 하여야 한다.

등록통지를 받은 경우에 등록신청자는 이 법에 따라 등록된 자로서 개업공인중개사의 신분을 취득하게 된다. 따라서 등록 이후의 절차인 업무 보증설정, 등록증 등 게시의무, 인장등록 등 현행법상의 절차를 이행하지 아니하고 중개업무를 개시한 경우라도 행정상 기타 제재를 받을 수는 있지만 무등록중개업이 되는 것은 아님을 주의하여야 한다.

## 2 등록사항 등의 협회 통보 제35회

등록관청은 매월 중개사무소의 등록·행정처분 및 신고 등에 관한 사항을 중개사무소등록·행정처분 등 통지서에 기재하여 다음 달 10일까지 공인중개사협회에 통보하여야 한다. 등록관청이 공인중개사협회에 통보하여야 할 사항은 다음과 같다.

1. 중개사무소등록증 교부 사항
2. 분사무소 설치신고 사항
3. 중개업의 휴업 및 폐업·업무재개·기간변경 신고 사항
4. 중개사무소 이전신고 사항
5. 행정처분(등록취소처분, 업무정지처분) 사항
6. 소속공인중개사 또는 중개보조원의 고용이나 고용관계 종료신고 사항

## 05 보증설정 · 등록증 교부 · 업무개시

### 1 보증설정

개업공인중개사는 중개사무소 개설등록을 한 때에는 업무를 시작하기 전에 손해배상책임을 보장하기 위한 조치(보증설정)를 한 후 그 증명서류를 갖추어 등록관청에 신고하여야 한다(영 제24조 제2항 본문). 다만, 보증기관이 보증사실을 등록관청에 직접 통보한 경우에는 신고를 생략할 수 있다(영 제24조 제2항 단서). ⇨ 상세 내용은 후술

### 2 등록증의 교부 및 재교부

#### (1) 등록증 교부

① 등록관청은 규정에 의한 중개사무소의 개설등록을 한 자에 대하여 국토교통부령이 정하는 바에 따라 중개사무소등록증을 교부하여야 한다(법 제11조). 국토교통부령에 의하면 등록관청은 중개사무소의 개설등록을 한 자가 보증을 설정하였는지 여부를 확인한 후 중개사무소등록증을 지체 없이 교부하여야 한다(규칙 제5조 제1항). 따라서 보증설정은 등록신청을 위한 중개사무소 개설등록요건이 아니고, 등록증의 교부 전 반드시 확인하여야 하는 등록증의 교부요건에 해당된다.

② 등록관청이 중개사무소등록증을 교부하는 때에는 중개사무소등록대장에 그 등록에 관한 사항을 기록한 후 중개사무소등록증을 교부하여야 한다(규칙 제5조 제2항). 중개사무소 등록대장은 전자적 처리가 불가능한 특별한 사유가 없으면 전자적 처리가 가능한 방법으로 작성 · 관리하여야 한다.

#### (2) 등록증의 재교부

① **분실 · 훼손으로 인한 재교부**: 개업공인중개사가 교부받은 등록증을 잃어버리거나 그 등록증이 못쓰게 된 때에는 부동산중개사무소 개설등록증 재교부신청서에 의하여 등록관청에 재교부를 신청할 수 있다. 다만, 이 경우는 종전의 등록증과 변경사항을 증명하는 서류를 첨부하지 않아도 된다.

② **기재사항 변경으로 인한 재교부**: 개업공인중개사가 등록증의 기재사항의 변경으로 인하여 등록증을 다시 교부받고자 하는 경우에는 등록증재교부신청서에 이미 교부받은 등록증과 변경사항을 증명하는 서류를 첨부하여야 한다. 예컨대, 중개사무소의 명칭, 소재지, 개업공인중개사의 성명 변경 또는 법인인 개업공인중개사의 대표자 사망 등의 사유로 대표자 변경을 들 수 있다.

③ **종별변경에 의한 재교부**: 앞서 살펴본 바와 같이 종별변경은 원칙적으로 신규등록신청서를 제출하여야 하나 법 부칙 제6조 제2항에 따른 개업공인중개사가 공인중개사자격을 취득하여 동일한 등록관청 관할구역 안에서 공인중개사인 개업공인중개사로서 업무를 계속하고자 하는 경우에는 재교부신청서에 이미 교부받은 등록증과 변경사항을 증명하는 서류를 첨부하여 등록증재교부신청을 하여야 한다는 점에 주의를 요한다.

④ **수수료 납부**: 등록증 재교부를 신청하는 자는 당해 지방자치단체의 조례가 정하는 바에 따라 수수료를 납부하여야 한다.

## 3 업무개시

### (1) 업무개시의 요건

이 법의 유기적인 해석상, 개업공인중개사가 합법적으로 중개업무를 수행하기 위해서는 다음 요건을 갖춘 후에 업무를 개시하여야 한다.

1. 손해배상책임보장에 관한 업무보증을 설정한 후 신고하고(법 제30조)
2. 등록증을 교부받아 보증설정증서와 함께 중개사무소 안의 보기 쉬운 곳에 게시하여야 하며(법 제17조)
3. 업무개시 전까지 중개행위에 사용할 인장등록을 하여야 한다.

만약에 이를 위반하고, 중개업무를 수행하였다면 무등록업자는 아니라 할지라도 업무보증설정 위반으로 임의적 등록취소(법 제38조 제2항), 인장등록 위반으로 업무정지(법 제39조 제1항), 그리고 등록증 게시의무 위반으로 과태료(법 제51조 제2항)처분을 받을 수 있다.

### (2) 휴업과 업무개시(법 제21조)

법 제21조(휴업)는 "개업공인중개사는 3개월을 초과하는 휴업(중개사무소의 개설등록 후 업무를 개시하지 아니하는 경우를 포함한다)을 하고자 하는 때에는 등록관청에 그 사실을 신고하여야 한다."라고 하고 있다. 따라서 어떤 사정으로 인해 3개월 이내에 업무를 개시하지 못할 경우에는 미리 휴업신고를 하여야 한다. 만일 이를 위반하면 휴업신고 위반으로 100만원 이하의 과태료처분을 받을 수 있다.

예 제

**공인중개사법령상 중개사무소 개설등록에 관한 설명으로 옳은 것을 모두 고른 것은?**

제32회 수정

> ㉠ 피특정후견인은 중개사무소의 등록을 할 수 없다.
> ㉡ 금고 이상의 형의 집행유예를 받고 그 유예기간이 만료된 날부터 2년이 지나지 아니한 자는 중개사무소의 등록을 할 수 없다.
> ㉢ 자본금이 5천만원 이상인 「협동조합 기본법」상 사회적 협동조합은 중개사무소의 등록을 할 수 있다.

① ㉠
② ㉡
③ ㉠, ㉡
④ ㉠, ㉢
⑤ ㉡, ㉢

해설 ㉠ 결격사유자는 중개사무소의 등록을 할 수 없으나 피특정후견인은 결격사유가 아니므로 중개사무소의 등록을 할 수 있다.
㉢ 「협동조합 기본법」상 사회적 협동조합은 중개사무소의 등록을 할 수 없다.

정답 ②

■ 공인중개사법 시행규칙 [별지 제6호 서식] <개정 2016. 12. 30.>

제　　호

# 중개사무소 등록증

사진(여권용 사진)
(3.5cm × 4.5cm)

| 성명(대표자) | | 생년월일 | |
|---|---|---|---|
| 개업공인중개사 종별 | □ 법인　□ 공인중개사<br>□ 법 제7638호 부칙 제6조 제2항에 따른 개업공인중개사 | | |
| 중개사무소 명칭 | | | |
| 중개사무소 소재지 | | | |
| 등록인장<br>(중개행위시 사용) | | <변경인장> | |

「공인중개사법」 제9조 제1항에 따라 위와 같이 부동산중개사무소 개설등록을 하였음을 증명합니다.

년　　월　　일

시장 · 군수 · 구청장 　직 인

## 06 등록증 등의 게시 및 사무소 명칭 등 제32회, 제34회, 제35회

**법 제17조 【중개사무소등록증 등의 게시】** 개업공인중개사는 중개사무소등록증 · 중개보수표 그 밖에 국토교통부령이 정하는 사항을 해당 중개사무소 안의 보기 쉬운 곳에 게시하여야 한다.

### 1 등록증 등의 게시의무 제31회, 제35회

#### (1) 게시하여야 할 사항

개업공인중개사가 해당 중개사무소 안의 보기 쉬운 곳에 게시하여야 할 사항은 다음과 같다.

1. 중개사무소등록증 원본(법인의 분사무소의 경우에는 분사무소설치신고확인서원본)
2. 중개보수 · 실비의 요율 및 한도액 표
3. 개업공인중개사 및 소속공인중개사의 공인중개사자격증 원본(해당되는 자가 있는 경우로 한정)
4. 보증의 설정을 증명할 수 있는 서류
5. 「부가가치세법 시행령」 제11조에 따른 사업자등록증

#### (2) 관련 내용

① 중개사무소등록증 및 분사무소신고확인서는 반드시 원본을 게시하여야 한다.

② 개업공인중개사(다만, 부칙 제6조 2항에 따른 개업공인중개사는 제외)와 고용인인 소속공인중개사, 법인의 사원 · 임원인 소속공인중개사 모두가 자격증 원본을 게시하여야 한다.

③ 위 법정개시 사항 외에 협회 회원증, 실무교육수료증 등은 게시의무가 아니다.

#### (3) 위반시 제재

개업공인중개사가 게시의무를 위반한 경우에는 100만원 이하의 과태료를 부과한다. 분사무소의 경우에 분사무소설치신고확인서를 게시하지 않거나 소속공인중개사의 자격증을 게시하지 아니한 경우에도 과태료처분은 개업공인중개사에 대하여 행한다.

## 2 중개사무소 명칭 관련 의무 제31회

**법 제18조 【명 칭】** ① 개업공인중개사는 그 사무소의 명칭에 "공인중개사사무소" 또는 "부동산중개"라는 문자를 사용하여야 한다.
③ 개업공인중개사가 「옥외광고물 등의 관리와 옥외광고산업 진흥에 관한 법률」 제2조 제1호에 따른 옥외광고물을 설치하는 경우 중개사무소등록증에 표기된 개업공인중개사(법인의 경우에는 대표자, 법인 분사무소의 경우에는 제13조 제4항의 규정에 따른 신고확인서에 기재된 책임자를 말한다)의 성명을 표기하여야 한다.
④ 제3항의 규정에 따른 개업공인중개사 성명의 표기방법 등에 관하여 필요한 사항은 국토교통부령으로 정한다.
⑤ 등록관청은 제1항 내지 제3항의 규정을 위반한 사무소의 간판 등에 대하여 철거를 명할 수 있다. 이 경우 그 명령을 받은 자가 철거를 이행하지 아니하는 경우에는 「행정대집행법」에 의하여 대집행을 할 수 있다.

**법 제21조의2 【간판의 철거】** ① 개업공인중개사는 다음 각 호의 어느 하나에 해당하는 경우에는 지체 없이 사무소의 간판을 철거하여야 한다.
1. 제20조 제1항에 따라 등록관청에 중개사무소의 이전사실을 신고한 경우
2. 제21조 제1항에 따라 등록관청에 폐업사실을 신고한 경우
3. 제38조 제1항 또는 제2항에 따라 중개사무소의 개설등록 취소처분을 받은 경우
② 등록관청은 제1항에 따른 간판의 철거를 개업공인중개사가 이행하지 아니하는 경우에는 「행정대집행법」에 따라 대집행을 할 수 있다.

### (1) 개업공인중개사의 사무소명칭에 법정문자 사용의무

**법 제18조 【명 칭】** ① 개업공인중개사는 그 사무소의 명칭에 "공인중개사사무소" 또는 "부동산중개"라는 문자를 사용하여야 한다.

**부칙 제6조 【중개인】** ③ 부칙 제6조 제2항의 개업공인중개사는 그 사무소의 명칭에 "공인중개사사무소"라는 문자를 사용하여서는 아니 된다.

① "명칭"이란 중개사무소를 대외적으로 구별되어 인식되도록 하는 상호를 의미하는 것으로 명칭에 법정문자 사용의무는 중개사무소 개설 등록신청서에 포함된 명칭은 물론 간판이나 명함, 광고물 등에 포함되는 명칭에도 적용된다.

② 개업공인중개사는 '공인중개사사무소' 또는 '부동산중개'라는 문자 중에서 선택하여 사용할 수 있다. 또한 '공인중개사사무소' 또는 '부동산중개'라는 문자만 들어가면 글자의 배열은 자유롭게 해도 된다[예 복부동산중개(주), (주)○○부동산중개법인, (주)부동산중개법인, ○○박문각 공인중개사사무소, 공인중개사홍길동사무소, 홍길동공인중개사사무소는 가능하다. 그러나 호박부동산, 대박부동산사무소, 홍길동부동산, 쪽박중개업소는 아니 된다].

③ 법 부칙 제6조 제2항에 따른 개업공인중개사는 '공인중개사사무소'라는 문자는 사용할 수 없고 '부동산중개'라는 문자를 사용하여야 한다. 이는 공인중개사라는 자격이 없는 자들이므로 당연히 사무소 명칭도 규제하는 것이다.

### (2) 개업공인중개사가 아닌 자의 법정문자 사용금지

> **법 제18조 【명 칭】** ② 개업공인중개사가 아닌 자는 "공인중개사사무소", "부동산중개" 또는 이와 유사한 명칭을 사용하여서는 아니 된다.

개업공인중개사가 아닌 자가 중개업을 영위하였는가의 여부와 관계없이 문자사용 자체만으로 법 위반이 된다. 또한 간판뿐만 아니라 명함이나 광고전단지 등에 사용하는 경우에도 법의 저촉을 받는다.

### (3) 옥외광고물에 개업공인중개사의 성명표기의무

> **법 제18조 【명 칭】** ③ 개업공인중개사가 「옥외광고물 등의 관리와 옥외광고산업 진흥에 관한 법률」 제2조 제1호에 따른 옥외광고물을 설치하는 경우 중개사무소등록증에 표기된 개업공인중개사(법인의 경우에는 대표자, 법인 분사무소의 경우에는 제13조 제4항의 규정에 따른 신고확인서에 기재된 책임자를 말한다)의 성명을 표기하여야 한다.
> ④ 제3항의 규정에 따른 개업공인중개사 성명의 표기방법 등에 관하여 필요한 사항은 국토교통부령으로 정한다.
>
> **규칙 제10조의2 【성명의 표기방법 등】** 개업공인중개사는 법 제18조 제3항에 따라 옥외광고물을 설치하는 경우 「옥외광고물 등의 관리와 옥외광고산업 진흥에 관한 법률 시행령」 제3조에 따른 옥외광고물 중 벽면 이용간판, 돌출간판 또는 옥상간판에 개업공인중개사(법인의 경우에는 대표자, 법인 분사무소의 경우에는 법 제13조 제4항에 따른 신고확인서에 기재된 책임자를 말한다)의 성명을 인식할 수 있는 정도의 크기로 표기해야 한다.

① 옥외광고물에 실명을 표기하도록 하여 개업공인중개사에 대한 인지와 책임중개를 강화하고 무등록업자들의 중개활동을 억제하고자 함에 목적이 있다.

② 개업공인중개사(법인은 대표자, 분사무소는 책임자)는 중개사무소등록증에 표기된 성명을 표기하여야 하며, 가명, 예명을 사용해서는 아니 된다.

③ 성명을 "인식할 수 있는 정도"의 크기로 표기하면 되고, 가로, 세로의 규격을 구체적으로 규정한 것은 아니며, 또한 전화번호 등에 대한 표시규격을 정한 것도 아니라는 점에 주의를 요한다.

### (4) 철거명령 및 대집행

등록관청은 위의 (1), (2), (3)의 어느 하나에 위반하는 사무소의 간판 등에 대하여 철거를 명할 수 있다. 이 경우 그 명령을 받은 자가 철거를 이행하지 아니하는 경우에는 「행정대집행법」에 의하여 대집행을 할 수 있다.

### (5) 위반시 제재

① 개업공인중개사가 그 사무소의 명칭에 '공인중개사사무소' 또는 '부동산중개'라는 문자를 사용하지 않은 경우나 부칙 제6조 제2항에 따른 개업공인중개사가 '공인중개사사무소'라는 문자를 사용한 때에는 등록관청이 100만원 이하의 과태료를 부과한다.

② 옥외광고물에 개업공인중개사의 성명을 표기하지 않거나 거짓으로 표기한 경우 등록관청이 100만원 이하의 과태료를 부과한다.

③ 개업공인중개사 아닌 자가 '공인중개사사무소', '부동산중개' 또는 이와 유사한 명칭을 사용한 경우에는 1년 이하의 징역 또는 1천만원 이하의 벌금형에 처한다.

## 3 간판의 철거의무 제32회

### (1) 간판을 철거하여야 하는 경우

개업공인중개사는 다음 어느 하나에 해당하는 경우에는 지체 없이 사무소의 간판을 철거하여야 한다(법 제21조의2 제1항). 그러나 개업공인중개사가 휴업신고를 한 경우나 업무정지처분을 받은 경우에는 간판철거의무가 없다.

1. 등록관청에 중개사무소의 이전사실을 신고한 경우
2. 등록관청에 폐업사실을 신고한 경우
3. 중개사무소의 개설등록 취소처분을 받은 경우

### (2) 대집행

등록관청은 간판의 철거를 개업공인중개사가 이행하지 아니하는 경우에는 「행정대집행법」에 따라 대집행을 할 수 있다(법 제21조의2 제2항).

## 07 중개대상물의 표시 · 광고 제31회, 제32회, 제33회

**법 제18조의2 【중개대상물의 표시 · 광고】** ① 개업공인중개사가 의뢰받은 중개대상물에 대하여 표시 · 광고(「표시 · 광고의 공정화에 관한 법률」 제2조에 따른 표시 · 광고를 말한다. 이하 같다)를 하려면 중개사무소, 개업공인중개사에 관한 사항으로서 대통령령으로 정하는 사항을 명시하여야 하며, 중개보조원에 관한 사항은 명시해서는 아니 된다.

**영 제17조의2 【중개대상물의 표시 · 광고】** ① 법 제18조의2 제1항에서 "대통령령으로 정하는 사항"이란 다음 각 호의 사항을 말한다.

1. 중개사무소의 명칭, 소재지, 연락처 및 등록번호
2. 개업공인중개사의 성명(법인인 경우에는 대표자의 성명)

## 1 개업공인중개사의 중개대상물 표시 · 광고

### (1) 전단지 등의 중개대상물 표시 · 광고

① 개업공인중개사가 의뢰받은 중개대상물에 대하여 전단지 등을 이용한 표시 · 광고를 하는 경우 법정사항을 반드시 명시하여야 한다. 이는 소비자에게 정확하고 유용한 정보의 제공과 개업공인중개사가 아닌 자들의 표시 · 광고 자체를 금지하여 전문적인 서비스제공 나아가 부동산거래질서를 확립하여 소비자를 보호하기 위함이다.

② 명시사항은 다음과 같다.

1. 중개사무소의 명칭
2. 중개사무소의 소재지
3. 중개사무소의 연락처
4. 중개사무소의 등록번호
5. 개업공인중개사의 성명(법인인 경우에는 대표자의 성명)

주의할 것은 중개사무소 개설등록번호가 새로 명시사항으로 추가 규정되었다는 점이다. 그러나 개업공인중개사의 인적 사항이나 사업자등록번호 등은 명시의무 사항이 아니다. 한편, 중개보조원에 관한 사항은 표시 · 광고시에 절대 명시해서는 아니 되는 금지사항이라는 것도 유의해야 한다.

### (2) 인터넷을 이용한 표시 · 광고

**법 제18조의2 【중개대상물의 표시 · 광고】** ② 개업공인중개사가 인터넷을 이용하여 중개대상물에 대한 표시 · 광고를 하는 때에는 제1항에서 정하는 사항 외에 중개대상물의 종류별로 대통령령으로 정하는 소재지, 면적, 가격 등의 사항을 명시하여야 한다.

**영 제17조의2 【중개대상물의 표시 · 광고】** ② 법 제18조의2 제2항에서 "대통령령으로 정하는 소재지, 면적, 가격 등의 사항"이란 다음 각 호의 사항을 말한다.

1. 소재지
2. 면적
3. 가격
4. 중개대상물 종류
5. 거래 형태
6. 건축물 및 그 밖의 토지의 정착물인 경우 다음 각 목의 사항
   가. 총 층수
   나. 「건축법」 또는 「주택법」 등 관련 법률에 따른 사용승인 · 사용검사 · 준공검사 등을 받은 날
   다. 해당 건축물의 방향, 방의 개수, 욕실의 개수, 입주가능일, 주차대수 및 관리비

① 광범위한 전파성을 가진 인터넷을 이용한 표시·광고의 경우에는 (1)의 전단지 등을 이용한 중개대상물의 표시·광고시에 명시하여야 할 사항, 즉 중개사무소와 개업공인중개사와 관련된 중개사무소의 명칭, 소재지, 연락처 및 등록번호, 개업공인중개사의 성명(법인인 경우에는 대표자의 성명) 외에 중개대상물의 종류별로 소재지, 면적, 가격 등의 사항을 추가 명시하도록 하였다.

② 따라서 인터넷을 이용한 표시·광고의 경우에는 중개대상물에 대하여 추가로 소재지 면적, 가격, 종류, 거래 형태와 건축물 및 그 밖의 토지의 정착물인 경우에는 총 층수, 사용승인·사용검사·준공검사 등을 받은 날, 건축물의 방향, 방의 개수, 욕실의 개수, 입주가능일, 주차대수 및 관리비를 구체적으로 명시하도록 하여 중개거래로 인해 발생하는 분쟁을 적극적으로 방지하고자 하였다.

③ (1)의 ② 및 위의 명시의무에 위반하여 중개대상물의 중개에 관한 표시·광고를 한 자에게는 100만원 이하의 과태료를 부과한다(법 제51조 제3항 제2의2호).

### (3) 허위매물 및 가격 등 부당 표시·광고금지

> **법 제18조의2【중개대상물의 표시·광고】** ④ 개업공인중개사는 중개대상물에 대하여 다음 각 호의 어느 하나에 해당하는 부당한 표시·광고를 하여서는 아니 된다.
> 1. 중개대상물이 존재하지 않아서 실제로 거래를 할 수 없는 중개대상물에 대한 표시·광고
> 2. 중개대상물의 가격 등 내용을 사실과 다르게 거짓으로 표시·광고하거나 사실을 과장되게 하는 표시·광고
> 3. 그 밖에 표시·광고의 내용이 부동산거래질서를 해치거나 중개의뢰인에게 피해를 줄 우려가 있는 것으로서 대통령령으로 정하는 내용의 표시·광고
>
> ⑤ 제4항에 따른 부당한 표시·광고의 세부적인 유형 및 기준 등에 관한 사항은 국토교통부장관이 정하여 고시한다.

① **허위매물 표시·광고금지**: 개업공인중개사가 다량의 중개대상물을 확보한 것처럼 허위 가장하여 실제로 거래를 할 수 없는 중개대상물을 표시·광고하는 행위를 근절하여 부동산 거래질서 등을 유지하기 위함이다.

② **허위가격 등 과장표시·광고금지**: 부당한 이익을 취할 목적이나 손님을 유인하여 거래를 성사시킬 목적으로 시세와 다르게 가격을 조작 또는 중개대상물의 상태 등을 과장하는 표시·광고를 근절하여 중개의뢰인에 대한 피해 등을 방지하고자 함이다.

③ **기타 부동산거래질서 문란 표시 · 광고금지**(영 제17조의2 제4항)

> 1. 중개대상물이 존재하지만 실제로 중개의 대상이 될 수 없는 중개대상물에 대한 표시 · 광고
> 2. 중개대상물이 존재하지만 실제로 중개할 의사가 없는 중개대상물에 대한 표시 · 광고
> 3. 중개대상물의 입지조건, 생활여건, 가격 및 거래조건 등 중개대상물 선택에 중요한 영향을 미칠 수 있는 사실을 빠뜨리거나 은폐 · 축소하는 등의 방법으로 소비자를 속이는 표시 · 광고

따라서 위와 같은 표시 · 광고를 통해 부동산거래질서를 교란시키거나 소비자에게 피해를 줄 우려가 있는 행위는 금지된다.

④ 상기의 내용에 위반하여 부당한 표시 · 광고를 한 자에게는 500만원 이하의 과태료를 부과한다(법 제51조 제2항 제1호).

## 2 국토교통부장관의 인터넷 표시 · 광고 모니터링

> **법 제18조의3 【인터넷 표시 · 광고 모니터링】** ① 국토교통부장관은 인터넷을 이용한 중개대상물에 대한 표시 · 광고가 제18조의2의 규정을 준수하는지 여부를 모니터링 할 수 있다.
> ② 국토교통부장관은 제1항에 따른 모니터링을 위하여 필요한 때에는 정보통신서비스 제공자(「정보통신망 이용촉진 및 정보보호 등에 관한 법률」 제2조 제1항 제3호에 따른 정보통신서비스 제공자를 말한다)에게 관련 자료의 제출을 요구할 수 있다. 이 경우 관련 자료의 제출을 요구받은 정보통신서비스 제공자는 정당한 사유가 없으면 이에 따라야 한다.
> ③ 국토교통부장관은 제1항에 따른 모니터링 결과에 따라 정보통신서비스 제공자에게 이 법 위반이 의심되는 표시 · 광고에 대한 확인 또는 추가정보의 게재 등 필요한 조치를 요구할 수 있다. 이 경우 필요한 조치를 요구받은 정보통신서비스 제공자는 정당한 사유가 없으면 이에 따라야 한다.
> ④ 국토교통부장관은 제1항에 따른 모니터링 업무를 대통령령으로 정하는 기관에 위탁할 수 있다.
> ⑤ 국토교통부장관은 제4항에 따른 업무위탁기관에 예산의 범위에서 위탁업무 수행에 필요한 예산을 지원할 수 있다.
> ⑥ 모니터링의 내용, 방법, 절차 등에 관한 사항은 국토교통부령으로 정한다.

① **표시 · 광고의 모니터링**: 국토교통부장관은 인터넷을 이용한 중개대상물에 대한 명시의무나 부당표시 · 광고로 부동산거래질서문란 등 법 위반 여부를 모니터링 할 수 있다.

② **자료제출 요구**: 국토교통부장관은 모니터링을 위하여 정보통신서비스 제공자에게 관련 자료의 제출을 요구할 수 있으며, 제공자는 정당한 사유가 없으면 이에 응해야 한다.

③ **조치요구**: 국토교통부장관은 모니터링 한 결과 이 법 위반이 의심되는 표시·광고에 대한 확인 또는 추가정보의 게재 등 필요한 조치를 요구할 수 있고, 정보통신서비스 제공자는 정당한 사유가 없으면 이에 따라야 한다.

**넓혀 보기**

**정보통신서비스 제공자**

「전기통신사업법」 제2조 제8호에 따른 전기통신사업자와 영리를 목적으로 전기통신사업자의 전기통신역무를 이용하여 정보를 제공하거나 정보의 제공을 매개하는 자를 말한다.

④ **제재**: 국토교통부장관의 정당한 사유 없이 요구에 따른 관련 자료를 제출하지 아니하거나 법 위반이 의심되는 표시·광고에 대한 확인 또는 추가정보의 게재 등 필요한 조치 요구에 불응한 경우에는 500만원 이하의 과태료를 부과한다(법 제51조 제2항 제1의2호, 제1의3호).

⑤ **국토교통부장관의 업무 위탁**: 국토교통부장관은 다음에 해당하는 기관에 모니터링 업무를 위탁할 수 있다.

1. 「공공기관의 운영에 관한 법률」 제4조에 따른 공공기관
2. 「정부출연연구기관 등의 설립·운영 및 육성에 관한 법률」 제2조에 따른 정부출연연구기관
3. 「민법」 제32조에 따라 설립된 비영리법인으로서 인터넷 표시·광고 모니터링 또는 인터넷 광고 시장 감시와 관련된 업무를 수행하는 법인
4. 그 밖에 인터넷 표시·광고 모니터링 업무 수행에 필요한 전문인력과 전담조직을 갖췄다고 국토교통부장관이 인정하는 기관 또는 단체

⑥ **위탁 고시의무**: 국토교통부장관은 업무를 위탁하는 경우에는 위탁받는 기관 및 위탁업무의 내용을 고시해야 한다.

**☑ 현재 위탁업무의 내용 및 위탁기관 고시 내용**

| 위탁업무의 내용 | 관련 법령 | 위탁기관 |
|---|---|---|
| 「공인중개사법」<br>제18조의3 제4항에 따른 중개대상물의<br>인터넷 표시·광고 모니터링에 관한 업무 | 「공인중개사법 시행령」<br>제17조의3 제2항 | 한국인터넷광고재단 |

⑦ 제10조의3(인터넷 표시 · 광고 모니터링)

㉠ 모니터링 업무는 다음의 구분에 따라 수행한다.

| 1. 기본 모니터링: 모니터링 기본계획서에 따라 분기별로 실시하는 모니터링<br>2. 수시 모니터링: 위반한 사실이 의심되는 경우 등 국토교통부장관이 필요하다고 판단하여 실시하는 모니터링 |
|---|

㉡ 고시된 모니터링 업무 수탁기관(이하 "모니터링 기관"이라 한다)은 모니터링 업무를 수행하려면 다음의 구분에 따라 계획서를 국토교통부장관에게 제출해야 한다.

| 1. 기본 모니터링 업무 : 다음 연도의 모니터링 기본계획서를 매년 12월 31일까지 제출할 것<br>2. 수시 모니터링 업무 : 모니터링의 기간, 내용 및 방법 등을 포함한 계획서를 제출할 것 |
|---|

㉢ 모니터링 기관은 업무를 수행하면 해당 업무에 따른 결과보고서를 다음의 구분에 따른 기한까지 국토교통부장관에게 제출해야 한다.

| 1. 기본 모니터링 업무: 매 분기의 마지막 날부터 30일 이내<br>2. 수시 모니터링 업무: 해당 모니터링 업무를 완료한 날부터 15일 이내 |
|---|

㉣ 국토교통부장관은 제출받은 "결과보고서"를 시 · 도지사 및 등록관청 등에 통보하고 필요한 조사 및 조치를 요구할 수 있다.

㉤ 시 · 도지사 및 등록관청 등은 조사 및 조치 요구를 받으면 신속하게 조사 및 조치를 완료하고, 완료한 날부터 10일 이내에 그 결과를 국토교통부장관에게 통보해야 한다.

## 3 개업공인중개사 아닌 자의 중개대상물 표시 · 광고금지

**법 제18조의2 【중개대상물의 표시 · 광고】** ③ 개업공인중개사가 아닌 자는 중개대상물에 대한 표시 · 광고를 하여서는 아니 된다.

① 중개대상물에 대한 표시 · 광고는 개업공인중개사의 성명으로 하여야 하므로 소속공인중개사나 중개보조원의 성명으로는 할 수 없다.

② 개업공인중개사 아닌 자의 중개대상물 표시 · 광고행위는 금지되므로 부동산중개업을 목적으로 부동산컨설팅업자나 무등록업자 등은 할 수 없다.

③ 일반인이 영업목적이 아니라면 자기가 거주하는 집을 매매 또는 임대차 등 직거래를 목적으로 하는 표시 · 광고는 여기에 해당되지 않는다.

## 4 제 재

(1) 1의 (1) "전단지 등의 중개대상물 표시 · 광고"와 (2)의 "인터넷을 이용한 표시 · 광고"에 위반한 경우는 등록관청이 100만원 이하의 과태료를 부과한다.

(2) 1의 (3)의 "허위매물 및 가격 등 부당 표시 · 광고금지"에 위반한 경우에는 등록관청이 500만원 이하의 과태료를 부과한다.

(3) 1의 "국토교통부장관의 인터넷 표시 · 광고 모니터링"결과 위반(자료제출요구 불이행, 조치요구 불이행) 사실이 적발된 경우는 국토교통부장관이 정보통신서비스제공자에게 500만원 이하의 과태료를 부과한다.

(4) 3의 "개업공인중개사 아닌 자의 중개대상물 표시 · 광고금지"에 위반한 경우는 1년 이하의 징역 또는 1천만원 이하의 벌금형에 처한다.

**예 제**

**공인중개사법령상 중개대상물의 표시 · 광고 및 모니터링에 관한 설명으로 틀린 것은?** 제32회

① 개업공인중개사는 의뢰받은 중개대상물에 대하여 표시 · 광고를 하려면 개업공인중개사, 소속공인중개사 및 중개보조원에 관한 사항을 명시해야 한다.
② 개업공인중개사는 중개대상물이 존재하지 않아서 실제로 거래를 할 수 없는 중개대상물에 대한 광고와 같은 부당한 표시 · 광고를 해서는 안 된다.
③ 개업공인중개사는 중개대상물의 가격 등 내용을 과장되게 하는 부당한 표시 · 광고를 해서는 안 된다.
④ 국토교통부장관은 인터넷을 이용한 중개대상물에 대한 표시 · 광고의 규정준수 여부에 관하여 기본 모니터링과 수시 모니터링을 할 수 있다.
⑤ 국토교통부장관은 인터넷 표시 · 광고 모니터링 업무 수행에 필요한 전문인력과 전담조직을 갖췄다고 국토교통부장관이 인정하는 단체에게 인터넷 표시 · 광고 모니터링 업무를 위탁할 수 있다.

**해설** 개업공인중개사가 의뢰받은 중개대상물에 대하여 표시 · 광고를 하는 경우 법정사항을 반드시 명시하여야 한다.

**명시 사항**(영 제17조의2)

1. 중개사무소의 명칭
2. 중개사무소의 소재지
3. 중개사무소의 연락처
4. 중개사무소의 등록번호
5. 개업공인중개사의 성명(법인인 경우에는 대표자의 성명)

정답 ①

## 제3절 이중등록 및 등록증 대여 등의 금지

### 01 이중등록의 금지

**법 제12조 【이중등록의 금지 등】** ① 개업공인중개사는 이중으로 중개사무소의 개설등록을 하여 중개업을 할 수 없다.

#### 1 의 의

개업공인중개사는 이중으로 중개사무소의 개설등록을 하여 중개업을 할 수 없다. 이중등록이란 동일인이 2 이상의 중개사무소의 개설등록을 한 것을 의미한다.
주의할 것은 이중등록금지 규정은 이중소속금지 규정과는 달리 개업공인중개사에게만 해당된다. 이중등록의 형태를 살펴보면 다음과 같다.

1. 중개사무소개설등록을 한 개업공인중개사가 등록관청 관할 내·외를 불문하고 또다시 중개사무소 개설등록을 한 경우
2. 종별을 달리하여 또는 등록관청을 달리하여 또다시 중개사무소 개설등록을 한 경우
3. 종전의 중개사무소를 사실상 폐쇄하고 영업을 중단하였으나 중개사무소의 폐업신고를 이행하지 않은 상태에서 또다시 중개사무소 개설등록을 한 경우
4. 개업공인중개사가 휴업 중 또는 업무정지처분 기간 중에 다시 등록한 경우

#### 2 위반시 제재

개업공인중개사가 이중등록금지에 위반한 경우에는 이중등록 전부에 대하여 반드시 등록이 취소되고, 1년 이하의 징역 또는 1천만원 이하의 벌금형에도 처해진다.

## 02 이중소속의 금지

> **법 제12조 【이중등록의 금지 등】** ② 개업공인중개사 등은 다른 개업공인중개사의 소속공인중개사 · 중개보조원 또는 개업공인중개사인 법인의 사원 · 임원이 될 수 없다.

### 1 의 의

(1) '개업공인중개사 등'이란 중개업에 현재 종사하는 모두를 포함하는 의미이며, 이들은 1개의 중개사무소에만 소속되어야 하고 다른 개업공인중개사의 사무소에 또다시 소속되어서는 아니 된다는 것이다. 이는 휴업기간 중 또는 업무정지기간 중에도 마찬가지이다. 주의할 것은 다른 개업공인중개사의 중개사무소가 아닌 업종이 다른 부동산컨설팅사무소, 식당, 미장원, 대리운전, 택배회사에 근무하는 것은 이중소속에 해당되지 않는다.

(2) 이중소속의 양태를 살펴보면 다음과 같다.

> 1. 개인인 개업공인중개사가 다른 개업공인중개사의 고용인이 되거나 법인인 개업공인중개사의 임원 또는 사원이 되는 경우
> 2. 고용인이 다른 개업공인중개사의 고용인이 되거나 법인인 개업공인중개사의 임원 또는 사원이 되는 경우
> 3. 법인인 개업공인중개사의 임원 또는 사원이 다른 개업공인중개사의 고용인이 되거나 다른 법인인 개업공인중개사의 임원 또는 사원이 되는 경우

### 2 위반시 제재

(1) **개업공인중개사**

절대적 등록취소 사유에 해당하므로 반드시 등록이 취소되고, 1년 이하의 징역 또는 1천만원 이하의 벌금형에 처해진다.

(2) **소속공인중개사**

6개월의 범위 안에서 자격정지처분을 받을 수 있고, 1년 이하의 징역 또는 1천만원 이하의 벌금형에도 처해진다.

(3) **중개보조원**

행정처분의 대상은 아니며, 행정형벌인 1년 이하의 징역 또는 1천만원 이하의 벌금형에 처해진다.

## 03 등록증의 양도 · 대여 금지 제34회

**법 제19조 【중개사무소등록증 대여 등의 금지】** ① 개업공인중개사는 다른 사람에게 자기의 성명 또는 상호를 사용하여 중개업무를 하게 하거나 자기의 중개사무소등록증을 양도 또는 대여하는 행위를 하여서는 아니 된다.
② 누구든지 다른 사람의 성명 또는 상호를 사용하여 중개업무를 하거나 다른 사람의 중개사무소등록증을 양수 또는 대여받아 이를 사용하는 행위를 하여서는 아니 된다.
③ 누구든지 제1항 및 제2항에서 금지한 행위를 알선하여서는 아니 된다.

### 1 등록증의 양도 · 대여 등 금지

(1) 개업공인중개사는 다른 사람에게 자기의 성명 또는 상호를 사용하여 중개업무를 하게 하거나 자기의 중개사무소등록증을 양도 또는 대여하는 행위를 하여서는 아니 되고, 또한 누구든지 다른 사람의 성명 또는 상호를 사용하여 중개업무를 하거나 다른 사람의 중개사무소등록증을 양수 또는 대여받아 이를 사용하는 행위를 하여서는 아니 된다.

(2) 누구든지 개업공인중개사의 성명 · 상호 또는 등록증을 양도 · 대여 또는 양수 · 대여하는 행위를 알선 하여서는 아니 된다.

(3) '다른 사람'이란 개업공인중개사 본인을 제외한 일반인은 물론이고 다른 개업공인중개사나 공인중개사, 법인도 포함된다.

판 례

**'중개사무소등록증 대여'의 의미 및 무자격자가 공인중개사의 업무를 수행하였는지 판단하는 기준**(대판 2012.11.15, 2012도4542)

① '중개사무소등록증의 대여'라 함은 다른 사람이 그 등록증을 이용하여 공인중개사로 행세하면서 공인중개사의 업무를 행하려는 것을 알면서도 그에게 자격증 자체를 빌려주는 것을 말한다.
② 따라서 공인중개사가 무자격자로 하여금 그 공인중개사 명의로 개설등록을 마친 중개사무소의 경영에 관여하거나 자금을 투자하고 그로 인한 이익을 분배받도록 하는 경우라도, 공인중개사 자신이 그 중개사무소에서 공인중개사의 업무인 부동산거래 중개행위를 수행하고 무자격자로 하여금 공인중개사의 업무를 수행하도록 하는 것이 아니라면 이를 가리켜 등록증의 대여를 한 것이라고 말할 수 없다.
③ 한편 무자격자가 공인중개사의 업무를 수행하였는지 여부는 외관상 공인중개사가 직접 업무를 수행하는 형식을 취하였는지 여부에 구애됨이 없이 실질적으로 무자격자가 공인중개사의 명의를 사용하여 업무를 수행하였는지 여부에 따라 판단하여야 한다.

### ② 위반시 제재

(1) 개업공인중개사가 다른 사람에게 자기의 성명 또는 상호를 사용하여 중개업무를 하게 하거나 자기의 중개사무소등록증을 양도 또는 대여하는 행위를 하면 중개사무소 개설등록이 취소되고, 1년 이하의 징역 또는 1천만원 이하의 벌금형에 처해진다.

(2) 다른 사람의 성명 또는 상호를 사용하여 중개업무를 하거나 등록증을 양수·대여받은 자는 1년 이하의 징역 또는 1천만원 이하의 벌금형에 처해진다.

(3) 누구든지 위 (1) 및 (2)의 금지한 행위를 알선한 자는 1년 이하의 징역 또는 1천만원 이하의 벌금형에 처해진다(법 제49조 제1항 제7의2호).

## 제 4 절 등록의 실효 및 무등록중개업

### 01 등록의 실효

등록은 영속성이 있기 때문에 등록의 효력이 소멸되는 사유가 발생하지 않는 한 등록이 실효되지 않는다. 중개사무소 개설등록의 효력이 소멸되는 사유를 살펴보면 다음과 같다.

#### ① 개인인 개업공인중개사의 사망과 법인인 개업공인중개사의 해산

개인인 개업공인중개사가 사망하거나 개업공인중개사인 법인이 해산하면 등록의 효력은 당연히 실효된다.

#### ② 폐업신고

개업공인중개사가 등록관청에 폐업신고를 한 경우에는 폐업신고일로부터 중개업등록 효력이 소멸된다. 따라서 개업공인중개사가 중개사무소를 사실상 폐쇄한 경우라도 폐업신고를 하지 않는 한 등록의 효력은 유지된다.

### 3 등록취소처분

「공인중개사법」상 절대적 등록취소사유(법 제38조 제1항) 또는 임의적 등록취소사유(법 제38조 제2항)에 해당하더라도 등록관청이 청문 등을 경유하여 현실적으로 등록취소처분을 할 때까지는 등록의 효력은 유지된다. 따라서, 등록관청으로부터 개업공인중개사가 등록취소처분을 받은 경우에 비로소 개설등록의 효력이 소멸된다.

다만, "개인인 개업공인중개사가 사망하거나 개업공인중개사인 법인이 해산한 경우"는 즉시, 효력이 상실된다는 점에 주의를 요한다.

## 02 무등록중개업

### 1 의 의

(1) 무등록중개업이란 중개사무소의 개설등록을 하지 아니하고 중개업을 영위하거나 등록의 효력이 소멸된 상태에서 중개업을 영위한 것을 말한다. 따라서 개업공인중개사가 휴업기간 중에 중개업을 하였거나 업무정지기간 중에 중개업을 한 경우 또는 등록취소사유에 해당한 상태에서 중개업을 한 경우라도 무등록중개업은 아니다.

(2) 등록을 하지 아니하였더라도 우연한 기회에 1회 정도 중개대상물에 대한 거래의 알선을 하고 중개보수를 받은 사실만으로는 무등록중개업이 아니다.

### 2 무등록중개업의 유형

#### (1) 원시적 무등록중개업

1. 일반인이 중개사무소 개설등록을 하지 아니하고 중개업을 한 경우
2. 공인중개사가 개설등록신청 후 등록처분 및 통지 전에 중개업을 한 경우
3. 다른 주된 업무에 부수하여 등록을 하지 않고 중개업을 한 경우

#### (2) 후발적 무등록중개업

1. 개업공인중개사가 폐업신고를 한 후 중개업을 한 경우
   다만, 개업공인중개사가 매매계약서를 작성한 후 잔금지급일 이전에 폐업하고 그 후 중도금, 잔금 등의 이행행위를 제3의 장소에서 완결하는 행위는 중개업으로 볼 수 없으므로 무등록중개업은 아니라 할 것이다.
2. 중개사무소 개설등록 취소처분을 받은 후 중개업을 한 경우
3. 개인인 개업공인중개사의 사망, 법인인 개업공인중개사가 해산 후 중개업을 한 경우

## ③ 무등록업자가 행한 거래계약의 효력

등록은 중개업을 영위하기 위한 적법요건일뿐 유효요건은 아니므로 무등록업자의 중개행위로 인해 성립된 거래당사자 간의 거래계약의 효력에는 영향이 없고 거래계약 자체에 하자가 없다면 그대로 유효하다.

## ④ 무등록업자의 중개보수청구권

무등록업자의 중개행위로 인해 중개가 완성된 경우, 현행 「공인중개사법」상 보수청구권에 대하여는 명문규정이 없다. 판례는 중개보수 지급 약정은 강행법규에 위배되어 무효이므로 무등록업자가 중개의뢰인을 상대로 중개보수를 청구할 수 없다는 입장이다.

## ⑤ 무등록업자에 대한 제재

무등록중개업을 영위한 자에 대하여는 3년 이하의 징역 또는 3천만원 이하의 벌금에 처한다(법 제48조 제1항). 다른 한편, 무등록업자를 등록관청이나 수사기관에 신고 또는 고발한 자에 대하여는 요건에 따라 포상금을 지급할 수 있다(법 제46조 제1호).

**판례**

1. 공인중개사 자격이 없는 자가 중개사무소 개설등록을 하지 아니한 채 부동산중개업을 하면서 매매당사자와 사이에 체결한 중개보수 지급약정은 강행규정에 위배되어 무효에 해당한다(대판 2010.12.23, 2008다75119).
2. 공인중개사 자격이 없는 자가 우연한 기회에 단 1회 타인 간의 거래행위를 중개한 경우 등과 같이 '중개를 업으로 한' 것이 아니라면 그에 따른 중개보수 지급약정이 강행법규에 위배되어 무효라고 할 것은 아니다(대판 2012.6.14, 2010다86525).
3. 중개대상물의 거래당사자들로부터 보수를 현실적으로 받지 아니하고 단지 보수를 받을 것을 약속하거나 거래당사자들에게 보수를 요구하는 데 그친 경우에는 '중개업'에 해당한다고 할 수 없어 「공인중개사법」에 의한 처벌대상이 아니다. 따라서, 중개사무소의 개설등록을 하지 아니하고 부동산거래를 중개하면서 그에 대한 보수를 약속·요구하는 행위를 「공인중개사법」 위반죄로 처벌할 수 없다(대판 2006.9.22, 2006도4842).
4. 거래당사자가 무등록업자에게 중개를 의뢰하거나 미등기 부동산의 전매를 중개 의뢰하였다 하더라도 중개의뢰인의 중개의뢰행위를 개업공인중개사의 중개행위와 동일시하여 중개행위에 관한 공동정범 행위로 처벌할 수 없다(대판 2013.6.27, 2013도3246).

## 제 5 절 등록의 결격사유 등 제33회, 제35회

**법 제10조 【등록의 결격사유 등】** ① 다음 각 호의 어느 하나에 해당하는 자는 중개사무소의 개설등록을 할 수 없다.

1. 미성년자
2. 피성년후견인 또는 피한정후견인
3. 파산선고를 받고 복권되지 아니한 자
4. 금고 이상의 실형의 선고를 받고 그 집행이 종료(집행이 종료된 것으로 보는 경우를 포함한다)되거나 집행이 면제된 날부터 3년이 지나지 아니한 자
5. 금고 이상의 형의 집행유예를 받고 그 유예기간이 만료된 날부터 2년이 지나지 아니 한 자
6. 제35조 제1항에 따라 공인중개사의 자격이 취소된 후 3년이 지나지 아니한 자
7. 제36조 제1항에 따라 공인중개사의 자격이 정지된 자로서 자격정지기간 중에 있는 자
8. 제38조 제1항 제2호 · 제4호부터 제8호까지, 같은 조 제2항 제2호부터 제11호까지에 해당하는 사유로 중개사무소의 개설등록이 취소된 후 3년(제40조 제3항에 따라 등록이 취소된 경우에는 3년에서 같은 항 제1호에 따른 폐업기간을 공제한 기간을 말한다)이 지나지 아니한 자
9. 제39조에 따라 업무정지처분을 받고 제21조에 따른 폐업신고를 한 자로서 업무정지기간(폐업에도 불구하고 진행되는 것으로 본다)이 지나지 아니한 자
10. 제39조에 따라 업무정지처분을 받은 개업공인중개사인 법인의 업무정지의 사유가 발생한 당시의 사원 또는 임원이었던 자로서 해당 개업공인중개사에 대한 업무정지기간이 지나지 아니한 자
11. 이 법을 위반하여 300만원 이상의 벌금형의 선고를 받고 3년이 지나지 아니한 자
12. 사원 또는 임원 중 제1호부터 제11호까지의 어느 하나에 해당하는 자가 있는 법인

② 제1항 제1호부터 제11호까지의 어느 하나에 해당하는 자는 소속공인중개사 또는 중개보조원이 될 수 없다.

③ 등록관청은 개업공인중개사 · 소속공인중개사 · 중개보조원 및 개업공인중개사인 법인의 사원 · 임원(이하 "개업공인중개사 등"이라 한다)이 제1항 제1호부터 제11호까지의 어느 하나에 해당하는지 여부를 확인하기 위하여 관계 기관에 조회할 수 있다.

**법 제10조의2 【벌금형의 분리 선고】** 「형법」 제38조에도 불구하고 제48조 및 제49조에 규정된 죄와 다른 죄의 경합범(競合犯)에 대하여 벌금형을 선고하는 경우에는 이를 분리 선고하여야 한다.

### 01 결격사유제도

#### 1 결격사유제도의 취지

개업공인중개사는 부동산 전문직업인으로서 중개의뢰인에 대한 재산상의 거래행위를 알선하는 자이다. 따라서 현행 「공인중개사법」은 제10조에서 12가지의 결격사유를 규정하여 중개업의 등록 및 종사 요건을 엄격하게 제한하고 있다.

### 2 등록관청의 결격사유 조회권

등록관청은 개업공인중개사 · 소속공인중개사 · 중개보조원 및 개업공인중개사인 법인의 사원 · 임원(이하 "개업공인중개사 등"이라 한다)이 법 제10조 제1항 제1호부터 제11호까지의 어느 하나에 해당하는지 여부를 확인하기 위하여 관계 기관에 조회할 수 있다(법 제10조 제3항).

## 02 결격사유의 내용

다음의 결격사유 중 하나에 해당하는 자는 ① 중개사무소의 개설등록을 할 수 없고, ② 중개업에 종사할 수 없으며, ③ 개업공인중개사의 경우 등록취소사유에 해당하며, ④ 법인의 사원 · 임원 및 소속공인중개사 · 중개보조원의 경우에는 해소사유이기도 하다.

### 1 제한능력자 제31회

#### (1) 미성년자

① 「민법」 제4조는 19세로 성년에 이르게 된다고 규정하고 있다. 따라서 만 19세가 되지 않은 자를 미성년자라 한다. 미성년자는 제한능력자로서 결격사유자에 해당한다.

② 「민법」상에 미성년자가 혼인을 하였거나(성년의제 제도) 법정대리인의 동의를 얻었다 할지라도 결격사유에 해당된다. 즉, 예외 없이 결격자이다.

#### (2) 피성년후견인 또는 피한정후견인

① 피성년후견인은 가정법원이 질병, 장애, 노령, 그 밖의 사유로 인한 정신적 제약으로 사무를 처리할 능력이 지속적으로 결여된 사람에 대하여 본인, 배우자, 4촌 이내의 친족, 미성년후견인, 미성년후견감독인, 한정후견인, 한정후견감독인, 특정후견인, 특정후견감독인, 검사 또는 지방자치단체장의 청구에 의하여 성년후견개시의 심판을 받은 자를 말한다.

② 피한정후견인은 질병, 장애, 노령, 그 밖의 사유로 인한 정신적 제약으로 사무를 처리할 능력이 부족한 사람에 대하여 본인 등의 청구에 의하여 한정후견개시의 심판을 받은 자를 말한다.

③ 피성년후견인이나 피한정후견인은 본인 등의 청구에 의하여 가정법원으로부터 후견종료심판을 받아야 결격사유에서 벗어난다. 또한 그들이 법정대리인의 동의를 얻었다 할지라도 중개업에 종사할 수 없다.

④ 주의할 것은 특정한 사무만 또는 일시적으로 후원을 받는 피특정후견인은 제한능력자가 아니다. 따라서 결격사유자가 아니다.

## ② 파산선고를 받은 파산자 제31회

(1) 파산선고는 「채무자 회생 및 파산에 관한 법률」에 의하여 채무자가 경제적으로 파탄상태에 빠져 채무를 변제할 수 없는 상태에 이르렀을 때 법원에 파산신청을 하여 그 결정으로 파산선고를 받는다. 개인뿐만 아니라 법인의 경우에도 파산선고의 대상이 되므로 결격사유에 해당된다.

(2) 파산자가 파산채권자에 대해 그 채무의 전부를 변제하여 그 책임을 면하고 법원에 복권신청을 하더라도 결격사유에 해당되며, 법원의 복권결정이 내려져야 결격사유에서 벗어나 등록 등을 할 수 있다. 또한 파산자가 면책결정이 확정되거나 파산선고 후 사기파산 등으로 유죄의 확정판결을 받음이 없이 10년이 경과한 때에는 복권되어 결격사유에서 벗어난다. 주의할 것은 신용불량자나 개인회생절차(개시결정, 인가) 기간 중에 있는 사람은 결격사유자가 아니다.

## ③ 형사벌 수형자 제32회

(1) **금고 이상의 실형의 선고를 받고 그 집행이 종료**(집행이 종료된 것으로 보는 경우를 포함)**되거나 집행이 면제된 날부터 3년이 지나지 아니한 자**

① **금고 이상의 실형**: 「형법」상 형벌의 9가지 종류가 있다. 그 중에 사형, 징역, 금고형의 실형선고를 받은 자를 말한다. 주의할 것은 「공인중개사법」 위반은 물론이고 다른 법률의 위반으로 징역 또는 금고형의 선고를 받은 범죄자 모두가 결격사유에 해당한다는 것이다.

② **집행이 종료**(집행이 종료된 것으로 보는 경우 포함)**된 날로부터 3년이 지나지 아니한 자**: 집행종료일로부터 3년이 지나야 결격사유에서 벗어나게 되어 등록 등을 할 수 있다. 집행이 종료되는 경우는 다음 사유를 말한다.

㉠ 형기종료로 인한 만기석방: 만기석방일이 집행종료일에 해당한다. 따라서 만기석방된 자는 그 석방일로부터 3년이 지나야 결격사유에서 벗어난다.

㉡ 집행이 종료된 것으로 보는 경우(가석방): 가석방의 경우에는 가석방처분의 실효 또는 취소됨이 없이 유기형의 경우에는 가석방 후 잔여형기를 지난 때, 무기형의 경우에는 가석방 후 10년이 지난 때 형의 집행이 종료된 것으로 본다. 따라서 금고 이상의 실형의 선고를 받고 복역 중 가석방된 자는 잔여형기를 마친 후 3년이 지나야 결격사유에서 벗어나게 된다.

③ **집행이 면제된 날부터 3년이 지나지 아니한 자**: 형의 선고를 받았으나 다음과 같은 사유로 형의 집행이 면제되는 경우로서 그 면제일로부터 3년이 지나야 등록 등을 할 수 있다.

㉠ 법률변경: 재판이 확정된 후 법률의 변경 등에 의하여 그 행위가 범죄를 구성하지 아니한 경우에 변경된 법률의 시행일에 형의 집행이 면제되며, 그 날로부터 3년이 지나야 등록 등을 할 수 있다.

㉡ 특별사면: 특별사면이 된 경우에는 특별사면일에 형의 집행이 면제되므로 사면일로부터 3년이 지나야 등록 등을 할 수 있다. 이에 비하여 일반사면은 형의 선고를 받은 자에 대하여는 형선고의 효력을 소멸시키고, 형의 선고를 받지 아니한 자에 대하여는 공소권을 소멸케 하므로 일반사면은 받은 즉시 결격사유에서 벗어난다는 점에서 특별사면과 구별된다.

### (2) 금고 이상의 형의 집행유예를 받고 그 유예기간이 만료된 날부터 2년이 지나지 아니한 자

① 집행유예란 형의 선고는 하면서도 정상을 참작하여 형의 집행을 일정기간 유예하고, 그 유예기간을 무사히 경과하면 형선고의 효력을 상실하게 하는 제도이다.

② 예를 들어 징역 1년에 처하나, 단 2년의 집행유예의 선고를 받은 자는 이와 같은 선고를 받은 날부터 집행유예 기간인 2년이 종료된 후 다시 2년이 지나야 결격사유에서 벗어나는 것이다.

③ 한편 범죄의 정도가 아주 경미한 자에게 부과되는 선고유예가 있는데 이는 현행법상 결격사유로 규정하고 있지 않다. 따라서 징역, 금고, 벌금형에 대한 선고유예를 받은 경우에는 모두가 결격사유에 해당하지 않는다.

**넓혀 보기**

**선고유예**

선고유예란 1년 이하의 징역이나 금고, 자격정지 또는 벌금의 형을 선고할 경우에 피고인의 양형의 조건을 참작하여 개전(改悛)의 정이 현저한 때에는 그 선고를 유예할 수 있는 제도로써 선고유예를 받은 날로부터 2년을 경과하면 면소된 것으로 간주한다.

### (3) 「공인중개사법」에 위반하여 300만원 이상의 벌금형의 선고를 받고 3년이 지나지 아니한 자

① 벌금형의 선고는 오직 「공인중개사법」을 위반한 경우에만 적용이 된다. 따라서 「형법」, 「변호사법」, 「도로교통법」 등 다른 법률을 위반하여 벌금형 선고를 받은 경우에는 아무리 많은 액수의 벌금형을 선고받더라도 결격사유에 해당되지 않는다.

② 이 법을 위반한 경우라 하더라도 300만원 미만의 벌금형을 선고받았거나 300만원 이상이더라도 벌금형에 대한 선고유예를 받은 경우에는 결격사유에 해당되지 않는다. 주의할 점은 과태료는 결격사유와는 무관하다는 점이다.

③ 한편 「공인중개사법」은 제10조의2에서 「형법」 제38조에도 불구하고 제48조 및 제49조에 규정된 죄와 다른 죄의 경합범(競合犯)에 대하여 벌금형을 선고하는 경우에는 이를 분리 선고하여야 함을 규정하고 있다.

> **형법 제38조 【경합범과 처벌례】** ① 경합범을 동시에 판결할 때에는 다음의 구별에 의하여 처벌한다.
> 2. 각 죄에 정한 형이 사형 또는 무기징역이나 무기금고 이외의 동종의 형인 때에는 가장 중한 죄에 정한 장기 또는 다액에 그 2분의 1까지 가중하되 각 죄에 정한 형의 장기 또는 다액을 합산한 형기 또는 액수를 초과할 수 없다. 단 과료와 과료, 몰수와 몰수는 병과할 수 있다.

그러나 「공인중개사법」은 다른 죄와 경합범의 경우 벌금형을 선고하는 경우에 이러한 형법 같은 규정이 없다. 따라서 별도로 분리하여 선고하게 함으로써 「공인중개사법」 위반으로 인한 벌금형만을 결격사유로 하고 있다.

④ 결론적으로 개업공인중개사가 이 법을 위반하여 300만원 이상의 벌금형을 선고받으면 3년간 결격사유에 해당되며, 당해 결격사유는 절대적 등록취소사유에 해당되므로 반드시 등록이 취소된다(법 제38조 제1항 제3호).

⑤ 다만, 판례는 개업공인중개사가 고용인의 「공인중개사법」 위반행위로 양벌규정을 적용받아 300만원 이상 벌금형을 선고받은 경우 당해 개업공인중개사는 '이 법을 위반하여 벌금형을 선고받은 경우'라고 볼 수 없으므로 결격사유에 해당하지 않으며, 등록취소사유에 해당하지 않는 것으로 판시하였다.

**판례**

**양벌규정의 적용으로 인한 벌금형 선고에 대한 결격사유 해당 여부**

「공인중개사법」상 결격사유규정, 등록취소규정의 입법취지 및 양벌규정은 형사법상 자기책임주의의 원칙에 대한 예외로서 엄격하게 해석할 것이 요구된다. 따라서, 같은 법 제10조 제1항 제11호에 규정된 '이 법을 위반하여 벌금형의 선고를 받고 3년이 경과되지 아니한 자'에는 중개보조원 등이 중개업무에 관하여 같은 법 제8조를 위반하여 그 고용주인 개업공인중개사가 같은 법 제50조의 양벌규정으로 처벌받는 경우는 포함되지 않는다고 해석하여야 한다(대판 2008. 5.29, 2007두26568).

## 4 「공인중개사법」에 따른 행정처분 제31회

### (1) 법 제35조에 따른 공인중개사 자격취소 ⇨ 3년 미경과한 자

공인중개사의 자격이 취소된 후 3년이 경과되지 아니한 자는 공인중개사자격을 취득할 수도 없으며, 결격사유에도 해당한다. 따라서 이 자는 중개업 등록은 물론 소속공인중개사도 될 수 없는 것이 당연하다.

### (2) 법 제36조에 따른 공인중개사 자격이 정지된 자 ⇨ 자격정지기간 중에 있는 자

① 자격정지는 소속공인중개사에 한하여 적용되는데 소속공인중개사가 자격정지처분을 받았을 때에는 당해 자격정지기간 동안 결격기간이 된다. 설령 자격정지처분을 받은 후 중개사무소를 그만 두었다 하더라도 당해 자격정지기간 중에는 결격사유에 해당하므로 등록을 할 수 없다.

② 「형법」에 의해 자격정지형의 선고를 받은 경우에는 「공인중개사법」에 의한 공인중개사 자격정지가 아니므로 결격사유가 아니다.

### (3) 법 제38조에 따른 중개사무소의 개설 등록취소 ⇨ 3년(법 제40조 제3항의 규정에 의하여 등록이 취소된 경우에는 3년에서 폐업기간을 공제한 기간을 말한다)이 미경과한 자

① **원칙**: 절대적 등록취소사유와 임의적 등록취소사유로 인하여 등록이 취소된 자는 원칙적으로 등록이 취소된 날부터 3년간 결격사유에 해당되어 중개업에 종사할 수 없다. 즉, 공인중개사자격은 있다하더라도 등록취소일로부터 3년간 재등록을 할 수 없고 소속공인중개사도 될 수 없다.

② **예외 1**: 다만, 등록이 취소되었더라도 항상 등록취소 후 3년의 결격사유가 적용되는 것은 아니고 다음의 사유를 원인으로 등록취소된 경우에는 3년의 결격사유를 적용하지 않는다. 이는 개업공인중개사가 등록취소되었다 하더라도 법적 성격상 또는 합리적인 이유로 3년간의 결격기간을 획일적으로 적용하기가 곤란한 경우이다.

㉠ 개인인 개업공인중개사가 사망하거나 개업공인중개사인 법인이 해산한 경우: 「공인중개사법」은 이 경우도 절대적 등록취소사유로 규정하여 등록취소처분을 행한다. 그런데 자연인인 개업공인중개사가 사망한 경우는 원천적으로 결격제도는 의미가 없어 3년의 결격기간이 적용되지 않는다. 또한 법인인 개업공인중개사가 해산으로 등록취소처분을 받은 경우는 다시 등록기준만 갖춘다면 언제든지 등록을 받아 중개업 등을 할 수 있는 것이다.

㉡ 결격사유에 해당하여 등록이 취소된 경우: 개업공인중개사에게 결격사유가 발생하면 등록이 취소된다. 이 경우 등록취소의 원인이었던 결격사유가 해소되면 즉시 결격은 종료되고 등록을 할 수 있게 된다.

예컨대 개업공인중개사가 파산선고를 받아 등록이 취소된 경우 3년의 결격기간이 적용되는 것이 아니라 법원에서 복권결정을 받은 때 결격에서 벗어나는 시점이 된다(복권결정을 받을 때까지 결격기간이 5개월 또는 2년 또는 7년이 될 수도 있을 것이다).

㉢ 등록기준에 미달하여 등록이 취소된 경우: 공인중개사법령은 등록기준을 규정(예 실무교육, 중개사무소 확보, 법인의 경우 자본금 5천만원 이상 등)하고 이 요건을 미비하면 등록을 받을 수 없도록 하였고, 또 등록 후에 이에 미달되면 임의적 등록취소사유(법 제38조 제2항 제1호)로 규정하고 있다. 한편, 이를 원인으로 등록이 취소된 경우에는 등록취소 후 3년간의 결격기간이 적용되지 않는다. 따라서 이 경우 등록기준을 갖추어 언제든지 등록을 받을 수 있다.

③ **예외 2**: 등록취소 후 결격기간은 원칙적으로 3년이다. 다만, 폐업신고 후 재등록한 개업공인중개사가 폐업신고 전의 위반행위로 등록취소처분을 받은 경우에는 등록의 취소로 인한 결격기간 3년에서 폐업신고를 한 날부터 재등록을 한 날까지의 기간(폐업기간)을 공제한 기간이 결격기간에 해당된다.

예컨대 폐업기간이 2년인 경우 재등록개업공인중개사가 폐업 전 위반행위로 인하여 등록취소가 되었다면 3년에서 폐업기간 2년을 공제한 나머지 1년만 결격사유에 해당된다.

(4) **법 제39조에 따른 업무정지처분을 받고 폐업신고를 한 자 ⇨ 업무정지기간**(폐업에도 불구하고 진행되는 것으로 간주)**이 미경과한 자**

업무정지처분을 받은 개업공인중개사가 업무정지처분 기간 중에 폐업이 가능하다. 그러나 "폐업에도 불구하고 진행되는 것으로 본다"라고 정하고 있으므로, 폐업이 업무정지기간을 소멸시키는 것은 아니다. 따라서 업무정지처분을 받은 개업공인중개사는 폐업을 하였더라도 업무정지기간이 경과하여야 등록 등을 할 수 있다.

예컨대, 개업공인중개사가 「공인중개사법」 위반으로 2025년 1월 21일에 3개월의 업무정지처분을 받고, 2025년 1월 25일에 폐업신고를 하였다 하더라도 2025년 4월 20일까지는 업무정지기간에 해당되어 결격이므로 개업공인중개사 등이 될 수 없지만 업무정지기간이 끝나는 2025년 4월 21일부터는 중개사무소의 재등록 또는 고용인이 될 수 있다.

**(5) 법 제39조에 따른 업무정지처분을 받은 법인인 개업공인중개사의 업무정지의 사유가 발생한 당시의 사원 또는 임원이었던 자 ⇨ 당해 개업공인중개사의 업무정지기간이 미경과한 자**

① 이 결격사유는 법인인 개업공인중개사에게만 적용된다. 즉, 법인인 개업공인중개사가 업무정지처분을 받았다면 그 업무정지사유에 해당하는 위반행위를 할 당시의 임원 또는 사원이었던 자는 법인인 개업공인중개사의 업무정지기간 동안 같이 그 불이익을 받도록 결격사유에 해당하는 것으로 하고 있다.

② 따라서 해당 사원 또는 임원은 법인인 개업공인중개사의 업무정지기간 중에는 퇴사를 하였더라도 개설등록을 하지 못할 뿐만 아니라 다른 개업공인중개사의 소속공인중개사, 중개보조원 또는 사원 또는 임원이 될 수 없다.
주의할 점은 결격사유자는 "업무정지의 사유발생 당시의 사원 또는 임원이었던 자"이므로 그 당시에는 사원 또는 임원이 아니었고, 그 이후에 취임한, 즉 "업무정지 처분을 받을 당시의 사원 또는 임원으로 근무하는 자"는 결격사유에 해당되지 않는다.

### 5 사원 또는 임원 중 결격사유에 해당하는 자가 있는 법인

개업공인중개사인 법인의 사원 · 임원 중 1인이 결격사유에 해당하는 경우에도 개업공인중개사인 법인의 결격사유로 되고, 이로 인하여 절대적 등록취소사유가 된다. 다만, 개업공인중개사인 법인이 해당 사원 · 임원을 그 사유가 발생한 날로부터 2개월 이내에 그 사유를 해소하면 결격사유에서 벗어나므로 등록취소도 되지 않는 것이다.

## 03 결격사유의 효과

### 1 등록 및 고용 전에 결격사유에 해당

**(1) 중개사무소 개설등록 제한**

중개사무소 개설등록을 신청한 자가 공인중개사나 법인이라 하여도 결격사유에 해당되면 중개사무소 개설등록을 받을 수 없다.

**(2) 사원 · 임원 및 고용인으로의 소속제한**

결격사유자는 사원 · 임원 및 소속공인중개사 또는 중개보조원도 될 수 없다. 따라서 개업공인중개사는 그들을 사원 · 임원 및 고용인으로 고용해서는 안 된다.

## 2 등록 및 고용 후에 결격사유에 해당

### (1) 절대적 등록취소사유

개업공인중개사가 중개업을 영위하는 도중에 결격사유에 해당하게 된 경우에는 등록관청은 그 개업공인중개사의 등록을 취소하여야 한다.

주의할 점은 모든 결격사유가 절대적 등록취소처분 사유를 구성하는 것은 아니고 다음의 ①~⑤에 해당하는 경우에는 등록취소처분대상이 될 수 없다. 이는 처음부터 등록신청을 하여 등록 자체를 받을 수 없는 결격사유이지 이미 등록을 받은 개업공인중개사가 이에 해당하게 될 여지가 없기 때문에 등록취소처분의 대상이 될 수가 없는 것이다.

① 미성년자
② 공인중개사의 자격이 정지된 자로서 자격정지기간 중에 있는 자
③ 중개사무소 개설등록이 취소된 후 3년이 경과되지 아니한 자
④ 업무정지처분을 받고 폐업신고를 한 자로서 업무정지기간이 경과되지 아니한 자
⑤ 업무정지처분을 받은 개업공인중개사인 법인의 업무정지의 사유가 발생한 당시의 사원 또는 임원이었던 자로서 당해 개업공인중개사에 대한 업무정지기간이 경과되지 아니한 자

### (2) 사원 · 임원 및 고용인의 업무관계 종료의무

결격사유에 해당하는 고용인을 그 사유발생일로부터 2개월 이내에 해소하지 않으면 개업공인중개사에 대하여 6개월의 범위 안에서 업무정지처분을 할 수 있다. 법인인 개업공인중개사의 사원 · 임원의 경우도 전술한 바와 같이 앞에서 결격사유가 발생한 날로부터 2개월 이내에 그 결격사유를 해소하여야 한다.

**예 제**

**공인중개사법령상 중개사무소 개설등록의 결격사유를 모두 고른 것은?** 제31회

㉠ 파산선고를 받고 복권되지 아니한 자
㉡ 피특정후견인
㉢ 공인중개사 자격이 취소된 후 3년이 지나지 아니한 임원이 있는 법인
㉣ 개업공인중개사인 법인의 해산으로 중개사무소 개설등록이 취소된 후 3년이 지나지 않은 경우 그 법인의 대표이었던 자

① ㉠　　② ㉠, ㉢
③ ㉡, ㉢　　④ ㉡, ㉣
⑤ ㉠, ㉢, ㉣

**해설** ㉡ 피특정후견인은 제한능력자가 아니다. 따라서 결격사유자가 아니다.
㉣ 개업공인중개사인 법인의 해산으로 중개사무소 개설등록이 취소된 경우는 등록이 취소된 날로부터 3년간의 결격기간이 적용되지 않는다. 따라서, 대표자는 등록 요건을 갖추어 언제든지 등록을 할 수 있다.

◆ 정답 ②

MEMO

# 중개사무소 등 중개업무제도

**단원 열기** 매년 출제빈도가 높은 단원 중 하나이다. 중개사무소 설치 및 이전, 개업공인중개사의 업무범위 중 특히 법인의 겸업범위, 고용인의 업무상 행위와 책임, 인장등록 및 사용, 휴·폐업의 신고방법 및 기간과 관련한 부분은 거의 매년 3문제 이상 출제되므로 정확한 이해와 암기가 필요하다.

## 제1절 중개사무소 제34회

**법 제13조 【중개사무소의 설치기준】** ① 개업공인중개사는 그 등록관청의 관할 구역 안에 중개사무소를 두되, 1개의 중개사무소만을 둘 수 있다.
② 개업공인중개사는 천막 그 밖에 이동이 용이한 임시 중개시설물을 설치하여서는 아니 된다.
③ 제1항에도 불구하고 법인인 개업공인중개사는 대통령령으로 정하는 기준과 절차에 따라 등록관청에 신고하고 그 관할 구역 외의 지역에 분사무소를 둘 수 있다.
④ 제3항에 따라 분사무소 설치신고를 받은 등록관청은 그 신고내용이 적합한 경우에는 국토교통부령으로 정하는 신고확인서를 교부하고 지체 없이 그 분사무소설치예정지역을 관할하는 시장·군수 또는 구청장에게 이를 통보하여야 한다.
⑤ 제5조 제3항은 제4항에 따른 신고확인서의 재교부에 관하여 이를 준용한다.
⑦ 중개사무소의 설치기준 및 운영 등에 관하여 필요한 사항은 대통령령으로 정한다.

### 01 개업공인중개사의 사무소 설치

#### 1 중개사무소의 의의

현행법은 개업공인중개사에게 반드시 중개사무소를 설치할 것을 요구하고 있는데 건축물대장에 기재된 건물에 중개사무소를 확보하여야 하므로 무허가 건물이나 불법건물에는 설치할 수 없고, 또한 그 소유자가 개업공인중개사일 필요는 없으며 전세권, 임대차 또는 사용대차 등에 의하여 중개사무소의 사용권한을 확보하면 충분하다.

## ② 중개사무소 설치기준

### ⑴ 등록관청 관할 구역 안에 설치

① 개업공인중개사는 그 등록관청의 관할 구역 안에 중개사무소를 두되, 1개의 중개사무소만을 둘 수 있다(법 제13조 제1항)고 규정하여 1등록 1사무소 원칙을 채택하고 있다. 따라서 모든 개업공인중개사는 등록관청 관할 내에 중개사무소를 반드시 1개만 두어야 한다.

② 다만, 법인인 개업공인중개사는 등록관청에 신고하고 그 관할 구역 외의 지역에 분사무소를 둘 수 있다(법 제13조 제3항).

### ⑵ 1등록 1사무소 설치(이중사무소 설치금지)

① 중개사무소는 1등록 1사무소의 원칙이 적용되므로 이를 위반하여 중개사무소를 2개 이상 설치하는 것은 허용되지 않는다. 즉, 중개사무소 개설등록을 한 후 중개사무소를 관할 내에 복수로 설치하든, 관할 내・외에 각각 설치하든 모두 허용되지 않는다.

② 1개의 사무소의 의미로는 독립된 건물 및 구획을 의미하는 것으로서 동일 건물 내에 하나의 출입문에 2개 이상의 사무실이 업무상 기능적으로 결합(예 복층 구조)되었으면 1개의 사무소로 볼 수 있으나 자신의 중개사무소와 별개의 인근 건물일지라도 여기에 부수적인 중개업무(상담이나 대기실만으로 사용하는 등)를 위한 사무소를 설치하는 것도 이중설치 금지 원칙에 위반되는 것으로 해석된다.

③ **위반시 제재**: 2개 이상의 중개사무소를 둔 경우 등록관청은 중개사무소의 개설등록을 취소할 수 있다. 행정형벌로는 1년 이하의 징역 또는 1천만원 이하의 벌금에 처한다.

### ⑶ 임시 중개시설물 설치금지

① 개업공인중개사는 천막 그 밖에 이동이 용이한 임시 중개시설물을 설치하여서는 아니 된다(법 제13조 제2항). 개업공인중개사가 중개사무소 외의 장소에 독립된 공간 및 시설을 확보하여 중개업을 영위하였다면 이는 이중사무소 설치에 해당하나 사무소에 해당할 정도는 아니지만 중개업무를 수행하기 위하여 돔형 천막이나 플라스틱 탁자가 부착된 대형파라솔, 임시 창고, 가설물 등의 시설물을 설치하고 중개사무소의 상호와 전화번호가 적힌 현수막을 설치한 후 그 주위에 보조의자, 기타 사무집기를 갖추는 등의 중개사무소임을 인식할 수 있는 표시가 되어있다면 임시 중개시설물이라 할 수 있다. 소위 '떳다방'을 규제하기 위해 현행법에서 규정한 것이다.

② **위반시 제재**: 임시 중개시설물을 설치한 경우 등록관청은 중개사무소의 개설등록을 취소할 수 있다. 행정형벌로는 1년 이하의 징역 또는 1천만원 이하의 벌금에 처한다.

## 02 법인의 분사무소 제31회, 제32회

### 1 취 지

법인인 개업공인중개사는 대통령령이 정하는 기준과 절차에 따라 등록관청에 신고하고 그 관할 구역 외의 지역에 분사무소를 둘 수 있다. 즉, 본점 외에 지점의 설치를 허용하여 1등록 1중개사무소 설치에 대한 특례를 인정하고 있는 것이다. 또한 다른 법률의 규정에 따라 중개업을 할 수 있는 법인도 분사무소를 설치할 수 있다. 그러나 개인인 개업공인중개사는 분사무소를 둘 수 없다.

### 2 분사무소 설치요건

#### (1) 설치지역 및 수

분사무소는 주된 사무소의 소재지가 속한 시(구가 설치되지 아니한 시와 특별자치도의 행정시를 말한다)・군・구를 제외한 시・군・구별로 설치하되 시・군・구별로 1개소를 초과할 수 없다. 예를 들어 주된 사무소가 서울특별시 강남구에 설치되어 있는 경우 강남구 내에는 분사무소를 설치할 수 없고 강남구 이외의 시・군・구에 각각 설치할 수 있는데 분사무소를 설치하는 당해 시・군・구 내에는 1개소만을 설치할 수 있는 것이다.

#### (2) 분사무소의 책임자

분사무소에는 공인중개사를 책임자로 두어야 한다. 다만, 다른 법률의 규정에 의하여 중개업을 할 수 있는 법인은 그러하지 아니하다.

법인의 분사무소에는 반드시 분사무소 책임자를 두어야 하나 분사무소 근무 인원에 대한 규정은 없으므로 책임자인 공인중개사 1인만으로 분사무소의 개설이 가능하다.

분사무소 책임자는 중개 업무처리에 관한 한 대표자와 동등한 권한을 갖는 것으로 보아야 하므로 모든 중개업무를 수행할 수 있다. 이에 분사무소 책임자는 공인중개사자격을 취득한 자를 두도록 하고 있다. 다른 법률의 규정에 의하여 중개업을 할 수 있는 법인은 분사무소 책임자 자격요건은 적용되지 아니하므로 일반인을 책임자로 둘 수 있으나 그 밖의 분사무소 설치의 기본요건은 충족되어야 한다.

#### (3) 분사무소 책임자가 실무교육을 이수할 것

분사무소 책임자는 설치신고일 전 1년 이내에 시・도지사가 실시하는 실무교육을 받아야 한다. 다만, 개업공인중개사가 폐업신고 후 1년 이내에 분사무소의 책임자가 되는 경우에는 실무교육을 받지 않아도 된다.

### (4) 손해배상책임을 보장하기 위한 보증을 2억원 이상 추가로 설정할 것

법인인 개업공인중개사가 분사무소를 설치하는 경우에는 분사무소마다 손해배상책임을 보장하기 위한 보증을 2억원 이상 추가로 설정하여야 한다. 보증의 설정을 증명할 수 있는 서류는 분사무소 설치신고시에는 첨부할 서류이나 등록신청시에는 첨부할 서류가 아님을 유의하여야 한다.

### (5) 분사무소를 확보할 것

분사무소는 건축물대장에 기재된 건물에 확보하여야 하며, 소유·전세·임대차 또는 사용대차 등의 방법에 의하여 사용권을 확보하여야 한다.

## 3 분사무소 설치신고

### (1) 신고의 관할청

분사무소의 설치신고는 주된 사무소 소재지를 관할하는 등록관청에 하여야 한다(영 제15조 제3항). 분사무소의 등록관청은 주된 사무소 소재지를 관할하는 시장·군수·구청장이므로 분사무소에 대한 휴업·폐업신고나 인장등록, 업무정지처분 등 모든 행정상 처분은 주된 사무소 소재지 관할 시장·군수·구청장이 주관한다.

### (2) 설치신고시 첨부서류

분사무소의 설치신고를 하려는 자는 분사무소설치신고서에 다음의 서류를 첨부하여 등록관청에 제출하여야 한다. 이 경우 등록관청은 공인중개사 자격증을 발급한 시·도지사에게 분사무소 책임자의 공인중개사 자격 확인을 요청하여야 하고, 「전자정부법」 제36조 제1항에 따른 행정정보의 공동이용을 통하여 법인 등기사항증명서를 확인하여야 한다.

> ① 분사무소 책임자의 실무교육의 수료확인증 사본
> ② 보증의 설정을 증명할 수 있는 서류
> ③ 건축물대장에 기재된 건물에 분사무소를 확보(소유·전세·임대차 또는 사용대차 등의 방법에 의하여 사용권을 확보하여야 한다)하였음을 증명하는 서류. 다만, 건축물대장에 기재되지 아니한 건물에 분사무소를 확보하였을 경우에는 건축물대장 기재가 지연되는 사유를 적은 서류도 함께 내야 한다.

### (3) 설치신고 수수료

분사무소 설치신고를 하는 자는 당해 지방자치단체의 조례가 정하는 바에 따라 수수료를 납부하여야 한다(법 제47조 제1항 제5호). 이 경우 수수료는 주된 사무소 소재지를 관할하는 시·군·구(자치구) 조례임을 주의하여야 한다.

## 4 신고확인서 교부 등

### (1) 신고확인서의 교부

분사무소 설치신고를 받은 등록관청은 그 신고내용이 적합한 경우에는 분사무소설치 신고확인서를 교부하여야 한다(법 제13조 제4항). 이 경우 분사무소 설치신고에 따른 처리기한은 분사무소설치신고서 서식상 7일이며, 등록관청은 책임자의 결격사유 해당 여부를 확인하고 설치기준에 적합한 경우 신고확인서를 교부하여야 한다.

### (2) 신고확인서의 재교부

① 신고확인서를 분실·훼손하여 재교부를 받고자 하거나 기재사항의 변경으로 인하여 재교부를 받고자 하는 경우에는 분사무소설치 신고확인서 재교부신청서를 등록관청에 제출하되 기재사항의 변경으로 인하여 재교부를 받고자 하는 때에는 신고확인서를 첨부하여야 한다(법 제13조 제5항, 규칙 제7조 제3항).

② 분사무소설치 신고확인서의 재교부를 신청하는 자는 당해 지방자치단체의 조례가 정하는 바에 따라 수수료를 납부하여야 한다(법 제47조 제1항 제6호).

## 5 통 보

### (1) 분사무소 소재지 관할청에 통보

등록관청은 분사무소설치 신고확인서를 교부한 후 지체 없이 그 분사무소 설치예정지역을 관할하는 시장·군수 또는 구청장에게 이를 통보하여야 한다(법 제13조 제4항).

### (2) 협회에 통보

등록관청이 분사무소설치 신고확인서를 교부한 경우에는 그 사항을 다음 달 10일까지 공인중개사협회에 통보하여야 한다(영 제14조).

■ 공인중개사법 시행규칙 [별지 제9호 서식] <개정 2021. 1. 12.>

# 분사무소 설치신고서

<table>
<tr><td colspan="2">접수번호</td><td>접수일</td><td>처리기간 7일</td></tr>
<tr><td rowspan="2">신고인</td><td colspan="2">성명(대표자)</td><td>주민등록번호(외국인등록번호)</td></tr>
<tr><td colspan="3">주소(체류지)<br>(전화번호: 휴대전화: )</td></tr>
<tr><td rowspan="2">본 사</td><td colspan="2">명 칭</td><td>등록번호</td></tr>
<tr><td colspan="3">소재지<br>(전화번호: 휴대전화: )</td></tr>
<tr><td rowspan="3">분사무소</td><td colspan="3">소재지<br>(전화번호: )</td></tr>
<tr><td rowspan="2">책임자</td><td>성 명</td><td>주민등록번호(외국인등록번호)</td></tr>
<tr><td>주소(체류지)</td><td>공인중개사 자격증 발급 시·도</td></tr>
<tr><td colspan="4">「공인중개사법」 제13조 제3항 및 같은 법 시행령 제15조 제3항에 따라 위와 같이 신고합니다.<br>년 월 일<br>신청인 (서명 또는 인)<br>시장·군수·구청장 귀하</td></tr>
<tr><td>선청인 제출서류</td><td colspan="2">1. 분사무소 책임자의 「공인중개사법」 제34조 제1항에 따른 실무교육의 수료확인증 사본 1부<br>2. 「공인중개사법 시행령」 제24조에 따른 보증의 설정을 증명할 수 있는 서류 1부<br>3. 건축물대장(「건축법」 제20조 제5항에 따른 가설건축물대장은 제외합니다)에 기재된 건물(준공검사, 준공인가, 사용승인, 사용검사 등을 받은 건물로서 건축물대장에 기재되기 전의 건물을 포함합니다)에 분사무소를 확보(소유·전세·임대차 또는 사용대차 등의 방법에 의하여 사용권을 확보하여야 합니다)하였음을 증명하는 서류 1부(건축물대장에 기재되지 않은 건물에 분사무소를 확보하였을 경우에는 건축물대장 기재가 지연되는 사유를 적은 서류도 함께 내야 합니다).</td><td rowspan="2">수수료<br><br>시·군·구 조례로 정하는 금액</td></tr>
<tr><td>담당 공무원 확인사항</td><td colspan="2">1. 법인 등기사항증명서<br>2. 건축물대장</td></tr>
<tr><td colspan="4">※ 시장·군수·구청장은 법 제5조 제2항에 따라 공인중개사 자격증을 발급한 시·도지사에게 분사무소 책임자의 공인중개사 자격 확인을 요청하여야 합니다.</td></tr>
<tr><td colspan="4">처리절차</td></tr>
<tr><td colspan="4">분사무소 설치신고 ⇨ 접 수 ⇨ 책임자 결격 사유 확인 ⇨ 신고기준 검토 및 결재 ⇨ 신고확인서 발급 ⇨ 분사무소 소재지 관할 등록 관청에 통보<br>신고인   처리기관: 시·군·구(부동산중개업 담당 부서)</td></tr>
</table>

## 03 중개사무소의 공동사용

**법 제13조【중개사무소의 설치기준】** ⑥ 개업공인중개사는 그 업무의 효율적인 수행을 위하여 다른 개업공인중개사와 중개사무소를 공동으로 사용할 수 있다. 다만, 개업공인중개사가 법 제39조 제1항에 따른 업무의 정지기간 중에 있는 경우로서 대통령령으로 정하는 때에는 그러하지 아니하다.

**영 제16조【중개사무소의 공동사용】** ① 법 제13조 제6항 본문에 따라 중개사무소를 공동으로 사용하려는 개업공인중개사는 법 제9조에 따른 중개사무소의 개설등록 또는 법 제20조에 따른 중개사무소의 이전신고를 하는 때에 그 중개사무소를 사용할 권리가 있는 다른 개업공인중개사의 승낙서를 첨부하여야 한다.

### 1 공동사용의 목적

개업공인중개사는 그 업무의 효율적인 수행을 위하여 다른 개업공인중개사와 중개사무소를 공동으로 사용할 수 있다(법 제13조 제6항).

### 2 설치방법 및 절차

(1) 공동사무소의 설치방법에는 현행법상 제한이 없다. 따라서 2인 이상이라면 최대 구성인원은 제한이 없으며, 개업공인중개사의 종별 구분 없이 설치할 수 있다. 또한 공동사무소의 면적에 대한 제한도 없으며, 등록관청을 달리한 개업공인중개사라도 사무소를 이전함으로써 공동으로 설치할 수 있다.

(2) 개업공인중개사가 중개사무소를 공동으로 사용하더라도 별도의 공동사용신고제도는 없으나 중개사무소를 공동으로 사용하고자 하는 개업공인중개사는 중개사무소의 개설등록 또는 중개사무소를 이전 신고하는 때에 그 중개사무소를 사용할 권리가 있는 다른 개업공인중개사의 승낙서를 첨부하여야 한다.

### 3 공동사무소의 운영

(1) 개업공인중개사는 그 업무의 효율적인 수행을 위하여 다른 개업공인중개사와 중개사무소를 공동으로 사용할 수 있을 뿐이므로 그 운영은 개별적으로 하여야 한다. 따라서 중개업을 영위하는 데 있어서 각종 의무(신고의무, 업무보증설정의무, 인장등록의무, 등록증 등 게시의무 등)는 개업공인중개사 각자가 부담한다. 또한 고용인의 고용도 구성 개업공인중개사가 각각 하는 것이며 고용인의 업무상 행위로 인한 책임도 각자 부담하게 된다.

(2) 업무범위도 구성 개업공인중개사별로 각각 결정되므로 부칙 제6조 제2항에 따른 개업공인중개사는 다른 개업공인중개사와 공동으로 사무소를 사용하는 경우라도 업무지역이 전국으로 확대되는 것은 아니다.

## 4 업무정지기간 중 공동사용제한

(1) 개업공인중개사가 업무정지기간 중에 있다면 일정한 경우 다른 개업공인중개사와 사무소를 공동으로 사용할 수 없다(법 제13조 제6항 단서). 이는 업무정지처분을 받았는데도 다른 개업공인중개사와 중개사무소를 공동으로 사용하도록 허용할 경우 당해 사무소에서 실질적인 중개업이 이루어져 업무정지처분의 효력을 달성할 수 없는 결과를 초래할 수 있기 때문이다.

(2) 다만, 업무정지 개업공인중개사가 영업정지처분을 받기 전부터 다른 개업공인중개사와 중개사무소를 공동으로 사용 중이었다면 이 경우는 계속하여 공동사용이 가능하다.

(3) 업무정지기간 중에 있는 개업공인중개사(업무정지 개업공인중개사)는 다음의 어느 하나에 해당하는 방법으로 다른 개업공인중개사와 중개사무소를 공동으로 사용할 수 없다(영 제16조 제2항).

> ① 업무정지 개업공인중개사가 다른 개업공인중개사에게 중개사무소의 공동사용을 위하여 승낙서를 주는 방법
> ② 업무정지 개업공인중개사가 다른 개업공인중개사의 중개사무소를 공동으로 사용하기 위하여 중개사무소의 이전신고를 하는 방법

## 04 중개사무소 이전 제31회, 제32회, 제33회, 제34회

> **법 제20조 【중개사무소의 이전신고】** ① 개업공인중개사는 중개사무소를 이전한 때에는 이전한 날부터 10일 이내에 국토교통부령으로 정하는 바에 따라 등록관청에 이전사실을 신고하여야 한다. 다만, 중개사무소를 등록관청의 관할 지역 외의 지역으로 이전한 경우에는 이전 후의 중개사무소를 관할하는 시장·군수 또는 구청장(이하 이 조에서 "이전 후 등록관청"이라 한다)에게 신고하여야 한다.
> ② 제1항 단서에 따라 신고를 받은 이전 후 등록관청은 종전의 등록관청에 관련 서류를 송부하여 줄 것을 요청하여야 한다. 이 경우 종전의 등록관청은 지체 없이 관련 서류를 이전 후 등록관청에 송부하여야 한다.
> ③ 제1항 단서에 따른 신고 전에 발생한 사유로 인한 개업공인중개사에 대한 행정처분은 이전 후 등록관청이 이를 행한다.

## 1 중개사무소 이전의 자유

(1) 개업공인중개사는 종별을 불문하고 등록관청 관할구역 내·외를 불문하고 전국 어디로든 자유롭게 중개사무소를 이전할 수 있으며, 부칙 제6조 제2항의 개업공인중개사라도 중개사무소 소재지 관할 시·도 밖으로 이전할 수 있으며 업무지역은 이전 후의 시·도로 변경될 뿐이다.

(2) 중개사무소의 이전은 이전한 후 법적 절차에 따라 신고만 하면 되고, 휴업기간 중이나 업무정지기간 중에도 사무소를 이전할 수 있다. 단, 업무정지 개업공인중개사는 사무소의 공동사용을 위해서는 이전을 할 수 없다.

## 2 중개사무소 이전절차

### (1) 등록관청 관할지역 내에서의 이전절차

① **이전신고 및 서류**: 개업공인중개사가 중개사무소를 등록관청 관할지역 내에서 이전한 때에는 이전한 날부터 10일 이내에 중개사무소 이전신고서에 다음 서류를 첨부하여 등록관청에 이전사실을 신고하여야 한다.

> ㉠ 중개사무소등록증
> ㉡ 건축물대장에 기재된 건물에 중개사무소를 확보하였음을 증명하는 서류. 다만, 건축물대장에 기재되지 아니한 건물에 중개사무소를 확보하였을 경우에는 건축물대장에 기재가 지연되는 사유를 적은 서류도 함께 내야 한다.

② **등록증 선택적 교부**: 개업공인중개사가 등록관청의 관할지역 내로 이전한 경우에는 등록관청은 중개사무소등록증에 변경사항을 적어 교부할 수 있다(규칙 제11조 제2항 단서). 따라서 관할구역 내에서의 중개사무소 이전에 대해서는 등록증을 재교부할 수도 있고, 종전 등록증에 변경사항을 기재하여 교부할 수도 있는 선택이 가능하다.

### (2) 등록관청 관할지역 외의 지역으로 이전절차

① **이전신고 및 서류**: 개업공인중개사가 중개사무소를 등록관청 관할지역 외의 지역으로 이전한 때에는 이전한 날부터 10일 이내에 중개사무소 이전신고서(별지 제12호 서식)에 다음 서류를 첨부하여 이전 후의 중개사무소를 관할하는 시장·군수·구청장에게 이전사실을 신고하여야 한다.

> ㉠ 중개사무소등록증
> ㉡ 건축물대장에 기재된 건물에 중개사무소를 확보하였음을 증명하는 서류. 다만, 건축물대장에 기재되지 아니한 건물에 중개사무소를 확보하였을 경우에는 건축물대장에 기재가 지연되는 사유를 적은 서류도 함께 제출해야 한다.

② **등록증 재교부**: 중개사무소의 이전신고를 받은 이전 후 등록관청은 그 내용이 적합한 경우에는 중개사무소등록증을 재교부하여야 한다.
등록관청의 관할구역 외의 지역으로의 이전은 이전 후 등록관청으로의 변경을 가져오므로 중개사무소등록증에 변경사항을 기재하여 이를 교부할 수는 없고 반드시 재교부하여야 한다. 중개사무소 이전신고의 처리기간은 7일 이내이다.

③ **관련서류 송부요청 및 송부**: 중개사무소 이전에 따라 개업공인중개사의 등록관청이 변경되기 때문에 이전신고를 받은 이전 후의 등록관청은 종전의 등록관청에 관련 서류를 송부하여 줄 것을 요청하여야 한다.
이 경우 종전의 등록관청은 지체 없이 관련 서류를 이전 후 등록관청에 송부하여야 한다. 송부서류는 다음과 같다.

> ㉠ 이전신고를 한 중개사무소의 부동산중개사무소등록대장
> ㉡ 부동산중개사무소 개설등록 신청서류
> ㉢ 최근 1년간의 행정처분 및 행정처분절차가 진행 중인 경우 그 관련서류

④ **행정처분 권한**: 중개사무소를 등록관청의 관할구역 외의 지역으로 이전한 경우에는 신고 전에 발생한 사유로 인한 개업공인중개사에 대한 행정처분은 이전 후 등록관청이 이를 행한다.

### (3) 분사무소의 이전절차

① **이전신고 및 서류**: 법인인 개업공인중개사가 분사무소를 이전한 경우에는 이전한 날부터 10일 이내에 중개사무소 이전신고서에 다음 서류를 첨부하여 주된 사무소 관할 등록관청에 이전사실을 신고하여야 한다.

> ㉠ 분사무소 설치신고확인서
> ㉡ 건축물대장에 기재된 건물에 중개사무소를 확보하였음을 증명하는 서류. 다만, 건축물대장에 기재되지 아니한 건물에 중개사무소를 확보하였을 경우에는 건축물대장에 기재가 지연되는 사유를 적은 서류도 함께 내야 한다.

② **신고확인서 재교부**: 중개사무소의 이전신고를 받은 등록관청은 그 내용이 적합한 경우에는 분사무소 설치신고확인서를 재교부하여야 한다. 다만, 분사무소를 관할지역 내에서 이전한 경우에는 분사무소 설치신고확인서에 변경사항을 기재하여 이를 교부할 수 있다.

③ **이전사실 통보**: 분사무소의 이전신고를 받은 주된 사무소 소재지의 등록관청은 분사무소 설치신고확인서에 변경된 사항을 기재하여 재교부한 후 지체 없이 이전 전 및 이전 후의 분사무소의 소재지를 관할하는 시장·군수·구청장에게 이를 통보하여야 한다.
분사무소 이전의 경우는 관할 시·군·구 이외의 지역으로 이전한 경우에도 관련서류의 송부가 없으며 사무소 이전사실의 통보만 하면 된다.

## 3 협회통보 및 위반시 제재

### (1) 협회통보

등록관청은 중개사무소 이전신고를 받은 경우에는 다음 달 10일까지 협회에 통보하여야 한다.

### (2) 위반시 제재

개업공인중개사가 중개사무소를 이전하고 이에 대한 신고를 하지 아니한 경우 등록관청은 당해 개업공인중개사에게 100만원 이하의 과태료를 부과한다.

**예 제**

**1. 공인중개사법령상 중개사무소의 설치 등에 관한 설명으로 틀린 것은?** 제30회

① 개업공인중개사는 그 등록관청의 관할구역 안에 1개의 중개사무소만을 둘 수 있다.
② 개업공인중개사는 천막 그 밖에 이동이 용이한 임시 중개시설물을 설치하여서는 아니 된다.
③ 법인이 아닌 개업공인중개사는 분사무소를 둘 수 없다.
④ 개업공인중개사는 등록관청의 관할구역 외의 지역에 있는 중개대상물을 중개할 수 없다.
⑤ 법인인 개업공인중개사는 등록관청에 신고하고 그 관할구역 외의 지역에 분사무소를 둘 수 있다.

**해설** 개업공인중개사가 중개대상물을 중개할 수 있는 업무지역은 등록관청의 관할구역 내뿐만 아니라 전국의 중개대상물을 중개할 수 있다.
정답 ④

**2. 중개사법령상 공인중개사인 개업공인중개사가 중개사무소를 등록관청의 관할 지역 내로 이전한 경우에 관한 설명으로 틀린 것을 모두 고른 것은?** 제32회

| |
|---|
| ㉠ 중개사무소를 이전한 날부터 10일 이내에 신고해야 한다.<br>㉡ 등록관청이 이전신고를 받은 경우, 중개사무소등록증에 변경사항만을 적어 교부할 수 없고 재교부해야 한다.<br>㉢ 이전신고를 할 때 중개사무소등록증을 제출하지 않아도 된다.<br>㉣ 건축물대장에 기재되지 않은 건물로 이전신고를 하는 경우, 건축물대장 기재가 지연되는 사유를 적은 서류도 제출해야 한다. |

① ㉠, ㉡
② ㉠, ㉣
③ ㉡, ㉢
④ ㉢, ㉣
⑤ ㉡, ㉢, ㉣

해설 ㉡ 개업공인중개사가 등록관청의 관할지역 내로 이전한 경우에는 등록관청은 중개사무소등록증에 변경사항을 기재하여 이를 교부할 수 있다(규칙 제11조 제2항 단서).

㉢ **이전신고 서류**

| |
|---|
| • 중개사무소등록증<br>• 건축물대장에 기재된 건물에 중개사무소를 확보하였음을 증명하는 서류. 다만, 건축물대장에 기재되지 아니한 건물에 중개사무소를 확보하였을 경우에는 건축물대장에 기재가 지연되는 사유를 적은 서류도 함께 내야 한다. |

정답 ③

■ 공인중개사법 시행규칙 [별지 제12호 서식] <개정 2021. 1. 12.>

# 중개사무소 이전신고서

※ [ ]에는 해당되는 곳에 ✓표를 합니다.

<table>
<tr><td>접수번호</td><td>접수일</td><td colspan="2">처리기간 7일</td></tr>
<tr><td rowspan="2">신청인</td><td colspan="2">성명(대표자)</td><td>생년월일</td></tr>
<tr><td colspan="3">주소(체류지)<br>(전화번호: 휴대전화: )</td></tr>
<tr><td>개업공인중개사 종별</td><td colspan="3">[ ] 법인 [ ] 공인중개사<br>[ ] 법률 제7638호 부동산중개업법 전부개정법률 부칙 제6조 제2항에 따른 개업공인중개사</td></tr>
<tr><td rowspan="4">중개사무소</td><td colspan="2">명 칭</td><td>등록번호</td></tr>
<tr><td colspan="3">변경 전 소재지<br>(전화번호: )</td></tr>
<tr><td colspan="2">변경 후 명칭</td><td>전화번호<br>(휴대전화)</td></tr>
<tr><td colspan="3">변경 후 소재지<br>(전화번호: )</td></tr>
<tr><td colspan="4">「공인중개사법」 제20조 제1항에 따라 위와 같이 신고합니다.<br>년 월 일<br>신청인 (서명 또는 인)<br>시장·군수·구청장 귀하</td></tr>
<tr><td>신청인 제출 서류</td><td colspan="2">1. 중개사무소등록증(분사무소의 경우에는 분사무소설치신고확인서를 말합니다)<br>2. 건축물대장(「건축법」 제20조 제5항에 따른 가설건축물대장은 제외합니다)에 기재된 건물(준공검사, 준공인가, 사용승인, 사용검사 등을 받은 건물로서 건축물대장에 기재되기 전의 건물을 포함합니다)에 중개사무소를 확보(소유·전세·임대차 또는 사용대차 등의 방법에 의하여 사용권을 확보해야 합니다)했음을 증명하는 서류(건축물대장에 기재되지 않은 건물에 중개사무소를 확보했을 경우에는 건축물대장 기재가 지연되는 사유를 적은 서류도 함께 내야 합니다).</td><td rowspan="2">수수료<br>시·군·구 조례로 정하는 금액</td></tr>
<tr><td>담당 공무원 확인 사항</td><td colspan="2">건축물대장(「건축법」 제20조 제5항에 따른 가설건축물대장은 제외합니다)</td></tr>
</table>

**처리절차**

| 이전 신고 | ⇨ | 접 수 | ⇨ | 제출서류 확인 | ⇨ | 신고기준 검토 및 결재 | ⇨ | 중개업사무소 등록증 재교부 |
|---|---|---|---|---|---|---|---|---|
| 신고인 | | 시·군·구 (부동산중개업 담당 부서) | | 시·군·구 (부동산중개업 담당 부서) | | 시·군·구 (부동산중개업 담당 부서) | | 시·군·구 (부동산중개업 담당 부서) |

# 제2절 개업공인중개사의 겸업 및 업무범위

## 01 종별 업무지역 범위

### 1 법인 및 공인중개사인 개업공인중개사 등

(1) 이 법은 업무활동지역에 대한 제한규정이 없으므로 원칙적으로 법인 및 공인중개사인 개업공인중개사, 특수법인, 법인인 개업공인중개사의 분사무소의 업무지역범위는 모두 전국이다.

(2) 따라서 중개사무소가 어디에 소재하든 지역제한이 없이 전국에 있는 중개대상물에 대하여 중개행위를 할 수 있다.

### 2 부칙 제6조 제2항에 따른 개업공인중개사(중개인)

(1) **원 칙**

① 부칙 제6조 제2항의 개업공인중개사의 업무지역은 당해 중개사무소가 소재하는 특별시・광역시・도의 관할구역으로 하며, 그 관할구역 안에 있는 중개대상물에 한하여 중개행위를 할 수 있다.

② 부칙 제6조 제2항의 개업공인중개사가 소속공인중개사를 고용하더라도 업무지역의 범위는 변화가 없으며, 법인인 개업공인중개사 또는 공인중개사인 개업공인중개사와 사무소를 공동으로 사용한다 하더라도 그 업무지역은 공동사무소 소재지 관할 시・도 내로 업무지역이 제한되므로 전국으로 업무지역이 확대되는 것은 아니다.

(2) **예 외**

다만, 부칙 제6조 제2항의 개업공인중개사가 부동산거래정보망에 가입하고 이를 이용하여 중개하는 경우에는 당해 정보망에 공개된 관할구역 외의 중개대상물에 대하여도 이를 중개할 수 있다.

(3) **위반시 제재**

부칙 제6조 제2항의 개업공인중개사가 업무지역 범위를 벗어나 중개업무를 수행한 경우에는 등록관청은 6개월의 범위 안에서 업무정지처분을 할 수 있다.

## 02 종별 중개대상물 범위

### 1 개업공인중개사

개업공인중개사별로 취급할 수 있는 중개대상물의 범위 등은 이 법에 규정이 없으므로 모든 개업공인중개사는 차등 없이 이 법상의 중개대상물을 중개할 수 있다.

### 2 다른 법률의 규정에 의하여 중개업을 할 수 있는 법인

다른 법률의 규정에 의하여 중개업을 할 수 있는 법인의 경우에는 해당 법률에서 규정한 물건만 중개할 수 있다. 특히 지역농업협동조합이 중개할 수 있는 중개대상물의 범위는 「농업협동조합법」상 농지로 한정되어 있기 때문에 이 법상의 개업공인중개사 및 다른 특수법인과 취급할 수 있는 중개대상물의 범위가 일치하는 것은 아니다.

## 03 종별 겸업범위 제32회, 제34회, 제35회

**법 제14조 【개업공인중개사의 겸업제한 등】** ① 법인인 개업공인중개사는 다른 법률에 규정된 경우를 제외하고는 중개업 및 다음 각 호에 규정된 업무와 제2항에 규정된 업무 외에 다른 업무를 함께 할 수 없다.

1. 상업용 건축물 및 주택의 임대관리 등 부동산의 관리대행
2. 부동산의 이용·개발 및 거래에 관한 상담
3. 개업공인중개사를 대상으로 한 중개업의 경영기법 및 경영정보의 제공
4. 상업용 건축물 및 주택의 분양대행
5. 그 밖에 중개업에 부수되는 업무로서 대통령령으로 정하는 업무

② 개업공인중개사는 「민사집행법」에 의한 경매 및 「국세징수법」 그 밖의 법령에 의한 공매대상 부동산에 대한 권리분석 및 취득의 알선과 매수신청 또는 입찰신청의 대리를 할 수 있다.

③ 개업공인중개사가 제2항의 규정에 따라 「민사집행법」에 의한 경매대상 부동산의 매수신청 또는 입찰신청의 대리를 하고자 하는 때에는 대법원규칙으로 정하는 요건을 갖추어 법원에 등록을 하고 그 감독을 받아야 한다.

**영 제17조 【법인인 개업공인중개사의 업무】** ① 삭제

② 법 제14조 제1항 제5호에서 '대통령령이 정하는 업무'라 함은 중개의뢰인의 의뢰에 따른 도배·이사업체의 소개 등 주거이전에 부수되는 용역의 알선을 말한다.

## 1 총 설

(1) 개업공인중개사의 업무범위는 개업공인중개사의 종별에 따라 중개업 외에 다른 업무, 즉 겸업을 할 수 있느냐의 문제이다. 「공인중개사법」에서는 법인인 개업공인중개사의 겸업 범위에 대해서만 법 제14조에서 규정하고 있고, 개인인 개업공인중개사에 대해서는 명문으로 규정하고 있지 않다. 따라서 법규정상 법인인 개업공인중개사보다 개인인 개업공인중개사의 업무범위가 넓다.

(2) 중개업 외의 겸업에 대한 문제는 원칙적으로 개업공인중개사에 대한 제한이고 고용인에 대해서는 특별히 제한하는 규정을 두고 있지 않기 때문에 고용인은 다른 법률에서 제한이 없는 한 겸업의 제한이 없다.

## 2 법인인 개업공인중개사의 겸업 제31회, 제32회, 제34회, 제35회

법인인 개업공인중개사는 「공인중개사법」 제14조에서 할 수 있는 업무를 직접 규정하고 있어 법정업무 이외의 업무를 영위할 수 없다. 법인인 개업공인중개사가 할 수 있는 겸업은 다음과 같고 이것을 반드시 해야 하는 것은 아니다.

### (1) 겸업 가능한 업무의 범위

**① 상업용 건축물 및 주택의 임대관리 등 부동산의 관리대행**

㉠ 법인인 개업공인중개사는 상가 및 주택에 대한 관리업무를 위임받아 건물주를 대신하여 상가 및 주택의 관리를 대행할 수 있다. 그러나 상가 및 주택에 대하여 직접 임대업을 하거나 산업시설인 공업용 건축물, 농업용 건축물 등에 대해서는 대행을 할 수 없다.

㉡ 이 법에서는 법인인 개업공인중개사가 할 수 있는 업무만 정했을 뿐, 다른 법률에서 제한이 있는 경우는 당해 법률에서 정한 요건이 있을 경우에 그 요건을 갖추어야 한다. 예컨대, 공동주택에 대한 관리대행업을 영위하기 위해서는 현행 「주택법」에서 정한 주택관리업 등록을 해야 한다.

**② 부동산의 이용·개발 및 거래에 관한 상담**

부동산의 최유효이용의 방안에 관련되는 제반문제에 대해 객관적이고 합리적인 자문·조언 등의 업무를 수행할 수 있다. 이 부동산컨설팅업무는 개업공인중개사는 물론 일반인을 대상으로도 할 수 있다.

**③ 개업공인중개사를 대상으로 한 중개업의 경영기법 및 경영정보의 제공**

중개업의 경영기법 및 경영정보의 제공업무란 소위 부동산중개 프랜차이즈(Franchise)업을 의미하는 것으로 그 대상자는 개업공인중개사가 된다. 즉, 법인인 개업공인중개사는 중개업에 관련된 경영관련 노하우, 경영기법 등을 일정한 비용을 받고 다른 개업공인중개사에게 제공하는 서비스사업을 할 수 있다.

**④ 상업용 건축물 및 주택의 분양대행**

㉠ 분양대행은 개업공인중개사가 건설회사나 분양업자로부터 주택 및 상가에 대하여 분양대행 위임계약을 체결하고 분양업무를 위탁처리 해주는 용역을 제공하는 것이다. 즉, '분양대행'은 '중개'와 구별되는 업무이다.

**판례**

분양대행은 중개와는 구별되는 것이므로 개업공인중개사가 분양대행과 관련하여 교부받은 금원은 중개보수 초과 수수가 금지되는 금원이 아니라고 판시한 바 있다(대판 1999.7.23, 98도1914).

---

㉡ 현행법상 모든 주택이나 상가용 건축물에 대한 분양대행업무를 취급할 수 있다. 주의할 것은 "상업용 건축물 및 주택"의 분양대행이므로 "토지"에 대한 분양대행은 겸업으로 할 수 없다.

**⑤ 그 밖에 중개업에 부수되는 업무로서 대통령령으로 정하는 업무**: 대통령령에 규정된 업무란 중개의뢰인의 의뢰에 따른 도배·이사업체의 소개 등 주거이전에 부수되는 용역의 알선행위를 말한다. 주의할 것은 이사업체나 도배업체를 소개해 주는 업무를 할 수 있을 뿐이지 직접 이사업이나 도배업을 할 수 없다는 점이다.

**⑥ 「민사집행법」에 의한 경매 및 「국세징수법」 그 밖의 법령에 의한 공매대상 부동산에 대한 권리분석 및 취득의 알선과 매수신청 또는 입찰신청의 대리**

㉠ 경매 또는 공매대상 부동산에 대한 권리분석 및 취득의 알선업무란 경매 또는 공매대상 부동산을 취득할 자에 대하여 해당 부동산에 대한 권리분석이나 투자분석, 현장조사, 취득에 관한 조언 등 경·공매대상 부동산의 취득을 도와주는 행위를 말하며, 대상 부동산에 대한 매수신청 또는 입찰신청의 대리업무란 경·공매 대상 부동산의 취득을 위하여 법원에서 행하는 경매절차에 구체적으로 개입하여 적극적인 활동을 하는 것까지를 포괄하는 개념이다(대판 2001.4.13, 2001도790).

㉡ 경·공매 부동산 관련 업무가 허용되는 개업공인중개사는 공인중개사인 개업공인중개사와 법인인 개업공인중개사이고, 부칙 제6조 제2항의 규정에 따른 개업공인중개사는 이를 할 수 없다(법 부칙 제6조 제2항 참조).

㉢ 개업공인중개사가 「민사집행법」에 의한 경매대상 부동산의 매수신청 또는 입찰신청의 대리를 하고자 하는 때에는 대법원규칙으로 정하는 요건을 갖추어 법원에 등록을 하고 그 감독을 받아야 한다. 주의할 점은 경매대상 부동산에 대한 권리분석 및 취득의 알선 업무만을 하는 경우는 법원에 별도의 등록을 할 의무가 없다는 것이다.

㉣ 다른 한편 「국세징수법」 그 밖의 법령에 의한 공매대상 부동산에 대한 권리분석 및 취득의 알선과 매수신청 또는 입찰신청의 대리를 할 경우에는 별도의 등록은 요하지 않는다.

### (2) 겸업제한 위반시 제재

개업공인중개사인 법인이 겸업범위를 위반하여 「공인중개사법」이 정한 업무 이외의 다른 업무를 영위한 경우 등록관청은 등록을 취소할 수 있다(법 제38조 제2항 제4호).

### (3) 겸업에 대한 보수

중개업 이외의 겸업업무의 수행과 관련된 보수는 중개업과는 성격이 다르기 때문에 이 법에서 정한 중개보수가 적용되는 것이 아니라 관련 법규 및 당사자 간에 합의한 보수지급 약정에 따른다.

### (4) 특수법인의 겸업

다른 법률의 규정에 의하여 중개업을 할 수 있는 법인, 즉 특수법인은 해당 법률에서 정한 업무만을 할 수 있으며, 법인으로 등록되었다고 하여 「공인중개사법」에서 정한 법인인 개업공인중개사의 겸업업무를 추가할 수 없다.

## 3 개인인 개업공인중개사의 겸업

(1) 현행법에서는 개인인 개업공인중개사에 대해 특별히 겸업을 제한하는 규정이 없으므로 중개업 외에 다른 업무가 원칙적으로 가능하다. 따라서 공인중개사인 개업공인중개사는 법인인 개업공인중개사의 겸업업무를 모두 영위할 수 있고, 더 나아가 법인인 개업공인중개사가 할 수 없는 업무들도 할 수 있다. 부칙 제6조 제2항의 규정에 따른 개업공인중개사도 경・공매 대상 부동산에 대한 권리분석 및 취득의 알선과 매수신청 또는 입찰신청의 대리업을 제외하고는 법인의 겸업에 속하는 업무를 모두 영위할 수 있다.

(2) 이 법 또는 다른 법률에서 특별히 금지하는 규정이 있는 경우에는 할 수 없다. 따라서 중개대상물에 대한 매매업은 금지행위(법 제33조)에 해당하므로 영위할 수 없고, 전문자격을 취득하여야 하는 의료업무나 국가공무원법상 겸직이 금지되는 공직업무 등과는 함께 영위할 수 없다.

**예 제**

**공인중개사법령상 법인인 개업공인중개사의 업무범위에 해당하지 않는 것은?** (단, 다른 법령의 규정은 고려하지 않음) 제32회

① 주택의 임대관리
② 부동산 개발에 관한 상담 및 주택의 분양대행
③ 개업공인중개사를 대상으로 한 공제업무의 대행
④ 「국세징수법」상 공매대상 부동산에 대한 취득의 알선
⑤ 중개의뢰인의 의뢰에 따른 이사업체의 소개

**해설** 공제업무는 공인중개사협회의 고유업무에 속한다. 또한 법인인 개업공인중개사는 겸업이 가능한 범위가 엄격하게 제한되어 있다. 따라서, 공제업무의 대행은 불가하다. **정답** ③

## 제 3 절 고용인 등 제34회, 제35회

**법 제15조 【개업공인중개사의 고용인의 신고 등】** ① 개업공인중개사는 소속공인중개사 또는 중개보조원을 고용하거나 고용관계가 종료된 때에는 국토교통부령으로 정하는 바에 따라 등록관청에 신고하여야 한다.
② 소속공인중개사 또는 중개보조원의 업무상 행위는 그를 고용한 개업공인중개사의 행위로 본다.
③ 개업공인중개사가 고용할 수 있는 중개보조원의 수는 개업공인중개사와 소속공인중개사를 합한 수의 5배를 초과하여서는 아니 된다.

**규칙 제8조 【개업공인중개사의 고용인의 신고】** ① 개업공인중개사는 소속공인중개사 또는 중개보조원을 고용한 경우에는 법 제34조 제2항 또는 제3항에 따른 교육을 받도록 한 후 법 제15조 제1항에 따라 업무개시 전까지 등록관청에 신고(전자문서에 의한 신고를 포함한다)하여야 한다.
② 제1항에 따른 고용 신고를 받은 등록관청은 법 제5조 제2항에 따라 공인중개사 자격증을 발급한 시 · 도지사에게 그 소속공인중개사의 공인중개사 자격 확인을 요청하여야 한다.
③ 제1항에 따른 고용 신고를 받은 등록관청은 법 제10조 제2항에 따른 결격사유 해당 여부와 법 제34조 제2항 또는 제3항에 따른 교육 수료 여부를 확인하여야 한다.
④ 개업공인중개사는 소속공인중개사 또는 중개보조원과의 고용관계가 종료된 때에는 법 제15조 제1항에 따라 고용관계가 종료된 날부터 10일 이내에 등록관청에 신고하여야 한다.
⑤ 제1항 및 제4항에 따른 소속공인중개사 또는 중개보조원의 고용 · 고용관계종료 신고는 별지 제11호 서식에 따른다. 이 경우 소속공인중개사 또는 중개보조원으로 외국인을 고용하는 경우에는 제4조 제1항 제6호 가목의 서류를 첨부하여야 한다.

# 01 개업공인중개사의 고용인 제32회, 제35회

## 1 고용인의 의의 및 유형

### (1) 고용인의 의의

고용인인 소속공인중개사나 중개보조원은 중개대상물의 거래에 관한 알선 업무뿐만 아니라 위 업무와 밀접한 관련이 있고 외형상, 객관적으로 중개업무 또는 그와 관련된 것으로 보여지는 행위를 한 자도 포함된다.

### (2) 고용인의 유형

전술한 바와 같이 이 법상의 고용인에는 소속공인중개사와 중개보조원 두 유형이 있다. '소속공인중개사'는 개업공인중개사에 소속된 공인중개사로서 중개업무를 수행하거나 개업공인중개사의 중개업무를 보조하는 자이고, '중개보조원'은 공인중개사가 아닌 자로서 개업공인중개사에 소속되어 중개대상물에 대한 현장안내 및 일반서무 등 중개업무와 관련된 단순한 업무를 보조하는 자이다.

## 2 고용관련 사항

### (1) 고용인의 고용

① 개업공인중개사는 고용인을 반드시 고용할 의무는 없다. 또한 개업공인중개사는 소속공인중개사만 또는 중개보조원만을 고용하거나 각각을 고용하여 중개업무를 영위 할 수 있다.

② 현행법상 고용인도 결격사유 등에 해당되지 않아야 하므로 결격사유에 해당하는 자를 고용인으로 고용할 수 없으며, 고용 후 결격사유에 해당하게 되는 경우에는 2개월 이내에 그 사유를 해소하여야 한다. 이를 위반하면 업무정지처분 사유에 해당한다.

③ 개업공인중개사가 고용할 수 있는 중개보조원의 수는 개업공인중개사와 소속공인중개사를 합한 수의 5배를 초과하여서는 아니 된다(법 제15조 제3항). 예컨대, 혼자서 운영하는 개업공인중개사가 중개보조원을 고용할 경우에 5명까지만 고용할 수 있다. 그러나 소속공인중개사 1인을 고용한 경우에는 중개보조원 5명까지 추가로 고용할 수 있다.

### ⑵ 고용인의 고용 및 종료 신고 제35회

① 개업공인중개사는 소속공인중개사 또는 중개보조원을 고용한 경우에는 교육을 받도록 한 후 업무개시 전까지 등록관청에 신고(전자문서에 의한 신고를 포함한다)하여야 한다. 고용관계가 종료된 때에는 고용관계가 종료된 날부터 10일 이내에 등록관청에 신고하여야 한다(규칙 제8조 제1항 · 제4항).

이 고용 및 종료신고는 이미 효력이 발생한 사실과 이미 성립한 법률관계에 관한 보고적 의미로서 신고로 인하여 새로운 법적 효과가 발생하는 창설적 효력은 없다.

② 소속공인중개사 또는 중개보조원의 고용 및 고용관계 종료신고는 별지 제11호 서식에 따른다. 이 경우 소속공인중개사 또는 중개보조원으로 외국인을 고용하는 경우에는 결격사유에 해당하지 아니함을 증명하는 서류를 첨부하여야 한다(규칙 제8조 제5항).

③ 고용신고를 받은 등록관청은 공인중개사자격증을 발급한 시 · 도지사에게 그 소속공인중개사의 공인중개사자격 확인을 요청하여야 하고, 결격사유 해당 여부와 교육 수료 여부를 확인하여야 한다(규칙 제8조 제2항, 제3항).

④ 고용 및 종료신고를 하지 아니한 개업공인중개사의 경우 이 법 또는 이 법에 의한 명령에 위반한 경우에 해당되어 업무정지사유에 해당된다.

### ⑶ 교육 이수

① 소속공인중개사는 고용신고일 전 1년 이내에 시 · 도지사가 실시하는 실무교육을 받아야 한다. 다만, 고용관계 종료 신고 후 1년 이내에 고용 신고를 다시 하려는 자와 개업공인중개사로서 폐업신고를 한 후 1년 이내에 소속공인중개사로 고용신고를 하려는 자는 실무교육을 받지 않아도 된다(법 제34조 제2항).

② 중개보조원은 고용신고일 전 1년 이내에 시 · 도지사 또는 등록관청이 실시하는 직무교육을 받아야 한다. 다만, 고용관계 종료 신고 후 1년 이내에 고용 신고를 다시 하려는 자는 받지 않아도 된다(법 제34조 제3항).

### ⑷ 중개보조원의 고지의무(법 제18조의4)

① 중개보조원은 현장안내 등 중개업무를 보조하는 경우 중개의뢰인에게 본인이 중개보조원이라는 사실을 미리 알려야 한다.

② 이를 위반한 중개보조원과 개업공인중개사는 과태료 500만원 이하의 사유에 해당된다. 다만, 개업공인중개사가 그 위반행위를 방지하기 위하여 해당 업무에 관하여 상당한 주의와 감독을 게을리하지 아니한 경우는 제외한다.

## 3 고용인의 업무범위

고용인의 기본적인 업무범위는 이미 살펴보았으나 후술하는 기타 업무범위까지 종합하여 핵심내용을 도표로 정리해 본다. 자세한 내용은 해당 단원에서 자세히 기술하기로 한다.

☑ **소속공인중개사와 중개보조원의 비교**

| 종 류 | 차이점 | 공통점 |
|---|---|---|
| **소속 공인중개사** | ① 중개업무 수행 가능(확인·설명, 확인·설명서 작성, 거래계약서의 작성 등)<br>② 인장등록의무, 품위유지의무, 신의성실의무<br>③ 업무수행시 거래계약서, 확인·설명서 서명 및 날인<br>④ 행정처분(자격취소, 자격정지)대상이 됨<br>⑤ 부동산거래계약신고서 제출 대행 가능<br>⑥ 실무·연수교육대상 | ① 고용의무 없다<br>② 고용 및 종료시 신고<br>③ 이중소속 금지<br>④ 금지행위<br>⑤ 예방교육 대상<br>⑥ 비밀준수의무<br>⑦ 결격사유시 종사불가 |
| **중개보조원** | ① 단순 보조업무에 국한<br>② 인장등록의무 없음/서명 및 날인의무 없음<br>③ 행정처분대상이 되지 않음<br>④ 부동산거래계약신고서 제출 대행 불가<br>⑤ 직무교육대상<br>⑥ 직위(신분) 고지의무 | |

**넓혀 보기**

**헌법재판소 헌법소원 인용 21.6.24**

임대계약 체결 당시 개업공인중개사가 아닌 중개보조원만 입회했더라도, 개업공인중개사가 직접 오피스텔 내부와 등기부등본을 보여주며 임대인이 제시한 계약조건을 설명한 후 당사자의 동의를 얻어 미리 계약서를 작성했고, 계약 당시에도 중개보조원에게 전화로 잔금지급일자를 변경, 수정 업무를 지시하는 등 실질적으로 중개업무를 수행하였다면, 비록 중개보조원이 지시에 따라 이 계약서를 수정한 후에 최종 서명하도록 하여 임대인과 임차인에게 계약서를 교부했다 하더라도 「공인중개사법」 위반으로 볼 수 없다.

## 02 개업공인중개사의 고용인 고용에 따른 책임

### 1 고용인의 업무상 행위의 범위

#### (1) 고용인의 업무상 행위의 판단

① 개업공인중개사의 고용인에 대한 책임을 묻기 위해서는 고용인의 행위가 '업무상 행위'이어야 한다. 고용자 책임과 관련하여 판례는 고용인의 '업무상의 행위'는 외형상 객관적으로 고용인의 사업활동 내지 사무집행행위 또는 그와 관련된 것이라고 보일 때에는 행위자의 주관적 사정을 고려하지 않고 이를 사무집행에 관하여 한 행위로 보는 등 고용자 책임의 범위를 확대해서 해석하고 있다(대판 2000.3.10, 98다29735).
이에 따라 중개보조원이 중개의뢰인이 맡겼던 계약금을 횡령한 경우에도 중개업무와 관련된 행위로 보고 있다.

② 고용자 책임은 소위 동업형태의 경우에도 적용된다. 즉, 공인중개사자격이 있는 자와 중개사무소 운용에 소요되는 비용을 부담하는 투자자가 수익을 배분하는 동업관계의 약정을 체결했더라도 외형상으로 투자자는 중개보조원의 위치에 서게 되므로 투자자의 불법행위로 인한 손해는 외형상 고용자인 개업공인중개사가 부담한다.
이는 고용자 책임을 판정할 때에는 실제적으로 지휘·감독했는지 여부에 관계없이 객관적으로 보아 고용자가 그 불법행위자를 지휘·감독할 지위에 있었느냐의 여부를 기준으로 결정하여야 하기 때문이다(대판 1996.5.10, 95다50462).

#### (2) 개업공인중개사의 행위로 간주 제31회

① 소속공인중개사 또는 중개보조원의 업무상 행위는 그를 고용한 개업공인중개사의 행위로 본다(법 제15조 제2항)고 규정하고 있다. 따라서 고용인의 중개업무와 관련 없는 행위에 대해서는 개업공인중개사가 책임을 지지 않으며, 업무상 행위에 해당한다면 고용신고 여부와 관계없이 사실상 그를 고용한 개업공인중개사의 행위로 간주된다.

② 주의할 점은 현행법에서 고용인의 행위가 개업공인중개사의 행위로 간주되어 책임을 진다고 규정하고 있다 하더라도 고용인 자신의 책임이 면해지는 것은 아니며 고용인은 일반 불법행위 당사자로서 책임이 있다.

**판 례**

중개보조원이 고의 또는 과실로 거래당사자에게 손해를 입힌 경우에 그 중개보조원을 고용한 개업공인중개사만이 손해배상책임을 지도록 하고 중개보조원에게는 손해배상책임을 지우지 않는다는 취지를 규정한 것은 아니다(대판 2006.9.14, 2006다29945).

## 2 개업공인중개사의 책임 제31회

### (1) 민사책임(손해배상책임)

① **무과실책임**: 소속공인중개사 또는 중개보조원의 업무상 행위는 그를 고용한 개업공인중개사의 행위로 간주되므로 고용인이 위반행위를 한 경우 개업공인중개사에게 잘못이 없는 경우에도 개업공인중개사에게 책임을 물을 수 있다.
따라서 이 경우 개업공인중개사는 고용인에 대한 관리·감독상의 고의 또는 과실이 없음을 입증하더라도 고용인의 업무상 행위에 대하여 무과실책임으로서 사용자 책임(고용자 책임)을 지게 된다.

② **개업공인중개사와 고용인의 부진정연대책임**: 고용인이 고의 또는 과실로 인하여 거래당사자에게 재산상의 손해를 발생하게 한 경우에는 개업공인중개사와 고용인은 연대하여 채무를 부담하는 부진정연대채무관계에 있는 것으로 본다.
따라서 피해자는 개업공인중개사나 고용인 한쪽 또는 쌍방에 대하여 발생한 모든 손해에 대하여 공동·선택 또는 순차적으로 배상책임을 물을 수 있다.

③ **개업공인중개사의 구상권**: 개업공인중개사가 고용인의 불법행위로 인해 피해자에게 대신 손해배상을 해 준 경우에는 「민법」에 따라 구상권을 행사할 수 있다.

### (2) 행정책임

고용인의 행위가 위법행위를 구성하여 행정처분사유, 즉 등록취소사유나 업무정지사유에 해당하는 경우에는 고용인은 해당처분 대상자가 아니기 때문에 그를 고용한 개업공인중개사가 등록이 취소되거나 업무정지처분을 받을 수 있다. 예를 들어, 고용인이 규정된 보수 이외에 금품을 수령하여 금지행위 위반으로 적발된 경우 그를 고용한 개업공인중개사가 등록이 취소되거나 업무정지처분을 받을 수 있다.

### (3) 형사책임

#### ① 법 제50조의 양벌규정에 따른 벌금형

> **법 제50조 【양벌규정】** 소속공인중개사·중개보조원 또는 개업공인중개사인 법인의 사원·임원이 중개업무에 관하여 제48조 또는 제49조의 규정에 해당하는 위반행위를 한 때에는 그 행위자를 벌하는 외에 그 개업공인중개사에 대하여도 해당 조에 규정된 벌금형을 과한다.

이 규정에 따라 고용인이 행정형벌인 징역형 또는 벌금형을 받더라도 개업공인중개사는 벌금형 대상만 될 뿐 징역형 대상은 되지 않는다. 또한 이 규정은 '행정형벌'에 해당하는 위반행위에 대해서만 적용되고, '행정질서벌'인 과태료나 '행정처분'에 해당하는 위반행위에 대해서는 양벌규정이 적용되지 않는다.

② **과실책임의 성격**: 개업공인중개사가 고용인의 위반행위를 방지하기 위하여 해당 업무에 관하여 상당한 주의와 감독을 게을리하지 아니한 경우에는 벌금형을 면한다(법 제50조). 따라서 이러한 양벌규정은 민사상 손해배상책임과 달리 상당한 주의와 감독을 게을리한 경우에 한하여 지는 과실책임주의를 취하고 있다.

③ **결격사유 및 등록취소사유 해당 여부**: 본래 개업공인중개사가 「공인중개사법」에 의하여 벌금형을 선고받은 경우에는 결격사유에 해당하므로 절대적 등록취소사유에 해당된다. 그러나 판례는 이를 부정하였다.

**판 례**

고용인의 위법행위로 양벌규정을 적용받아 「공인중개사법」에 의하여 벌금형을 선고받은 경우에는 결격사유로 되지 않으며, 절대적 등록취소사유에 해당하지도 않는다고 한다(대판 2008.5.29, 2007두26568).

**예 제**

**소속공인중개사 B는 토지를 매수하고자 하는 甲에게 그 토지에 대하여 소송이 제기된 사실을 숨기고 매도인인 乙과의 토지거래를 성사시켜 甲에게 3천만원의 손해를 발생케 하였다. 이 경우 B와 B를 고용한 개업공인중개사 A의 책임에 관한 다음 설명 중 옳은 것은?**

① 甲은 손해를 발생시킨 B를 상대로 먼저 손해배상청구를 한 후 배상능력이 없으면 A를 상대로 손해배상청구를 하여야 한다.
② B는 3년 이하의 징역이나 3천만원 이하의 벌금형에 처해지고, A는 3천만원 이하의 벌금형에 처해진다.
③ 만일 B가 500만원의 벌금형을 선고받으면 A도 양벌규정을 적용받아 B와 동일하게 500만원의 벌금형이 선고된다.
④ A는 자신에게 과실이 없음을 입증하여도 손해배상책임을 면할 수 없으나 그 업무에 관하여 상당한 주의와 감독을 다한 경우에는 형사책임은 면할 수 있다.
⑤ A가 양벌규정에 의하여 벌금형을 선고받으면 A는 결격사유에 해당되어 중개사무소의 개설등록이 취소된다.

**해설** ① 甲은 동시 또는 선택적으로 A와 B에게 손해배상을 청구할 수 있다.
② B는 1년 이하의 징역 또는 1천만원 이하의 벌금에 처해지고, A는 양벌규정에 의하여 1천만원 이하의 벌금에 처해진다.
③ 양벌규정이 적용되더라도 A와 B가 같은 금액의 벌금형을 선고받는 것은 아니다.
⑤ 양벌규정에 의하여 A가 벌금형을 선고받더라도 이는 결격이 아니므로 등록이 취소되지 않는다.

정답 ④

■ 공인중개사법 시행규칙 [별지 제11호 서식] <개정 2016. 12. 30.>

## 소속공인중개사 또는 중개보조원 [ ] 고용 [ ] 고용관계 종료 신고서 / 소속공인중개사 [ ] 인장등록

※ [ ]에는 해당되는 곳에 √표를 합니다.

| 접수번호 | 접수일 | 처리기간 즉시 | | | | |
|---|---|---|---|---|---|---|
| 신고인 | 성명(대표자) | | | 주민등록번호(외국인등록번호) | | |
| | 주소(체류지)<br>(전화번호: 휴대전화번호: ) | | | | | |
| 개업공인중개사 종별 | [ ] 법인 [ ] 공인중개사<br>[ ] 법 제7638호 부칙 제6조 제2항에 따른 개업공인중개사 | | | | | |
| 중개사무소 | 명 칭 | | | 등록번호 | | |
| | 소재지<br>(전화번호: 휴대전화번호: ) | | | | | |
| 고용인 인적 사항 | 구 분 | 고용일 또는 고용관계 종료일 | 성 명 | 주민등록번호(외국인등록 번호) | 주소 및 전화번호 | 자격증 발급 시·도(공인중개사) | 자격증번호(공인중개사) |
| | | | | | | | |
| | | | | | | | |
| | | | | | | | |

「공인중개사법」 제15조 · 제16조 및 같은 법 시행규칙 제8조 · 제9조에 따라 위와 같이 신고합니다.

년 월 일

신고인 (서명 또는 인)

시장 · 군수 · 구청장 귀하

| 유의사항 | (소속 공인중개사 등록인장 인) |
|---|---|
| 1. 시장 · 군수 · 구청장은 개업공인중개사가 소속공인중개사의 고용 신고를 하는 경우 「공인중개사법」 제5조 제2항에 따라 공인중개사자격증을 발급한 시 · 도지사에게 그 소속공인중개사의 공인중개사 자격 확인을 요청하여야 합니다.<br>2. 시장 · 군수 · 구청장은 소속공인중개사 또는 중개보조원의 「공인중개사법」 제10조 제2항에 따른 결격사유 해당 여부와 같은 법 제34조 제2항 또는 제3항에 따른 교육 수료 여부를 확인하여야 합니다. | |

처리절차

| 신고서 작성 | ⇨ | 접 수 | ⇨ | 검 토 | ⇨ | 결 재 | ⇨ | 완 료 |
|---|---|---|---|---|---|---|---|---|
| 신청인 | | 시 · 군 · 구 (부동산중개업 담당 부서) | | 시 · 군 · 구 (부동산중개업 담당 부서) | | 시 · 군 · 구 (부동산중개업 담당 부서) | | 시 · 군 · 구 (부동산중개업 담당 부서) |

## 제 4 절 인장의 등록 및 사용의무 제34회

**법 제16조【인장의 등록】** ① 개업공인중개사 및 소속공인중개사는 국토교통부령이 정하는 바에 따라 중개행위에 사용할 인장을 등록관청에 등록하여야 한다. 등록한 인장을 변경한 경우에도 또한 같다.
② 개업공인중개사 및 소속공인중개사는 중개행위를 하는 경우 제1항에 따라 등록한 인장을 사용하여야 한다.

### 01 인장등록의무

#### 1 인장등록제도의 취지

거래계약서나 중개대상물 확인·설명서 등에 등록한 인장을 날인함으로써 개업공인중개사와 소속공인중개사의 중개사실을 증명하고, 사후에 책임의 근거를 명확히 함과 동시에 등록증·자격증 대여 등을 방지하려는 취지이다.

#### 2 인장의 등록과 변경등록

**(1) 인장등록의 의무자**

현행법상 인장등록의무자는 모든 개업공인중개사와 소속공인중개사이다. 등록한 인장을 변경한 경우에도 또한 같다. 그러나 공인중개사자격이 없는 법인인 개업공인중개사의 사원 또는 임원이나 중개보조원은 인장등록의 의무가 없다.

**(2) 인장등록의 시기**

① 개업공인중개사 및 소속공인중개사는 업무를 개시하기 전에 중개행위에 사용할 인장을 등록관청에 등록(전자문서에 의한 등록을 포함한다)하여야 한다(규칙 제9조 제1항).

② 개업공인중개사의 인장등록은 중개사무소 개설등록신청과 같이 할 수 있고, 소속공인중개사의 인장등록은 고용신고와 같이 할 수 있다(규칙 제9조 제6항).
따라서 개업공인중개사의 인장등록은 중개사무소 개설등록신청시부터 업무개시 전까지 가능하고, 소속공인중개사의 인장등록은 고용신고시부터 업무개시 전까지 가능하다.

### (3) 등록할 인장 제31회

① **개인인 개업공인중개사 및 소속공인중개사**: 공인중개사인 개업공인중개사, 중개인 및 소속공인중개사가 등록관청에 등록할 인장은 「가족관계의 등록 등에 관한 법률」에 따른 가족관계등록부 또는 「주민등록법」에 따른 주민등록표에 기재되어 있는 성명이 나타난 인장으로서 그 크기가 가로・세로 각각 7mm 이상 30mm 이내인 인장이어야 한다(규칙 제9조 제3항).

② **법인인 개업공인중개사**: 법인인 개업공인중개사가 등록관청에 등록하여야 할 인장은 「상업등기규칙」에 따라 신고한 법인의 인장이어야 한다(규칙 제9조 제3항). 다만, 분사무소에서 사용할 인장의 경우에는 「상업등기규칙」 제35조 제3항에 따라 법인의 대표자가 보증하는 인장을 등록할 수 있다(규칙 제9조 제3항 단서).
따라서 법인의 분사무소의 경우는 법인의 인장이나 대표자가 보증하는 인장을 선택적으로 등록하여 사용할 수 있다. 「상업등기규칙」 제35조 제3항의 규정에 따라 법인의 대표자가 보증하는 인장이란 동 규정을 감안할 때 '「상업등기규칙」에 의한 책임자의 인감'을 의미하는 것으로 볼 수 있다.

### (4) 인장등록의 관할청

중개업무에 사용할 인장은 중개사무소 개설등록관청에 등록하여야 한다. 주의할 점은 법인의 분사무소에서 사용할 인장도 주된 사무소 소재지 관할 등록관청에 등록하여야 한다는 것이다.

### (5) 인장의 등록방법

① 개인인 개업공인중개사 및 소속공인중개사는 인장등록신고서에 등록할 인장을 날인하여 제출하면 된다(규칙 제9조 제5항). 다만, 중개사무소 개설등록신청서 또는 고용신고서에 등록할 인장을 날인하여 제출하는 방법도 가능하다.

② 법인인 개업공인중개사는 「상업등기규칙」에 따른 인감증명서의 제출로 갈음한다(규칙 제9조 제4항).

### (6) 인장의 변경등록 제31회, 제33회

개업공인중개사 또는 소속공인중개사가 등록한 인장을 변경한 경우에는 변경일부터 7일 이내에 그 변경된 인장을 등록관청에 등록(전자문서에 의한 등록을 포함한다)하여야 한다(규칙 제9조 제2항). 등록한 인장을 변경한 때에도 그 변경등록은 등록인장 변경신고서에 의한다(규칙 제9조 제5항).

## 02 등록인장 사용

### 1 등록인장 사용의무

개업공인중개사 및 소속공인중개사는 중개행위를 하는 경우 등록한 인장을 사용하여야 한다(법 제16조 제2항). 즉, 거래계약서나 확인 · 설명서 등의 문서에 서명 및 날인하는 경우에는 반드시 등록된 인장을 사용하여야 하고 등록되지 아니한 인장을 사용하여서는 아니 된다. 다만, 거래계약서를 작성함에 있어서 등록된 인장을 사용하지 않은 경우라도 당해 거래계약의 효력에는 영향이 없다는 점을 유의하여야 한다.

### 2 인장을 사용할 문서

개업공인중개사가 중개업무를 수행함에 있어서 등록된 인장을 사용하여야 할 경우는 원칙적으로 다음과 같다. 다만, 소속공인중개사의 경우는 ③과 ④에 한하여 개업공인중개사와 함께 등록인장을 사용할 의무가 있다.

① 일반중개계약서를 작성하는 경우
② 전속중개계약서를 작성하는 경우
③ 중개대상물 확인 · 설명서를 작성하는 경우
④ 거래계약서를 작성하는 경우
⑤ 부동산거래계약신고서를 작성하는 경우

## 03 위반시 제재

### 1 개업공인중개사의 경우

개업공인중개사가 업무를 개시하기 전에 인장등록을 하지 아니하거나 등록한 인장을 사용하지 아니한 경우에는 등록관청으로부터 6개월의 범위 안에서 업무정지처분을 받을 수 있다. 이 경우 법인인 개업공인중개사는 법인 또는 분사무소별로 업무정지처분을 받을 수 있다(법 제39조 제1항 제2호).

### 2 소속공인중개사의 경우

소속공인중개사가 업무를 개시하기 전에 인장등록을 하지 아니하거나 등록한 인장을 사용하지 아니한 경우에는 시 · 도지사로부터 6개월의 범위 안에서 자격정지처분을 받을 수 있다(법 제36조 제1항 제2호). 따라서 등록관청은 소속공인중개사의 위반사실을 안 때에는 지체 없이 시 · 도지사에게 통보하여야 한다.

■ 공인중개사법 시행규칙 [별지 제11호의2 서식] <개정 2014. 7. 29.>

<table>
<tr><td colspan="4">[ ] 개업공인중개사　[ ] 인장등록<br>[ ] 소속공인중개사　[ ] 등록인장 변경　　신고서<br>※ 해당하는 곳의 [ ]란에 ✓표를 하시기 바랍니다.</td></tr>
<tr><td colspan="2">접수번호</td><td>접수일</td><td>처리기간　즉시</td></tr>
<tr><td rowspan="3">신고인</td><td colspan="2">성명(대표자)</td><td>주민등록번호(외국인등록번호)</td></tr>
<tr><td colspan="3">주소(체류지)</td></tr>
<tr><td colspan="3">전화번호</td></tr>
<tr><td>개업공인중개사<br>종별</td><td colspan="3">[ ] 법인　[ ] 공인중개사<br>[ ] 법 제7638호 부칙 제6조 제2항에 따른 개업공인중개사</td></tr>
<tr><td rowspan="3">중개사무소</td><td colspan="2">명 칭</td><td>등록번호</td></tr>
<tr><td colspan="3">소재지</td></tr>
<tr><td colspan="3">전화번호</td></tr>
<tr><td>등록(변경)<br>사유</td><td colspan="3">[ ] 개설등록　[ ] 등록인장 변경　[ ] 등록인장 분실　[ ] 등록인장 훼손<br>[ ] 그 밖의 사유(　　　　　　　　　　)</td></tr>
<tr><td colspan="4">「공인중개사법」 제16조 제1항에 따라 위와 같이 신고합니다.<br><br>년　　월　　일<br><br>신고인　　　　(서명 또는 인)<br><br>시장 · 군수 · 구청장　귀하</td></tr>
<tr><td>첨부서류</td><td colspan="2">중개사무소 등록증 원본</td><td>(등록인장 인)</td></tr>
</table>

| 처리절차 | | | | | | | | |
|---|---|---|---|---|---|---|---|---|
| 신고서 작성 | ⇨ | 접 수 | ⇨ | 검 토 | ⇨ | 결 재 | ⇨ | 인장등록(변경) |
| 신청인 | | 시 · 군 · 구<br>(부동산중개업 담당 부서) | | 시 · 군 · 구<br>(부동산중개업 담당 부서) | | 시 · 군 · 구<br>(부동산중개업 담당 부서) | | 시 · 군 · 구<br>(부동산중개업 담당 부서) |

# 제5절 휴업 및 폐업 제34회

## 01 휴 업 제32회

### 1 휴업신고 제31회, 제35회

#### (1) 신고대상

① 개업공인중개사는 3개월을 초과하는 휴업을 하고자 하는 때에는 국토교통부령이 정하는 바에 따라 등록관청에 그 사실을 미리 신고해야 한다(법 제21조 제1항). 따라서 3개월 이하의 기간 동안 휴업하고자 할 때에는 휴업신고를 할 필요가 없다.

② 개업공인중개사가 중개사무소의 개설등록 후 업무를 개시하지 아니한 경우에도 휴업에 해당하므로 중개사무소의 개설등록을 한 자가 3개월을 초과하여 업무를 개시하지 않을 것이 예상되면 미리 등록관청에 신고해야 한다.

③ 법인인 개업공인중개사는 분사무소를 둔 경우에는 휴업 또는 폐업의 신고, 기간변경 및 재개신고를 분사무소별로 할 수 있다(영 제18조 제2항).

#### (2) 휴업신고 방식

① 휴업신고를 하는 자는 부동산중개업 휴업신고서에 등록증을 첨부하여 등록관청에 제출해야 한다(영 제18조 제1항). 즉, 방문신고만 인정되고 전자문서에 의한 신고는 인정되지 않는다. 등록증을 첨부하도록 한 것은 혹시 등록증을 이용하여 그 기간 중에 다른 사람이 영업할 위험성을 고려한 것으로 보인다.

② 휴업신고하면서 등록증을 첨부하였다고 해서 등록의 효력이 상실된 것은 아니다. 따라서 휴업신고한 자가 휴업기간 중에 중개업을 하였다고 해서 무등록업자로 처벌되는 것은 아니고 휴업 중에 업무재개신고를 위반하였으므로 과태료 100만원 이하에 해당된다.

③ 법인인 개업공인중개사의 분사무소에 대한 휴업신고는 신고확인서를 첨부하여 주된 사무소 소재지 등록관청에 신고해야 한다.

> ㉠ 3개월을 초과하여 휴업하려는 경우, 폐업하려는 경우는 신고확인서를 첨부하여 신고해야 한다. 이 경우 방문신고만 가능하다.
>
> ㉡ 중개업재개·휴업기간 변경신고의 경우에는 신고확인서를 첨부하지 않는다. 따라서, 전자문서 신고나 방문신고 모두 가능하다.

④ 부동산 중개업 휴・폐업 등의 신고시에 사업자등록을 한 사업자가 휴업 또는 폐업신고서를 함께 제출하여 신고할 수 있다. 이 경우 각 신고서를 함께 제출해야 한다(등록관청은 함께 제출받은 신고서를 지체 없이 관할 세무서장에게 송부한다).

⑤ 관할 세무서장에 중개업 휴・폐업 등의 신고를 할 수 있다. 이때 세무서장은 등록관청에 신고서를 송부한다.

⑥ 주의할 점으로는 3개월을 초과하는 휴업, 폐업, 휴업한 중개업의 재개, 휴업기간의 변경신고는 모두 "사전에 미리 신고"해야 한다는 점과 3개월 초과 휴업・폐업은 반드시 등록증・신고확인서를 첨부하여 방문하여 신고를 해야 하나 중개업 재개・휴업기간 변경신고의 경우에는 등록증・신고확인서를 첨부하지 않으며 방문 또는 전자신고가 모두 가능하다는 점이다.

## 2 휴업기간

### (1) 원 칙

휴업기간은 원칙적으로 6개월을 초과할 수 없다. 이는 개업공인중개사가 6개월을 초과하여 장기간 휴업하는 경우 중개사무소 개설등록의 의미가 퇴색되고 적절한 중개업의 지도・감독이 어렵게 되기 때문이다. 따라서 6개월을 초과하는 휴업신고는 수리되지 않는다.

### (2) 예 외

① 다음의 경우에는 6개월을 초과하여 휴업할 수 있다(영 제18조 제6항).

> ㉠ 질병으로 인한 요양
> ㉡ 징집으로 인한 입영
> ㉢ 취 학
> ㉣ 임신 또는 출산
> ㉤ 그 밖에 ㉠부터 ㉣까지의 규정에 준하는 부득이한 사유로서 국토교통부장관이 정하여 고시하는 사유

② 개업공인중개사가 6개월간 휴업신고 후 또다시 휴업을 4개월 연장하고자 하는 경우 총 휴업기간이 6개월을 초과하므로 이 경우에도 부득이한 사유가 있어야 가능하다.

## 3 휴업기간 변경 및 재개신고

### (1) 변경(연장)신고

① 휴업기간을 변경하고자 하는 자는 신고한 휴업기간이 만료되기 전에 휴업기간 변경신고서에 의하여 등록관청에 변경신고 하여야 한다. 이때는 방문신고뿐만 아니라 전자문서에 의한 신고도 인정된다.

② 휴업기간의 변경은 그 횟수를 제한하지 않으므로 몇 번이든 변경신고를 할 수 있다. 다만, 휴업기간 변경을 하여 휴업기간이 6개월을 초과하게 되는 경우에는 부득이한 사유가 있어야 하며, 기간을 연장할 때에도 부득이한 사유가 있다면 6개월 초과 제한이 적용되지 않는다.

### (2) 재개신고

① 휴업신고를 하고 휴업 중인 개업공인중개사가 중개업을 재개하고자 하는 경우에는 부동산중개업 재개신고서에 의하여 등록관청에 미리 재개신고를 하여야 한다. 휴업신고한 기간 도중에 재개하든 휴업신고한 기간이 만료되어 재개하든 재개신고가 필요하다. 이때는 방문신고뿐만 아니라 전자문서에 의한 신고도 인정된다.

② 중개업의 재개신고를 받은 등록관청은 반납받은 중개사무소등록증을, 법인인 개업공인중개사의 분사무소인 경우에는 신고확인서를 즉시 반환해야 한다(영 제18조 제5항).

## 4 휴업기간 중 개업공인중개사의 지위

(1) 휴업기간 중이더라도 개업공인중개사의 지위가 유지되고 있으므로 이중등록이나 이중소속은 인정되지 않는다. 이는 업무정지처분과 동일하다.

(2) 휴업기간 중에도 중개사무소 개설등록의 효력은 유지되므로 등록기준을 갖추고 있어야 한다는 점에서 중개사무소를 계속 유지하여야 하나 실질적으로 중개업을 영위하지 않으므로 다른 영업을 위한 용도로 사용할 수는 있다. 또한 다른 개업공인중개사에게 공동사용 승낙도 가능하고 사무소 이전도 할 수 있다. 그러나 업무정지처분을 받은 경우는 공동사무소를 설치할 수 없다.

(3) 휴업기간 중에는 중개업무를 하지 아니하므로 그 기간 중에 업무보장기간이 만료되더라도 만료일까지 재설정 할 의무가 없고, 업무를 재개하기 전까지만 재설정하여 등록관청에 신고하면 될 것이다.

## 02 폐 업

### 1 폐업의 의미

(1) 개업공인중개사가 중개업을 폐업하는 것은 개업공인중개사 스스로 결정할 사항이지만 폐업을 통하여 등록의 효력이 소멸되는 효과가 발생하므로 등록관청이 이를 확실히 파악할 필요가 있다. 따라서 「공인중개사법」에는 폐업을 하고자 하는 개업공인중개사에게 폐업신고를 하도록 하고 있다.

(2) 법인인 개업공인중개사는 분사무소만 별도로 폐업신고를 할 수 있다.

### 2 폐업신고 제31회

(1) **폐업신고 방식**

① 개업공인중개사는 폐업을 하고자 하는 때에는 부동산중개업 폐업신고서에 등록증 또는 신고확인서를 첨부하여 등록관청에 이를 미리 신고하여야 한다. 즉, 폐업신고는 사전신고이며, 전자문서에 의한 신고는 할 수 없고 방문신고만 인정된다.

② 개업공인중개사는 언제든지 폐업할 수 있으므로 휴업기간 중이나 업무정지기간 중에도 폐업신고 할 수 있다. 다만, 업무정지기간 중에 폐업을 하더라도 그 기간 중에는 등록은 물론 다른 개업공인중개사의 소속공인중개사나 중개보조원은 될 수 없다.

(2) **개업공인중개사의 지위를 승계**

개업공인중개사가 폐업신고 후 재등록을 한 때에는 폐업신고 전의 개업공인중개사의 지위를 승계한다(후술).

## 03 협회통보 및 위반시 제재

### 1 협회통보

등록관청은 휴업 · 폐업 · 변경 · 재개신고를 받은 경우에는 그 사실을 월별로 모아 다음 달 10일까지 협회에 통보하여야 한다.

## 2 위반시 제재

### (1) 100만원 이하의 과태료

개업공인중개사가 등록관청에 휴업(3개월 초과)·폐업·재개·변경신고를 하지 아니한 경우에 등록관청은 100만원 이하의 과태료처분을 할 수 있다.

### (2) 임의적 등록취소사유

개업공인중개사가 부득이한 사유 없이 6개월을 초과하여 휴업한 경우에는 등록관청은 개업공인중개사의 중개사무소 개설등록을 취소할 수 있다.

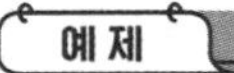

**공인중개사법령상 중개업의 휴업 및 재개신고 등에 관한 설명으로 옳은 것은?** 제32회

① 개업공인중개사가 3개월의 휴업을 하려는 경우 등록관청에 신고해야 한다.
② 개업공인중개사가 6개월을 초과하여 휴업을 할 수 있는 사유는 취학, 질병으로 인한 요양, 징집으로 인한 입영에 한한다.
③ 개업공인중개사가 휴업기간 변경신고를 하려면 중개사무소등록증을 휴업기간 변경신고서에 첨부하여 제출해야 한다.
④ 재개신고는 휴업기간 변경신고와 달리 전자문서에 의한 신고를 할 수 없다.
⑤ 재개신고를 받은 등록관청은 반납을 받은 중개사무소등록증을 즉시 반환해야 한다.

**해설** ① 개업공인중개사는 3개월을 초과하는 휴업을 하고자 하는 때에는 등록관청에 그 사실을 미리 신고하여야 한다(법 제21조 제1항).
② 질병으로 인한 요양, 징집으로 인한 입영, 취학, 임신 또는 출산, 그 밖에 이에 준하는 부득이한 사유로서 국토교통부장관이 정하여 고시하는 사유가 있는 경우에는 6개월을 초과하여 휴업할 수 있다(영 제18조 제6항).
③ 휴업기간을 변경하고자 하는 자는 신고한 휴업기간이 만료되기 전에 휴업기간 변경신고서에 의하여 등록관청에 변경신고 하여야 한다.
④ 휴업신고를 하고 휴업 중인 개업공인중개사가 중개업을 재개하고자 하는 경우에는 부동산중개업 재개신고서에 의하여 등록관청에 미리 재개신고를 하여야 한다. 신고는 방문신고뿐만 아니라 전자문서에 의한 신고도 인정된다.

정답 ⑤

■ 공인중개사법 시행규칙 [별지 제13호 서식] <개정 2021. 12. 31.>

| [ ] 부동산중개업<br>[ ] 분사무소 | [ ] 휴업<br>[ ] 폐업<br>[ ] 재개<br>[ ] 휴업기간 변경 | 신고서 |
|---|---|---|

※ 해당하는 곳의 [ ]란에 ✓표를 하시기 바랍니다.

| 접수번호 | | 접수일 | | 처리기간 즉시 |
|---|---|---|---|---|
| 신고인 | 성명(대표자) | | | 생년월일 |
| | 주소(체류지) | | | |
| | 전화번호 | | | |
| 개업공인중개사 종별 | [ ] 법인 [ ] 공인중개사<br>[ ] 법 제7638호 부칙 제6조 제2항에 따른 개업공인중개사 | | | |
| 중개사무소 | 명 칭 | | | 등록번호 |
| | 소재지 | | | |
| | 전화번호 | | | |
| 신고사항 | 휴 업 | 휴업기간 ~ ( 일간) | | |
| | 폐 업 | 폐업일 | | |
| | 재 개 | 재개일 | | |
| | 휴업기간 변경 | 원래 휴업기간 ~ ( 일간) | | |
| | | 변경 휴업기간 ~ ( 일간) | | |

「공인중개사법」 제21조 제1항 및 같은 법 시행령 제18조 제1항 및 제2항에 따라 위와 같이 신고합니다.

년 월 일

신고인: (서명 또는 인)

시장 · 군수 · 구청장 귀하

| 첨부서류 | 중개사무소등록증(휴업신고 또는 폐업신고의 경우에만 첨부하며, 법인의 분사무소인 경우에는 분사무소설치 신고확인서를 첨부합니다) |
|---|---|

| 처리절차 | | | | | | | | |
|---|---|---|---|---|---|---|---|---|
| 신고서 작성 | ⇨ | 접 수 | ⇨ | 검 토 | ⇨ | 결 재 | ⇨ | 완 료 |
| 신고인 | | 시 · 군 · 구<br>(부동산중개업 담당 부서) | | 시 · 군 · 구<br>(부동산중개업 담당 부서) | | 시 · 군 · 구<br>(부동산중개업 담당 부서) | | 시 · 군 · 구<br>(부동산중개업 담당 부서) |

# Chapter 05 중개계약 및 부동산거래정보망

**단원 열기** 일반중개계약의 필요적 기재사항, 전속중개계약의 법정서식, 개업공인중개사의 의무사항, 중개의뢰인의 의무사항, 정보를 공개할 사항 7가지의 특징과 부동산거래정보사업자의 지정요건 및 거래절차, 제재 등에 대한 정확한 학습을 요하며, 매년 각 1~2문제 정도가 출제되고 있다.

## 제 1 절 일반중개계약 제33회, 제34회, 제35회

**법 제22조 【일반중개계약】** 중개의뢰인은 중개의뢰내용을 명확하게 하기 위하여 필요한 경우에는 개업공인중개사에게 다음 각 호의 사항을 기재한 일반중개계약서의 작성을 요청할 수 있다.
1. 중개대상물의 위치 및 규모
2. 거래예정가격
3. 거래예정가격에 대하여 제32조에 따라 정한 중개보수
4. 그 밖에 개업공인중개사와 중개의뢰인이 준수하여야 할 사항

**영 제19조 【일반중개계약】** 국토교통부장관은 법 제22조의 규정에 따른 일반중개계약의 표준이 되는 서식을 정하여 그 사용을 권장할 수 있다.

**규칙 제13조 【일반중개계약서의 서식】** 영 제19조의 규정에 따른 일반중개계약서는 별지 제14호 서식에 따른다.

### 01 일반중개계약서 작성

#### 1 일반중개계약서 작성요청

(1) 중개의뢰인은 중개의뢰내용을 명확하게 하기 위하여 필요한 경우에는 개업공인중개사에게 일반중개계약서의 작성을 요청할 수 있다(법 제22조). 다만, 중개의뢰인의 일반중개계약서 작성요청에 관한 규정은 임의규정이므로 중개의뢰인이 이의 작성을 반드시 요청해야 하는 것이 아니며 개업공인중개사가 중개계약을 체결하는 경우 이를 반드시 작성해 주어야 하는 것도 아니다. 다만, 중개의뢰인이 개업공인중개사에게 일반중개계약서의 작성을 요청한 경우 이에 협조하여 작성할 뿐이다.

(2) 중개의뢰인의 요청에 의해 개업공인중개사가 일반중개계약서를 작성한 경우라도 당해 개업공인중개사가 정보공개의무를 부담하지 않으며, 업무처리상황의 보고의무도 부담하지 않는다. 또한 개업공인중개사가 작성하는 법정서식의 일반중개계약서에는 전속중개계약서와는 달리 일정 보관기간에 대한 규정도없다. 일반중개계약서가 작성된 경우라도 개업공인중개사에게 중개에 관한 독점권이 부여된 것은 아니므로 중개의뢰인이 다른 개업공인중개사에게 중개를 중복하여 의뢰하는 것도 가능하다.

## 2 일반중개계약서의 서식

국토교통부장관은 일반중개계약의 표준이 되는 서식을 정하여 개업공인중개사에게 그 사용을 권장할 수 있으며, 표준서식인 일반중개계약서는 「공인중개사법 시행규칙」에 마련되어 있다(영 제19조, 규칙 제13조). 개업공인중개사가 본 서식을 반드시 사용하여야 할 의무는 없다. 다른 한편, 개업공인중개사가 서식을 작성 할 경우에 2부를 작성하여 서명 또는 날인 후 일방에 교부하여야 한다.
주의할 점은 개업공인중개사는 전속중개계약서와 달리 보관기간에 대한 규정이 없다. 참고로, 소속공인중개사는 본 서식에 서명 또는 날인 할 의무가 없다.

## 3 중개의뢰인의 기재요청시 기재할 법정사항 제31회

1. 중개대상물의 위치 및 규모
2. 거래예정가격
3. 거래예정가격에 대하여 법 제32조에 따라 정한 중개보수
4. 그 밖에 개업공인중개사와 중개의뢰인이 준수하여야 할 사항

■ 공인중개사법 시행규칙 [별지 제14호 서식] <개정 2014. 7. 29.> (앞 쪽)

# 일 반 중 개 계 약 서 제33회

([ ] 매도 [ ] 매수 [ ] 임대 [ ] 임차 [ ] 그 밖의 계약( ))

※ 해당하는 곳의 [ ]란에 V표를 하시기 바랍니다.

중개의뢰인(갑)은 이 계약서에 의하여 뒤쪽에 표시한 중개대상물의 중개를 개업공인중개사(을)에게 의뢰하고 을은 이를 승낙한다.

1. 을의 의무사항
   을은 중개대상물의 거래가 조속히 이루어지도록 성실히 노력하여야 한다.
2. 갑의 권리 · 의무 사항
   1) 갑은 이 계약에도 불구하고 중개대상물의 거래에 관한 중개를 다른 개업공인중개사에게도 의뢰할 수 있다.
   2) 갑은 을이 「공인중개사법」(이하 "법"이라 한다) 제25조에 따른 중개대상물의 확인 · 설명의무를 이행하는 데 협조하여야 한다.
3. 유효기간
   이 계약의 유효기간은 년 월 일까지로 한다.
   ※ 유효기간은 3개월을 원칙으로 하되, 갑과 을이 합의하여 별도로 정한 경우에는 그 기간에 따른다.
4. 중개보수
   중개대상물에 대한 거래계약이 성립한 경우 갑은 거래가액의 ( )%(또는 원)을 중개보수로 을에게 지급한다.
   ※ 뒤쪽 별표의 요율을 넘지 않아야 하며, 실비는 별도로 지급한다.
5. 을의 손해배상 책임
   을이 다음의 행위를 한 경우에는 갑에게 그 손해를 배상하여야 한다.
   1) 중개보수 또는 실비의 과다수령: 차액 환급
   2) 중개대상물의 확인 · 설명을 소홀히 하여 재산상의 피해를 발생하게 한 경우: 손해액 배상
6. 그 밖의 사항
   이 계약에 정하지 않은 사항에 대하여는 갑과 을이 합의하여 별도로 정할 수 있다.

이 계약을 확인하기 위하여 계약서 2통을 작성하여 계약 당사자 간에 이의가 없음을 확인하고 각자 서명 또는 날인한 후 쌍방이 1통씩 보관한다.

년 월 일

계약자

| | | | | |
|---|---|---|---|---|
| 중개의뢰인<br>(갑) | 주소<br>(체류지) | | 성 명 | (서명 또는 인) |
| | 생년월일 | | 전화번호 | |
| 개업<br>공인중개사<br>(을) | 주소<br>(체류지) | | 성명<br>(대표자) | (서명 또는 인) |
| | 상호(명칭) | | 등록번호 | |
| | 생년월일 | | 전화번호 | |

(뒤 쪽)

※ 중개대상물의 거래내용이 권리를 이전(매도 · 임대 등)하려는 경우에는 「Ⅰ. 권리이전용(매도 · 임대 등)」에 적고, 권리를 취득(매수 · 임차 등)하려는 경우에는 「Ⅱ. 권리취득용(매수 · 임차 등)」에 적습니다.

Ⅰ. 권리이전용(매도 · 임대 등)

<table>
<tr><td>구 분</td><td colspan="7">[ ] 매도 [ ] 임대 [ ] 그 밖의 사항( )</td></tr>
<tr><td rowspan="2">소유자 및 등기명의인</td><td>성 명</td><td colspan="3"></td><td colspan="3">생년월일</td></tr>
<tr><td>주 소</td><td colspan="6"></td></tr>
<tr><td rowspan="5">중개대상물의 표시</td><td rowspan="2">건축물</td><td>소재지</td><td colspan="3"></td><td>건축연도</td><td></td></tr>
<tr><td>면 적</td><td>$m^2$</td><td>구 조</td><td></td><td>용 도</td><td></td></tr>
<tr><td rowspan="2">토 지</td><td>소재지</td><td colspan="3"></td><td>지 목</td><td></td></tr>
<tr><td>면 적</td><td>$m^2$</td><td>지역 · 지구 등</td><td></td><td>현재 용도</td><td></td></tr>
<tr><td colspan="7">은행융자 · 권리금 · 제세공과금 등(또는 월임대료 · 보증금 · 관리비 등)</td></tr>
<tr><td>권리관계</td><td colspan="7"></td></tr>
<tr><td>거래규제 및 공법상 제한사항</td><td colspan="7"></td></tr>
<tr><td>중개의뢰 금액</td><td colspan="7"></td></tr>
<tr><td>그 밖의 사항</td><td colspan="7"></td></tr>
</table>

Ⅱ. 권리취득용(매수 · 임차 등)

<table>
<tr><td>구 분</td><td colspan="2">[ ] 매수 [ ] 임차 [ ] 그 밖의 사항( )</td></tr>
<tr><td>항 목</td><td>내 용</td><td>세부 내용</td></tr>
<tr><td>희망물건의 종류</td><td></td><td></td></tr>
<tr><td>취득 희망가격</td><td></td><td></td></tr>
<tr><td>희망 지역</td><td></td><td></td></tr>
<tr><td>그 밖의 희망조건</td><td colspan="2"></td></tr>
</table>

| 첨부서류 | 중개보수 요율표(「공인중개사법」 제32조 제4항 및 같은 법 시행규칙 제20조에 따른 요율표를 수록합니다)<br>※ 해당 내용을 요약하여 수록하거나, 별지로 첨부합니다. |
|---|---|

**유의사항**

[개업공인중개사 위법행위 신고안내]
개업공인중개사가 중개보수 과다수령 등 위법행위시 시 · 군 · 구 부동산중개업 담당 부서에 신고할 수 있으며, 시 · 군 · 구에서는 신고사실을 조사한 후 적정한 조치를 취하게 됩니다.

## 제 2 절 전속중개계약 제33회, 제34회, 제35회

**법 제23조【전속중개계약】** ① 중개의뢰인은 중개대상물의 중개를 의뢰하는 경우 특정한 개업공인중개사를 정하여 그 개업공인중개사에 한정하여 해당 중개대상물을 중개하도록 하는 계약(이하 "전속중개계약"이라 한다)을 체결할 수 있다.
② 제1항에 따른 전속중개계약은 국토교통부령으로 정하는 계약서에 의하여야 하며, 개업공인중개사는 전속중개계약을 체결한 때에는 해당 계약서를 국토교통부령으로 정하는 기간 동안 보존하여야 한다.
③ 개업공인중개사는 전속중개계약을 체결한 때에는 제24조에 따른 부동산거래정보망 또는 일간신문에 해당 중개대상물에 관한 정보를 공개하여야 한다. 다만, 중개의뢰인이 비공개를 요청한 경우에는 이를 공개하여서는 아니 된다.
④ 전속중개계약의 유효기간, 공개하여야 할 정보의 내용 그 밖에 필요한 사항은 대통령령으로 정한다.

### 01 전속중개계약의 의의

#### 1 전속중개계약의 의의 및 특징

전속중개계약이란 중개의뢰인이 중개대상물의 중개를 의뢰함에 있어서 특정한 개업공인중개사를 정하여 그 개업공인중개사에 한하여 해당 중개대상물을 중개하도록 하는 계약을 말한다.

#### 2 전속중개계약의 체결

(1) 「공인중개사법」에서는 중개의뢰인이 전속중개계약을 "체결할 수 있다"고 규정하고 있으며, 전속중개계약의 체결 여부는 전적으로 중개의뢰인과 개업공인중개사의 자유로운 의사에 의하는 것이므로 누구든지 전속중개계약의 체결을 강제할 수 없다.

(2) 또한 개업공인중개사는 중개의뢰인의 전속중개계약 요구에 반드시 응해야 할 의무도 없다. 따라서 전속중개계약 역시 임의규정에 해당한다.

(3) 한편 전속중개계약은 권리를 이전하는 중개의뢰인뿐만 아니라 권리를 취득하고자 하는 중개의뢰인과도 체결할 수 있다.

### ③ 전속중개계약의 유효기간

전속중개계약의 유효기간에 대하여 명문의 규정을 두고 있다. 즉, 전속중개계약의 유효기간은 3개월로 한다. 다만, 당사자 간에 다른 약정이 있는 경우에는 그 약정에 따른다(영 제20조 제1항).

## 02 전속중개계약 당사자의 권리 · 의무

### ① 개업공인중개사의 의무

#### (1) 전속중개계약서 사용 및 보존의무

① 전속중개계약은 국토교통부령이 정하는 계약서에 의하여야 하며, 개업공인중개사는 전속중개계약을 체결한 때에는 당해 계약서를 3년 동안 보존하여야 한다.

② 전속중개계약의 체결 여부는 임의적 사항이나 전속중개계약을 체결하고자 할 경우에는 개업공인중개사는 국토교통부령이 정하는 별지 제15호 서식의 전속중개계약서를 사용하여 계약을 체결하여야 한다.

#### (2) 중개대상물의 정보공개의무 제31회, 제33회

① **정보공개 기한**: 개업공인중개사는 전속중개계약을 체결한 때에는 계약체결일로부터 7일 이내에 해당 중개대상물에 관한 정보를 공개하여야 한다(전속중개계약서 제1조 제2항). 다만, 중개의뢰인이 비공개를 요청한 경우에는 이를 공개하여서는 아니 된다. 이는 전속중개의뢰인의 사정에 따라 정보공개를 원하지 않을 경우도 있으므로 비공개 요청시에는 개업공인중개사는 정보공개를 해서는 아니 된다. 이에 위반하여 정보를 공개한 경우는 임의적 등록취소사유에 해당된다.

② **정보공개 매체**

㉠ 개업공인중개사는 전속중개계약을 체결한 때에는 부동산거래정보망 또는 일간신문에 해당 중개대상물에 관한 정보를 공개하여야 한다(전속중개계약서 제1조 제2항). 공개매체로서 일간신문인 경우는 중앙지나 지방지를 묻지 않으나 생활정보지 등은 여기에 포함되지 않는다.

㉡ 부동산거래정보망이란 국토교통부장관으로부터 지정받은 거래정보사업자가 설치 · 운영하는 정보망을 의미하므로 일반 사설정보망은 해당하지 않는다. 부동산거래정보망과 일간신문 모두에 중개대상물에 관한 정보를 공개하여야 할 의무는 없다. 그러나 양자 모두에 정보를 공개하는 것은 상관없다.

③ **공개할 정보의 내용**: 소유권·전세권·저당권·지상권·임차권 등 당해 중개대상물의 권리관계에 관한 사항 중 각 권리자의 주소·성명 등 인적 사항에 관한 정보는 공개해서는 아니 된다. 또한 공시지가는 매매와 달리 임대차의 경우에는 재량사항으로 공개하지 아니할 수 있다는 점을 유의해야 한다. 전속중개계약을 체결한 개업공인중개사가 공개하여야 할 정보의 내용은 다음과 같다.

> ㉠ 중개대상물의 종류, 소재지, 지목 및 면적, 건축물의 용도·구조 및 건축연도 등 중개대상물을 특정하기 위하여 필요한 사항
> ㉡ 벽면 및 도배의 상태
> ㉢ 수도·전기·가스·소방·열공급·승강기 설비, 오수·폐수·쓰레기 처리시설 등의 상태
> ㉣ 도로 및 대중교통수단과의 연계성, 시장·학교 등과의 근접성, 지형 등 입지조건, 일조·소음·진동 등 환경조건
> ㉤ 소유권·전세권·저당권·지상권 및 임차권 등 중개대상물의 권리관계에 관한 사항. 다만, 각 권리자의 주소·성명 등 인적 사항에 관한 정보는 공개하여서는 아니 된다.
> ㉥ 공법상의 이용제한 및 거래규제에 관한 사항
> ㉦ 중개대상물의 거래예정금액 및 공시지가. 다만 임대차의 경우에는 공시지가를 공개하지 아니할 수 있다.

④ **정보공개사실 통지**: 전속중개계약을 체결한 개업공인중개사가 중개대상물을 공개한 때에는 지체 없이 중개의뢰인에게 부동산거래정보망 등에 공개한 내용을 문서로 통지하여야 한다. 즉, 개업공인중개사가 통지할 내용은 부동산거래정보망 등에 공개했다는 사실뿐만 아니라 공개한 정보의 내용도 포함되는 것이다.

### ⑶ 업무처리상황 통지의무

전속중개계약을 체결한 개업공인중개사는 중개의뢰인에게 문서로서 2주일에 1회 이상 업무처리상황을 통지하여야 한다(전속중개계약서 제1조 제1항). 업무처리상황은 반드시 문서로 통지해야 하는 것으로 이는 의무이행의 근거를 남기기 위함이다.

### ⑷ 확인·설명 의무

전속중개계약을 체결한 개업공인중개사는 중개대상물에 관한 확인·설명의무를 성실하게 이행하여야 한다.

### ⑸ 기타 의무

뒤편에 실려 있는 법정표준서식을 참고하기로 한다.

## 2 중개의뢰인의 의무

전속중개계약이 체결된 경우에는 반드시 전속중개계약서를 작성해야 하는 것으로 전속중개계약서의 내용에 따른 중개의뢰인의 의무는 다음과 같다.

### (1) **위약금 지급의무**(약정보수 전액)

#### ① 다른 개업공인중개사에게 중개를 의뢰하여 거래한 경우

중개의뢰인은 전속중개계약의 유효기간 내에 전속중개계약을 체결한 개업공인중개사 이외의 개업공인중개사에게 중개를 의뢰하여 거래한 경우에는 그가 지불해야 할 중개보수에 해당하는 금액을 전속중개계약을 체결한 개업공인중개사에게 위약금으로 지불해야 한다(전속중개계약서 제2조 제1항 제1호).

이는 중개의뢰인이 개업공인중개사의 전속중개권 침해에 따른 위약금의 성질이다. 여기서 '지불해야 할 중개보수에 해당하는 금액'은 법정 중개보수의 범위 내에서 중개의뢰인과 개업공인중개사가 약정한 보수 금액을 말한다.

#### ② 개업공인중개사를 배제하고 직거래계약을 체결한 경우

중개의뢰인이 전속중개계약의 유효기간 내에 전속중개계약을 체결한 개업공인중개사의 소개에 의하여 알게 된 상대방과 개업공인중개사를 배제하여 거래한 경우에는 그가 지불해야 할 중개보수에 해당하는 금액을 전속중개계약을 체결한 개업공인중개사에게 위약금으로 지불해야 한다(전속중개계약서 제2조 제1항 제2호).

### (2) 소요비용 지불의무

중개의뢰인이 전속중개계약의 유효기간 내에 스스로 발견한 상대방과 거래한 경우에는 중개보수의 50% 범위 내에서 개업공인중개사의 소요된 비용을 지불해야 한다. 이때의 비용은 사회통념에 비추어 상당하다고 인정되는 비용을 의미한다(전속중개계약서 제2조 제1항 단서 제3호).

### (3) 협조의무

중개의뢰인은 개업공인중개사가 확인·설명의무를 이행하는 데 협조하여야 한다.

## 3 위반시 제재

### (1) 임의적 등록취소

전속중개계약을 체결하고 중개대상물에 관한 정보를 공개하지 아니하거나 중개의뢰인의 비공개 요청이 있음에도 불구하고 정보를 공개한 경우

### (2) 업무정지

전속중개계약을 체결하면서 국토교통부령이 정하는 전속중개계약서에 의하지 아니하고 전속중개계약을 체결하거나 계약서를 보존하지 아니한 경우

**예 제**

**개업공인중개사가 주택을 임차하려는 중개의뢰인과 일반중개계약을 체결하면서 공인중개사법령상 표준서식인 일반중개계약서를 작성할 때 기재할 사항은?** 제33회

① 소유자 및 등기명의인
② 은행융자 · 권리금 · 제세공과금 등
③ 중개의뢰 금액
④ 희망 지역
⑤ 거래규제 및 공법상 제한사항

**해설** 일반중개계약서(별지 제14호 서식)를 작성할 때 기재할 사항으로 ①②③⑤는 권리이전용(매도 · 임대 등)란에 기재할 사항이며 ④ 희망 지역, 희망물건의 종류, 취득희망가격은 권리취득용(매수 · 임차 등)란에 기재할 사항이다.

**정답** ④

■ 공인중개사법 시행규칙 [별지 제15호 서식] <개정 2021. 8. 27.> (앞 쪽)

# 전 속 중 개 계 약 서

([ ] 매도 [ ] 매수 [ ] 임대 [ ] 임차 [ ] 그 밖의 계약( ))

※ 해당하는 곳의 [ ]란에 V표를 하시기 바랍니다.

중개의뢰인(갑)은 이 계약서에 의하여 뒤쪽에 표시한 중개대상물의 중개를 개업공인중개사(을)에게 의뢰하고 을은 이를 승낙한다.

1. 을의 의무사항
   ① 을은 갑에게 계약체결 후 2주일에 1회 이상 중개업무 처리상황을 문서로 통지하여야 한다.
   ② 을은 이 전속중개계약 체결 후 7일 이내 「공인중개사법」(이하 "법"이라 한다) 제24조에 따른 부동산거래정보망 또는 일간신문에 중개대상물에 관한 정보를 공개하여야 하며, 중개대상물을 공개한 때에는 지체 없이 갑에게 그 내용을 문서로 통지하여야 한다. 다만, 갑이 비공개를 요청한 경우에는 이를 공개하지 아니한다. (공개 또는 비공개 여부 : )
   ③ 법 제25조 및 같은 법 시행령 제21조에 따라 중개대상물에 관한 확인·설명의무를 성실하게 이행하여야 한다.
2. 갑의 권리·의무 사항
   ① 다음 각 호의 어느 하나에 해당하는 경우에는 갑은 그가 지급해야 할 중개보수에 해당하는 금액을 을에게 위약금으로 지급해야 한다. 다만, 제3호의 경우에는 중개보수의 50퍼센트에 해당하는 금액의 범위에서 을이 중개행위를 할 때 소요된 비용(사회통념에 비추어 상당하다고 인정되는 비용을 말한다)을 지급한다.
      1. 전속중개계약의 유효기간 내에 을 외의 다른 개업공인중개사에게 중개를 의뢰하여 거래한 경우
      2. 전속중개계약의 유효기간 내에 을의 소개에 의하여 알게 된 상대방과 을을 배제하고 거래당사자 간에 직접 거래한 경우
      3. 전속중개계약의 유효기간 내에 갑이 스스로 발견한 상대방과 거래한 경우
   ② 갑은 을이 법 제25조에 따른 중개대상물 확인·설명의무를 이행하는 데 협조하여야 한다.
3. 유효기간
   이 계약의 유효기간은 년 월 일까지로 한다.
   ※ 유효기간은 3개월을 원칙으로 하되, 갑과 을이 합의하여 별도로 정한 경우에는 그 기간에 따른다.
4. 중개보수
   중개대상물에 대한 거래계약이 성립한 경우 갑은 거래가액의 ( )%(또는 원)을 중개보수로 을에게 지급한다.
   ※ 뒤쪽 별표의 요율을 넘지 않아야 하며, 실비는 별도로 지급한다.
5. 을의 손해배상 책임
   을이 다음의 행위를 한 경우에는 갑에게 그 손해를 배상하여야 한다.
   1) 중개보수 또는 실비의 과다수령 : 차액 환급
   2) 중개대상물의 확인·설명을 소홀히 하여 재산상의 피해를 발생하게 한 경우 : 손해액 배상
6. 그 밖의 사항
   이 계약에 정하지 않은 사항에 대하여는 갑과 을이 합의하여 별도로 정할 수 있다.

이 계약을 확인하기 위하여 계약서 2통을 작성하여 계약 당사자 간에 이의가 없음을 확인하고 각자 서명 또는 날인한 후 쌍방이 1통씩 보관한다.

년 월 일

계약자

| | | | | |
|---|---|---|---|---|
| 중개의뢰인<br>(갑) | 주소(체류지) | | 성 명 | (서명 또는 인) |
| | 생년월일 | | 전화번호 | |
| 개업<br>공인중개사<br>(을) | 주소(체류지) | | 성명<br>(대표자) | (서명 또는 인) |
| | 상호(명칭) | | 등록번호 | |
| | 생년월일 | | 전화번호 | |

(뒤 쪽)

※ 중개대상물의 거래내용이 권리를 이전(매도·임대 등)하려는 경우에는 「Ⅰ. 권리이전용(매도·임대 등)」에 적고, 권리를 취득(매수·임차 등)하려는 경우에는 「Ⅱ. 권리취득용(매수·임차 등)」에 적습니다.

Ⅰ. 권리이전용(매도·임대 등)

<table>
<tr><td>구 분</td><td colspan="7">[ ] 매도 [ ] 임대 [ ] 그 밖의 사항( )</td></tr>
<tr><td rowspan="2">소유자 및<br>등기명의인</td><td>성 명</td><td colspan="4"></td><td colspan="2">생년월일</td></tr>
<tr><td>주 소</td><td colspan="6"></td></tr>
<tr><td rowspan="5">중개대상물의<br>표시</td><td rowspan="2">건축물</td><td>소재지</td><td colspan="3"></td><td>건축연도</td><td></td></tr>
<tr><td>면 적</td><td>m²</td><td>구 조</td><td></td><td>용 도</td><td></td></tr>
<tr><td rowspan="2">토 지</td><td>소재지</td><td colspan="3"></td><td>지 목</td><td></td></tr>
<tr><td>면 적</td><td>m²</td><td>지역·<br>지구 등</td><td></td><td>현재 용도</td><td></td></tr>
<tr><td colspan="7">은행융자·권리금·제세공과금 등(또는 월임대료·보증금·관리비 등)</td></tr>
<tr><td>권리관계</td><td colspan="7"></td></tr>
<tr><td>거래규제 및<br>공법상 제한사항</td><td colspan="7"></td></tr>
<tr><td>중개의뢰 금액</td><td colspan="7">원</td></tr>
<tr><td>그 밖의 사항</td><td colspan="7"></td></tr>
</table>

Ⅱ. 권리취득용(매수·임차 등)

<table>
<tr><td>구 분</td><td colspan="2">[ ] 매수 [ ] 임차 [ ] 그 밖의 사항( )</td></tr>
<tr><td>항 목</td><td>내 용</td><td>세부 내용</td></tr>
<tr><td>희망물건의 종류</td><td></td><td></td></tr>
<tr><td>취득 희망가격</td><td></td><td></td></tr>
<tr><td>희망 지역</td><td></td><td></td></tr>
<tr><td>그 밖의 희망조건</td><td colspan="2"></td></tr>
</table>

| 첨부서류 | 중개보수 요율표(「공인중개사법」 제32조 제4항 및 같은 법 시행규칙 제20조에 따른 요율표를 수록합니다)<br>※ 해당 내용을 요약하여 수록하거나, 별지로 첨부합니다. |
|---|---|

**유의사항**

[개업공인중개사 위법행위 신고안내]
개업공인중개사가 중개보수 과다수령 등 위법행위시 시·군·구 부동산중개업 담당 부서에 신고할 수 있으며, 시·군·구에서는 신고사실을 조사한 후 적정한 조치를 취하게 됩니다.

## 제 3 절 부동산거래정보망 제35회

**법 제24조 【부동산거래정보망의 지정 및 이용】** ① 국토교통부장관은 개업공인중개사 상호 간에 부동산매매 등에 관한 정보의 공개와 유통을 촉진하고 공정한 부동산거래질서를 확립하기 위하여 부동산거래정보망을 설치·운영할 자를 지정할 수 있다.

② 제1항에 따라 지정을 받을 수 있는 자는 「전기통신사업법」의 규정에 의한 부가통신사업자로서 국토교통부령이 정하는 요건을 갖춘 자로 한다.

③ 제1항에 따라 지정을 받은 자(이하 "거래정보사업자"라 한다)는 지정받은 날부터 3개월 이내에 부동산거래정보망의 이용 및 정보제공방법 등에 관한 운영규정(이하 "운영규정"이라 한다)을 정하여 국토교통부장관의 승인을 얻어야 한다. 이를 변경하고자 하는 때에도 또한 같다.

④ 거래정보사업자는 개업공인중개사로부터 공개를 의뢰받은 중개대상물의 정보에 한정하여 이를 부동산거래정보망에 공개하여야 하며, 의뢰받은 내용과 다르게 정보를 공개하거나 어떠한 방법으로든지 개업공인중개사에 따라 정보가 차별적으로 공개되도록 하여서는 아니 된다.

⑤ 국토교통부장관은 거래정보사업자가 다음 각 호의 어느 하나에 해당하는 경우에는 그 지정을 취소할 수 있다.

1. 거짓이나 그 밖의 부정한 방법으로 지정을 받은 경우
2. 제3항의 규정을 위반하여 운영규정의 승인 또는 변경승인을 받지 아니하거나 운영규정을 위반하여 부동산거래정보망을 운영한 경우
3. 제4항의 규정을 위반하여 정보를 공개한 경우
4. 정당한 사유 없이 지정받은 날부터 1년 이내에 부동산거래정보망을 설치·운영하지 아니한 경우
5. 개인인 거래정보사업자의 사망 또는 법인인 거래정보사업자의 해산 그 밖의 사유로 부동산거래정보망의 계속적인 운영이 불가능한 경우

⑥ 국토교통부장관은 제5항 제1호부터 제4호까지의 규정에 의하여 거래정보사업자 지정을 취소하고자 하는 경우에는 청문을 실시하여야 한다.

⑦ 개업공인중개사는 부동산거래정보망에 중개대상물에 관한 정보를 거짓으로 공개하여서는 아니되며, 해당 중개대상물의 거래가 완성된 때에는 지체 없이 이를 해당 거래정보사업자에게 통보하여야 한다.

⑧ 거래정보사업자의 지정절차, 운영규정에 정할 내용 그 밖에 필요한 사항은 국토교통부령으로 정한다.

## 01 부동산거래정보망의 의의 및 기능

### 1 의 의

(1) 부동산거래정보망이란 개업공인중개사 상호 간에 중개대상물의 중개에 관한 정보를 교환하는 체계를 말하며, 부동산거래정보망을 설치·운영하는 자로서 국토교통부장관의 지정을 받은 자를 거래정보사업자라 한다.

(2) 공인중개사법령은 국토교통부장관으로부터 지정을 받지 않고 부동산거래정보망을 설치·운영하는 것을 금지하지 않고 있다. 따라서 지정받지 않은 사설정보망이 실제 현장에서는 많이 이용되고 있다.

(3) 주의할 점은 「공인중개사법」에서 규정하는 부동산거래정보망은 국토교통부장관이 지정한 거래정보사업자가 운영하는 부동산거래정보망을 의미한다는 점이다.

### 2 부동산거래정보망의 가입

개업공인중개사의 거래정보망 가입 여부는 임의적이며, 중복가입도 가능하다. 다만, 거래정보망은 개업공인중개사 상호 간에만 정보를 교환하는 체계이므로 일반인이나 중개의뢰인은 가입할 수 없다.

**부동산거래정보망을 이용한 부동산거래의 과정**

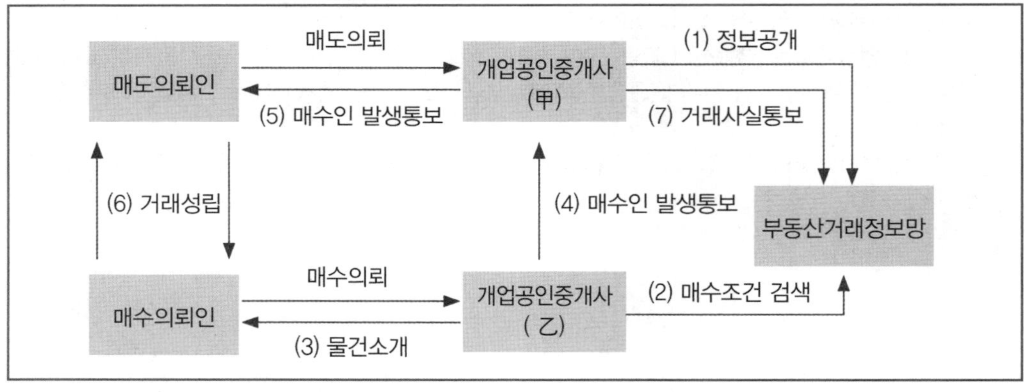

## 02 거래정보사업자의 지정

### 1 지정요건 제31회, 제35회

#### (1) 지정의 전제

① 거래정보사업자로 지정을 받을 수 있는 자는 「전기통신사업법」의 규정에 의한 부가통신사업자이어야 한다(법 제24조 제2항).

② 현행법에서는 거래정보사업자로 지정받을 수 있는 자를 법인인 부가통신사업자로 제한하고 있지 않으므로 개인인 부가통신사업자도 지정받을 수 있다.

③ 법인인 개업공인중개사는 겸업제한규정에 의하여 부동산거래정보망 운영사업을 할 수 없으므로 거래정보사업자로 지정받을 수 없음을 주의하여야 한다.

#### (2) 지정요건

거래정보사업자로 지정받고자 하는 부가통신사업자는 다음의 요건을 갖추어야 한다(법 제24조 제2항, 규칙 제15조 제2항).

> 1. 그 부동산거래정보망의 가입·이용신청을 한 개업공인중개사의 수가 5백명 이상이고 2개 이상의 특별시·광역시·도 및 특별자치도(시·도)에서 각각 30인 이상의 개업공인중개사가 가입·이용신청을 하였을 것
> 2. 정보처리기사 1명 이상을 확보할 것
> 3. 공인중개사 1명 이상을 확보할 것
> 4. 부동산거래정보망의 가입자가 이용하는 데 지장이 없는 정도로서 국토교통부장관이 정하는 용량 및 성능을 갖춘 컴퓨터설비를 확보할 것

### 2 지정절차

#### (1) 지정신청

부동산거래정보망을 설치·운영할 자(거래정보사업자)로 지정받으려는 자는 거래정보사업자지정신청서에 다음의 서류를 첨부하여 국토교통부장관에게 제출하여야 한다. 이 경우 국토교통부장관은 「전자정부법」 제36조 제1항에 따라 행정정보의 공동이용을 통하여 법인등기사항증명서(신청인이 법인인 경우로 한정)를 확인하여야 한다(규칙 제15조 제1항).

> 1. 일정한 기준 이상의 개업공인중개사로부터 받은 부동산거래정보망가입 · 이용신청서 및 그 개업공인중개사의 중개사무소등록증 사본
> 2. 정보처리기사자격증 사본
> 3. 공인중개사자격증 사본
> 4. 주된 컴퓨터 용량 및 성능 등을 확인할 수 있는 서류
> 5. 「전기통신사업법」에 따라 부가통신사업신고서를 제출하였음을 확인할 수 있는 서류

### (2) 지정 및 지정서 교부 제32회

① 국토교통부장관은 지정신청을 받은 때에는 지정신청을 받은 날부터 30일 이내에 이를 검토하여 지정기준에 적합하다고 인정되는 경우에는 거래정보사업자로 지정하고, 다음의 사항을 거래정보사업자지정대장에 기재한 후에 거래정보사업자지정서를 교부하여야 한다(규칙 제15조 제3항).

> 1. 지정번호 및 지정연월일
> 2. 상호 또는 명칭 및 대표자의 성명
> 3. 사무소의 소재지
> 4. 주된 컴퓨터설비의 내역
> 5. 전문자격자의 보유에 관한 사항

② 거래정보사업자지정대장은 전자적 처리가 불가능한 특별한 사유가 없으면 전자적 처리가 가능한 방법으로 작성 · 관리하여야 한다(규칙 제15조 제5항).

### (3) 운영규정의 제정 · 승인

① 거래정보사업자는 지정받은 날부터 3개월 이내에 부동산거래정보망의 이용 및 정보제공방법 등에 관한 운영규정을 정하여 국토교통부장관의 승인을 얻어야 한다. 이를 변경하고자 하는 때에도 또한 같다(법 제24조 제3항).

② **운영규정에 정할 내용**(규칙 제15조 제4항)

> ㉠ 부동산거래정보망에의 등록절차
> ㉡ 자료의 제공 및 이용방법에 관한 사항
> ㉢ 가입자에 대한 회비 및 그 징수에 관한 사항
> ㉣ 거래정보사업자 및 가입자의 권리 · 의무에 관한 사항
> ㉤ 그 밖에 부동산거래정보망의 이용에 관하여 필요한 사항

### (4) 거래정보망의 설치 · 운영

거래정보사업자는 정당한 사유가 있는 경우를 제외하고는 지정받은 날부터 1년 이내에 부동산거래정보망을 설치 · 운영하여야 한다(법 제24조 제5항 제4호).

**정보망 지정 및 운영절차**

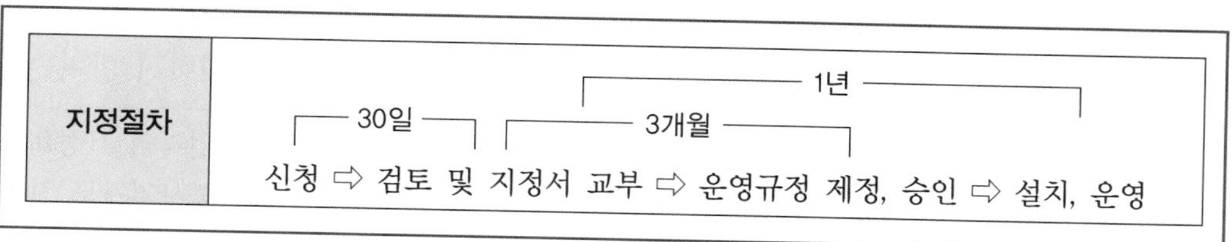


## 03 거래정보망의 운영 및 이용관련 의무

### 1 거래정보사업자의 운영상 의무

(1) 거래정보사업자는 부동산거래정보망을 통하여 개업공인중개사로부터 의뢰받은 중개대상물의 정보만을 공개하여야 한다. 이 규정에 의거 거래정보사업자는 부동산거래정보망에 개업공인중개사로부터 의뢰받지 않은 중개대상물의 정보를 공개할 수 없다.

(2) 거래정보사업자는 개업공인중개사로부터 의뢰받은 중개대상물의 정보를 의뢰받은 내용과 다르게 공개하여서는 아니 된다.

(3) 거래정보사업자는 어떠한 방법으로든지 개업공인중개사에 따라 정보가 차별적으로 공개되도록 하여서는 아니 된다.

### 2 개업공인중개사의 의무 제35회

(1) 부동산거래정보망을 이용하는 개업공인중개사는 부동산거래정보망에 중개대상물에 관한 정보를 거짓으로 공개하여서는 아니 된다.

(2) 부동산거래정보망을 이용하는 개업공인중개사는 자신이 거래정보망에 공개한 중개대상물의 거래가 이루어진 때에는 이를 지체 없이 당해 거래정보사업자에게 통보하여야 한다.

(3) 개업공인중개사가 중개대상물에 관한 정보를 거짓으로 공개하거나 거래정보사업자에게 공개를 의뢰한 중개대상물의 거래가 완성된 사실을 그 거래정보사업자에게 통보하지 아니한 경우 업무정지처분을 받을 수 있다.

## 04 거래정보사업자에 대한 제재

### 1 지정취소 제33회, 제35회

국토교통부장관은 거래정보사업자가 다음의 어느 하나에 해당하는 경우에는 그 지정을 취소할 수 있다(법 제24조 제5항). 국토교통부장관은 거래정보사업자 지정을 취소하고자 하는 경우에는 청문을 실시하여야 하나 단, ⑤의 경우는 청문을 실시하지 아니한다.

① 거짓이나 그 밖의 부정한 방법으로 지정을 받은 경우 ⇨ 거래정보사업자의 지정요건에 해당하지 않는 개인이나 법인이 허위의 서면 등을 제출하여 거래정보사업자로 지정을 받은 경우를 의미한다.
② 운영규정의 승인 또는 변경승인을 받지 아니하거나 운영규정을 위반하여 부동산거래정보망을 운영한 경우
③ 정보공개 위반의 경우 ⇨ 개업공인중개사로부터 의뢰받지 아니한 중개대상물에 관한 정보를 공개하거나 의뢰받은 내용과 다르게 공개하거나 개업공인중개사에 따라 정보를 차별적으로 공개한 경우
④ 정당한 사유 없이 지정받은 날부터 1년 이내에 부동산거래정보망을 설치・운영하지 아니한 경우
⑤ 개인인 거래정보사업자의 사망 또는 법인인 거래정보사업자의 해산 그 밖의 사유로 부동산거래정보망의 계속적인 운영이 불가능한 경우

### 2 행정질서벌

국토교통부장관은 거래정보사업자가 다음의 어느 하나에 해당하는 경우에는 500만원 이하의 과태료를 부과한다.

(1) 운영규정의 승인 또는 변경승인을 얻지 아니하거나 운영규정을 위반하여 부동산 거래정보망을 운영한 경우

(2) 감독상 명령에 위반하여 업무에 관한 사항의 보고, 자료의 제출, 조사 또는 검사를 거부・방해 또는 기피하거나 그 밖의 명령을 이행하지 아니하거나 거짓으로 보고 또는 자료제출을 한 경우

## ③ 행정형벌

개업공인중개사로부터 의뢰받지 아니한 중개대상물에 관한 정보를 공개하거나 의뢰받은 내용과 다르게 공개하거나 개업공인중개사에 따라 정보를 차별적으로 공개한 경우 1년 이하의 징역 또는 1천만원 이하의 벌금에 처해진다.

☑ **거래정보망관련 의무와 제재**

| 구 분 | 의무사항 | 위반시 제재 |
|---|---|---|
| 거래정보 사업자 | ① 개업공인중개사로부터 의뢰받은 정보에 한해 공개할 것<br>② 의뢰받은 내용과 다르게 공개하지 말 것<br>③ 개업공인중개사에 따라 차별적으로 공개하지 말 것 | 지정취소와 1년 징역－1천만원 벌금 |
| 개업공인 중개사 | ① 정보를 거짓으로 공개하지 말 것<br>② 거래완성시 지체 없이 거래사실을 거래정보사업자에게 통보할 것 | 업무정지 처분 |

**예제**

**공인중개사법령상 거래정보사업자의 지정을 취소할 수 있는 사유에 해당하는 것을 모두 고른 것은?**

제33회

㉠ 거짓 등 부정한 방법으로 지정을 받은 경우
㉡ 정당한 사유 없이 지정받은 날부터 1년 이내에 부동산거래정보망을 설치 · 운영하지 아니한 경우
㉢ 개업공인중개사로부터 공개를 의뢰받은 중개대상물의 내용과 다르게 부동산거래정보망에 정보를 공개한 경우
㉣ 부동산거래정보망의 이용 및 정보제공방법 등에 관한 운영규정을 위반하여 부동산거래정보망을 운영한 경우

① ㉠, ㉡
② ㉡, ㉢
③ ㉢, ㉣
④ ㉠, ㉢, ㉣
⑤ ㉠, ㉡, ㉢, ㉣

**해설** 국토교통부장관은 거래정보사업자가 다음 각 호의 어느 하나에 해당하는 경우에는 그 지정을 취소할 수 있다(법 제24조 제5항).

**정답** ⑤

# 개업공인중개사 등의 업무상 의무

**단원 열기**

공인중개사법령은 개업공인중개사 등에게 의무와 재량적 행위를 규정하고 있다. 이런 의무에는 적극적인 행위(작위)의무와 소극적인 금지(부작위)의무가 있다. 비밀준수의무, 확인·설명의무, 거래계약서 작성의무, 불법행위에 대한 손해배상책임 및 업무보증설정제도가 적극적인 의무라면 법 제33조의 금지의무(10가지)는 소극적인 의무에 해당된다. 하지만 계약금 등 반환채무이행보장제도는 재량적 사항이다. 이에 이 장은 매년 3문제 이상이 출제되는 중요한 단원이므로 철저하고 명확한 이해와 정리가 필요하다.

## 제 1 절 개업공인중개사 등의 기본윤리의무

**법 제29조【개업공인중개사 등의 기본윤리】** ① 개업공인중개사 및 소속공인중개사는 전문직업인으로서 지녀야 할 품위를 유지하고 신의와 성실로써 공정하게 중개관련 업무를 수행하여야 한다.

### 01 품위유지 및 공정중개의무

#### 1 품위유지의무

개업공인중개사 및 소속공인중개사는 전문직업인으로서의 품위를 유지하여야 한다(법 제29조 제1항).

#### 2 신의성실에 의한 공정중개의무

**(1) 신의성실**

신의성실원칙은 사법관계 전반을 지배하는 대원칙으로써 「공인중개사법」에서 규정하는 기타의 구체적 의무인 비밀준수, 중개대상물확인·설명, 거래계약서 작성의무 등을 파생시키는 기본원칙으로써 중요할 뿐만 아니라 개업공인중개사의 손해배상의무 판단에 근거를 제공하는 기초적 의무로써의 의의를 가지고 있다고 볼 수 있다.

**(2) 공정중개의무**

공정하게 중개한다는 것은 개업공인중개사와 소속공인중개사가 중개업무를 수행함에 있어서 거래의 일방당사자의 이익에만 치우쳐 형평성에 반하거나 편파적이지 않고 상대방의 이익도 최대한 고려하여 공정하게 업무를 수행하여야 한다는 의미이다.

## 02 선량한 관리자로서의 주의의무

### ① 해석상의 의무(학설과 판례가 인정)

「공인중개사법」에 명문으로 규정되어 있지는 않지만 판례에서는 중개업무를 수행하는 개업공인중개사와 중개의뢰인과의 법률관계는 「민법」상의 위임관계와 같으므로 「민법」 제681조(수임인은 위임의 본지에 따라 선량한 관리자의 주의로써 위임사무를 처리하여야 한다)에 의하여 개업공인중개사는 중개의뢰의 본지에 따라 선량한 관리자의 주의로써 의뢰받은 중개업무를 처리하여야 할 의무가 있다고 일관되게 판시하고 있다(대판 1999.5.14, 98다30667).

### ② 선관주의의무 위반의 효과

죄형법정주의와 법치주의의 원칙상 개업공인중개사나 소속공인중개사의 선량한 관리자의 주의의무는 법정의무사항이 아니라 하더라도 판례가 해석상 인정한 의무이므로 이와 같은 선량한 관리자의 주의의무를 다하지 못한 경우에는 과실이 인정되므로 민사상 불법행위 성립에 따른 손해배상책임이 발생한다.

판 례

**선관주의의무와 관련된 판례**

1. 개업공인중개사는 매도 등 처분을 하려는 자가 진정한 권리자와 동일인인지의 여부를 부동산등기부와 주민등록증 등에 의하여 조사·확인할 의무가 있다고 할 것이다(대판 1992.2.11, 91다36239).
2. 중개업무를 수행하는 개업공인중개사로서 매도의뢰인이 알지 못하는 사람인 경우 필요할 때에는 등기권리증의 소지 여부나 그 내용을 확인·조사하여 보아야 할 주의의무가 있다고 할 것이다(대판 1993.5.11, 92다55350).
3. 개업공인중개사가 실제의 피담보채무액에 관한 그릇된 정보를 제대로 확인하지도 않은 채 마치 그것이 진실인 것처럼 의뢰인에게 그대로 전달하여 의뢰인이 그 정보를 믿고 상대방과 계약에 이르게 되었다면, 개업공인중개사의 그러한 행위는 선량한 관리자의 주의로 신의를 지켜 성실하게 중개행위를 하여야 할 개업공인중개사의 의무에 위반된다고 할 것이다(대판 1999.5.14, 98다30667).
4. 임차인으로부터 임대차계약의 중개의뢰를 받은 개업공인중개사는 감정평가인이 시가나 차임을 감정하듯이 시세조사를 하여 이를 설명할 의무까지 있다고 할 수는 없으나 신의성실로써 목적물의 시세를 설명하여 줄 의무가 있다고 할 것인데, 개업공인중개사가 시세에 관한 그릇된 정보를 제대로 확인하지도 않은 채 마치 그것이 진실인 것처럼 의뢰인에게 그대로 전달하여 의뢰인이 그 정보를 믿고 상대방과 계약에 이르게 되었다면, 개업공인중개사의 그러한 행위는 선량한 관리자의 주의로 신의를 지켜 성실하게 중개행위를 하여야 할 개업공인중개사의 의무에 위반된다(대구지법 2004.10.19, 2004가단23537).

5. 개업공인중개사가 아파트의 교환계약을 중개함에 있어서 당시 위 아파트가 완공되기 전이어서 양도의뢰인이 과연 위 아파트의 분양예정자인지, 다른 분양예정자가 있는지 여부를 조사·확인할 의무가 있고, 그 결과 만일 위 아파트의 분양예정자가 양도의뢰인이 아닌 사실을 알게 되었다면 양수의뢰인에게 이를 고지함으로써 교환계약을 체결할 것인지 여부를 심사숙고할 기회를 주어야 한다(대판 2003.2.26, 2001다68990).

## 03 비밀준수의무 제32회

**법 제29조 【개업공인중개사 등의 기본윤리】** ② 개업공인중개사 등은 이 법 및 다른 법률에 특별한 규정이 있는 경우를 제외하고는 그 업무상 알게 된 비밀을 누설하여서는 아니 된다. 개업공인중개사 등이 그 업무를 떠난 후에도 또한 같다.

**법 제49조 【벌 칙】** ② 제29조 제2항의 규정에 위반한 자는 피해자의 명시한 의사에 반하여 벌하지 아니한다.

### 1 비밀준수의무의 적용범위

#### (1) 비밀의 내용

누설이 금지되는 비밀은 중개업무를 수행하는 과정에서 알게 된 비밀을 말한다.

#### (2) 의무자

비밀준수의무는 '개업공인중개사 등', 즉 개업공인중개사뿐만 아니라 법인인 개업공인중개사의 사원·임원, 소속공인중개사나 중개보조원까지 모두가 준수하여야 할 의무이다.

#### (3) 준수기간

비밀준수의무는 중개업에 종사하는 기간뿐만 아니라 그 업무를 떠난 후에도 지켜야 할 의무이다. 따라서 직무상 알게 된 사실이 비밀로서 보호되어야 할 사실이라면 현직 또는 폐업이나 퇴직 후뿐만 아니라 영구히 지켜야 할 것이다.

#### (4) 예 외

① **「공인중개사법」에 특별한 규정이 있는 경우**: 일방중개의뢰인이 어떤 사실을 비밀로 해줄 것을 요구했는데 그것이 중개대상물에 대한 중대한 하자에 해당하거나 또는 타방의뢰인이 알았다면 그 부동산을 거래하지 않았을 정도의 중요한 사실이라면 이는 비밀준수의무 보다도 신의와 성실로써 공정하게 중개원칙과 확인·설명의무의 법익이 더 크므로 비밀을 지키지 않아도 된다는 의미이다.

② **다른 법률에 특별한 규정이 있는 경우**: 개업공인중개사가 소송절차에서 증언을 하거나 수사기관의 심문, 청문회에서 진술을 하는 경우 등은 이익형량의 원칙에 따라 실체적 진실을 밝혀 얻는 공익이 비밀준수로 얻어지는 사익보다 더 크므로 이 범위 내에서는 비밀을 고지해도 처벌되지 않는다.

③ **본인의 승낙**: 본인이 비밀로 하기를 포기하거나 또는 누설에 동의한 경우에는 더 이상 법적 보호대상이 아니다.

## 2 위반에 대한 제재

### (1) 행정형벌

개업공인중개사 등이 그 직무상 알게 된 비밀을 누설한 경우 1년 이하의 징역이나 1천만원 이하의 벌금에 해당된다(법 제49조 제1항 제9호).

### (2) 반의사불벌죄(反意思不罰罪)

비밀준수의무는 피해자가 개업공인중개사를 처벌하지 않을 것을 원하는 경우에는 처벌할 수 없는 반의사불벌죄(反意思不罰罪)에 해당한다. 다시 말하면, 피해자의 고소가 없이도 공소를 제기하여 처벌할 수 있으나 피해자가 처벌을 희망하지 않는다는 의사를 명백히 한 때에는 처벌할 수 없다는 의미이다.

## 제 2 절 개업공인중개사 등의 금지행위 제34회, 제35회

**법 제33조 【금지행위】** ① 개업공인중개사 등은 다음 각 호의 행위를 하여서는 아니 된다.

1. 제3조에 따른 중개대상물의 매매를 업으로 하는 행위
2. 제9조에 따른 중개사무소의 개설등록을 하지 아니하고 중개업을 영위하는 자인 사실을 알면서 그를 통하여 중개를 의뢰받거나 그에게 자기의 명의를 이용하게 하는 행위
3. 사례·증여 그 밖의 어떠한 명목으로도 제32조에 따른 보수 또는 실비를 초과하여 금품을 받는 행위
4. 해당 중개대상물의 거래상의 중요사항에 관하여 거짓된 언행 그 밖의 방법으로 중개의뢰인의 판단을 그르치게 하는 행위
5. 관계 법령에서 양도·알선 등이 금지된 부동산의 분양·임대 등과 관련 있는 증서 등의 매매·교환 등을 중개하거나 그 매매를 업으로 하는 행위
6. 중개의뢰인과 직접 거래를 하거나 거래당사자 쌍방을 대리하는 행위

7. 탈세 등 관계 법령을 위반할 목적으로 소유권보존등기 또는 이전등기를 하지 아니한 부동산이나 관계법령의 규정에 의하여 전매 등 권리의 변동이 제한된 부동산의 매매를 중개하는 등 부동산투기를 조장하는 행위
8. 부당한 이익을 얻거나 제3자에게 부당한 이익을 얻게 할 목적으로 거짓으로 거래가 완료된 것처럼 꾸미는 등 중개대상물의 시세에 부당한 영향을 주거나 줄 우려가 있는 행위
9. 단체를 구성하여 특정 중개대상물에 대하여 중개를 제한하거나 단체 구성원 이외의 자와 공동중개를 제한하는 행위

② 누구든지 시세에 부당한 영향을 줄 목적으로 다음 각 호의 어느 하나의 방법으로 개업공인중개사 등의 업무를 방해해서는 아니 된다.

1. 안내문, 온라인 커뮤니티 등을 이용하여 특정 개업공인중개사 등에 대한 중개의뢰를 제한하거나 제한을 유도하는 행위
2. 안내문, 온라인 커뮤니티 등을 이용하여 중개대상물에 대하여 시세보다 현저하게 높게 표시・광고 또는 중개하는 특정 개업공인중개사 등에게만 중개의뢰를 하도록 유도함으로써 다른 개업공인중개사 등을 부당하게 차별하는 행위
3. 안내문, 온라인 커뮤니티 등을 이용하여 특정 가격 이하로 중개를 의뢰하지 아니하도록 유도하는 행위
4. 정당한 사유 없이 개업공인중개사 등의 중개대상물에 대한 정당한 표시・광고 행위를 방해하는 행위
5. 개업공인중개사 등에게 중개대상물을 시세보다 현저하게 높게 표시・광고하도록 강요하거나 대가를 약속하고 시세보다 현저하게 높게 표시・광고하도록 유도하는 행위

## 01 적용대상자

(1) 법 제33조 제1항 금지행위의 적용대상자는 '개업공인중개사 등'으로서 개업공인중개사, 소속공인중개사 및 중개보조원, 법인의 사원 및 임원 등 중개업무 종사자 모두이다. 이들이 금지행위 제1호부터 제9호 중에 어느 하나에만 위반하더라도 행정처분 및 행정형벌을 받게 된다. 이 규정은 일반인 등에는 적용되지 않는다.
예컨대, 개업공인중개사 등이 아닌 자가 입주자저축증서의 매매를 알선한 행위를 한 경우 이는 「공인중개사법」상 금지행위 규정은 적용될 수 없고 관련 법(「주택법」)에 의하여 제재를 받게 된다.

(2) 법 제33조 제2항의 적용대상자는 원칙적으로 개업공인중개사 등의 정상적인 중개업무를 방해하는 다른 개업공인중개사 등은 물론 무등록업자나 일반인들을 단속・규제하기 위한 것이다.

## 02 개업공인중개사 등에 대한 금지행위(법 제33조 제1항)

### 1 법정 중개대상물의 매매를 업으로 하는 행위

#### (1) 중개대상물의 매매업

① '법 제3조의 규정에 의한 중개대상물'이란 토지, 건축물 그 밖의 토지의 정착물, 입목, 광업재단, 공장재단을 말한다. 주의할 것은 개업공인중개사 자신이 중개의뢰 받은 물건이 아니어도 이를 매매업으로 하면 금지행위에 해당된다. 그러나 자동차, 건설기계 등 법정 중개대상물 이외의 물건에 대한 매매를 업으로 하는 행위는 금지행위에 해당되지 않는다.

② 현행법상 금지되는 거래행위를 '매매'만으로 한정하여 규정하고 있으므로 매매가 아닌 다른 형태의 거래행위를 업으로 하더라도 금지행위에 해당하지 않는다. 예컨대, 중개대상물의 임대업을 영위하거나 중개대상물의 분양대행업 등을 영위하는 것은 금지행위에 해당되지 않는다.

③ 매매를 '업'으로 한다는 것은 중개대상물의 매매행위가 그 태양이나 규모, 횟수, 보유기간 등에 비추어 사회통념상 사업활동으로 볼 수 있을 정도의 계속성・반복성・영리성이 있을 경우에 해당한다고 볼 수 있다(대판 1995.11.7, 94누14025).
예를 들어, 법인인 개업공인중개사가 건설회사에서 분양하는 단지 내 상가 등을 일괄적으로 전체를 매입(실제로는 계약금만 지불한 상태가 많음)하여 일반 개인들에게 개별적으로 분양 또는 판매하는 경우, 중개대상물의 매매를 업으로 하는 행위에 해당될 것이다.

④ 현행법상 금지되는 행위는 중개대상물에 대한 매매에 대해 '업'으로 행하는 것을 금지하므로 중개대상물에 대한 '1회성 매매', 즉 업으로 하지 않는 매매는 허용된다. 따라서 개업공인중개사 등이 자신의 거주를 위한 주택의 매매 행위를 하거나 중개업을 위한 상가의 매매 등은 이 규정에 저촉되지 않는다고 보아야 할 것이다.

#### (2) 직접거래와의 관계

개업공인중개사 등이 중개대상물에 대한 매매를 반복하더라도 그것이 「공인중개사법」상 금지행위에 해당되려면 그 매매계약의 상대방이 중개의뢰인이 아니어야 한다. 만약 당해 매매계약의 상대방이 중개의뢰인인 경우에는 매매업이 아닌 직접거래에 해당하게 될 것이다. 또한 직접거래는 의뢰인과 '1회성 거래'만 하더라도 해당 금지행위가 되기 때문에 그 매매의 상대방이 중개의뢰인이냐 아니냐에 따라 금지행위인지 아닌지가 결정된다.

**판례**

1. 약 8년 사이에 12회에 걸쳐 부동산을 취득하고, 약 4개월 내지 1년 5개월로서 비교적 단기간 만 보유하다가 5회에 걸쳐 양도한 경우와 건물을 신축한지 불과 3개월 여 만에 그 건물의 각 층 전부를 다른 사람에게 양도하고 자신은 일부도 사용하지 않은 경우에도 부동산매매업으로 인정하고 있다(대판 1997.4.25, 96누18557 ; 1996.10.11, 96누8758).
2. 건설 및 주택사업과 부동산 매매 및 임대사업을 주목적으로 설립된 법인의 이사가 공인중개사로서 중개사무소의 개설등록을 하여 해당 법인의 부동산 매매에 대한 중개행위를 하는 것은 이사의 행위를 법인의 행위로 보아야 할 특별한 사정이 없는 한 법 제33조 제1항 제1호에 따른 금지행위에 해당하지 않는다(법제처 해석 12-0478, 2012.9.12).

## 2 무등록업자인 사실을 알면서 그를 통하여 중개를 의뢰받거나 그에게 자기의 명의를 이용하게 하는 행위 제31회

(1) 중개를 의뢰받는 행위란 무등록업자를 통하여 권리취득중개의뢰인이나 권리이전중개의뢰인을 소개받는 행위 등을 말하는 것이다. '그를 통하여 중개를 의뢰받거나'라고 표현한 것으로 보아 무등록업자로부터 의뢰인을 소개만 받아도 금지행위를 구성하고, 거래계약까지 성사시켜야 금지행위를 구성하는 것은 아니다. 즉, 거래계약 성사 여부는 불문한다.

(2) 자기의 명의를 이용하게 하는 행위는 무등록업자가 자신의 중개사무소에 소속된 것처럼 보이게 하거나 무등록업자가 작성하는 거래계약서에 개업공인중개사의 명의를 기재하도록 허용하는 행위 등이 해당된다.

(3) 이 규정은 무등록업자임을 알고 한 행위는 금지의 대상이 되나 무등록업자의 적극적 기망 등의 행위로 무등록업자임을 모르고 한 행위는 제재의 대상이 되지 않는다. 또한 거래조건 교섭을 위해서 제3자를 활용하는 것은 금지되는 행위가 아니다.

## 3 사례 · 증여 그 밖의 어떠한 명목으로도 법 제32조에 따른 보수 또는 실비를 초과하여 금품을 받는 행위

### (1) 금품초과 수수의 내용

① 중개보수 이외에 부동산의 거래를 중개한 후 사례비나 수고비 등의 명목으로 금원을 받은 경우에도 그 금액이 소정의 보수를 초과하는 때에는 위 규정을 위반한 행위에 해당한다(대판 1999.2.9, 98도3116).

② 금품초과수수에 해당하기 위해서는 수수 당시를 기준으로 판단한다. 판례도 "개업공인중개사가 중개의뢰인으로부터 보수 등의 명목으로 소정의 한도를 초과하는 액면금액의 당좌수표를 교부받았다가 그것이 사후에 부도 처리되거나 중개의뢰인에게 그대로 반환된 경우에도 금지행위에 해당된다(대판 2004.11.12, 2004도4136)."

③ 법률에서는 '금품'으로 규정하고 있으므로 현금 이외에 물품으로 수령한 경우, 즉 중개행위의 대가로 고가의 미술품이나 차량 등을 받는 행위도 그 가액이 법정한도를 초과하였다면 이에 포함된다.

④ 소위 순가중개계약의 경우 비록 법정한도를 초과하여 중개보수를 받기로 약정하였더라도 그 약정 자체만으로는 초과수수가 아니며, 또한 순가중개계약에 의해 개업공인중개사가 받은 보수 등이 공인중개사법령에서 정한 금액 이내이면 법 위반이 될 수 없다. 즉, 순가중개계약은 결과적으로 거래계약을 성사시키고 받은 보수 등이 법정 한도를 초과하였다면 법 위반이 된다.

⑤ 법인인 개업공인중개사가 주택의 관리대행이나 상가분양대행업을 수행하고 받은 보수나 상가 권리금의 거래를 중개하고 받은 대가의 경우라면 이는 중개업이 아니므로 「공인중개사법」상 중개보수 초과수수를 적용할 사항이 아니다.

### (2) 초과보수의 효력

개업공인중개사의 법정 중개보수 규정은 강행법규에 속하는 것으로서 소정 최고액을 초과하는 약정 부분은 무효이며, 규정된 보수를 초과하여 수령한 것은 불법에 의한 부당이득이므로 반환해야 한다고 판시하고 있다(대판 2002.9.4, 2000다54406).

## 4 해당 중개대상물의 거래상의 중요사항에 관하여 거짓된 언행 그 밖의 방법으로 중개의뢰인의 판단을 그르치게 하는 행위

### (1) 거래상의 중요사항

해당 중개대상물의 거래상의 중요사항이란 거래당사자가 그 사실을 알고 있으면 거래를 하지 않을 정도로 중요한 사항을 의미하는 것으로 거래예정금액이나 권리관계 기타 중개대상물의 확인·설명사항 등이 포함된다.

**판례**

'해당 중개대상물의 거래상의 중요사항'에는 해당 중개대상물 자체에 관한 사항뿐만 아니라 그 중개대상물의 가격 등에 관한 사항들도 그것이 해당 거래상의 중요사항으로 볼 수 있는 이상 포함된다고 판시하고 있다(대판 2008.2.1, 2007도9149).

### (2) 거짓된 언행으로 중개의뢰인의 판단을 그르치게 하는 행위

매도의뢰가액에 비하여 무척 높은 가액으로 매수중개의뢰인에게 부동산을 매도하고 그 차액을 취득한 행위나 매도의뢰를 받지 않은 부동산을 매수하라고 기망(欺罔)하여 소유자에게 매매대금을 전달한다는 명목으로 거래금액을 편취한 개업공인중개사의 행위에 대하여 거래상의 중요사항에 관하여 거짓된 언행 기타의 방법으로 중개의뢰인의 판단을 그르치게 하는 행위로 보고 있다(대판 1991.12.24, 91다25963).

### (3) 기타의 방법으로 중개의뢰인의 판단을 그르치게 하는 행위

매도인이 도로에 접하지 않은 토지를 도로에 접한 토지로 과장되게 설명하는 경우 이러한 과장된 설명으로 매수인이 정상적인 가격보다 높은 가격을 지불할 수 있다는 점을 알면서도 개업공인중개사가 매수인에게 도로에 접하지 않은 것을 확인 · 설명하지 않을 경우 '기타의 방법'으로 중개의뢰인의 판단을 그르치는 행위에 포함될 수 있을 것이다. 개업공인중개사가 해당 중개대상물과 관련된 도로개설계획에 대하여 이를 알고도 중개의뢰인에게 설명하지 않고 중개를 하였다면 이 또한 기망행위에 해당될 것이다.

## 5 관계 법령에서 양도 · 알선 등이 금지된 부동산의 분양 · 임대 등과 관련 있는 증서 등의 매매 · 교환 등을 중개하거나 그 매매를 업으로 하는 행위

### (1) 부동산의 분양 · 임대 등과 관련 있는 증서

'부동산의 분양 · 임대 등과 관련 있는 증서'라 함은 부동산을 우선적으로 공급받을 수 있는 지위를 말하며 그 대표적인 예로는 입주자저축증서, 주택상환사채, 무허가건물확인서, 건물철거예정증명서 또는 건물철거확인서, 이주대책대상자확인서 등을 들 수 있다.

### (2) 관련증서에 해당하는 것은 중개 또는 매매업이 불가

① 부동산의 분양 · 임대 등과 관련 있는 증서로는 입주자저축증서(예 주택청약예금, 청약저축통장, 주택상환사채, 시장 · 군수 · 구청장이 발행한 무허가건물 확인서, 건물철거예정증명서 또는 건물철거확인서, 이주대책대상자확인서) 등이 있으며, 개업공인중개사 등이 이를 중개 또는 매매를 업으로 하는 것은 금지행위이다.

② 이 규정은 개업공인중개사 등에게 적용되는 규정일 뿐이므로 그러한 증서의 소지자가 그 증서를 매매 · 교환하는 경우는 포함되지 않으며, 따라서 증서의 소지자가 개업공인중개사 등을 이용하지 않고 당사자 간에 직접적인 거래를 한 경우에는 관련법에 따라 처벌받을 뿐이다.

| 분양·임대 관련증서에 해당 × | 분양·임대 관련증서에 해당 ○ |
|---|---|
| ① 아파트 및 상가분양권과 도시정비법상 입주권은 중개대상물이다.<br>② ①의 매매업이 금지행위에 해당된다. | 〈「주택법」 제65조 – 주택공급질서교란행위〉<br>① 입주자저축증서(주택청약예금 등), 주택상환사채, 건물철거예정증명서 등이 해당된다.<br>② 일반인이 위 증서의 매매·교환시에는 「주택법」상 3년 이하의 징역 또는 3천만원 이하의 벌금으로 처벌된다. |

### (3) 관련증서가 아닌 것은 중개 가능(예 분양권)

① 판례에 의하면 아파트당첨권(분양권)은 우선적인 지위를 부여하는 증서가 아니라 장래 건축예정인 건물로 보므로 부동산관련 증서에 해당하지 아니하여 개업공인중개사가 취급할 수 있는 중개대상물에 포함되어 이를 중개하더라도 금지행위에 해당되지 아니한다. 그러나 아파트당첨권(분양권)의 매매를 업으로 하는 행위는 중개대상물인 건물의 매매를 업으로 한 것이 되므로 중개대상물의 매매를 업으로 하는 금지행위에 해당될 것이다.

② 상가분양계약서는 상가의 매매계약서일 뿐 '양도·알선 등이 금지된 부동산 임대·분양 등과 관련 있는 증서'라고 볼 수 없다(대판 1993.5.25, 93도773).

③ 「도시 및 주거환경정비법」 규정에 따른 관리처분계획이 인가를 받으면 종전의 주택은 입주권으로 전환된다. 이러한 관리처분계획의 인가로 인하여 취득한 입주자로 선정된 지위, 즉 입주권은 '양도·알선 등이 금지된 증서'에 해당하지 않는다.

**판 례**

**1. 아파트분양권이 '부동산의 분양 등과 관련 있는 증서'에 해당하는지 여부**

「부동산중개업법」 제3조(현행법 제3조) 소정의 '중개대상물인 건물'이라 함은 반드시 기존의 건축된 건물만을 의미한다고 할 수 없고, 장래 건축될 건물을 포함한다 할 것이므로 아파트의 특정 동·호수에 대한 피분양자로 선정되거나 분양계약이 체결된 후에 특정 아파트에 대한 매매를 중개한 경우는 「부동산중개업법」 소정의 중개대상물인 건물을 중개한 경우에 해당하여 부동산분양과 관련 있는 증서 등의 매매를 중개한 것으로 볼 수 없다(대판 1990.4.27, 89도1886).

**2. 상가분양계약서가 '부동산의 분양 등과 관련 있는 증서'에 해당하는지 여부**

상가의 전부를 매도할 때 사용하려고 매각조건 등을 기재하여 인쇄해 놓은 양식에 매매대금과 지급기일 등 해당 사항을 기재한 분양계약서는 상가의 매매계약서일 뿐 부동산 임대·분양 등과 관련 있는 증서라고 볼 수 없다(대판 1993.5.25, 93도773).

**3. 아파트입주권이 '부동산의 분양 등과 관련 있는 증서'에 해당하는지 여부**

특정한 아파트에 입주할 수 있는 권리가 아니라 아파트에 대한 추첨기일에 신청을 하여 당첨이 되면 아파트의 분양예정자로 선정될 수 있는 지위를 가리키는 데에 불과한 입주권은 중개대상물인 건물에 해당한다고 보기 어렵다(대판 1991.4.23, 90도1287).

## 6 중개의뢰인과 직접거래 또는 거래당사자 쌍방을 대리하는 행위 제31회

### (1) 중개의뢰인과의 직접거래

① 중개의뢰인과의 '직접거래'란 개업공인중개사 등이 본인 소유의 중개대상물을 중개의뢰인에게 직접 매도·임대(교환 또는 기타 권리의 이전·변경 포함)하거나 중개의뢰인이 의뢰한 중개대상물을 본인 명의로 매수·임차하는 것을 의미한다.

② 직접거래 상대방으로서 중개의뢰인에는 중개대상물의 소유자뿐만 아니라 중개대상물의 소유자의 거래를 대리하는 자나 거래에 관한 사무의 처리를 위탁받은 수임인도 포함된다(대판 1990.11.9, 90도1872).

③ 직접거래는 부동산소유권의 매매뿐만 아니라 임대 등 모든 권리의 거래가 포함되는 것임에 유의하여야 한다. 또한 중개의뢰인과 1회성 거래를 하였다 하더라도 금지행위를 구성한다.

④ 「민법」은 "대리인은 본인의 허락이 없으면 본인을 위하여 자기와 법률행위를 하지 못한다."라고 규정하고 있어 사적 자치원칙에 따라 본인의 허락이 있으면 가능하지만 「공인중개사법」은 국민경제에 이바지한다는 공법적 요소로 인해 중개의뢰인의 허락이 있더라도 자기계약은 금지행위에 해당하여 인정되지 않는다.

⑤ 그러나 개업공인중개사가 부동산을 구입하거나 매각할 때 다른 개업공인중개사의 중개를 통하여 거래한 경우에는 직접거래의 범위에 포함되지 않는다(대판 1991.3.27, 90도2858). 개업공인중개사가 자신의 소유가 아닌 배우자나 친척 소유 부동산의 매각을 중개한 경우에도 직접거래에 포함되지 않는다.
또한 중개의뢰인의 직접의뢰가 아닌 생활정보지, 일간신문 등에 게재된 공개매각 정보를 우연히 알고 1회성으로 매입하는 것 역시 직접거래로 볼 수 없다.

판 례

**1. 직접거래 해당 여부 판단**

개업공인중개사가 토지 소유자와 사이에 개업공인중개사 자신의 비용으로 토지를 택지로 조성하여 분할한 다음 토지 중 일부를 개업공인중개사가 임의로 정한 매매대금으로 타에 매도하되 토지의 소유자에게는 그 매매대금의 액수에 관계없이 확정적인 금원을 지급하고 그로 인한 손익은 개업공인중개사에게 귀속시키기로 하는 약정을 한 경우, 이는 단순한 중개의뢰 약정이 아니라 위임 및 도급의 복합적인 성격을 가지는 약정으로서 개업공인중개사가 토지 소유자로부터 토지에 관한 중개의뢰를 받았다고 할 수 없으며, 토지에 대한 권리의 득실・변경에 관한 행위의 직접 상대방이 되었다고 보기도 어렵다(대판 2005.10.14, 2005도4494).

**2. 개업공인중개사가 중개의뢰받은 주택을 남편명의로 체결한 전세계약 직접거래**

전세계약서상 명의자는 남편이지만 이들은 부부관계로서 경제적 공동체 관계이고, 개업공인중개사가 해당 아파트에 실제로 거주했으며, 의뢰인에게 자신이 중개하는 임차인이 남편이라는 사실을 알리지 않았을 뿐만 아니라, 자신이 직접 시세보다 저렴한 금액으로 임차하는 이익을 얻었기에 직접거래 금지 규정의 취지에 정면으로 위배된다(대판 2021도6910).

**중개의뢰인과 직접거래**

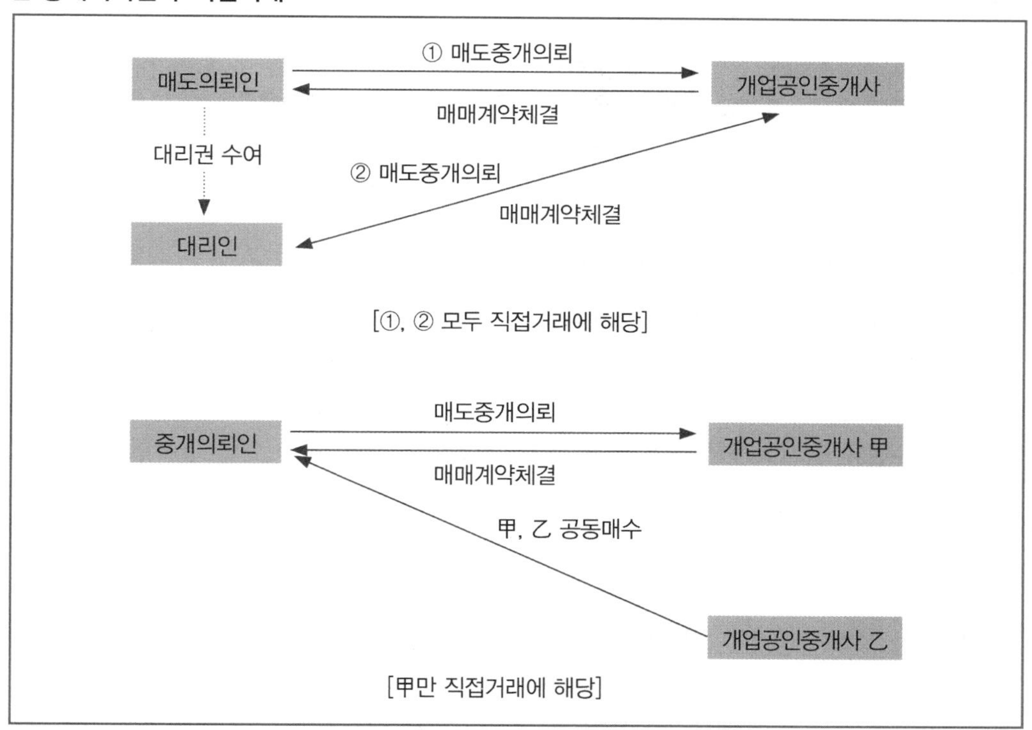

### ⑵ 거래당사자 쌍방을 대리하는 행위

① 쌍방을 대리하는 행위란 개업공인중개사 등이 권리이전의뢰인과 권리취득의뢰인 쌍방으로부터 거래에 관한 대리권을 수여받아 당사자 쌍방을 대리하여 혼자서 거래계약 체결을 하는 행위를 말한다.

② 「민법」은 본인의 허락이 없으면 동일한 법률행위에 관하여 당사자 쌍방을 대리하지 못한다(제124조). 다만, 당사자 쌍방이 동의하면 거래계약은 유효하게 된다. 이에 반해 「공인중개사법」은 개업공인중개사 등이 당사자 쌍방의 동의를 받고 쌍방을 대리하여 거래계약을 체결하는 행위도 금지행위의 위반이 된다.

③ 그러나 개업공인중개사 등이 거래당사자 중 일방만을 대리하여 계약을 체결한다든지 또는 거래계약이 체결된 이후에 이행행위 업무처리만을 쌍방대리하는 것은 금지행위의 위반이 아니다.

## 7 탈세 등을 목적으로 투기조장행위

> **법 제33조 【금지행위】** ① 개업공인중개사 등은 다음 각 호의 행위를 하여서는 아니 된다.
> 7. 탈세 등 관계 법령을 위반할 목적으로 소유권보존등기 또는 이전등기를 하지 아니한 부동산이나 관계 법령의 규정에 의하여 전매 등 권리의 변동이 제한된 부동산의 매매를 중개하는 등 부동산투기를 조장하는 행위

### ⑴ 탈세 등 관계법령 위반 목적의 미등기전매 중개

① 개업공인중개사가 탈세를 목적으로 한 미등기전매 행위의 중개를 한 것은 「공인중개사법」 위반이 되지만 미등기전매를 목적으로 한 거래계약 자체는 무효는 아니므로 계약체결의 효력은 인정되는 것으로 해석된다. 예를 들어, 미등기건물을 등기할 때에는 소유권을 원시취득한 자 앞으로 소유권보존등기를 한 다음 이를 양수한 자 앞으로 이전등기를 함이 원칙이나 원시취득자와 양수자가 합의하여 양수자 앞으로 직접 소유권보존등기를 경료하게 되었다면 그 소유권보존등기는 실체적 권리관계에 부합되어 적법한 등기로서의 효력을 가진다.

② 다만, 주의할 것은 탈세 목적이 아닌 사용 중인 기존의 무허가 건물 또는 미등기 건물을 중개하거나 「건축법」상 사용승인이 나지 않아 소유권보존등기가 완료되지 않은 부동산을 중개하여 거래계약 체결 후 당사자 간에 합의하여 매수자 명의로 직접 소유권보존등기를 한 경우 등은 이 규정에 저촉되지 않는다.

**판례**

중간생략등기의 방법으로 부동산을 단기전매하여 각종 세금을 포탈하려는 것을 알고도 이에 동조하여 그 전매를 중개한 경우, 결과적으로 전매차익을 올리지 못했더라도 투기를 조장하는 행위에 포함되는 것으로 인정하고 있다(대판 1990.11.23, 90누4464).

### (2) 관련법령에서 전매 등 권리의 변동이 제한된 부동산 중개

예컨대, 「주택법」에 의해 규제되고 있는 주택분양권과 주택이 해당된다. 「주택법」에서는 투기과열지구 안에서 건설 · 공급되는 주택의 분양권(입주자로 선정되어 당해 주택에 입주할 수 있는 권리 · 자격 · 지위 등)이나 분양가상한제가 적용되는 주택에 대해서는 전매금지기간 동안 전매하거나 전매의 알선을 할 수 없도록 규정하고 있다. 또한 「임대주택법」의 적용을 받는 임대주택의 경우 예외적인 경우를 제외하고 임차인은 원칙적으로 임차권을 다른 사람에게 양도하거나 전대하는 행위가 금지되어 있다.

## 8 가장계약 등으로 시세조작 또는 우려 행위 제31회

**법 제33조 【금지행위】** ① 개업공인중개사 등은 다음 각 호의 행위를 하여서는 아니 된다.

8. 부당한 이익을 얻거나 제3자에게 부당한 이익을 얻게 할 목적으로 거짓으로 거래가 완료된 것처럼 꾸미는 등 중개대상물의 시세에 부당한 영향을 주거나 줄 우려가 있는 행위

예컨대, 거짓 또는 허위 계약서를 미리 작성해 놓거나 또는 홈페이지 등에 가장매물을 시세보다 높은 가격으로 게시해 놓는 행위, 실제거래가격을 거짓으로 높게 신고한 후 해제 하는 등의 행위로 중개의뢰인을 기망하여 부동산가격을 단기에 폭등시켜 부당하게 이익을 취하는 행위가 만연하자 이를 엄벌함으로써 부동산 가격을 안정시키고, 건전한 부동산거래질서를 확립하기 위함으로 볼 수 있다.

## 9 단체를 구성하여 불공정 중개를 담합하는 행위 제31회

**법 제33조 【금지행위】** ① 개업공인중개사 등은 다음 각 호의 행위를 하여서는 아니 된다.

9. 단체를 구성하여 특정 중개대상물에 대하여 중개를 제한하거나 단체 구성원 이외의 자와 공동중개를 제한하는 행위

동종 사업자들이 단체를 구성하여 공동으로 상품 또는 서비스의 가격, 거래조건 등을 결정하거나 제한함으로써 경쟁을 제한하는 행위로써 담합행위 또는 카르텔이라고도 불린다. 카르텔은 기업 간 경쟁으로 발생하는 소비자들의 이익을 박탈하기 때문에 「독점규제 및 공정거래에 관한 법률」(법 제51조)에서도 "사업자단체의 부당한 공동행위"로 규제하고 있다.

개업공인중개사 등이 이와 같은 불법적인 목적으로 단체를 구성하여 특정한 중개대상물 중개를 거절 또는 제한하거나 단체 구성사업자 이외의 신규 개업공인중개사 등과는 공동중개를 제한하여 시장진입 또는 정착을 어렵게 하여 독과점적 이윤을 추구하려는 행위를 엄벌 및 근절하기 위하여 금지행위로 최근 신설하였다.

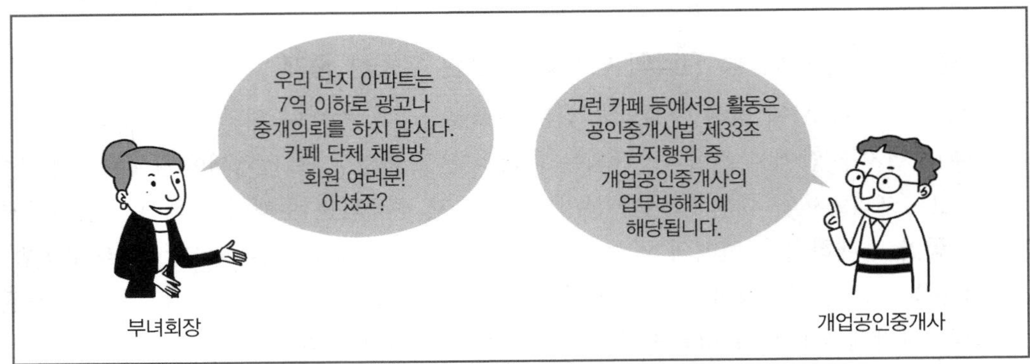


## 03 개업공인중개사 등에 대한 방해 금지행위(법 제33조 제2항) 제35회

**법 제33조 【금지행위】** ② 누구든지 시세에 부당한 영향을 줄 목적으로 다음 각 호의 어느 하나의 방법으로 개업공인중개사 등의 업무를 방해해서는 아니 된다.

1. 안내문, 온라인 커뮤니티 등을 이용하여 특정 개업공인중개사 등에 대한 중개의뢰를 제한하거나 제한을 유도하는 행위
2. 안내문, 온라인 커뮤니티 등을 이용하여 중개대상물에 대하여 시세보다 현저하게 높게 표시·광고 또는 중개하는 특정 개업공인중개사 등에게만 중개의뢰를 하도록 유도함으로써 다른 개업공인중개사 등을 부당하게 차별하는 행위
3. 안내문, 온라인 커뮤니티 등을 이용하여 특정 가격 이하로 중개를 의뢰하지 아니하도록 유도하는 행위
4. 정당한 사유 없이 개업공인중개사 등의 중개대상물에 대한 정당한 표시·광고 행위를 방해하는 행위
5. 개업공인중개사 등에게 중개대상물을 시세보다 현저하게 높게 표시·광고하도록 강요하거나 대가를 약속하고 시세보다 현저하게 높게 표시·광고하도록 유도하는 행위

### 1 취지와 적용대상

① 법 제33조 제1항은 부동산중개 전문가인 개업공인중개사 등이 부당한 이익을 얻을 목적으로 행하는 매매업, 기망행위, 직접거래, 투기조장행위, 담합행위 등으로 시장왜곡과 부동산 공정거래질서 교란행위를 방지하고자 금지행위로 규정하고 있다면, ② 이에 반해 법 제33조 제2항은 일반인(예 중개의뢰인, 부녀회, 임대인단체, 입주자 대표기구 등)들이 시세에 부당한 영향을 주어 이에 따른 경제적 이익 등을 얻을 목적으로 개업공인중개사 등의 업무를 방해하는 행위들이 지역별로 비일비재하게 발생함과 동시에 부동산가격의 이상폭등 현상이 만연하고 시장질서 왜곡현상이 심해지자 일반인들까지 엄벌함으로써 부동산거래질서 교란행위를 방지하고자 함에 있다. 주의할 것은 방해행위를 하는 자에는 개업공인중개사, 고용인 등도 포함된다는 것이다.

### 2 업무방해 유형 제35회

1. 안내문, 온라인 커뮤니티 등을 이용하여 특정 개업공인중개사 등에 대한 중개의뢰를 제한하거나 제한을 유도하는 행위
2. 안내문, 온라인 커뮤니티 등을 이용하여 중개대상물에 대하여 시세보다 현저하게 높게 표시·광고 또는 중개하는 특정 개업공인중개사 등에게만 중개의뢰를 하도록 유도함으로써 다른 개업공인중개사 등을 부당하게 차별하는 행위
3. 안내문, 온라인 커뮤니티 등을 이용하여 특정 가격 이하로 중개를 의뢰하지 아니하도록 유도하는 행위
4. 정당한 사유 없이 개업공인중개사 등의 중개대상물에 대한 정당한 표시·광고 행위를 방해하는 행위
5. 개업공인중개사 등에게 중개대상물을 시세보다 현저하게 높게 표시·광고하도록 강요하거나 대가를 약속하고 시세보다 현저하게 높게 표시·광고하도록 유도하는 행위

## 04 위반시 효과 및 제재

### 1 거래계약의 효력

개업공인중개사 등이 이 규정을 위반하여 금지행위를 하였다 하더라도 개업공인중개사 등은 거래계약 당사자가 아닌 제3자의 지위에 있으므로 거래당사자 간의 거래계약의 효력에는 직접적으로 영향을 미치지 않는다. 다만, 개업공인중개사 등이 기망행위 등을 한 경우 「민법」의 일반 법리에 따라 취소 등이 되는 경우는 있을 수 있다.

## 2 손해배상책임

개업공인중개사 등의 금지행위 위반으로 의뢰인에게 재산상 손해가 발생한 경우 의뢰인은 그 손해의 배상을 청구할 수 있다. 즉, 금지행위 위반에 따른 제재 이외에 개업공인중개사 등은 손해배상책임을 진다. 나아가 고용인의 이에 대한 위반으로 의뢰인에게 손해가 발생한 경우에는 개업공인중개사는 고의·과실이 없더라도 부진정연대책임을 진다.

## 3 행정처분

(1) 개업공인중개사가 금지행위를 하였다면 이는 임의적 등록취소사유에 해당하여 등록관청은 금지행위를 한 개업공인중개사에 대하여 등록취소처분을 하거나 업무정지처분을 행할 수 있다.

(2) 소속공인중개사가 금지행위를 하였다면 시·도지사는 금지행위를 한 소속공인중개사에 대하여 자격정지처분을 할 수 있다.

(3) 중개보조원이 금지행위를 하였더라도 행정처분 대상자가 아니므로 따로 행정처분은 받지 않는다. 단, 개업공인중개사가 중개보조원을 대신하여 행정처분을 받을 수 있다.

## 4 행정형벌

### (1) 1년 이하의 징역 또는 1천만원 이하의 벌금형

1. 중개대상물의 매매를 업으로 하는 자
2. 무등록업자인 사실을 알면서 그를 통하여 중개를 의뢰받거나 그에게 자기의 명의를 이용하게 하는 자
3. 사례·증여 그 밖의 어떠한 명목으로 법정보수 또는 실비를 초과하여 금품을 받은 자
4. 해당 중개대상물의 거래상의 중요사항에 관하여 거짓된 언행 기타의 방법으로 중개의뢰인의 판단을 그르치게 하는 자

## (2) 3년 이하의 징역 또는 3천만원 이하의 벌금형

1. 분양·임대 등과 관련 있는 증서 등의 매매·교환 등을 중개하거나 증서의 매매를 업으로 하는 행위를 한 자
2. 중개의뢰인과 직접거래를 하거나 거래당사자 쌍방을 대리하는 행위를 한 자
3. 탈세를 목적으로 소유권 보존등기 또는 이전등기를 하지 아니한 부동산이나 법령의 규정 의하여 전매 등 권리의 변동이 제한된 부동산의 매매를 중개하는 등 부동산투기를 조장하는 행위를 한 자
4. 부당한 이익을 얻거나 제3자에게 부당한 이익을 얻게 할 목적으로 거짓으로 거래가 완료된 것처럼 꾸미는 등 중개대상물의 시세에 부당한 영향을 주거나 줄 우려가 있는 행위
5. 단체를 구성하여 특정 중개대상물에 대하여 중개를 제한하거나 단체 구성원 이외의 자와 공동중개를 제한하는 행위
6. 안내문, 온라인 커뮤니티 등을 이용하여 특정 개업공인중개사 등에 대한 중개의뢰를 제한하거나 제한을 유도하는 행위
7. 안내문, 온라인 커뮤니티 등을 이용하여 중개대상물에 대하여 시세보다 현저하게 높게 표시·광고 또는 중개하는 특정 개업공인중개사 등에게만 중개의뢰를 하도록 유도함으로써 다른 개업공인중개사 등을 부당하게 차별하는 행위
8. 안내문, 온라인 커뮤니티 등을 이용하여 특정 가격 이하로 중개를 의뢰하지 아니하도록 유도하는 행위
9. 정당한 사유 없이 개업공인중개사 등의 중개대상물에 대한 정당한 표시·광고 행위를 방해하는 행위
10. 개업공인중개사 등에게 중개대상물을 시세보다 현저하게 높게 표시·광고하도록 강요하거나 대가를 약속하고 시세보다 현저하게 높게 표시·광고하도록 유도하는 행위

**예제**

**공인중개사법령상 개업공인중개사의 금지행위에 해당하는 것을 모두 고른 것은?** (다툼이 있으면 판례에 따름) 제27회

㉠ 중개의뢰인을 대리하여 타인에게 중개대상물을 임대하는 행위
㉡ 상업용 건축물의 분양을 대행하고 법정의 중개보수 또는 실비를 초과하여 금품을 받는 행위
㉢ 중개의뢰인인 소유자로부터 거래에 관한 대리권을 수여받은 대리인과 중개대상물을 직접 거래하는 행위
㉣ 건축물의 매매를 업으로 하는 행위

① ㉠, ㉡
② ㉢, ㉣
③ ㉠, ㉡, ㉣
④ ㉠, ㉢, ㉣
⑤ ㉡, ㉢, ㉣

**해설** ㉠ 일방대리로서 금지행위가 아니다.
㉡ 분양대행은 중개업이 아니므로 법정보수규정이 적용되지 않아 금지행위가 아니다.

정답 ②

## 제 3 절 중개대상물 확인 · 설명의무 제34회

**법 제25조 【중개대상물의 확인 · 설명】** ① 개업공인중개사는 중개를 의뢰받은 경우에는 중개가 완성되기 전에 다음 각 호의 사항을 확인하여 이를 해당 중개대상물에 관한 권리를 취득하고자 하는 중개의뢰인에게 성실 · 정확하게 설명하고, 토지대장 등본 또는 부동산종합증명서, 등기사항증명서 등 설명의 근거자료를 제시하여야 한다.

1. 해당 중개대상물의 상태 · 입지 및 권리관계
2. 법령의 규정에 의한 거래 또는 이용제한사항
3. 그 밖에 대통령령으로 정하는 사항

### 01 확인 · 설명의무 제32회

#### 1 확인 · 설명의무의 내용

**(1) 확인 · 설명의 의무자**

① 중개대상물에 대한 확인 · 설명의 법적 의무는 개업공인중개사(법인인 경우는 대표자, 분사무소의 경우는 책임자)에게 있으며, 그 책임도 개업공인중개사에게 귀속된다.

② 소속공인중개사는 중개대상물에 대한 확인 · 설명 의무자는 아니지만 법적으로 주된 중개업무수행이 가능한 자이므로 중개대상물에 대한 확인 · 설명 업무를 수행할 수 있다. 즉, 법적 의무자는 아니지만 상황에 따라 본인의 판단으로 재량적으로 할 수 있다. 물론 이 경우 법 규정에 따라 성실 · 정확하게 충실히 하여야 한다.

③ 법인인 개업공인중개사에 소속된 공인중개사가 아닌 사원 또는 임원이나 중개보조원은 법적으로 중개업무를 할 수 없는 자이므로 확인 · 설명을 할 수 없다.

**(2) 시 기**

확인 · 설명의무는 중개를 의뢰받은 경우 중개가 완성되기 전에 수행하여야 한다. 여기에서 '중개가 완성되기 전'이란 거래계약서를 작성하기 전을 말한다. 확인 · 설명의 시기를 중개완성 전까지로 규정한 취지는 취득의뢰인이 개업공인중개사로부터 충분한 설명을 듣고 이를 근거로 자신이 원하는 목적에 맞는 물건인지 정확히 판단하여 최종적으로 계약을 체결할 수 있도록 하여 거래사고를 예방하기 위함이다.

판례

**개업공인중개사가 중개대상물의 권리관계 등에 대해 설명해야 하는 시점**

「공인중개사법」 제25조 제3항에서는 "중개가 완성되어 거래계약서를 작성하는 때"로 규정하고 있으므로 중개의 완성은 거래계약서의 작성으로 이루어진다고 할 것이고, 따라서 같은 법 제25조 제1항에서 개업공인중개사가 "중개가 완성되기 전"에 중개대상에 대하여 확인·설명하고 설명의 근거자료를 제시하도록 한 것은 "거래계약서 작성 전"까지 확인·설명하고 설명의 근거자료를 제시하면 되는 것으로 해석함이 타당하다.

### (3) 상대방

중개대상물에 대한 확인·설명의 상대방은 거래대상물에 대해 정보가 부족한 매수·임차 등 권리를 취득하고자 하는 의뢰인에게 하여야 한다. 주의할 점은 거래당사자 쌍방에 대한 의무가 아니다. 따라서 매도·임대 등 권리를 이전하고자 하는 의뢰인에게는 설명할 필요가 없으며, 오히려 이전의뢰인은 개업공인중개사가 중개대상물에 대하여 조사·확인하는 데 협조를 하여야 한다.

### (4) 확인·설명할 사항 제32회

① 중개대상물에 대하여 확인·설명해야 할 사항은 다음과 같다. 다만, 제3호의2 및 제10호부터 제12호까지의 사항은 주택 임대차 중개의 경우에만 적용한다(영 제21조).

1. 중개대상물의 종류·소재지·지번·지목·면적·용도·구조 및 건축연도 등 중개대상물에 관한 기본적인 사항
2. 소유권·전세권·저당권·지상권 및 임차권 등 중개대상물의 권리관계에 관한 사항
3. 거래예정금액·중개보수 및 실비의 금액과 그 산출내역

3의2. 관리비 금액과 그 산출내역

4. 토지이용계획, 공법상의 거래규제 및 이용제한에 관한 사항
5. 수도·전기·가스·소방·열공급·승강기 및 배수 등 시설물의 상태
6. 벽면·바닥면 및 도배의 상태
7. 일조·소음·진동 등 환경조건
8. 도로 및 대중교통수단과의 연계성, 시장·학교와의 근접성 등 입지조건
9. 중개대상물에 대한 권리를 취득함에 따라 부담하여야 할 조세의 종류 및 세율
10. 「주택임대차보호법」에 임대인의 정보제시 의무 및 보증금 중 일정액의 보호에 관한 사항
11. 「주민등록법」에 따른 전입세대확인서의 열람 또는 교부에 관한 사항
12. 「민간임대주택에 관한 특별법」에 따른 임대보증금에 대한 보증에 관한 사항(민간임대주택인 경우만 해당한다)

### ② 설명할 사항의 조사 및 내용

1. 중개대상물의 종류 · 소재지 · 지번 · 지목 · 면적 · 용도 · 구조 · 건축연도 등 해당 중개대상물에 관한 기본적인 사항 ⇨ 토지대장 및 건축물대장 등으로 확인한다.
2. 벽면 · 바닥면 및 도배의 상태
3. 수도 · 전기 · 가스 · 소방 · 열공급 · 승강기 및 배수 등 시설물의 상태
4. 도로 및 대중교통수단과의 연계성, 시장 · 학교 등과의 근접성 등 입지조건, 일조 · 소음 · 진동 등 환경조건
   ⇨ 2, 3, 4. 개업공인중개사의 세부 확인사항으로 매도(임대)의뢰인에게 자료를 요구하여 확인한다.
5. 소유권 · 전세권 · 저당권 · 지상권 · 임차권 등 해당 중개대상물에 대한 권리관계에 관한 사항 ⇨ 등기사항증명서 등으로 확인한다.
6. 토지이용계획, 공법상 이용제한 및 거래규제에 관한 사항 ⇨ 시 · 군의 조례, 토지이용계획확인서, 부동산종합공부시스템 등으로 확인한다.
7. 중개대상물에 대한 권리를 취득함에 따른 조세의 종류 및 세율 ⇨ 중개가 완성되기 전 「지방세법」의 내용(취득세, 농어촌특별세, 지방교육세)을 확인한다.
8. 거래예정금액 · 중개보수 및 실비의 금액과 그 산출내역 ⇨ "중개보수"는 거래예정금액을 기준으로 계산한다.
9. 관리비 금액과 그 산출내역 ⇨ 관리비는 직전 1년간 월평균 관리비 등을 기초로 산출한 총 금액을, 관리비에 포함되는 비목(전기료 ,수도료, 가스사용료 , 난방비, 인터넷 사용료, TV 수신료, 그 밖의 비목) 등을 확인한다.
10. 「주택임대차보호법」 제3조의7에 따른 임대인의 정보 제시 의무에 관한 사항
    ⇨ 임대인이 확정일자 부여일, 차임 및 보증금 등 정보 및 국세 및 지방세 납세증명서의 제출 또는 열람 동의
11. 「주택임대차보호법」 제8조에 따른 보증금 중 일정액의 보호에 관한 사항
    ⇨ 임차인의 최우선변제권이 보장되기 위해서는 경매신청의 등기 전에 대항요건을 갖추어야 하고, 대통령령에서 정한 지역에 따른 보증금액 이하에 해당되어야 한다. 주의할 점은 근저당권 등 선순위 담보물권이 설정되어 있는 경우 선순위 담보물권 설정 당시의 소액임차인범위 및 최우선변제금액을 기준으로 확인한다.
12. 「주민등록법」 제29조의2에 따른 전입세대확인서의 열람 또는 교부에 관한 사항
    ⇨ 임대인이 제출한 전입세대 확인서류(해당 건물 또는 시설의 소재지에 주민등록이 되어 있는 세대주와 주민등록표 상의 동거인의 성명과 전입일자를 확인할 수 있는 서류)
13. 「민간임대주택에 관한 특별법」 제49조에 따른 임대보증금에 대한 보증에 관한 사항 ⇨ 등록된 민간임대주택인지 여부를 임대주택정보체계에 접속하여 확인하거나 임대인에게 확인하며, 임대사업자(임대사업자로 등록하려는 자를 포함한다)는 민간임대주택을 임대하는 경우 임대보증금에 대한 보증에 가입하여야 한다.

### ☑ 중개대상물의 확인 · 설명할 사항과 전속중개계약 체결시 정보 공개할 사항의 비교

| 구 분 | 중개대상물 확인 · 설명사항 | 전속중개계약 체결시 공개할 사항 |
|---|---|---|
| ① | 중개대상물의 종류 · 소재지 · 지번 · 지목 · 면적 · 용도 · 구조 · 건축연도 등 해당 중개대상물에 관한 기본적인 사항 | 중개대상물의 종류 · 소재지 · 지목 · 면적 · 용도 · 구조 · 건축연도 등 해당 중개대상물을 특정하기 위하여 필요한 사항 |
| ② | 벽면 · 바닥면 및 도배의 상태 | 벽면 및 도배의 상태 |
| ③ | 수도 · 전기 · 가스 · 소방 · 열공급 · 승강기 및 배수 등 시설물의 상태 | 수도 · 전기 · 가스 · 소방 · 열공급 · 승강기설비 · 오수 · 폐수 · 쓰레기처리시설 등의 상태 |
| ④ | 도로 및 대중교통수단과의 연계성, 시장 · 학교 등과의 근접성 등 입지조건, 일조 · 소음 · 진동 등 환경조건 | 도로 및 대중교통수단과의 연계성, 시장 · 학교 등과의 근접성, 지형 등 입지조건, 일조 · 소음 · 진동 등 환경조건 |
| ⑤ | 소유권 · 전세권 · 저당권 · 지상권 · 임차권 등 해당 중개대상물에 대한 권리관계에 관한 사항 | 소유권 · 전세권 · 저당권 · 지상권 · 임차권 등 해당 중개대상물에 대한 권리관계에 관한 사항. 다만, 각 권리자의 주소 · 성명 등 인적 사항에 관한 정보는 공개하여서는 아니 된다. |
| ⑥ | 토지이용계획, 공법상 이용제한 및 거래규제에 관한 사항 | 공법상 이용제한 및 거래규제에 관한 사항 |
| ⑦ | 중개대상물에 대한 권리를 취득함에 따른 조세의 종류 및 세율 | × |
| ⑧ | 거래예정금액 · 중개보수 및 실비의 금액과 그 산출내역 | 중개대상물의 거래예정금액 및 공시지가. 다만, 임대차의 공시지가(재량) |
| ※ | ⑨ ~ ⑬은 주택 임대차 중개의 경우에만 적용한다. | × |
| ⑨ | 관리비 금액과 그 산출내역 | |
| ⑩ | 「주택임대차보호법」 제3조의7에 따른 임대인의 정보 제시 의무에 관한 사항 | |
| ⑪ | 「주택임대차보호법」 제8조에 따른 보증금 중 일정액의 보호에 관한 사항 | × |
| ⑫ | 「주민등록법」 제29조의2에 따른 전입세대 확인서의 열람 또는 교부에 관한 사항 | × |
| ⑬ | 「민간임대주택에 관한 특별법」 제49조에 따른 임대보증금에 대한 보증에 관한 사항 | × |

**넓혀 보기**

**중개대상물의 확인 · 설명할 사항과 전속중개계약 중요 차이점**

1. 전속중개계약은 각 권리자의 인적 사항은 공개해서는 안 된다.
2. 전속중개계약은 취득관련조세의 종류 및 세율, 중개보수 및 실비, 관리비, 최우선변제금등을 공개 할 의무는 없다.
3. 중개대상물의 공시지가를 확인 · 설명할 의무는 없다.

### ⑸ 임대차 중개시의 설명의무

개업공인중개사는 주택의 임대차계약을 체결하려는 중개의뢰인에게 다음 각 호의 사항을 설명하여야 한다(법 제25조의3).

1. 「주택임대차보호법」 제3조의6 제4항에 따라 확정일자부여기관에 정보제공을 요청할 수 있다는 사항
2. 「국세징수법」 제109조 제1항 · 제2항 및 「지방세징수법」 제6조 제1항 · 제3항에 따라 임대인이 납부하지 아니한 지방세의 열람을 신청할 수 있다는 사항

개업공인중개사는 주택임대차계약을 체결하려는 경우, 해당 주택의 선순위 임차인의 확정일자 부여일, 차임 및 보증금 등을 확정일자부여기관에 정보제공을 요청할 수 있고, 임대인이 체납한 국세 및 지방세가 있는지 열람신청할 수 있다는 내용을 반드시 설명하여야 한다.

### ⑹ 확인 · 설명하는 방법

① 개업공인중개사가 중개대상물에 대한 확인 · 설명을 할 때에는 중개의뢰인에게 토지대장등본 또는 부동산종합증명서, 등기사항증명서 등 근거자료를 제시하면서 성실 · 정확하게 설명해야 한다. 따라서 구두로만 설명하는 것은 의무위반이 되며, 또한 구두로 설명하지 않고 근거자료를 제시하는 것만으로는 확인 · 설명의무를 이행하였다고 볼 수는 없다.

② 근거자료란 확인 · 설명사항에 대해 기재되어 있는 공적장부 및 조사자료를 말하는 것으로 여기에는 등기권리증, 등기사항증명서, 토지대장, 건축물대장, 토지이용계획확인서, 부동산종합증명서, 분양계약서, 대상물건의 상태에 관한 자료 등이 해당된다.

③ 성실 · 정확한 설명이란 중개대상물에 대한 객관적인 자료수집 등을 통하여 거짓이나 숨김없이 사실대로 설명해야 하는 것을 말한다. 예컨대, 중개대상물에 대한 지목이나 면적이 공적장부와 실제현황이 일치하지 않을 경우 이 사실도 정확히 설명해야 하는 것이다.

☑ **각종 서면의 구별**(제시 · 게시 · 교부)

| 구 분 | 내 용 | 제 재 |
|---|---|---|
| ① 확인 · 설명 ⇨ 제시서면 | 등기사항증명서, 토지대장, 건축물대장, 토지이용계획확인서 등 | 과태료 500만원 이하 |
| ② 중개사무소 ⇨ 게시서면 | 자격증, 등록증, 중개보수 및 실비 요율표, 업무보증증서 | 과태료 100만원 이하 |
| ③ 중개완성 ⇨ 쌍방교부서면 | 거래계약서, 확인 · 설명서 | 업무정지사유 |

## 2 중개대상물의 상태에 관한 자료요구

**법 제25조 【중개대상물의 확인 · 설명】** ② 개업공인중개사는 제1항에 따른 확인 · 설명을 위하여 필요한 경우에는 중개대상물의 매도의뢰인 · 임대의뢰인 등에게 해당 중개대상물의 상태에 관한 자료를 요구할 수 있다.

### (1) 상태관련 자료요구권의 내용

① **임의성**: 상태관련 자료요구는 임의적 사항으로서 개업공인중개사가 반드시 자료를 요구해야 하는 것은 아니며, 중개의뢰인도 자료요구에 반드시 응해야 하는 것도 아니다. 따라서 권리이전의뢰인이 자료를 제공하지 않은 경우에도 개업공인중개사가 직접 조사 · 확인하여 설명해야 한다.

② **자료요구 상대방**: 개업공인중개사는 중개대상물의 상태에 관한 자료를 매도의뢰인 · 임대의뢰인 등 권리이전의뢰인에게 요구할 수 있다.

③ **요구할 수 있는 자료**: 주거용 건축물 "중개대상물 확인 · 설명서"에는 구체적으로 내 · 외부의 시설물 상태, 벽면 · 바닥면 및 도배의 상태, 환경조건(일조량, 소음, 진동)에 대한 내용을 요구하여 확인한 사항을 기재하도록 서식화되어 있다.

④ **불응시 조치**: 개업공인중개사는 매도의뢰인 · 임대의뢰인 등이 중개대상물의 상태에 관한 자료요구에 불응한 경우에는 그 사실을 매수의뢰인 · 임차의뢰인 등에게 설명하고, 중개대상물 확인 · 설명서에 기재하여야 한다(영 제21조 제2항). 이와 관련하여 중개대상물 확인 · 설명서 서식에는 각 서식마다 '대상물건의 상태에 관한 자료요구 사항' 기재란을 두고 있다(자세한 내용은 후술).

## 3 소유자 등의 확인

### (1) 신분을 확인할 수 있는 증표 제시요구

> **법 제25조의2 【소유자 등의 확인】** 개업공인중개사는 중개업무의 수행을 위하여 필요한 경우에는 중개의뢰인에게 주민등록증(모바일 주민등록증을 포함한다) 등 신분을 확인할 수 있는 증표를 제시할 것을 요구할 수 있다.

### (2) 필요성

개업공인중개사가 중개업무를 수행함에 있어 중개의뢰인이 중개대상물 소유자와 동일인인지 확인하는 것은 매우 중요하다. 이에 따른 판례도 개업공인중개사에게 소유자 등 권리관계의 확인 · 설명에 대하여는 엄격한 업무상의 책임을 묻고 있다.

## 02 중개대상물 확인 · 설명서 작성 등의 의무 제32회

> **법 제25조 【중개대상물의 확인 · 설명】** ③ 개업공인중개사는 중개가 완성되어 거래계약서를 작성하는 때에는 제1항에 따른 확인 · 설명사항을 대통령령으로 정하는 바에 따라 서면으로 작성하여 거래당사자에게 교부하고 대통령령으로 정하는 기간 동안 그 원본, 사본 또는 전자문서를 보존하여야 한다. 다만, 확인 · 설명사항이 「전자문서 및 전자거래 기본법」 제2조 제9호에 따른 공인전자문서센터(이하 "공인전자문서센터"라 한다)에 보관된 경우에는 그러하지 아니하다.

**넓혀 보기**

**중개대상물 확인 · 설명서 법정서식**(자세한 내용은 후술)

1. 중개대상물 확인 · 설명서[Ⅰ](주거용 건축물)
2. 중개대상물 확인 · 설명서[Ⅱ](비주거용 건축물)
3. 중개대상물 확인 · 설명서[Ⅲ](토지)
4. 중개대상물 확인 · 설명서[Ⅳ](입목 · 광업재단 · 공장재단)

## 1 확인 · 설명서 작성

### (1) 작성의무자

확인 · 설명서 작성은 중개의뢰를 받은 개업공인중개사의 본질적인 의무사항에 해당한다. 법인인 개업공인중개사의 경우에는 대표자나 분사무소 책임자에게 확인 · 설명서 작성의무가 있다. 따라서 개업공인중개사가 아닌 소속공인중개사나 중개보조원 또는 법인인 개업공인중개사의 대표자가 아닌 임원은 확인 · 설명서 작성의무가 없다.

다만, 소속공인중개사는 확인 · 설명서 작성의무는 없으나 개업공인중개사에 준하여 중개업무를 수행할 수 있도록 하고 있으므로 개업공인중개사의 감독하에 중개대상물에 대한 확인 · 설명서를 작성할 수 있다. 반면에 법인인 개업공인중개사의 공인중개사가 아닌 임원이나 중개보조원은 중개업무를 수행할 수 없으므로 확인 · 설명서를 작성할 수 없다.

### (2) 작성시기

중개대상물 확인 · 설명서는 중개가 완성되어 거래계약서를 작성하는 때에 작성하도록 규정하고 있다. 이는 통상 중개의뢰를 받은 후 거래계약 체결일까지는 상당한 기간이 소요되고, 이 기간 동안 확인 · 설명사항에 대한 변동이 있을 경우 변동된 사항까지 모두 포함한 중개대상물 확인 · 설명서를 작성해야 하기 때문이다.

### (3) 법정서식

중개대상물 확인 · 설명서는 법령에서 정하고 있는 법정서식으로 중개대상물에 따라 4종으로 구분하여 그 규격과 내용을 정하고 있으므로 내용을 변경하거나 용지의 규격 및 매수를 달리하여서는 안 된다. 따라서 중개대상물 확인 · 설명서의 서식내용을 임의대로 변경하거나 추가 · 삭제하여 작성된 서식을 사용하게 되면 공인중개사법령 위반행위가 된다.

### (4) 서명 및 날인의무

**법 제25조 【중개대상물의 확인 · 설명】** ④ 제3항에 따른 확인 · 설명서에는 개업공인중개사(법인인 경우에는 대표자를 말하며, 법인에 분사무소가 설치되어 있는 경우에는 분사무소의 책임자를 말한다)가 서명 및 날인하되, 해당 중개행위를 한 소속공인중개사가 있는 경우에는 소속공인중개사가 함께 서명 및 날인하여야 한다.

① "서명 및 날인"이란 서명(행위자가 자기의 동일성을 표시하고 책임을 분명하게 하기 위하여 본인이 직접 자필로 성명을 쓰는 것)과 날인(등록된 인장)을 모두 하여야 한다는 의미이다. 따라서 확인 · 설명서와 거래계약서에 서명과 날인을 아예 하지 않았거나 서명과 날인 중 어느 한 가지만을 한 경우는 법 규정의 위반으로 업무정지사유에 해당한다.

② 확인 · 설명서는 법적으로 작성의무자인 개업공인중개사가 서명 및 날인하여야 한다. 따라서 소속공인중개사가 확인 · 설명서 작성의 업무를 수행했다고 하더라도 개업공인중개사는 반드시 소속공인중개사와 함께 서명 및 날인을 하여야 한다. 또한 소속공인중개사가 해당 중개행위를 한 경우에 소속공인중개사의 서명 및 날인은 임의사항이 아니라 의무사항이다. 이는 중개행위에 관여한 소속공인중개사에 대한 책임관계를 분명히 하고자 함이다.

③ 주의할 것은 다수의 소속공인중개사가 근무하는 경우라도 "해당 중개행위를 한 소속공인중개사"만 서명 및 날인의무가 있으며, 또한 직접 해당 중개행위를 한 경우라 하더라도 중개대상물 확인 · 설명서를 작성 · 교부 · 보존해야 할 의무는 없다는 점이다.

④ 중개대상물 확인 · 설명서에 서명 및 날인을 하도록 의무화가 되어 있는 자는 다음과 같이 개업공인중개사의 종별에 따라 다르다.

| ㉠ 개인인 개업공인중개사: 개업공인중개사와 당해 중개행위를 한 소속공인중개사<br>㉡ 법인인 개업공인중개사(주된 사무소): 대표자와 당해 중개행위를 한 소속공인중개사<br>㉢ 법인의 분사무소: 분사무소의 책임자와 당해 중개행위를 한 소속공인중개사 |
|---|

⑤ 다수의 개업공인중개사가 공동으로 중개를 완성한 경우에는 공동중개에 관여한 개업공인중개사 모두가 중개대상물 확인 · 설명서에 함께 서명 및 날인하여야 하고, 2명을 넘는 경우에는 별지로 작성하여 첨부한다.

## 2 교부 및 보존

### (1) 쌍방교부

① 개업공인중개사는 중개가 완성되어 거래계약서를 작성하는 때에는 법정서식인 중개대상물 확인 · 설명서를 작성하여 거래당사자에게 교부하여야 한다. 거래당사자란 매도인 · 임대인 등과 매수인 · 임차인 등 쌍방을 의미한다.

② 주의할 점은 개업공인중개사에 대한 "중개대상물 확인 · 설명의무"는 중개완성 전에 권리취득의뢰인 일방에게 부담하지만 "중개대상물 확인 · 설명서"는 중개완성 후에 매도인 또는 임대인 등과 매수인 또는 임차인 등의 쌍방에 부담하는 교부의무라는 점이다.

### (2) 보 존

개업공인중개사는 중개대상물 확인 · 설명서에 확인 · 설명사항을 기재하여 거래당사자에게 교부하고 3년 동안 그 원본, 사본 또는 전자문서를 보존하여야 한다. 다만, 확인 · 설명사항이 「전자문서 및 전자거래 기본법」 제2조 제9호에 따른 공인전자문서센터에 보관된 경우에는 그러하지 아니하다.

## 03 위반에 따른 책임 제31회

개업공인중개사나 소속공인중개사가 확인 · 설명의무 등을 위반한 경우에 따른 제재에는 행정처분과 과태료가 있고, 손해발생시 민사상 손해배상책임을 진다.

## 1 행정처분 및 과태료

### (1) 개업공인중개사

#### ① 업무정지처분

| ㉠ 중개대상물 확인·설명서를 교부하지 아니하거나 보존하지 아니한 경우<br>㉡ 중개대상물 확인·설명서에 서명 및 날인을 하지 아니한 경우 |
|---|

② **500만원 이하의 과태료**: 성실·정확하게 중개대상물의 확인·설명을 하지 아니하거나 설명의 근거자료를 제시하지 아니한 경우

### (2) 소속공인중개사

소속공인중개사가 다음에 해당하는 위반행위를 한 경우에는 6개월 이하의 자격정지처분에 처해질 수 있다.

| ① 성실·정확하게 중개대상물의 확인·설명을 하지 아니하거나 설명의 근거자료를 제시하지 아니한 경우<br>② 중개대상물 확인·설명서에 서명 및 날인을 하지 아니한 경우 |
|---|

주의할 점은 소속공인중개사는 확인·설명의무가 있는 것은 아니기 때문에 확인·설명을 하지 않았거나 확인·설명서를 작성·교부·보존하지 않았다는 것을 이유로 처벌을 받지는 않는다.

## 2 민사책임(손해배상책임)

(1) 개업공인중개사가 중개대상물 확인·설명의무를 불이행 또는 게을리 한 과실(일부 누락 설명, 틀린 설명 등)로 인하여 중개의뢰인에게 재산상의 손해를 발생하게 한 때에는 「공인중개사법」상의 손해배상책임을 진다. 판례에서도 개업공인중개사의 중개대상물 확인·설명의무를 게을리 한 과실로 인하여 매수인에게 재산상의 손해를 발생하게 한 때에는 매수인으로부터 이미 수령한 보수를 반환하여야 하고 그 손해도 배상할 책임이 있다고 인정하고 있다.

(2) 다른 한편, 개업공인중개사가 중개대상물 확인·설명서를 교부하지 아니한 이유만으로 거래당사자에게 손해배상책임을 인정하지 않은 경우도 있다. 판례에 따르면, 중개대상물 확인·설명서를 작성하여 교부하지 않았더라도 중개대상물에 대하여 구두로 정확하게 확인·설명을 한 경우에는 개업공인중개사에게 민사상의 손해배상책임이 없다고 보아야 한다(서울고법 1998.10.27, 98나18942).

판 례

**확인 · 설명의무와 관련된 판례**

**1. 무료중개행위시의 확인 · 설명의무**

중개계약에 따른 개업공인중개사의 확인 · 설명의무와 이에 위반한 경우의 손해배상의무는 중개의뢰인이 개업공인중개사에게 소정의 보수를 지급하지 아니하였다고 해서 당연히 소멸되는 것이 아니다(대판 2002.2.5, 2001다71484).

**2. 근저당권이 설정된 부동산을 중개하는 경우 확인 · 설명의무**

개업공인중개사는 중개대상물건에 근저당이 설정된 경우에는 그 채권최고액을 조사 · 확인하여 의뢰인에게 설명하면 족하고, 실제의 피담보채무액까지 조사 · 확인하여 설명할 의무까지 있다고 할 수는 없다. 다만, 개업공인중개사가 그릇된 정보를 확인하지 않은 채 의뢰인에게 그대로 전달하여 그를 믿고 계약이 체결되어 손해를 입었다면 개업공인중개사는 선 · 관주의 의무를 위반한 것으로 손해배상책임을 져야 한다(대판 1999.5.14, 98다30667).

**3. 건물의 전대차를 중개하는 경우 확인 · 설명의무**

개업공인중개사는 전대차에 대하여 원임대인이 승낙이나 동의를 하였는지 여부와 전대차기간은 얼마나 보장될 수 있는지 등 중개의뢰인이 건물을 전차하여 이를 사용함에 있어서 아무런 권리상의 하자가 없는지 여부를 선량한 관리자의 주의로써 확인하고 그 내용을 정확하게 설명해야 한다(서울지방법원 1995.10.13, 94가합107632).

**4. 미등기아파트의 임대를 중개하는 경우 확인 · 설명의무**

아파트 입주가 되었으나 잔금을 납부하지 않아 건설회사 명의로 등기된 아파트의 임대를 중개한 개업공인중개사에 대하여 임대차계약 당시 건설회사 명의로 소유권보존등기가 되어 있었을 뿐이므로, 개업공인중개사로서는 임대중개의뢰인이 분양을 받은 자가 맞는지 여부와 소유권을 이전받을 수 있는 상황인지의 여부, 대상아파트를 적법하게 임대할 수 있는 지위에 있는지의 여부, 소유권이전등기 청구에 대하여 제한이 없는지의 여부, 아파트 분양대금 납입현황 및 납입대금 내역 등에 관하여 확인한 후 이를 임차중개의뢰인에게 설명하여 임차중개의뢰인이 대상아파트의 임차 여부를 결정할 수 있도록 해야 한다(서울지법 남부지원 1999.7.2, 98가합23745).

**5. 조합주택의 분양을 알선하는 경우의 확인 · 설명의무**

조합주택의 분양을 알선하는 개업공인중개사는 조합주택을 모집하는 자가 조합가입희망자를 모집하여 차질 없이 조합주택을 건설 · 분양할 만한 능력과 신용이 있는지의 여부를 조사 · 확인하여야 할 주의의무가 있다(부산지법 1991.9.3, 91가합3164 제10민사부).

**6. 경계불일치의 경우 확인 · 설명의무**

개업공인중개사가 중개대상물의 현황을 측량까지 하여 중개의뢰인에게 확인 · 설명하여야 할 의무가 있다고 할 수는 없다(서울고등법원 1996.4.12, 95다46199).

**7. 공법상 제한에 대한 확인 · 설명의무**

개업공인중개사가 확인 · 설명해야 할 공법상의 규제사항이란 중개대상물이 행정법규상의 제한으로 특정 용도로 사용될 수 없다거나 또는 특정 용도로만 사용되어야 한다는 등의 일반적인 이용제한을 의미하므로 대상 부동산에 대한 상세한 법규의 적용까지 확인 · 설명해야 하는 것은 아니다(서울고등법원 1995.7.6, 95다2298).

예제

**공인중개사법령상 중개대상물의 확인·설명에 관한 내용으로 옳은 것은?** (다툼이 있으면 판례에 따름)

제30회

① 개업공인중개사는 선량한 관리자의 주의로 중개대상물의 권리관계 등을 조사·확인하여 중개의뢰인에게 설명할 의무가 있다.
② 2명의 개업공인중개사가 공동중개한 경우 중개대상물확인·설명서에는 공동중개한 개업공인중개사 중 1인만 서명 및 날인하면 된다.
③ 개업공인중개사는 중개대상물에 대한 확인·설명을 중개가 완성된 후 해야 한다.
④ 중개보조원은 중개의뢰인에게 중개대상물의 확인·설명의무를 진다.
⑤ 개업공인중개사는 중개대상물확인·설명서를 작성하여 거래당사자에게 교부하고 그 원본을 5년간 보존하여야 한다.

해설 ② 공동중개한 경우 거래계약서와 중개대상물 확인·설명서에는 공동중개에 참여한 개업공인중개사 모두가 서명 및 날인하여야 한다.
③ 중개대상물에 대한 확인·설명은 중개가 완성되기 전(즉, 거래계약서 작성 전)에 매수자 등 권리취득의뢰인에게 해야 한다.
④ 중개대상물의 확인·설명의무는 개업공인중개사에게 있고, 소속공인중개사는 재량이며 중개보조원은 중개대상물의 확인·설명이 금지된다.
⑤ 개업공인중개사는 중개가 완성되어 거래계약서를 작성하는 때에는 확인·설명서를 작성하여 거래당사자에게 교부하고 3년의 기간 동안 그 원본, 사본 또는 전자문서를 보존하여야 한다. 다만, 확인·설명사항이 「전자문서 및 전자거래 기본법」에 따른 공인전자문서센터에 보관된 경우에는 그러하지 아니하다.

정답 ①

## 제 4 절 거래계약서 작성 등의 의무

**법 제26조【거래계약서의 작성 등】** ① 개업공인중개사는 중개대상물에 관하여 중개가 완성된 때에는 대통령령으로 정하는 바에 따라 거래계약서를 작성하여 거래당사자에게 교부하고 대통령령으로 정하는 기간 동안 그 원본, 사본 또는 전자문서를 보존하여야 한다. 다만, 거래계약서가 공인전자문서센터에 보관된 경우에는 그러하지 아니하다.
② 제25조 제4항의 규정은 제1항에 따른 거래계약서의 작성에 관하여 이를 준용한다.

## 01 거래계약서 작성 등 의무의 내용

### 1 거래계약서의 작성 제31회, 제32회, 제33회

#### (1) 의 의

거래계약은 거래당사자 간의 청약과 승낙의 의사표시의 합치로 성립하므로 반드시 계약서를 작성하여야만 계약이 성립되는 것은 아니다. 그러나 거래계약서를 작성하는 것은 계약의 성립이나 그 계약 내용을 기록해 둠으로써 후일 분쟁이 발생할 때 증거로 제공하는 데 그 목적이 있으므로 이를 위해 중개가 완성된 때 개업공인중개사에게 거래계약서의 작성의무를 부담시키고 있는 것이다.

#### (2) 작성의무자 및 시기

① **작성의무자**: 거래계약서 작성의 법적 의무자는 당연히 개업공인중개사이다. 다만, 소속공인중개사는 거래계약서를 작성할 의무는 없으나 개업공인중개사에 준하여 중개업무를 수행할 수 있으므로 개업공인중개사의 감독하에 거래계약서를 작성할 수 있다. 또 법인인 개업공인중개사의 공인중개사인 사원・임원은 소속공인중개사의 지위에서 거래계약서를 작성할 수 있다. 반면 법인인 개업공인중개사의 공인중개사가 아닌 사원・임원이나 중개보조원은 중개업무를 수행할 수 없으므로 거래계약서를 작성할 수 없다.

② **작성시기**: 거래계약서는 중개가 완성되었을 때 작성한다. 중개의 완성 시점은 거래당사자 간의 청약과 승낙이라는 의사표시의 합의가 있을 때이므로 이때 작성하면 된다.

#### (3) 거래계약서의 서식 제32회

① 현행법상 "국토교통부장관은 개업공인중개사가 작성하는 거래계약서의 표준이 되는 서식을 정하여 이의 사용을 권장할 수 있다(영 제22조 제3항)"고 규정하고 있으나 현재 법정서식은 정해진 바가 없다. 따라서 개업공인중개사는 형식에 구애됨이 없이 자유롭게 거래계약서를 작성・교부할 수 있다. 나아가 표준서식이 정해진다 하더라도 이는 권장사항에 불과하므로 개업공인중개사는 이를 사용할 의무는 없다.

② 「민법」상으로는 계약체결은 특별한 방식을 요하지 않으므로 구두로 해도 계약은 성립하고 효력은 발생한다. 다만, 이런 경우 거래당사자 간에 분쟁이 발생할 경우에 책임의 소재를 밝혀내기가 쉽지 않다. 따라서 「공인중개사법」에서는 개업공인중개사가 중개를 완성한 때에는 거래계약서를 반드시 서면으로 작성하도록 규정하고 있다.

### (4) 거래계약서의 필요적 기재사항 제31회

개업공인중개사가 거래계약서를 작성할 때 서식의 제한을 받지는 않지만 필요적 기재사항을 규정하고 이를 빠뜨리지 않고 기재하도록 하고 있다. 이에 필수 기재사항은 다음과 같다(자세한 내용은 중개실무 편에서 후술).

1. 거래당사자의 인적 사항
2. 물건의 표시
3. 계약일
4. 거래금액 · 계약금액 및 그 지급일자 등 지급에 관한 사항
5. 물건의 인도일시
6. 권리이전의 내용
7. 계약의 조건이나 기한이 있는 경우에는 그 조건 또는 기한
8. 중개대상물 확인 · 설명서 교부일자
9. 그 밖의 약정내용

### (5) 이중계약서 작성 금지

**법 제26조【거래계약서의 작성 등】** ③ 개업공인중개사(소속공인중개사 포함)는 제1항에 따라 거래계약서를 작성하는 때에는 거래금액 등 거래내용을 거짓으로 기재하거나 서로 다른 둘 이상의 거래계약서를 작성하여서는 아니 된다.

개업공인중개사(소속공인중개사 포함)는 거래당사자가 탈세나 탈법적인 의도를 가지고 이를 요청받거나 이들과 공모하여 거래금액을 거짓으로 기재하거나 거래대금 지급시기를 거짓으로 기재 또는 실제 거래계약서와 내용이 다른 거래계약서를 2중으로 작성하여서는 아니 된다.

**판례**

1. 「공인중개사법」은 개업공인중개사로 하여금 중개가 완성된 때에 거래계약서 등을 작성 · 교부하도록 정하고 있는 점 등을 고려하면, 개업공인중개사가 중개가 완성된 때에만 거래계약서 등을 작성 · 교부하여야 하고 중개를 하지 아니하였음에도 함부로 거래계약서 등을 작성 · 교부하여서는 아니 된다(대판 2010.5.13, 2009다78863).
2. 개업공인중개사가 자신의 중개로 전세계약이 체결되지 않았음에도 실제 계약당사자가 아닌 자에게 전세계약서와 중개대상물 확인 · 설명서 등을 작성 · 교부해 줌으로써 이를 담보로 제공받아 금전을 대여한 대부업자가 대여금을 회수하지 못하는 손해를 입은 사안에서 개업공인중개사는 일반 제3자가 그 전세계약서에 대하여 개업공인중개사를 통해 그 내용과 같은 전세계약이 체결되었음을 증명하는 것으로 인식하고 이를 전제로 그 전세계약서를 담보로 제공하여 금전을 차용하는 등의 거래관계에 들어갈 것임을 인식할 수 있었다고 보아 개업공인중개사의 주의의무 위반에 따른 손해배상책임이 인정된다(대판 2010.5.13, 2009다78870).

### (6) 서명 및 날인 제31회, 제32회

① 거래계약서에는 개업공인중개사(법인인 경우에는 대표자를 말하며, 법인에 분사무소가 설치되어 있는 경우에는 분사무소의 책임자를 말한다)가 서명 및 날인하되 해당 중개행위를 한 소속공인중개사가 있는 경우에는 소속공인중개사가 함께 서명 및 날인하여야 한다(법 제25조 제4항 참조).

② 국토교통부는 개업공인중개사가 자필로 작성하지 않고 거래계약서를 컴퓨터로 작성한 경우에 필요한 사항을 빠뜨리지 않고 확인하여 직접 서명 및 날인하였다면 무방하나 거래계약 내용이 작성되지 않은 계약서에 개업공인중개사가 날인하고 소속공인중개사 혼자 업무를 수행토록 하거나 개업공인중개사가 소속공인중개사에게 위임하여 소속공인중개사만 날인하여 계약서를 작성토록 할 수 없다고 유권해석을 하고 있다.

**판 례**

「공인중개사법」상 정하고 있는 '서명 및 날인'은 서명과 날인을 모두 하여야 한다는 의미로 해석하여야 하고, 또한 같은 법에서 거래계약서에 서명 및 날인의무를 위반한 경우를 업무정지사유로 규정하고 있으므로 위 법에서 정한 '서명 및 날인을 하지 않은 경우'란 서명과 날인 모두를 하지 아니한 경우뿐만 아니라 서명과 날인 중 한 가지를 하지 않은 경우도 포함한다(대판 2009. 2.12, 2008두116698).

## 2 거래계약서의 교부 및 보존의무 제31회, 제33회

### (1) 교 부

개업공인중개사는 작성한 거래계약서를 거래당사자 쌍방에게 각각 교부하여야 한다. 주의할 점은 소속공인중개사가 당해 업무를 수행하였더라도 거래계약서를 교부·보존할 의무는 없다는 점이다.

### (2) 보 존

개업공인중개사는 중개대상물에 관하여 중개가 완성된 때에는 거래계약서를 작성하여 거래당사자에게 교부하고 5년 동안 그 원본, 사본 또는 전자문서를 보존하여야 한다. 다만, 거래계약서가 공인전자문서센터에 보관된 경우에는 그러하지 아니하다.

## 02 위반시 제재

### 1 개업공인중개사

#### (1) 임의적 등록취소사유

개업공인중개사가 거래계약서를 작성하는 때에 거래금액 등 거래내용을 거짓으로 기재하거나 서로 다른 둘 이상의 거래계약서를 작성한 경우 등록관청은 개업공인중개사의 등록을 취소할 수 있다. 그러나 형사처벌 대상은 아니라는 점에 유의한다.

#### (2) 업무정지사유

1. 적정하게 거래계약서를 작성·교부하지 않거나 보존하지 아니한 경우
2. 거래계약서에 서명 및 날인을 하지 아니한 경우

### 2 소속공인중개사

소속공인중개사가 업무를 수행하는 중에 다음에 해당되는 경우에는 시·도지사는 6개월의 범위 안에서 자격의 정지를 명할 수 있다.

1. 거래계약서에 거래금액 등 거래내용을 거짓으로 기재하거나 서로 다른 둘 이상의 거래계약서를 작성한 경우
2. 거래계약서에 서명 및 날인을 하지 아니한 경우

**☑ 각종 서면의 비교**

| 구 분 | 전속중개계약서 | 거래계약서 | 확인·설명서 |
|---|---|---|---|
| 계약당사자 | 개업공인중개사와 중개의뢰인 | 거래당사자 | 개업공인중개사의 업무 |
| 작성시기 | 중개의뢰시 | 중개완성시 | 중개완성시 |
| 작성부수 | 2부 | 3부 | 3부 |
| 서 식 | 법정서식 있음 | 법정서식 없음 | 법정서식 있음 |
| 교부대상자 | 중개의뢰인 일방 | 거래당사자 쌍방 | 거래당사자 쌍방 |
| 보관기간 | 3년 | 5년 | 3년 |

**예제**

**공인중개사법령상 개업공인중개사의 거래계약서 작성 등에 관한 설명으로 옳은 것은?** 제33회

① 개업공인중개사가 국토교통부장관이 정하는 거래계약서 표준서식을 사용하지 아니한 경우, 시·도지사는 그 자격을 취소해야 한다.

② 중개대상물확인·설명서 교부일자는 거래계약서에 기재해야 하는 사항이다.

③ 하나의 거래계약에 대하여 서로 다른 둘 이상의 거래계약서를 작성한 경우, 시·도지사는 3개월의 범위 안에서 그 업무를 정지해야 한다.

④ 중개행위를 한 소속공인중개사가 거래계약서를 작성하는 경우, 그 소속공인중개사가 거래계약서에 서명 및 날인하여야 하며 개업공인중개사는 서명 및 날인의무가 없다.

⑤ 거래계약서가 「전자문서 및 전자거래 기본법」에 따른 공인전자문서센터에 보관된 경우 3년간 그 사본을 보존해야 한다.

**해설** ① 현재 거래계약서 표준서식은 제정되어 있지 않다.

③ 임의적 등록취소 사유에 해당되며, 처분권자는 등록관청이다.

나아가 업무정지 처분으로 대체처분 할 경우에도 업무정지의 개별기준은 6개월이다.

④ 중개행위를 한 소속공인중개사가 거래계약서를 작성하는 경우, 개업공인중개사와 그 소속공인중개사가 함께 거래계약서에 서명 및 날인하여야 한다.

⑤ 개업공인중개사는 중개대상물에 관하여 중개가 완성된 때에는 거래계약서를 작성하여 거래당사자에게 교부하고 5년 동안 그 원본, 사본 또는 전자문서를 보존하여야 한다. 다만, 거래계약서가 공인전자문서센터에 보관된 경우에는 그러하지 아니하다(법 제26조 제1항).

**정답** ②

## 제 5 절 손해배상책임과 업무보증

### 01 개업공인중개사의 손해배상책임 성립요건 제32회

**법 제30조 【손해배상책임의 보장】** ① 개업공인중개사는 중개행위를 하는 경우 고의 또는 과실로 인하여 거래당사자에게 재산상의 손해를 발생하게 한 때에는 그 손해를 배상할 책임이 있다.

② 개업공인중개사는 자기의 중개사무소를 다른 사람의 중개행위의 장소로 제공함으로써 거래당사자에게 재산상의 손해를 발생하게 한 때에는 그 손해를 배상할 책임이 있다.

개업공인중개사에게 손해배상책임이 성립하려면 개업공인중개사의 귀책사유로 인하여 거래당사자에게 재산상의 손해가 발생하여야 한다. 이를 분설하면 다음과 같다.

## 1 개업공인중개사의 귀책사유

### (1) 개업공인중개사의 업무상 고의·과실 제32회

#### ① 의의 및 성격

㉠ 개업공인중개사는 중개행위를 함에 있어서 고의 또는 과실로 인하여 거래당사자에게 재산상의 손해를 발생하게 한 때에는 그 손해를 배상할 책임이 있다. 그러나 개업공인중개사에게 고의·과실이 없는 경우, 즉 무과실의 경우에는 책임을 지지 않는다.

㉡ 개업공인중개사의 '중개행위'로 인한 손해이어야 하므로 개업공인중개사의 행위 중 '중개행위가 아닌 행위'로 인한 손해는 이 법에 의한 손해배상책임의 범위에 포함되지 않는다.

#### ② 중개행위 여부

㉠ 어떠한 행위가 중개행위에 해당하는지는 "개업공인중개사가 진정으로 거래당사자를 위하여 거래를 알선·중개하려는 의사를 갖고 있었느냐고 하는 개업공인중개사의 주관적 의사를 기준으로 판단할 것이 아니라 개업공인중개사의 행위를 객관적으로 보아 사회통념상 거래의 알선·중개를 위한 행위라고 인정되는지 아닌지에 따라 판단"하여야 한다.

㉡ 또한 판례는 '무상중개행위'에 대하여도 개업공인중개사의 고의·과실로 중개의뢰인에게 손해가 발생하면 배상책임을 인정하고 있다(대판 2002.2.5, 2001다71484).

㉢ 개업공인중개사가 거짓으로 부동산을 매수하라고 기망하여 매수의뢰를 받은 후 부동산소유자에게 매매대금을 전달한다는 명목으로 금전을 편취한 것도 개업공인중개사가 중개행위를 함에 있어서 거래당사자에게 손해를 발생하게 한 경우에 해당한다고 본다(대판 1995.9.29, 94다47261).

**판례**

1. 공인중개사인 甲이 乙의 자금 부족 사정을 알면서도 중도금 지급기일 전까지 부동산을 전매할 수 있음을 전제로 적극적으로 매수를 권유하여 乙이 甲의 중개로 丙과 부동산 매매계약을 체결하였으나 잔금 지급기일이 지나도록 부동산이 전매되지 아니하자 중도금과 잔금을 마련할 수 없게 된 乙이 계약금을 포기하고 매매계약을 해제한 사안에서 - 매매계약의 해제로 계약금을 잃게 되는 손해를 입게 하였으므로, 甲의 행위는 「공인중개사법」 제30조 제1항에서 정한 '개업공인중개사가 중개행위를 함에 있어서 고의 또는 과실로 인하여 거래당사자에게 재산상의 손해를 발생하게 한 때'에 해당한다(대판 2014.7.10, 2012다42154).

2. 임대차계약을 알선한 개업공인중개사가 계약체결 후에도 보증금의 지급, 목적물의 인도, 확정일자의 취득 등과 같은 거래당사자의 계약상 의무의 실현에 관여함으로써 계약상 의무가 원만하게 이행되도록 주선할 것이 예정되어 있는 때에는 그러한 개업공인중개사의 행위는 객관적으로 보아 사회통념상 거래의 알선·중개를 위한 행위로서 중개행위의 범주에 포함된다(대판 2007.2.8, 2005다55008).

3. 부동산매매계약 체결을 권유하고 계약체결 후 계약금 및 중도금 지급에도 관여한 개업공인중개사가 잔금의 지급과정에서 매수인으로부터 잔금의 일부를 지급받았음에도 이를 매도인에게 지급하여 주지 않고 도피하여 이를 횡령한 경우 '개업공인중개사가 중개행위를 함에 있어서 거래당사자에게 재산상의 손해를 발생하게 한 경우'에 해당한다(대판 2005.10.7, 2005다32197).

③ **고의**: '고의'란 자신의 행위로 인하여 일정한 결과가 발생하리라는 것을 알면서 감히 이를 행하는 심리상태를 의미한다.
이에 대한 판례는 다음과 같다.

㉠ 개업공인중개사가 매도의뢰가액에 비하여 무척 높은 가액으로 매수중개의뢰인에게 부동산을 매도하고 그 차액을 취득한 행위
㉡ 영업허가도 받을 수 없는 점포를 영업허가를 받는 데 아무런 지장이 없는 것처럼 중개의뢰인을 기망하여 점포임대차계약을 체결한 경우에도 개업공인중개사의 고의가 인정되어 중개의뢰인에게 손해를 배상하도록 하였다(인천지법 1998.9.29, 98가소136155).
㉢ 개업공인중개사가 중개대상물인 주택에 이미 상당액의 근저당권이 설정된 사실을 잘 알면서도 중개의뢰인에게 이 사실을 알리지 않고 임대차계약을 체결한 후 입주하도록 한 경우에는 개업공인중개사의 고의로 인한 행위로 인정된다고 한다(서울지법 1998.4.2, 98가합2129).

④ **과실**: '과실'이란 자신의 행위로 인해 일정한 결과가 발생한다는 것을 알고 있었어야 함에도 불구하고 주의를 게을리하였기 때문에 그것을 알지 못하고서 어떤 행위를 하는 심리상태를 말한다. 이때의 과실은 선량한 관리자의 주의의무에 위반한 추상적 경과실을 의미한다.

**판례**

1. **부동산 소유자의 인척으로부터 중개를 의뢰받고 적법한 대리권 유무를 조사 · 확인하지 않은 채 중개행위를 한 개업공인중개사의 부동산 매수인에 대한 손해배상책임을 인정**
개업공인중개사는 당해 중개대상물의 권리관계 등을 확인하여 중개의뢰인에게 설명할 의무가 있고, 개업공인중개사는 신의성실의 원칙상 목적부동산의 하자, 권리자의 진위, 대리관계의 적법성 등에 대하여 각별한 주의를 기울여야 할 업무상의 일반적인 주의의무를 부담한다(대판 2008.3.13, 2007다73611).

2. **개업공인중개사가 의뢰인에게 계약체결 여부를 결정하는 데 중요한 자료가 되는 사항에 관하여 그릇된 정보를 제공한 경우, 의뢰인에 대하여 손해배상책임을 부담**
개업공인중개사가 임대차계약을 중개함에 있어 목적부동산에 관한 피담보채무의 이자액 및 주차장 부지의 임대차 상황에 관하여 제대로 확인하지 않은 채 의뢰인에게 그릇된 정보를 제공하여 이를 믿은 의뢰인으로 하여금 임대차계약을 체결하도록 함으로써 그 계약금과 중도금을 출연하는 손해를 입게 한 경우 개업공인중개사는 손해금을 지급할 의무가 있다(대판 2008.9.25, 2008다42836).

### (2) 중개사무소를 다른 사람의 중개행위의 장소로 제공

**법 제30조 【손해배상책임의 보장】** ② 개업공인중개사는 자기의 중개사무소를 다른 사람의 중개행위의 장소로 제공함으로써 거래당사자에게 재산상의 손해를 발생하게 한 때에는 그 손해를 배상할 책임이 있다.

① **의의 및 성격**: 개업공인중개사가 중개사무소를 다른 사람의 중개행위의 장소로 제공하는 것을 사전에 방지하고 등록을 한 적법한 중개사무소임을 신뢰한 중개의뢰인을 보호하기 위하여 개업공인중개사에게 고의·과실이 없더라도 손해를 배상해야 하는 무과실책임으로 하고 있다.

② **다른 사람**: 중개사무소를 총괄하는 개업공인중개사가 아닌 자를 의미하는 것으로 무등록업자나 등록명의를 대여받은 자는 물론 다른 중개사무소의 개업공인중개사도 포함된다.

**판례**

개업공인중개사인 甲이 자신의 사무소를 乙의 중개행위의 장소로 제공하여 乙이 그 사무소에서 임대차계약을 중개하면서 거래당사자로부터 종전 임차인에게 임대차보증금의 반환금을 전달하여 달라는 부탁을 받고 금원을 수령한 후 이를 횡령한 경우, 甲은 구「부동산중개업법」 제19조 제2항에 따라 거래당사자가 입은 손해를 배상할 책임이 있다(대판 2000.12.22, 2000다48098).

### (3) 고용인의 업무상 고의·과실

개업공인중개사가 고용한 고용인의 업무상 고의·과실로 인하여 거래당사자에게 손해가 발생한 경우 개업공인중개사는 자신의 고의·과실과 무관하게 고용인과 연대하여 배상책임을 지며 개업공인중개사와 고용인의 손해배상책임은 부진정 연대채무관계에 있고 개업공인중개사의 손해배상책임의 성질이 무과실책임이라는 것은 전술한 바와 같다.

**판례**

**과실상계 인정 여부**

1. 피해자의 부주의를 이용하여 고의로 불법행위를 저지른 자가 바로 그 피해자의 부주의를 이유로 자신의 책임을 감하여 달라고 주장하는 것은 허용될 수 없으나 중개보조원이 업무상 행위로 거래당사자인 피해자에게 고의로 불법행위를 저지른 경우라 하더라도, 그 중개보조원을 고용하였을 뿐 이러한 불법행위에 가담하지 아니한 개업공인중개사에게 책임을 묻고 있는 피해자에게 과실이 있다면, 법원은 과실상계의 법리에 좇아 손해배상의 책임 및 그 금액을 정함에 있어 이를 참작하여야 한다(대판 2008.6.12, 2008다22276).
2. 개업공인중개사가 부동산거래를 중개하면서 진정한 권리자인지 여부 등을 조사·확인할 의무를 다하지 못함으로써 중개의뢰인에게 발생한 손해에 대한 배상의 범위를 정하는 경우, 중개의뢰인에게 거래관계를 조사·확인할 책임을 게을리 한 부주의가 인정되고 그것이 손해

발생 및 확대의 원인이 되었다면, 피해자인 중개의뢰인에게 과실이 있는 것으로 보아 과실상계를 할 수 있다고 보아야 하고, 이것이 손해의 공평부담이라는 손해배상제도의 기본원리에 비추어 볼 때에도 타당하다(대판 2012.11.29, 2012다69654).

## 2 거래당사자의 재산상의 손해발생

### (1) 재산상 손해

「공인중개사법」 제30조에 의해 개업공인중개사가 배상해야 할 손해는 '재산상의 손해'에 한정된다. 따라서 중개의뢰인이 재산적 손해에 대한 배상만으로는 회복될 수 없는 정신적 고통을 입었다는 특별한 사정이 있고 개업공인중개사가 그와 같은 사정을 알았거나 알 수 있었을 경우에 한하여 정신적 고통에 대한 위자료를 인정할 수 있으나 이는 「민법」에서 정한 불법행위책임을 원인으로 한 별도의 손해배상청구소송이 필요하다.

### (2) 손해의 발생

거래당사자에게 재산상의 손해를 '발생하게 한 때'에는 그 손해를 배상할 책임이 있으므로 개업공인중개사의 중개행위로 인하여 중개행위의 상대방인 거래당사자에게 손해가 확정적으로 발생한 경우에 한하여 손해배상책임이 발생한다. 따라서 재산상의 손해가 발생할 것이 예상되는 것만으로는 손해배상책임이 부과되지 않는다.

## 3 입증책임

개업공인중개사에게 귀책사유가 있다는 것, 자신에게 재산상의 손해가 발생했다는 것, 개업공인중개사의 귀책사유와 자신에게 발생한 재산상의 손해 간에 인과관계가 있다는 것에 대한 입증책임은 이를 주장하는 거래당사자가 진다.

**넓혀 보기**

**손해배상청구권의 소멸시효**

「공인중개사법」은 개업공인중개사의 불법행위에 대한 중개의뢰인의 손해배상청구권의 시효를 규정하고 있지 않으므로 이에 대하여는 「민법」 규정에 따라야 할 것이다. 「민법」에서는 불법행위로 인한 손해배상청구권은 그 손해 및 가해자를 안 날로부터 3년 또는 불법행위를 한 날로부터 10년간 이를 행사하지 않으면 소멸된다고 규정하고 있다(「민법」 제766조). 따라서 「공인중개사법」상 거래당사자의 손해배상청구권은 손해 및 가해자를 안 날로부터 3년간, 개업공인중개사가 불법행위를 한 날로부터 10년간 청구권을 행사하지 않으면 시효로 소멸한다.

## 02 개업공인중개사의 업무보증 설정 제32회, 제34회

**법 제30조【손해배상책임의 보장】** ③ 개업공인중개사는 업무를 개시하기 전에 제1항 및 제2항에 따른 손해배상책임을 보장하기 위하여 대통령령으로 정하는 바에 따라 보증보험 또는 제42조에 따른 공제에 가입하거나 공탁을 하여야 한다.

④ 제3항에 따라 공탁한 공탁금은 개업공인중개사가 폐업 또는 사망한 날부터 3년 이내에는 이를 회수할 수 없다.

⑤ 개업공인중개사는 중개가 완성된 때에는 거래당사자에게 손해배상책임의 보장에 관한 다음 각 호의 사항을 설명하고 관계 증서의 사본을 교부하거나 관계 증서에 관한 전자문서를 제공하여야 한다.

1. 보장금액
2. 보증보험회사, 공제사업을 행하는 자, 공탁기관 및 그 소재지
3. 보장기간

**영 제24조【손해배상책임의 보장】** ① 개업공인중개사는 법 제30조 제3항에 따라 다음 각 호의 구분에 따른 금액을 보장하는 보증보험 또는 공제에 가입하거나 공탁을 해야 한다.

1. 법인인 개업공인중개사 : 4억원 이상. 다만, 분사무소를 두는 경우에는 분사무소마다 2억원 이상을 추가로 설정해야 한다.
2. 법인이 아닌 개업공인중개사 : 2억원 이상

### 1 업무보증의 의의

(1) 개업공인중개사는 업무를 개시하기 전에 손해배상책임을 보장하기 위하여 보증보험 또는 공제에 가입하거나 공탁을 하는 방법으로 업무보증을 설정하여야 한다(법 제30조 제3항).

① 업무보증 설정의무는 개업공인중개사의 손해배상책임을 담보하기 위한 것으로서 개업공인중개사 자신의 중개행위로 인한 손해뿐만 아니라 중개사무소를 다른 사람의 중개행위의 장소로 제공하여 발생한 손해, 고용인의 업무상 행위로 인한 손해를 포함한 개업공인중개사의 어떠한 손해배상책임이 발생하더라도 업무보증금 지급사유로 된다.

② 개업공인중개사나 고용인 등의 과실뿐만 아니라 고의에 의한 손해가 발생한 경우에도 보증금 지급사유가 됨에 유의하여야 한다.

(2) 개업공인중개사는 자신이 설정한 업무보증금과 무관하게 손해배상책임을 지는 것이며, 중개의뢰인에게 업무보증금을 초과한 손해가 발생한 경우라도 그 손해의 전액을 당연히 배상하여야 한다.

(3) 중개의뢰인 입장에서는 업무보증금 범위 내에서 제도적으로 안전하게 배상받을 수 있을 뿐이다. 또한 손해를 입은 중개의뢰인이 반드시 업무보증을 통해 손해배상을 받아야 하는 것은 아니므로 개업공인중개사에게 직접적으로 손해배상을 청구할 수도 있다.

## 2 업무보증의 설정 제31회

### (1) 설정시기

① 개업공인중개사는 중개사무소 개설등록을 한 때에는 업무를 시작하기 전에 손해배상책임을 보장하기 위한 조치, 즉 업무보증을 설정하여야 한다(영 제24조 제2항). 다른 법률에 따라 부동산중개업을 할 수 있는 자가 부동산중개업을 하려는 경우에는 중개업무를 개시하기 전에 보증을 보증기관에 설정하고 그 증명서류를 갖추어 등록관청에 신고해야 한다(영 제24조 제3항).

② 그러나 법인인 개업공인중개사가 분사무소를 두는 경우에는 분사무소 설치신고 전에 보증을 미리 설정하여야 한다.

### (2) 설정방법

개업공인중개사는 「공인중개사법」상 손해배상책임을 보장하기 위하여 보증보험 또는 공제에 가입하거나 공탁을 하는 방법 중 하나를 택일하여 업무보증을 설정해야 한다(영 제24조 제1항).

① **보증보험에 가입**: 보증보험이란 개업공인중개사의 손해배상의 보장을 목적으로 보증보험회사와 개업공인중개사가 체결한 보험계약을 의미하는 것으로 개업공인중개사의 손해배상책임이 발생한 경우에 보증보험 가입시 설정한 보증보험금 한도 내에서 보증보험회사가 중개의뢰인에게 보증금을 지급하게 되며, 추후 보증보험회사는 개업공인중개사에게 구상권을 행사하게 된다. 보증보험업무는 현재 서울보증보험회사에 의해 운용되고 있다.

② **공제에 가입**: 공인중개사협회는 개업공인중개사의 손해배상책임을 보장하기 위하여 공제사업을 할 수 있다(법 제42조 제1항). 이렇게 협회에 의해 운용되는 공제제도는 개업공인중개사가 불법행위로 인하여 거래당사자에게 부담하게 되는 손해배상책임을 보장하는 보증보험적 성격을 가진 제도로 보아야 한다.

**판례**

**공제금**

1. 개업공인중개사와 피고 사이에 체결된 공제계약은 기본적으로 보험계약으로서의 본질을 갖고 있으므로 적어도 공제계약이 유효하게 성립하기 위해서는 공제계약 당시에 공제사고의 발생 여부가 확정되어 있지 않아야 한다(대판 2012.9.27, 2010다101776).

2. 보험계약 및 약관의 해석에 관한 법리에 비추어 살펴보면, 공제규정 및 공제약관에 정한 이 사건 공제금은 '공제계약의 유효 기간 내에 발생된 공제사고 1건당 보상한도'라고 해석함이 상당하다(대판 2008.4.10, 2007다39949 판결 등 참조).

3. 공제사고가 발생한 것인지가 객관적으로 분명하지 아니한 등의 이유로 공제금청구권자가 공제사고의 발생 사실을 확인할 수 없는 사정이 있는 경우에는 보험금청구권의 경우와 마찬가지로 공제금청구권자가 공제사고 발생을 알았거나 알 수 있었던 때부터 공제금청구권의 소멸시효가 진행한다고 해석하여야 한다(대판 2012.2.23, 2011다77870).

---

③ **공탁기관에 공탁**: 공탁이란 법령의 규정에 의하여 금전·유가증권 또는 그 밖의 물품을 공탁소 또는 일정한 자에게 보관하는 것을 의미하는 것으로 우리나라의 공탁소는 법원에 설치되어 있다. 「공인중개사법」상 업무보증을 위한 공탁은 손해배상책임을 보장하기 위한 담보공탁에 해당된다. 경제적 부담이 크고 폐업하거나 사망한 경우에는 일정기간 공탁금 회수가 제한되어 잘 활용되지는 않는다.

### (3) 설정금액

① **법인인 개업공인중개사**: 법인인 개업공인중개사는 4억원 이상의 보증을 설정해야 한다. 다만, 분사무소를 두는 경우에는 분사무소마다 2억원 이상을 추가로 설정해야 한다. 여기에서 법인의 경우 분사무소마다 2억원 이상을 추가로 설정해야 한다는 것은 법인인 개업공인중개사 본사의 보증금액에 분사무소 설치시마다 2억원을 추가로 증액하여 보증을 설정해야 한다는 것이다. 법인인 개업공인중개사의 주된 사무소는 물론 분사무소의 중개사고로 인한 손해배상청구권도 법인인 개업공인중개사에 귀속되는 것으로 손해배상청구권이 있는 중개의뢰인은 보증기관을 상대로 법인인 개업공인중개사 전체의 업무보증금액 한도 내에서 손해배상금의 지급을 청구할 수 있을 것이다.

② **개인인 개업공인중개사**: 공인중개사인 개업공인중개사와 부칙 제6조 제2항의 규정에 의한 개업공인중개사(중개인)는 2억원 이상의 보증을 설정해야 한다.

③ **다른 법률의 규정에 의하여 중개업을 할 수 있는 자(특수법인)**: 부동산중개업을 하려는 경우에는 중개업무를 개시하기 전에 보장금액 2천만원 이상의 보증을 해야 한다.

## 3 업무보증 설정신고

(1) 개업공인중개사는 중개사무소 개설등록을 한 때에는 업무를 시작하기 전에 손해배상책임을 보장하기 보증을 설정 한 후 그 증명서류를 갖추어 등록관청에 신고하여야 한다. 법인의 분사무소나 다른 법률에 따라 부동산중개업을 할 수 있는 자(특수법인)도 보증기관에 설정하고 그 증명서류를 갖추어 등록관청에 신고해야 한다.
다만, 보증보험회사·공제사업자 또는 공탁기관(이하 "보증기관"이라 한다)이 보증사실을 등록관청에 직접 통보한 경우에는 신고를 생략할 수 있다.

(2) 개업공인중개사가 업무보증을 설정하고 등록관청에 신고할 때에는 손해배상책임 보증설정신고서에 다음의 어느 하나에 해당하는 서류(전자문서를 포함한다)를 구비하여 제출하여야 한다.

> 1. 보증보험증서 사본
> 2. 공제증서 사본
> 3. 공탁증서 사본

## 4 업무보증의 변경 · 재설정

### (1) **보증의 변경**(종류변경)

보증을 설정한 개업공인중개사가 그 보증을 다른 보증으로 변경하고자 하는 경우에는 이미 설정한 보증의 효력이 있는 기간 중에 다른 보증을 설정하고 보증변경설정신고서(별지 제25호 서식)에 새로운 보증관계증서 사본을 첨부하여 등록관청에 보증변경설정신고를 하여야 한다. 종전의 보증의 효력이 있는 기간 중에 다른 보증을 설정해야 하므로 종전의 보증계약 등을 해지하고 난 후 새로운 보증을 설정하여서는 아니 된다. 또한 종전 보증의 효력만료일까지 기다릴 필요가 없이 언제든지 변경설정 할 수 있다.

### (2) **보증의 재설정**(기간만료)

① 보증보험 또는 공제에 가입한 개업공인중개사로서 보증기간의 만료로 인하여 다시 보증을 설정하고자 하는 자는 당해 보증기간 만료일까지 다시 보증을 설정하고 그 증빙서류를 갖추어 등록관청에 신고하여야 한다. 기간만료로 인한 보증의 재설정은 공탁의 경우에는 적용될 여지가 없다.

② 주의할 점은 신규설정과 마찬가지로 보증을 변경설정하거나 재설정한 경우에도 보증기관에서 등록관청에 보증사실을 직접 통보하는 경우에는 신고를 생략할 수 있다는 것이다.

③ 한편, 국토교통부에서는 개업공인중개사가 휴업신고를 하였거나 업무정지처분을 받은 경우에 그 기간 중에 보증기간의 만료일이 도래된다 하더라도 그 기간 중에는 중개행위를 하고 있지 않으므로 휴업기간 또는 업무정지기간의 만료일까지 재설정하여도 된다고 유권해석하고 있다.

## 5 보증관련 설명 및 교부의무

개업공인중개사는 중개가 완성된 때에는 거래당사자에게 손해배상책임의 보장에 관한 다음의 사항을 설명하고 관계증서의 사본을 교부하거나 관계증서에 관한 전자문서를 제공하여야 한다.

| 1. 보장금액<br>2. 보장기간<br>3. 보증보험회사, 공제사업을 행하는 자, 공탁기관 및 그 소재지 |
|---|

판례

**개업공인중개사가 공제증서 사본을 교부하여야 하는 대상의 범위**(법제처 법령해석 예)

개업공인중개사는 해당 개업공인중개사의 중개의뢰인뿐만 아니라 자신의 중개의뢰인이 아닌 다른 개업공인중개사의 중개의뢰인인 거래당사자에 대하여도 업무상 일반적 주의의무를 부담하므로 그 위반시 의뢰인이 아닌 거래당사자에게도 손해배상책임을 부담한다고 할 것인바(서울고등법원 2007.5.31, 2006나50187 판결례 참조), 「공인중개사법」 제30조 제5항의 문언 및 규정취지, 중개행위의 본질을 종합적으로 고려하여 볼 때, 개업공인중개사는 자신의 의뢰인뿐만 아니라 의뢰인이 아닌 거래당사자에게도 손해배상책임의 보장과 관련하여 보장금액, 공제사업을 행하는 자, 보장기간 등을 설명하고, 관계 증서의 사본을 교부하여야 한다.

## 6 공탁금 회수제한

(1) 개업공인중개사가 공탁한 공탁금은 개업공인중개사가 폐업 또는 사망한 날부터 3년 이내에는 이를 회수할 수 없다. 이는 중개행위로부터 일정기간이 지난 이후에 손해가 현실화되는 것이 일반적이므로 중개의뢰인의 실질적인 보호를 위하여 개업공인중개사가 폐업하거나 사망한 경우 3년 이내에는 공탁금을 회수할 수 없도록 규정한 것으로 볼 수 있다.

(2) 중개의뢰인을 보호하고자 하는 취지를 확대 해석하여 개업공인중개사가 등록취소처분을 받은 경우나 법인인 개업공인중개사가 해산한 경우에도 3년 이내에는 회수할 수 없다고 보아야 할 것이다.

## 7 업무보증금의 지급 제31회, 제32회, 제33회

### (1) 보증금의 지급

① **보증금 지급청구시 첨부서류**: 중개의뢰인이 손해배상금으로 보증보험금·공제금 또는 공탁금을 지급받고자 하는 경우에는 당해 중개의뢰인과 개업공인중개사 간의 손해배상합의서·화해조서 또는 확정된 법원의 판결문 사본 그 밖에 이에 준하는 효력이 있는 서류(조정조서, 청구인낙조서, 중재판정서 등)를 첨부하여 보증기관에 손해배상금의 지급을 청구하여야 한다.

② **중개행위와 손해발생시점 간 보증기관이 다른 경우**: 개업공인중개사는 보증을 변경할 수 있으므로 개업공인중개사의 중개행위시점과 중개의뢰인의 손해발생시점이 다를 수 있다. 이 경우 중개의뢰인이 손해배상금을 청구하는 보증기관은 손해액이 확정된 때의 보증기관이 아니라 손해발생의 원인행위인 중개행위를 할 당시에 개업공인중개사가 가입한 보증기관으로 보아야 할 것이다.

③ **재산상 손해가 보증금을 초과하는 경우**: 개업공인중개사는 확정된 손해액 전부를 배상하여야 한다. 개업공인중개사가 설정한 보증은 손해배상을 위한 최소한의 보장책에 불과한 제도적 장치로서 중개의뢰인 등의 재산상의 손해가 설정된 보증금을 초과하게 되는 경우, 보증기관은 보증의 설정한도액의 범위에서는 보증금으로 배상을 하고, 이를 초과하는 나머지 손해에 대하여는 개업공인중개사가 별도로 배상을 하여야 한다.

④ **보증금에 대한 소멸시효**: 보증금의 지급청구에 대한 소멸시효는 「공인중개사법」에 규정을 둔 바가 없다. 따라서 「상법」에 의하여 보증금의 지급청구권은 특별한 사정이 없는 한 중개의뢰인에게 손해가 발생한 때로부터 3년간 행사하지 아니하면 소멸시효가 완성한다고 본다(「상법」 제622조).
이 경우 판례는 공제사고가 발생한 것인지가 객관적으로 분명하지 아니한 등의 이유로 공제금청구권자가 공제사고의 발생 사실을 확인할 수 없는 사정이 있는 경우에는 보험금청구권의 경우와 마찬가지로 공제금청구권자가 공제사고 발생을 알았거나 알 수 있었던 때부터 공제금청구권의 소멸시효가 진행한다고 해석하여야 한다고 판시하고 있다.

⑤ **보증기관의 구상권**: 개업공인중개사를 대신하여 피해자에게 손해배상금을 지급한 보증기관은 해당 손해배상금을 개업공인중개사에게 청구할 수 있는 구상권이 발생된다. 즉, 보증보험이나 공제는 해당 개업공인중개사가 손해배상책임을 이행하지 못할 경우를 대비해 손해배상에 대한 보증을 설정한 것이므로, 보증기관이 개업공인중개사를 대신해 손해배상금을 지급한 경우 보증기관은 개업공인중개사를 대신하여 피해자에게 지급한 손해배상금을 개업공인중개사에게 청구할 수 있는 구상권이 발생된다.

### (2) 손해배상금 지급 후의 보증재가입 · 보전

개업공인중개사는 보증보험금 · 공제금 또는 공탁금으로 손해배상을 한 때에는 15일 이내에 보증보험 또는 공제에 다시 가입하거나 공탁금 중 부족하게 된 금액을 보전하여야 한다. 보증보험금 또는 공제금으로 손해배상금을 지급한 개업공인중개사는 15일 이내에 업무보증을 재설정하거나 공탁을 할 수 있으며, 공탁금으로 손해배상금을 지급한 개업공인중개사는 15일 이내에 보증보험이나 공제에 신규로 가입하여 업무보증을 설정하거나 공탁금 중 부족금을 보전할 수 있다.

다만, 업무보증금 지급 후 재설정 또는 보전해야 하는 기간까지 중개업을 영위하는 데 지장이 없다고 보아야 할 것이다.

## 8 위반시 제재

### (1) 행정처분

개업공인중개사가 손해배상책임을 보장하기 위한 조치를 이행하지 아니하고 업무를 개시한 경우 임의적 등록취소사유에 해당하여 등록관청은 등록을 취소할 수 있고, 또는 업무정지처분을 할 수 있다(법 제38조 제2항 제8호, 제39조 제1항 제11호).

### (2) 행정질서벌

개업공인중개사가 손해배상책임에 관한 사항을 설명하지 아니하거나 관계증서의 사본 또는 관계증서에 관한 전자문서를 교부하지 아니한 경우에는 100만원 이하의 과태료에 처한다(법 제51조 제3항 제5호).

**예 제**

**공인중개사법령상 손해배상책임의 보장에 관한 설명으로 틀린 것은?** 제32회 수정

① 개업공인중개사는 중개가 완성된 때에는 거래당사자에게 손해배상책임의 보장기간을 설명해야 한다.

② 개업공인중개사는 고의로 거래당사자에게 손해를 입힌 경우에는 재산상의 손해뿐만 아니라 비재산적 손해에 대해서도 공인중개사법령상 손해배상책임보장규정에 의해 배상할 책임이 있다.

③ 개업공인중개사가 자기의 중개사무소를 다른 사람의 중개행위의 장소로 제공하여 거래당사자에게 재산상의 손해를 발생하게 한 때에는 그 손해를 배상할 책임이 있다.

④ 법인인 개업공인중개사가 분사무소를 두는 경우 분사무소마다 추가로 2억원 이상의 손해배상책임의 보증설정을 해야 하나 보장금액의 상한은 없다.

⑤ 다른 법률에 따라 부동산중개업을 할 수 있는 자가 부동산중개업을 하는 경우, 보증기관에 설정하는 손해배상책임보증의 최저보장금액은 개업공인중개사의 최저보장금액과 다르다.

**해설** 개업공인중개사는 중개행위를 하는 경우 고의 또는 과실로 인하여 거래당사자에게 재산상의 손해를 발생하게 한 때에는 그 손해를 배상할 책임이 있다(제30조 제1항). 따라서 개업공인중개사가 배상해야 할 손해는 '재산상의 손해'에 한정된다. 즉, 정신적 고통을 입었다는 특별한 사정이 있고 개업공인중개사가 그와 같은 사정을 알았거나 알 수 있었을 경우에 한하여 위자료는 일반법인 「민법」상 불법행위에 대한 책임으로 별도의 손해배상청구가 필요하다.

정답 ②

## 제 6 절 계약금 등의 예치권고 제35회

**법 제31조 【계약금 등의 반환채무이행의 보장】** ① 개업공인중개사는 거래의 안전을 보장하기 위하여 필요하다고 인정하는 경우에는 거래계약의 이행이 완료될 때까지 계약금 · 중도금 또는 잔금(이하 이 조에서 "계약금 등"이라 한다)을 개업공인중개사 또는 대통령령으로 정하는 자의 명의로 금융기관, 제42조에 따라 공제사업을 하는 자 또는 「자본시장과 금융투자업에 관한 법률」에 따른 신탁업자 등에 예치하도록 거래당사자에게 권고할 수 있다.

② 제1항에 따라 계약금 등을 예치한 경우 매도인 · 임대인 등 계약금 등을 수령할 수 있는 권리가 있는 자는 해당 계약을 해제한 때에 계약금 등의 반환을 보장하는 내용의 금융기관 또는 보증보험회사가 발행하는 보증서를 계약금 등의 예치명의자에게 교부하고 계약금 등을 미리 수령할 수 있다.

③ 제1항에 따라 예치한 계약금 등의 관리 · 인출 및 반환절차 등에 관하여 필요한 사항은 대통령령으로 정한다.

### 01 제도의 취지

(1) 이 계약금 등의 반환채무이행보장제도는 매수인, 임차인 등이 거래계약체결 후 지급한 계약금 등을 당 계약이 해제 등이 된 경우에 안전하게 반환받기 위해 이행이 완료될 때까지 개업공인중개사 또는 공신력 있는 기관에 예치 후 처리하는 제도이다.

(2) 「공인중개사법」 제31조에서도 계약금 등의 반환채무이행의 보장제도는 개업공인중개사로 하여금 계약금 등의 반환채무이행의 보장을 거래당사자에게 권고할 수 있도록 하는 동시에 개업공인중개사가 상기 에스크로우업자와 유사한 업무를 수행할 수 있는 근거를 마련한 것이다.

## 02 예치제도 제35회

### ① 예치권고

(1) 개업공인중개사는 거래의 안전을 보장하기 위하여 필요하다고 인정하는 경우에는 거래계약의 이행이 완료될 때까지 계약금·중도금 또는 잔금(이하 "계약금 등"이라 한다)을 개업공인중개사 또는 대통령령이 정하는 자의 명의로 금융기관, 법 제42조의 규정에 의하여 공제사업을 하는 자 또는 「자본시장과 금융투자업에 관한 법률」에 따른 신탁업자 등에 예치하도록 거래당사자에게 권고할 수 있다.

(2) 개업공인중개사는 거래의 안전을 보장하기 위하여 필요하다고 인정하는 경우에 예치를 거래당사자에게 권고할 수 있을 뿐이지 반드시 예치권고를 할 의무는 없다.

① 개업공인중개사가 거래당사자에게 예치를 권고하더라도 거래당사자는 계약금 등을 예치할 의무는 없으므로 이에 응하지 아니할 수 있다. 즉, 개업공인중개사가 권고했다고 하더라도 거래당사자가 합의한 경우에만 이 제도를 이용할 수 있다.

② 거래당사자가 개업공인중개사의 권고에 대해서 거부했다고 하여 중개계약이 해지되는 것도 아니다.

### ② 예치명의자 제34회, 제35회

「공인중개사법」에서는 개업공인중개사 또는 '대통령령으로 정하는 자'의 명의로 예치할 수 있도록 규정하고 있다. '대통령령으로 정하는 자'라 함은 다음에 해당하는 자를 말한다.

1. 「은행법」에 따른 은행
2. 「보험업법」에 따른 보험회사
3. 「자본시장과 금융투자업에 관한 법률」에 따른 신탁업자
4. 「우체국예금·보험에 관한 법률」에 따른 체신관서
5. 법 제42조의 규정에 따라 공제사업을 하는 자
6. 부동산거래계약의 이행을 보장하기 위하여 계약금·중도금 또는 잔금(이하 '계약금 등'이라 한다) 및 계약 관련서류를 관리하는 업무를 수행하는 전문회사

예치명의자는 법령에 규정된 자만이 될 수 있다. 따라서 예치명의자로 개업공인중개사는 해당될 수 있으나 소속공인중개사와 중개보조원은 해당될 수 없다. 또한 거래당사자 중 어느 일방(예 매도인)의 명의로 예치하는 경우 당해 일방당사자(매도인)가 임의적으로 계약금 등을 인출할 우려가 있으므로 일방당사자는 예치명의자가 될 수 없다.

### ③ 예치기관

「공인중개사법」에서는 예치기관으로 금융기관, 법 제42조의 규정에 의하여 공제사업을 하는 자 또는 「자본시장과 금융투자업에 관한 법률」에 따른 신탁업자 등으로 규정하고 있다. 법 제42조 규정에 의하여 공제사업을 하는 자는 공인중개사협회를 말한다. 그리고 신탁업자 '등'이라고 되어 있기 때문에 명시적으로 규정된 것은 아니지만 예치업무를 수행하는 기타 기관도 예치명의자가 될 수 있다. 따라서 보험회사, 체신관서 등도 예치기관이 될 수 있다.

### ④ 예치대상 금원

예치대상 금원으로는 계약금과 중도금, 잔금까지 가능하다. 이들 3가지 금액 중 일부나 전부를 예치대상 금액으로 할 수 있을 것이다. 일반적으로 잔금은 이전등기신청서류와 동시이행관계에 있으나 경우에 따라서는 잔금지급 이행시에 이전등기신청 서류를 받지 못하는 상황이라면 이 제도를 이용할 필요가 있을 것이다.

### ⑤ 예치기간

예치기간은 거래계약체결시부터 거래계약의 이행이 완료될 때까지이다.

## 03 개업공인중개사 명의로 예치하는 경우의 의무사항

개업공인중개사의 명의로 계약금 등을 예치할 경우, 개업공인중개사가 계약금 등의 예치·관리를 할 때는 반드시 준수해야 하며, 이를 위반하면 6개월 이하의 업무정지처분을 받을 수 있다. 그러나 개업공인중개사가 아닌 대통령령으로 정하는 자의 명의로 계약금 등을 예치할 경우에는 이 규정이 적용되지 않는다.

### ① 계약금 등의 반환채무이행의 보장 약정

개업공인중개사는 거래당사자가 계약금 등을 개업공인중개사의 명의로 금융기관 등에 예치할 것을 의뢰하는 경우에는 계약이행의 완료 또는 계약해제 등의 사유로 인한 계약금 등의 인출에 대한 거래당사자의 동의 방법, 반환채무이행 보장에 소요되는 실비 그 밖에 거래안전을 위하여 필요한 사항을 약정하여야 한다.

이러한 약정은 계약금 등의 반환채무이행의 보장제도의 성격을 감안할 때 개업공인중개사와 거래당사자 쌍방 모두가 합의한 약정을 의미한다.

### 2 분리관리 및 무단인출금지

개업공인중개사는 거래계약과 관련된 계약금 등을 자기 명의로 금융기관 등에 예치하는 경우에는 자기 소유의 예치금과 분리하여 관리될 수 있도록 하여야 하며, 예치된 계약금 등은 거래당사자의 동의 없이 인출하여서는 아니 된다.
이런 경우 예치금 보관 계좌는 「신탁법」상 신탁계정으로 취급되어 개업공인중개사의 채권자나 거래당사자의 채권자가 압류할 수 없으므로, 예치기간 동안 안전하게 보관될 수 있을 것이다.

### 3 지급보증설정 및 관계증서 사본교부의무

(1) 개업공인중개사는 계약금 등을 자기 명의로 금융기관 등에 예치하는 경우에는 그 계약금 등을 거래당사자에게 지급할 것을 보장하기 위하여 예치대상이 되는 계약금 등에 해당하는 금액을 보장하는 보증보험 또는 법 제42조의 규정에 따른 공제에 가입하거나 공탁을 하여야 하며, 거래당사자에게 관계증서의 사본을 교부하거나 관계 증서에 관한 전자문서를 제공하여야 한다.

(2) 개업공인중개사가 예치제도를 권고했다고 해서 무조건 보증설정의무가 발생하는 것은 아니고 개업공인중개사가 예치명의자로 되는 경우에만 지급보증설정의무가 발생한다. 그리고 보증설정할 금액은 계약금 등 예치금액만큼의 보증을 설정하여야 한다.

(3) 개업공인중개사가 상기와 같은 계약금 등의 지급보장 조치를 완료한 경우, 거래당사자 쌍방에게 관계 증서의 사본을 교부하거나 관계 증서에 관한 전자문서를 제공하여야 한다.

## 04 예치금 사전수령제도

계약금 등을 예치한 경우 매도인 · 임대인 등 계약금 등을 수령할 수 있는 권리가 있는 자는 당해 계약을 해제한 때에 계약금 등의 반환을 보장하는 내용의 금융기관 또는 보증보험회사가 발행하는 보증서를 계약금 등의 예치명의자에게 교부하고 계약금 등을 미리 수령할 수 있다.

## 1 사전수령방법

계약금 등을 청구할 수 있는 자는 매도인·임대인 등 계약금 등을 수령할 수 있는 권리가 있는 자이며, 거래계약의 이행이 완료되기 이전에 계약금 등을 수령하기 위해서는 당해 계약을 해제한 때 계약금 등의 반환을 보장하는 내용의 금융기관 또는 보증보험회사가 발행하는 보증서를 계약금 등의 예치명의자에게 교부해야 한다.
주의할 점은 매도인·임대인 등 계약금 등을 수령할 수 있는 권리가 있는 자가 '계약금 등의 반환을 보장하는 내용의 보증서'를 교부하는 경우 '계약금 등의 예치명의자'에게 교부하는 것이지 '계약금 등의 예치기관'에 교부하는 것이 아니다.

## 2 반환 보증서

금융기관 또는 보증보험회사가 발행하는 보증서는 당해 계약을 해제한 때 계약금 등의 반환을 보장하는 내용이 포함되어야 하며 보장하는 계약금 등의 액수가 특정되어야 하고 보증대상자 및 기한 등이 확정되어야 한다.
보증서를 발행할 수 있는 기관은 금융기관 또는 보증보험회사로 규정하고 있으므로 예치기관 중 법 제42조의 규정에 의한 공제사업을 하는 자와 「자본시장과 금융투자업에 관한 법률」에 의한 신탁업자는 포함되지 않는다.

**예 제**

**공인중개사법령상 계약금 등의 반환채무이행의 보장 등에 관한 설명으로 틀린 것은?** 제30회

① 개업공인중개사는 거래의 안전을 보장하기 위하여 필요하다고 인정하는 경우, 계약금 등을 예치하도록 거래당사자에게 권고할 수 있다.
② 예치대상은 계약금·중도금 또는 잔금이다.
③ 보험업법에 따른 보험회사는 계약금 등의 예치명의자가 될 수 있다.
④ 개업공인중개사는 거래당사자에게 「공인중개사법」에 따른 공제사업을 하는 자의 명의로 계약금 등을 예치하도록 권고할 수 없다.
⑤ 개업공인중개사는 계약금 등을 자기 명의로 금융기관 등에 예치하는 경우 자기 소유의 예치금과 분리하여 관리될 수 있도록 하여야 한다.

**해설** 예치명의자에는 개업공인중개사 또는 대통령령이 정한 ㉠ 은행, ㉡ 공제사업자, ㉢ 신탁업자, ㉣ 보험회사, ㉤ 예치전문기관(에스크로우), ㉥ 체신관서가 해당된다.
참고로 예치기관에는 ㉠ 금융기관, ㉡ 공제사업을 하는 자, ㉢ 신탁업자 등이 해당된다. **정답** ④

MEMO

# Chapter 07 중개보수 등

단원 열기

개업공인중개사의 보수에는 중개보수와 실비가 있다. 이 단원에서는 매년 1문제 또는 2문제가 출제된다. 따라서 출제에 대비하여 이원화하여 규정하고 있는 중개보수, 즉 주택과 주택 외의 중개보수 요율체계와 소멸사유, 중개보수의 산출, 오피스텔의 보수, 관련 판례 등을 중심으로 정확한 정리를 요한다.

## 제 1 절 중개보수 제33회, 제35회

**법 제32조 【중개보수 등】** ① 개업공인중개사는 중개업무에 관하여 중개의뢰인으로부터 소정의 보수를 받는다. 다만, 개업공인중개사의 고의 또는 과실로 인하여 중개의뢰인 간의 거래행위가 무효·취소 또는 해제된 경우에는 그러하지 아니하다.

**영 제27조의2 【중개보수의 지급시기】** 법 제32조 제3항에 따른 중개보수의 지급시기는 개업공인중개사와 중개의뢰인 간의 약정에 따르되, 약정이 없을 때에는 중개대상물의 거래대금 지급이 완료된 날로 한다.

### 01 중개보수청구권

#### 1 중개보수의 의의 및 적용범위

**(1) 의 의**

① 중개보수는 개업공인중개사의 노력으로 성립된 중개완성의 대가로 받는 개업공인중개사의 보수로서 「공인중개사법」에서는 "다른 사람의 의뢰에 의하여 일정한 보수를 받고 중개를 업으로 행하는 것을 말한다"고 정의하여 중개업이 성립되기 위한 기본적 요건으로 인정하고 있다(법 제2조 제3호).

② 또한 개업공인중개사는 상인의 자격을 갖는 것으로 개업공인중개사의 중개보수는 상인의 자격으로 당연히 존재하는 상인의 보수로 인정되므로 중개계약에서 유상임을 명시하지 않았더라도 중개보수청구권은 인정된다(「상법」 제61조)(대판 1968.7.24, 68다955 ; 1995.4.21, 94다36643).

### (2) 중개보수 적용범위

① 중개보수는 개업공인중개사의 중개업무에 대한 대가로 중개의뢰인으로부터 받을 수 있는 것으로써 「공인중개사법」상의 중개보수 규정은 개업공인중개사의 다양한 업무 중에 중개업무에 한정되어 적용된다.

② 따라서 경매대상 부동산에 대한 권리분석 및 취득알선・매수신청대리는 대법원의 규칙으로 정하는 보수를 받게 되고, 상가분양대행 업무 등 겸업과 관련한 업무는 이 중개보수 규정이 적용되지 아니하고 당사자 간 약정에 따른다.

## 2 중개보수청구권의 행사 요건

개업공인중개사는 중개업무에 관하여 중개의뢰인으로부터 소정의 보수를 받을 수 있는 것으로 이때의 중개보수청구권은 다음과 같은 요건을 만족해야 한다.

### (1) 중개계약이 존재해야 한다

① 중개계약시에 중개완성을 정지조건으로 하는 중개보수청구권이 발생하며, 중개가 완성되어야 중개보수청구권을 행사할 수 있다.

② 중개의뢰인이 고의로 교섭을 지연시켜 중개보수 지급을 회피한 경우나 악의는 없지만 자연히 교섭이 지연되어 중개계약기간이 경과한 이후에 개업공인중개사가 소개했던 상대방과 결국 거래가 성립되었다면(추인으로 볼 수 있다) 개업공인중개사는 노력에 대한 상당한 보수를 받을 수 있다.

### (2) 중개가 완성되어야 한다

① 중개업이라 함은 다른 사람의 의뢰에 의하여 일정한 보수를 받고 중개를 업으로 하는 것으로 중개의 완성이 없이는 중개보수를 청구할 수 없다(대판 1991.4.9, 90다18968). 개업공인중개사의 아무런 귀책사유 없이 매매계약서 작성에 있어 배제되게 된 경우에도 개업공인중개사는 중개행위에 상당한 보수를 받을 수 있다(서울지법 동부지원 1987.2.20, 86가단2801).

② 또한 개업공인중개사의 중개활동이 쌍방의 제시가격 차이로 일시 중단된 상태에서 중개의뢰자들이 직접 만나 절충 끝에 매매계약을 체결하였더라도 개업공인중개사는 「민법」 제686조, 제673조의 취지 및 거래상의 신의칙에 비추어 그 중개활동에 상응한 보수를 청구할 수 있다. 다만, 그 보수액은 당초 약정액(그 정함이 없는 경우에는 조례상의 중개보수 한도액)과 개업공인중개사가 중개에 소요한 기간 및 그 노력의 정도, 계약의 성립으로 중개의뢰자가 얻게 된 이익 등의 제반사정을 참작하여 정할 것이다(부산지법 1987.9.24, 87나516).

### (3) 중개와 거래계약에는 인과관계가 있어야 한다

① 개업공인중개사의 중개행위와 당사자 간의 거래계약체결 사이에는 인과관계가 있어야 한다.

② 예를 들어 개업공인중개사의 알선으로 만난 상대방과 부동산소유자가 직접 거래계약을 체결한 경우, 해당 거래계약은 개업공인중개사의 알선이 원인이 된 것으로 개업공인중개사에게 중개보수청구권이 인정된다(부산지법 1987.9.24, 87나516 제2민사부 판례 참조).

③ 반면에 개업공인중개사가 특정 부동산의 거래를 위해 대상 부동산의 소유자를 위하여 거래상대방을 소개하는 등 노력을 했으나 부동산의 소유자가 개업공인중개사가 알선한 상대가 아닌 제3의 인물과 거래를 한 경우, 개업공인중개사의 중개행위와 부동산 소유자와 제3의 인물과의 거래계약과는 인과관계가 인정되지 않으므로 개업공인중개사에게 중개보수청구권이 인정되지 않는다(대판 1977.11.22, 77다1889).

## 3 그 밖의 내용

### (1) 중개보수청구권의 상대방

① 개업공인중개사는 중개업무에 관하여 중개보수를 중개의뢰인 쌍방으로부터 각각 받는다(규칙 제20조 전단). 따라서 개업공인중개사는 중개의뢰인 쌍방으로부터 각각 법정된 한도 내에서 중개보수를 청구할 수 있다.

② 다만, 매매비용(중개보수)은 당사자가 합의하여 다르게 약정할 수 있으므로 중개의뢰인과 개업공인중개사가 합의하여 일방이 중개보수 전액을 부담하기로 해도 「공인중개사법」 위반은 아니다. 그러나 중개보수는 중개의뢰인 쌍방으로부터 받을 수 있는 법정금액의 합계액을 초과하지 않아야 한다.

### (2) 중개보수청구권의 소멸 제31회

① **개업공인중개사의 귀책 ⇨ 계약해제 등**: 개업공인중개사의 고의 또는 과실로 인하여 중개의뢰인 간의 거래행위가 무효・취소 또는 해제된 경우에는 중개보수를 받을 수 없다(법 제30조 제1항 후단). 예를 들어 개업공인중개사가 중개물건의 확인・설명의무를 게을리 한 과실로 인하여 거래가 성립되었다가 그 후 해제된 경우 수령한 보수를 반환할 의무가 있다 할 것이다(대구지법 1987.10.30, 86가합1663 제8민사부).

② **거래당사자의 귀책 ⇨ 계약해제 등**: 거래계약이 유효하게 성립된 후 개업공인중개사의 고의・과실 없이 중개의뢰인의 사정으로 계약이 해제된 경우 개업공인중개사는 중개의뢰인 쌍방으로부터 법정중개보수를 받을 수 있다.

㉠ 예를 들어 채무불이행 등(중도금이나 잔금의 미지불 등) 계약내용의 불이행으로 거래행위가 무효・취소 또는 해제가 된 경우에는 보수청구권이 소멸되지 않고 개업공인중개사는 중개보수를 받을 수 있다. 거래당사자 중 일방의 이행지체로 거래계약이 해제된 경우나 계약금에 의한 일방적인 해약의 경우에는 개업공인중개사의 고의・과실이 원인이 되어 거래계약이 무효・취소・해제된 것이 아니므로 개업공인중개사의 중개보수청구권은 소멸하지 않는다.

㉡ 만약 개업공인중개사와 중개의뢰인이 중개보수를 거래계약이 성립된 때에 2분의 1, 거래대금 완불시에 2분의 1을 각각 지불하도록 약정하였으나 거래계약체결시 2분의 1을 받은 후 당사자의 잘못으로 거래계약이 해제된 경우 개업공인중개사는 나머지 2분의 1의 중개보수에 대하여도 추가로 청구할 수 있다.

③ 거래계약체결 이전에 중개계약이 해지된 경우, 특별한 사정이 없는 한 그 동안의 알선을 위한 노력의 대가로서 중개보수를 청구할 수 없다.

## 02 중개보수의 범위 제35회

**법 제32조【중개보수 등】** ③ 제1항에 따른 보수의 지급시기는 대통령령으로 정한다.

④ 주택(부속토지를 포함한다. 이하 이 항에서 같다)의 중개에 대한 보수와 제2항에 따른 실비의 한도 등에 관하여 필요한 사항은 국토교통부령으로 정하는 범위 안에서 특별시・광역시・도 또는 특별자치도(이하 "시・도"라 한다)의 조례로 정하고, 주택 외의 중개대상물의 중개에 대한 보수는 국토교통부령으로 정한다.

**규칙 제20조【중개보수 및 실비의 한도 등】** ① 법 제32조 제4항에 따른 주택의 중개에 대한 보수는 중개의뢰인 쌍방으로부터 각각 받되, 그 일방으로부터 받을 수 있는 한도는 별표 1과 같으며, 그 금액은 시・도의 조례로 정하는 요율한도 이내에서 중개의뢰인과 개업공인중개사가 서로 협의하여 결정한다.

② 법 제32조 제4항에 따른 실비의 한도는 중개대상물의 권리관계 등의 확인 또는 계약금 등의 반환채무이행 보장에 드는 비용으로 하되, 개업공인중개사가 영수증 등을 첨부하여 매도・임대 그 밖의 권리를 이전하고자 하는 중개의뢰인(계약금 등의 반환채무이행 보장에 소요되는 실비의 경우에는 매수・임차 그 밖의 권리를 취득하고자 하는 중개의뢰인을 말한다)에게 청구할 수 있다.

③ 제1항 및 제2항의 경우에 중개대상물의 소재지와 중개사무소의 소재지가 다른 경우에는 개업공인중개사는 중개사무소의 소재지를 관할하는 시・도의 조례에서 정한 기준에 따라 중개보수 및 실비를 받아야 한다.

④ 법 제32조 제4항에 따라 주택 외의 중개대상물에 대한 중개보수는 다음 각 호의 구분에 따른다.

1. 「건축법 시행령」 별표 1 제14호 나목 2)에 따른 오피스텔(다음 각 목의 요건을 모두 갖춘 경우에 한정한다) : 중개의뢰인 쌍방으로부터 각각 받되, 별표 2의 요율 범위에서 중개보수를 결정한다.
   가. 전용면적이 $85m^2$ 이하일 것
   나. 상・하수도 시설이 갖추어진 전용입식 부엌, 전용수세식 화장실 및 목욕시설(전용수세식 화장실에 목욕시설을 갖춘 경우를 포함한다)을 갖출 것

2. 제1호 외의 경우 : 중개의뢰인 쌍방으로부터 각각 받되, 거래금액의 1천분의 9 이내에서 중개의뢰인과 개업공인중개사가 서로 협의하여 결정한다.
⑦ 개업공인중개사는 주택 외의 중개대상물에 대하여 제4항의 규정에 따른 중개보수 요율의 범위 안에서 실제 자기가 받고자 하는 중개보수의 상한요율을 제10조 제2호의 규정에 따른 중개보수・실비의 요율 및 한도액표에 명시하여야 하며, 이를 초과하여 중개보수를 받아서는 아니 된다.

## 1 중개보수의 한도 제33회, 제35회

### (1) 주택과 비주택의 구별 제31회, 제35회

현행법은 중개대상물을 크게 '주택'과 '주택 이외의 중개대상물(비주택)'로 구별하여 중개보수의 한도를 달리 정하고 있다. 따라서 중개대상물이 주택이냐 아니냐에 따라 중개보수에 큰 차이를 보일 수 있다.

### (2) 주택의 중개보수 제31회

① 주택(부속토지를 포함한다)의 중개에 대한 보수는 국토교통부령으로 정하는 범위 안에서 특별시・광역시・도 또는 특별자치도(이하 "시・도"라 한다)의 조례로 정한다(법 제32조 제4항). 즉, 중개의뢰인 쌍방으로부터 각각 받되, 그 일방으로부터 받을 수 있는 한도는 아래 [별표 1]의 범위 내에서 시・도의 조례로 정하며 조례의 범위 내에서 중개의뢰인과 개업공인중개사가 서로 협의하여 결정한다(규칙 제20조 제1항).

**☑ [별표 1] 주택 중개보수 상한요율(규칙 제20조 제1항 관련) 〈신설 2021. 10. 19.〉**

| 거래내용 | 거래금액 | 상한요율 | 한도액 |
|---|---|---|---|
| 1. 매매・교환 | 5천만원 미만 | 1천분의 6 | 25만원 |
| | 5천만원 이상 2억원 미만 | 1천분의 5 | 80만원 |
| | 2억원 이상 9억원 미만 | 1천분의 4 | |
| | 9억원 이상 12억원 미만 | 1천분의 5 | |
| | 12억원 이상 15억원 미만 | 1천분의 6 | |
| | 15억원 이상 | 1천분의 7 | |
| 2. 임대차 등 | 5천만원 미만 | 1천분의 5 | 20만원 |
| | 5천만원 이상 1억원 미만 | 1천분의 4 | 30만원 |
| | 1억원 이상 6억원 미만 | 1천분의 3 | |
| | 6억원 이상 12억원 미만 | 1천분의 4 | |
| | 12억원 이상 15억원 미만 | 1천분의 5 | |
| | 15억원 이상 | 1천분의 6 | |

② 특별시・광역시・도 또는 특별자치도(이하 "시・도"라 한다)의 "주택중개보수조례"는 매매・교환에 대한 중개보수는 규칙에서 정한 거래금액의 구간별 상한요율 범위 내에서 규정되어야 한다. 또한 주택 임대차 등(소유권 이외의 권리로 저당권, 전세권 등 설정 중개를 포함한다)에 대한 중개보수 역시 마찬가지이다. 이를 초과하여 규정한 경우에는 무효가 된다.

③ 중개대상물의 소재지와 중개사무소의 소재지가 다른 경우에는 개업공인중개사는 중개사무소의 소재지를 관할하는 시・도의 조례에서 정한 기준에 따라 보수를 받아야 한다(규칙 제20조 제3항).

④ 법인인 개업공인중개사의 분사무소의 경우는 예컨대, 법인의 주된 사무소와 분사무소가 각각 다른 시・도에 속한 경우라면 중개보수 조례는 분사무소 소재지의 조례가 적용된다. 이는 법인인 개업공인중개사의 경우 분사무소별로 업무정지처분을 할 수 있고, 분사무소에서의 중개행위(거래계약체결, 중개대상물 확인・설명 등)는 책임자가 독자적으로 수행하기 때문으로 해석된다.

### (3) 주택 외의 중개대상물 중개보수 제31회

현행법은 '주택 외의 중개대상물에 대한 중개보수'는 국토교통부령이 정하는 바에 의하도록 하고 있다(법 제32조 제4항).

① '주택 외의 중개대상물'에 대한 중개보수는 다음의 구분에 따른다.

㉠ 원칙: 주택 외(예 토지, 상가, 임야, 오피스텔, 사무소 등)는 매매・교환・임대차 등을 중개한 경우 중개의뢰인 쌍방으로부터 중개보수를 각각 받되 거래금액의 1천분의 9 이내에서 중개의뢰인과 개업공인중개사가 서로 협의하여 결정한다.

㉡ 예외: 「건축법 시행령」에 따른 오피스텔(다음 요건을 모두 갖춘 경우에 한정한다)은 중개의뢰인 쌍방으로부터 중개보수를 각각 받되 다음 요율 범위에서 중개보수를 결정한다.

ⓐ 전용면적이 $85m^2$ 이하일 것

ⓑ 상・하수도 시설이 갖추어진 전용입식 부엌, 전용수세식 화장실 및 목욕시설(전용수세식 화장실에 목욕시설을 갖춘 경우를 포함한다)을 갖출 것

☑ **[별표 2] 오피스텔 중개보수 요율**(규칙 제20조 제4항 관련) 〈개정 2021. 10. 19.〉

| 구 분 | 상한요율 |
|---|---|
| 1. 매매・교환 | 1천분의 5 |
| 2. 임대차 등 | 1천분의 4 |

② 주의할 점은 주택을 제외한 토지나 상가 등에 대한 중개보수는 요율·한도 등이 시·도 조례에 위임되어 있지 않다는 점과 일정 요건을 구비한 오피스텔을 제외한 주택 외는 매매·교환·임대차 등 계약의 종류에 관계없이 요율의 한도가 모두 0.9% 이내로 규정되어 있다는 점이다.

③ 중개보수는 중개의뢰인과 개업공인중개사가 서로 협의하여 결정하는 것이므로 보수 상한의 범위 내에서 권리이전 중개의뢰인과 권리취득 중개의뢰인 모두와 각각 협의해야 할 것이다.

④ 개업공인중개사는 주택 외의 중개대상물에 대하여 중개보수 요율의 범위 안에서 실제 자기가 받고자 하는 중개보수의 상한요율을 「공인중개사법 시행규칙」 제10조 제2호의 규정에 따른 중개보수·실비의 요율 및 한도액 표에 명시하여야 하며, 이를 초과하여 중개보수를 받아서는 아니 된다(규칙 제20조 제7항). 따라서 모든 중개사무소에는 관할 시·도에서 정한 주택의 중개보수·실비의 요율 및 한도액 표와 개업공인중개사가 스스로 정한 주택 외의 중개대상물에 대한 상한요율을 함께 게시하여야 한다.

## 2 한도를 초과한 중개보수약정의 효력 제31회

**판 례**

고액의 보수를 수령한 개업공인중개사에게 행정적 제재나 형사적 처벌을 가하는 것만으로는 부족하고 구 「부동산중개업법」 등 관련 법령에 정한 한도를 초과한 중개보수 약정에 의한 경제적 이익이 귀속되는 것을 방지하여야 할 필요가 있으므로 부동산 중개보수에 관한 위와 같은 규정들은 중개보수 약정 중 소정의 한도를 초과하는 부분에 대한 사법상의 효력을 제한하는 이른바 강행법규에 해당하고, 따라서 구 「부동산중개업법」 등 관련 법령에서 정한 한도를 초과하는 부동산 중개보수약정은 그 한도를 초과하는 범위 내에서 무효이다(대판 2007.12.20, 2005다32159 전원합의체).

따라서 한도를 초과한 중개보수의 약정은 무효이므로 이미 지급한 중개보수 중 한도를 초과하여 받은 금액은 부당이득으로써 반환하여야 한다.

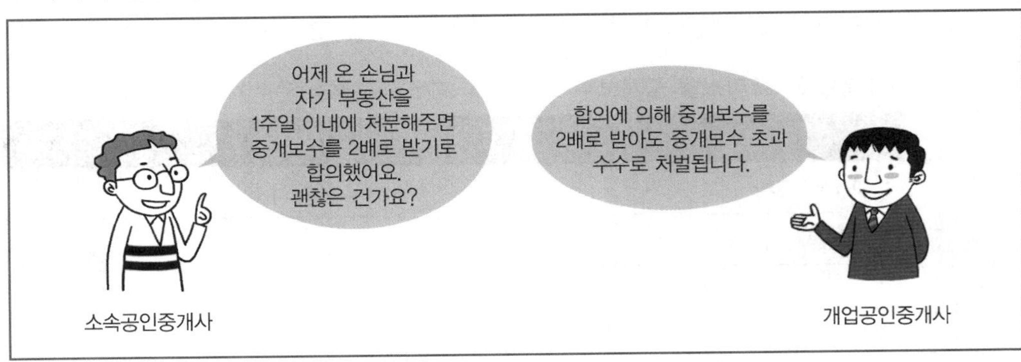

## 03 중개보수의 계산 제31회, 제34회

**규칙 제20조【중개보수 및 실비의 한도 등】** ⑤ 제1항 및 제4항의 경우 거래금액의 계산은 다음 각 호에 따른다.

1. 임대차 중 보증금 외에 차임이 있는 경우에는 월 단위의 차임액에 100을 곱한 금액을 보증금에 합산한 금액을 거래금액으로 한다. 다만, 본문의 규정에 따라 합산한 금액이 5천만원 미만인 경우에는 본문의 규정에 불구하고 월 단위의 차임액에 70을 곱한 금액과 보증금을 합산한 금액을 거래금액으로 한다.
2. 교환계약의 경우에는 교환대상 중개대상물 중 거래금액이 큰 중개대상물의 가액을 거래금액으로 한다.
3. 동일한 중개대상물에 대하여 동일 당사자 간에 매매를 포함한 둘 이상의 거래가 동일 기회에 이루어지는 경우에는 매매계약에 관한 거래금액만을 적용한다.

### 1 주택과 주택 외 구분

#### (1) 주 택

중개대상물로서 주택이란 주거용으로 사용되는 일체의 건축물을 말하며, 무허가건물이나 미등기건물도 포함된다. 또한 건축물대장상의 용도에도 불구하고 사실상 주거용으로 사용되면 주택으로 분류한다. 이러한 주택에 대한 중개보수는 거래금액에 따라 시・도 조례가 정하는 요율과 한도액을 고려하여 계산한다.

#### (2) 주택 외의 중개대상물

'주택 외의 중개대상물'이란 토지・상가점포・사무실 등과 입목・광업재단・공장재단 등을 말하며, 거래금액의 0.9% 범위 안에서 중개의뢰인과 개업공인중개사가 상호 협의하여 결정한다. 이는 서면계약이나 구두계약이 모두 가능하다. 관행에 따라 구두로 중개계약을 체결한 경우에는 별도로 중개보수에 대한 약정이 필요하다.

### 2 중개보수의 계산

중개보수는 거래금액에 요율을 곱하여 산출된 금액으로 하되 한도액이 있는 주택의 경우 산출액이 한도액을 초과하는 경우에는 한도액 범위 내에서만 받을 수 있다.

| 예컨대 산출액 > 한도액 = 한도액을, 산출액 < 한도액 = 산출액을 받는다. |
|---|

### (1) 대상별 매매계약의 경우

① **매매계약**: 매매대금을 거래금액으로 한다.

② **동일 당사자 간 중첩계약**: 동일한 중개대상물에 대하여 동일 당사자 간에 매매를 포함한 둘 이상의 거래가 동일 기회에 이루어지는 경우에는 매매계약에 관한 거래금액만을 적용한다(규칙 제20조 제5항 제3호).

㉠ 예를 들면, 동일한 중개대상물(아파트)에 대해 동일한 거래당사자 간에 매매와 임대차(전세)계약이 동시에 체결되는 경우 매매금액에 대해서만 중개보수를 받을 수 있음을 의미한다.

㉡ 그러나 개업공인중개사가 매매계약 체결 후 매수인의 의뢰에 따라 동일 물건에 대해 임대차계약을 중개한 경우, 매매계약을 체결한 당사자가 아닌 자와 임대차계약을 체결하였다면 임대차계약에 대한 중개보수를 별도로 받을 수 있다.

③ **분양권 매매**: 분양권 전매를 중개하는 경우 거래계약서에 기재된 거래금액에 따라 중개보수를 계산하여야 하므로 분양권 매매 당시의 거래금액, 즉 기납입액(계약금, 중도금 등)과 프리미엄을 합산한 금액을 거래금액으로 하여 요율을 적용한다. 따라서 총 분양가와 프리미엄을 합산한 금액이 거래금액이 아님에 주의를 요한다.

### (2) 교환계약의 경우

교환계약의 경우에는 교환대상 중개대상물 중 거래금액이 큰 중개대상물의 가액을 거래금액으로 한다(규칙 제20조 제5항 제2호).

### (3) 임대차계약의 경우

① 차임이 없는 전세의 경우에는 전세금을 거래금액으로 한다.

② 임대차 중 보증금 외에 차임이 있는 경우에는 월 단위의 차임액에 100을 곱한 금액을 보증금에 합산한 금액을 거래금액으로 한다. 다만, 본문의 규정에 따라 합산한 금액이 5천만원 미만인 경우에는 본문의 규정에 불구하고 월 단위의 차임액에 70을 곱한 금액과 보증금을 합산한 금액을 거래금액으로 한다(규칙 제20조 제5항 제1호).

**임대차 중개보수 계산 공식**

| [보증금 + (월세 × 100)] × 요율 = 중개보수<br>다만, 거래금액이 5천만원 미만인 경우에는 [보증금 + (월세 × 70)] × 요율 = 중개보수가 된다. |
|---|

예컨대, ㉠ 보증금 3천만원에 월세 20만원인 주택의 거래금액은 3천만원 + (20만원 × 100) = 3천만원 + 2천만원 = 5천만원으로 계산한다.

㉡ 보증금 1천만원에 월세 30만원인 상가건물의 거래금액은 1천만원 + (30만 × 70) = 1천만 + 2,100만원 = 3,100만원으로 계산한다.

### (4) 겸용 건축물(주택과 주택 외)

중개대상물인 건축물 중 주택의 면적이 2분의 1 이상인 경우에는 주택으로 분류하여 중개보수규정을 적용하고, 2분의 1 미만인 경우에는 '주택 외의 중개대상물'로 분류하여 중개보수규정을 적용한다(규칙 제20조 제6항). 주의할 것은 주택면적이 정확히 1/2이면 주택 중개보수규정을 적용하며 또한 주택의 부속토지는 주택으로 포함하여 적용한다.

## 3 중개보수 지급시기 제31회, 제35회

> **영 제27조의2 【중개보수의 지급시기】** 법 제32조 제3항에 따른 중개보수의 지급시기는 개업공인중개사와 중개의뢰인 간의 약정에 따르되, 약정이 없을 때에는 중개대상물의 거래대금 지급이 완료된 날로 한다.

따라서 중개보수의 지급시기는 개업공인중개사와 중개의뢰인 간의 사적 자치 원칙에 따라 약정이 우선하며 약정이 없을 때에는 중개대상물의 거래대금 지급이 완료된 날에 지급하여야 한다. 예컨대, 개업공인중개사와 중개의뢰인 간에 거래계약이 체결된 때 1/2 지급하고, 잔금지급이 완료된 때 1/2를 지급하기로 했다면 이 약정시기에 개업공인중개사는 지급을 청구할 수 있다.

**판 례**

**1. 분양권 전매 알선시의 중개보수 산출기준**

아파트분양권의 매매를 중개한 경우에 있어서 거래가액이라 함은 당사자가 거래 당시 수수하게 되는 총대금(즉, 통상적으로 계약금, 기납부한 중도금, 프리미엄을 합한 금액일 것이다)을 거래가액이라고 보아야 할 것이므로(이렇게 해석하는 것이 일반적인 거래관행과 상식에도 부합한다) 이와 달리 장차 건물이 완성되었을 경우를 상정하여 총분양대금과 프리미엄을 합산한 금액으로 거래가액을 산정하여야 한다는 취지의 상고이유의 주장도 받아들일 수 없다(대판 2005.5.27, 2004도62).

**2. 권리금 중개에 중개보수가 적용되는지 여부**

'권리금'을 수수하도록 중개한 것은 중개행위에 해당하지 아니한다 할 것이고, 따라서 중개보수 한도 역시 이러한 거래대상의 중개행위에는 적용되지 아니한다. 임차권 중개에 관한 보수와 영업권 양도에 관한 보수를 구분하지 아니하고 일시에 보수를 받은 경우 어느 금액까지가 중개보수이고, 영업권 등의 중개의 대가인지는 구별하여 특정할 수 없으므로 법이 정한 한도를 초과하여 중개보수를 지급받았다고 보기 어렵다(대판 2006.2.23, 2006두156).

**3. 부동산 중개보수 제한에 관한 「공인중개사법」 제32조 제4항과 같은 법 시행규칙 제20조 제1항, 제4항의 규정들은 공매 대상 부동산 취득의 알선에 적용되는지 여부**

공매는 목적물의 강제환가라는 특징이 있기는 하나 본질적으로 매매의 성격을 지니고 있으므로 실질적인 내용과 효과에서 공매 대상 부동산의 취득을 알선하는 것은 목적물만 차이가 있을 뿐 「공인중개사법」에서 정하는 매매를 알선하는 것과 차이가 없으므로 당 보수규정이 적용된다(대판 2021.7.29, 2017다243723).

## 제2절 실 비 제35회

**법 제32조 【중개보수 등】** ② 개업공인중개사는 중개의뢰인으로부터 제25조 제1항에 따른 중개대상물의 권리관계 등의 확인 또는 제31조에 따른 계약금 등의 반환채무이행 보장에 소요되는 실비를 받을 수 있다.

**규칙 제20조 【중개보수 및 실비의 한도 등】** ② 법 제32조 제4항에 따른 실비의 한도는 중개대상물의 권리관계 등의 확인 또는 계약금 등의 반환채무이행 보장에 드는 비용으로 하되, 개업공인중개사가 영수증 등을 첨부하여 매도·임대 그 밖의 권리를 이전하고자 하는 중개의뢰인(계약금 등의 반환채무이행 보장에 소요되는 실비의 경우에는 매수·임차 그 밖의 권리를 취득하고자 하는 중개의뢰인을 말한다)에게 청구할 수 있다.

③ 제1항 및 제2항의 경우에 중개대상물의 소재지와 중개사무소의 소재지가 다른 경우에는 개업공인중개사는 중개사무소의 소재지를 관할하는 시·도의 조례에서 정한 기준에 따라 중개보수 및 실비를 받아야 한다.

### 01 개 설

#### 1 실비의 의의 및 종류

(1) 실비란 중개대상물의 권리관계 등의 확인 또는 계약금 등의 반환채무이행의 보장에 소요된 비용을 말하는바 실비청구권을 개업공인중개사에게 인정한 취지는 「공인중개사법」이 중개대상물에 대한 확인·설명의무규정과 계약금 등의 반환채무이행 보장규정을 두고 있어 개업공인중개사가 이러한 업무를 수행하는 경우에는 필요적으로 비용을 지출하게 되는바 이러한 비용을 보전할 수 있도록 하기 위함이다.

(2) 개업공인중개사는 중개의뢰인으로부터 실비를 받을 수 있다(법 제32조 제2항). 이러한 실비는 ① 중개대상물의 권리관계 등의 확인에 소요되는 실비와 ② 계약금 등의 반환채무이행 보장에 소요되는 실비로 구분된다.

#### 2 실비의 한도와 기준

실비의 한도와 기준 역시 국토교통부령이 정하는 범위 내에서 시·도의 조례로 정하도록 되어 있다(법 제32조 제4항). 실비 또한 중개보수와 마찬가지로 그 범위와 기준이 지역에 따라 다를 수 있는바 개업공인중개사는 중개대상물의 소재지와 중개사무소의 소재지가 다른 경우에는 그 사무소의 소재지를 관할하는 시·도의 조례로 정한 기준에 따라 실비를 받아야 한다(규칙 제20조 제3항).

☑ **실비의 한도**(서울특별시 조례)

| 구 분 | 산출내역 |
|---|---|
| 중개대상물의 권리관계 등의 확인에 소요되는 실비 | ① 제 증명서 · 공부의 발급 · 열람수수료<br>② 교통비 · 숙박비 등의 여비<br>③ 제 증명서 · 공부의 발급 · 열람 대행비 ⇨ 발급 · 열람 건당 1천원 |
| 계약금 등의 반환채무 이행보장에 소요되는 실비 | ① 계약금 등의 금융기관 등에의 예치수수료<br>② 계약금 등의 반환의 보증을 위한 보험 · 공제가입비<br>③ 제 증명서 · 공부의 발급 · 열람수수료<br>④ 교통비 · 숙박비 등의 여비 |

### 3 실비의 지급 시기

① **중개대상물의 권리관계 등의 확인에 소요되는 실비**: 중개대상물에 대한 확인 · 설명을 마친 때

② **계약금 등의 반환채무이행 보장에 소요되는 실비**: 계약금 등을 지급하거나 반환하는 때

## 02 실비의 청구

### 1 실비의 부담자

#### (1) 중개대상물의 권리관계 등의 확인에 소요되는 실비의 부담자

'중개대상물의 권리관계 등의 확인에 소요되는 실비'는 개업공인중개사가 영수증 등을 첨부하여 매도 · 임대 그 밖의 권리를 이전하고자 하는 중개의뢰인에게 청구할 수 있다(규칙 제20조 제2항). 따라서 '중개대상물의 권리관계 등의 확인에 소요되는 실비'의 부담자에는 중개대상물에 대한 권리를 이전하고자 하는 중개의뢰인으로서 매도의뢰인, 임대의뢰인, 전세권설정의뢰인, 저당권설정의뢰인 등이 해당된다.

#### (2) 계약금 등의 반환채무이행 보장에 소요되는 실비의 부담자

'계약금 등의 반환채무이행 보장에 소요되는 실비'는 개업공인중개사가 영수증 등을 첨부하여 매수 · 임차 그 밖의 권리를 취득하고자 하는 중개의뢰인에게 청구할 수 있다(규칙 제20조 제2항). 따라서 '계약금 등의 반환채무이행 보장에 소요되는 실비'의 부담자에는 중개대상물에 대한 권리를 취득하고자 하는 중개의뢰인으로서 매수의뢰인, 임차의뢰인, 전세권자, 저당권자 등이 해당된다.

## 2 실비의 지급

실비는 개업공인중개사가 영수증 등을 첨부하여 청구하되 시·도 조례에 규정된 금액 이외에는 어떠한 명목으로도 청구할 수 없다. 이러한 실비는 거래계약의 체결과 무관하게 받을 수 있으며, 중개보수와는 각각 별도로 받을 수 있다.

**예제**

**공인중개사법령상 중개보수 등에 관한 설명으로 옳은 것?** 제33회

① 개업공인중개사의 과실로 인하여 중개의뢰인 간의 거래행위가 취소된 경우에도 개업공인중개사는 중개업무에 관하여 중개의뢰인으로부터 소정의 보수를 받는다.
② 개업공인중개사는 권리를 이전하고자 하는 중개의뢰인으로부터 중개대상물의 권리관계 등의 확인에 소요되는 실비를 받을 수 없다.
③ 개업공인중개사는 권리를 취득하고자 하는 중개의뢰인으로부터 계약금 등의 반환채무이행 보장에 소요되는 실비를 받을 수 없다.
④ 개업공인중개사의 중개보수의 지급시기는 개업공인중개사와 중개의뢰인 간의 약정에 따르되, 약정이 없을 때에는 중개대상물의 거래대금 지급이 완료된 날로 한다.
⑤ 주택 외의 중개대상물의 중개에 대한 보수는 시·도의 조례로 정한다.

**해설** ① 보수를 받을 수 없다.
② 권리관계 등의 확인에 소요되는 실비를 받을 수 있다.
③ 계약금 등의 반환채무이행 보장에 소요되는 실비를 받을 수 있다.
⑤ 주택(부속토지를 포함한다. 이하 이 항에서 같다)의 중개에 대한 보수와 실비의 한도 등에 관하여 필요한 사항은 국토교통부령으로 정하는 범위 안에서 특별시·광역시·도 또는 특별자치도의 조례로 정하고, 주택 외의 중개대상물의 중개에 대한 보수는 국토교통부령으로 정한다(법 제32조 제4항).

**정답** ④

MEMO

# Chapter 08 공인중개사협회 및 보칙

**단원 열기**

공인중개사협회는 매년 1문제 정도가 출제되고 있다. 협회의 성격, 설립절차, 협회의 구성, 공제사업과 관련된 국토교통부장관의 권한과 운영위원회, 제재 그리고 교육제도, 업무위탁, 조례에 따른 수수료, 포상금에 대한 내용도 매년 1문제씩 출제가 되므로 어려운 내용은 아니기에 정확하게 정리하여 항상 출제에 대비하여야 한다.

## 제 1 절 공인중개사협회 제34회

**법 제41조 【협회의 설립】** ① 개업공인중개사인 공인중개사(부칙 제6조 제2항에 따라 이 법에 의한 중개사무소의 개설등록을 한 것으로 보는 자를 포함한다)는 그 자질향상 및 품위유지와 중개업에 관한 제도의 개선 및 운용에 관한 업무를 효율적으로 수행하기 위하여 공인중개사협회(이하 "협회"라 한다)를 설립할 수 있다.
② 협회는 법인으로 한다.
③ 협회는 회원 300인 이상이 발기인이 되어 정관을 작성하여 창립총회의 의결을 거친 후 국토교통부장관의 인가를 받아 그 주된 사무소의 소재지에서 설립등기를 함으로써 성립한다.
④ 협회는 정관으로 정하는 바에 따라 시·도에 지부를, 시(구가 설치되지 아니한 시와 특별자치도의 행정시를 말한다)·군·구에 지회를 둘 수 있다.
⑤ 협회의 설립 및 설립인가의 신청 등에 관하여 필요한 사항은 대통령령으로 정한다.

**제43조 【민법의 준용】** 협회에 관하여 이 법에 규정된 것 외에는 「민법」 중 사단법인에 관한 규정을 적용한다.

### 01 협회의 설립

#### 1 협회의 설립목적

**(1) 설립목적**

개업공인중개사인 공인중개사(부칙 제6조 제2항에 따라 이 법에 의한 중개사무소의 개설등록을 한 것으로 보는 자를 포함한다)는 ① 자질향상 ② 품위유지 ③ 중개업에 관한 제도의 개선 및 운용에 관한 ④ 업무를 효율적으로 수행하기 위하여 공인중개사협회를 설립할 수 있다.

### (2) 개업공인중개사들의 단체

공인중개사협회는 개업공인중개사인 공인중개사들(중개인 포함)이 모여서 자율적으로 결성한 단체로서 개업공인중개사들만 회원으로 가입할 수 있는 조직이다. 따라서 중개사무소 개설등록을 하지 않은 공인중개사나 소속공인중개사는 공인중개사협회의 회원이 될 수 없다.

### (3) 임의설립주의, 복수설립주의, 가입임의주의 등

① 공인중개사협회를 설립'할 수 있다'고 규정하고 있으므로 개업공인중개사인 공인중개사가 반드시 협회를 설립하지 않아도 된다.

② 현행법에 협회를 1개만 설립하여야 한다는 법규정은 없다. 따라서 법적 절차에 따라 여러 개의 공인중개사협회를 설립할 수 있다. 참고로 현재 2개의 협회가 설립되어 활동하고 있다.

③ 개업공인중개사는 협회에 반드시 가입할 법적 의무도 없다. 따라서 개업공인중개사의 자유의사에 따라 회원 또는 비회원으로 중개업무에 종사할 수 있다. 즉, 임의적 가입주의를 취하고 있다.

## 2 협회의 특징

### (1) 비영리 사단법인

① 협회는 법인으로 한다(법 제41조 제2항). 법인은 법률의 규정에 좇아 정관으로 정한 목적의 범위 내에서 권리와 의무의 주체가 되는바 「공인중개사법」에서는 공인중개사협회를 법인형태로 설립하도록 규정하고 있다.

② 공인중개사협회는 사법인(私法人)에 해당한다.

③ 공인중개사협회는 개업공인중개사들이 일정한 목적을 위하여 결합한 사람의 결합체에 법인격을 부여한 사단법인에 속한다. 따라서, 「공인중개사법」에 규정된 것 외에는 「민법」 중 사단법인에 관한 규정(「민법」 제31조 내지 제97조)을 준용한다.

④ 공인중개사협회는 영리를 목적으로 설립되는 「상법」상의 영리법인이 아니고, 비영리 사단법인에 해당한다. 따라서 협회가 부동산중개업을 할 수는 없다.

### (2) 인가주의

공인중개사협회는 국토교통부장관의 인가를 받아 그 주된 사무소의 소재지에서 설립등기를 함으로써 성립하는 것이므로 주무부장관 기타의 관할 행정관청의 인가를 받아야 하는 인가주의에 속한다.

## 3 협회의 설립절차

### (1) 발기인 구성(정관작성 등)

공인중개사협회를 설립하고자 하는 때에는 회원 300인 이상이 발기인이 되어 정관을 작성하여 서명·날인해야 한다.

### (2) 창립총회

발기인이 작성하고 서명·날인한 정관은 회원 600인 이상이 출석한 창립총회에서 출석한 회원 과반수의 동의를 얻어야 한다. 창립총회에 참석한 600인 이상 중에는 서울특별시에서는 100인 이상, 광역시·도 및 특별자치도에서는 각각 20인 이상의 회원이 참여하여야 한다(영 제30조 제1항·제2항).

### (3) 설립인가

공인중개사협회를 설립하고자 하는 때에는 국토교통부장관의 설립인가를 받아야 한다. 국토교통부령(영 제30조 제3항)에 따르면 공인중개사협회의 설립인가를 신청할 때에 제출하여야 하는 서류는 「국토교통부장관 소관 비영리법인의 설립 및 감독에 관한 규칙」 제3조의 규정에 따른 서류로 한다. 이 경우 '설립허가신청서'는 이를 '설립인가신청서'로 본다(규칙 제26조).

### (4) 설립등기

협회는 국토교통부장관의 인가를 받아 그 주된 사무소의 소재지에서 설립등기를 함으로써 성립한다. 국토교통부장관으로부터 설립인가를 받은 단계에서는 아직 공인중개사협회가 성립되었다고 할 수 없고 주된 사무소 소재지에 설립 등기까지 완료되어야 공인중개사협회가 성립되는 것이다.

**설립절차**

## 02 협회의 조직 및 업무 제32회, 제35회

### 1 조 직

#### (1) 사원총회

협회는 사단법인이므로 「공인중개사법」 상 명문의 규정은 없지만 회원전원으로 구성된 총회를 두어야 한다. 그리고 협회는 총회의 의결내용을 지체 없이 국토교통부장관에게 보고하여야 한다(영 제32조 제1항).

#### (2) 주된 사무소

협회의 주된 사무소는 협회 자체를 의미한다고 볼 수 있고 필수 조직에 해당한다. 협회 설립시 설립등기는 주된 사무소 소재지에서 하여야 한다.

#### (3) 지부 또는 지회

① 협회는 정관으로 정하는 바에 따라 시・도에 지부를, 시(구가 설치되지 아니한 시와 특별자치도의 행정시를 말한다)・군・구에 지회를 둘 수 있다. 협회는 필요에 따라 지부 및 지회를 둘 수 있는 것이지 반드시 두어야 할 의무가 있는 것은 아니다.

② 협회가 지부를 설치한 때에는 시・도지사에게, 지회를 설치한 때에는 등록관청에 신고하여야 한다(영 제32조 제2항).

### 2 협회의 업무 제35회

공인중개사협회의 업무는 크게 고유업무와 수탁업무로 나눌 수 있다. 고유업무는 공인중개사법령에서 협회의 본래 업무로 규정한 것을 말하고, 수탁업무는 협회가 행정관청으로부터 위탁을 받아 수행하는 업무를 말한다.

#### (1) 협회의 고유업무 제35회

공인중개사협회는 '자질향상 및 품위유지와 중개업에 관한 제도의 개선 및 운용에 관한 업무를 효율적으로 수행'이라는 설립목적을 달성하기 위하여 다음의 고유업무를 수행할 수 있다.

① 회원의 품위유지를 위한 업무

② 부동산중개제도의 연구・개선에 관한 업무

③ 회원의 자질향상을 위한 지도 및 교육・연수에 관한 업무

④ 회원의 윤리헌장 제정 및 그 실천에 관한 업무

⑤ 부동산 정보제공에 관한 업무 ⇨ 공인중개사협회는 부동산정보제공 업무를 수행할 수 있으므로 거래정보사업자로 지정받을 수 있다. 현재 공인중개사협회는 거래정보사업자로 지정을 받아 운영하고 있다.

⑥ 법 제42조의 규정에 따른 공제사업 ⇨ 이 경우 공제사업은 비영리사업으로서 회원 간의 상호부조를 목적으로 한다. 다만, 비회원도 가입이 가능하다.

⑦ 그 밖에 협회의 설립목적 달성을 위하여 필요한 업무

### (2) 수탁업무

협회의 고유업무는 아니지만 협회가 행정관청으로부터 위탁받아 행사하는 업무를 수탁업무라고 하며, 이 법상 위탁받을 수 있는 협회의 수탁업무로는 시 · 도지사로부터 위탁받을 수 있는 교육(실무, 직무, 연수)업무와 시험시행기관의 장으로부터 위탁받을 수 있는 공인중개사시험 시행업무가 있다. 또한 공인중개사협회는 매수신청대리인 등록을 위한 경매실무교육을 법원행정처장으로부터 지정을 받아 실시할 수도 있다(대법원예규 제6조 제3항).

## 03 공제사업 제33회

**법 제42조 【공제사업】** ① 협회는 제30조에 따른 개업공인중개사의 손해배상책임을 보장하기 위하여 공제사업을 할 수 있다.
② 협회는 제1항에 따른 공제사업을 하고자 하는 때에는 공제규정을 제정하여 국토교통부장관의 승인을 얻어야 한다. 공제규정을 변경하고자 하는 때에도 또한 같다.
③ 제2항의 공제규정에는 대통령령으로 정하는 바에 따라 공제사업의 범위, 공제계약의 내용, 공제금, 공제료, 회계기준 및 책임준비금의 적립비율 등 공제사업의 운용에 관하여 필요한 사항을 정하여야 한다.
④ 협회는 공제사업을 다른 회계와 구분하여 별도의 회계로 관리하여야 하며, 책임준비금을 다른 용도로 사용하고자 하는 경우에는 국토교통부장관의 승인을 얻어야 한다.
⑤ 협회는 대통령령으로 정하는 바에 따라 매년도의 공제사업 운용실적을 일간신문 · 협회보 등을 통하여 공제계약자에게 공시하여야 한다.

## 1 공제사업 실시

### (1) 공제사업의 목적과 범위

① 협회는 개업공인중개사의 손해배상책임을 보장하기 위하여 공제사업을 할 수 있다. 공제사업은 회원 상호 간에 상호부조를 목적으로 하므로 개업공인중개사의 손해배상책임을 보장하기 위한 사업이다. 공인중개사협회의 고유업무에 해당하지만 반드시 공인중개사협회가 공제사업을 하여야 하는 것은 아니라는 점에 유의하여야 한다.

② 협회가 할 수 있는 공제사업의 범위는 다음과 같다.

㉠ 법 제30조의 규정에 따른 손해배상책임을 보장하기 위한 공제기금의 조성 및 공제금의 지급에 관한 사업

㉡ 공제사업의 부대업무로서 공제규정으로 정하는 사업

### (2) 공제규정

① **국토교통부장관의 승인**: 협회는 공제사업을 하고자 하는 때에는 공제규정을 제정하여 국토교통부장관의 승인을 얻어야 한다. 공제규정을 변경하고자 하는 때에도 또한 같다. 공제규정은 공제사업을 운영하기 위해서 내부적으로 규정한 회칙에 해당하는 것으로서 국토교통부장관의 감독을 받도록 하고 있으므로 국토교통부장관의 승인을 얻도록 하고 있다.

② **공제규정의 내용**: 공제규정에는 대통령령으로 정하는 바에 따라 공제사업의 범위, 공제계약의 내용, 공제금, 공제료, 회계기준 및 책임준비금의 적립비율 등 공제사업의 운용에 관하여 필요한 사항을 정하여야 한다(법 제42조 제3항). 법 제42조 제3항의 규정에 따라 공제규정에는 다음의 사항을 정하여야 한다(영 제34조).

㉠ 공제계약의 내용: 협회의 공제책임, 공제금, 공제료, 공제기간, 공제금의 청구와 지급절차, 구상 및 대위권, 공제계약의 실효 그 밖에 공제계약에 필요한 사항을 정한다. 이 경우 공제료는 공제사고 발생률, 보증보험료 등을 종합적으로 고려하여 결정한 금액으로 한다.

㉡ 회계기준: 공제사업을 손해배상기금과 복지기금으로 구분하여 각 기금별 목적 및 회계원칙에 부합되는 세부기준을 정한다.

㉢ 책임준비금의 적립비율: 공제사고 발생률 및 공제금 지급액 등을 종합적으로 고려하여 정하되 공제료 수입액의 100분의 10 이상으로 정한다.

### (3) 공제회계 관리

협회는 공제사업을 다른 회계와 구분하여 별도의 회계로 관리하여야 하며, 책임준비금을 다른 용도로 사용하고자 하는 경우에는 국토교통부장관의 승인을 얻어야 한다. 주의할 점은 사전에 승인을 받아야 한다는 점이다.

### (4) 공제사업 운용실적 공시

① 협회는 대통령령으로 정하는 바에 따라 매년도의 공제사업 운용실적을 일간신문・협회보 등을 통하여 공제계약자에게 공시하여야 한다.

② 협회는 다음의 사항을 매회계연도 종료 후 3개월 이내에 일간신문 또는 협회보에 공시하고 협회의 인터넷 홈페이지에 게시하여야 한다.

㉠ 결산서인 요약 대차대조표, 손익계산서 및 감사보고서

㉡ 공제료 수입액, 공제금 지급액, 책임준비금 적립액

㉢ 그 밖에 공제사업의 운용과 관련된 참고사항

③ 이 공시의무에 위반하면 과태료 500만원 이하에 해당된다.

## 2 공제사업운영위원회

### (1) 위원회의 설치

① 공제사업에 관한 사항을 심의하고 그 업무집행을 감독하기 위하여 협회에 운영위원회를 둔다(법 제42조의2 제1항).

② 운영위원회의 위원은 협회의 임원, 중개업·법률·회계·금융·보험·부동산 분야 전문가, 관계 공무원 및 그 밖에 중개업 관련 이해관계자로 구성하되 그 수는 19명 이내로 한다(법 제42조의2 제2항).

③ 운영위원회의 구성과 운영에 필요한 세부 사항은 대통령령으로 정한다(법 제42조의2 제3항).

### (2) 위원회의 구성 및 운영

① 운영위원회는 공제사업에 관하여 다음의 사항을 심의하며, 그 업무집행을 감독한다.

| |
|---|
| ㉠ 사업계획·운영 및 관리에 관한 기본 방침<br>㉡ 예산 및 결산에 관한 사항<br>㉢ 차입금에 관한 사항<br>㉣ 주요 예산집행에 관한 사항<br>㉤ 공제약관·공제규정의 변경과 공제와 관련된 내부규정의 제정·개정 및 폐지에 관한 사항<br>㉥ 공제금, 공제 가입금, 공제료 및 그 요율에 관한 사항<br>㉦ 정관으로 정하는 사항<br>㉧ 그 밖에 위원장이 필요하다고 인정하여 회의에 부치는 사항 |

② 운영위원회는 성별을 고려하여 다음의 사람으로 구성한다. 이 경우 ㉡ 및 ㉢에 해당하는 위원의 수는 전체 위원 수의 3분의 1 미만으로 한다.

㉠ 국토교통부장관이 소속 공무원 중에서 지명하는 사람 1명

㉡ 협회의 회장

㉢ 협회 이사회가 협회의 임원 중에서 선임하는 사람

㉣ 다음 어느 하나에 해당하는 사람으로서 협회의 회장이 추천하여 국토교통부장관의 승인을 받아 위촉하는 사람

ⓐ 대학 또는 정부출연 연구기관에서 부교수 또는 책임연구원 이상으로 재직하고 있거나 재직하였던 사람으로서 부동산 분야 또는 법률 · 회계 · 금융 · 보험 분야를 전공한 사람

ⓑ 변호사 · 공인회계사 또는 공인중개사의 자격이 있는 사람

ⓒ 금융감독원 또는 금융기관에서 임원 이상의 직에 있거나 있었던 사람

ⓓ 공제조합 관련 업무에 관한 학식과 경험이 풍부한 사람으로서 해당 업무에 5년 이상 종사한 사람

ⓔ 「소비자기본법」 제29조에 따라 등록한 소비자 단체 및 같은 법 제33조에 따른 한국소비자원의 임원으로 재직 중인 사람

③ ②의 ㉢ 및 ㉣에 따른 위원의 임기는 2년으로 하되 1회에 한하여 연임할 수 있으며, 보궐위원의 임기는 전임자 임기의 남은 기간으로 한다.

④ 운영위원회에는 위원장과 부위원장 각각 1명을 두되 위원장 및 부위원장은 위원 중에서 각각 호선한다.

⑤ 운영위원회의 위원장은 운영위원회의 회의를 소집하며 그 의장이 된다.

⑥ 운영위원회의 부위원장은 위원장을 보좌하며, 위원장이 부득이한 사유로 그 직무를 수행할 수 없을 때에는 그 직무를 대행한다.

⑦ 운영위원회의 회의는 재적위원 과반수의 출석으로 개의하고, 출석위원 과반수의 찬성으로 심의사항을 의결한다.

⑧ 운영위원회의 사무를 처리하기 위하여 간사 및 서기를 두되 간사 및 서기는 공제업무를 담당하는 협회의 직원 중에서 위원장이 임명한다.

⑨ 간사는 회의 때마다 회의록을 작성하여 다음 회의에 보고하고 이를 보관하여야 한다.

⑩ 그 밖에 운영위원회의 운영에 필요한 사항은 운영위원회의 심의를 거쳐 위원장이 정한다.

## 3 재무건전성의 유지

### (1) 재무건전성 유지사항

협회는 공제금 지급능력과 경영의 건전성을 확보하기 위하여 다음의 사항에 관하여 대통령령으로 정하는 재무건전성 기준을 지켜야 한다(법 제42조의6).

① 자본의 적정성에 관한 사항
② 자산의 건전성에 관한 사항
③ 유동성의 확보에 관한 사항

(2) **재무건전성 기준**(영 제35조의3)

① 협회가 준수하여야 하는 재무건전성 기준은 다음과 같다.
㉠ 지급여력비율은 100분의 100 이상을 유지할 것
㉡ 구상채권 등 보유자산의 건전성을 정기적으로 분류하고 대손충당금을 적립할 것

② 지급여력비율은 다음 ㉠에 따른 지급여력금액을 ㉡에 따른 지급여력기준금액으로 나눈 비율로 하며, 지급여력금액과 지급여력기준금액은 다음과 같다.
㉠ 지급여력금액: 자본금, 대손충당금, 이익잉여금 및 그 밖에 이에 준하는 것으로서 국토교통부장관이 정하는 금액을 합산한 금액에서 영업권, 선급비용 등 국토교통부장관이 정하는 금액을 뺀 금액
㉡ 지급여력기준금액: 공제사업을 운영함에 따라 발생하게 되는 위험을 국토교통부장관이 정하는 방법에 따라 금액으로 환산한 것

③ 국토교통부장관은 ①과 ②에 필요한 세부 기준을 정할 수 있다.

## 4 공제사업에 관한 조사 · 검사 등 제35회

### (1) 조사 · 검사

「금융위원회의 설치 등에 관한 법률」에 따른 금융감독원의 원장은 국토교통부장관의 요청이 있는 경우에는 공제사업에 관하여 조사 또는 검사를 할 수 있다(법 제42조의3).

### (2) 개선명령 제35회

국토교통부장관은 협회의 공제사업 운영이 적정하지 아니하거나 자산상황이 불량하여 중개사고 피해자 및 공제 가입자 등의 권익을 해칠 우려가 있다고 인정하면 다음의 조치를 명할 수 있다(법 제42조의4).

① 업무집행방법의 변경
② 자산예탁기관의 변경
③ 자산의 장부가격의 변경
④ 불건전한 자산에 대한 적립금의 보유
⑤ 가치가 없다고 인정되는 자산의 손실 처리
⑥ 그 밖에 이 법 및 공제규정을 준수하지 아니하여 공제사업의 건전성을 해할 우려가 있는 경우 이에 대한 개선명령

### (3) 임원에 대한 제재 등

국토교통부장관은 협회의 임원이 다음 각 호의 어느 하나에 해당하여 공제사업을 건전하게 운영하지 못할 우려가 있는 경우 그 임원에 대한 징계・해임을 요구하거나 해당 위반행위를 시정하도록 명할 수 있다(법 제42조의5).

> ① 법 제42조 제2항에 따른 공제규정을 위반하여 업무를 처리한 경우
> ② 법 제42조의4에 따른 개선명령을 이행하지 아니한 경우
> ③ 법 제42조의6에 따른 재무건전성 기준을 지키지 아니한 경우

## 04 협회에 대한 지도・감독 및 제재

### 1 감독권자 및 감독의 대상

협회에 대한 감독권자는 오직 국토교통부장관 뿐이며, 그 대상은 협회와 그 지부, 지회까지 포함된다. 지부 및 지회의 설치신고는 시・도지사와 등록관청에 하지만 시・도지사와 등록관청이 지부나 지회를 감독하는 것은 아니고 국토교통부장관에게 감독 권한이 있다는 것을 주의하여야 한다.

### 2 감독의 방법

감독상 필요한 때에는 그 업무에 관한 사항을 보고하게 하거나 자료의 제출 그 밖에 필요한 명령을 할 수 있는 행정명령과, 소속 공무원으로 하여금 협회의 사무소에 출입하여 장부・서류 등을 조사 또는 검사하게 할 수 있는 행정조사가 있다. 행정조사의 경우 출입・검사 등을 하는 공무원은 국토교통부령으로 정하는 증표를 지니고 상대방에게 이를 내보여야 한다. '국토교통부령으로 정하는 증표'라 함은 공무원증 및 별지 제27호 서식의 공인중개사협회조사・검사증명서를 말한다.

### 3 제 재

국토교통부장관은 협회가 다음의 어느 하나에 해당하는 위반행위를 한 경우에는 500만원 이하의 과태료를 부과한다(법 제51조 제2항).

> ① 공제사업 운용실적을 공시하지 아니한 경우
> ② 공제업무의 개선명령을 이행하지 아니한 경우
> ③ 임원에 대한 징계・해임의 요구를 이행하지 아니하거나 시정명령을 이행하지 아니한 경우

④ 공제사업 조사 · 검사 또는 협회에 대한 지도 · 감독에 따른 보고, 자료제출, 조사 또는 검사를 거부 · 방해 또는 기피하거나 그 밖의 명령을 이행하지 아니하거나 거짓으로 보고 또는 자료제출을 한 경우

예제

**공인중개사법령상 공인중개사협회**(이하 '협회'라 함)**의 공제사업에 관한 설명으로 틀린 것은?**

① 협회는 공제사업을 다른 회계와 구분하여 별도의 회계로 관리해야 한다.
② 공제규정에서 정하는 책임준비금의 적립비율은 공제료 수입액의 100분의 20 이상으로 한다.
③ 국토교통부장관은 협회의 자산상황이 불량하여 공제 가입자의 권익을 해칠 우려가 있다고 인정하면 자산예탁기관의 변경을 명할 수 있다.
④ 국토교통부장관은 협회의 자산상황이 불량하여 중개사고 피해자의 권익을 해칠 우려가 있다고 인정하면 불건전한 자산에 대한 적립금의 보유를 명할 수 있다.
⑤ 협회는 대통령령으로 정하는 바에 따라 매년도의 공제사업 운용실적을 일간신문 · 협회보 등을 통하여 공제계약자에게 공시해야 한다.

해설 책임준비금의 적립비율은 공제사고 발생률 및 공제금 지급액 등을 종합적으로 고려하여 정하되, 공제료 수입액의 100분의 10 이상으로 정한다(영 제34조 제3호).

정답 ②

## 제 2 절 개업공인중개사 등의 교육 제34회

### 01 교육실시

#### 1 교육실시 관할청

실무교육 및 연수교육에 대한 교육실시권자는 시 · 도지사(특별시장 · 광역시장 · 도지사 · 특별자치도지사)이고, 직무교육에 대한 교육실시권자는 시 · 도지사 또는 등록관청이다. 교육실시권자로부터 교육실시 권한을 위탁받은 협회 등의 기관도 해당 교육을 실시할 수 있다.

### 2 교육의 지침 시행

#### (1) 시행권자

국토교통부장관은 시·도지사가 실시하는 실무교육, 직무교육 및 연수교육의 전국적인 균형유지를 위하여 필요하다고 인정하면 해당 교육의 지침을 마련하여 시행할 수 있다(법 제34조 제5항).

#### (2) 교육지침 사항

교육지침에는 다음의 사항이 포함되어야 한다.

| |
|---|
| ① 교육의 목적<br>② 교육대상<br>③ 교육과목 및 교육시간<br>④ 강사의 자격<br>⑤ 수강료<br>⑥ 수강신청, 출결(出缺) 확인, 교육평가, 교육수료증 발급 등 학사 운영 및 관리<br>⑦ 그 밖에 균형 있는 교육의 실시에 필요한 기준과 절차 |

## 02 실무교육 제31회, 제35회

### 1 실무교육 실시기관

실무교육의 실시권자는 시·도지사이다. 국토교통부장관은 시·도지사가 실시하는 실무교육의 전국적인 균형유지를 위하여 필요하다고 인정하면 해당 교육의 지침을 마련하여 시행할 수 있다(법 제34조 제5항).

### 2 실무교육 대상자

#### (1) 중개사무소의 개설등록을 신청하려는 자

① 중개사무소의 개설등록을 신청하고자 하는 자는 등록신청일 전 1년 이내에 시·도지사가 실시하는 실무교육(실무수습을 포함한다. 이하 같다)을 받아야 한다.

② 다만, 폐업신고 후 1년 이내에 중개사무소의 개설등록을 다시 신청하려는 자와 소속공인중개사로서 고용관계 종료 신고 후 1년 이내에 중개사무소의 개설등록을 신청하려는 자는 그러하지 아니하다.

### (2) 법인의 임원 · 사원

법인이 법인인 개업공인중개사로 중개사무소 개설등록신청을 하는 경우에는 법인의 임원 또는 사원이 실무교육을 받아야 한다. 법인의 임원 · 사원 중에서 공인중개사가 아닌 임원 또는 사원이라도 실무교육을 받아야 한다. 또한 개업공인중개사는 개설등록기준을 유지해야 하므로 개업공인중개사인 법인의 사원이나 임원이 개임될 경우 새로 선임되는 사원이나 임원 역시 실무교육을 받아야 한다.

### (3) 분사무소 책임자

법인인 개업공인중개사가 분사무소를 설치하고자 하는 경우에는 분사무소 책임자는 설치신고일 전 1년 이내에 실무교육을 받아야 한다.

### (4) 소속공인중개사

소속공인중개사는 고용 신고일 전 1년 이내에 시 · 도지사가 실시하는 실무교육을 받아야 한다. 다만, 고용관계 종료 신고 후 1년 이내에 고용 신고를 다시 하려는 자와 개업공인중개사로서 폐업신고를 한 후 1년 이내에 소속공인중개사로 고용 신고를 하려는 자는 그러하지 아니하다.

## 3 실무교육의 내용 및 시간

직무수행에 필요한 법률지식, 부동산 중개 및 경영 실무, 직업윤리 등을 위한 내용으로 구성하고, 교육시간은 28시간 이상 32시간 이하로 한다.

# 03 연수교육 제31회, 제35회

## 1 연수교육 실시기관

연수교육의 실시권자는 시 · 도지사이다. 국토교통부장관은 시 · 도지사가 실시하는 연수교육의 전국적인 균형유지를 위하여 필요하다고 인정하면 해당 교육의 지침을 마련하여 시행할 수 있다(법 제34조 제5항).

### ② 연수교육 대상자

실무교육을 받은 개업공인중개사 및 소속공인중개사는 실무교육을 받은 후 2년마다 시·도지사가 실시하는 연수교육을 받아야 한다. 이 교육은 중개업무를 담당하는 개업공인중개사와 소속공인중개사에 대하여 법·제도변경 등에 대한 사후 재교육의 성격을 지니며 중개보조원은 대상자가 아님에 유의하여야 한다.

### ③ 연수교육의 내용 및 시간

부동산중개 관련 법·제도의 변경사항, 부동산 중개 및 경영 실무, 직업윤리 등을 위한 내용으로 구성하고, 교육시간은 12시간 이상 16시간 이하로 한다.

### ④ 교육통지

시·도지사는 연수교육을 실시하려는 경우 실무교육 또는 연수교육을 받은 후 2년이 되기 2개월 전까지 연수교육의 일시·장소·내용 등을 일반적인 공고의 방법이 아닌 대상자에게 통지하여야 한다.

### ⑤ 위반시 제재

연수교육을 정당한 사유 없이 받지 아니한 자는 500만원 이하의 과태료에 처한다.

## 04 직무교육

### ① 직무교육 실시기관

직무교육에 대한 교육실시권자는 시·도지사 또는 등록관청이다. 국토교통부장관은 시·도지사 또는 등록관청이 실시하는 실무교육의 전국적인 균형유지를 위하여 필요하다고 인정하면 해당 교육의 지침을 마련하여 시행할 수 있다(법 제34조 제5항).

### ② 직무교육 대상자

중개보조원은 고용 신고일 전 1년 이내에 시·도지사 또는 등록관청이 실시하는 직무교육을 받아야 한다. 다만, 고용관계 종료 신고 후 1년 이내에 고용 신고를 다시 하려는 자는 그러하지 아니하다.

### 3 직무교육의 내용 및 시간

직무수행에 필요한 직업윤리 등을 위한 내용으로 구성하고, 교육시간은 3시간 이상 4시간 이하로 한다.

## 05 부동산거래사고 예방을 위한 교육 제31회

**법 제34조의2【개업공인중개사 등에 대한 교육비 지원 등】** ① 국토교통부장관, 시·도지사 및 등록관청은 개업공인중개사 등이 부동산거래사고 예방 등을 위하여 교육을 받는 경우에는 대통령령으로 정하는 바에 따라 필요한 비용을 지원할 수 있다.
② 국토교통부장관, 시·도지사 및 등록관청은 필요하다고 인정하면 대통령령으로 정하는 바에 따라 개업공인중개사 등의 부동산거래사고 예방을 위한 교육을 실시할 수 있다.

### 1 실시권자 및 대상자

① 예방교육은 부동산거래사고의 사고예방을 목적으로 하는 임의교육이다. 반면 실무교육, 연수교육, 직무교육은 반드시 실시해야 하는 강행교육이다.

② 국토교통부장관, 시·도지사 및 등록관청이 실시할 수 있다.

③ 개업공인중개사뿐만 아니라 중개업무에 종사하는 사원·임원, 고용인 모두가 대상이다.

### 2 교육의 공고·통지

국토교통부장관, 시·도지사 및 등록관청은 부동산 거래질서를 확립하고, 부동산거래사고로 인한 피해를 방지하기 위하여 부동산거래사고 예방을 위한 교육을 실시하려는 경우에는 교육일 10일 전까지 교육일시·교육장소 및 교육내용, 그 밖에 교육에 필요한 사항을 공고하거나 교육대상자에게 통지하여야 한다.

### 3 교육비 지원

(1) 국토교통부장관, 시·도지사 및 등록관청은 개업공인중개사 등이 부동산거래사고 예방 등을 위하여 교육을 받는 경우에는 대통령령으로 정하는 바에 따라 필요한 비용을 지원할 수 있다.

(2) 지원할 수 있는 비용은 다음과 같다.

① 교육시설 및 장비의 설치에 필요한 비용

② 교육자료의 개발 및 보급에 필요한 비용

③ 교육 관련 조사 및 연구에 필요한 비용

④ 교육 실시에 따른 강사비

☑ **개업공인중개사 등의 교육 총정리**

| 구 분 | 실무교육 | 연수교육 | 직무교육 | 예방교육 |
|---|---|---|---|---|
| 법적 성격 | 강행교육<br>(등록 전 1년) | 강행교육<br>(2년마다, 과태료 500만원 이하) | 강행교육<br>(고용 전 1년) | 임의교육<br>(필요시) |
| 실시권자 | 시 · 도지사 | 시 · 도지사 | 시 · 도지사 +<br>등록관청 | 국토교통부장관,<br>시 · 도지사, 등록관청 |
| 교육 목적 | 법률 지식,<br>중개 및 경영실무,<br>직업윤리 등 | 법 · 제도의 변경,<br>중개 및 경영실무,<br>직업윤리 등 | 직업윤리 등 | 부동산거래<br>사고 예방 |
| 시 간 | 28시간~32시간 | 12시간~16시간 | 3시간~4시간 | |
| 교육 대상 | • 등록신청하려는 자<br>• 사원 · 임원은 전원<br>• 분사무소의 책임자<br>• 소속공인중개사 | • 실무교육을 받은 개업공인중개사와 소속공인중개사 | • 중개보조원 | • 개업공인중개사<br>• 사원 · 임원은 전원<br>• 소속공인중개사<br>• 중개보조원<br>⇩<br>종사자 모두 |

**예 제**

**공인중개사법령상 개업공인중개사 등의 교육에 관한 설명으로 옳은 것은?** (단, 다른 법률의 규정은 고려하지 않음) 제31회

① 중개사무소 개설등록을 신청하려는 법인의 공인중개사가 아닌 사원은 실무교육 대상이 아니다.

② 개업공인중개사가 되려는 자의 실무교육시간은 26시간 이상 32시간 이하이다.

③ 중개보조원이 받는 실무교육에는 부동산 중개 관련 법 · 제도의 변경사항이 포함된다.

④ 국토교통부장관, 시 · 도지사, 등록관청은 개업공인중개사 등에 대한 부동산거래사고 예방 등의 교육을 위하여 교육 관련 연구에 필요한 비용을 지원할 수 있다.

⑤ 소속공인중개사는 2년마다 국토교통부장관이 실시하는 연수교육을 받아야 한다.

해설 ① 법인의 사원·임원은 전원이 실무교육을 받아야 한다.
② 실무교육시간은 28시간 이상 32시간 이하이다
③ 중개보조원은 직무수행에 필요한 직업윤리 등을 목적으로 직무교육 대상이다.
⑤ 시·도지사가 실시하는 연수교육을 받아야 한다.

정답 ④

## 제3절 보 칙

### 01 업무위탁

**법 제45조【업무위탁】** 국토교통부장관, 시·도지사 또는 등록관청은 대통령령으로 정하는 바에 따라 그 업무의 일부를 협회 또는 대통령령으로 정하는 기관에 위탁할 수 있다.

#### 1 교육업무의 위탁

**(1) 교육기관**

시·도지사는 법 제45조에 따라 법 제34조 제1항부터 제4항까지의 규정에 따른 실무교육, 직무교육 및 연수교육에 관한 업무를 위탁하는 때에는 다음의 기관 또는 단체 중 국토교통부령으로 정하는 인력 및 시설을 갖춘 기관 또는 단체를 지정하여 위탁하여야 한다(영 제36조 제1항). 따라서 다음의 기관 또는 단체 이외에는 교육업무를 위탁받을 수 없다.

① 부동산 관련 학과가 개설된 「고등교육법」 제2조에 따른 학교

② 공인중개사협회

③ 「공공기관의 운영에 관한 법률」 제5조 제4항에 따른 공기업 또는 준정부기관

**(2) 관보에 고시**

시·도지사는 교육업무를 위탁한 때에는 위탁받은 기관의 명칭·대표자 및 소재지와 위탁업무의 내용 등을 관보에 고시하여야 한다.

#### 2 시험시행업무의 위탁 등

**(1) 시험시행업무의 위탁**

시험시행기관장은 시험의 시행에 관한 업무를 「공공기관의 운영에 관한 법률」에 따른 공기업, 준정부기관 또는 공인중개사협회에 위탁할 수 있다.

### (2) 관보에 고시

시험시행기관장은 시험의 시행에 관한 업무를 위탁한 때에는 위탁받은 기관의 명칭 · 대표자 및 소재지와 위탁업무의 내용 등을 관보에 고시하여야 한다.

## 02 행정수수료

### 1 수수료 납부

#### (1) 수수료 납부사유

다음의 어느 하나에 해당하는 자는 해당 지방자치단체의 조례로 정하는 바에 따라 수수료를 납부하여야 한다. 다만, 공인중개사자격시험을 국토교통부장관이 시행하는, 즉 ①의 경우는 국토교통부장관이 결정 · 공고하는 수수료를 납부하여야 한다(법 제47조 제1항).

| |
|---|
| ① 법 제4조에 따른 공인중개사자격시험에 응시하는 자 |
| ② 법 제5조 제3항에 따라 공인중개사자격증의 재교부를 신청하는 자 |
| ③ 법 제9조 제1항에 따라 중개사무소의 개설등록을 신청하는 자 |
| ④ 법 제11조 제2항에 따라 중개사무소등록증의 재교부를 신청하는 자 |
| ⑤ 법 제13조 제3항에 따라 분사무소설치의 신고를 하는 자 |
| ⑥ 법 제13조 제5항에 따라 분사무소설치신고확인서의 재교부를 신청하는 자 |

#### (2) 수수료 납부사유가 아닌 것

행정수수료는 법에서 정한 경우에만 납부하여야 하므로 법에서 규정된 이외의 사유에 해당하는 경우에는 행정수수료를 납부하지 않는다. 따라서 공인중개사자격증을 교부받을 때, 개업공인중개사가 휴업 · 폐업신고할 때, 거래정보사업자로 지정신청할 때에는 행정수수료 납부사유가 아니다. 참고로, 중개사무소 이전신고 그 자체만으로는 수수료 납부사유가 아니지만 중개사무소 이전신고에 따라 등록증 재교부가 발생하므로 등록증 재교부에 준하는 수수료를 납부하여야 하는 것으로 서식에서 규정하고 있다.

**넓혀 보기**

법 제4조에 따른 공인중개사자격시험 또는 제5조 제3항에 따른 공인중개사자격증 재교부 업무를 제45조의 규정에 따라 위탁한 경우에는 해당 업무를 위탁받은 자가 위탁한 자의 승인을 얻어 결정 · 공고하는 수수료를 각각 납부하여야 한다.

예제

**공인중개사법령상 조례가 정하는 바에 따라 수수료를 납부해야 하는 경우를 모두 고른 것은?**

제30회

| |
|---|
| ㉠ 분사무소설치신고확인서의 재교부 신청<br>㉡ 국토교통부장관이 시행하는 공인중개사 자격시험 응시<br>㉢ 중개사무소의 개설등록 신청<br>㉣ 분사무소설치의 신고 |

① ㉠, ㉡
② ㉠, ㉡, ㉣
③ ㉠, ㉢, ㉣
④ ㉡, ㉢, ㉣
⑤ ㉠, ㉡, ㉢, ㉣

**해설** ㉠㉢㉣이 해당된다.
다음의 어느 하나에 해당하는 자는 당해 지방자치단체의 조례가 정하는 바에 따라 수수료를 납부하여야 한다(법 제47조 제1항).

| |
|---|
| 1. 중개사무소개설등록<br>2. 중개사무소등록증 재교부<br>3. 공인중개사 자격증 재교부<br>4. 분사무소설치신고<br>5. 분사무소신고확인서 재교부<br>6. 공인중개사자격시험에 응시하는 자 |

공인중개사자격시험을 국토교통부장관이 시행하는 경우에는 국토교통부장관이 결정·공고하는 수수료를 납부하여야 함에 주의해야 한다(법 제47조 제2항).

**정답 ③**

## 03 포상금

**제46조【포상금】** ① 등록관청은 다음 각 호의 어느 하나에 해당하는 자를 등록관청, 수사기관이나 제47조의2에 따른 부동산거래질서교란행위 신고센터에 신고 또는 고발한 자에 대하여 대통령령으로 정하는 바에 따라 포상금을 지급할 수 있다.

1. 제9조에 따른 중개사무소의 개설등록을 하지 아니하고 중개업을 한 자
2. 거짓이나 그 밖의 부정한 방법으로 중개사무소의 개설등록을 한 자
3. 중개사무소등록증 또는 공인중개사자격증을 다른 사람에게 양도·대여하거나 다른 사람으로부터 양수·대여받은 자
4. 제18조의2 제3항을 위반하여 표시·광고를 한 자
5. 제33조 제1항 제8호 또는 제9호에 따른 행위를 한 자
6. 제33조 제2항을 위반하여 개업공인중개사 등의 업무를 방해한 자

② 제1항에 따른 포상금의 지급에 소요되는 비용은 대통령령으로 정하는 바에 따라 그 일부를 국고에서 보조할 수 있다.

## 1 포상금 지급조건 제32회, 제33회

### (1) 신고 또는 고발 대상자 및 기관

등록관청은 다음에 해당하는 자를 등록관청, 수사기관이나 부동산거래질서교란행위 신고센터(한국부동산원)에 신고 또는 고발한 자에 대하여 포상금을 지급할 수 있다(법 제46조 제1항).

> 1. 중개사무소의 개설등록을 하지 아니하고 중개업을 한 자
> 2. 거짓이나 그 밖의 부정한 방법으로 중개사무소의 개설등록을 한 자
> 3. 중개사무소등록증 또는 공인중개사 자격증을 다른 사람에게 양도·대여하거나 다른 사람으로부터 양수·대여받은 자
> 4. 개업공인중개사가 아닌 자가 표시·광고를 한 경우
> 5. 법 제33조 제1항 제8호 : 부당한 이익을 얻거나 제3자에게 부당한 이익을 얻게 할 목적으로 거짓으로 거래가 완료된 것처럼 꾸미는 등 중개대상물의 시세에 부당한 영향을 주거나 줄 우려가 있는 행위
> 6. 법 제33조 제1항 제9호 : 단체를 구성하여 특정 중개대상물에 대하여 중개를 제한하거나 단체 구성원 이외의 자와 공동중개를 제한하는 행위
> 7. 법 제33조 제2항: 누구든지 시세에 부당한 영향을 줄 목적으로 안내문 등을 이용하여 개업공인중개사 등의 업무를 방해한 자

### (2) 공소제기 또는 기소유예

① 포상금은 지급대상 사유자가 행정기관에 의하여 발각되기 전에 등록관청이나 수사기관에 신고 또는 고발한 자에게 그 신고 또는 고발사건에 대하여 검사가 공소제기 또는 기소유예의 결정을 한 경우에 한하여 지급한다.

② 여기에서 공소(公訴)제기란 검사가 범죄에 대하여 법원에 재판을 청구하는 소송행위로서 기소된 경우이며, 기소유예는 죄를 범한 사람에 대하여 공소를 제기하지 않는 검사의 처분인데 검사는 범인의 연령·성행, 지능과 환경, 피해자에 대한 관계, 범행동기·수단과 결과, 범행 후의 정황 등을 참작하여 소추할 필요가 없다고 사료될 때에는 공소를 제기하지 아니하는 제도이므로 기소유예 결정이 난 경우에도 등록관청은 포상금을 지급한다.

③ 주의할 것은 공소제기를 하여 유죄의 확정판결까지 선고되어야만 포상금을 지급받을 수 있는 것은 아니다. 범죄혐의가 있다고 판단하여 검사가 공소제기를 하여 법원의 무죄판결을 받아도 포상금을 지급한다. 그러나 고소·고발한 사건을 수사한 결과 혐의가 없어서 검사가 무혐의처분을 하게 되면 포상금은 지급하지 않는다.

## 2 포상금 지급절차

### (1) 포상금 지급권자

① 등록관청만이 포상금 지급권자이다. 포상금 지급대상 사유자에 대한 신고 또는 고발은 등록관청뿐만 아니라 수사기관에도 할 수 있지만 포상금은 등록관청만이 지급할 수 있다.

② 포상금을 지급받으려는 자는 포상금지급신청서를 등록관청에 제출해야 한다(규칙 제28조 제1항).

### (2) 포상금 지급

① 포상금지급신청서를 제출받은 등록관청은 그 사건에 관한 수사기관의 처분내용을 조회한 후 포상금의 지급을 결정하고, 그 결정일부터 1개월 이내에 포상금을 지급하여야 한다(규칙 제28조 제2항).

② **포상금액**

㉠ 등록관청이 지급하는 포상금은 1건당 50만원으로 한다.

㉡ 포상금의 지급에 소요되는 비용은 대통령령으로 정하는 바에 따라 그 일부를 국고에서 보조할 수 있다. 포상금의 지급에 소요되는 비용 중 국고에서 보조할 수 있는 비율은 100분의 50 이내로 한다(영 제36조의2 제3항).

### (3) 수인이 신고 · 고발한 경우 지급방법

① **하나의 사건에 대하여 2인 이상이 공동으로 신고 또는 고발한 경우**: 50만원의 포상금을 균등하게 배분하여 지급한다. 다만, 포상금을 지급받을 자가 배분방법에 관하여 미리 합의하여 포상금의 지급을 신청한 경우에는 그 합의된 방법에 따라 지급한다.

② **하나의 사건에 대하여 2건 이상의 신고 또는 고발이 접수된 경우**: 최초로 신고 또는 고발한 자에게 포상금을 지급한다. 이는 1건의 위반행위자에 대하여 중복신고가 있는 경우에 대한 포상금 배분방법이다.

## 3 부동산거래질서교란행위 신고센터의 설치 · 운영

**법 제47조의2 【부동산거래질서교란행위 신고센터의 설치 · 운영】** ① 국토교통부장관은 부동산 시장의 건전한 거래질서를 조성하기 위하여 부동산거래질서교란행위 신고센터(이하 이 조에서 "신고센터"라 한다)를 설치 · 운영할 수 있다.

누구든지 부동산중개업 및 부동산 시장의 건전한 거래질서를 해치는 다음 각 호의 어느 하나에 해당하는 행위(이하 이 조에서 "부동산거래질서교란행위"라 한다)를 발견하는 경우 그 사실을 신고센터에 신고할 수 있다(법 제47조의2 제2항).

### (1) 부동산거래질서교란행위 해당 사항 제35회

1. 제7조(자격증 양도 · 대여금지), 제8조(유사명칭의 사용금지), 제9조(중개사무소개설등록), 제18조의4(중개보조원의 고지의무) 또는 제33조 제2항(금지행위)을 위반하는 행위
2. 제48조 제2호(거짓, 부정하게 등록한 자)에 해당하는 행위
3. 개업공인중개사가 제12조 제1항(2중등록금지), 제13조 제1항(2중사무소설치금지) · 제2항(임시중개시설물), 제14조 제1항(법인의 겸업제한 위반), 제15조 제3항(중개보조원 5배 초과 고용금지), 제17조(게시의무), 제18조(명칭-문자사용), 제19조(등록증 양도 · 대여금지), 제25조 제1항(중개대상물 확인 · 설명위반), 제25조의3(주택임대차 중개시 설명의무) 또는 제26조 제3항(2중계약서 작성)을 위반하는 행위
4. 개업공인중개사 등이 제12조 제2항(2중소속금지), 제29조 제2항(업무상 비밀준수) 또는 제33조 제1항(금지행위)을 위반하는 행위
5. 「부동산 거래신고 등에 관한 법률」 제3조(부동산거래신고 위반), 제3조의2(부동산거래의 해제등 신고) 또는 제4조(금지행위: 거짓신고 요구, 거짓신고 조장 · 방조, 의무 아닌 자가 거짓신고, 가장매매 또는 해제신고)를 위반하는 행위

(2) 신고센터는 다음 각 호의 업무를 수행한다(법 제47조의2 제3항).

1. 부동산거래질서교란행위 신고의 접수 및 상담
2. 신고사항에 대한 확인 또는 시 · 도지사 및 등록관청 등에 신고사항에 대한 조사 및 조치 요구
3. 신고인에 대한 신고사항 처리 결과 통보

(3) 국토교통부장관은 신고센터의 업무를 「한국부동산원법」에 따른 "한국부동산원"에 위탁한다(영 제37조 제7항).

(4) 한국부동산원은 신고센터의 업무 처리 방법, 절차 등에 관한 운영규정을 정하여 국토교통부장관의 승인을 받아야 한다. 이를 변경하려는 경우에도 또한 같다.

(5) 부동산거래질서교란행위를 신고하려는 자는 다음 각 호의 사항을 서면(전자문서를 포함한다)으로 제출해야 한다(영 제37조 제1항).

> 1. 신고인 및 피신고인의 인적 사항
> 2. 부동산거래질서교란행위의 발생일시·장소 및 그 내용
> 3. 신고 내용을 증명할 수 있는 증거자료 또는 참고인의 인적 사항
> 4. 그 밖에 신고 처리에 필요한 사항

(6) 신고센터는 보완이 필요한 경우 기간을 정하여 신고인에게 보완을 요청할 수 있다(영 제37조 제2항).

(7) 신고센터는 신고사항에 대해 시·도지사 및 등록관청 등에 조사 및 조치를 요구해야 한다. 다만, 다음 각 호의 어느 하나에 해당하는 경우에는 국토교통부장관의 승인을 받아 접수된 신고사항의 처리를 종결할 수 있다(영 제37조 제3항).

> 1. 신고내용이 명백히 거짓인 경우
> 2. 신고인이 제2항에 따른 보완을 하지 않은 경우
> 3. 제5항에 따라 신고사항의 처리결과를 통보받은 사항에 대하여 정당한 사유 없이 다시 신고한 경우로서 새로운 사실이나 증거자료가 없는 경우
> 4. 신고내용이 이미 수사기관에서 수사 중이거나 재판에 계류 중이거나 법원의 판결에 의해 확정된 경우

(8) 조사 및 조치를 요구를 받은 "시·도지사 및 등록관청" 등은 신속하게 조사 및 조치를 완료하고, 완료한 날부터 10일 이내에 그 결과를 "신고센터"에 통보해야 한다(영 제37조 제4항).

(9) 신고센터는 시·도지사 및 등록관청 등으로부터 처리 결과를 통보받은 경우 신고인에게 신고사항 처리 결과를 통보해야 한다(영 제37조 제5항).

(10) "신고센터"는 "매월 10일"까지 직전 달의 신고사항 접수 및 처리 결과 등을 "국토교통부장관"에게 제출해야 한다(영 제37조 제6항).

(11) 한국부동산원은 신고센터의 업무 처리 방법, 절차 등에 관한 운영규정을 정하여 국토교통부장관의 승인을 받아야 한다. 이를 변경하려는 경우에도 또한 같다(영 제37조 제8항).

MEMO

# Chapter 09 지도 · 감독 및 벌칙

**단원 열기**

이 장에서는 개업공인중개사 등에 대한 국토교통부장관, 시 · 도지사, 등록관청의 지도 · 감독과 법 위반에 대한 제재로서 행정처분과 벌칙(행정질서벌과 행정형벌)을 규정하고 있으며, 매년 출제빈도가 아주 높은 편이다. 행정처분의 종류로는 자격취소, 자격정지, 등록취소, 업무정지, 지정취소가 규정되어 있고 이에 대한 처분권자 및 처분사유를 중심으로 철저한 이해와 암기가 되어야 전체 유기적인 문제까지 3~4문제를 풀 수 있다. 또한 행정질서벌과 행정형벌도 매번 1~2문제가 출제되는 부분이기에 고득점의 합격을 위해서는 반복학습으로 철저하고 명확한 이해와 암기로 시험에 항상 대비해야 할 부분이다.

## 제 1 절 감독상의 명령 등

### 01 감독관청

개업공인중개사 또는 거래정보사업자에 대하여 감독상 필요한 명령을 할 수 있는 감독관청은 다음과 같다.

(1) 국토교통부장관

(2) 시 · 도지사

(3) 등록관청

(4) **법인인 개업공인중개사의 분사무소 소재지의 시장 · 군수 또는 구청장**

개업공인중개사에 대한 감독관청은 등록관청만이 아니고 국토교통부장관, 시 · 도지사도 포함된다. 따라서 개업공인중개사에 대한 지도 · 감독관청과 행정처분관청이 일치하는 것은 아니다. 또한 법인인 개업공인중개사의 분사무소도 법인인 개업공인중개사에 속하므로 분사무소의 영업행위와 관련해서는 분사무소 소재지 시장 · 군수 · 구청장도 유효적절하게 감독할 필요가 있으므로 분사무소에 대한 지도 · 감독권한을 인정하고 있다. 다만, 행정처분권은 주된 사무소의 등록관청에 있다.

## 02 감독대상자

### ① 개업공인중개사 또는 거래정보사업자

감독관청이 감독권을 행사하게 되는 대상은 개업공인중개사 또는 거래정보사업자이다.

### ② 중개사무소의 개설등록을 하지 아니하고 중개업을 하는 자(무등록업자)

## 03 감독상 명령 등을 할 수 있는 경우

감독관청이 「공인중개사법」에 의한 감독을 하기 위해서는 다음과 같은 사유가 있어야만 한다.

| ① 부동산투기 등 거래동향의 파악을 위하여 필요한 경우<br>② 이 법 위반행위의 확인, 공인중개사의 자격취소·정지 및 개업공인중개사에 대한 등록취소·업무정지 등 행정처분을 위하여 필요한 경우 |
|---|

## 04 감독상 명령의 내용 등

### ① 행정명령

감독관청은 개업공인중개사 또는 거래정보사업자에 대하여 그 업무에 관한 사항을 보고하게 하거나 자료의 제출 그 밖에 필요한 명령을 할 수 있다. 예를 들어 개업공인중개사가 거래계약서를 작성·교부·보존하였는지를 확인하기 위해 감독관청은 개업공인중개사에게 거래계약서 사본을 제출하도록 명령할 수 있다.

### ② 조사·검사증명서 제시의무

감독관청은 소속 공무원으로 하여금 중개사무소에 출입하여 장부·서류 등을 조사 또는 검사하게 할 수 있다. 중개사무소에 출입·검사 등을 하는 공무원은 증표를 지니고 상대방에게 이를 내보여야 한다. '증표'라 함은 공무원증 및 별지 제26호 서식의 중개사무소 조사·검사증명서를 말한다.

### 3 협회 · 기관 등에 협조요청

국토교통부장관, 시 · 도지사 및 등록관청은 불법 중개행위 등에 대한 단속을 하는 경우 필요한 때에는 공인중개사협회 및 관계 기관에 협조를 요청할 수 있다. 이 경우 공인중개사협회는 특별한 사정이 없으면 이에 따라야 한다.

## 05 위반시 제재

### 1 개업공인중개사

등록관청은 6개월의 범위 안에서 기간을 정하여 업무의 정지를 명할 수 있다.

### 2 거래정보사업자

국토교통부장관은 500만원 이하의 과태료를 부과한다.

# 제 2 절 행정처분

## 01 개 관

「공인중개사법」은 이 법의 제정목적을 달성하기 위하여 행정상 의무위반에 대한 제재의 수단으로 행정처분을 규정하고 있다. 다만, 중개업무에 종사하지 않는 공인중개사도 행정처분의 대상이 되나 중개보조원 및 공인중개사자격이 없는 법인인 개업공인중개사의 사원 · 임원, 무등록업자는 행정처분의 대상이 될 수 없다.

## 02 행정처분의 사전절차

### 1 청 문

'청문'이란 행정청이 어떠한 처분을 하기에 앞서 당사자 등의 의견을 직접 듣고 증거를 조사하는 절차를 말하며, 「공인중개사법」상 청문대상으로는 등록취소처분과 자격취소처분 및 지정취소처분이 있다.

## ② 의견제출

등록관청이 개업공인중개사에 대하여 업무정지처분을 하거나 시·도지사가 소속공인중개사에 대하여 자격정지처분을 하고자 하면 청문을 실시하지 않아도 된다.

## ③ 청문 제외

다음과 같은 경우에는 청문과 의견제출을 실시하지 않아도 된다(「행정절차법」 제22조 제4항).

1. 공공의 안전 또는 복리를 위하여 긴급히 처분을 할 필요가 있는 경우
2. 처분의 사유가 법원의 재판 등으로 객관적으로 명백한 경우
3. 처분의 성질상 의견청취가 현저히 곤란한 경우 등
4. 당사자가 의견진술의 기회(청문과 의견제출)를 포기한다는 뜻을 명백히 표시한 경우

## ④ 사전절차

이러한 사전절차를 거치지 아니한 행정처분은 위법한 것으로 무효 또는 취소사유가 되며, 처분당사자는 사후에 행정심판이나 행정소송을 제기하여 구제받을 수 있다.

☑ **행정처분 일반**

| 대 상 | 개업공인중개사 | | 공인중개사 | | 거래정보사업자 |
|---|---|---|---|---|---|
| **처분의 종류** | 등록취소 | 업무정지 | 자격취소 | 자격정지 | 지정취소 |
| **처분권자** | 등록관청 | 등록관청 | 자격증 교부<br>시·도지사 | 자격증 교부<br>시·도지사 | 국토교통부<br>장관 |
| **처분의 성격** | 기속행위<br>재량행위 | 재량행위 | 기속행위 | 재량행위 | 재량행위 |
| **사전절차** | 청 문 | 의견제출 | 청 문 | 의견제출 | 청 문 |
| **처분의 효과** | 3년간<br>결격사유 | 업무금지 | • 3년간 결격 및 자격취득 불가<br>• 장관 및 시·도지사에 5일 내 보고 | 결격사유 | × |

## 03 공인중개사에 대한 행정처분

### 1 자격취소처분 제31회, 제32회, 제33회, 제34회

#### (1) 자격취소사유

시·도지사는 공인중개사가 다음의 어느 하나에 해당하는 경우에는 공인중개사자격을 취소하여야 한다(법 제35조 제1항).

> 1. 부정한 방법으로 공인중개사의 자격을 취득한 경우
> 2. 다른 사람에게 자기의 성명을 사용하여 중개업무를 하게 하거나 공인중개사자격증을 양도 또는 대여한 경우
> 3. 법 제36조에 따른 자격정지처분을 받고 그 자격정지기간 중에 중개업무를 행한 경우(다른 개업공인중개사의 소속공인중개사·중개보조원 또는 법인인 개업공인중개사의 사원·임원이 되는 경우를 포함한다)
> 4. 이 법 또는 공인중개사의 직무와 관련하여 「형법」 제114조(범죄단체 등의 조직), 제231조(사문서 등의 위조, 변조), 제234조(위조사문서 등의 행사), 제347조(사기), 제355조(횡령, 배임) 제356(업무상의 횡령, 배임)조를 위반하여 금고 이상의 형(집행유예를 포함한다)을 선고받은 경우

① **부정한 방법으로 자격을 취득한 경우**: 공인중개사자격시험에 정당하지 못한 방법(예 대리시험, 컨닝 등)으로 자격을 취득한 경우, 부정한 방법으로 취득한 경우가 해당된다.

② **자격증 양도·대여 등**: 다른 사람에게 자기의 성명을 사용하여 중개업무를 하게 하거나 다른 사람에게 자격증을 양도 또는 대여한 경우가 해당된다.

③ **자격정지기간 중에 중개업무를 한 경우**: 자격정지처분을 받고 자격정지기간 중에 있는 소속공인중개사가 중개업무를 하거나 다른 개업공인중개사의 소속공인중개사, 중개보조원 또는 법인인 개업공인중개사의 사원·임원이 되는 경우가 해당된다.

④ **이 법 또는 공인중개사의 직무와 관련하여 「형법」 위반으로 금고형 이상의 형 선고**

㉠ 이 법 위반으로 징역형을 선고받은 경우는 자격이 취소된다.
즉, 법 제48조(3년 이하의 징역 또는 3천만원 이하의 벌금형) 또는 법 제49조(3년 이하의 징역 또는 3천만원 이하의 벌금)의 규정에 따라 징역형(집행유예 포함)을 선고받아 확정되면 자격이 취소된다. 다만, 이 규정에 따라 벌금형을 선고받게 되면 자격은 취소되지 않는다.

㉡ 이 법 또는 공인중개사의 직무와 관련하여 「형법」 제114조, 제231조, 제234조, 제347조, 제355조 또는 제356조를 위반하여 금고 이상의 형(집행유예를 포함한다)을 선고받은 경우에 자격이 취소되는 것이고 다른 법률에 위반하여 금고 이상의 형(집행유예를 포함한다)을 선고받은 경우는 자격이 취소되지 않는다. 또한 이 법을 위반하였더라도 금고 이상의 형의 선고유예를 선고받은 경우에는 자격을 취소할 수 없다.

㉢ 다른 하나는 공인중개사의 직무와 관련하여 「형법」 제114조(범죄단체 등의 조직), 제231조(사문서 등의 위조, 변조), 제234조(위조사문서 등의 행사), 제347조(사기), 제355조(횡령, 배임), 제356(업무상의 횡령, 배임)조를 위반하여 금고 이상의 형(집행유예를 포함한다)을 선고받은 경우는 자격이 취소된다.

㉣ 형법상 금고형 이상의 형임으로 징역형을 받으면 당연히 자격이 취소된다.

㉤ 주의할 것은 형법상 모든 범죄(예 폭행죄, 상해죄 등)가 자격취소 사유에 포함되는 것이 아니라 공인중개사의 직무와 관련하여 위 ㉢에 열거된 일부 범죄의 경우만으로 한정되어 있다는 점이다.

⑤ 참고로 형의 선고를 이유로 자격을 취소하기 위해서는 반드시 해당 형을 선고하는 재판이 확정되어야 한다. 예를 들어, 1심에서 징역형의 선고를 받았으나 선고에 대한 항소(抗訴)를 한 경우에는 아직 형을 선고하는 재판이 확정되지 않은 것이므로, 이를 근거로 공인중개사자격이 취소될 수 없다(행정심판 1999.4.16, 의결 19991538호 참조).

### (2) 처분 후의 조치

① **취소사실의 보고 · 통지**: 시 · 도지사는 공인중개사의 자격취소처분을 한 때에는 5일 이내에 이를 국토교통부장관과 다른 시 · 도지사에게 통보해야 한다(영 제29조 제3항).

② **자격증의 반납**

㉠ 공인중개사자격이 취소되어 공인중개사자격증을 반납하고자 하는 자는 자격취소처분을 받은 날부터 7일 이내에 그 공인중개사자격증을 교부한 시 · 도지사에게 공인중개사자격증을 반납하여야 한다.

㉡ 다만, 자격증의 분실 등의 사유로 공인중개사자격증을 반납할 수 없는 자는 자격증 반납을 대신하여 그 이유를 기재한 사유서를 시 · 도지사에게 제출하여야 한다. 이 경우 사유서를 거짓으로 제출하여서는 아니 된다.

㉢ 자격취소 후 7일 이내에 자격증을 반납하지 않거나 분실 · 훼손으로 인하여 자격증을 반납하지 못할 경우에 반납할 수 없는 사유서를 제출하지 않거나 거짓으로 반납할 수 없는 사유서를 제출한 경우에는 100만원 이하의 과태료에 처한다.

### (3) 처분의 효과

① **공인중개사 자격취득 제한**: 공인중개사자격이 취소된 자는 자격이 취소된 날로부터 3년 이내에 공인중개사가 될 수 없다.

② **등록 및 중개업무 종사의 제한**: 공인중개사자격이 취소된 자는 이 법 제10조상 등록 등의 결격사유에 해당되므로 자격취소처분을 받은 날로부터 3년간은 중개사무소의 등록뿐만 아니라 중개보조원, 법인인 개업공인중개사의 사원·임원 등 중개업무에도 종사할 수 없다.

③ 공인중개사인 개업공인중개사가 자격취소처분을 받으면 등록 등의 결격사유에 해당하므로 중개사무소의 개설등록이 취소된다.

**예제**

**공인중개사법령상 공인중개사 자격취소에 관한 설명으로 틀린 것은?** 제33회

① 시·도지사는 공인중개사가 이 법을 위반하여 300만원 이상 벌금형의 선고를 받은 경우에는 그 자격을 취소해야 한다.
② 공인중개사의 자격이 취소된 자는 공인중개사자격증을 교부한 시·도지사에게 반납해야 한다.
③ 시·도지사는 공인중개사의 자격취소처분을 한 때에는 5일 이내에 이를 국토교통부장관과 다른 시·도지사에게 통보해야 한다.
④ 시·도지사는 공인중개사의 자격을 취소하고자 하는 경우에는 청문을 실시해야 한다.
⑤ 시·도지사는 공인중개사가 부정한 방법으로 공인중개사의 자격을 취득한 경우에는 그 자격을 취소해야 한다.

**해설** 이 법을 위반하여 300만원 이상 벌금형의 선고를 받은 경우는 결격사유가 되어 등록은 취소되어도 자격취소 사유는 아니다.

정답 ①

## 2 자격정지처분 제31회, 제32회, 제34회

### (1) 처분대상자

① 자격정지의 처분권자는 자격증을 교부한 시·도지사이고, 대상자는 소속공인중개사로 한정된다. 소속공인중개사가 중개업무를 수행하는 과정에서 「공인중개사법」 위반행위를 한 때 부과하는 제재이다.

② 등록관청은 소속공인중개사가 자격정지사유 중 어느 하나에 해당하는 사실을 알게 된 때에는 지체 없이 그 사실을 시·도지사에게 통보하여야 한다. 이는 등록관청이 소속공인중개사의 법 위반행위를 적발하여도 처분권한이 없기 때문이다.

③ 자격증을 교부한 시・도지사와 공인중개사 사무소의 소재지를 관할하는 시・도지사가 서로 다른 경우에는 공인중개사 사무소의 소재지를 관할하는 시・도지사가 자격정지처분에 필요한 절차를 모두 이행한 후 자격증을 교부한 시・도지사에게 통보하여야 한다(영 제29조 제2항).

### (2) 자격정지사유

시・도지사는 공인중개사가 소속공인중개사로서 업무를 수행하는 기간 중에 다음의 어느 하나에 해당하는 경우에는 6개월의 범위 안에서 기간을 정하여 그 자격을 정지할 수 있다(법 제36조 제1항).

① 둘 이상의 중개사무소에 소속된 경우
② 인장등록을 하지 아니하거나 등록하지 아니한 인장을 사용한 경우
③ 성실・정확하게 중개대상물의 확인・설명을 하지 아니하거나 설명의 근거자료를 제시하지 아니한 경우
④ 중개대상물 확인・설명서에 서명 및 날인을 하지 아니한 경우
⑤ 거래계약서에 서명 및 날인을 하지 아니한 경우
⑥ 거래계약서에 거래금액 등 거래내용을 거짓으로 기재하거나 서로 다른 둘 이상의 거래계약서를 작성한 경우
⑦ 법 제33조 제1항 각 호에 규정된 금지행위를 한 경우

### (3) 처분의 효과

① 자격정지처분을 받고 자격이 정지된 소속공인중개사는 자격정지기간 중에 중개업무를 수행하지 못하며, 다른 개업공인중개사의 소속공인중개사, 중개보조원 또는 법인인 개업공인중개사의 사원・임원이 되지 못한다(법 제35조 제1항 제3호 참조). 이를 위반할 경우 자격이 취소된다.

② 자격정지기간 중인 공인중개사는 개설등록의 결격사유에 해당되어 설령 퇴직했다 하더라도 그 기간 동안은 중개사무소 개설등록을 받을 수 없다.

③ 개업공인중개사가 자격정지처분을 받은 소속공인중개사로 하여금 이 기간 중에 중개업무를 하게 한 경우는 절대적 등록취소에 해당하며, 다른 한편 이에 해당하는 소속공인중개사를 2개월 내에 해소하지 않으면 업무정지처분 사유에 해당된다.

### ⑷ 자격정지의 기준

자격정지 대상자들의 형평성을 고려하여 자격정지기준을 국토교통부령으로 정하고 있다. 자격정지의 기준은 다음과 같다(규칙 제22조 제1항). 자격정지처분을 하는 시・도지사는 위반행위의 동기・결과 및 횟수 등을 참작하여 자격정지기간의 2분의 1의 범위 안에서 가중 또는 감경할 수 있다. 이 경우 가중하여 처분하는 때에도 자격정지기간은 6개월을 초과할 수 없다(규칙 제22조 제2항).

☑ **[별표 3] 공인중개사 자격정지의 기준**(규칙 제22조 관련) 〈개정 2021. 10. 19.〉

| 위반행위 | 해당법조문 | 자격정지 기준 |
|---|---|---|
| 1. 법 제12조 제2항의 규정을 위반하여 2 이상의 중개사무소에 소속된 경우 | 법 제36조 제1항 제1호 | 자격정지 6개월 |
| 2. 법 제16조의 규정을 위반하여 인장등록을 하지 아니하거나 등록하지 아니한 인장을 사용한 경우 | 법 제36조 제1항 제2호 | 자격정지 3개월 |
| 3. 법 제25조 제1항의 규정을 위반하여 성실・정확하게 중개대상물의 확인・설명을 하지 아니하거나 설명의 근거자료를 제시하지 아니한 경우 | 법 제36조 제1항 제3호 | 자격정지 3개월 |
| 4. 법 제25조 제4항의 규정을 위반하여 중개대상물확인・설명서에 서명・날인을 하지 아니한 경우 | 법 제36조 제1항 제4호 | 자격정지 3개월 |
| 5. 법 제26조 제2항의 규정을 위반하여 거래계약서에 서명・날인을 하지 아니한 경우 | 법 제36조 제1항 제5호 | 자격정지 3개월 |
| 6. 법 제26조 제3항의 규정을 위반하여 거래계약서에 거래금액 등 거래내용을 거짓으로 기재하거나 서로 다른 2 이상의 거래계약서를 작성한 경우 | 법 제36조 제1항 제6호 | 자격정지 6개월 |
| 7. 법 제33조 제1항 각 호에 규정된 금지행위를 한 경우 | 법 제36조 제1항 제7호 | 자격정지 6개월 |

어제 제가 작성한
거래계약서에 깜빡하고
서명만 하고 날인을
안했습니다.
소속공인중개사

그럼 큰일인데!
자격정지처분
사유네요.
개업공인중개사

## 04 개업공인중개사에 대한 행정처분 제35회

### 1 처분의 종류 및 처분권자

#### (1) 처분의 종류 및 성격

① 개업공인중개사에 대한 행정처분은 등록취소와 업무정지 2가지가 있다. 등록취소는 등록의 효력을 소멸시키는 행위로서 일정한 사유에 해당될 경우 등록관청이 반드시 등록을 취소하여야 하는 절대적(필요적) 등록취소와 등록관청의 재량적 판단에 따라 등록취소처분을 하거나 업무정지처분을 하는 임의적(상대적 · 재량적) 등록취소로 나누어진다.

② 등록취소처분을 하고자 하는 등록관청은 청문을 실시하여야 한다. 등록취소사유에 해당되어도 등록취소처분이 행해지기 전까지는 등록의 효력이 소멸되지 않음을 주의하여야 한다. 업무정지처분을 하고자 하는 때에는 사전에 청문을 실시하지 않는다. 다만, 「행정절차법」상 사전에 의견제출의 기회는 부여한다.

#### (2) 처분의 효과

① 등록이 취소되면 등록의 효력이 상실되지만 업무정지처분을 받더라도 폐업을 하지 않는 한 등록의 효력이 상실되는 것은 아니므로 업무정지처분 기간 동안 중개업을 수행한 개업공인중개사는 무등록업자로 처벌되는 것은 아니다.

② 개업공인중개사가 업무정지처분을 받은 경우에는 업무정지처분기간 중에 다른 개업공인중개사의 소속공인중개사 · 중개보조원 · 법인의 임원이 될 수 없다. 또한 업무정지처분기간 중에 폐업 후 다시 중개사무소의 개설등록신청을 할 수 없다.

### 2 등록취소처분 제32회, 제33회, 제35회

#### (1) **절대적**(필요적 · 기속적) **등록취소사유**

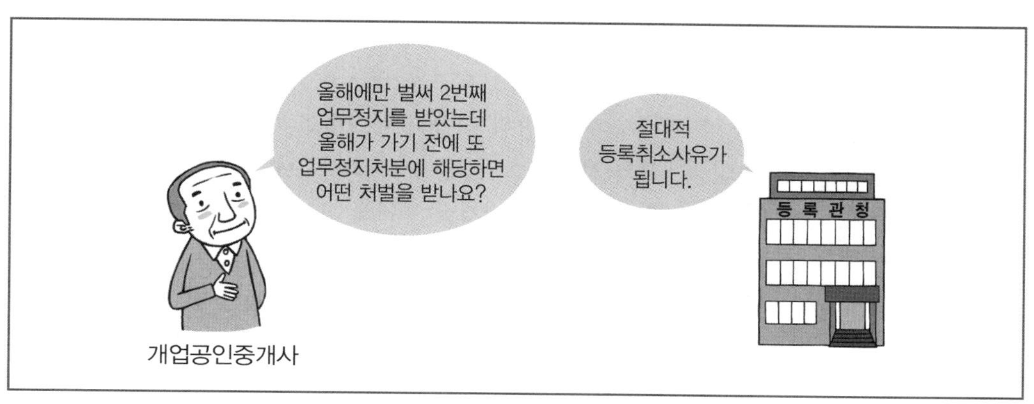

등록관청은 개업공인중개사가 다음의 어느 하나에 해당하는 경우에는 중개사무소의 개설등록을 취소하여야 한다(법 제38조 제1항).

① **개인인 개업공인중개사가 사망하거나 개업공인중개사인 법인이 해산한 경우**

㉠ 개업공인중개사의 사망이나 법인이 해산한 경우는 중개사무소 개설등록을 한 주체가 소멸된 것으로 대상 개설등록의 효력은 당연하게 상실될 것이며, 법인의 해산 등의 경우 발생할 수 있는 개설등록의 불법사용 등을 방지하기 위하여 등록취소사유로 정하고 있다.

㉡ 다만, 법인인 개업공인중개사의 대표자가 사망한 경우에는 법인인 개업공인중개사의 대표자가 개업공인중개사가 아니므로 법인인 개업공인중개사의 등록취소사유가 아니며 새로운 대표자를 선임하면 된다.

㉢ 등록관청이 등록취소처분을 하고자 하는 경우에 청문을 실시하여야 하지만 개인인 개업공인중개사의 사망 또는 법인의 해산의 경우에는 성격상 청문을 실시할 수 없거나 청문을 실시할 필요가 없는 경우에 해당한다.

② **거짓이나 그 밖의 부정한 방법으로 중개사무소의 개설등록을 한 경우**: 개설등록에 첨부되는 서면을 위조・변조하여 제출하거나 개설등록자격이 없는 자가 기타 부정한 방법으로 개설등록을 한 것 등을 의미한다.

③ **개업공인중개사가 법 제10조의 결격사유 중 다음에 해당하는 경우**: 이 법 제10조의 모든 결격사유가 반드시 등록취소를 가져오는 것은 아니고 12가지 결격사유 중 다음 7가지 결격사유만 등록취소처분의 사유가 된다.
참고로 등록이 취소되면 원칙적으로 등록이 취소된 날로부터 3년간이 결격기간이나 이 7가지 결격사유로 등록이 취소된다 하더라도 등록이 취소된 날로부터 새로운 3년간의 결격기간은 적용되는 것이 아니다(전술한 결격사유 참조).

㉠ 피성년후견인 또는 피한정후견인선고를 받은 경우
㉡ 파산선고를 받고 복권되지 아니한 경우
㉢ 금고 이상의 실형의 선고를 받은 경우
㉣ 금고 이상의 형의 집행유예선고를 받은 경우
㉤ 공인중개사자격이 취소된 경우
㉥ 「공인중개사법」에 위반하여 300만원 이상의 벌금형의 선고를 받은 경우
㉦ 법인인 개업공인중개사의 사원 또는 임원 중 결격사유에 해당하는 자가 있는 경우 다만, 그 결격사유가 발생한 날부터 2개월 이내에 그 사유를 해소한 경우에는 그러하지 아니하다. 즉, 개인인 개업공인중개사가 상기의 결격사유에 해당하는 경우에는 즉시 등록취소사유로 되나 법인의 사원・임원 중 결격사유에 해당하는 자가 있는 경우 2개월 이내에 그 사유를 해소하지 아니하면 등록이 취소된다.

다른 한편, 법 제10조의 결격사유 중에 다음의 5가지는 등록효력 자체가 부존재하므로 원천적으로 등록취소를 할 수 없다.

> 1. 미성년자
> 2. 공인중개사의 자격이 정지된 자로서 자격정지기간 중에 있는 자
> 3. 중개사무소의 개설등록이 취소된 후 3년이 지나지 아니한 자
> 4. 업무정지처분을 받고 폐업신고를 한 자로서 업무정지기간이 지나지 아니한 자
> 5. 업무정지처분을 받은 개업공인중개사인 법인의 업무정지의 사유가 발생한 당시의 사원 또는 임원이었던 자로서 해당 개업공인중개사에 대한 업무정지기간이 지나지 아니한 자

④ **이중으로 중개사무소의 개설등록을 한 경우**: 이중으로 중개사무소의 개설등록을 한 경우, 이중으로 개설등록한 모든 사무소의 개설등록을 취소해야 한다.

⑤ **다른 개업공인중개사의 소속공인중개사, 중개보조원 또는 개업공인중개사인 법인의 사원 · 임원이 된 경우**: 개업공인중개사가 중개업무수행과 관계없이 단순히 다른 개업공인중개사인 법인의 사원 · 임원이 된 경우에도 등록취소사유에 해당한다.

⑥ **중개보조원을 초과 고용한 경우**: 개업공인중개사와 소속공인중개사를 합한 수의 5배를 초과하여 고용한 경우에 등록취소사유에 해당한다(법 제15조 제3항).

⑦ **등록증 양도 · 대여 등**: 다른 사람에게 자기의 성명 또는 상호를 사용하여 중개업무를 하게 하거나 중개사무소등록증을 양도 또는 대여한 경우가 해당된다.

⑧ **업무정지기간 중에 중개업무 수행 등**: 업무정지기간 중에 중개업무를 하거나 자격정지처분을 받은 소속공인중개사로 하여금 자격정지기간 중에 중개업무를 하게 한 경우가 해당된다.

⑨ **최근 1년 이내에 이 법에 의하여 2회 이상 업무정지처분을 받고 다시 업무정지처분에 해당하는 행위를 한 경우**

㉠ 최근 1년 동안 누적된 수차례의 업무정지 사유에 위반하는 개업공인중개사에게 등록취소처분을 하는 상습범에 대한 가중처벌규정이다.

㉡ 최근 1년 이내에 2회 업무정지처분을 받은 자가 다시 업무정지 사유에 위반한 경우에 업무정지처분 대신에 등록을 취소하게 된다. 1년의 기간의 계산은 최초의 업무정지처분을 받은 날부터 시작하여 1년 이내의 기간을 의미한다.

㉢ 예컨대, 2024년 3월에 업무정지처분을 받고 12월에 또 업무정지처분을 받은 자가 다시 2025년 2월에 업무정지에 해당하는 행위를 한 경우에는 개업공인중개사의 등록을 취소하게 된다. 그러나 2025년 2월이 아니라 6월에 다시 업무정지 사유에 위반한 행위를 한 경우에는 등록취소사유가 아니다.

### (2) **임의적**(상대적 · 재량적) **등록취소사유**

등록관청은 개업공인중개사가 다음의 사유 중 하나에 해당하는 경우에는 중개사무소의 개설등록을 취소할 수 있다(법 제38조 제2항). 등록관청이 등록을 취소하고자 하는 경우에는 청문을 실시하여야 한다(법 제38조 제3항). 다만, 중개사무소 개설등록을 취소하지 아니할 때에는 6개월의 범위 내에서 업무정지처분을 명할 수 있다(법 제39조 제1항 제11호).

① **등록기준에 미달하게 된 경우**

㉠ 공인중개사인 개업공인중개사가 등록 당시에는 건축물대장에 기재된 건물로 중개사무소를 갖추었으나 중개업을 영위하던 중 사무소가 멸실하거나 건축물대장에 기재되지 않은 건물로 중개사무소를 이전하는 경우, 법인인 개업공인중개사의 임원 또는 사원의 변동으로 인하여 임원 또는 사원의 3분의 1 이상이 공인중개사에 해당하지 않게 된 경우 등이다.

㉡ 그러나 등록기준에 미달되어 등록취소처분을 받더라도 3년간의 결격기간은 적용되지 않으므로 등록기준을 갖추어 즉시 중개업등록을 신청할 수 있다.

② **둘 이상의 중개사무소를 둔 경우**: 2개 이상의 중개사무소를 둔다는 것은 개업공인중개사가 개설등록을 받은 사무소를 그대로 유지하고 있는 상태에서 중개업무를 실질적으로 수행할 다른 사무소를 설치하는 경우 등이 포함된다. 앞의 이중등록 및 이중소속은 절대적 등록취소사유라는 점과 구별하여야 한다.

③ **임시 중개시설물 설치**: 천막 등 임시 중개시설물을 설치한 경우가 해당된다.

④ **법인인 개업공인중개사가 겸업을 위반한 경우**: 겸업금지 위반으로 인한 등록취소규정은 법인인 개업공인중개사에게만 적용되는 것이며, 개인인 개업공인중개사에게는 적용되지 않는다.

⑤ **부득이한 사유 없이 6개월을 초과하여 휴업한 경우**: 휴업신고 없이 3개월을 초과하여 휴업한 경우에는 100만원 이하의 과태료 사유인 점과 구별하여야 한다.

⑥ **전속중개계약을 체결한 개업공인중개사가 중개대상물에 관한 정보를 공개하지 아니하거나 중개의뢰인의 비공개 요청에도 불구하고 정보를 공개한 경우**: 전속중개계약서에 의하지 아니하고 전속중개계약을 체결하거나 계약서를 3년간 보존하지 아니한 경우는 업무정지처분사유라는 점과 구별하여야 한다.

⑦ **거래계약서 거짓기재 등의 경우**: 거래계약서에 거래금액 등 거래내용을 거짓으로 기재하거나 서로 다른 둘 이상의 거래계약서를 작성한 경우이다.

⑧ **업무보증설정을 하지 않고 업무개시한 경우**: 손해배상책임을 보장하기 위한 조치를 이행하지 아니하고 업무를 개시한 경우가 해당된다.

⑨ **금지행위를 한 경우**: 법 제33조 제1항에 규정된 금지행위를 한 경우이다.

⑩ **최근 1년 이내에 이 법에 의하여 3회 이상 업무정지 또는 과태료의 처분을 받고 다시 업무정지 또는 과태료의 처분에 해당하는 행위를 한 경우**:
예컨대, 2024년 2월에 업무정지처분, 3월에 과태료처분, 이어서 7월에 업무정지처분을 받았는데, 다시 2025년 1월에 사무소 이전신고를 위반한 사실이 적발되었다면 등록이 취소될 수 있다.
다만, 최근 1년 이내에 이 법에 의하여 2회 이상 업무정지처분을 받고 다시 업무정지처분에 해당하는 행위를 한 경우는 절대적 등록취소사유가 된다.

⑪ 개업공인중개사가 조직한 사업자단체(「독점규제 및 공정거래에 관한 법률」 제2조 제2호의 사업자단체를 말한다. 이하 같다) 또는 그 구성원인 개업공인중개사가 「독점규제 및 공정거래에 관한 법률」 제51조를 위반하여 같은 법 제52조 또는 제53조에 따른 처분을 최근 2년 이내에 2회 이상 받은 경우

**독점규제 및 공정거래에 관한 법률**

**제2조 【정의】** 이 법에서 사용하는 용어의 뜻은 다음과 같다.

2. "사업자단체"란 그 형태가 무엇이든 상관없이 둘 이상의 사업자가 공동의 이익을 증진할 목적으로 조직한 결합체 또는 그 연합체를 말한다.

**제51조 【사업자단체의 금지행위】** ① 사업자단체는 다음 각 호의 어느 하나에 해당하는 행위를 하여서는 아니 된다.

1. 제40조(부당한 공동행위의 금지) 제1항 각 호의 행위로 부당하게 경쟁을 제한하는 행위
2. 일정한 거래분야에서 현재 또는 장래의 사업자 수를 제한하는 행위
3. 구성사업자(사업자단체의 구성원인 사업자를 말한다. 이하 같다)의 사업내용 또는 활동을 부당하게 제한하는 행위
4. 사업자에게 제45조(불공정거래행위의 금지) 제1항에 따른 불공정거래행위 또는 제46조(재판매가격유지행위의 금지)에 따른 재판매가격유지행위를 하게 하거나 이를 방조하는 행위

**제52조 【시정조치】** ① 공정거래위원회는 제51조를 위반하는 행위가 있을 때에는 그 사업자단체(필요한 경우 관련 구성사업자를 포함한다)에 해당 행위의 중지, 시정명령을 받은 사실의 공표, 그 밖에 필요한 시정조치를 명할 수 있다.

**제53조 【과징금】** ① 공정거래위원회는 제51조 제1항을 위반하는 행위가 있을 때에는 해당 사업자단체에 10억원의 범위에서 과징금을 부과할 수 있다.

### (3) 등록취소처분 관련 행정절차

① **청문**: 등록관청은 중개사무소의 개설등록을 취소하고자 하는 경우에는 개업공인중개사의 사망・해산을 제외하고 청문을 실시하여야 한다(법 제38조 제3항).

② **등록증 반납**: 등록이 취소된 자는 등록취소처분을 받은 날부터 7일 이내에 등록관청에 그 중개사무소등록증을 반납하여야 한다(법 제38조 제4항, 규칙 제24조 제1항). 중개사무소의 개설등록이 취소된 경우로서 법인인 개업공인중개사가 해산한 경우에는 그 법인의 대표자이었던 자가 등록취소처분을 받은 날부터 7일 이내에 등록관청에 중개사무소등록증을 반납하여야 한다(규칙 제24조 제2항).

③ 등록취소처분의 효력은 개업공인중개사에게만 미치고 고용인에게는 미치지 않는다. 따라서 고용인이었던 자는 다른 개업공인중개사에게 소속되어 중개업무에 종사할 수 있다.

④ 등록취소처분을 받은 개업공인중개사는 지체 없이 간판을 철거하여야 한다.

**예제**

**공인중개사법령상 등록관청이 중개사무소의 개설등록을 취소하여야 하는 사유로 명시되지 않은 것은?** 제33회

① 개업공인중개사가 업무정지기간 중에 중개업무를 한 경우
② 개인인 개업공인중개사가 사망한 경우
③ 개업공인중개사가 이중으로 중개사무소의 개설등록을 한 경우
④ 개업공인중개사가 천막 그 밖에 이동이 용이한 임시 중개시설물을 설치한 경우
⑤ 개업공인중개사가 최근 1년 이내에 이 법에 의하여 2회 이상 업무정지처분을 받고 다시 업무정지처분에 해당하는 행위를 한 경우

**해설** 임의적 등록취소 사유에 해당된다. **정답** ④

## 3 업무정지처분 제32회

### (1) 업무정지처분 사유

등록관청은 개업공인중개사가 다음의 어느 하나에 해당하는 경우에는 6개월의 범위 안에서 기간을 정하여 업무의 정지를 명할 수 있다. 이 경우 법인인 개업공인중개사에 대하여는 법인 또는 분사무소별로 업무의 정지를 명할 수 있다(법 제39조 제1항). 분사무소의 위법행위에 대해서도 등록관청은 해당 분사무소에 대해서만 별도로 업무정지처분을 할 수 있도록 규정하고 있다.

① 결격사유에 해당하는 자를 소속공인중개사 또는 중개보조원으로 둔 경우. 다만, 그 사유가 발생한 날부터 2개월 이내에 그 사유를 해소한 경우에는 그러하지 아니하다.

② 인장등록을 하지 아니하거나 등록하지 아니한 인장을 사용한 경우

③ 전속중개계약을 체결한 개업공인중개사가 전속중개계약서에 의하지 아니하고 전속중개계약을 체결하거나 계약서를 3년간 보존하지 아니한 경우

④ 부동산거래정보망에 중개대상물에 관한 정보를 거짓으로 공개하거나 거래정보사업자에게 공개를 의뢰한 중개대상물의 거래가 완성된 사실을 해당 거래정보사업자에게 통보하지 아니한 경우

⑤ 중개대상물 확인·설명서를 교부하지 아니하거나 3년간 보존하지 아니한 경우

⑥ 중개대상물 확인·설명서에 서명 및 날인을 하지 아니한 경우

⑦ 거래계약서의 필요적 기재사항 등에 대하여 적정하게 거래계약서를 작성·교부하지 아니하거나 5년간 보존하지 아니한 경우

⑧ 거래계약서에 서명 및 날인을 하지 아니한 경우

⑨ 감독상 명령과 관련하여 보고, 자료의 제출, 조사 또는 검사를 거부·방해 또는 기피하거나 그 밖의 명령을 이행하지 아니하거나 거짓으로 보고 또는 자료제출을 한 경우

⑩ 법 제38조 제2항의 임의적 등록취소사유에 해당하는 경우. 단, 최근 1년 이내에 2회 이상 임의적 등록취소사유에 해당하는 행위를 한 경우에는 등록취소처분을 하여야 한다(규칙 [별표 4] 업무정지기준).

⑪ 최근 1년 이내에 이 법에 의하여 2회 이상 업무정지 또는 과태료의 처분을 받고 다시 과태료의 처분에 해당하는 행위를 한 경우

예 2024년 3월에 업무정지처분, 8월에 과태료처분 그리고 다시 2025년 2월에 과태료 사유에 위반한 경우에는 업무정지처분을 받게 된다.

⑫ 개업공인중개사가 조직한 사업자단체 또는 그 구성원인 개업공인중개사가 「독점규제 및 공정거래에 관한 법률」 제51조를 위반하여 같은 법 제52조 또는 제53조에 따른 처분을 받은 경우

⑬ 부칙 제6조 제2항에 규정된 자가 업무지역 범위를 위반하여 중개사무소 관할 시·도 외의 중개대상물을 중개한 경우

⑭ 그 밖에 이 법 또는 이 법에 의한 명령이나 처분에 위반한 경우. 즉, 이 법에서 정한 개업공인중개사에 대한 업무정지처분사유는 열거사항이 아닌 예시적인 규정이므로 ①~⑬ 외에 이 법령을 위반한 경우에도 업무정지처분이 가능하다.

예 개업공인중개사가 고용인을 고용 또는 종료신고에 위반한 경우는 "그 밖에" 사유에 해당되어 업무정지처분을 받을 수 있다.

### ⑵ 업무정지처분의 시효제도

① 개업공인중개사의 업무정지기준의 규정에 따른 업무정지처분은 그 어느 하나에 해당하는 사유가 발생한 날부터 3년이 지난 때에는 이를 할 수 없다(법 제39조 제3항).

② 예를 들어 개업공인중개사가 2023년 8월 1일에 등록된 인장을 사용하지 않아 업무정지처분사유에 해당하였으나 그 날부터 3년이 경과된 2026년 7월 31일까지 업무정지처분이 없었을 경우라면 2026년 8월 1일 이후에는 그 개업공인중개사에게 업무정지처분을 하지 못한다.

③ 본 제도는 업무정지처분에만 적용되는 것이지 등록취소처분이나 자격취소・자격정지처분에는 적용되지 않는다는 점을 주의하여야 한다. 따라서 개업공인중개사가 등록증을 타인에게 양도・대여함으로써 등록취소사유가 발생한 경우에는 3년이 경과되었더라도 당해 개업공인중개사에 대한 등록취소처분이 가능하다.

### ⑶ 업무정지처분의 효과

① 개업공인중개사가 받은 업무정지처분 효력은 고용인에게는 미치지 않는다. 다만, 전술한 바와 같이 법인인 개업공인중개사의 사유발생 당시의 사원・임원에게는 미친다.

② 업무정지처분을 받아도 등록의 효력은 유지되므로 중개업을 수행했다면 무등록중개업은 아니나 절대적 등록취소사유에 해당된다.

③ 업무정지 중에도 중개사무소는 유지하여야 하며, 또한 전국 어디든 이전할 수도 있다.

④ 업무정지처분을 받은 경우에 즉시 폐업은 가능하나 그 업무정지 기간이 종료될 때까지는 결격사유에 해당되므로 재등록이나 고용인으로 중개업무에 종사할 수 없다.

⑤ 업무정지기간 중인 사무소로 이전 또는 등록으로 공동사무소를 설치할 수는 없다.

⑥ 업무정지처분을 받아도 등록증은 반납하지 않으며, 등록관청은 다음 달 10일까지 공인중개사협회에 통보하여야 한다.

### ⑷ 업무정지의 기준

업무의 정지에 관한 기준은 국토교통부령으로 정하며 다음과 같다(법 제39조 제2항). 또한 업무정지의 기준은 [별표 4]와 같다(규칙 제25조).

① **일반기준**

㉠ 아래 ②의 카목 및 타목에서 기간의 계산은 위반행위에 대하여 업무정지처분 또는 과태료 부과처분을 받은 날과 그 처분 후 다시 같은 위반행위를 하여 적발된 날을 기준으로 한다.

㉡ 위반행위가 둘 이상인 경우에는 각 업무정지기간을 합산한 기간을 넘지 않는 범위에서 가장 무거운 처분기준의 2분의 1의 범위에서 가중한다. 다만, 가중하는 경우에도 총 업무정지기간은 6개월을 넘을 수 없다.

㉢ 등록관청은 위반행위가 사소한 부주의나 오류 등 과실인 경우, 위반행위를 시정하거나 해소하기 위하여 노력한 경우, 동기와 결과, 위반정도 등을 고려하여 업무정지기간을 줄일 필요가 인정되는 경우는 아래 ②의 개별기준에 따른 업무정지기간의 2분의 1 범위에서 줄일 수 있다.

㉣ 등록관청은 위반행위의 내용·정도가 중대하여 소비자 등에게 피해가 큰 경우나 동기와 결과, 위반정도 등을 고려하여 아래 ②의 개별기준에 따라 업무정지기간의 2분의 1 범위에서 그 기간을 늘릴 수 있다. 다만, 법 제39조 제1항에 따라 6개월을 넘을 수 없다.

### ② 업무정지의 개별기준

☑ **[별표 4] 개업공인중개사 업무정지의 기준**(규칙 제25조 관련) 〈개정 2023. 7. 28.〉

| 위반행위 | 근거 법조문 | 업무정지 기간 |
|---|---|---|
| 가. 법 제10조 제2항을 위반하여 같은 조 제1항 제1호부터 제11호까지의 어느 하나에 해당하는 자를 소속공인중개사 또는 중개보조원으로 둔 경우. 다만, 그 사유가 발생한 날부터 2개월 이내에 그 사유를 해소한 경우는 제외한다. | 법 제39조 제1항 제1호 | 업무정지 6개월 |
| 나. 법 제16조를 위반하여 인장등록을 하지 않거나 등록하지 않은 인장을 사용한 경우 | 법 제39조 제1항 제2호 | 업무정지 3개월 |
| 다. 법 제23조 제2항을 위반하여 별지 제15호 서식의 전속중개계약서에 따르지 않고 전속중개계약을 체결하거나 계약서를 보존하지 않은 경우 | 법 제39조 제1항 제3호 | 업무정지 3개월 |
| 라. 법 제24조 제7항을 위반하여 중개대상물에 관한 정보를 거짓으로 공개한 경우 | 법 제39조 제1항 제4호 | 업무정지 6개월 |
| 마. 법 제24조 제7항을 위반하여 거래정보사업자에게 공개를 의뢰한 중개대상물의 거래가 완성된 사실을 그 거래정보사업자에게 통보하지 않은 경우 | 법 제39조 제1항 제4호 | 업무정지 3개월 |
| 바. 법 제25조 제3항을 위반하여 중개대상물 확인·설명서를 교부하지 않거나 보존하지 않은 경우 | 법 제39조 제1항 제6호 | 업무정지 3개월 |
| 사. 법 제25조 제4항을 위반하여 중개대상물 확인·설명서에 서명·날인을 하지 않은 경우 | 법 제39조 제1항 제7호 | 업무정지 3개월 |

| | | |
|---|---|---|
| 아. 법 제26조 제1항을 위반하여 적정하게 거래계약서를 작성·교부하지 않거나 보존하지 않은 경우 | 법 제39조 제1항 제8호 | 업무정지 3개월 |
| 자. 법 제26조 제2항을 위반하여 거래계약서에 서명·날인을 하지 않은 경우 | 법 제39조 제1항 제9호 | 업무정지 3개월 |
| 차. 법 제37조 제1항에 따른 보고, 자료의 제출, 조사 또는 검사를 거부·방해 또는 기피하거나 그 밖의 명령을 이행하지 않거나 거짓으로 보고 또는 자료제출을 한 경우 | 법 제39조 제1항 제10호 | 업무정지 3개월 |
| 카. 법 제38조 제2항 각 호의 어느 하나를 최근 1년 이내에 1회 위반한 경우 | 법 제39조 제1항 제11호 | 업무정지 6개월 |
| 타. 최근 1년 이내에 이 법에 따라 2회 이상 업무정지 또는 과태료의 처분을 받고 다시 과태료의 처분에 해당하는 행위를 한 경우 | 법 제39조 제1항 제12호 | 업무정지 6개월 |
| 파. 개업공인중개사가 조직한 사업자단체 또는 그 구성원인 개업공인중개사가 「독점규제 및 공정거래에 관한 법률」 제51조를 위반하여 같은 법 제52조 또는 제53조에 따른 처분을 받은 경우 | 법 제39조 제1항 제13호 | |
| 1) 「독점규제 및 공정거래에 관한 법률」 제51조 제1항 제1호를 위반하여 같은 법 제52조에 따른 처분을 받은 경우 | | 업무정지 3개월 |
| 2) 「독점규제 및 공정거래에 관한 법률」 제51조 제1항 제1호를 위반하여 같은 법 제53조에 따른 처분을 받은 경우 또는 같은 법 제52조와 제53조에 따른 처분을 동시에 받은 경우 | | 업무정지 6개월 |
| 3) 「독점규제 및 공정거래에 관한 법률」 제51조 제1항 제2호 또는 제4호를 위반하여 같은 법 제52조에 따른 처분을 받은 경우 | | 업무정지 1개월 |
| 4) 「독점규제 및 공정거래에 관한 법률」 제51조 제1항 제2호 또는 제4호를 위반하여 같은 법 제53조에 따른 처분을 받은 경우 또는 같은 법 제52조와 제53조에 따른 처분을 동시에 받은 경우 | | 업무정지 2개월 |
| 5) 「독점규제 및 공정거래에 관한 법률」 제51조 제1항 제3호를 위반하여 같은 법 제52조에 따른 처분을 받은 경우 | | 업무정지 2개월 |
| 6) 「독점규제 및 공정거래에 관한 법률」 제51조 제1항 제3호를 위반하여 같은 법 제53조에 따른 처분을 받은 경우 또는 같은 법 제52조와 제53조에 따른 처분을 동시에 받은 경우 | | 업무정지 4개월 |

| | | |
|---|---|---|
| 하. 법률 제7638호 부동산중개업법 전부개정법률 부칙 제6조 제6항에 규정된 업무지역의 범위를 위반하여 중개행위를 한 경우 | 법률 제7638호 부동산중개업법 전부개정법률 부칙 제6조 제7항 | 업무정지 3개월 |
| 거. 그 밖에 이 법 또는 이 법에 따른 명령이나 처분을 위반한 경우로서 가목부터 하목까지에 해당하지 않는 경우 | 법 제39조 제1항 제14호 | 업무정지 1개월 |

☑ **자격정지와 업무정지 비교**

| 구별 항목 | 자격정지 | 업무정지 |
|---|---|---|
| ① **행정처분권자** | 자격증을 교부한 시・도지사 | 등록관청(주된 사무소) |
| ② **행정처분대상** | 소속공인중개사 | 개업공인중개사 |
| ③ **반납 여부** | 자격증 반납(×) | 등록증 반납(×) |
| ④ **소멸시효** | (×) | 3년(○) |
| ⑤ **결격기간** | 처분기간만 | 처분기간만 |
| ⑥ **협회 통보의무** | 통보(×) | 통보(○) |
| ⑦ **상습 가중처벌** | 정지기간 중 중개업무 ⇨ 자격취소 | 정지기간 중 중개업무 ⇨ 절대적 등록취소 |

## 05 거래정보사업자에 대한 행정처분(지정취소) 제31회

### 1 지정취소의 성격 및 처분권자

거래정보사업자에 대한 지정취소처분은 재량취소의 성격을 가지며, 처분권자는 지정처분을 한 국토교통부장관이다(법 제24조 제5항). 국토교통부장관은 '개인인 거래정보사업자의 사망 또는 법인인 거래정보사업자의 해산 그 밖의 사유로 부동산거래정보망의 계속적인 운영이 불가능'하여 지정을 취소하는 경우를 제외하고는 거래정보사업자의 지정을 취소하고자 하는 경우 청문(단, 아래 5. 제외)을 실시하여야 한다(법 제24조 제6항).

### 2 지정취소사유

1. 거짓이나 그 밖의 부정한 방법으로 지정을 받은 경우
2. 운영규정의 승인 또는 변경승인을 받지 아니하거나 운영규정을 위반하여 부동산거래정보망을 운영한 경우

3. 정보망 운영관련 의무를 위반한 경우 ⇨ 거래정보사업자가 개업공인중개사로부터 공개를 의뢰받은 중개대상물의 정보 이외의 정보를 부동산거래정보망에 공개, 의뢰받은 내용과 다르게 정보를 공개, 개업공인중개사에 따라 정보를 차별적으로 공개한 경우
4. 정당한 사유 없이 지정받은 날부터 1년 이내에 부동산거래정보망을 설치·운영하지 아니한 경우
5. 개인인 거래정보사업자의 사망 또는 법인인 거래정보사업자의 해산 그 밖의 사유로 부동산거래정보망의 계속적인 운영이 불가능한 경우

## 06 행정제재처분 효과의 승계 등 제32회, 제33회, 제34회

**법 제40조【행정제재처분 효과의 승계 등】** ① 개업공인중개사가 제21조에 따른 폐업신고 후 제9조에 따라 다시 중개사무소의 개설등록을 한 때에는 폐업신고 전의 개업공인중개사의 지위를 승계한다.
② 제1항의 경우 폐업신고 전의 개업공인중개사에 대하여 제39조 제1항 각 호, 제51조 제1항 각 호, 같은 조 제2항 각 호 및 같은 조 제3항 각 호의 위반행위를 사유로 행한 행정처분의 효과는 그 처분일부터 1년간 다시 중개사무소의 개설등록을 한 자(이하 이 조에서 "재등록 개업공인중개사"라 한다)에게 승계된다.
③ 제1항의 경우 재등록 개업공인중개사에 대하여 폐업신고 전의 제38조 제1항 각 호, 같은 조 제2항 각 호 및 제39조 제1항 각 호의 위반행위에 대한 행정처분을 할 수 있다. 다만, 다음 각 호의 어느 하나에 해당하는 경우는 제외한다.
1. 폐업신고를 한 날부터 다시 중개사무소의 개설등록을 한 날까지의 기간(이하 제2호에서 "폐업기간"이라 한다)이 3년을 초과한 경우
2. 폐업신고 전의 위반행위에 대한 행정처분이 업무정지에 해당하는 경우로서 폐업기간이 1년을 초과한 경우

④ 제3항에 따라 행정처분을 하는 경우에는 폐업기간과 폐업의 사유 등을 고려하여야 한다.
⑤ 개업공인중개사인 법인의 대표자에 관하여는 제1항부터 제4항까지를 준용한다. 이 경우 "개업공인중개사"는 "법인의 대표자"로 본다.

### 1 승계제도의 취지

개업공인중개사가 폐업신고 후 다시 중개사무소의 개설등록을 한 때에는 폐업신고 전의 개업공인중개사의 지위를 승계한다. 단, 법인인 개업공인중개사의 경우에는 대표자가 그 지위를 승계하는 것으로 본다. 이는 개업공인중개사가 「공인중개사법」을 위반하고 처벌을 회피할 목적으로 폐업을 악용하는 것을 방지하기 위함이다.

## 2 폐업신고 전의 지위승계

### (1) 행정처분 효과의 승계

① 폐업신고 전의 개업공인중개사에 대하여 업무정지, 과태료처분의 위반행위를 사유로 행한 행정처분의 효과는 그 처분일부터 1년간 다시 중개사무소의 개설등록을 한 자(재등록개업공인중개사)에게 승계된다.

② "행정처분의 효과"란 이미 폐업 전에 법 위반으로 처분을 받은 업무정지 또는 과태료 처분의 기록을 재등록개업공인중개사에게 승계한다는 의미이다. 이는 상습범으로 인한 가중처벌을 회피하기 위하여 폐업을 함으로써 처벌받은 기록을 소멸시키고자 폐업을 악용하는 것을 방지하고자 함에 있다.

③ 앞서 살펴본 바와 같이 현행법은 상습범에 대한 가중처벌 규정을 두고 있다.

> ㉠ 최근 1년 이내에 이 법에 의하여 2회 이상 업무정지처분을 받고 다시 업무정지처분에 해당하는 행위를 한 경우는 절대적 등록취소의 대상이다(법 제38조 제1항 제8호).
> ㉡ 최근 1년 이내에 이 법에 의하여 3회 이상 업무정지 또는 과태료의 처분을 받고 다시 업무정지 또는 과태료의 처분에 해당하는 행위를 한 경우는 임의적 등록취소의 대상이다(법 제38조 제2항 제10호).

따라서 '재등록개업공인중개사'가 재등록을 한 후 다시 위법행위를 한 경우 폐업신고 전에 행하여 처벌받은 효과까지 합산하여 가중처벌요건에 해당 여부를 판단하여 처벌하도록 하고 있다.

④ 예컨대 2024년 5월과 9월에 각각 업무정지처분을 2회 받은 개업공인중개사가 동년 11월에 폐업한 후에 2025년 1월에 재등록을 한 후 3월에 또 다시 업무정지사유에 해당하는 위반행위를 한 경우에는 폐업 전의 2회 업무정지가 승계되어 상습범으로 가중처벌 요건에 해당되어 절대적 등록취소사유에 해당된다.

### (2) 폐업신고 전의 위반행위 승계

① **원칙**: 등록관청은 재등록개업공인중개사에 대하여 폐업신고 전의 업무정지, 등록취소에 해당하는 위반행위에 대한 행정처분을 할 수 있다(법 제40조 제3항).
재등록개업공인중개사가 폐업 전의 법 위반행위의 승계로 재등록 한 이후에 등록취소처분이나 업무정지처분을 받을 수 있다.

② **예 외**

㉠ 등록취소사유: 재등록개업공인중개사가 폐업신고 전의 등록취소에 해당하는 위반행위를 하고 폐업한 후, 그 폐업기간이 3년을 초과한 경우에는 더 이상 등록취소처분을 할 수 없다.

㉡ 업무정지사유: 재등록개업공인중개사가 폐업신고 전에 업무정지에 해당하는 위반행위를 하고 폐업한 후, 그 폐업기간이 1년을 초과한 경우에는 더 이상 업무정지처분을 할 수 없다.

### (3) 행정처분시 고려

등록관청이 행정처분을 함에 있어서는 폐업기간과 폐업의 사유 등을 고려하여야 한다. 따라서 등록관청이 폐업 전 위반행위로 업무정지처분을 하고자 하는 경우에 폐업기간의 장단과 회피목적의 폐업인지 아니면 부득이한 폐업인지 등의 사유 등을 판단하여 처분하도록 하고 있다.

### (4) 법인의 대표자에 준용

개업공인중개사인 법인의 대표자에 관하여 개업공인중개사의 행정제재처분효과의 승계 규정을 준용한다. 그리고 "개업공인중개사"는 "법인의 대표자"로 본다.

**예제**

**개업공인중개사 甲, 乙, 丙에 대한 「공인중개사법」 제40조(행정제재처분효과의 승계 등)의 적용에 관한 설명으로 옳은 것을 모두 고른 것은?** 제32회 수정

㉠ 甲이 2024. 11. 16.「공인중개사법」에 따른 과태료부과처분을 받았으나, 2024. 12. 16. 폐업신고를 하였다가 2025. 10. 15. 다시 중개사무소의 개설등록을 하였다면, 위 과태료부과처분의 효과는 승계된다.
㉡ 乙이 2024. 8. 1. 국토교통부령으로 정하는 전속중개계약서에 의하지 않고 전속중개계약을 체결한 후, 2024. 9. 1. 폐업신고를 하였다가 2025. 10. 1. 다시 중개사무소의 개설등록을 하였다면, 등록관청은 업무정지처분을 할 수 있다.
㉢ 丙이 2022. 8. 5. 다른 사람에게 자기의 상호를 사용하여 중개업무를 하게 한 후, 2022. 9. 5. 폐업신고를 하였다가 2025. 10. 5. 다시 중개사무소의 개설등록을 하였다면, 등록관청은 개설등록을 취소해야 한다.

① ㉠ ② ㉠, ㉡
③ ㉠, ㉢ ④ ㉡, ㉢
⑤ ㉠, ㉡, ㉢

**해설** ㉡ 업무정지사유: 재등록개업공인중개사가 폐업신고 전에 업무정지에 해당하는 위반행위를 하고 폐업한 후, 그 폐업기간이 1년을 초과한 경우에는 더 이상 업무정지처분을 할 수 없다. 따라서 乙이 2024. 9. 1. 폐업신고 후 2025. 10. 1. 재등록을 하였으므로 "폐업기간 1년 초과"로 등록관청은 업무정치처분을 할 수 없다.
㉢ 재등록개업공인중개사가 폐업신고 전에 등록취소에 해당하는 위반행위를 하고 폐업한 후, 그 폐업기간이 3년을 초과한 경우에는 더 이상 등록취소처분을 할 수 없다. 따라서 丙이 2022. 9. 5. 폐업신고 후 2025. 10. 5. 재등록을 하였으므로 "폐업기간 3년 초과"로 등록관청은 등록취소처분을 할 수 없다. **정답** ①

## 제3절 벌 칙 제35회

### 01 행정형벌 제35회

「공인중개사법」상 행정형벌로는 징역과 벌금의 2종류만 규정되어 있고, 의무위반의 경중에 따라 ① 3년 이하의 징역 또는 3천만원 이하의 벌금형과 ② 1년 이하의 징역 또는 1천만원 이하의 벌금형으로 구분된다.

#### 1 3년 이하의 징역 또는 3천만원 이하의 벌금 사유 제31회, 제33회, 제35회

(1) 다음에 해당하는 자는 3년 이하의 징역 또는 3천만원 이하의 벌금에 처한다(법 제48조).

> 1. 중개사무소의 개설등록을 하지 아니하고 중개업을 한 자
> 2. 거짓이나 그 밖의 부정한 방법으로 중개사무소의 개설등록을 한 자
> 3. 법 제33조 제1항 ⇨ 금지행위 중 다음에 해당하는 자
>    ① 관계법령에서 양도·알선 등이 금지된 부동산의 분양·임대 등과 관련 있는 증서 등의 매매·교환 등을 중개하거나 그 매매를 업으로 하는 행위를 한 자
>    ② 중개의뢰인과 직접 거래를 하거나 거래당사자 쌍방을 대리하는 행위를 한 자
>    ③ 탈세 등 관계법령을 위반할 목적으로 소유권보존등기 또는 이전등기를 하지 아니한 부동산이나 관계법령의 규정에 의하여 전매 등 권리의 변동이 제한된 부동산의 매매를 중개하는 등 부동산투기를 조장하는 행위를 한 자
>    ④ 부당한 이익을 얻거나 제3자에게 부당한 이익을 얻게 할 목적으로 거짓으로 거래가 완료된 것처럼 꾸미는 등 중개대상물의 시세에 부당한 영향을 주거나 줄 우려가 있는 행위
>    ⑤ 단체를 구성하여 특정 중개대상물에 대하여 중개를 제한하거나 단체 구성원 이외의 자와 공동중개를 제한하는 행위

(2) **법 제33조 제2항의 금지행위**

다음에 해당하는 경우 3년 이하의 징역 또는 3천만원 이하의 벌금에 처한다(법 제48조).

> 누구든지 시세에 부당한 영향을 줄 목적으로 다음 각 호의 어느 하나의 방법으로 개업공인중개사 등의 업무를 방해해서는 아니 된다.
> 1. 안내문, 온라인 커뮤니티 등을 이용하여 특정 개업공인중개사 등에 대한 중개의뢰를 제한하거나 제한을 유도하는 행위
> 2. 안내문, 온라인 커뮤니티 등을 이용하여 중개대상물에 대하여 시세보다 현저하게 높게 표시·광고 또는 중개하는 특정 개업공인중개사 등에게만 중개의뢰를 하도록 유도함으로써 다른 개업공인중개사 등을 부당하게 차별하는 행위

> 3. 안내문, 온라인 커뮤니티 등을 이용하여 특정 가격 이하로 중개를 의뢰하지 아니하도록 유도하는 행위
> 4. 정당한 사유 없이 개업공인중개사 등의 중개대상물에 대한 정당한 표시·광고 행위를 방해하는 행위
> 5. 개업공인중개사 등에게 중개대상물을 시세보다 현저하게 높게 표시·광고하도록 강요하거나 대가를 약속하고 시세보다 현저하게 높게 표시·광고하도록 유도하는 행위

## 2 1년 이하의 징역 또는 1천만원 이하의 벌금 사유 제31회, 제35회

다음에 해당하는 자는 1년 이하의 징역 또는 1천만원 이하의 벌금에 처한다(법 제49조 제1항).

(1) 다른 사람에게 자기의 성명을 사용하여 중개업무를 하게 하거나 공인중개사자격증을 양도·대여한 자 또는 다른 사람의 공인중개사자격증을 양수·대여받은 자

(2) 공인중개사가 아닌 자로서 공인중개사 또는 이와 유사한 명칭을 사용한 자

(3) 이중으로 중개사무소의 개설등록을 하거나 둘 이상의 중개사무소에 소속된 자

(4) 둘 이상의 중개사무소를 둔 자

(5) 임시중개시설물을 설치한 자

(6) 5배수를 초과하여 중개보조원을 고용한 자

(7) 개업공인중개사가 아닌 자로서 '공인중개사사무소', '부동산중개' 또는 이와 유사한 명칭을 사용한 자

(8) 개업공인중개사가 아닌 자로서 중개업을 하기 위하여 중개대상물에 대한 표시·광고를 한 자

(9) 다른 사람에게 자기의 성명 또는 상호를 사용하여 중개업무를 하게 하거나 중개사무소등록증을 다른 사람에게 양도·대여한 자 또는 다른 사람의 성명·상호를 사용하여 중개업무를 하거나 중개사무소등록증을 양수·대여받은 자

(10) 거래정보사업자로서 개업공인중개사로부터 공개를 의뢰받은 중개대상물의 정보 이외의 정보를 부동산거래정보망에 공개하거나 의뢰받은 내용과 다르게 정보를 공개하거나 개업공인중개사에 따라 정보를 차별적으로 공개한 자

(11) 금지행위 중 다음에 해당하는 자

> 1. 중개대상물의 매매를 업으로 하는 행위를 한 자
> 2. 중개사무소의 개설등록을 하지 아니하고 중개업을 영위하는 자인 사실을 알면서 그를 통하여 중개를 의뢰받거나 그에게 자기의 명의를 이용하게 하는 행위를 한 자
> 3. 사례 · 증여 그 밖의 어떠한 명목으로도 법정보수 또는 실비를 초과하여 금품을 받는 행위를 한 자
> 4. 해당 중개대상물의 거래상의 중요사항에 관하여 거짓된 언행 그 밖의 방법으로 중개의뢰인의 판단을 그르치게 하는 행위를 한 자

(12) **업무상 비밀을 누설한 자**

다만, 이는 피해자의 명시한 의사에 반하여 벌하지 아니한다(법 제49조 제2항). 이와 같이 피해자가 처벌을 희망하지 않는다는 의사표시가 있으면 이에 반해서 처벌할 수 없는 범죄를 반의사불벌죄(反意思不罰罪)라고 하며, 처벌을 원하는 피해자의 의사표시가 없어도 형사상의 공소를 제기할 수 있지만 피해자가 처벌을 희망하지 않는다는 의사표시를 하거나 처벌을 희망하는 의사표시를 철회하였을 때에는 공소를 제기할 수 없고, 공소를 제기한 때에는 공소기각의 판결을 선고하여야 한다.

## 3 행정형벌의 효과

(1) 누구라도 「공인중개사법」에 위반하여 징역형을 선고받거나 300만원 이상의 벌금형을 선고받으면 결격사유에 해당하게 된다. 다만, 전술한 바와 같이 개업공인중개사가 양벌규정의 적용으로 벌금형을 선고받은 경우에는 결격사유나 등록취소사유에 해당하지 않는다는 점을 주의하여야 한다(대판 2008.5.29, 2007두26568).

(2) 개업공인중개사 아닌 자가 「공인중개사법」상 행정형벌을 선고받으면 결격기간을 적용받는 것으로 그치지만 개업공인중개사가 「공인중개사법」상 징역형이나 300만원 이상의 벌금형을 선고받으면 결격사유에 해당됨과 동시에 등록취소사유가 된다. 또한 공인중개사 자격이 있는 자는 「공인중개사법」상 징역형을 선고받거나 징역형에 대해 집행유예처분을 받으면 공인중개사 자격이 취소된다.

## 4 양벌규정

**법 제50조 【양벌규정】** 소속공인중개사 · 중개보조원 또는 개업공인중개사인 법인의 사원 · 임원이 중개업무에 관하여 「공인중개사법」 제48조 또는 제49조의 행정형벌(징역 · 벌금)에 해당하는 위반행위를 한 때에는 그 행위자를 벌하는 외에 그 개업공인중개사에 대하여도 해당 조에 규정된 벌금형을 과한다. 다만, 그 개업공인중개사가 그 위반행위를 방지하기 위하여 해당 업무에 관하여 상당한 주의와 감독을 게을리하지 아니한 경우에는 그러하지 아니하다.

(1) 이는 형사책임의 원칙인 자기책임주의에 대한 예외규정으로서 개업공인중개사의 고용인 등에 대한 지휘 · 감독상의 형사책임을 규정한 것이다. 다만, 개업공인중개사가 해당 업무에 관하여 주의와 감독을 다한 경우에는 벌금형을 면할 수 있으므로 양벌규정에 의한 개업공인중개사의 형사책임은 과실책임의 성격을 띤다.

(2) 고용인 등의 '중개업무'에 관한 행위로 고용인 등이 징역형이나 벌금형에 해당하는 경우에만 적용되므로 중개업무와 관련성이 없는 때에는 적용되지 않는다.

(3) 개업공인중개사에게 동조에 규정된 벌금형을 과한다는 것은 고용인과 동일한 법정형에 해당한다는 의미이지 선고형이 같다는 것은 아니다.

(4) 고용인의 위반행위가 행정질서벌과 행정처분에 해당하는 경우에는 양벌규정이 적용되지 않는다.

(5) 개업공인중개사는 양벌규정으로 징역형은 받지 않는다. 따라서 고용인의 위법 행위로 개업공인중개사의 자격증이 취소되는 경우는 없는 것이다.

**예 제**

**공인중개사법령상 3년 이하의 징역 또는 3천만원 이하의 벌금에 처해지는 개업공인중개사 등의 행위가 아닌 것은?** 제33회

① 관계 법령에서 양도가 금지된 부동산의 분양과 관련 있는 증서의 매매를 중개하는 행위
② 법정 중개보수를 초과하여 수수하는 행위
③ 중개의뢰인과 직접 거래를 하는 행위
④ 거래당사자 쌍방을 대리하는 행위
⑤ 단체를 구성하여 특정 중개대상물에 대하여 중개를 제한하는 행위

**해설** ② 1년 이하의 징역 또는 1천만원 이하의 벌금형에 해당된다.
나머지 ①③④⑤는 3년 이하의 징역 또는 3천만원 이하의 벌금형에 해당된다. **정답** ②

## 02 과태료(질서벌) 제32회

공인중개사법령상 과태료를 부과하는 사유는 그 의무위반의 경중에 따라 ① 500만원 이하의 과태료 사유, ② 100만원 이하의 과태료 사유로 구분된다.

### 1 500만원 이하의 과태료 사유 제31회

(1) 다음에 해당하는 자는 500만원 이하의 과태료에 처한다(법 제51조 제2항).

**① 거래정보사업자 ⇨ 국토교통부장관이 부과 · 징수**

> ㉠ 운영규정의 승인 또는 변경승인을 얻지 아니하거나 운영규정의 내용을 위반하여 부동산거래정보망을 운영한 자
> ㉡ 거래정보사업 관련 보고, 자료의 제출, 조사 또는 검사를 거부 · 방해 또는 기피하거나 그 밖의 명령을 이행하지 아니하거나 거짓으로 보고 또는 자료제출을 한 자

**② 공인중개사협회 ⇨ 국토교통부장관이 부과 · 징수**

> ㉠ 공제사업 운용실적을 공시하지 아니한 자(3개월)
> ㉡ 공제업무의 개선명령을 이행하지 아니한 자
> ㉢ 임원에 대한 징계 · 해임의 요구를 이행하지 아니하거나 시정명령을 이행하지 아니한 자
> ㉣ 협회에 대한 지도 · 감독이나 공제사업 조사 · 검사에 따른 보고, 자료의 제출, 조사 또는 검사를 거부 · 방해 또는 기피하거나 그 밖의 명령을 이행하지 아니하거나 거짓으로 보고 또는 자료제출을 한 자

**③ 정보통신사업자 ⇨ 국토교통부장관이 부과 · 징수**

> ㉠ 국토교통부장관의 표시 · 광고 규정에 대하여 준수 여부를 모니터링하기 위하여 필요한 자료의 제출을 요구받고 정보통신서비스 제공자가 정당한 사유가 없이 관련 자료를 제출하지 아니한 경우
> ㉡ 국토교통부장관이 표시 · 광고 규정에 대하여 모니터링한 결과에 따라 정보통신서비스 제공자에게 확인 또는 추가정보확인 등 필요한 조치 요구를 했는데 정당한 사유 없이 조치를 하지 아니한 경우

④ **개업공인중개사 ⇨ 등록관청이 부과 · 징수**

| |
|---|
| ㉠ 성실 · 정확하게 중개대상물의 확인 · 설명을 하지 않거나 설명의 근거자료를 제시하지 아니한 경우<br>㉡ 중개대상물에 대하여 허위매물 등 부당한 표시 · 광고를 한 경우<br>㉢ 중개의뢰인에게 중개보조원이라는 사실을 미리 고지하지 아니한 사람 및 개업공인중개사. 다만, 개업공인중개사가 상당한 주의와 감독을 게을리하지 아니한 경우는 제외한다) |

⑤ **소속공인중개사 ⇨ 시 · 도지사가 부과 · 징수**

| |
|---|
| 연수교육을 정당한 사유 없이 받지 아니한 경우 |

(2) 과태료는 대통령령으로 정하는 바에 따라 다음 각 호의 자가 각각 부과 · 징수한다(법 제51조 제5항). 또한 과태료의 부과기준은 [별표 2]와 같다(영 제38조 제1항).

① **일반기준**

㉠ 부과권자는 위반행위가 사소한 부주의나 오류 등 과실인 경우, 위반행위를 시정하거나 해소하기 위하여 노력한 경우, 동기와 결과, 위반정도 등을 고려하여 과태료 금액을 줄일 필요가 인정되는 경우에는 ②의 개별기준에 따른 과태료 금액의 2분의 1 범위에서 그 금액을 줄일 수 있다. 다만, 과태료를 체납하고 있는 위반행위자의 경우에는 그렇지 않다.

㉡ 부과권자는 위반행위의 내용 · 정도가 중대하여 소비자 등에게 피해가 큰 경우나 동기와 결과, 위반정도 등을 고려하여 ②의 개별기준에 따른 과태료의 2분의 1 범위에서 그 금액을 늘릴 수 있다. 다만, 법 제51조 제2항(500만원 이하) · 제3항(100만원 이하)의 과태료 금액의 상한을 넘을 수 없다.

② **과태료의 개별 기준**

☑ **[별표 2] 과태료 부과기준**(영 제38조 제1항 관련) 〈개정 2023. 10. 18.〉

| 위반행위 | 근거 법조문 | 과태료 금액 |
|---|---|---|
| 가. 법 제18조의2 제4항 각 호를 위반하여 부당한 표시 · 광고를 한 경우 | 법 제51조 제2항 제1호 | |
| 1) 중개대상물이 존재하지 않아서 실제로 거래를 할 수 없는 중개대상물에 대한 표시 · 광고를 한 경우 | | 500만원 |
| 2) 중개대상물의 가격 등 내용을 사실과 다르게 거짓으로 표시 · 광고하거나 사실을 과장되게 하는 표시 · 광고를 한 경우 | | 300만원 |
| 3) 중개대상물이 존재하지만 실제로 중개의 대상이 될 수 없는 중개대상물에 대한 표시 · 광고를 한 경우 | | 400만원 |

| | | |
|---|---|---|
| 4) 중개대상물이 존재하지만 실제로 중개할 의사가 없는 중개대상물에 대한 표시·광고를 한 경우 | | 250만원 |
| 5) 중개대상물의 입지조건, 생활여건, 가격 및 거래조건 등 중개대상물 선택에 중요한 영향을 미칠 수 있는 사실을 빠트리거나 은폐·축소하는 등의 방법으로 소비자를 속이는 표시·광고를 한 경우 | | 300만원 |
| 나. 정당한 사유 없이 법 제18조의3 제2항의 요구에 따르지 않아 관련 자료를 제출하지 않은 경우 | 법 제51조 제2항 제1호의2 | 500만원 |
| 다. 정당한 사유 없이 법 제18조의3 제3항의 요구에 따르지 않아 필요한 조치를 하지 않은 경우 | 법 제51조 제2항 제1호의3 | 500만원 |
| 라. 법 제18조의4를 위반하여 중개의뢰인에게 본인이 중개보조원이라는 사실을 미리 알리지 않은 사람 및 그가 소속된 개업공인중개사. 다만, 개업공인중개사가 그 위반행위를 방지하기 위해 해당 업무에 관하여 상당한 주의와 감독을 게을리하지 않은 경우는 제외한다. | 법 제51조 제2항 제1호의4 | 500만원 |
| 마. 법 제24조 제3항을 위반하여 운영규정의 승인 또는 변경승인을 얻지 않거나 운영규정의 내용을 위반하여 부동산거래정보망을 운영한 경우 | 법 제51조 제2항 제1호의5 | 400만원 |
| 바. 법 제25조 제1항을 위반하여 성실·정확하게 중개대상물의 확인·설명을 하지 않거나 설명의 근거자료를 제시하지 않은 경우 | 법 제51조 제2항 제1호의6 | |
| 1) 성실·정확하게 중개대상물의 확인·설명은 했으나 설명의 근거자료를 제시하지 않은 경우 | | 250만원 |
| 2) 중개대상물 설명의 근거자료는 제시했으나 성실·정확하게 중개대상물의 확인·설명을 하지 않은 경우 | | 250만원 |
| 3) 성실·정확하게 중개대상물의 확인·설명을 하지 않고, 설명의 근거자료를 제시하지 않은 경우 | | 500만원 |
| 사. 법 제34조 제4항에 따른 연수교육을 정당한 사유 없이 받지 않은 경우 | 법 제51조 제2항 제5호의2 | |
| 1) 법 위반상태의 기간이 1개월 이내인 경우 | | 20만원 |
| 2) 법 위반상태의 기간이 1개월 초과 3개월 이내인 경우 | | 30만원 |
| 3) 법 위반상태의 기간이 3개월 초과 6개월 이내인 경우 | | 50만원 |
| 4) 법 위반상태의 기간이 6개월 초과인 경우 | | 100만원 |
| 아. 거래정보사업자가 법 제37조 제1항에 따른 보고, 자료의 제출, 조사 또는 검사를 거부·방해 또는 기피하거나 그 밖의 명령을 이행하지 않거나 거짓으로 보고 또는 자료제출을 한 경우 | 법 제51조 제2항 제6호 | 200만원 |
| 자. 법 제42조 제5항을 위반하여 공제사업 운용실적을 공시하지 않은 경우 | 법 제51조 제2항 제7호 | 300만원 |

| | | |
|---|---|---|
| 차. 법 제42조의4에 따른 공제업무의 개선명령을 이행하지 않은 경우 | 법 제51조 제2항 제8호 | 400만원 |
| 카. 법 제42조의5에 따른 임원에 대한 징계·해임의 요구를 이행하지 않거나 시정명령을 이행하지 않은 경우 | 법 제51조 제2항 제8호의2 | 400만원 |
| 타. 법 제42조의3 또는 제44조 제1항에 따른 보고, 자료의 제출, 조사 또는 검사를 거부·방해 또는 기피하거나 그 밖의 명령을 이행하지 않거나 거짓으로 보고 또는 자료제출을 한 경우 | 법 제51조 제2항 제9호 | 200만원 |

## 2 100만원 이하의 과태료 사유 제31회, 제34회

(1) 다음에 해당하는 자는 100만원 이하의 과태료에 처한다(법 제51조 제3항).

① 중개사무소등록증 등을 게시하지 아니한 자

② 사무소의 명칭에 '공인중개사사무소', '부동산중개'라는 문자를 사용하지 아니한 자 또는 옥외광고물에 성명을 표기하지 아니하거나 허위로 표기한 자

③ 의뢰받은 중개대상물에 대하여 표시·광고 및 인터넷을 이용하여 중개대상물에 대한 표시·광고시 명시의무를 위반한 자

④ 중개사무소의 이전신고를 하지 아니한 자

⑤ 휴업, 폐업, 휴업한 중개업의 재개 또는 휴업기간의 변경신고를 하지 아니한 자

⑥ 손해배상책임에 관한 사항을 설명하지 아니하거나 관계 증서의 사본 또는 관계증서에 관한 전자문서를 교부하지 아니한 자

⑦ 공인중개사자격증을 반납하지 아니하거나 공인중개사자격증을 반납할 수 없는 사유서를 제출하지 아니한 자 또는 거짓으로 공인중개사자격증을 반납할 수 없는 사유서를 제출한 자

⑧ 등록취소처분을 받고도 중개사무소등록증을 반납하지 아니한 자

⑨ 중개인으로서 사무소의 명칭에 '공인중개사사무소'라는 문자를 사용한 자

(2) 과태료의 부과기준은 다음과 같다.

☑ **[별표 2] 과태료 부과기준**(영 제38조 제1항 관련) 〈개정 2023. 10. 18.〉

| 위반행위 | 근거 법조문 | 과태료 금액 |
|---|---|---|
| 파. 법 제17조를 위반하여 중개사무소등록증 등을 게시하지 않은 경우 | 법 제51조 제3항 제1호 | 30만원 |
| 하. 법 제18조 제1항 또는 제3항을 위반하여 사무소의 명칭에 "공인중개사사무소", "부동산중개"라는 문자를 사용하지 않은 경우 또는 옥외 광고물에 성명을 표기하지 않거나 거짓으로 표기한 경우 | 법 제51조 제3항 제2호 | 50만원 |
| 거. 법 제18조의2 제1항 또는 제2항을 위반하여 중개대상물의 중개에 관한 표시·광고를 한 경우 | 법 제51조 제3항 제2호의2 | 50만원 |
| 너. 법 제20조 제1항을 위반하여 중개사무소의 이전신고를 하지 않은 경우 | 법 제51조 제3항 제3호 | 30만원 |
| 더. 법 제21조 제1항을 위반하여 휴업, 폐업, 휴업한 중개업의 재개 또는 휴업기간의 변경 신고를 하지 않은 경우 | 법 제51조 제3항 제4호 | 20만원 |
| 러. 법 제30조 제5항을 위반하여 손해배상책임에 관한 사항을 설명하지 않거나 관계 증서의 사본 또는 관계 증서에 관한 전자문서를 교부하지 않은 경우 | 법 제51조 제3항 제5호 | 30만원 |
| 머. 법 제35조 제3항 또는 제4항을 위반하여 공인중개사자격증을 반납하지 않거나 공인중개사자격증을 반납할 수 없는 사유서를 제출하지 않은 경우 또는 거짓으로 공인중개사자격증을 반납할 수 없는 사유서를 제출한 경우 | 법 제51조 제3항 제6호 | 30만원 |
| 버. 법 제38조 제4항을 위반하여 중개사무소등록증을 반납하지 않은 경우 | 법 제51조 제3항 제7호 | 50만원 |
| 서. 법률 제7638호 부동산중개업법 전부개정법률 부칙 제6조 제3항을 위반하여 사무소의 명칭에 "공인중개사사무소"의 문자를 사용한 경우 | 법률 제7638호 부동산중개업법 전부개정법률 부칙 제6조 제5항 | 50만원 |

예제

**공인중개사법령상 개업공인중개사의 행위 중 과태료부과대상이 아닌 것은?** 제32회

① 중개대상물의 거래상의 중요사항에 관해 거짓된 언행으로 중개의뢰인의 판단을 그르치게 한 경우
② 휴업신고에 따라 휴업한 중개업을 재개하면서 등록관청에 그 사실을 신고하지 않은 경우
③ 중개대상물에 과한 권리를 취득하려는 중개의뢰인에게 해당 중개대상물의 권리관계를 성실·정확하게 확인·설명하지 않은 경우
④ 인터넷을 이용하여 중개대상물에 대한 표시·광고를 하면서 중개대상물의 종류별로 가격 및 거래형태를 명시하지 않은 경우
⑤ 연수교육을 정당한 사유 없이 받지 않은 경우

해설 ① 해당 중개대상물의 거래상의 중요사항에 관하여 거짓된 언행 그 밖의 방법으로 중개의뢰인의 판단을 그르치게 하는 행위는 금지행위에 해당된다(법 제33조 제1항 제4호).
제재로는 임의적 등록취소사유이며, 1년 이하의 징역형 또는 1천만원 이하의 벌금형에 해당된다.
나머지 ②③④⑤는 과태료(100만원 이하 또는 500만원 이하)사유에 해당된다. 정답 ①

## 3 과태료 부과·징수(질서위반행위규제법) 제31회

과태료 부과·징수권자는 다음과 같다(법 제51조 제5항).

| 부과·징수권자 | 관련 내용 |
|---|---|
| 국토교통부장관 | 거래정보사업자·협회·정보통신서비스사업자 ⇨ 500만원 이하 |
| 시·도지사 | • 연수교육 미수료자 ⇨ 500만원 이하<br>• 자격증 미반납자 ⇨ 100만원 이하 |
| 등록관청 | 개업공인중개사의 의무(④~⑪ 100만원 이하) |
| | ① 중개대상물의 확인·설명 위반 ⇨ 500만원 이하<br>② 개업공인중개사의 부당한 표시·광고 ⇨ 500만원 이하<br>③ 중개의뢰인에게 중개보조원이라는 사실을 미리 고지 아니한 사람 및 개업공인중개사(단, 개업공인중개사가 상당한 주의와 감독을 게을리하지 아니한 경우는 제외) ⇨ 500만원 |
| | ④ 중개사무소의 이전신고 위반<br>⑤ 관계증서(보증서)의 사본 등 미교부<br>⑥ 등록증 등의 게시 위반<br>⑦ 사무소에 "공인중개사사무소", "부동산중개"라는 문자 사용 위반<br>⑧ 중개인이 "공인중개사사무소" 문자를 사용한 경우<br>⑨ 휴업, 폐업, 재개, 변경신고 위반<br>⑩ 등록증을 반납하지 아니한 자(7일 내 반납)<br>⑪ 중개대상물 표시·광고 규정을 위반한 자 |

MEMO

박문각 공인중개사

# 부동산 거래신고 등에 관한 법령

# Chapter 01 총 칙

단원 열기

이 부분은 생소한 공법적 내용이 주류를 이뤄 다소 어렵게 느껴지는 부동산거래신고제도, 외국인 등의 부동산 등 취득 특례, 토지거래허가제도로 구성되어 있다. 그러나 매년 3문제 정도가 출제되고 현장실무에서도 매우 중요한 내용에 해당된다. 신고대상 및 절차, 신고 및 해제신고, 금지행위, 신고서 서식 내용, 정정 및 변경신고, 제재, 주택임대차신고, 외국인 등 특례에서는 신고 또는 허가의 대상, 기간 및 사유, 제재, 토지거래허가제도에서는 지정권자 및 허가권자, 대상, 이용기간, 매수청구, 이행강제금, 선매, 제재 등을 명확하게 숙지하여 매회 출제되는 시험에 대비해야 한다.

## 1 입법취지

그동안 부동산거래신고제, 외국인의 부동산 등 취득시 신고·허가제도, 토지거래허가제도는 각 개별법에 산재되어 거래신고·허가의 대상 및 절차 등을 파악하기가 쉽지 않았다. 이에 부동산 거래에 따른 탈세를 방지함과 동시에 공평과세를 실현하고, 부동산투기 방지 및 공정하고 투명한 부동산거래질서를 확립하며, 부동산거래제도를 쉽게 이해할 수 있도록 관련제도를 통합·정비하여 「부동산 거래신고 등에 관한 법률」로 제정되었다.

## 2 법의 제정목적

이 법은 부동산 거래 등의 신고 및 허가에 관한 사항을 정하여 건전하고 투명한 부동산 거래질서를 확립하고 국민경제에 이바지함을 목적으로 한다(법 제1조).

## 3 용어의 정의 제33회

이 법에서 사용하는 용어의 뜻은 다음과 같다(법 제2조).

1. "부동산"이란 토지 또는 건축물을 말한다.
2. "부동산 등"이란 부동산 또는 부동산을 취득할 수 있는 권리를 말한다.
3. "거래당사자"란 부동산 등의 매수인과 매도인을 말하며, 4.에 따른 외국인 등을 포함한다.

3의2. "임대차계약당사자"란 부동산 등의 임대인과 임차인을 말하며, 4.에 따른 외국인 등을 포함한다.

4. "외국인 등"이란 다음 각 목의 어느 하나에 해당하는 개인·법인 또는 단체를 말한다.
   가. 대한민국의 국적을 보유하고 있지 아니한 개인
   나. 외국의 법령에 따라 설립된 법인 또는 단체
   다. 사원 또는 구성원의 2분의 1 이상이 가목에 해당하는 자인 법인 또는 단체

라. 업무를 집행하는 사원이나 이사 등 임원의 2분의 1 이상이 가목에 해당하는 자인 법인 또는 단체

마. 가목에 해당하는 사람이나 나목에 해당하는 법인 또는 단체가 자본금의 2분의 1 이상이나 의결권의 2분의 1 이상을 가지고 있는 법인 또는 단체

바. 외국 정부

사. 대통령령으로 정하는 국제기구(국제연합과 그 산하기구 · 전문기구 · 정부 간 기구 · 준정부 간 기구 · 비정부 간 · 국제기구)



## 4 국토교통부장관의 권한 위임

**법 제25조의3【권한 등의 위임 및 위탁】** ① 이 법에 따른 국토교통부장관의 권한은 그 일부를 대통령령으로 정하는 바에 따라 시 · 도지사, 시장 · 군수 또는 구청장에게 위임할 수 있다.
② 국토교통부장관은 제5조의 부동산거래가격 검증체계 구축 · 운영, 제6조 제3항에 따른 신고내용조사 및 제25조의 부동산정보체계의 구축 · 운영 업무를 대통령령으로 정하는 바에 따라 부동산시장 관련 전문성이 있는 공공기관에 위탁할 수 있다.

# 부동산거래신고제

단원 열기

부동산거래신고제도는 매년 1문제 정도가 출제된다. 따라서 신고대상과 신고절차, 신고의무자, 방법, 신고사항, 정정 및 변경신고사항, 신고서 서식, 제재 등을 명확히 정리해야 한다. 또한 신설된 임대차 계약체결 신고 및 변경 또는 해제 신고의 내용도 출제에 철저히 대비해야 한다.

## 01 부동산거래신고 대상계약 제31회, 제33회, 제35회

부동산 거래신고를 하여야 하는 계약은 다음과 같다(법 제3조 제1항 전단 각호).

### 1 부동산의 매매계약

(1) 부동산은 토지 또는 건축물을 의미하며 입목, 광업재단, 공장재단의 매매계약은 부동산거래신고대상이 아니다.

(2) 토지, 건축물의 매매라면 모두 부동산거래신고 대상이 되므로 토지, 건축물의 지분매매계약도 대상이 되며, 토지 또는 건축물의 면적에 관계없이 신고대상이 된다. 나아가 토지인 경우에는 그 토지가 농지이든 임야이든 지목을 불문하며, 건축물인 경우에는 그 용도가 주택 또는 상가이든 공장이든 신고하여야 한다.

(3) 신고대상 계약의 종류는 오직 매매계약에 한한다. 따라서 교환, 증여, 임대차, 전세권설정계약, 저당권설정계약 등은 대상이 아니다. 또한, 법률의 규정에 의하여 물권변동이 일어나는 상속이나 판결, 경매 등도 부동산거래신고대상이 아니다.

### 2 부동산에 대한 공급계약

「택지개발촉진법」, 「주택법」, 「건축물의 분양에 관한 법률」, 「공공주택 특별법」, 「도시개발법」, 「도시 및 주거환경정비법」, 「빈집 및 소규모주택 정비에 관한 특례법」, 「산업입지 및 개발에 관한 법률」에 따라 토지나 건축물에 대한 공급계약도 부동산거래신고를 하여야 한다. 따라서 토지 · 건축물에 대한 최초의 분양계약도 신고를 하여야 한다.

### 3 부동산을 취득할 수 있는 권리의 매매계약

(1) 부동산을 취득할 수 있는 권리는 ① 부동산(토지 · 건축물)을 공급받는 자로 선정된 지위(분양권)와 ②「도시 및 주거환경정비법」에 따른 관리처분계획의 인가로 취득한 입주자로 선정된 지위(입주권), ③「빈집 및 소규모주택 정비에 관한 특례법」 제29조에 따른 사업시행계획인가로 취득한 입주자로 선정된 지위(입주권)를 말한다.

(2) 따라서 토지, 건축물에 대한 최초의 공급계약과 그 분양권 전매의 경우에도 모두 신고의 대상이다.

(3)「도시 및 주거환경정비법」상 입주권은 '입주자로 선정된 지위'이므로 신고대상에 해당하나 '입주예정자로 선정될 수 있는 지위'는 신고대상이 되지 아니한다.

### 4 다른 제도와의 관계

**(1) 외국인 등의 취득허가제 및 토지거래허가제와의 관계**

부동산 거래신고제는 '외국인 등의 취득허가제'나 '토지거래허가제'와는 그 제도의 취지가 다르다. 따라서 외국인 등이 국내의 토지를 취득하고자 허가를 받았다 하더라도 부동산 거래신고를 하여야 하고, 토지거래허가구역 내의 토지를 매매계약을 체결하면서 사전에 허가를 받았다 하더라도 부동산 거래신고의무는 면제되지 않는다.

**(2) 농지취득자격증명과의 관계**

「농지법」상 농지취득자격증명제는 농지를 취득하고자 하는 자의 영농목적을 확인하는 데 그 취지가 있으므로 부동산 거래신고제와 취지가 다르다. 따라서 농지를 취득하고자 하는 자가 농지취득자격증명을 발급받은 경우에도 부동산 거래신고를 별도로 하여야 한다.

## 02 부동산거래신고 절차 제34회, 제35회

**법 제3조【부동산 거래의 신고】** ① 거래당사자는 다음 각 호의 어느 하나에 해당하는 계약을 체결한 경우 그 실제 거래가격 등 대통령령으로 정하는 사항을 거래계약의 체결일부터 30일 이내에 그 권리의 대상인 부동산 등(권리에 관한 계약의 경우에는 그 권리의 대상인 부동산을 말한다)의 소재지를 관할하는 시장(구가 설치되지 아니한 시의 시장 및 특별자치시장과 특별자치도 행정시의 시장을 말한다) · 군수 또는 구청장(이하 "신고관청"이라 한다)에게 공동으로 신고하여야 한다. 다만, 거래당사자 중 일방이 국가, 지방자치단체, 대통령령으로 정하는 자의 경우(이하 "국가 등"이라 한다)에는 국가 등이 신고를 하여야 한다.

## 1 신고기한

신고대상 부동산에 대하여 매매계약을 체결한 자는 계약체결일로부터 30일 이내에 부동산거래신고를 하여야 한다(법 제3조 제1항 전단). 주의할 점은 잔금지급일이 아니라 계약체결일로부터 30일 이내라는 것이다.

## 2 신고의무자 제31회

### (1) 거래당사자 간에 직거래인 경우

① 거래당사자(외국인 등이 포함된다)가 매매에 관한 거래계약서를 작성한 경우, 즉, 거래당사자의 직접 거래인 경우에는 거래당사자가 공동으로 신고하여야 한다. 다만, 거래당사자 중 일방이 국가, 지방자치단체, 대통령령으로 정하는 자(공공기관, "지방공기업법"상의 지방직영기업, 지방공사 및 지방공단을 말함)의 경우(이하 "국가 등"이라 한다)에는 국가 등이 신고를 하여야 한다(법 제3조 제1항).

② 거래당사자 중 일방이 신고를 거부하는 경우에는 다른 일방이 단독으로 신고할 수 있다(법 제3조 제2항).

### (2) 개업공인중개사의 중개거래인 경우

개업공인중개사가 거래계약서를 작성·교부한 중개거래인 경우에는 개업공인중개사가 신고를 하여야 한다. 이 경우 공동으로 중개를 한 경우에는 해당 개업공인중개사가 공동으로 신고하여야 한다(법 제3조 제3항). 중개거래인 경우 거래당사자에게는 신고의무가 없다.

### (3) 법인이 부동산거래계약을 체결한 경우

부동산거래계약을 체결한 법인도 당연히 부동산거래계약신고서를 작성하여 "법인주택거래계약신고서" 등을 첨부하여 신고관청에 신고하여야 한다.

## 3 신고관청 제31회

부동산거래신고는 그 권리의 대상인 부동산 등(권리에 관한 계약의 경우에는 그 권리의 대상인 부동산을 말한다)의 소재지를 관할하는 시장(구가 설치되지 아니한 시의 시장 및 특별자치시장과 특별자치도 행정시의 시장을 말한다)·군수 또는 구청장에게 하여야 한다(법 제3조 제1항). 부동산거래신고를 받는 시장·군수 또는 구청장을 신고관청이라 한다.

## 4 신고사항 및 제출서류 제31회, 제32회

부동산 등의 거래계약시 신고하여야 하는 사항은 다음과 같다(영 제3조 제1항).

☑ **[별표 1] 부동산 거래 신고사항**(영 제3조 제1항 관련)

| 구 분 | 신고사항 |
|---|---|
| 1. 공 통 | 가. 거래당사자의 인적 사항<br>나. 계약 체결일, 중도금 지급일 및 잔금 지급일<br>다. 거래대상 부동산 등(부동산을 취득할 수 있는 권리에 관한 계약의 경우에는 그 권리의 대상인 부동산을 말한다)의 소재지 · 지번 · 지목 및 면적<br>라. 거래대상 부동산 등의 종류(부동산을 취득할 수 있는 권리에 관한 계약의 경우에는 그 권리의 종류를 말한다)<br>마. 실제 거래가격<br>바. 계약의 조건이나 기한이 있는 경우에는 그 조건 또는 기한<br>사. 매수인이 국내에 주소 또는 거소(잔금 지급일부터 60일을 초과하여 거주하는 장소를 말한다)를 두지 않을 경우(매수인이 외국인인 경우로서 「출입국관리법」 제31조에 따른 외국인등록을 하거나 「재외동포의 출입국과 법적 지위에 관한 법률」 제6조에 따른 국내거소신고를 한 경우에는 그 체류기간 만료일이 잔금 지급일부터 60일 이내인 경우를 포함한다)에는 위탁관리인의 인적 사항<br>아. 개업공인중개사가 거래계약서를 작성 · 교부한 경우에는 다음의 사항<br>1) 개업공인중개사의 인적 사항<br>2) 개업공인중개사가 「공인중개사법」 제9조에 따라 개설등록한 중개사무소의 상호 · 전화번호 및 소재지 |
| 2. 법인이 주택의 거래계약을 체결하는 경우 | 가. 법인의 현황에 관한 다음의 사항(거래당사자 중 국가 등이 포함되어 있거나 거래계약이 법 제3조 제1항 제2호 또는 같은 항 제3호 가목에 해당하는 경우는 제외한다)<br>1) 법인의 등기 현황<br>2) 법인과 거래상대방 간의 관계가 다음의 어느 하나에 해당하는지 여부<br>가) 거래상대방이 개인인 경우: 그 개인이 해당 법인의 임원이거나 법인의 임원과 친족관계가 있는 경우<br>나) 거래상대방이 법인인 경우: 거래당사자인 매도법인과 매수법인의 임원 중 같은 사람이 있거나 거래당사자인 매도법인과 매수법인의 임원 간 친족관계가 있는 경우 |

| | |
|---|---|
| | 나. 주택 취득 목적 및 취득 자금 등에 관한 다음의 사항(법인이 주택의 매수자인 경우만 해당한다)<br>1) 거래대상인 주택의 취득목적<br>2) 거래대상 주택의 취득에 필요한 자금의 조달계획 및 지급방식. 이 경우 투기과열지구에 소재하는 주택의 거래계약을 체결한 경우에는 자금의 조달계획을 증명하는 서류로서 국토교통부령으로 정하는 서류를 첨부해야 한다.<br>3) 임대 등 거래대상 주택의 이용계획 |
| **3. 법인 외의 자가 실제 거래가격이 6억원 이상인 주택을 매수하거나 투기과열지구 또는 조정대상지역에 소재하는 주택을 매수하는 경우**(매수인 중 국가 등이 포함되어 있는 경우는 제외한다) | 가. 거래대상 주택의 취득에 필요한 자금의 조달계획 및 지급방식. 이 경우 투기과열지구에 소재하는 주택의 거래계약을 체결한 경우 매수자는 자금의 조달계획을 증명하는 서류로서 국토교통부령으로 정하는 서류를 첨부해야 한다.<br>나. 거래대상 주택에 매수자 본인이 입주할지 여부, 입주 예정 시기 등 거래대상 주택의 이용계획 |
| **4. 실제 거래가격이 다음 각 목의 구분에 따른 금액 이상인 토지를 매수**(지분으로 매수하는 경우는 제외한다) **하는 경우**<br>**가. 수도권 등에 소재하는 토지의 경우**: 1억원<br>**나. 수도권 등 외의 지역에 소재하는 토지의 경우**: 6억원 | 가. 거래대상 토지의 취득에 필요한 자금의 조달계획<br>나. 거래대상 토지의 이용계획 |
| **5. 다음 각 목의 토지를 지분으로 매수하는 경우**<br>**가. 수도권 등에 소재하는 토지**<br>**나. 수도권 등 외의 지역에 소재하는 토지로서 실제 거래가격이 6억원 이상인 토지** | 가. 거래대상 토지의 취득에 필요한 자금의 조달계획<br>나. 거래대상 토지의 이용계획 |

비 고

1. "개업공인중개사"란 「공인중개사법」 제2조 제4호의 개업공인중개사를 말한다.

1의2. "위탁관리인"이란 법 제6조에 따른 신고내용의 조사와 관련하여 국토교통부장관 또는 신고관청이 발송하는 서류의 수령을 매수인으로부터 위탁받은 사람을 말한다.

2. "법인"이란 「부동산등기법」 제49조 제1항 제2호의 부동산등기용등록번호를 부여 받은 법인으로 「상법」에 따른 법인을 말한다.

3. "주택"이란 「건축법 시행령」 [별표 1] 제1호 또는 제2호의 단독주택 또는 공동주택(공관 및 기숙사는 제외한다)을 말하며, 단독주택 또는 공동주택을 취득할 수 있는 권리에 관한 계약의 경우에는 그 권리를 포함한다.
4. "국가 등"이란 법 제3조 제1항 단서의 국가 등을 말한다.
5. "친족관계"란 「국세기본법」 제2조 제20호 가목의 친족관계를 말한다.
6. "투기과열지구"란 「주택법」 제63조에 따라 지정된 투기과열지구를 말한다.
7. "조정대상지역"이란 「주택법」 제63조의2에 따라 지정된 조정대상지역을 말한다.
8. "수도권 등"이란 「수도권정비계획법」에 따른 수도권, 광역시(인천광역시는 제외한다) 및 세종특별자치시를 말한다.
9. 부동산 거래를 신고하기 전에 부동산 거래대금이 모두 지급된 경우에는 위 표 제2호부터 제5호까지의 규정에 따른 자금의 조달계획은 자금의 조달방법으로 한다.
10. 다음 각 목의 토지거래는 위 표 제4호 및 제5호의 적용대상에서 제외한다.
    가. 매수인이 국가 등이거나 매수인에 국가 등이 포함되어 있는 토지거래
    나. 법 제11조 제1항에 따라 허가를 받아야 하는 토지거래
11. 위 표 제4호 및 제5호에 따른 거래가격의 산정방법은 다음 각 목과 같다.
    가. 1회의 토지거래계약으로 매수하는 토지가 둘 이상인 경우에는 매수한 각각의 토지 가격을 모두 합산할 것
    나. 신고 대상 토지거래계약 체결일부터 역산하여 1년 이내에 매수한 다른 토지(신고 대상 토지거래계약에 따라 매수한 토지와 서로 맞닿은 토지로 한정하며, 신고 대상 토지거래계약에 따라 토지를 지분으로 매수한 경우에는 해당 토지의 나머지 지분과 그 토지와 서로 맞닿은 토지나 토지의 지분으로 한다. 이하 이 목에서 같다)가 있는 경우에는 그 토지 가격을 거래가격에 합산할 것. 다만, 토지거래계약 체결일부터 역산하여 1년 이내에 매수한 다른 토지에 대한 거래신고를 한 때 위 표 제4호 및 제5호의 신고사항을 제출한 경우에는 합산하지 않는다.
    다. 「건축법」 제22조 제2항에 따른 사용승인을 받은 건축물이 소재하는 필지(筆地) 가격은 거래가격에서 제외할 것

## (1) 법인 및 법인 외의 자의 공통신고 사항

| |
|---|
| ① 거래당사자의 인적 사항 |
| ② 계약 체결일, 중도금 지급일 및 잔금 지급일 |
| ③ 거래대상 부동산 등(부동산을 취득할 수 있는 권리에 관한 계약의 경우에는 그 권리의 대상인 부동산을 말한다)의 소재지 · 지번 · 지목 및 면적 |
| ④ 거래대상 부동산 등의 종류(부동산을 취득할 수 있는 권리에 관한 계약의 경우에는 그 권리의 종류를 말한다) |
| ⑤ 실제 거래가격 |
| ⑥ 계약의 조건이나 기한이 있는 경우에는 그 조건 또는 기한 |

⑦ 매수인이 국내에 주소 또는 거소(잔금 지급일부터 60일을 초과하여 거주하는 장소를 말한다)를 두지 않을 경우(매수인이 외국인인 경우로서 「출입국관리법」 제31조에 따른 외국인등록을 하거나 「재외동포의 출입국과 법적 지위에 관한 법률」 제6조에 따른 국내거소신고를 한 경우에는 그 체류기간 만료일이 잔금 지급일부터 60일 이내인 경우를 포함한다)에는 위탁관리인의 인적 사항

⑧ 개업공인중개사가 거래계약서를 작성·교부한 경우에는 다음의 사항

㉠ 개업공인중개사의 인적 사항

㉡ 개업공인중개사가 「공인중개사법」 제9조에 따라 개설등록한 중개사무소의 상호·전화번호 및 소재지

주의할 것은 거래당사자가 신고하는 경우에는 ① ~ ⑥까지만 신고사항이다.

### (2) 법인 주택 거래계약 신고서 제출

법인이 부동산거래신고를 하는 경우에는 법인의 등기 현황, 거래상대방 간 특수의 관계 여부. 즉, 거래상대방이 개인인 경우에 그 개인이 해당 법인의 임원이거나 법인의 임원과 친족관계 또는 거래상대방이 법인인 경우에 거래당사자인 매도법인과 매수법인의 임원 중 같은 사람이 있거나 거래당사자인 매도법인과 매수법인의 임원 간 친족관계가 있는 경우 등을 기재한 별지 제1호의2 서식의 법인 주택 거래계약 신고서(이하 이 조에서 "법인 신고서"라 한다)를 신고관청에 함께 제출해야 한다.

단, 거래당사자 중 국가 등이 포함되어 있거나 거래계약이 법 제3조 제1항 제2호 또는 같은 항 제3호 가목에 해당하는 경우는 제외한다. 즉, 최초의 공급계약과 분양권은 제외한다.

### (3) 자금조달·입주계획서 또는 자금조달·토지이용계획서 등 제출

① 주택 취득 목적 및 취득 자금 등에 관한 사항 또는 거래대상 주택의 취득에 필요한 자금의 조달계획 및 지급방식. 매수자 본인이 입주할지 여부, 입주 예정 시기 등 거래대상 주택의 이용계획에 관한 신고서를 제출할 때 매수인이 단독으로 서명 또는 날인한 주택취득자금 조달 및 입주계획서(이하 "자금조달·입주계획서"라 한다)를 신고관청에 함께 제출해야 한다(규칙 제2조 제6항).

② 투기과열지구에 소재하는 주택의 거래계약을 체결한 경우에는 자금의 조달계획을 증명하는 서류로서 국토교통부령으로 정하는 서류를 첨부해야 한다. 이는 다음 각 호의 구분에 따른 서류를 말한다. 이 경우 자금조달·입주계획서의 제출일을 기준으로 주택취득에 필요한 자금의 대출이 실행되지 않았거나 본인 소유 부동산의 매매계약이 체결되지 않은 경우 등 항목별 금액 증명이 어려운 경우에는 그 사유서를 첨부해야 한다(규칙 제2조 제7항).

> 1. 자금조달 · 입주계획서에 금융기관 예금액 항목을 적은 경우 ⇨ 예금잔액증명서 등 예금 금액을 증명할 수 있는 서류
> 2. 자금조달 · 입주계획서에 주식 · 채권 매각대금 항목을 적은 경우 ⇨ 주식거래내역서 또는 예금잔액증명서 등 주식 · 채권 매각 금액을 증명할 수 있는 서류
> 3. 자금조달 · 입주계획서에 증여 · 상속 항목을 적은 경우 ⇨ 증여세 · 상속세 신고서 또는 납세증명서 등 증여 또는 상속받은 금액을 증명할 수 있는 서류
> 4. 자금조달 · 입주계획서에 현금 등 그 밖의 자금 항목을 적은 경우 ⇨ 소득금액증명원 또는 근로소득 원천징수영수증 등 소득을 증명할 수 있는 서류
> 5. 자금조달 · 입주계획서에 부동산 처분대금 등 항목을 적은 경우 ⇨ 부동산 매매계약서 또는 부동산 임대차계약서 등 부동산 처분 등에 따른 금액을 증명할 수 있는 서류
> 6. 자금조달 · 입주계획서에 금융기관 대출액 합계 항목을 적은 경우 ⇨ 금융거래확인서, 부채증명서 또는 금융기관 대출신청서 등 금융기관으로부터 대출받은 금액을 증명할 수 있는 서류
> 7. 자금조달 · 입주계획서에 임대보증금 항목을 적은 경우 ⇨ 부동산 임대차계약서
> 8. 자금조달 · 입주계획서에 회사지원금 · 사채 또는 그 밖의 차입금 항목을 적은 경우 ⇨ 금전을 빌린 사실과 그 금액을 확인할 수 있는 서류

③ 자금의 조달계획 및 토지의 이용계획을 신고해야 하는 경우에는 부동산거래신고서를 제출할 때 매수인이 단독으로 서명 또는 날인한 별지 제1호의4 서식의 토지취득자금 조달 및 토지이용계획서(이하 “자금조달 · 토지이용계획서”라 한다)를 신고관청에 함께 제출해야 한다(규칙 제2조 제8항).

④ 법인 또는 매수인이 법인 신고서, 자금조달 · 입주계획서, 제7항 각 호의 구분에 따른 서류, 같은 항 후단에 따른 사유서 및 자금조달 · 토지이용계획서(이하 “법인신고서 등”이라 한다)를 부동산거래계약 신고서와 분리하여 제출하기를 희망하는 경우 법인 또는 매수인은 법인신고서 등을 거래계약의 체결일부터 30일 이내에 별도로 제출할 수 있다(규칙 제2조 제9항).

⑤ 부동산거래계약을 신고하려는 자 중 법인 또는 매수인 외의 자가 법인 신고서 등을 제출하는 경우 법인 또는 매수인은 부동산거래계약을 신고하려는 자에게 거래계약의 체결일부터 25일 이내에 법인신고서 등을 제공해야 하며, 이 기간 내에 제공하지 않은 경우에는 법인 또는 매수인이 별도로 법인신고서 또는 자금조달 · 입주계획서를 제출해야 한다(규칙 제2조 제10항).

⑥ 매수인이 「출입국관리법」에 따른 외국인등록을 하였거나 「재외동포의 출입국과 법적 지위에 관한 법률」 에 따른 국내거소신고를 한 경우에는 부동산거래계약 신고서를 제출할 때 「출입국관리법 시행규칙」 별지 제139호 서식의 외국인등록 사실증명 또는 「재외동포의 출입국과 법적 지위에 관한 법률 시행규칙」 별지 제7호의2 서식의 국내거소신고 사실증명을 신고관청에 함께 제출해야 한다(규칙 제2조 제11항).

**핵심 다지기**

**1. 주택 매매의 주체 및 지역별 추가신고 내용**

| 구 분 | | 추 가 |
|---|---|---|
| 비규제지역(개인) | | 실제거래가격 6억원 이상 ⇨ 자금조달계획 및 입주계획서 제출 |
| 규제지역(개인) | 조정대상지역 | 모든 주택 ⇨ 자금조달계획 및 입주계획서 제출 |
| | 투기과열지구 | 모든 주택 ⇨ 자금조달계획 및 증명자료 제출 |
| 법인이 매수자인 경우 | | 지역, 금액 불문 모든 주택 ⇨ 자금조달계획, 주택취득목적, 주택이용계획신고(단, 투기과열지구 ⇨ 금액증명자료 제출) |

**2. 토지 매매(지분포함)의 지역별 추가신고 : 자금조달계획 및 이용계획서 제출**

| 구 분 | 지 역 | 금 액 |
|---|---|---|
| 1. 토지(매수) | 수도권 등[광역시(인천×), 세종특별자치시] | 1억원 이상 제출 |
| | 비수도권 등 | 6억원 이상 제출 |
| 2. 지분(매수) | 수도권 등[광역시(인천×), 세종특별자치시] | 금액 불문 제출 |
| | 비수도권 등 | 6억원 이상 제출 |

## 5 신고방법 제31회

부동산거래신고를 하는 방법은 크게 ① 직접 등록관청을 방문하여 신고하는 방법과 ② 인터넷을 통하여 신고하는 전자문서에 의한 신고방법이 있다. 이하 이에 대하여 상술한다.

### (1) 방문신고

#### ① 거래당사자의 신고

㉠ 원칙(공동신고) : 부동산 거래계약을 체결하고 해당 거래계약을 신고하려는 거래당사자는 부동산거래계약신고서에 공동으로 서명 또는 날인하여 거래당사자 중 일방이 신고관청에 제출하여야 한다(규칙 제2조 제1항 별지 제1호 서식). 단독으로 부동산 거래계약을 신고하려는 국가 등은 부동산거래계약 신고서에 단독으로 서명

또는 날인하여 신고관청에 제출해야 한다(규칙 제2조 제2항). 신고서를 제출할 때 계약서의 사본 등은 원칙적으로 첨부하지 않는다.

㉡ 단독신고: 거래당사자 중 일방이 신고를 거부하는 경우에는 다른 일방이 단독으로 신고할 수 있다. 단독으로 부동산 거래계약을 신고하려는 자는 부동산거래계약 신고서에 단독으로 서명 또는 날인한 후 다음 각 호의 서류를 첨부하여 신고관청에 제출해야 한다. 이 경우 신고관청은 단독신고 사유에 해당하는지 여부를 확인해야 한다(법 제3조 제2항, 규칙 제2조 제3항).



| 1. 부동산 거래계약서 사본<br>2. 단독신고사유서 |
|---|

㉢ 신분증 제시: 부동산거래신고 또는 제출을 하려는 사람은 주민등록증, 운전면허증, 여권 등 본인의 신분을 증명할 수 있는 증명서(이하 "신분증명서"라 한다)를 신고관청에 보여줘야 한다(규칙 제2조 제12항).

㉣ 신고서의 제출대행: 거래당사자 또는 법인 또는 매수인의 위임을 받은 사람은 규칙 제2조 제1항부터 제3항까지(거래신고), 제3조 제2항·제4항·제5항(정정 및 변경신고) 및 제4조 제1항·제2항(해제등 신고), 제2조 제9항·제10항(법인신고서, 자금조달, 입주계획서 등)의 제출을 대행할 수 있다. 이 경우 부동산거래계약 신고서 등의 제출을 대행하는 사람은 신분증명서를 신고관청에 보여주고, 다음 각 호의 서류를 함께 제출해야 한다(규칙 제5조 제1항).

| 1. 신고서 등의 제출을 위임한 거래당사자가 서명 또는 날인한 위임장(거래당사자가 법인인 경우에는 법인인감을 날인한 위임장)<br>2. 신고서 등의 제출을 위임한 거래당사자의 신분증명서 사본 |
|---|

### ② 개업공인중개사의 신고

㉠ 신고서의 작성·제출: 부동산거래의 신고를 하려는 개업공인중개사는 부동산거래계약신고서에 서명 또는 날인을 하여 신고관청에 제출하여야 한다. 공동중개인 경우에는 해당 개업공인중개사 모두가 서명 또는 날인하여야 한다(규칙 제2조 제4항). 이 경우 개업공인중개사가 작성한 신고서에 매도인 및 매수인의 서명 또는 날인은 필요 없으며, 계약서의 사본 등도 첨부하지 아니한다.

㉡ 신분증 제시: 부동산거래신고를 하려는 개업공인중개사는 신분증명서를 신고관청에 보여줘야 한다(규칙 제2조 제12항).

㉢ 신고서의 제출대행: 부동산거래신고를 하여야 하는 개업공인중개사의 위임을 받은 소속공인중개사는 부동산거래계약신고서의 제출을 대행할 수 있다. 이 경우 소속공인중개사는 신분증명서를 신고관청에 보여줘야 한다(규칙 제5조 제2항).

> 당사자의 신고서 제출을 대행하는 경우와 달리 소속공인중개사는 개업공인중개사의 위임장 및 신분증명서 사본을 제출하지 않는다.

㉣ 중개보조원은 부동산거래계약신고서의 제출을 대행할 수 없다.

### (2) 전자문서에 의한 신고

① **부동산거래관리시스템**(RTMS) **접속**: 부동산거래신고를 하려는 거래당사자 또는 개업공인중개사는 공인인증서를 발급받아 인터넷상으로 신고관청의 부동산거래관리시스템에 접속하여 신고자의 성명, 주민등록번호, 공인인증을 통해 로그인을 한다.

② **신고서의 작성 · 제출**: 인터넷의 부동산거래관리시스템상에서 부동산거래계약신고서에 신고사항을 입력하여 작성한 후 신고의무자가 서명 또는 날인을 하여 제출한다. 이 경우 서명 또는 날인 및 당사자의 신분확인은 「전자서명법」에 따른 공인인증서를 통한 본인확인, 즉 전자인증의 방법으로 한다.

③ 전자문서에 의한 신고의 경우에는 신고서의 제출대행이 인정되지 아니한다.

### (3) 부동산거래계약시스템을 통한 거래계약

부동산 거래계약 관련 정보시스템(부동산거래계약시스템)을 통하여 부동산 거래계약을 체결한 경우에는 부동산 거래계약이 체결된 때에 부동산거래계약 신고서를 제출한 것으로 본다(규칙 제2조 제14항).

## 6 신고필증의 발급

### (1) 신고필증 발급

① 부동산거래신고를 받은 신고관청은 그 신고내용을 확인한 후 신고인에게 별지 제2호 서식의 부동산거래 신고필증을 지체 없이 발급하여야 한다(법 제3조 제5항).

② 입주권 거래신고의 경우에는 입주권 거래가격이 표시된 신고필증과 종전 토지 거래가격이 표시된 신고필증 등 2부가 발급된다.

③ 소유권을 이전하려는 부동산의 종류에 맞는 신고필증을 부동산등기 신청서에 첨부하여 소유권이전등기 신청을 한다.

### (2) 검인의제

부동산 등의 매수인은 신고인이 신고필증을 발급받은 때에 「부동산등기 특별조치법」에 따른 검인을 받은 것으로 본다(법 제3조 제6항).

## 7 부동산 거래의 해제등 신고 제35회

**법 제3조의2【부동산 거래의 해제등 신고】** ① 거래당사자는 제3조에 따라 신고한 후 해당 거래계약이 해제, 무효 또는 취소(이하 "해제등"이라 한다)된 경우 해제 등이 확정된 날부터 30일 이내에 해당 신고관청에 공동으로 신고하여야 한다. 다만, 거래당사자 중 일방이 신고를 거부하는 경우에는 국토교통부령으로 정하는 바에 따라 단독으로 신고할 수 있다.
② 개업공인중개사가 제3조 제3항에 따라 신고를 한 경우에는 제1항에도 불구하고 개업공인중개사가 같은 항에 따른 신고(공동으로 중개를 한 경우에는 해당 개업공인중개사가 공동으로 신고하는 것을 말한다)를 할 수 있다. 다만, 개업공인중개사 중 일방이 신고를 거부한 경우에는 제1항 단서를 준용한다.
③ 제1항 및 제2항에 따른 신고의 절차와 그 밖에 필요한 사항은 국토교통부령으로 정한다.

### (1) 당사자의 해제등 신고

① 거래당사자는 신고한 거래계약이 해제 등이 된 경우는 해제 등이 확정된 날부터 30일 이내에 별지 제4호 서식의 부동산거래계약 해제등 신고서에 공동으로 서명 또는 날인하여 신고관청에 제출해야 한다(규칙 제4조 제1항).

② 거래당사자 중 일방이 신고를 거부하는 경우에는 단독으로 해제 등을 신고할 수 있다. 이때 단독으로 해제 등을 신고하려는 자는 부동산거래계약 해제등 신고서에 단독으로 서명 또는 날인한 후 다음 각 호의 서류를 첨부하여 신고관청에 제출해야 한다. 이 경우 신고관청은 단독신고 사유에 해당하는지 여부를 확인해야 한다(규칙 제4조 제2항).

> 1. 확정된 법원의 판결문 등 해제 등이 확정된 사실을 입증할 수 있는 서류
> 2. 단독신고사유서

③ 거래당사자 중 일방이 국가 등인 경우 국가 등이 단독으로 부동산거래계약 해제등 신고서에 서명 또는 날인하여 신고관청에 제출할 수 있다(규칙 제4조 제1항).

④ 거래당사자 또는 법인 또는 매수인의 위임을 받은 사람은 부동산거래계약 해제등 신고서의 제출을 대행할 수 있다. 이 경우 제출을 대행하는 사람은 신분증명서를 신고관청에 보여주고, 다음 각 호의 서류를 함께 제출해야 한다(규칙 제5조 제1항).

> 1. 신고서 등의 제출을 위임한 거래당사자가 서명 또는 날인한 위임장(거래당사자가 법인인 경우에는 법인인감을 날인한 위임장)
> 2. 신고서 등의 제출을 위임한 거래당사자의 신분증명서 사본

⑤ 신고를 받은 신고관청은 그 내용을 확인한 후 "별지 제5호 서식"의 부동산거래계약 해제등 확인서를 신고인에게 지체 없이 발급해야 한다.

⑥ 부동산거래계약시스템을 통하여 부동산 거래계약 해제 등을 한 경우에는 부동산 거래계약 해제 등이 이루어진 때에 부동산거래계약 해제등 신고서를 제출한 것으로 본다.

⑦ 거래당사자가 거래계약이 해제 등이 된 경우에 확정된 날부터 30일 이내에 신고하지 않으면 500만원 이하의 과태료 사유에 해당한다(법 제28조 제2항).

### (2) 개업공인중개사의 해제등 신고

① 개업공인중개사가 부동산거래신고를 한 경우에는 개업공인중개사가 해제등 신고(공동으로 중개를 한 경우에는 해당 개업공인중개사가 공동으로 신고하는 것을 말한다)를 할 수 있다.

② 개업공인중개사 중 일방이 신고를 거부하는 경우 단독으로 부동산 거래계약의 해제 등을 신고하려는 자는 부동산거래계약 해제등 신고서에 단독으로 서명 또는 날인한 후 다음 각 호의 서류를 첨부하여 신고관청에 제출해야 한다. 이 경우 신고관청은 단독신고 사유에 해당하는지 여부를 확인해야 한다.

> 1. 확정된 법원의 판결문 등 해제 등이 확정된 사실을 입증할 수 있는 서류
> 2. 단독신고사유서

③ 개업공인중개사의 위임을 받은 소속공인중개사는 부동산거래계약 해제등 신고서의 제출을 대행할 수 있다. 이 경우 소속공인중개사는 신분증명서를 신고관청에 보여줘야 한다. 주의할 점은 개업공인중개사의 위임장과 신분증명서 사본은 제출하지 않는다.

④ 중개보조원은 부동산거래계약 해제등 신고서의 제출을 대행할 수 없다.

⑤ 부동산거래계약시스템을 통하여 부동산 거래계약 해제 등을 한 경우에는 부동산 거래계약 해제 등이 이루어진 때에 부동산거래계약 해제등 신고서를 제출한 것으로 본다.

⑥ 거래계약을 신고한 후 해제 등이 된 경우에 해제신고는 개업공인중개사의 재량적 신고사항으로 거래당사자와 달리 과태료 제재는 없다.

## 8 금지행위

누구든지 거래계약 신고의무 또는 해제등 신고의무에 따른 다음 각 호의 어느 하나에 해당하는 행위를 하여서는 아니 된다(법 제4조).

> 1. 개업공인중개사에게 부동산거래신고를 하지 아니하게 하거나 거짓으로 신고하도록 요구하는 행위
> 2. 거래신고 대상계약을 체결한 후 신고 의무자가 아닌 자가 거짓으로 신고를 하는 행위
> 3. 거짓으로 거래신고 또는 해제등 신고하는 행위를 조장하거나 방조하는 행위
> 4. 거래신고 대상계약을 체결하지 아니하였음에도 불구하고 거짓으로 신고를 하는 행위
> 5. 거래신고 후 해당 계약이 해제등이 되지 아니하였음에도 불구하고 거짓으로 해제등 신고를 하는 행위

## 9 부동산거래신고 내용의 검증 등

### (1) 부동산거래가격 검증체계의 구축 · 운영

① 국토교통부장관은 법 제3조에 따라 신고받은 내용, 「부동산 가격공시에 관한 법률」에 따라 공시된 토지 및 주택의 가액, 그 밖의 부동산 가격정보를 활용하여 부동산거래가격 검증체계를 구축 · 운영하여야 한다(법 제5조 제1항).

② 국토교통부장관은 부동산거래가격 검증체계의 구축 · 운영을 위하여 법 제5조 제2항(법 제6조의4 제2항에서 준용하는 경우를 포함한다)에 따른 신고가격의 적정성 검증결과, 법 제6조(법 제6조의4 제3항에서 준용하는 경우를 포함한다)에 따른 신고내용의 조사결과 및 그 밖에 검증체계의 구축 · 운영을 위하여 필요한 사항에 관한 자료를 제출할 것을 신고관청에 요구할 수 있다(영 제4조).

③ 국토교통부장관은 법 제5조의 부동산거래가격 검증체계 구축 · 운영, 법 제6조 제3항에 따른 신고내용조사 및 법 제25조의 부동산정보체계의 구축 · 운영 업무를 대통령령으로 정하는 바에 따라 부동산시장 관련 전문성이 있는 공공기관에 위탁할 수 있다(법 제25조의3 제2항).

④ 검증의 절차, 검증체계의 구축 · 운영, 그 밖에 필요한 세부 사항은 국토교통부장관이 정한다(법 제5조 제4항).

### (2) 신고가격의 적정성 검증

신고관청은 부동산거래신고를 받은 경우 부동산거래가격 검증체계를 활용하여 그 적정성을 검증하여야 한다(법 제5조 제2항).

### (3) 검증결과의 통보

신고관청은 검증결과를 해당 부동산의 소재지를 관할하는 세무관서의 장에게 통보하여야 하며, 통보받은 세무관서의 장은 해당 신고내용을 국세 또는 지방세 부과를 위한 과세자료로 활용할 수 있다(법 제5조 제3항).

## 10 신고내용의 조사 등

### (1) 신고내용의 보완 및 자료제출 요구

신고관청은 부동산거래신고, 해제등 신고, 외국인 등의 부동산 취득 · 보유 신고 받은 내용이 누락되어 있거나 정확하지 아니하다고 판단하는 경우 신고인에게 신고내용을 보완하게 하거나 신고한 내용의 사실 여부를 확인하기 위하여 소속 공무원으로 하여금 거래당사자 또는 개업공인중개사에게 거래계약서, 거래대금 지급을 증명할 수 있는 자료 등 관련 자료의 제출을 요구하는 등 필요한 조치를 취할 수 있다(법 제6조 제1항).

### (2) 제출을 요구할 수 있는 자료

국토교통부장관 또는 신고관청(이하 "조사기관")은 신고내용을 조사하기 위하여 거래당사자 또는 개업공인중개사에게 다음의 자료를 제출하도록 요구할 수 있다(규칙 제6조 제1항). 자료제출 요구는 요구사유, 자료의 범위와 내용, 제출기한 등을 명시한 서면으로 하여야 한다(규칙 제6조 제2항). 규정한 사항 외의 신고내용 조사에 필요한 세부사항은 국토교통부장관이 정한다(규칙 제6조 제3항).

> ① 거래계약서 사본
> ② 거래대금의 지급을 확인할 수 있는 입금표 또는 통장 사본
> ③ 매수인이 거래대금의 지급을 위하여 다음의 행위를 하였음을 증명할 수 있는 자료
> ㉠ 대출
> ㉡ 정기예금 등의 만기수령 또는 해약
> ㉢ 주식・채권 등의 처분
> ④ 매도인이 매수인으로부터 받은 거래대금을 예금 외의 다른 용도로 지출한 경우 이를 증명할 수 있는 자료
> ⑤ 그 밖에 신고 내용의 사실 여부를 확인하기 위하여 필요한 자료

### (3) 신고관청의 조사결과의 보고

신고내용을 조사한 경우 신고관청은 조사결과를 특별시장, 광역시장, 특별자치시장, 도지사, 특별자치도지사(이하 "시・도지사")에게 보고하여야 하며, 시・도지사는 신고관청이 보고한 내용을 취합하여 매월 1회 국토교통부장관에게 보고(전자문서에 의한 보고 또는 부동산정보체계에 입력하는 것을 포함)하여야 한다(법 제6조 제2항, 규칙 제6조 제4항).

### (4) 국토교통부장관의 조사권

국토교통부장관은 부동산거래신고, 해제등 신고, 외국인 등의 부동산 취득・보유 신고 받은 내용의 확인을 위하여 필요한 때에는 신고내용조사를 직접 또는 신고관청과 공동으로 실시할 수 있다(법 제6조 제3항).

### (5) 조사권자의 자료요청권

① 국토교통부장관 및 신고관청은 신고내용조사를 위하여 국세・지방세에 관한 자료, 소득・재산에 관한 자료 등 대통령령으로 정하는 자료를 관계 행정기관의 장에게 요청할 수 있다(법 제6조 제4항).

② 이 경우 요청을 받은 관계 행정기관의 장은 정당한 사유가 없으면 그 요청에 따라야 한다(법 제6조 제4항).

### (6) 조사권자의 고발 및 통보조치

국토교통부장관 및 신고관청은 신고내용조사 결과 그 내용이 이 법 또는 「주택법」, 「공인중개사법」, 「상속세 및 증여세법」 등 다른 법률을 위반하였다고 판단되는 때에는 이를 수사기관에 고발하거나 관계 행정기관에 통보하는 등 필요한 조치를 할 수 있다(법 제6조 제5항).



## 03 정정신청 및 변경신고 제35회

### 1 신고내용의 정정신청

#### (1) 의 의

거래당사자 또는 개업공인중개사는 부동산거래신고 내용 중 일부내용이 잘못 기재된 경우에는 신고관청에 신고내용의 정정을 신청할 수 있다(규칙 제3조 제1항).

#### (2) 정정신청사항

① 정정신청을 할 수 있는 사항은 다음과 같다.

> ㉠ 거래당사자의 주소 · 전화번호 또는 휴대전화번호
> ㉡ 거래 지분 비율
> ㉢ 개업공인중개사의 전화번호 · 상호 또는 사무소 소재지
> ㉣ 거래대상 건축물의 종류
> ㉤ 거래대상 부동산 등(부동산을 취득할 수 있는 권리에 관한 계약의 경우 그 권리의 대상인 부동산을 말함)의 지목, 면적, 거래지분 및 대지권비율

② 위에 나열된 사항이 아닌 예컨대, 소재지 · 지번, 실제 거래금액 · 중도금 · 잔금지급일, 거래당사자 및 개업공인중개사의 성명 · 주민등록번호(법인은 법인명 및 법인등록번호) 등은 정정신청을 할 수 없다.

#### (3) 정정신청의 방법

정정신청을 하려는 거래당사자 또는 개업공인중개사는 신고필증에 정정사항을 표시하고 해당 정정 부분에 서명 또는 날인을 하여 신고관청에 제출해야 한다. 다만, 거래당사자의 주소 · 전화번호 또는 휴대전화번호를 정정하는 경우에는 해당 거래당사자 일방이 단독으로 서명 또는 날인하여 정정을 신청할 수 있다(규칙 제3조 제2항).

### (4) 정정신청 대행

① 거래당사자의 위임을 받은 사람은 정정신청을 대행할 수 있다. 이 경우 대행하는 사람은 신분증명서를 신고관청에 보여주고, 다음 각 호의 서류를 함께 제출해야 한다(규칙 제5조 제1항).

> 1. 신고서 등의 제출을 위임한 거래당사자가 서명 또는 날인한 위임장(거대당사자가 법인인 경우에는 법인인감을 날인한 위임장)
> 2. 신고서 등의 제출을 위임한 거래당사자의 신분증명서 사본

② 개업공인중개사의 위임을 받은 소속공인중개사는 정정신청을 대행할 수 있다. 이 경우 소속공인중개사는 신분증명서를 신고관청에 보여줘야 한다(규칙 제5조 제2항).

### (5) 신고필증의 재발급

정정신청을 받은 신고관청은 정정사항을 확인한 후 지체 없이 해당 내용을 정정하고, 정정사항을 반영한 신고필증을 재발급해야 한다(규칙 제3조 제6항).

## 2 신고내용의 변경신고 제35회

### (1) 의 의

① 거래당사자 또는 개업공인중개사는 부동산거래신고 내용 중 일부 내용이 변경된 경우에는 「부동산등기법」에 따른 부동산에 관한 등기신청 전에 신고관청에 신고 내용의 변경을 신고할 수 있다(규칙 제3조 제3항). 이는 계약내용이 변경된 경우 재신고의 불편함을 해소하고자 규정된 것이다.

② 정정신청은 신고한 내용이 일부 '잘못 기재'되었을 때 하는 것이며, 변경신고는 신고한 계약내용이 '변경'되었을 때 하는 것이라는 점에서 차이가 있다. 그러나 정정신청이든 변경신고든 '할 수 있다.'라는 임의사항으로 규정되어 있음을 주의하여야 한다.

### (2) 변경신고사항 제35회

① 계약내용의 변경신고를 할 수 있는 사항은 다음과 같다.

> ㉠ 거래 지분 비율
> ㉡ 거래 지분
> ㉢ 거래대상 부동산 등의 면적
> ㉣ 계약의 조건 또는 기한
> ㉤ 거래가격
> ㉥ 중도금・잔금 및 지급일

> ⓢ 공동매수의 경우 일부 매수인의 변경(매수인 중 일부가 제외되는 경우만 해당)
> ⓞ 거래대상 부동산 등이 다수인 경우 일부 부동산 등의 변경(거래대상 부동산 등 중 일부가 제외되는 경우만 해당한다)
> ⓙ 위탁관리인의 성명, 주민등록번호, 주소 및 전화번호(휴대전화번호를 포함한다)



② 위에 나열된 사항이 아닌 예컨대, 소재지, 당사자 및 개업공인중개사의 성명・주민등록번호(법인은 법인명 및 법인등록번호) 등 인적 사항, 건축물의 종류, 공동매수인의 추가・교체, 부동산 등의 추가・교체 등에 대한 변경신고는 할 수 없다.

## (3) 변경신고의 방법

① 변경신고를 하는 거래당사자 또는 개업공인중개사는 부동산거래계약 변경신고서에 서명 또는 날인하여 신고관청에 제출(전자문서에 의한 제출 포함)해야 한다(규칙 제3조 제4항, 별지 제3호 서식).

② 다만, 부동산 등의 면적 변경이 없는 상태에서 거래가격이 변경된 경우에는 거래계약서 사본 등 그 사실을 증명할 수 있는 서류를 첨부하여야 한다(규칙 제3조 제4항 단서).

## (4) 공급계약 및 분양권 변경신고

부동산에 대한 공급계약 및 공급받는 자로 선정된 지위(분양권)인 계약인 경우 법 제3항 제5호의 거래가격 중 분양가격 및 선택품목은 거래당사자 일방이 단독으로 변경신고를 할 수 있다. 이 경우 거래계약서 사본 등 그 사실을 증명할 수 있는 서류를 첨부해야 한다(규칙 제3조 제5항).

## (5) 변경신고 대행

거래당사자 또는 개업공인중개사의 위임을 받은 사람에 대한 변경신고의 대행 및 방법은 위 정정신청과 동일하다(규칙 제5조 제1・2항).

**넓혀 보기**

**대행신고**

**1. 당사자 직거래 대행**

당사자 거래계약신고, 국가 단독신고, 정정신청・변경신고・분양가격 및 선택품목 단독 변경신고, 해제등 신고, 자금조달, 입주계획서 제출을 대행할 수 있다.

**2. 중개거래 대행**

거래계약신고, 정정신청・변경신고 및 해제등 신고는 소속공인중개사에게 제출을 대행하게 할 수 있다.

### (6) 신고필증의 재발급

변경신고를 받은 신고관청은 변경사항을 확인한 후 지체 없이 해당 내용을 변경하고, 변경사항을 반영한 신고필증을 재발급해야 한다(규칙 제3조 제6항).

예 제

**부동산 거래신고 등에 관한 법령상 부동산거래계약 신고서 작성에 관한 설명으로 틀린 것은?** 제33회

① 거래당사자가 외국인인 경우 거래당사자의 국적을 반드시 적어야 한다.
② '계약대상 면적'란에는 실제 거래면적을 계산하여 적되, 건축물 면적은 집합건축물의 경우 전용면적을 적는다.
③ '종전 부동산'란은 입주권 매매의 경우에만 작성한다.
④ '계약의 조건 및 참고사항'란은 부동산 거래계약 내용에 계약조건이나 기한을 붙인 경우, 거래와 관련한 참고내용이 있을 경우에 적는다.
⑤ 거래대상의 종류가 공급계약(분양)인 경우 물건별 거래가격 및 총 실제거래가격에 부가가치세를 제외한 금액을 적는다.

해설 거래대상의 종류가 공급계약(분양) 또는 전매계약(분양권, 입주권)인 경우 ⑧ 물건별 거래가격 및 ⑨ 총 실제거래가격에 부가가치세를 포함한 금액을 적고, 그 외의 거래대상의 경우 부가가치세를 제외한 금액을 적는다(별지 제1호 서식).

정답 ⑤

## 04 주택임대차 계약의 신고 제32회, 제34회, 제35회

**법 제6조의2 【주택임대차 계약의 신고】** ① 임대차계약당사자는 주택(「주택임대차보호법」 제2조에 따른 주택을 말하며, 주택을 취득할 수 있는 권리를 포함한다. 이하 같다)에 대하여 대통령령으로 정하는 금액을 초과하는 임대차 계약을 체결한 경우 그 보증금 또는 차임 등 국토교통부령으로 정하는 사항을 임대차 계약의 체결일부터 30일 이내에 주택 소재지를 관할하는 신고관청에 공동으로 신고하여야 한다. 다만, 임대차계약당사자 중 일방이 국가 등인 경우에는 국가 등이 신고하여야 한다.
② 제1항에 따른 주택 임대차 계약의 신고는 임차가구 현황 등을 고려하여 대통령령으로 정하는 지역에 적용한다.
③ 제1항에도 불구하고 임대차계약당사자 중 일방이 신고를 거부하는 경우에는 국토교통부령으로 정하는 바에 따라 단독으로 신고할 수 있다.
④ 제1항에 따라 신고를 받은 신고관청은 그 신고 내용을 확인한 후 신고인에게 신고필증을 지체 없이 발급하여야 한다.
⑤ 신고관청은 제1항부터 제4항까지의 규정에 따른 사무에 대한 해당 권한의 일부를 그 지방자치단체의 조례로 정하는 바에 따라 읍·면·동장 또는 출장소장에게 위임할 수 있다.
⑥ 제1항, 제3항 또는 제4항에 따른 신고 및 신고필증 발급의 절차와 그 밖에 필요한 사항은 국토교통부령으로 정한다.

## 1 주택임대차 신고제도

### (1) 당사자 신고

① 주택 임대차 계약을 신고하려는 임대차계약당사자는 별지 제5호의2 서식의 주택 임대차 계약 신고서(이하 "임대차 신고서"라 한다)에 공동으로 서명 또는 날인해 신고관청에 제출해야 한다(규칙 제6조의2 제2항).
다만, 임대차계약당사자 중 일방이 국가 등인 경우에는 국가 등이 신고하여야 한다. 국가 등이 주택 임대차 계약을 신고하려는 경우에는 임대차 신고서에 단독으로 서명 또는 날인해 신고관청에 제출해야 한다(규칙 제6조의2 제4항).

② 위 ①에도 불구하고 임대차계약당사자 일방이 임대차 신고서에 단독으로 서명 또는 날인한 후 다음 각 호의 서류 등을 첨부해 신고관청에 제출한 경우에는 임대차계약당사자가 공동으로 임대차 신고서를 제출한 것으로 본다(규칙 제6조의2 제3항).

> 1. 주택 임대차 계약서(계약서를 작성한 경우만 해당한다)
> 2. 입금증, 주택 임대차 계약과 관련된 금전거래내역이 적힌 통장사본 등 주택임대차 계약 체결 사실을 입증할 수 있는 서류 등(주택 임대차 계약서를 작성하지 않은 경우만 해당한다)
> 3. 「주택임대차보호법」 제6조의3에 따른 계약갱신요구권을 행사한 경우 이를 확인할 수 있는 서류 등

③ 신고하려는 자는 신분증명서를 신고관청에 보여줘야 한다(규칙 제6조의2 제6항).

### (2) 단독신고

① 임대차계약당사자 중 일방이 신고를 거부하는 하는 경우에는 단독으로 신고 할 수 있다. 단독으로 주택 임대차 계약을 신고하려는 임대차계약당사자는 임대차 신고서에 서명 또는 날인한 후 위 ②의 각 호에 따른 서류 등과 단독신고사유서를 첨부해 신고관청에 제출해야 한다. 이 경우 신고관청은 단독신고 사유에 해당하는지를 확인해야 한다(규칙 제6조의2 제5항).

② 신고하려는 자는 신분증명서를 신고관청에 보여줘야 한다(규칙 제6조의2 제6항).

### (3) 위임 신고

위 (1)와 (2)에도 불구하고 임대차계약당사자 일방 또는 규칙 제6조의5(대행)에 따른 임대차계약당사자의 위임을 받은 사람이 아래 (6)의 각 호의 사항이 모두 적혀 있고 임대차계약당사자의 서명이나 날인이 되어 있는 주택 임대차 계약서를 신고관청에 제출하면 임대차계약당사자가 공동으로 임대차 신고서를 제출한 것으로 본다(규칙 제6조의2 제9항).

### ⑷ 대상 주택

① **보증금 또는 월차임**: 보증금이 6천만원을 초과하거나 월차임이 30만원을 초과하는 주택 임대차 계약(계약을 갱신하는 경우로서 보증금 및 차임의 증감 없이 임대차 기간만 연장하는 계약은 제외한다)을 말한다(영 제4조의3 제1항).

② **지역**: 특별자치시 · 특별자치도 · 시 · 군(광역시 및 경기도의 관할구역에 있는 군으로 한정한다) · 구(자치구를 말한다)를 말한다(영 제4조의3 제2항).

### ⑸ 신고기한

보증금 또는 차임 등을 임대차 계약의 체결일부터 30일 이내에 주택 소재지를 관할하는 신고관청에 신고하여야 한다.

### ⑹ 신고 사항(규칙 제6조의2 제1항)

1. 임대차계약당사자의 인적 사항
   가. 자연인인 경우: 성명, 주소, 주민등록번호(외국인인 경우에는 외국인등록번호를 말한다) 및 연락처
   나. 법인인 경우: 법인명, 사무소 소재지, 법인등록번호 및 연락처
   다. 법인 아닌 단체인 경우: 단체명, 소재지, 고유번호 및 연락처
2. 임대차 목적물(주택을 취득할 수 있는 권리에 관한 계약인 경우에는 그 권리의 대상인 주택을 말한다)의 소재지, 종류, 임대 면적 등 임대차 목적물 현황
3. 보증금 또는 월차임
4. 계약 체결일 및 계약 기간
5. 「주택임대차보호법」 제6조의3에 따른 계약갱신요구권의 행사 여부(계약을 갱신한 경우만 해당한다)
6. 해당 주택 임대차 계약을 중개한 개업공인중개사의 사무소 명칭, 사무소 소재지, 대표자 성명, 등록번호, 전화번호 및 소속공인중개사 성명

### ⑺ 신고관청 및 위임

주택 소재지를 관할하는 신고관청에 하여야 한다. 다만, 신고관청은 사무에 대한 해당 권한의 일부를 그 지방자치단체의 조례로 정하는 바에 따라 읍 · 면 · 동장 또는 출장소장에게 위임할 수 있다.

### ⑻ 신고필증 교부

신고를 받은 신고관청은 신고 사항의 누락 여부 등을 확인한 후 지체 없이 별지 제5호의3 서식의 주택 임대차 계약 신고필증(이하 "임대차 신고필증"이라 한다)을 내줘야 한다(규칙 제6조의2 제7항).

(9) 부동산거래계약시스템을 통해 주택 임대차 계약을 체결한 경우에는 임대차계약당사자가 공동으로 임대차 신고서를 제출한 것으로 본다(규칙 제6조의2 제8항).



## 2 주택임대차 계약의 변경 및 해제 신고

### (1) 변경 및 해제 신고

임대차계약당사자는 주택 임대차 계약의 보증금, 차임 등 임대차 가격이 변경되거나 해제된 경우에는 해당 신고관청에 공동으로 신고하여야 한다. 변경 또는 해제를 신고하려는 경우, "주택 임대차 계약 변경 신고서"(별지 제5호의4 서식) 또는 "주택 임대차 계약 해제 신고서"(별지 제5호의5 서식)에 임대차계약당사자는 공동으로 서명 또는 날인해 신고관청에 제출해야 한다. 다만, 임대차계약당사자 중 일방이 국가 등인 경우에는 국가 등이 신고하여야 한다(규칙 제6조의3 제1항).

### (2) 단독신고

임대차계약당사자 중 일방이 신고를 거부해 단독 신고를 하려는 자는 "임대차 변경 신고서" 또는 "임대차 해제 신고서"에 단독으로 서명 또는 날인한 후 다음 각 호의 구분에 따른 서류를 첨부해 신고관청에 제출해야 한다. 이 경우 신고관청은 단독신고 사유에 해당하는지를 확인해야 한다(영 제4조의3 제1항).

1. 변경 신고의 경우: 단독신고사유서와 주택 임대차 변경 계약서 또는 임대차 가격이 변경된 사실을 입증할 수 있는 서류 등
2. 해제 신고의 경우: 단독신고사유서와 주택 임대차 계약 해제 합의서 또는 주택 임대차 계약이 해제된 사실을 입증할 수 있는 서류 등

### (3) 신고대상

신고한 후 해당 주택 임대차 계약의 보증금, 차임 등 임대차 가격이 변경 또는 임대차 계약이 해제된 때에는 신고하여야 한다.

### (4) 신고기한

변경 또는 해제가 확정된 날부터 30일 이내에 하여야 한다.

### (5) 신고관청 및 위임

해당 주택의 신고관청에 한다. 다만, 신고관청은 사무에 대한 해당 권한의 일부를 그 지방자치단체의 조례로 정하는 바에 따라 읍・면・동장 또는 출장소장에게 위임할 수 있다.

(6) 신고를 받은 신고관청은 신고 사항의 누락 여부 등을 확인한 후 지체 없이 변경 사항을 반영한 "임대차 신고필증" 또는 별지 제5호의6 서식의 "주택 임대차 계약 해제 확인서"를 내줘야 한다(규칙 제6조의3 제3항).

(7) 주택 임대차 계약의 변경 신고 및 해제 신고에 관하여는 규칙 제6조의2 제3항 · 제4항 · 제6항 · 제8항(제8항은 해제 신고로 한정한다) 및 제9항을 준용한다. 이 경우 "주택 임대차 계약"은 "주택 임대차 변경 계약" 또는 "주택 임대차 계약 해제 합의"로, "주택 임대차 계약서"는 "주택 임대차 변경 계약서" 또는 "주택 임대차 해제 합의서"로, "임대차 신고서"는 "임대차 변경 신고서" 또는 "임대차 해제 신고서"로 각각 본다(규칙 제6조의3 제4항).

## 3 주택 임대차 계약 신고 내용의 정정(규칙 제6조의4)

(1) 임대차계약당사자는 신고 사항 또는 주택 임대차 계약 변경 신고의 내용이 잘못 적힌 경우에는 신고관청에 신고 내용의 정정을 신청할 수 있다.

(2) 정정신청을 하려는 임대차계약당사자는 임대차 신고필증에 정정 사항을 표시하고, 해당 정정 부분에 공동으로 서명 또는 날인한 후 "주택 임대차 계약서" 또는 "주택 임대차 변경 계약서"를 첨부해 신고관청에 제출해야 한다.

(3) 정정신청을 받은 신고관청은 정정할 사항을 확인한 후 지체 없이 해당 내용을 정정하고, 정정 사항을 반영한 "임대차 신고필증"을 신청인에게 다시 내줘야 한다.

(4) (1)부터 (3)까지에서 규정한 사항 외에 주택 임대차 계약 신고 내용의 정정에 관하여는 규칙 제6조의2 제3항 및 제6항을 준용한다. 이 경우 "임대차 신고서 제출"은 "주택 임대차 계약 신고 내용 정정신청"으로 본다.

## 4 주택 임대차 계약 신고서 등의 제출 대행(규칙 제6조의5)

규칙 제6조의2 제2항부터 제5항까지 · 제8항 · 제9항(제6조의3 제4항 및 제6조의4 제4항에서 각각 준용하는 경우를 포함한다), 제6조의3 제1항 · 제2항 및 제6조의4 제1항 · 제2항에 따른 임대차계약당사자의 위임을 받은 사람은 "임대차 신고서", "임대차 변경 신고서 및 임대차 해제 신고서"의 작성 · 제출 및 정정신청을 대행할 수 있다.
이 경우 임대차신고서 등의 작성 · 제출 및 정정신청을 대행하는 사람은 신분증명서를 신고관청에 보여줘야 하며, 임대차신고서 등의 작성 · 제출 및 정정신청을 위임한 임대차계약당사자의 자필서명이 있는 위임장과 신분증명서 사본을 함께 제출해야 한다.

## 5 주택임대차 신고제도의 준용규정

> **법 제6조의4 【주택임대차 계약 신고에 대한 준용규정】** ① 주택 임대차 계약 신고의 금지행위에 관하여는 제4조를 준용한다.
> ② 주택 임대차 계약 신고 내용의 검증에 관하여는 제5조를 준용한다.
> ③ 주택 임대차 계약 신고 내용의 조사 등에 관하여는 제6조를 준용한다.

### (1) **임대차계약 신고와 금지행위**(법 제4조)

누구든지 임대차계약 신고의무 또는 변경 · 해제신고에 따른 신고에 관하여 다음 각 호의 어느 하나에 해당하는 행위를 하여서는 아니 된다.

1. 신고를 하지 아니하게 하거나 거짓으로 신고하도록 요구하는 행위
2. 계약을 체결한 후 신고 의무자가 아닌 자가 거짓으로 신고를 하는 행위
3. 거짓으로 신고 또는 변경 · 해제신고를 조장하거나 방조하는 행위
4. 임대차계약을 체결하지 아니하였음에도 불구하고 거짓으로 신고를 하는 행위
5. 신고 후 해당 계약이 변경 · 해제 등이 되지 아니하였음에도 불구하고 거짓으로 신고를 하는 행위

### (2) **임대차계약 신고내용의 검증**(법 제5조)

① 국토교통부장관은 신고 받은 내용 등 그 밖의 부동산 가격정보를 활용하여 부동산거래가격 검증체계를 구축 · 운영하여야 한다.

② 신고관청은 신고를 받은 경우 부동산거래가격 검증체계를 활용하여 그 적정성을 검증하여야 한다.

③ 기타 세부적인 내용은 전술한 부동산거래가격 검증체계에 대한 국토교통부령을 참조하기로 한다.

### (3) **임대차계약 신고내용의 조사**(법 제6조)

① 신고관청은 신고 받은 내용이 누락되어 있거나 정확하지 아니하다고 판단하는 경우에는 국토교통부령으로 정하는 바에 따라 신고인에게 신고 내용을 보완하게 하거나 신고한 내용의 사실 여부를 확인하기 위하여 소속 공무원으로 하여금 거래당사자 또는 개업공인중개사에게 거래계약서, 거래대금 지급을 증명할 수 있는 자료 등 관련 자료의 제출을 요구하는 등 필요한 조치를 취할 수 있다.

② ①에 따라 신고 내용을 조사한 경우 신고관청은 조사 결과를 특별시장, 광역시장, 특별자치시장, 도지사, 특별자치도지사(이하 "시 · 도지사"라 한다)에 게 보고하여야 하며, 시 · 도지사는 이를 국토교통부령으로 정하는 바에 따라 국토교통부장관에게 보고하여야 한다.

③ ①에도 불구하고 국토교통부장관은 신고 받은 내용의 확인을 위하여 필요한 때에는 신고내용조사를 직접 또는 신고관청과 공동으로 실시할 수 있다.

④ 국토교통부장관 및 신고관청은 ① 및 ③에 따른 신고내용조사를 위하여 국세·지방세에 관한 자료, 소득·재산에 관한 자료 등 대통령령으로 정하는 자료를 관계 행정기관의 장에게 요청할 수 있다. 이 경우 요청을 받은 관계 행정기관의 장은 정당한 사유가 없으면 그 요청에 따라야 한다.

⑤ 국토교통부장관 및 신고관청은 신고내용조사 결과 그 내용이 이 법 또는 「주택법」, 「공인중개사법」, 「상속세 및 증여세법」 등 다른 법률을 위반하였다고 판단되는 때에는 이를 수사기관에 고발하거나 관계 행정기관에 통보하는 등 필요한 조치를 할 수 있다.

## 6 다른 법과의 관계 – 의제

(1) 임차인이 「주민등록법」에 따라 전입신고를 하는 경우 이 법에 따른 주택 임대차 계약의 신고를 한 것으로 본다.

(2) 「공공주택 특별법」에 따른 공공주택사업자 및 「민간임대주택에 관한 특별법」에 따른 임대사업자는 관련 법령에 따른 주택 임대차 계약의 신고 또는 변경신고를 하는 경우 이 법에 따른 신고 또는 변경신고를 한 것으로 본다.

(3) 임대차계약신고, 변경·해제 신고의 접수를 완료한 때에는 「주택임대차보호법」상에 확정일자를 부여한 것으로 본다(임대차계약서가 제출된 경우로 한정한다). 이 경우 신고관청은 확정일자부를 작성하거나 확정일자부여기관에 신고사실을 통보하여야 한다.

## 05 포상금

> 법 제25조의2 【신고포상금의 지급】 ① 시장 · 군수 또는 구청장은 다음 각 호의 어느 하나에 해당하는 자를 관계 행정기관이나 수사기관에 신고하거나 고발한 자에게 예산의 범위에서 포상금을 지급할 수 있다.



### 1 지급관청 및 신고 · 고발대상자 제32회

#### (1) 지급관청

포상금 지급은 부동산거래 신고관청이다(영 제19조의2 제1항).

#### (2) 신고 · 고발 대상자(법 제25조의2 제1항 제1호~제1의4호)

1. 거래당사자로서 부동산 등의 실제 거래가격을 거짓으로 신고한 자
2. 개업공인중개사로서 부동산 등의 실제 거래가격을 거짓으로 신고한 자
3. 신고 의무자가 아닌 자로서 부동산 등의 실제 거래가격을 거짓으로 신고한 자
4. 법 제4조 제4호를 위반하여 거짓으로 법 제3조에 따른 신고를 한 자
   즉, 계약을 체결하지 아니하였음에도 불구하고 거짓으로 신고를 하는 행위(가장매매신고)
5. 법 제4조 제5호를 위반하여 거짓으로 법 제3조의2에 따른 신고를 한 자 ⇨ 신고 후 해당 계약이 해제 등이 되지 아니하였음에도 불구하고 거짓으로 신고를 하는 행위(가장해제신고)
6. 법 제6조의2(임대차계약 신고) 또는 법 제6조의3(변경 · 해제)을 위반하여 주택 임대차 계약의 보증금 · 차임 등 계약금액을 거짓으로 신고한 자

### 2 포상금의 지급

#### (1) 지급기준

① 신고관청이 적발하기 전에 신고 · 고발 대상자를 신고하고 이를 입증할 수 있는 증거자료를 제출한 경우로서 그 신고사건에 대하여 과태료가 부과된 경우 포상금을 지급하여야 한다(영 제19조의2 제1항 제1호). 신고관청 또는 허가관청은 자체조사 등에 따라 위반행위를 알게 된 때에는 지체 없이 그 내용을 부동산정보체계에 기록하여야 한다(규칙 제20조의2 제5항).

② 다음 어느 하나에 해당하는 경우에는 포상금을 지급하지 아니할 수 있다.

| ㉠ 공무원이 직무와 관련하여 발견한 사실을 신고하거나 고발한 경우<br>㉡ 해당 위반행위를 하거나 위반행위에 관여한 자가 신고하거나 고발한 경우<br>㉢ 익명이나 가명으로 신고 또는 고발하여 신고인 또는 고발인을 확인할 수 없는 경우 |
|---|

### ⑵ **지급절차 및 방법**(영 제19조의3)

① 신고·고발 대상자를 신고하려는 자는 국토교통부령으로 정하는 신고서 및 증거자료를 신고관청에 제출해야 한다.

② 신고서를 제출받은 신고관청은 포상금 지급 여부를 결정하고 이를 신고인 또는 고발인에게 알려야 한다.

③ 포상금 지급 결정을 통보받은 신고인 또는 고발인은 국토교통부령으로 정하는 포상금 지급신청서를 작성하여 신고관청에 제출하여야 한다.

④ 신고관청은 신청서가 접수된 날부터 2개월 이내에 포상금을 지급하여야 한다.

### ⑶ **지급금액 및 재원**

포상금은 신고 또는 고발 건별로 다음 각 호의 구분에 따라 지급한다.

① **법 제25조의2 제1항 제1호**(취득가액의 5% 이하), **제1호의2**(3천만원 이하) **또는 제1호의3**(3천만원 이하)**에 따른 포상금의 경우**: 과태료 3천만원 이하 또는 취득가액의 5% 이하에 따라 부과되는 과태료의 100분의 20에 해당하는 금액. 이 경우 법 제25조의2 제1항 제1호(취득가액의 5% 이하)에 따른 포상금의 지급한도액은 1천만원으로 한다(영 제19조의2 제3항 제1호).

② **재원**: 포상금 지급에 드는 비용은 시·군·구의 재원으로 충당한다(법 제25조의2 제4항).

### ⑷ **2인 이상이 공동으로 신고·고발한 경우**(영 제19조의3 제6항)

① 신고관청은 하나의 위반행위에 대하여 2명 이상이 공동으로 신고 또는 고발한 경우에는 포상금을 균등하게 배분하여 지급한다. 다만, 포상금을 지급받을 사람이 배분방법에 관하여 미리 합의하여 포상금의 지급을 신청한 경우에는 그 합의된 방법에 따라 지급한다(규칙 제20조의2 제3항).

② 신고관청은 하나의 위반행위에 대하여 2명 이상이 각각 신고 또는 고발한 경우에는 최초로 신고 또는 고발한 사람에게 포상금을 지급한다(규칙 제20조의2 제4항).

## 06 제 재 제31회, 제32회

### 1. 행정형벌

부당하게 재물이나 재산상 이득을 취득하거나 제3자로 하여금 이를 취득하게 할 목적으로 제4조 제4호(가장 매매신고) 또는 제5호(가장 해제신고)를 위반하여 거짓으로 신고한 자는 3년 이하의 징역 또는 3천만원 이하의 벌금에 처한다(법 제26조 제1항).



### 2. 과태료

#### ① 3천만원 이하의 과태료

다음에 해당하는 자에게는 3천만원 이하의 과태료를 부과한다(법 제28조 제1항).

1. 거래계약을 체결하지 아니하였음에도 불구하고 거짓으로 신고를 하는 행위. 단, 제26조 제1항(3년 이하의 징역 또는 3천만원 이하의 벌금)에 따라 벌칙을 부과받은 경우는 제외한다.
2. 거래계약 신고 후 해당 계약이 해제 등이 되지 아니하였음에도 불구하고 거짓으로 해제신고를 하는 행위. 단, 제26조 제1항(3년 이하의 징역 또는 3천만원 이하의 벌금)에 따라 벌칙을 부과받은 경우는 제외한다.
3. 거래대금 지급을 증명할 수 있는 자료를 제출하지 아니하거나 거짓으로 제출한 자 또는 그 밖의 필요한 조치를 이행하지 아니한 자

#### ② 500만원 이하의 과태료

다음에 해당하는 자에게는 500만원 이하의 과태료를 부과한다(법 제28조 제2항).

1. 부동산 거래신고를 하지 아니한 자(공동신고를 거부한 자를 포함)

1의2. 부동산거래계약 해제등 신고를 하지 아니한 자(공동신고를 거부한 자를 포함)

2. 개업공인중개사에게 거래신고를 하지 아니하게 하거나 거짓으로 신고하도록 요구한 자
3. 거짓으로 신고 또는 해제등 신고하는 행위를 조장하거나 방조한 자
4. 거래대금 지급을 증명할 수 있는 자료 외의 자료를 제출하지 아니하거나 거짓으로 제출한 자

## 3 취득가액의 100분의 10 이하의 과태료

다음에 해당하는 자에게는 부동산 등의 취득가액의 100분의 10 이하에 상당하는 금액의 과태료를 부과한다(법 제28조 제3항).

| 거래당사자와 개업공인중개사 또는 신고 의무자가 아닌 자가 그 신고를 거짓으로 한 경우 |
|---|

## 4 100만원 이하의 과태료

다음에 해당하는 자에게는 100만원 이하의 과태료를 부과한다(법 제28조 제5항).

| 임대차 계약의 체결 또는 임대차 계약 변경 또는 해제 신고를 하지 아니하거나(공동신고를 거부한 자를 포함한다) 그 신고를 거짓으로 한 자 |
|---|

## 5 과태료 부과 · 징수권자 및 과태료 부과사실의 통보

### (1) 과태료 부과 · 징수권자

과태료는 신고관청이 부과 · 징수한다(법 제28조 제6항 전단).

### (2) 과태료부과사실의 통보

개업공인중개사에게 과태료를 부과한 신고관청은 부과일부터 10일 이내에 해당 개업공인중개사의 중개사무소(법인의 경우 주된 중개사무소)를 관할하는 시장 · 군수 또는 구청장에게 과태료 부과사실을 통보하여야 한다(법 제28조 제6항 후단).

### (3) 자진 신고자에 대한 감면 등

신고관청은 법 제28조 제2항 제1호부터 제3호까지 및 제3항부터 제5항까지의 어느 하나에 따른 위반사실을 자진 신고한 자에 대하여 대통령령으로 정하는 바에 따라 같은 규정에 따른 과태료를 감경 또는 면제할 수 있다. 즉, 감경 또는 면제 대상은 다음과 같다(법 제29조).

**넓혀 보기**

**자진 신고자에 대한 감경 또는 면제의 기준 등**(영 제21조)

법 제29조에 따른 과태료의 감경 또는 면제 기준은 다음 각 호와 같다.

① 면제의 경우 : 국토교통부장관 또는 신고관청(이하 "조사기관"이라 한다)의 조사가 시작되기 전에 자진 신고한 자로서 다음 각 목의 요건을 모두 충족한 경우

㉠ 자진 신고한 위반행위가 법 제28조 제2항 제2호 · 제3호 또는 같은 조 제3항부터 제5항까지의 어느 하나에 해당할 것. 즉, 다음의 경우를 말한다.

1. 개업공인중개사에게 신고를 하지 아니하게 하거나 거짓으로 신고하도록 요구한 자
2. 거짓으로 신고 또는 해제등 신고를 하는 행위를 조장하거나 방조한 자
3. 거래당사자와 개업공인중개사 또는 신고 의무자가 아닌 자가 거짓으로 신고를 하는 행위
4. 외국인 등이 계약을 체결하였을 때에는 계약체결일부터 60일 이내에 신고를 하지 아니하거나 거짓으로 신고한 자(과태료 300만원 이하)
5. 외국인 등이 상속 · 경매 등 계약 외의 원인으로 취득 후 신고를 하지 아니하거나 거짓으로 신고한 자(과태료 100만원 이하)
6. 외국인 등으로 변경된 경우에 토지의 계속보유 신고를 하지 아니하거나 거짓으로 신고한 자(과태료 100만원 이하)
7. 임대차계약신고 또는 임대차계약 변경 · 해제 신고를 하지 아니하거나(공동신고를 거부한 자를 포함) 그 신고를 거짓으로 한 자

참고로, 과태료 3천만원 이하(가장매매신고, 가장해제신고)와 거래대금 지급을 증명할 수 있는 자료 또는 거래대금 지급을 증명할 수 있는 외의 자료를 제출하지 아니하거나 거짓으로 제출한 자의 경우는 감면사유에 해당하지 않는다.

㉡ 신고관청에 단독(거래당사자 일방이 여러 명인 경우 그 일부 또는 전부가 공동으로 신고한 경우를 포함한다. 이하 같다)으로 신고한 최초의 자일 것

㉢ 위반사실 입증에 필요한 자료 등을 제공하는 등 조사가 끝날 때까지 성실하게 협조하였을 것

② 감경의 경우 : 조사기관의 조사가 시작된 후 자진 신고한 자로서 다음 각 목의 요건을 모두 충족한 경우 ⇨ 과태료의 100분의 50 감경

1. 위의 ①의 ㉠ 및 ㉢에 해당할 것
2. 조사기관이 허위신고 사실 입증에 필요한 증거를 충분히 확보하지 못한 상태에서 조사에 협조했을 것
3. 조사기관에 단독으로 신고한 최초의 자일 것

③ 감경 · 면제대상 제외 : 다음 각 호의 어느 하나에 해당하는 경우에는 과태료를 감경 · 면제하지 않는다.

1. 자진 신고하려는 부동산 등의 거래계약과 관련하여 「국세기본법」 또는 「지방세법」 등 관련 법령을 위반한 사실 등이 관계기관으로부터 조사기관에 통보된 경우
2. 자진 신고한 날부터 과거 1년 이내에 ①의 ㉠ 및 ②에 따른 자진 신고를 하여 3회 이상 해당 신고관청에서 과태료의 감경 또는 면제를 받은 경우

④ 자진신고자 입증서류 제출 : 법 제29조에 따라 자진 신고를 하려는 자는 국토교통부령으로 정하는 신고서 및 위반행위를 입증할 수 있는 서류를 조사기관에 제출해야 한다.

### ⑷ **세부운영절차**(영 제21조 제4항)

규정한 사항 외에 자진 신고자에 대한 과태료의 감경 또는 면제에 대한 세부운영절차 등은 국토교통부령으로 정한다.

### (5) 과태료의 부과기준(영 제20조)

과태료의 부과기준은 다음과 같다.

① **일반기준**: 신고관청은 위반행위의 동기 · 결과 및 횟수 등을 고려하여 ②의 개별기준에 따른 과태료의 2분의 1[법 제28조 제1항(3천만원 이하) 및 제3항(취득가액 5% 이하)을 위반한 경우에는 5분의 1] 범위에서 그 금액을 늘리거나 줄일 수 있다. 다만, 늘리는 경우에도 과태료의 총액은 법 제28조 제1항부터 제5항까지에서 규정한 과태료의 상한을 초과할 수 없다([별표 3]).

② **개별기준**

㉠ 법 제28조 제1항(3천만원 이하) 관련

| 위반행위 | 과태료 |
|---|---|
| 1) 법 제4조 제4호를 위반하여 거짓으로 법 제3조에 따라 신고한 경우 | 3,000만원 |
| 2) 법 제4조 제5호를 위반하여 거짓으로 법 제3조의2에 따라 신고한 경우 | 3,000만원 |
| 3) 법 제6조를 위반하여 거래대금 지급을 증명할 수 있는 자료를 제출하지 않거나 거짓으로 제출한 경우 또는 그 밖의 필요한 조치를 이행하지 않은 경우 | |
| 가) 신고가격이 1억 5천만원 이하인 경우 | 500만원 |
| 나) 신고가격이 1억 5천만원 초과 2억원 이하인 경우 | 700만원 |
| 다) 신고가격이 2억원 초과 2억 5천만원 이하인 경우 | 900만원 |
| 라) 신고가격이 2억 5천만원 초과 3억원 이하인 경우 | 1,100만원 |
| 마) 신고가격이 3억원 초과 3억 5천만원 이하인 경우 | 1,300만원 |
| 바) 신고가격이 3억 5천만원 초과 4억원 이하인 경우 | 1,500만원 |
| 사) 신고가격이 4억원 초과 4억 5천만원 이하인 경우 | 1,700만원 |
| 아) 신고가격이 4억 5천만원 초과 5억원 이하인 경우 | 1,900만원 |
| 자) 신고가격이 5억원 초과 6억원 이하인 경우 | 2,100만원 |
| 차) 신고가격이 6억원 초과 7억원 이하인 경우 | 2,300만원 |
| 카) 신고가격이 7억원 초과 8억원 이하인 경우 | 2,500만원 |
| 타) 신고가격이 8억원 초과 9억원 이하인 경우 | 2,700만원 |
| 파) 신고가격이 9억원 초과 10억원 이하인 경우 | 2,900만원 |
| 하) 신고가격이 10억원을 초과한 경우 | 3,000만원 |

비 고

1) 부동산 매매계약의 신고가격이 시가표준액(「지방세법」 제4조에 따른 신고사유 발생연도의 시가표준액을 말한다) 미만인 경우에는 그 시가표준액을 신고가격으로 한다.
2) 부동산에 대한 공급계약 및 부동산을 취득할 수 있는 권리에 관한 계약의 신고가격이 해당 부동산 등의 분양가격 미만인 경우에는 그 분양가격을 신고가격으로 한다.

ⓛ 법 제28조 제2항(500만원 이하) 관련

| 위반행위 | 근거 법조문 | 과태료 |
|---|---|---|
| 1) 법 제3조 제1항부터 제4항까지 또는 제3조의2 제1항을 위반하여 같은 항에 따른 신고를 하지 않은 경우(공동신고를 거부한 경우를 포함한다) | 법 제28조 제2항 제1호 및 제1호의2 | |
| 가) 신고 해태기간이 3개월 이하인 경우 | | |
| (1) 실제 거래가격이 1억원 미만인 경우 | | 10만원 |
| (2) 실제 거래가격이 1억원 이상 5억원 미만인 경우 | | 25만원 |
| (3) 실제 거래가격이 5억원 이상인 경우 | | 50만원 |
| 나) 신고 해태기간이 3개월을 초과하는 경우 또는 공동신고를 거부한 경우 | | |
| (1) 실제 거래가격이 1억원 미만인 경우 | | 50만원 |
| (2) 실제 거래가격이 1억원 이상 5억원 미만인 경우 | | 200만원 |
| (3) 실제 거래가격이 5억원 이상인 경우 | | 300만원 |
| 2) 법 제4조 제1호를 위반하여 개업공인중개사에게 법 제3조에 따른 신고를 하지 않게 하거나 거짓으로 신고하도록 요구한 경우 | 법 제28조 제2항 제2호 | 400만원 |
| 3) 법 제4조 제3호를 위반하여 거짓으로 법 제3조에 따른 신고를 하는 행위를 조장하거나 방조한 경우 | 법 제28조 제2항 제3호 | 400만원 |
| 4) 법 제6조를 위반하여 거래대금 지급을 증명할 수 있는 자료 외의 자료를 제출하지 않거나 거짓으로 제출한 경우 | 법 제28조 제2항 제4호 | 500만원 |

**비 고**

"신고 해태기간"이란 신고기간 만료일의 다음 날부터 기산하여 신고를 하지 않은 기간을 말한다. 다만, 다음의 사유가 있는 기간은 신고 해태기간에 산입하지 아니할 수 있다.

1) 천재지변 등 불가항력적인 경우
2) 천재지변 등에 준하는 그 밖의 사유로 신고의무를 해태한 상당한 사유가 있다고 인정되는 경우

ⓒ 법 제28조 제3항(취득가액 10% 이하) 관련

| 위반행위 | 과태료 |
|---|---|
| 법 제3조 제1항부터 제4항까지 또는 제4조 제2호를 위반하여 그 신고를 거짓으로 한 경우 | |
| 1) 부동산 등의 실제 거래가격 외의 사항을 거짓으로 신고한 경우 | 취득가액(실제 거래가격을 말한다. 이하 이 목에서 같다)의 100분의 2 |
| 2) 부동산 등의 실제 거래가격을 거짓으로 신고한 경우 | |
| 가) 실제 거래가격과 신고가격의 차액이 실제 거래가격의 10% 미만인 경우 | 취득가액의 100분의 2 |
| 나) 실제 거래가격과 신고가격의 차액이 실제 거래가격의 10% 이상 20% 미만인 경우 | 취득가액의 100분의 4 |
| 다) 실제 거래가격과 신고가격의 차액이 실제 거래가격의 20% 이상인 경우 | 취득가액의 100분의 5 |
| 라) 실제 거래가격과 신고가격의 차액이 실제 거래가격의 30% 이상 40% 미만인 경우 | 취득가액의 100분의 7 |
| 마) 실제 거래가격과 신고가격의 차액이 실제 거래가격의 40% 이상 50% 미만인 경우 | 취득가액의 100분의 9 |
| 바) 실제 거래가격과 신고가격의 차액이 실제 거래가격의 50% 이상인 경우 | 취득가액의 100분의 10 |

ⓔ 법 제28조 제4항(300만원 이하) 관련

| 위반행위 | 과태료 |
|---|---|
| 법 제8조 제1항에 따른 부동산 등의 취득 신고를 하지 않거나 거짓으로 신고한 경우 | |
| 1) 신고 해태기간이 3개월 이하인 경우 | |
| 가) 취득가액이 1억원 미만인 경우 | 10만원 |
| 나) 취득가액이 1억원 이상 5억원 미만인 경우 | 25만원 |
| 다) 취득가액이 5억원 이상인 경우 | 50만원 |
| 2) 신고 해태기간이 3개월을 초과하는 경우 | |
| 가) 취득가액이 1억원 미만인 경우 | 50만원 |
| 나) 취득가액이 1억원 이상 5억원 미만인 경우 | 200만원 |
| 다) 취득가액이 5억원 이상인 경우 | 300만원 |
| 3) 거짓으로 신고한 경우 | 300만원 |

비 고

1) "신고 해태기간"이란 신고기간 만료일의 다음 날부터 기산하여 신고를 하지 않은 기간을 말한다. 다만, 다음의 사유가 기간은 신고 해태기간에 산입하지 아니할 수 있다.
   가) 천재지변 등 불가항력적인 경우
   나) 천재지변 등에 준하는 그 밖의 사유로 신고의무를 해태한 상당한 사유가 있다고 인정되는 경우

2) 취득가액은 신고서에 기재된 취득가액을 기준으로 한다. 다만, 취득가액이 시가표준액(「지방세법」 제4조에 따른 신고사유 발생연도의 시가표준액을 말한다) 미만인 경우 또는 신고서에 취득가액을 기재하지 않은 경우에는 그 시가표준액을 취득가액으로 한다.

### ⓜ 법 제28조 제5항(100만원 이하) 관련

| 위반행위 | 과태료 |
|---|---|
| 1) 법 제6조의2 또는 제6조의3에 따른 신고를 하지 않거나(공동신고를 거부한 경우를 포함한다) 그 신고를 거짓으로 한 경우 | |
| 가) 신고하지 않은 기간이 3개월 이하인 경우 | |
| (1) 계약금액이 1억원 미만인 경우 | 4만원 |
| (2) 계약금액이 1억원 이상 3억원 미만인 경우 | 5만원 |
| (3) 계약금액이 3억원 이상 5억원 미만인 경우 | 10만원 |
| (4) 계약금액이 5억원 이상인 경우 | 15만원 |
| 나) 신고하지 않은 기간이 3개월 초과 6개월 이하인 경우 | |
| (1) 계약금액이 1억원 미만인 경우 | 13만원 |
| (2) 계약금액이 1억원 이상 3억원 미만인 경우 | 15만원 |
| (3) 계약금액이 3억원 이상 5억원 미만인 경우 | 30만원 |
| (4) 계약금액이 5억원 이상인 경우 | 45만원 |
| 다) 신고하지 않은 기간이 6개월 초과 1년 이하인 경우 | |
| (1) 계약금액이 1억원 미만인 경우 | 21만원 |
| (2) 계약금액이 1억원 이상 3억원 미만인 경우 | 30만원 |
| (3) 계약금액이 3억원 이상 5억원 미만인 경우 | 50만원 |
| (4) 계약금액이 5억원 이상인 경우 | 70만원 |
| 라) 신고하지 않은 기간이 1년 초과 2년 이하인 경우 | |
| (1) 계약금액이 1억원 미만인 경우 | 24만원 |
| (2) 계약금액이 1억원 이상 3억원 미만인 경우 | 40만원 |
| (3) 계약금액이 3억원 이상 5억원 미만인 경우 | 60만원 |
| (4) 계약금액이 5억원 이상인 경우 | 80만원 |
| 마) 신고하지 않은 기간이 2년을 초과한 경우 또는 공동신고를 거부한 경우 | |
| (1) 계약금액이 1억원 미만인 경우 | 30만원 |
| (2) 계약금액이 1억원 이상 3억원 미만인 경우 | 50만원 |
| (3) 계약금액이 3억원 이상 5억원 미만인 경우 | 80만원 |
| (4) 계약금액이 5억원 이상인 경우 | 100만원 |
| 바) 거짓으로 신고한 경우 | 100만원 |
| 2) 법 제8조 제2항에 따른 부동산 등의 취득신고 또는 같은 조 제3항에 따른 계속보유 신고를 하지 않거나 거짓으로 신고한 경우 | |
| 가) 신고하지 않은 기간이 3개월 이하인 경우 | |
| (1) 취득가액이 1억원 미만인 경우 | 5만원 |
| (2) 취득가액이 1억원 이상 5억원 미만인 경우 | 10만원 |
| (3) 취득가액이 5억원 이상인 경우 | 15만원 |

| | |
|---|---|
| 나) 신고하지 않은 기간이 3개월 초과 6개월 이하인 경우 | |
| (1) 취득가액이 1억원 미만인 경우 | 15만원 |
| (2) 취득가액이 1억원 이상 5억원 미만인 경우 | 30만원 |
| (3) 취득가액이 5억원 이상인 경우 | 45만원 |
| 다) 신고하지 않은 기간이 6개월 초과 1년 이하인 경우 | |
| (1) 취득가액이 1억원 미만인 경우 | 30만원 |
| (2) 취득가액이 1억원 이상 5억원 미만인 경우 | 50만원 |
| (3) 취득가액이 5억원 이상인 경우 | 70만원 |
| 라) 신고하지 않은 기간이 1년 초과 3년 이하인 경우 | |
| (1) 취득가액이 1억원 미만인 경우 | 40만원 |
| (2) 취득가액이 1억원 이상 5억원 미만인 경우 | 60만원 |
| (3) 취득가액이 5억원 이상인 경우 | 80만원 |
| 마) 신고하지 않은 기간이 3년을 초과한 경우 | |
| (1) 취득가액이 1억원 미만인 경우 | 50만원 |
| (2) 취득가액이 1억원 이상 5억원 미만인 경우 | 80만원 |
| (3) 취득가액이 5억원 이상인 경우 | 100만원 |
| 바) 거짓으로 신고한 경우 | 100만원 |

비 고

1) "신고하지 않은 기간"이란 신고기간 만료일의 다음 날부터 기산하여 신고를 하지 않은 기간을 말한다. 다만, 다음의 사유가 있는 기간은 신고하지 않은 기간에 산입하지 않을 수 있다.
   가) 천재지변 등 불가항력적인 경우
   나) 천재지변 등에 준하는 그 밖의 사유로 신고의무를 이행하지 못한 상당한 사유가 있다고 인정되는 경우
2) 계약금액은 다음의 구분에 따른다.
   가) 보증금만 있는 경우: 신고서에 기재된 보증금액
   나) 월차임만 있는 경우: 신고서에 기재된 월차임액의 200배에 해당하는 금액
   다) 보증금과 월차임이 모두 있는 경우: 신고서에 기재된 보증금액에 월차임액의 200배에 해당하는 금액을 합산한 금액
3) 취득가액은 신고서에 기재된 취득가액을 기준으로 한다. 다만, 취득가액이 시가표준액(「지방세법」 제4조에 따른 신고사유 발생연도의 시가표준액을 말한다) 미만인 경우 또는 신고서에 취득가액을 기재하지 않은 경우에는 그 시가표준액을 취득가액으로 한다.

■ 부동산 거래신고 등에 관한 법률 시행규칙 [별지 제1호 서식] <개정 2023. 8. 22.>

부동산거래관리시스템(rtms.molit.go.kr)에서도 신청할 수 있습니다.

# 부동산거래계약 신고서 제33회, 제34회

※ 뒤쪽의 유의사항 · 작성방법을 읽고 작성하시기 바라며, [ ]에는 해당하는 곳에 √표를 합니다. (앞쪽)

| 접수번호 | | 접수일시 | | 처리기간 | 지체 없이 |
|---|---|---|---|---|---|
| ① 매도인 | 성명(법인명) | 주민등록번호(법인 · 외국인등록번호) | | 국 적 | |
| | 주소(법인소재지) | | | 거래지분 비율 ( 분의 ) | |
| | 전화번호 | | 휴대전화번호 | | |
| ② 매수인 | 성명(법인명) | 주민등록번호(법인 · 외국인등록번호) | | 국 적 | |
| | 주소(법인소재지) | | | 거래지분 비율 ( 분의 ) | |
| | 전화번호 | | 휴대전화번호 | | |
| | ③ 법인신고서 등 | [ ] 제출 | [ ] 별도 제출 | [ ] 해당 없음 | |
| | 외국인의 부동산 등 매수용도 | [ ] 주거용(아파트) [ ] 레저용 | [ ] 주거용(단독주택) [ ] 상업용 | [ ] 주거용(그 밖의 주택) [ ] 공업용 [ ] 그 밖의 용도 | |
| | 위탁관리인 (국내에 주소 또는 거소가 없는 경우) | 성 명 | 주민등록번호 | | |
| | | 주 소 | | | |
| | | 전화번호 | 휴대전화번호 | | |
| 개업 공인중개사 | 성명(법인명) | | 주민등록번호(법인 · 외국인등록번호) | | |
| | 전화번호 | | 휴대전화번호 | | |
| | 상 호 | | 등록번호 | | |
| | 사무소 소재지 | | | | |
| 거래대상 | 종 류 | ④ [ ] 토지 [ ] 건축물 ( ) [ ] 토지 및 건축물 ( ) | | | |
| | | ⑤ [ ] 공급계약 [ ] 전매 | [ ] 분양권 [ ] 입주권 | [ ] 준공 전 [ ] 준공 후 [ ] 임대주택 분양전환 | |
| | ⑥ 소재지/지목/면적 | 소재지 | | | |
| | | 지 목 | 토지면적 m² | 토지 거래지분 ( 분의 ) | |
| | | 대지권비율 ( 분의 ) | 건축물면적 m² | 건축물 거래지분 ( 분의 ) | |
| | ⑦ 계약대상 면적 | 토 지 m² | 건축물 m² | | |
| | ⑧ 물건별 거래가격 | 원 | | | |
| | | 공급계약 또는 전매 | 분양가격 원 | 발코니 확장 등 선택비용 원 | 추가 지급액 등 원 |
| ⑨ 총 실제 거래가격 (전체) | 합 계 원 | 계약금 원 | 계약 체결일 | | |
| | | 중도금 원 | 중도금 지급일 | | |
| | | 잔 금 원 | 잔금 지급일 | | |
| ⑩ 종전 부동산 | 소재지/지목/면적 | 소재지 | | | |
| | | 지 목 | 토지면적 m² | 토지 거래지분 ( 분의 ) | |
| | | 대지권비율 ( 분의 ) | 건축물면적 m² | 건축물 거래지분 ( 분의 ) | |
| | 계약대상 면적 | 토 지 m² | 건축물 m² | 건축물 유형( ) | |
| | 거래금액 | 합 계 원 | 추가 지급액 등 원 | 권리가격 원 | |
| | | 계약금 원 | 중도금 원 | 잔 금 원 | |
| ⑪ 계약의 조건 및 참고사항 | | | | | |

「부동산 거래신고 등에 관한 법률」 제3조 제1항부터 제4항까지 및 같은 법 시행규칙 제2조 제1항부터 제4항까지의 규정에 따라 위와 같이 부동산거래계약 내용을 신고합니다.

년 월 일

신고인

매도인: (서명 또는 인)

매수인: (서명 또는 인)

개업공인중개사: (서명 또는 인)

(개업공인중개사 중개시)

시장 · 군수 · 구청장 귀하

(뒤쪽)

| 첨부서류 | 1. 부동산 거래계약서 사본(「부동산 거래신고 등에 관한 법률」 제3조 제2항 또는 제4항에 따라 단독으로 부동산거래의 신고를 하는 경우에만 해당합니다)<br>2. 단독신고사유서(「부동산 거래신고 등에 관한 법률」 제3조 제2항 또는 제4항에 따라 단독으로 부동산거래의 신고를 하는 경우에만 해당합니다) |
|---|---|

**유의사항**

1. 「부동산 거래신고 등에 관한 법률」 제3조 및 같은 법 시행령 제3조의 실제 거래가격은 매수인이 매수한 부동산을 양도하는 경우 「소득세법」 제97조 제1항·제7항 및 같은 법 시행령 제163조 제11항 제2호에 따라 취득 당시의 실제 거래가격으로 보아 양도차익이 계산될 수 있음을 유의하시기 바랍니다.
2. 거래당사자 간 직접거래의 경우에는 공동으로 신고서에 서명 또는 날인을 하여 거래당사자 중 일방이 신고서를 제출하고, 중개거래의 경우에는 개업공인중개사가 신고서를 제출해야 하며, 거래당사자 중 일방이 국가 및 지자체, 공공기관인 경우(국가 등)에는 국가 등이 신고해야 합니다.
3. 부동산거래계약 내용을 기간 내에 신고하지 않거나, 거짓으로 신고하는 경우 「부동산 거래신고 등에 관한 법률」 제28조 제1항부터 제3항까지의 규정에 따라 과태료가 부과되며, 신고한 계약이 해제, 무효 또는 취소가 된 경우 거래당사자는 해제 등이 확정된 날로부터 30일 이내에 같은 법 제3조의2에 따라 신고를 해야 합니다.
4. 담당 공무원은 「부동산 거래신고 등에 관한 법률」 제6조에 따라 거래당사자 또는 개업공인중개사에게 거래계약서, 거래대금지급 증명 자료 등 관련 자료의 제출을 요구할 수 있으며, 이 경우 자료를 제출하지 않거나, 거짓으로 자료를 제출하거나, 그 밖의 필요한 조치를 이행하지 않으면 같은 법 제28조 제1항 또는 제2항에 따라 과태료가 부과됩니다.
5. 거래대상의 종류가 공급계약(분양) 또는 전매계약(분양권, 입주권)인 경우 ⑧ 물건별 거래가격 및 ⑨ 총 실제거래가격에 부가가치세를 포함한 금액을 적고, 그 외의 거래대상의 경우 부가가치세를 제외한 금액을 적습니다.
6. "거래계약의 체결일"이란 거래당사자가 구체적으로 특정되고, 거래목적물 및 거래대금 등 거래계약의 중요 부분에 대하여 거래당사자가 합의한 날을 말합니다. 이 경우 합의와 더불어 계약금의 전부 또는 일부를 지급한 경우에는 그 지급일을 거래계약의 체결일로 보되, 합의한 날이 계약금의 전부 또는 일부를 지급한 날보다 앞서는 것이 서면 등을 통해 인정되는 경우에는 합의한 날을 거래계약의 체결일로 봅니다.

**작성방법**

1. ①·② 거래당사자가 다수인 경우 매도인 또는 매수인의 주소란에 ⑥의 거래대상별 거래지분을 기준으로 각자의 거래 지분 비율(매도인과 매수인의 거래지분 비율은 일치해야 합니다)을 표시하고, 거래당사자가 외국인인 경우 거래당사자의 국적을 반드시 적어야 하며, 외국인이 부동산 등을 매수하는 경우 매수용도란의 주거용(아파트), 주거용(단독주택), 주거용(그 밖의 주택), 레저용, 상업용, 공장용, 그 밖의 용도 중 하나에 √표시를 합니다.
2. ③ "법인신고서 등"란은 별지 제1호의2 서식의 법인 주택 거래계약 신고서, 별지 제1호의3 서식의 주택취득자금 조달 및 입주계획서, 제2조 제7항 각 호의 구분에 따른 서류, 같은 항 후단에 따른 사유서 및 별지 제1호의4 서식의 토지취득자금 조달 및 토지이용계획서를 이 신고서와 함께 제출하는지 또는 별도로 제출하는지를 √표시하고, 그 밖의 경우에는 해당 없음에 √표시를 합니다.
3. ④ 부동산 매매의 경우 "종류"란에는 토지, 건축물 또는 토지 및 건축물(복합부동산의 경우)에 √표시를 하고, 해당 부동산이 "건축물" 또는 "토지 및 건축물"인 경우에는 ( )에 건축물의 종류를 "아파트, 연립, 다세대, 단독, 다가구, 오피스텔, 근린생활시설, 사무소, 공장" 등 「건축법 시행령」 [별표 1]에 따른 용도별 건축물의 종류를 적습니다.
4. ⑤ 공급계약은 시행사 또는 건축주 등이 최초로 부동산을 공급(분양)하는 계약을 말하며, 준공 전과 준공 후 계약 여부에 따라 √표시하고, "임대주택 분양전환"은 임대주택사업자(법인으로 한정)가 임대기한이 완료되어 분양전환하는 주택인 경우에 √표시합니다. 전매는 부동산을 취득할 수 있는 권리의 매매로서, "분양권" 또는 "입주권"에 √표시를 합니다.
5. ⑥ 소재지는 지번(아파트 등 집합건축물의 경우에는 동·호수)까지, 지목/면적은 토지대장상의 지목·면적, 건축물대장상의 건축물 면적(집합건축물의 경우 호수별 전용면적, 그 밖의 건축물의 경우 연면적), 등기사항증명서상의 대지권 비율, 각 거래대상의 토지와 건축물에 대한 거래 지분을 정확하게 적습니다.
6. ⑦ "계약대상 면적"란에는 실제 거래면적을 계산하여 적되, 건축물 면적은 집합건축물의 경우 전용면적을 적고, 그 밖의 건축물의 경우 연면적을 적습니다.
7. ⑧ "물건별 거래가격"란에는 각각의 부동산별 거래가격을 적습니다. 최초 공급계약(분양) 또는 전매계약(분양권, 입주권)의 경우 분양가격, 발코니 확장 등 선택비용 및 추가 지급액 등(프리미엄 등 분양가격을 초과 또는 미달하는 금액)을 각각 적습니다. 이 경우 각각의 비용에 부가가치세가 있는 경우 부가가치세를 포함한 금액으로 적습니다.
8. ⑨ "총 실제 거래가격"란에는 전체 거래가격(둘 이상의 부동산을 함께 거래하는 경우 각각의 부동산별 거래가격의 합계 금액)을 적고, 계약금/중도금/잔금 및 그 지급일을 적습니다.
9. ⑩ "종전 부동산"란은 입주권 매매의 경우에만 작성하고, 거래금액란에는 추가 지급액 등(프리미엄 등 분양가격을 초과 또는 미달하는 금액) 및 권리가격, 합계 금액, 계약금, 중도금, 잔금을 적습니다.
10. ⑪ "계약의 조건 및 참고사항"란은 부동산 거래계약 내용에 계약조건이나 기한을 붙인 경우, 거래와 관련한 참고내용이 있을 경우에 적습니다.
11. 다수의 부동산, 관련 필지, 매도·매수인, 개업공인중개사 등 기재사항이 복잡한 경우에는 다른 용지에 작성하여 간인 처리한 후 첨부합니다.
12. 소유권이전등기 신청은 「부동산등기 특별조치법」 제2조 제1항 각 호의 구분에 따른 날부터 60일 이내에 신청해야 하며, 이를 이행하지 않는 경우에는 같은 법 제11조에 따라 과태료가 부과될 수 있으니 유의하시기 바랍니다.

**처리절차**

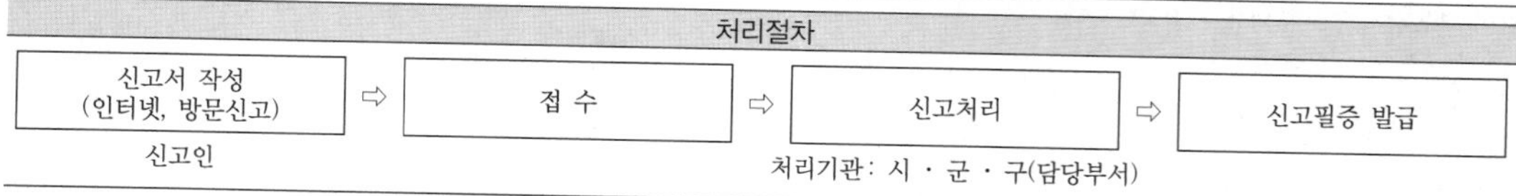

예 제

**1. 부동산 거래신고 등에 관한 법령상 부동산 매매계약에 관한 신고사항 및 신고서의 작성에 관한 설명으로 옳은 것은?**

제31회

① 「국토의 계획 및 이용에 관한 법률」에 따른 개발제한사항은 신고사항에 포함되지 않는다.

② 「주택법」에 따라 지정된 투기과열지구에 소재하는 주택으로서 실제 거래가격이 3억원 이상인 주택의 거래계약을 체결한 경우 신고서를 제출할 때 매수인과 매도인이 공동으로 서명 및 날인한 자금조달 · 입주계획서를 함께 제출하여야 한다.

③ 부동산거래계약 신고서의 물건별 거래가격란에 발코니 확장 등 선택비용에 대한 기재란은 없다.

④ 부동산거래계약 신고서를 작성할 때 건축물의 면적은 집합건축물의 경우 연면적을 적고, 그 밖의 건축물의 경우 전용면적을 적는다.

⑤ 개업공인중개사가 거짓으로 부동산거래계약 신고서를 작성하여 신고한 경우에는 벌금형 부과사유가 된다.

해설 ② 거래계약신고서를 제출할 때 매수인이 단독으로 서명 또는 날인한 별지 제1호의3 서식의 주택취득자금 조달 및 입주계획서를 신고관청에 함께 제출해야 한다.
또한 투기과열지구에서는 소재하는 주택을 매수하는 경우는 자금 조달계획을 증명하는 서류(예 예금잔액증명서 등)를 실제 거래가격에 관계없이 첨부하여야 한다.
③ 최초 공급계약(분양) 또는 전매계약(분양권, 입주권)의 경우 분양가격, 발코니 확장 등 선택비용 및 추가 지불액 등(프리미엄 등 분양가격을 초과 또는 미달하는 금액)을 각각 기재하는 란이 있다(별지 제1호 서식 참조).
④ 계약대상 면적에는 실제 거래면적을 계산하여 적되, 건축물 면적은 집합건축물의 경우 전용면적을 적고, 그 밖의 건축물의 경우 연면적을 적는다.
⑤ 부동산거래신고를 거짓으로 신고하는 경우는 과태료 사유에 해당한다.

정답 ①

**2. 개업공인중개사 甲이 A도 B시 소재의 X주택에 관한 乙과 丙 간의 임대차계약 체결을 중개하면서 「부동산거래신고 등에 관한 법률」에 따른 주택임대차계약의 신고에 관하여 설명한 내용의 일부이다. (　　　)에 들어갈 숫자를 바르게 나열한 것은?** (X주택은 「주택임대차보호법」의 적용대상이며, 乙과 丙은 자연인임)

제32회

> 보증금이 ( ㉠ )천만원을 초과하거나 월차임이 ( ㉡ )만원을 초과하는 주택임대차계약을 신규로 체결한 계약당사자는 그 보증금 또는 차임 등을 임대차계약의 체결일부터 ( ㉢ )일 이내에 주택 소재지를 관할하는 신고관청에 공동으로 신고해야 한다.

① ㉠: 3, ㉡: 30, ㉢: 60

② ㉠: 3, ㉡: 50, ㉢: 30

③ ㉠: 6, ㉡: 30, ㉢: 30

④ ㉠: 6, ㉡: 30, ㉢: 60

⑤ ㉠: 6, ㉡: 50, ㉢: 60

해설

> 영 제4조의3 【주택 임대차 계약의 신고】 ① "대통령령으로 정하는 금액을 초과하는 임대차 계약"이란 보증금이 6천만원을 초과하거나 월차임이 30만원을 초과하는 주택 임대차 계약(계약을 갱신하는 경우로서 보증금 및 차임의 증감 없이 임대차 기간만 연장하는 계약은 제외한다)을 말한다.

정답 ③

# 외국인 등의 부동산 등 취득에 관한 특례

**단원 열기**

외국인 등의 부동산 등을 취득하는 특례 규정은 출제빈도가 높은 편이다. 따라서 취득원인에 따른 (계약취득, 계약 외의 취득, 계속보유) 신고기간, 제재를 구분하여 정리하고 사전허가를 받아야 하는 토지의 지역·구역과 처분기간, 위반에 대한 효과 및 제재 등을 명확히 정리하여 시험에 대비하여야 한다.

## 1 상호주의

국토교통부장관은 대한민국 국민, 대한민국의 법령에 따라 설립된 법인 또는 단체나 대한민국 정부에 대하여 자국(自國) 안의 토지의 취득 또는 양도를 금지하거나 제한하는 국가의 개인·법인·단체 또는 정부에 대하여 대통령령으로 정하는 바에 따라 대한민국 안의 토지의 취득 또는 양도를 금지하거나 제한할 수 있다. 다만, 헌법과 법률에 따라 체결된 조약의 이행에 필요한 경우에는 그러하지 아니하다(법 제7조).

## 2 특례법의 적용범위

외국인 등이 대한민국 안의 부동산 등의 소유권을 취득하는 경우에만 적용된다. 따라서 소유권을 양도처분하는 경우나 제한물권인 용익물권(예 지상권, 전세권, 지역권)이나 담보물권인(예 저당권, 유치권 등) 설정 및 취득의 경우에는 적용되지 않는다. 또한 영주권자는 대한민국 국적을 보유하고 있으므로 특례법상 신고나 허가가 필요 없다.

## 3 부동산 등의 사후신고 제32회, 제34회, 제35회

### (1) 계약에 의한 부동산 등의 취득신고 제31회

① 외국인 등이 대한민국 안의 부동산 등을 취득하는 계약(부동산 거래신고를 하는 계약은 제외한다)을 체결하였을 때에는 계약체결일부터 60일 이내에 대통령령으로 정하는 바에 따라 신고관청에 신고하여야 한다(법 제8조 제1항). 여기서 계약이라 함은 국내부동산 등에 대한 교환, 증여계약을 말한다.

② 매매계약으로 외국인 등이 부동산 거래신고를 한 경우에는 제외한다.

③ 부동산 등의 취득신고를 하지 아니하거나 거짓으로 신고한 자에게는 300만원 이하의 과태료를 부과한다(법 제28조 제4항).

### (2) 계약 외의 원인으로 인한 부동산 등의 취득신고 제31회

① 외국인 등이 상속・경매, 그 밖에 대통령령으로 정하는 계약 외의 원인으로 대한민국 안의 부동산 등을 취득한 때에는 부동산 등을 취득한 날부터 6개월 이내에 대통령령으로 정하는 바에 따라 신고관청에 신고하여야 한다(법 제8조 제2항).

> **영 제5조【외국인 등의 부동산 취득신고 등】** ② "대통령령으로 정하는 계약 외의 원인"이란 다음 각 호의 어느 하나에 해당하는 사유를 말한다.
> 1. 「공익사업을 위한 토지 등의 취득 및 보상에 관한 법률」 및 그 밖의 법률에 따른 환매권의 행사
> 2. 법원의 확정판결
> 3. 법인의 합병
> 4. 건축물의 신축・증축・개축・재축

② 계약 외의 원인으로 인한 부동산 등의 취득신고를 하지 않거나 거짓으로 신고한 자에게는 100만원 이하의 과태료를 부과한다(법 제28조 제5항 제1호).

### (3) 계속보유 신고

① 대한민국 안의 부동산 등을 가지고 있는 대한민국 국민이나 대한민국의 법령에 따라 설립된 법인 또는 단체가 외국인 등으로 변경된 경우 그 외국인 등이 해당 부동산 등을 계속보유하려는 경우에는 외국인 등으로 변경된 날부터 6개월 이내에 대통령령으로 정하는 바에 따라 신고관청에 신고하여야 한다(법 제8조 제3항).

② 신고를 하지 않거나 거짓으로 신고한 자에게는 100만원 이하의 과태료를 부과한다(법 제28조 제5항 제2호).

### (4) 신고서류 및 절차

① **신고서류**: 부동산 등 취득・계속보유 신고를 하려는 외국인 등은 외국인 부동산 등 취득・계속보유 신고서에 서명 또는 날인한 후 다음 각 호의 구분에 따른 서류를 첨부하여 신고관청에 제출하여야 한다(규칙 제7조 제1항).

㉠ 부동산 등 취득 신고를 하는 경우에 취득 원인에 따른 서류는 다음 장에서 토지허가신청시 첨부서류와 함께 후술한다.

㉡ 부동산 등 계속보유 신고를 하는 경우: 대한민국 국민이나 대한민국의 법령에 따라 설립된 법인 또는 단체가 외국인 등으로 변경되었음을 증명할 수 있는 서류

② **신고관청의 확인 및 의무**

㉠ 신고관청은 「전자정부법」 제36조 제1항에 따라 행정정보의 공동이용을 통해 건축물대장, 토지등기사항증명서 및 건물등기사항증명서를 확인해야 한다.

㉡ 신고를 받은 신고관청은 제출된 첨부서류를 확인한 후 별지 제7호 서식의 외국인 부동산 등 취득・계속보유 신고확인증을 발급하여야 한다.

### ③ 신고 대행

㉠ 외국인 등의 위임을 받은 사람은 외국인 부동산 등 취득·계속보유 신고서의 작성 및 제출을 대행할 수 있다. 이 경우 다음 각 호의 서류를 함께 제출하여야 한다.

| 1. 신고서 제출을 위임한 외국인 등의 서명 또는 날인이 있는 위임장<br>2. 신고서 제출을 위임한 외국인 등의 신분증명서 사본 |
|---|

㉡ 신고를 하려는 사람 또는 신고를 대행하려는 사람은 본인의 신분증명서를 신고관청에 보여주어야 한다.

### ④ 신고관청 등의 내용 제출

㉠ 신고관청은 외국인 등의 부동산 취득·보유 신고내용을 매 분기 종료일부터 1개월 이내에 특별시장·광역시장·도지사 또는 특별자치도지사에게 제출(「전자서명법」 제2조 제1호에 따른 전자문서에 의한 제출을 포함한다)하여야 한다. 다만, 특별자치시장은 직접 국토교통부장관에게 제출하여야 한다.

㉡ ㉠의 신고내용을 제출받은 특별시장·광역시장·도지사 또는 특별자치도지사(다만, 특별자치시장 제외)는 제출받은 날부터 1개월 이내에 그 내용을 국토교통부장관에게 제출하여야 한다.

## 4 토지취득의 사전허가 제31회, 제32회, 제33회

### (1) 허가대상 토지

외국인 등이 취득하려는 토지가 다음의 어느 하나에 해당하는 구역·지역 등에 있으면 토지를 취득하는 계약(이하 "토지취득계약"이라 한다)을 체결하기 전에 대통령령으로 정하는 바에 따라 신고관청으로부터 토지취득의 허가를 받아야 한다. 다만, 토지거래계약에 관한 허가를 받은 경우에는 그러하지 아니하다(법 제9조 제1항).

| 1. 「군사기지 및 군사시설 보호법」 제2조 제6호에 따른 군사기지 및 군사시설 보호구역, 그 밖에 국방목적을 위하여 외국인 등의 토지취득을 특별히 제한할 필요가 있는 지역으로서 대통령령으로 정하는 지역(국방목적상 필요한 섬 지역, 「국방·군사시설 사업에 관한 법률」에 따른 군부대주둔지와 그 인근지역, 「통합방위법」에 따른 국가중요시설과 그 인근지역으로서 국방부장관 또는 국가정보원장의 요청이 있는 경우에 국토교통부장관이 관계 중앙행정기관의 장과 협의한 후 「국토의 계획 및 이용에 관한 법률」 제106조에 따른 중앙도시계획위원회의 심의를 거쳐 고시하는 지역을 말한다)<br>2. 「문화유산의 보존 및 활용에 관한 법률」 제2조 제3항에 따른 지정문화유산과 이를 위한 보호물 또는 보호구역 |
|---|

> 2의2. 「자연유산의 보존 및 활용에 관한 법률」에 따라 지정된 천연기념물 등과 이를 위한 보호물 또는 보호구역
> 3. 「자연환경보전법」 제2조 제12호에 따른 생태 · 경관보전지역
> 4. 「야생생물 보호 및 관리에 관한 법률」 제27조에 따른 야생생물 특별보호구역



### (2) 허가의 기속성

신고관청은 관계 행정기관의 장과 협의를 거쳐 외국인 등이 허가대상인 구역 · 지역 등의 토지를 취득하는 것이 해당 구역 · 지역 등의 지정목적 달성에 지장을 주지 아니한다고 인정하는 경우에는 허가를 하여야 한다(법 제9조 제2항).

### (3) 허가신청 서류 등과 절차

① 토지취득의 허가 신청을 하려는 외국인 등은 별지 제7호의2 서식의 외국인 토지취득 허가신청서에 서명 또는 날인한 후 토지거래계약 당사자 간의 합의서를 첨부하여 신고관청에 제출해야 한다(규칙 제7조의2).

② 신청을 받은 신고관청은 「전자정부법」 제36조 제1항에 따라 행정정보의 공동이용을 통해 토지등기사항증명서를 확인해야 한다.

③ **처분 기간**

㉠ 신청서를 받은 신고관청은 신청서를 받은 날부터 15일 이내에 허가 또는 불허가처분을 해야 한다.

㉡ 「군사기지 및 군사시설 보호법」 제2조 제6호에 따른 군사기지 및 군사시설 보호구역, 그 밖에 국방목적을 위하여 외국인 등의 토지취득을 특별히 제한할 필요가 있는 지역으로서 대통령령으로 정하는 지역은 30일 이내에 허가 또는 불허가처분을 해야 한다.

다만, 부득이한 사유로 기간 안에 허가 또는 불허가 처분을 할 수 없는 경우에는 30일의 범위에서 그 기간을 연장할 수 있으며, 기간을 연장하는 경우에는 연장 사유와 처리예정일을 지체 없이 신청인에게 알려야 한다.

㉢ 신고관청은 ㉡의 구역 · 지역에 대한 토지취득의 허가 여부를 결정하기 위해 국방부장관 또는 국가정보원장 등 관계 행정기관의 장과 협의하려는 경우에는 외국인 토지취득 허가신청서와 토지거래계약 당사자 간의 합의서를 해당 관계 행정기관의 장에게 보내야 한다.

### (4) 허가신청서의 작성 및 제출을 대행

① 외국인 등의 위임을 받은 사람은 외국인 토지취득 허가신청서의 작성 및 제출을 대행할 수 있다. 이 경우 다음 각 호의 서류를 함께 제출해야 한다.

| 1. 신청서 제출을 위임한 외국인 등의 서명 또는 날인이 있는 위임장<br>2. 신청서 제출을 위임한 외국인 등의 신분증명서 사본 |
|---|

② 신청을 하려는 사람 또는 신청을 대행하려는 사람은 본인의 신분증명서를 신고관청에 보여주어야 한다.

### (5) 허가증 발급

신청을 받은 신고관청은 제출된 첨부서류를 확인한 후 별지 제7호의3 서식의 외국인 토지취득 허가증을 발급해야 한다.

### (6) 신고관청 등의 내용 제출

① 신고관청은 허가내용을 매 분기 종료일부터 1개월 이내에 특별시장 · 광역시장 · 도지사 또는 특별자치도지사에게 제출(「전자서명법」 제2조 제1호에 따른 전자문서에 의한 제출을 포함한다)하여야 한다. 다만, 특별자치시장은 직접 국토교통부장관에게 제출하여야 한다.

② 허가내용을 제출받은 특별시장 · 광역시장 · 도지사 또는 특별자치도지사(단, 특별자치시장은 제외)는 제출받은 날부터 1개월 이내에 그 내용을 국토교통부장관에게 제출하여야 한다.

### (7) 효력 및 제재

① 허가를 받지 아니한 토지취득계약은 그 효력이 발생하지 아니한다(법 제9조 제3항).

② 허가를 받지 아니하고 토지취득계약을 체결하거나 부정한 방법으로 허가를 받아 토지취득계약을 체결한 외국인 등은 2년 이하의 징역 또는 2천만원 이하의 벌금에 처한다(법 제26조 제2항).

## 5 신고 또는 허가신청서류 및 절차

### (1) 신고서 · 허가신청서의 제출

① 외국인 등이 부동산 등의 취득 · 계속보유 신고를 받고자 할 때에는 외국인 부동산 등 취득 · 계속보유 신고서에 다음의 서류를 첨부하여 신고관청에 제출하여야 한다(규칙 제7조 제1항). 신고를 대행하려는 사람은 본인의 신분증명서를 신고관청에 보여주어야 한다.

| 1. 부동산등 취득 신고를 하는 경우: 취득 원인에 따른 다음 각 목의 서류<br>가. 증여의 경우: 증여계약서<br>나. 상속의 경우: 상속인임을 증명할 수 있는 서류<br>다. 경매의 경우: 경락결정서<br>라. 환매권 행사의 경우: 환매임을 증명할 수 있는 서류 |
|---|

마. 법원의 확정판결의 경우: 확정판결문
바. 법인의 합병의 경우: 합병사실을 증명할 수 있는 서류
2. 계속보유신고를 하는 경우: 대한민국 국민이나 대한민국의 법령에 따라 설립된 법인 또는 단체가 외국인 등으로 변경되었음을 증명할 수 있는 서류

② 신고를 받은 신고관청은 「전자정부법」에 따라 행정정보의 공동이용을 통해 건축물대장, 토지등기사항증명서 및 건물등기사항증명서를 확인해야 한다(규칙 제7조 제2항).

### (2) 신고서 · 허가신청서의 작성 및 제출 대행

외국인 등의 위임을 받은 사람은 외국인 부동산 등 취득 · 계속보유 신고서의 작성 및 제출을 대행할 수 있다. 이 경우 다음의 서류를 함께 제출하여야 하고 본인의 신분증명서를 신고관청에 보여주어야 한다(규칙 제7조 제4항).

① 신고서 제출을 위임한 외국인 등의 서명 또는 날인이 있는 위임장
② 신고서 제출을 위임한 외국인 등의 신분증명서 사본

### (3) 신고확인증 · 허가증 발급

신고를 받은 신고관청은 제출된 첨부서류를 확인한 후 외국인 부동산 등 취득 · 계속보유 신고확인증을 발급하여야 한다(규칙 제7조 제3항).

### (4) 신고 · 허가내용 제출

① 신고관청은 신고 · 허가내용을 매 분기 종료일부터 1개월 이내에 특별시장 · 광역시장 · 도지사 또는 특별자치도지사에게 제출(전자문서에 의한 제출을 포함한다)하여야 한다. 다만, 특별자치시장은 직접 국토교통부장관에게 제출하여야 한다(영 제5조 제3항).

② 신고 · 허가내용을 제출받은 특별시장 · 광역시장 · 도지사 또는 특별자치도지사는 제출받은 날부터 1개월 이내에 그 내용을 국토교통부장관에게 제출하여야 한다(영 제5조 제4항).

## 6 양벌규정 및 과태료 부과

### (1) 양벌규정

법인의 대표자나 법인 또는 개인의 대리인, 사용인, 그 밖의 종업원이 허가를 받지 아니하고 토지취득계약을 체결하거나 부정한 방법으로 허가를 받아 토지취득계약을 체결하여 2년 이하의 징역 또는 2천만원 이하의 벌금형의 위반행위를 하면 그 행위자를 벌하는 외에 그 법인 또는 개인에게도 해당 조문의 벌금형을 과한다. 다만, 법인 또는 개인이 그 위반행위를 방지하기 위하여 해당 업무에 관하여 상당한 주의와 감독을 게을리하지 아니한 경우에는 그러하지 아니하다(법 제27조).

### (2) 과태료 부과 및 자진 신고자에 대한 감면

과태료는 신고관청이 부과·징수하며(법 제28조 제6항 전단), 외국인 등이 계약에 의한 취득(300만원 이하)과 계약 외 취득 및 계속보유 신고(100만원 이하)에 위반사실을 자진 신고한 자에 대하여는 대통령령으로 정하는 바에 따라 과태료를 감경 또는 면제할 수 있다(법 제29조).

예제

**부동산 거래신고 등에 관한 법령상 외국인 등의 부동산 취득에 관한 설명으로 옳은 것을 모두 고른 것은?** (단, 법 제7조에 따른 상호주의는 고려하지 않음) 제32회

ㄱ 대한민국의 국적을 보유하고 있지 않은 개인이 이사 등 임원의 2분의 1 이상인 법인은 외국인 등에 해당한다.
ㄴ 외국인 등이 건축물의 개축을 원인으로 대한민국 안의 부동산을 취득한 때에도 부동산 취득신고를 해야 한다.
ㄷ 「군사기지 및 군사시설 보호법」에 따른 군사기지 및 군사시설 보호구역 안의 토지는 외국인 등이 취득할 수 없다.
ㄹ 외국인 등이 허가 없이 「자연환경보전법」에 따른 생태·경관보전지역 안의 토지를 취득하는 계약을 체결한 경우 그 계약은 효력이 발생하지 않는다.

① ㄱ, ㄷ
② ㄱ, ㄹ
③ ㄱ, ㄴ, ㄹ
④ ㄴ, ㄷ, ㄹ
⑤ ㄱ, ㄴ, ㄷ, ㄹ

**해설** ㄷ 토지를 취득하는 계약을 체결하기 전에 신고관청으로부터 토지취득의 허가를 받아 취득할 수 있다.

법 제9조 【외국인 등의 토지거래 허가】 ① 외국인 등이 취득하려는 토지가 다음 각 호의 어느 하나에 해당하는 경우에 계약을 체결하기 전에 토지취득의 허가를 받아야 한다. 다만, 제11조에 따라 토지거래계약에 관한 허가를 받은 경우에는 그러하지 아니하다.

1. 「군사기지 및 군사시설 보호법」 제2조 제6호에 따른 군사기지 및 군사시설 보호구역, 그 밖에 국방목적을 위하여 외국인 등의 토지취득을 특별히 제한할 필요가 있는 지역으로서 대통령령으로 정하는 지역
2. 「문화유산의 보존 및 활용에 관한 법률」 제2조 제3항에 따른 지정문화유산과 이를 위한 보호물 또는 보호구역

2의2. 「자연유산의 보존 및 활용에 관한 법률」에 따라 지정된 천연기념물 등과 이를 위한 보호물 또는 보호구역

3. 「자연환경보전법」 제2조 제12호에 따른 생태·경관보전지역
4. 「야생생물 보호 및 관리에 관한 법률」 제27조에 따른 야생생물 특별보호구역

③ 제1항을 위반하여 체결한 토지취득계약은 그 효력이 발생하지 아니한다.

정답 ③

MEMO

# 토지거래허가제

**단원 열기**

이 장 역시 매년 1~2문제가 출제되는 비중이 높은 영역이다. 따라서 허가지정권자와 허가권자, 허가대상 및 기준면적, 지정절차 및 효력, 이용의무기간, 매수청구권, 이행강제금, 선매제도, 제재 등을 중점적으로 철저히 정리해 시험출제에 항상 대비하여야 한다. 또한 포상금에 대한 지급사유, 조건, 절차, 금액 등도 함께 정리해 두어야 한다.

## 01 토지거래허가구역의 지정 제31회, 제32회, 제33회, 제34회, 제35회

국토교통부장관 또는 시 · 도지사는 국토의 이용 및 관리에 관한 계획의 원활한 수립과 집행, 합리적인 토지 이용 등을 위하여 토지의 투기적인 거래가 성행하거나 지가가 급격히 상승하는 지역과 그러한 우려가 있는 지역으로서 대통령령으로 정하는 지역에 대해서는 5년 이내의 기간을 정하여 토지거래계약에 관한 허가구역(이하 "허가구역"이라 한다)으로 지정할 수 있다. 이 경우 국토교통부장관 또는 시 · 도지사는 대통령령으로 정하는 바에 따라 허가대상자(외국인 등을 포함한다), 허가대상 용도와 지목 등을 특정하여 허가구역을 지정할 수 있다(법 제10조 제1항).

### 1 지정권자 및 지정기간 제35회

(1) 허가구역의 지정권자는 국토교통부장관 또는 시 · 도지사로서 5년 이내의 기간을 정하여 다음의 구분에 따라 지정한다(법 제10조 제1항).

① 허가구역이 둘 이상의 시 · 도의 관할구역에 걸쳐 있는 경우: 국토교통부장관이 지정
② 허가구역이 동일한 시 · 도 안의 일부지역인 경우: 시 · 도지사가 지정. 다만, 국가가 시행하는 개발사업 등에 따라 투기적인 거래가 성행하거나 지가가 급격히 상승하는 지역과 그러한 우려가 있는 지역 등 대통령령으로 정하는 경우에는 국토교통부장관이 지정할 수 있다.

(2) 위 ②의 대통령령으로 정하는 경우란 국가 또는 「공공기관의 운영에 관한 법률」에 따라 공공기관이 관련 법령에 따른 개발사업을 시행하는 경우로서 해당지역의 지가변동률 등이 인근지역 또는 전국 평균에 비하여 급격히 상승하거나 상승할 우려가 있는 경우를 말한다(영 제7조 제3항).

## 2 지정대상 지역 제35회

(1) 토지거래 허가구역으로 지정할 수 있는 지역은 토지의 투기적인 거래가 성행하거나 지가가 급격히 상승하는 지역과 그러한 우려가 있는 지역으로서 다음의 어느 하나에 해당하는 지역이다(법 제10조 제1항 전단).

> ① 광역도시계획, 도시・군기본계획, 도시・군관리계획 등 토지이용계획이 새로 수립되거나 변경되는 지역
> ② 법령의 제정・개정 또는 폐지나 그에 따른 고시・공고로 인하여 토지이용에 대한 행위제한이 완화되거나 해제되는 지역
> ③ 법령에 따른 개발사업이 진행 중이거나 예정되어 있는 지역과 그 인근지역
> ④ 그 밖에 국토교통부장관 또는 시・도지사가 투기우려가 있다고 인정하는 지역 또는 관계 행정기관의 장이 특별히 투기가 성행할 우려가 있다고 인정하여 국토교통부장관 또는 시・도지사에게 요청하는 지역

(2) 국토교통부장관 또는 시・도지사는 허가대상자, 허가대상 용도와 지목을 다음의 구분에 따라 각각 특정하여 허가구역을 지정할 수 있다(법 제10조 제1항 후단).

> 1. 허가대상자: (1)의 ④ 지역에서 지가변동률 및 거래량 등을 고려할 때 투기우려가 있다고 인정되는 자
> 2. 허가대상 용도: 다음의 어느 하나에 해당하는 토지 중 (1)의 ④ 지역에서 투기우려가 있다고 인정되는 토지의 용도
>    가. 나대지
>    나. 「건축법」 제2조 제2항 각 호의 어느 하나에 해당하는 건축물의 용도로 사용되는 부지
> 3. 허가대상 지목: (1)의 ④ 지역에서 투기우려가 있다고 인정되는 「공간정보의 구축 및 관리 등에 관한 법률」에 따른 지목

## 3 지정절차 제31회, 제35회

### (1) 도시계획위원회의 심의 및 의견청취

국토교통부장관 또는 시・도지사는 허가구역을 지정하려면 「국토의 계획 및 이용에 관한 법률」에 따른 중앙도시계획위원회 또는 시・도도시계획위원회의 심의를 거쳐야 한다. 다만, 지정기간이 끝나는 허가구역을 계속하여 다시 허가구역으로 지정하려면 중앙도시계획위원회 또는 시・도도시계획위원회의 심의 전에 미리 시・도지사(국토교통부장관이 허가구역을 지정하는 경우만 해당한다) 및 시장・군수 또는 구청장의 의견을 들어야 한다(법 제10조 제2항).

### (2) 공고 · 통지 및 열람

① **공고 및 통지**: 국토교통부장관 또는 시 · 도지사는 제1항에 따라 허가구역으로 지정한 때에는 지체 없이 허가대상자, 허가대상 용도와 지목 등 대통령령으로 정하는 사항을 공고하고, 그 공고 내용을 국토교통부장관은 시 · 도지사를 거쳐 시장 · 군수 또는 구청장에게 통지하고, 시 · 도지사는 국토교통부장관, 시장 · 군수 또는 구청장에게 통지하여야 한다(법 제10조 제3항).

> 1. 허가구역의 지정기간
> 1의2. 허가대상자, 허가대상 용도와 지목
> 2. 허가구역 내 토지의 소재지 · 지번 · 지목 · 면적 및 용도지역
> 3. 허가구역에 대한 축척 5만분의 1 또는 2만 5천분의 1의 지형도
> 4. 허가 면제 대상 토지면적

② **통지 · 공고 · 열람**: 통지를 받은 시장 · 군수 또는 구청장은 지체 없이 그 공고 내용을 그 허가구역을 관할하는 등기소의 장에게 통지하여야 하며, 지체 없이 그 사실을 7일 이상 공고하고, 그 공고 내용을 15일간 일반이 열람할 수 있도록 하여야 한다(법 제10조 제4항).

### (3) 효력발생

허가구역의 지정은 허가구역의 지정을 공고한 날부터 5일 후에 그 효력이 발생한다(법 제10조 제5항).

## 4 해제 또는 축소

(1) 국토교통부장관 또는 시 · 도지사는 허가구역의 지정 사유가 없어졌다고 인정되거나 관계 시 · 도지사, 시장 · 군수 또는 구청장으로부터 받은 허가구역의 지정 해제 또는 축소 요청이 이유 있다고 인정되면 지체 없이 허가구역의 지정을 해제하거나 지정된 허가구역의 일부를 축소하여야 한다(법 제10조 제6항).

(2) 허가구역의 해제 또는 축소의 경우에는 위 지정절차 규정을 준용한다. 다만, 허가구역으로 재지정하려는 경우 중앙도시계획위원회 또는 시 · 도도시계획위원회의 심의 전에 미리 시 · 도지사 및 시장 · 군수 또는 구청장의 의견을 듣지 않아도 된다. (법 제10조 제7항).

## 02 토지거래허가대상 계약 제32회, 제35회

### 1 허가대상 계약

(1) 허가구역에 있는 토지에 관한 소유권 · 지상권(소유권 · 지상권의 취득을 목적으로 하는 권리를 포함한다)을 이전하거나 설정(대가를 받고 이전하거나 설정하는 경우만 해당한다)하는 계약(예약을 포함한다. 이하 "토지거래계약"이라 한다)을 체결하려는 당사자는 공동으로 대통령령으로 정하는 바에 따라 시장 · 군수 또는 구청장의 허가를 받아야 한다. 허가받은 사항을 변경하려는 경우에도 또한 같다(법 제11조 제1항).

(2) 따라서 토지거래허가대상은 토지거래허가구역에 있는 일정면적 초과의 토지에 관한 소유권 · 지상권(소유권 · 지상권의 취득을 목적으로 하는 권리를 포함)을 대가를 받고 이전 또는 설정하는 계약 및 예약이다. 그러므로 허가대상 토지에 대한 매매 · 교환 · 대물변제의 예약 및 지상권설정 · 이전계약은 포함되나 건물에 대한 거래와 전세권 · 임차권 등의 설정 · 이전계약은 허가대상이 아니다. 또한 유상이어야 하므로 무상인 토지의 증여 · 상속 · 유증 · 사용대차 등은 허가대상이 아니다. 그러나 집행력 있는 판결을 원인으로 하는 소유권이전등기를 하는 경우는 허가를 받아야 한다.

| 구 분 | 내 용 |
|---|---|
| 허가 대상(○) | 소유권(매매, 교환)과 지상권의 설정, 이전계약 – 유상계약(예약), 대물변제예약, 소유권 및 지상권청구권보전 가등기, 담보가등기, 비업무용 부동산 공매, 판결, 화해조서 등 |
| 대상 아님(×) | 건물, 전세권, 지역권, 저당권, 증여, 상속, 경매, 압류용 공매, 유증, 사용대차, 비업무용 부동산 공매 3회 유찰시 등 |

### 2 토지거래계약의 허가를 요하지 아니하는 토지의 면적 등 제33회, 제35회

다음 각 호의 어느 하나에 해당하는 경우에는 제1항에 따른 허가가 필요하지 아니하다(법 제11조 제2항).

1. 경제 및 지가의 동향과 거래단위면적 등을 종합적으로 고려하여 대통령령으로 정하는 용도별 면적 이하의 토지에 대한 토지거래계약을 체결하려는 경우
2. 토지거래계약을 체결하려는 당사자 또는 그 계약의 대상이 되는 토지가 제10조 제3항에 따라 공고된 사항에 해당하지 아니하는 경우

### (1) 기준면적

① 토지거래계약의 허가를 요하지 아니하는 토지의 면적은 다음과 같다. 다만, 국토교통부장관 또는 시·도지사가 허가구역을 지정할 당시 해당 지역에서의 거래실태 등을 고려하여 다음의 면적으로 하는 것이 타당하지 아니하다고 인정하여 해당 기준면적의 10% 이상 300% 이하의 범위에서 따로 정하여 공고한 경우에는 그에 따른다.

> ㉠ 도시지역: 주거지역 $60m^2$ 이하
> 상업지역 $150m^2$ 이하
> 공업지역 $150m^2$ 이하
> 녹지지역 $200m^2$ 이하
> 도시지역 안에서 용도지역의 지정이 없는 구역 $60m^2$ 이하
> ㉡ 도시지역 외의 지역: $250m^2$ 이하. 다만, 농지의 경우는 $500m^2$ 이하로 하고, 임야의 경우는 $1,000m^2$ 이하로 한다.

② **면적 산정**

㉠ 일단의 토지거래: 일단의 토지이용을 위하여 토지거래계약을 체결한 날부터 1년 이내에 일단의 토지 일부에 대하여 토지거래계약을 체결한 경우에는 그 일단의 토지 전체에 대한 거래로 본다(영 제9조 제2항).

㉡ 분할거래: 허가구역 지정 당시 기준면적을 초과하는 토지가 허가구역 지정 후에 분할(「국토의 계획 및 이용에 관한 법률」에 따른 도시·군계획사업의 시행 등 공공목적으로 인한 분할은 제외한다)로 기준면적 이하가 된 경우 분할된 해당 토지에 대한 분할 후 최초의 토지거래계약은 기준면적을 초과하는 토지거래계약으로 본다. 허가구역 지정 후 해당 토지가 공유지분으로 거래되는 경우에도 또한 같다(영 제9조 제3항).

### (2) 공고사항에 해당되지 않는 경우

토지거래계약을 체결하려는 당사자 또는 그 계약의 대상이 되는 토지가 허가대상자, 허가대상 용도와 지목 등에 해당하지 않는 경우는 허가가 필요하지 아니하다(제11조 제2항 제2호).

### (3) 국가 등의 토지거래계약에 관한 특례 등

① **공공기관 등의 협의로 허가간주**: 당사자의 한쪽 또는 양쪽이 국가, 지방자치단체, 「한국토지주택공사법」에 따른 한국토지주택공사, 그 밖에 다음의 공공기관 또는 공공단체인 경우에는 그 기관의 장이 시장·군수 또는 구청장과 협의할 수 있고, 그 협의가 성립된 때에는 그 토지거래계약에 관한 허가를 받은 것으로 본다(법 제14조 제1항). 「국유재산법」에 따른 총괄청 또는 중앙관서의 장 등이 국유재산종합계획에 따라 국유재산을 취득하거나 처분하는 경우로서 허가기준에 적합하게 취득하거나 처분한 후 허가관청에 그 내용을 통보한 때에는 위 협의가 성립된 것으로 본다(영 제11조 제2항).

② 허가규정 적용배제

㉠ 토지의 수용, 경매, 그 밖에 대통령령으로 정하는 경우에는 토지거래계약허가제에 관한 규정을 적용하지 아니한다(법 제14조 제2항).

㉡ 대통령령이 정하는 토지거래계약허가제에 관한 규정을 적용하지 아니하는 경우는 다음과 같다.

1. 「공익사업을 위한 토지 등의 취득 및 보상에 관한 법률」에 따라 토지를 협의취득·사용하거나 환매하는 경우
2. 「국유재산법」 제9조에 따른 국유재산종합계획에 따라 국유재산을 일반경쟁입찰로 처분하는 경우
3. 「공유재산 및 물품 관리법」 제10조에 따른 공유재산의 관리계획에 따라 공유재산을 일반경쟁입찰로 처분하는 경우
4. 「도시 및 주거환경정비법」 제74조에 따른 관리처분계획 또는 「빈집 및 소규모주택 정비에 관한 특례법」 제29조에 따른 사업시행계획에 따라 분양하거나 보류지 등을 매각하는 경우
5. 「도시개발법」 제26조에 따른 조성토지 등의 공급계획에 따라 토지를 공급하는 경우, 같은 법 제35조에 따라 환지 예정지로 지정된 종전 토지를 처분하는 경우, 같은 법 제40조에 따른 환지처분을 하는 경우 또는 같은 법 제44조에 따라 체비지 등을 매각하는 경우
6. 「주택법」 제15조에 따른 사업계획의 승인을 받아 조성한 대지를 공급하는 경우 또는 같은 법 제54조에 따라 주택(부대시설 및 복리시설을 포함하며, 주택과 주택 외의 시설을 동일 건축물로 건축하여 공급하는 경우에는 그 주택 외의 시설을 포함한다)을 공급하는 경우
7. 「택지개발촉진법」 제18조에 따라 택지를 공급하는 경우
8. 「산업입지 및 개발에 관한 법률」 제2조 제9호에 따른 산업단지개발사업 또는 같은 조 제12호에 따른 준산업단지를 개발하기 위한 사업으로 조성된 토지를 같은 법 제16조에 따른 사업시행자(같은 법 제38조에 따라 사업시행자로부터 분양에 관한 업무를 위탁받은 산업단지관리공단을 포함한다)가 분양하는 경우
9. 「농어촌정비법」 제25조 또는 제26조에 따른 환지계획에 따라 환지처분을 하는 경우 또는 같은 법 제43조에 따라 농지 등의 교환·분할·합병을 하는 경우
10. 「농어촌정비법」에 따른 사업시행자가 농어촌정비사업을 시행하기 위하여 농지를 매입하는 경우
11. 「상법」 제3편 제4장 제10절·제11절, 「채무자 회생 및 파산에 관한 법률」의 절차에 따라 법원의 허가를 받아 권리를 이전하거나 설정하는 경우
12. 국세 및 지방세의 체납처분 또는 강제집행을 하는 경우
13. 국가 또는 지방자치단체가 법령에 따라 비상재해시 필요한 응급조치를 위하여 권리를 이전하거나 설정하는 경우

14. 「한국농어촌공사 및 농지관리기금법」에 따라 한국농어촌공사가 농지의 매매·교환 및 분할을 하는 경우
15. 법 제9조에 따라 외국인 등이 토지취득의 허가를 받은 경우
16. 한국자산관리공사가 「한국자산관리공사 설립 등에 관한 법률」 제4조 또는 제5조에 따라 토지를 취득하거나 경쟁입찰을 거쳐서 매각하는 경우 또는 매각이 의뢰되어 3회 이상 공매하였으나 유찰된 토지를 매각하는 경우
17. 「국토의 계획 및 이용에 관한 법률」 제47조 또는 「개발제한구역의 지정 및 관리에 관한 특별조치법」 제17조에 따라 매수청구된 토지를 취득하는 경우
18. 「신행정수도 후속대책을 위한 연기·공주지역 행정중심복합도시 건설을 위한 특별법」, 「혁신도시 조성 및 발전에 관한 특별법」 또는 「기업도시개발 특별법」에 따라 조성된 택지 또는 주택을 공급하는 경우
19. 「건축물의 분양에 관한 법률」에 따라 건축물을 분양하는 경우
20. 「산업집적활성화 및 공장설립에 관한 법률」 제28조의4에 따라 지식산업센터를 분양하는 경우
21. 법령에 따라 조세·부담금 등을 토지로 물납하는 경우

## 03 토지거래허가절차 제32회

### 1 허가신청서의 제출

#### (1) 허가권자 및 첨부서류

① **허가권자**: 허가를 받으려는 자는 그 허가신청서에 계약내용과 그 토지의 이용계획, 취득자금 조달계획 등을 적어 토지 소재지를 관할하는 시장·군수 또는 구청장에게 제출하여야 한다(법 제11조 제3항 전단).

② **첨부서류**: 토지거래계약을 체결하고자 하는 당사자는 공동으로 다음의 사항을 기재한 허가신청서에 토지이용계획서(농지취득자격증명을 발급받아야 하는 농지의 경우에는 농업경영계획서), 토지취득자금 조달계획서를 첨부하여 제출하여야 한다(영 제8조 제1항, 규칙 제9조 제2항). 이 경우 시장·군수 또는 구청장은 「전자정부법」에 따른 행정정보의 공동이용을 통하여 토지 등기사항증명서를 확인하여야 한다(규칙 제9조 제6항).

㉠ 당사자의 성명 및 주소(법인인 경우에는 법인의 명칭 및 소재지와 대표자의 성명 및 주소)
㉡ 토지의 지번·지목·면적·이용현황 및 권리설정현황
㉢ 토지의 정착물인 건축물·공작물 및 입목 등에 관한 사항
㉣ 이전 또는 설정하고자 하는 권리의 종류

ⓜ 계약예정금액
ⓗ 토지의 이용에 관한 계획
ⓢ 토지취득에 필요한 자금조달계획

### (2) 토지이용계획, 취득자금 조달계획 등에 포함되어야 할 사항

토지이용계획, 취득자금 조달계획 등에 포함되어야 할 사항은 국토교통부령으로 정하는 바, 그 내용은 다음과 같다(규칙 제11조 제1항). 다만, 시장・군수 또는 구청장에게 제출한 취득자금 조달계획이 변경된 경우에는 취득토지에 대한 등기일까지 시장・군수 또는 구청장에게 그 변경사항을 제출할 수 있다(법 제11조 제3항 단서).

**① 토지를 주거용・복지시설용 또는 사업용 건축물 또는 공작물의 신축・증축・개축 또는 재축에 이용하거나 그 밖의 형질변경을 수반하는 용도로 이용하고자 하는 경우에는 다음의 사항**

다만, 다른 법령에 의하여 허가・인가 또는 승인 등을 미리 얻은 경우에는 토지이용계획 등에 개략적인 사업개요를 기재하고 허가・인가 또는 승인 등의 사실을 증명하는 서류의 사본을 첨부하는 것으로 이에 대신할 수 있다.

㉠ 토지의 개발・이용계획(착공일 및 준공일 등 추진일정을 포함한다) ⇨ 이 경우 착공일은 토지를 취득한 날부터 2년을 초과하지 아니하는 범위 내에서만 정할 수 있다. 이 경우 관계 법령의 규정에 의한 허가・인가・승인 또는 심의 등에 소요되는 기간은 산입하지 아니한다.
㉡ 소요자금의 개략산출내역

**② 토지를 축산업 또는 어업용으로 이용하고자 하는 경우에는 다음의 사항**

㉠ 토지의 개발・이용계획(착공일 및 준공일 등 추진일정을 포함한다) ⇨ 이 경우 착공일은 토지를 취득한 날부터 2년을 초과하지 아니하는 범위 내에서만 정할 수 있다. 이 경우 관계 법령의 규정에 의한 허가・인가・승인 또는 심의 등에 소요되는 기간은 산입하지 아니한다.
㉡ 시설의 설치 또는 기계・기구의 구입이 필요한 경우에는 그 내역 및 설치・구입 일정
㉢ 소요자금의 개략산출내역

**③ 토지를 임업용으로 이용하고자 하는 경우에는 다음의 사항**

㉠ 토지에 대한 2년 이상의 산림경영계획(6개월 단위로 구체적인 작업일정을 포함하여야 한다)
㉡ 소요자금의 개략산출내역

**④ 토지를 위 외의 용도로 이용하고자 하는 경우에는 다음의 사항**

㉠ 토지의 이용・관리계획(필요한 경우 추진일정을 포함한다)
㉡ 소요자금의 개략산출내역

## 2 토지거래계약 변경허가(법 제11조 제1항 후단)

토지거래계약 변경허가를 받으려는 자는 공동으로 다음 각 호의 사항을 기재한 신청서에 국토교통부령으로 정하는 서류를 첨부하여 허가관청에 제출하여야 한다(영 제8조 제2항).

### (1) 변경허가신청서 기재사항

① 당사자의 성명 및 주소(법인인 경우에는 법인의 명칭 및 소재지와 대표자의 성명 및 주소)
② 토지의 지번 · 지목 · 면적 · 이용현황 및 권리설정현황
③ 토지의 정착물인 건축물 · 공작물 및 입목 등에 관한 사항
④ 토지거래계약 허가번호
⑤ 변경내용
⑥ 변경사유

### (2) 변경허가신청시 첨부서류

영 제8조 제2항 각 호 외의 부분에서 "국토교통부령으로 정하는 서류"란 다음 각 호의 어느 하나에 해당하는 서류를 말한다(규칙 제9조 제4항).

1. 토지이용계획에 포함될 사항(법 제11조 제1항)이 기재된 토지이용계획서(농지법에 따라 농지취득자격증명을 발급받아야 하는 농지는 농업경영계획서를 말한다). 이는 토지의 이용에 관한 계획을 변경하려는 경우만 해당한다.
2. 별지 제10호 서식의 토지취득자금 조달계획서(계약예정금액을 변경하려는 경우만 해당한다)

## 3 조 사

허가신청서를 제출받은 시장 · 군수 또는 구청장은 지체 없이 필요한 조사를 하여야 한다(영 제8조 제3항). 시장 · 군수 또는 구청장은 토지거래계약에 관하여 필요한 조사를 하는 경우에는 허가 신청한 토지에 대한 현황을 파악할 수 있는 사진을 촬영 · 보관하여야 한다(규칙 제10조).

## 4 허가기준

시장 · 군수 또는 구청장은 허가신청이 다음의 어느 하나에 해당하는 경우를 제외하고는 허가하여야 한다(법 제12조). 그 밖에 토지거래계약허가 및 사후관리 업무의 효율적 처리에 필요한 사항은 국토교통부장관이 정한다.

### (1) **토지거래허가 및 이용의무기간**(법 제17조 제1항, 영 제14조 제2항)

시장 · 군수 또는 구청장은 토지거래계약을 체결하려는 자의 토지이용목적이 실수요적 측면과 적합성이 인정되는 다음의 경우에는 허가를 하여야 한다. 토지거래계약을 허가받은 자는 5년의 범위에서 대통령령으로 정하는 기간에 그 토지를 허가받은 목적대로 이용하여야 한다(자세한 내용은 후술한다).

| 허가기준 이용목적(영 제10조) | 이용의무기간<br>(취득시부터) |
|---|---|
| 가. 자기의 거주용 주택용지로 이용하려는 경우 | 2년 |
| 나. 허가구역을 포함한 지역의 주민을 위한 복지시설 또는 편익시설로서 관할 시장 · 군수 또는 구청장이 확인한 시설의 설치에 이용하려는 경우 | 2년 |
| 다. 허가구역에 거주하는 농업인 · 임업인 · 어업인 또는 다음의 어느 하나에 해당하는 자가 그 허가구역에서 농업 · 축산업 · 임업 또는 어업을 경영하기 위하여 필요한 경우<br>1. 「농업 · 농촌 및 식품산업 기본법」에 따른 농업인, 「수산업 · 어촌발전 기본법」에 따른 어업인 또는 「임업 및 산촌 진흥촉진에 관한 법률」에 따른 임업인(이하 "농업인 등"이라 한다)으로서 그가 거주하는 특별시 · 광역시(광역시의 관할구역 안에 있는 군을 제외한다) · 특별자치시 · 특별자치도 · 시 또는 군(광역시의 관할구역 안에 있는 군을 포함한다)에 소재하는 토지에 관한 소유권 · 지상권 또는 소유권 · 지상권의 취득을 목적으로 하는 권리를 이전 또는 설정(이하 "토지의 취득"이라 한다)하고자 하는 사람<br>2. 농업인 등으로서 본인이 거주하는 주소지로부터 30km 이내에 소재하는 토지를 취득하려는 사람. 다만, 다음의 어느 하나에 해당하는 사람으로서 협의양도하거나 수용된 날부터 3년 이내에 협의양도하거나 수용된 농지를 대체하기 위하여 농지를 취득하려는 경우에는 그가 거주하는 주소지로부터의 거리가 80km 안에 소재하는 농지를 취득할 수 있으며, 이때 행정기관의 장이 관계법령이 정하는 바에 따라 구체적인 대상을 정하여 대체농지의 취득을 알선하는 경우를 제외하고는 새로 취득하는 농지의 가액(공시지가를 기준으로 하는 가액을 말한다)은 종전의 토지가액 이하이어야 한다. | 2년 |

| | |
|---|---|
| (1) 「공익사업을 위한 토지 등의 취득 및 보상에 관한 법률」, 그 밖의 법령에 따라 공익사업용으로 「농지법」에 따른 농지를 협의 양도하거나 농지가 수용된 사람(실제의 경작자로 한정한다)<br>(2) 위 (1)에 해당하는 농지를 임차하거나 사용차하여 경작하던 사람으로서 「공익사업을 위한 토지 등의 취득 및 보상에 관한 법률」에 따른 농업의 손실에 대한 보상을 받은 사람<br>3. 위 1. 및 2.에 해당하지 아니하는 자로서 거주지・거주기간 등 다음의 요건을 갖춘 자<br>(1) 농업을 영위하기 위하여 토지를 취득하려는 경우에는 다음의 어느 하나에 해당하는 사람으로서 「농지법」에 따른 농지취득자격증명을 발급받았거나 그 발급요건에 적합한 사람<br>① 세대주를 포함한 세대원(세대주와 동일한 세대별 주민등록표상에 등재되어 있지 아니한 세대주의 배우자와 미혼인 직계비속을 포함하되, 세대주 또는 세대원 중 취학・질병요양・근무지 이전 또는 사업상 형편 등 불가피한 사유로 인하여 해당 지역에 거주하지 아니하는 자는 제외한다. 이하 같다) 전원이 해당 토지가 소재하는 특별시・광역시・특별자치시・특별자치도(광역시의 관할구역에 있는 군을 제외한다. 이하 같다)・시 또는 군(광역시의 관할구역에 있는 군을 포함한다. 이하 같다)에 주민등록이 되어 있는 자로서 실제로 해당 지역에 거주하는 사람<br>② 해당 토지가 소재하는 특별시・광역시・특별자치시・특별자치도・시 또는 군이나 그와 연접한 특별시・광역시・특별자치시・특별자치도・시 또는 군에 사무소가 있는 농업법인(「농지법」에 따른 농업법인을 말한다. 이하 같다)<br>(2) 임업・축산업 또는 어업을 영위하기 위하여 토지를 취득하려는 경우에는 다음의 어느 하나에 해당하는 사람<br>① 세대주를 포함한 세대원 전원이 해당 토지가 소재하는 특별시・광역시・특별자치시・특별자치도・시 또는 군에 주민등록이 되어 있는 자로서 실제로 해당 지역에 거주하고 자영할 수 있는 요건을 갖춘 사람<br>② 해당 토지가 소재하는 특별시・광역시・특별자치시・특별자치도・시 또는 군이나 그와 연접한 특별시・광역시・특별자치시・특별자치도・시 또는 군에 사무소가 있는 농업법인 또는 어업법인(「농어업경영체 육성 및 지원에 관한 법률」에 따른 어업법인을 말한다) | 2년 |

<table>
<tr><td>라. 「공익사업을 위한 토지 등의 취득 및 보상에 관한 법률」이나 그 밖의 법률에 따라 토지를 수용하거나 사용할 수 있는 사업을 시행하는 자가 그 사업을 시행하기 위하여 필요한 경우</td><td rowspan="3">4년. 다만, 분양을 목적으로 허가를 받은 토지로서 개발에 착수한 후 토지 취득일부터 4년 이내에 분양을 완료한 경우에는 분양을 완료한 때에 4년이 지난 것으로 본다.</td></tr>
<tr><td>마. 허가구역을 포함한 지역의 건전한 발전을 위하여 필요하고 관계 법률에 따라 지정된 지역 · 지구 · 구역 등의 지정목적에 적합하다고 인정되는 사업을 시행하는 자나 시행하려는 자가 그 사업에 이용하려는 경우</td></tr>
<tr><td>바. 허가구역의 지정 당시 그 구역이 속한 특별시 · 광역시 · 특별자치시 · 시(「제주특별자치도 설치 및 국제자유도시 조성을 위한 특별법」에 따른 행정시를 포함한다) · 군 또는 인접한 특별시 · 광역시 · 특별자치시 · 시 · 군에서 사업을 시행하고 있는 자가 그 사업에 이용하려는 경우나 그 자의 사업과 밀접한 관련이 있는 사업을 하는 자가 그 사업에 이용하려는 경우</td></tr>
<tr><td>사. 「공익사업을 위한 토지 등의 취득 및 보상에 관한 법률」, 그 밖의 법령에 따라 「농지법」에 따른 농지 외의 토지를 공익사업용으로 협의양도하거나 수용된 사람이 그 협의양도하거나 수용된 날부터 3년 이내에 그 허가구역 안에서 협의양도하거나 수용된 토지에 대체되는 토지를 취득하려는 경우. 이 경우 새로 취득하는 토지의 가액(공시지가를 기준으로 하는 가액을 말한다)은 종전의 토지가액 이하이어야 한다.</td><td>2년</td></tr>
<tr><td>아. 관계 법령에 의하여 개발 · 이용행위가 제한되거나 금지된 나대지 · 잡종지 등의 토지(임야 및 농지를 제외한다)로서 관계법령의 규정에 의하여 건축물이나 공작물의 설치행위가 금지되거나 형질변경이 금지 또는 제한되는 토지, 도로 · 하천 등 도시 · 군계획시설에 편입되어 있는 토지로서 그 사용 · 수익이 제한되는 토지에 대하여 현상보존의 목적으로 토지의 취득을 하고자 하는 경우</td><td>5년</td></tr>
<tr><td>자. 「민간임대주택에 관한 특별법」의 임대사업자 등 관계 법률에 따라 임대사업을 할 수 있는 자가 임대사업을 위하여 건축물과 그에 딸린 토지를 취득하는 경우</td><td>5년<br>(이외의 경우 동일)</td></tr>
</table>

(2) 토지거래계약을 체결하려는 자의 토지이용계획 및 목적이 부적합한 다음의 경우에는 허가를 하여서는 아니 된다(법 제12조 제2호 · 제3호).

> ① 「국토의 계획 및 이용에 관한 법률」에 따른 도시 · 군계획이나 그 밖에 토지의 이용 및 관리에 관한 계획에 맞지 아니한 경우
> ② 생태계의 보전과 주민의 건전한 생활환경 보호에 중대한 위해(危害)를 끼칠 우려가 있는 경우
> ③ 그 면적이 그 토지의 이용목적에 적합하지 아니하다고 인정되는 경우

## 5 허가 · 불허가의 처분

(1) 시장 · 군수 또는 구청장은 허가신청서를 받으면 「민원 처리에 관한 법률」에 따른 처리기간에 허가 또는 불허가의 처분을 하고, 그 신청인에게 허가증을 발급하거나 불허가처분 사유를 서면으로 알려야 한다. 다만, 선매협의(先買協議) 절차가 진행 중인 경우에는 위의 기간 내에 그 사실을 신청인에게 알려야 한다(법 제11조 제4항). 허가증은 별지서식의 토지거래계약허가증에 따르며 불허가처분사유의 통지는 별지서식의 토지거래계약 불허가처분통지서에 따른다.

(2) 신청서를 받은 허가관청은 지체 없이 필요한 조사를 하고 신청서를 받은 날부터 15일 이내에 허가 · 변경허가 또는 불허가 처분을 하여야 한다(영 제8조 제3항).

## 6 허가 간주 등

(1) **허가 간주**

처리기간에 허가증의 발급 또는 불허가처분 사유의 통지가 없거나 선매협의 사실의 통지가 없는 경우에는 그 기간이 끝난 날의 다음 날에 허가가 있는 것으로 본다. 이 경우 시장 · 군수 또는 구청장은 지체 없이 신청인에게 허가증을 발급하여야 한다(법 제11조 제5항).

(2) **홈페이지 게재**

시장 · 군수 또는 구청장은 허가증을 교부한 경우에는 허가 대상 토지의 소재지 · 지번 · 지목 및 이용목적을 시 · 군(광역시의 관할구역 안에 있는 군을 포함한다) 또는 자치구의 인터넷 홈페이지에 게재하여야 한다(규칙 제12조 제3항).

## 7 다른 법률에 따른 인가 · 허가 등의 의제

(1) **농지취득자격증명의 의제**(법 제20조 제1항) 제33회

농지에 대하여 토지거래계약 허가를 받은 경우에는 「농지법」에 따른 농지취득자격증명을 받은 것으로 본다. 이 경우 시장 · 군수 또는 구청장은 「농업 · 농촌 및 식품산업 기본법」에 따른 농촌(「국토의 계획 및 이용에 관한 법률」에 따른 도시지역의 경우에는 같은 법에 따른 녹지지역만 해당한다)의 농지에 대하여 토지거래계약을 허가하는 경우에는 농지취득자격증명의 발급 요건에 적합한지를 확인하여야 하며, 허가한 내용을 농림축산식품부장관에게 통보하여야 한다.

### (2) 계약서의 검인의제(법 제20조 제2항)

허가증을 발급받은 경우에는 「부동산등기 특별조치법」에 의해 계약서의 검인을 받은 것으로 본다.



## 04 이의신청 및 매수청구

### 1 이의신청

#### (1) 이의신청 기한 및 관할

허가 또는 불허가의 처분에 이의가 있는 자는 그 처분을 받은 날부터 1개월 이내에 시장・군수 또는 구청장에게 이의를 신청할 수 있다(법 제13조 제1항).

#### (2) 심의 및 통지

이의신청을 받은 시장・군수 또는 구청장은 「국토의 계획 및 이용에 관한 법률」에 따른 시・군・구도시계획위원회의 심의를 거쳐 그 결과를 이의신청인에게 알려야 한다(법 제13조 제2항).

### 2 불허가처분 토지에 관한 매수청구

#### (1) 매수청구 기한 및 상대방

허가신청에 대하여 불허가처분을 받은 자는 그 통지를 받은 날부터 1개월 이내에 시장・군수 또는 구청장에게 해당 토지에 관한 권리의 매수를 청구할 수 있다(법 제16조 제1항).

#### (2) 매수청구서의 제출

시장・군수 또는 구청장에게 매수청구를 하고자 하는 자는 토지에 관한 권리의 종류 및 내용, 그 토지의 면적 등 다음의 내용을 기재한 청구서를 시장・군수 또는 구청장에게 제출하여야 한다(영 제13조 제1항, 규칙 제16조 제2항).

| |
|---|
| ① 토지 소유자의 성명 및 주소<br>② 토지의 소재지・지번・지목・면적・용도지역 및 이용현황<br>③ 토지에 있는 공작물의 종류・내용 및 매수청구에 관계되는 권리<br>④ 토지에 소유자 외의 권리가 있는 경우에는 그 권리의 종류 및 내용, 권리자의 성명 및 주소 |

### (3) 매수자 지정 및 매수가격

① 매수청구를 받은 시장·군수 또는 구청장은 국가, 지방자치단체, 한국토지주택공사, 그 밖에 대통령령으로 정하는 공공기관 또는 공공단체 중에서 매수할 자를 지정하여, 매수할 자로 하여금 예산의 범위에서 공시지가를 기준으로 하여 해당 토지를 매수하게 하여야 한다. 다만, 토지거래계약 허가신청서에 적힌 가격이 공시지가보다 낮은 경우에는 허가신청서에 적힌 가격으로 매수할 수 있다(법 제16조 제2항).

② "대통령령으로 정하는 공공기관 또는 공공단체"란 다음 각 호의 기관 또는 단체를 말한다.

> 1. 「한국농수산식품유통공사법」에 따른 한국농수산식품유통공사
> 2. 「대한석탄공사법」에 따른 대한석탄공사
> 3. 「한국토지주택공사법」에 따른 한국토지주택공사
> 4. 「한국관광공사법」에 따른 한국관광공사
> 5. 「한국농어촌공사 및 농지관리기금법」에 따른 한국농어촌공사
> 6. 「한국도로공사법」에 따른 한국도로공사
> 7. 「한국석유공사법」에 따른 한국석유공사
> 8. 「한국수자원공사법」에 따른 한국수자원공사
> 9. 「한국전력공사법」에 따른 한국전력공사
> 10. 「한국철도공사법」에 따른 한국철도공사

**예 제**

**부동산 거래신고 등에 관한 법령상 토지거래허가구역 등에 관한 설명으로 틀린 것은?** 제33회

① 시장·군수 또는 구청장은 공익사업용 토지에 대해 토지거래계약에 관한 허가신청이 있는 경우, 한국토지주택공사가 그 매수를 원하는 경우에는 한국토지주택공사를 선매자(先買者)로 지정하여 그 토지를 협의 매수하게 할 수 있다.
② 국토교통부장관 또는 시·도지사는 허가구역의 지정 사유가 없어졌다고 인정되면 지체 없이 허가구역의 지정을 해제해야 한다.
③ 토지거래허가신청에 대해 불허가처분을 받은 자는 그 통지를 받은 날부터 1개월 이내에 시장·군수 또는 구청장에게 해당 토지에 관한 권리의 매수를 청구할 수 있다.
④ 허가구역의 지정은 허가구역의 지정을 공고한 날의 다음 날부터 그 효력이 발생한다.
⑤ 토지거래허가를 받으려는 자는 그 허가신청서에 계약내용과 그 토지의 이용계획, 취득자금 조달계획 등을 적어 시장·군수 또는 구청장에게 제출해야 한다.

**해설** 허가구역의 지정은 허가구역의 지정을 공고한 날부터 5일 후에 그 효력이 발생한다(법 제10조 제3항).

정답 ④

## 05 무허가 계약의 효력 및 제재 제32회, 제33회, 제34회

### 1 무허가 계약의 효력

허가를 받지 아니하고 체결한 토지거래계약은 그 효력이 발생하지 아니한다(법 제11조 제6항).



### 2 제재처분 등

(1) 국토교통부장관, 시・도지사, 시장・군수 또는 구청장은 다음의 어느 하나에 해당하는 자에게 허가 취소 또는 그 밖에 필요한 처분을 하거나 조치를 명할 수 있다(법 제21조).

> ① 토지거래계약에 관한 허가 또는 변경허가를 받지 아니하고 토지거래계약 또는 그 변경계약을 체결한 자
> ② 토지거래계약에 관한 허가를 받은 자가 그 토지를 허가받은 목적대로 이용하지 아니한 자
> ③ 부정한 방법으로 토지거래계약에 관한 허가를 받은 자

(2) **청 문**

국토교통부장관, 시・도지사, 시장・군수 또는 구청장은 토지거래계약 허가의 취소처분을 하려면 청문을 하여야 한다(법 제23조).

### 3 행정형벌

(1) 허가 또는 변경허가를 받지 아니하고 토지거래계약을 체결하거나 속임수나 그 밖의 부정한 방법으로 토지거래계약 허가를 받은 자는 2년 이하의 징역 또는 계약 체결 당시의 개별공시지가에 따른 해당 토지가격의 100분의 30에 해당하는 금액 이하의 벌금에 처한다(법 제26조 제3항).

(2) 허가취소, 처분 또는 조치명령을 위반한 자는 1년 이하의 징역 또는 1천만원 이하의 벌금에 처한다(법 제26조 제4항).

(3) **양벌규정**

법인의 대표자나 법인 또는 개인의 대리인, 사용인, 그 밖의 종업원이 그 법인 또는 개인의 업무에 관하여 행정형벌상의 위반행위를 하면 그 행위자를 벌하는 외에 그 법인 또는 개인에게도 해당 조문의 벌금형을 과한다. 다만, 법인 또는 개인이 그 위반행위를 방지하기 위하여 해당 업무에 관하여 상당한 주의와 감독을 게을리하지 아니한 경우에는 그러하지 아니하다(법 제27조).

## 06 토지이용에 관한 의무 등 제32회, 제33회, 제34회

### 1 이용의무

토지거래계약을 허가받은 자는 다음의 어느 하나에 해당하는 사유가 있는 경우 외에는 5년의 범위에서 대통령령으로 정하는 기간(앞 허가기준 참조)에 그 토지를 허가받은 목적대로 이용하여야 한다(법 제17조 제1항).

1. 토지의 취득을 한 후 「국토의 계획 및 이용에 관한 법률」 또는 관계 법령에 의하여 용도지역 등 토지의 이용 및 관리에 관한 계획이 변경됨으로써 「국토의 계획 및 이용에 관한 법률」 또는 관계 법령에 따른 행위제한으로 인하여 당초의 이용목적대로 이용할 수 없게 된 경우
2. 토지의 이용을 위하여 관계 법령에 의한 허가 · 인가 등을 신청하였으나 국가 또는 지방자치단체가 건축허가의 제한으로 인하여 건축을 할 수 없게 된 경우 또는 건축자재의 수급조절 등을 위한 행정지도에 의하여 착공 또는 시공이 제한된 경우로서 일정기간동안 허가 · 인가 등을 제한하는 경우로서 그 제한기간 내에 있는 경우
3. 허가기준에 맞게 당초의 이용목적을 변경하는 경우로서 시장 · 군수 또는 구청장의 승인을 얻은 경우
4. 다른 법률에 따른 행위허가를 받아 허가기준에 맞게 당초의 이용목적을 변경하는 경우로서 해당 행위의 허가권자가 이용목적 변경에 관하여 시장 · 군수 또는 구청장과 협의를 한 경우
5. 「해외이주법」에 따라 이주하는 경우
6. 「병역법」 제18조 또는 「대체역의 편입 및 복무 등에 관한 법률」 제17조에 따라 복무하는 경우
7. 「자연재해대책법」에 따른 재해로 인하여 허가받은 목적대로 이행하는 것이 불가능한 경우
8. 공익사업의 시행 등 토지거래계약 허가를 받은 자의 귀책사유가 아닌 사유로 인하여 허가받은 목적대로 이용하는 것이 불가능한 경우
9. 다음의 건축물을 취득하여 실제로 이용하는 자가 해당 건축물의 일부를 임대하는 경우
   (1) 「건축법 시행령」 [별표 1] 제1호의 단독주택[다중주택 및 공관(公館)은 제외한다]
   (2) 「건축법 시행령」 [별표 1] 제2호의 공동주택(기숙사는 제외한다)
   (3) 「건축법 시행령」 [별표 1] 제3호의 제1종 근린생활시설
   (4) 「건축법 시행령」 [별표 1] 제4호의 제2종 근린생활시설
10. 「산업집적활성화 및 공장설립에 관한 법률」에 따른 공장을 취득하여 실제로 이용하는 자가 해당 공장의 일부를 임대하는 경우
11. 그 밖에 토지거래계약허가를 받은 자가 불가피한 사유로 허가받은 목적대로 이용하는 것이 불가능하다고 시 · 군 · 구도시계획위원회에서 인정한 경우

## 2 조 사

(1) 시장・군수 또는 구청장은 토지거래계약을 허가받은 자가 허가받은 목적대로 이용하고 있는지를 국토교통부장관이 정하는 바에 따라 매년 1회 이상 토지의 개발 및 이용 등의 실태를 조사하여야 한다(법 제17조 제2항, 규칙 제18조).

(2) 시장・군수 또는 구청장은 실태조사를 위하여 「전자정부법」에 따른 행정정보의 공동이용을 통하여 토지 및 건물등기부를 확인할 수 있다.

## 3 토지이용목적에 위반시 조치 및 제재

### (1) 이행명령

시장・군수 또는 구청장은 토지의 이용 의무를 이행하지 아니한 자에 대하여는 상당한 기간을 정하여 토지의 이용 의무를 이행하도록 명할 수 있다. 다만, 「농지법」에 따른 이행강제금을 부과한 경우에는 이용 의무의 이행을 명하지 아니할 수 있다(법 제18조 제1항). 이용의무의 이행명령은 3개월 이내의 기간을 정하여 문서로 하여야 한다.

### (2) 이행강제금의 부과 제31회, 제33회

① **부과권자**: 시장・군수 또는 구청장은 이행명령이 정하여진 기간에 이행되지 아니한 경우에는 이행강제금을 부과한다(법 제18조 제2항). 이행강제금의 부과, 납부, 징수 및 이의제기 방법 등에 필요한 사항은 대통령령으로 정한다(법 제18조 제8항).

② **사전통지**: 허가관청은 이행강제금을 부과하기 전에 이행기간 내에 이행명령을 이행하지 아니하면 이행강제금을 부과・징수한다는 뜻을 미리 문서로 알려야 한다(영 제16조 제5항).

③ **부과의 문서통지**: 이행강제금을 부과하는 경우에는 이행강제금의 금액・부과사유・납부기한 및 수납기관, 이의제기방법 및 이의제기기관 등을 명시한 문서로 하여야 한다(영 제16조 제6항).

④ **부과금액**: 시장・군수 또는 구청장은 이행명령이 정하여진 기간에 이행되지 아니한 경우에는 토지 취득가액의 100분의 10의 범위에서 다음에서 정하는 금액의 이행강제금을 부과한다(법 제18조 제2항). 이 경우 토지 취득가액은 실제 거래가격으로 한다. 다만, 실제 거래가격이 확인되지 아니하는 경우에는 취득 당시를 기준으로 가장 최근에 발표된 개별공시지가를 기준으로 산정한다(영 제16조 제4항).

1. 토지거래계약 허가를 받아 토지를 취득한 자가 당초의 목적대로 이용하지 아니하고 방치한 경우에는 토지 취득가액의 100분의 10에 상당하는 금액
2. 토지거래계약 허가를 받아 토지를 취득한 자가 직접 이용하지 아니하고 임대한 경우에는 토지 취득가액의 100분의 7에 상당하는 금액
3. 토지거래계약 허가를 받아 토지를 취득한 자가 시장·군수 또는 구청장의 승인을 얻지 아니하고 당초의 이용목적을 변경하여 이용하는 경우에는 토지 취득가액의 100분의 5에 상당하는 금액
4. 1. 내지 3. 외의 경우에는 토지 취득가액의 100분의 7에 상당하는 금액

⑤ **반복부과**: 시장·군수 또는 구청장은 최초의 이행명령이 있었던 날을 기준으로 1년에 한 번씩 그 이행명령이 이행될 때까지 반복하여 이행강제금을 부과·징수할 수 있다(법 제18조 제3항).

⑥ **부과중지 등**: 시장·군수 또는 구청장은 이용 의무기간이 지난 후에는 이행강제금을 부과할 수 없다(법 제18조 제4항). 또한, 이행명령을 받은 자가 그 명령을 이행하는 경우에는 새로운 이행강제금의 부과를 즉시 중지하되, 명령을 이행하기 전에 이미 부과된 이행강제금은 징수하여야 한다(법 제18조 제5항).

⑦ **이의제기**: 이행강제금의 부과처분에 불복하는 자는 시장·군수 또는 구청장에게 이의를 제기할 수 있다(법 제18조 제6항). 이행강제금 부과처분을 받은 자가 이의를 제기하려는 경우에는 부과처분을 고지 받은 날부터 30일 이내에 이의를 제기하여야 한다(영 제16조 제7항).

⑧ **강제징수**: 이행강제금 부과처분을 받은 자가 이행강제금을 납부기한까지 납부하지 아니한 경우에는 국세 체납처분의 예 또는 「지방행정제재·부과금의 징수 등에 관한 법률」에 따라 징수한다(법 제18조 제7항).

**예 제**

**부동산 거래신고 등에 관한 법령상 이행강제금에 대하여 개업공인중개사가 중개의뢰인에게 설명한 내용으로 옳은 것은?** **제30회**

① 군수는 최초의 의무이행위반이 있었던 날을 기준으로 1년에 한 번씩 그 이행명령이 이행될 때까지 반복하여 이행강제금을 부과·징수할 수 있다.
② 시장은 토지의 이용 의무기간이 지난 후에도 이행명령 위반에 대해서는 이행강제금을 반복하여 부과할 수 있다.
③ 시장·군수 또는 구청장은 이행명령을 받은 자가 그 명령을 이행하는 경우라도 명령을 이행하기 전에 이미 부과된 이행강제금은 징수하여야 한다.
④ 토지거래계약허가를 받아 토지를 취득한 자가 직접 이용하지 아니하고 임대한 경우에는 토지 취득가액의 100분의 20에 상당하는 금액을 이행강제금으로 부과한다.
⑤ 이행강제금 부과처분을 받은 자가 국토교통부장관에게 이의를 제기하려는 경우에는 부과처분을 고지받은 날부터 14일 이내에 하여야 한다.

**해설** ① 시장・군수 또는 구청장은 최초의 이행명령이 있었던 날을 기준으로 1년에 한 번씩 그 이행명령이 이행될 때까지 반복하여 이행강제금을 부과・징수할 수 있다.
② 시장・군수 또는 구청장은 이용 의무기간이 지난 후에는 이행강제금을 부과할 수 없다.
④ 시장・군수 또는 구청장은 토지 취득가액의 10%의 범위 내 이행강제금을 부과한다.

| 1. 방치한 경우: 토지 취득가액의 100분의 10에 상당하는 금액<br>2. 임대한 경우: 토지 취득가액의 100분의 7에 상당하는 금액 |
|---|

⑤ 이행강제금의 부과처분에 불복하는 자는 시・군・구청장에게 30일 이내에 이의를 제기하여야 한다.

정답 ③



### (3) 허가의 취소 등

① 국토교통부장관, 시・도지사, 시장・군수 또는 구청장은 토지거래계약에 관한 허가를 받은 자가 그 토지를 허가받은 목적대로 이용하지 아니한 경우 토지거래계약허가의 취소 또는 그 밖에 필요한 처분을 하거나 조치를 명할 수 있다(법 제21조 제2호).

② 국토교통부장관, 시・도지사, 시장・군수 또는 구청장은 토지거래계약허가의 취소처분을 하려면 청문을 하여야 한다(법 제23조).

## 07 선 매

### 1 의 의

선매(先買)란 토지거래허가구역 내의 토지에 대한 토지거래허가신청이 있는 경우 공익 또는 공공사업에 필요한 토지를 확보하기 위하여 국가, 지방자치단체, 그 밖에 공공기관・공공단체가 우선하여 그 토지를 매수할 수 있는 제도이다. 이는 토지소유자와 협의에 의하여 토지를 매수하는 것이므로 토지를 강제적으로 취득하는 강제수용과는 차이가 있다.

### 2 선매토지 및 선매자

(1) 시장・군수 또는 구청장은 토지거래계약에 관한 허가신청이 있는 경우 다음의 어느 하나에 해당하는 토지에 대하여 국가, 지방자치단체, 한국토지주택공사, 그 밖에 대통령령으로 정하는 공공기관 또는 공공단체가 그 매수를 원하는 경우에는 이들 중에서 해당 토지를 매수할 자[이하 "선매자(先買者)"라 한다]를 지정하여 그 토지를 협의 매수하게 할 수 있다(법 제15조 제1항).

| ① 공익사업용 토지<br>② 토지거래계약허가를 받아 취득한 토지를 그 이용목적대로 이용하고 있지 아니한 토지 |
|---|

(2) "대통령령으로 정하는 공공기관 또는 공공단체"란 다음의 기관 또는 단체를 말한다(영 제12조 제1항).

| 국가, 지방자치단체, 한국토지주택공사, 한국농수산식품유통공사, 대한석탄공사, 한국관광공사, 한국농어촌공사, 한국도로공사, 한국석유공사, 한국수자원공사, 한국전력공사, 한국철도공사 |
|---|

## 3 선매절차

### (1) 선매자 지정 및 통지

시장·군수 또는 구청장은 위 2의 (1)의 어느 하나에 해당하는 토지에 대하여 토지거래계약 허가신청이 있는 경우에는 그 신청이 있는 날부터 1개월 이내에 선매자를 지정하여 토지 소유자에게 알려야 한다(법 제15조 제2항 전단).

### (2) 선매협의 및 기한

① 선매자는 지정 통지를 받은 날부터 1개월 이내에 그 토지 소유자와 선매협의를 끝내야 하는바(법 제15조 제2항 후단), 선매자로 지정된 자는 그 지정통지를 받은 날부터 15일 이내에 매수가격 등 선매조건을 기재한 서면을 토지소유자에게 통지하여 선매협의를 하여야 하며, 지정통지를 받은 날부터 1개월 이내에 선매협의조서를 시장·군수 또는 구청장에게 제출하여야 한다(영 제12조 제2항).

② 선매협의조서를 제출하는 자는 거래계약서 사본을 첨부(선매협의가 이루어진 경우로 한정한다)하여야 한다(규칙 제15조 제2항).

## 4 선매가격

선매자가 토지를 매수할 때의 가격은 「감정평가 및 감정평가사에 관한 법률」에 따라 감정평가법인 등이 감정평가한 감정가격을 기준으로 하되 토지거래계약 허가신청서에 적힌 가격이 감정가격보다 낮은 경우에는 허가신청서에 적힌 가격으로 할 수 있다(법 제15조 제3항).

## 5 선매협의 불성립

시장·군수 또는 구청장은 선매협의가 이루어지지 아니한 경우에는 지체 없이 토지거래계약의 허가 또는 불허가의 여부를 결정하여 통보하여야 한다(법 제15조 제4항).

## 08 포상금

### 1 지급권자 및 신고 · 고발대상 제32회

시장 · 군수 또는 구청장은 다음 어느 하나에 해당하는 자를 관계 행정기관이나 수사기관에 신고하거나 고발한 자에게 예산의 범위에서 포상금을 지급할 수 있다(법 제25조의2 제1항 제2호 · 제3호).

| ① 허가 또는 변경허가를 받지 아니하고 토지거래계약을 체결한 자 또는 거짓이나 그 밖의 부정한 방법으로 토지거래계약허가를 받은 자<br>② 토지거래계약허가를 받아 취득한 토지에 대하여 허가받은 목적대로 이용하지 아니한 자 |
|---|

### 2 포상금의 지급

#### (1) 지급조건(영 제19조의2)

① 허가관청은 다음에 해당하는 경우에는 포상금을 지급하여야 한다(동조 제1항 제2호 · 제3호).

| ㉠ 허가관청 또는 수사기관이 적발하기 전에 허가 또는 변경허가를 받지 아니하고 토지거래계약을 체결한 자 또는 거짓이나 그 밖의 부정한 방법으로 토지거래계약허가를 받은 자를 신고하거나 고발한 경우로서 그 신고 또는 고발사건에 대한 공소제기 또는 기소유예 결정이 있는 경우<br>㉡ 허가관청이 적발하기 전에 토지거래계약허가를 받아 취득한 토지에 대하여 허가받은 목적대로 이용하지 아니한 자를 신고한 경우로서 그 신고사건에 대한 허가관청의 이행명령이 있는 경우 |
|---|

② 다음에 해당하는 경우에는 포상금을 지급하지 아니할 수 있다(동조 제2항).

| ㉠ 공무원이 직무와 관련하여 발견한 사실을 신고하거나 고발한 경우<br>㉡ 해당 위반행위를 하거나 위반행위에 관여한 자가 신고하거나 고발한 경우<br>㉢ 익명이나 가명으로 신고 또는 고발하여 신고인 또는 고발인을 확인할 수 없는 경우 |
|---|

#### (2) 지급절차(영 제19조의3)

① 신고 · 고발 대상자를 신고하려는 자는 국토교통부령으로 정하는 신고서를 허가관청에 제출해야 한다(동조 제1항).

② 수사기관은 신고 또는 고발 사건을 접수하여 수사를 종료하거나 공소제기 또는 기소유예의 결정을 하였을 때에는 지체 없이 허가관청에 통보하여야 한다(동조 제2항).

③ 신고서를 제출받거나 수사기관의 통보를 받은 허가관청은 포상금 지급 여부를 결정하고 이를 신고인 또는 고발인에게 알려야 한다(동조 제3항).

④ 포상금 지급 결정을 통보받은 신고인 또는 고발인은 국토교통부령으로 정하는 포상금 지급신청서를 작성하여 허가관청에 제출하여야 한다(동조 제4항).

⑤ 허가관청은 신청서가 접수된 날부터 2개월 이내에 포상금을 지급하여야 한다(동조 제5항).

⑥ 허가관청은 자체조사 등에 따라 포상금 대상 위반행위를 알게 된 때에는 지체 없이 그 내용을 부동산정보체계에 기록하여야 한다(규칙 제20조의2 제5항).

### (3) 지급금액 및 재원

① 포상금은 1건당 50만원으로 한다. 이 경우 같은 목적을 위하여 취득한 일단의 토지에 대한 신고 또는 고발은 1건으로 본다(영 제19조의2 제3항 제2호).

② 포상금지급에 소요비용은 시・군・구의 재원으로 충당한다(법 제25조의2 제2항).

### (4) 신고 또는 고발한 사람이 2명 이상인 경우

① 허가관청은 하나의 위반행위에 대하여 자가 2명 이상이 공동으로 신고 또는 고발한 경우에는 포상금을 균등하게 배분하여 지급한다. 다만, 포상금을 지급받을 사람이 배분방법에 관하여 미리 합의하여 포상금의 지급을 신청한 경우에는 그 합의된 방법에 따라 지급한다(규칙 제20조의2 제3항).

② 허가관청은 하나의 위반행위에 대하여 2명 이상이 각각 신고 또는 고발한 경우 최초로 신고 또는 고발한 사람에게 포상금을 지급한다(규칙 제20조의2 제4항).

## 09 권리 · 의무의 승계 등 제33회

### 1 권리 · 의무의 승계

토지의 소유권자, 지상권자 등에게 발생되거나 부과된 권리 · 의무는 그 토지 또는 건축물에 관한 소유권이나 그 밖의 권리의 변동과 동시에 그 승계인에게 이전한다(법 제22조 제1항).

### 2 처분 등의 승계

이 법 또는 이 법에 따른 명령에 의한 처분, 그 절차 및 그 밖의 행위는 그 행위와 관련된 토지 또는 건축물에 대하여 소유권이나 그 밖의 권리를 가진 자의 승계인에 대하여 효력을 가진다(법 제22조 제2항).

예제

**부동산 거래신고 등에 관한 법령상 신고포상금에 관한 설명으로 옳은 것은?** 제30회

① 포상금의 지급에 드는 비용은 국고로 충당한다.
② 해당 위반행위에 관여한 자가 신고한 경우라도 신고포상금은 지급하여야 한다.
③ 익명으로 고발하여 고발인을 확인할 수 없는 경우에는 당해 신고포상금은 국고로 환수한다.
④ 부동산 등의 거래가격을 신고하지 않은 자를 수사기관이 적발하기 전에 수사기관에 1건 고발한 경우 1천 5백만원의 신고포상금을 받을 수 있다.
⑤ 신고관청 또는 허가관청으로부터 포상금 지급 결정을 통보받은 신고인은 포상금을 받으려면 국토교통부령으로 정하는 포상금 지급신청서를 작성하여 신고관청 또는 허가관청에 제출하여야 한다.

해설 ① 포상금의 비용은 시 · 군이나 구의 재원으로 충당한다(법 제25조의2 제2항).
② 해당 위반행위를 하거나 위반행위에 관여한 자가 신고하거나 고발한 경우는 포상금을 지급하지 아니할 수 있다.
③ 익명이나 가명으로 신고 또는 고발하여 신고인 또는 고발인을 확인할 수 없는 경우는 포상금을 지급하지 아니할 수 있다.
④ 거래가격을 신고하지 않은 자를 수사기관이 적발하기 전에 수사기관에 1건 고발한 경우에는 부과되는 과태료의 100분의 20에 해당하는 금액을 포상금으로 지급하되 최대 지급한도액은 1천만원으로 한다.

정답 ⑤

# Chapter 05 전자문서를 통한 업무처리

단원 열기

행정관청에 신고나 허가는 방문해서 하는 것이 원칙이나 최근 모든 분야에서 비대면 생활의 증대현상이 뚜렷해짐에 따라 부동산 분야에서도 전자적 거래가 일상화되어 가고 있다. 따라서 이 장에서는 전자적 거래가 가능한 업무 분야를 명확하게 정리하여 시험에 대비하여야 한다.

## 1 업무의 전자적 처리

이 법 및 시행령에 따른 신고 또는 허가신청 중 국토교통부령으로 정하는 사항은 전자문서를 제출하는 방법으로 할 수 있다(영 제19조의5 제1항).

## 2 전자문서로 가능한 업무

위 1의 "국토교통부령으로 정하는 사항"이란 다음 각 호의 사항을 말한다(규칙 제20조의3 제1항).

1. 규칙 제2조 제1항 · 제2항 및 제4항부터 제9항까지의 규정에 따른 부동산거래계약 신고서, 법인 신고서 및 자금조달 · 입주계획서 등
2. 규칙 제3조 제2항 본문(정정신청)에 따른 신고필증
3. 규칙 제3조 제4항 본문(변경신고)에 따른 부동산거래계약 변경 신고서
4. 규칙 제4조 제1항에 따른 부동산거래계약의 해제등 신고서
5. 규칙 제7조 제1항에 따른 외국인 등의 부동산등 취득 · 계속보유 신고서 또는 외국인 토지 취득 허가신청서(같은 항 각 호의 구분에 따라 첨부해야 하는 서류를 포함한다)

(1) 주의할 것은 ㉠ 단독으로 부동산 거래계약을 신고하려는 경우, ㉡ 거래당사자의 주소 · 전화번호 또는 휴대전화번호를 거래당사자 일방이 단독으로 서명 또는 날인하여 정정을 신청하는 경우, ㉢ 부동산 등의 면적 변경이 없는 상태에서 거래가격이 변경된 경우에는 신고서와 거래계약서 사본 등 그 사실을 증명할 수 있는 서류를 첨부하여 변경신고 하는 경우는 전자문서로 신고할 수 없다.

(2) 위의 5.에 따른 첨부서류를 전자문서로 제출하기 곤란한 경우에는 신고일 또는 신청일부터 14일 이내에 우편 또는 팩스로 제출할 수 있다. 이 경우 신고관청 또는 허가관청은 별지 제7호 서식의 신고확인증 또는 허가증을 신고인에게 송부해야 한다(규칙 제20조의3 제2항). ⇨ 전자문서의 대체

(3) 다음 각 호의 어느 하나에 해당하는 신고서 또는 신청서는 신고관청 또는 허가관청에 전자문서를 접수하는 방법으로 제출할 수 있다(규칙 제20조의3 제3항).

| |
|---|
| 1. 규칙 제9조 제1항에 따른 토지거래계약 허가 신청서(같은 조 제2항에 따른 서류를 포함한다) 또는 같은 조 제3항에 따른 토지거래계약 변경 허가 신청서(같은 조 제4항에 따른 서류를 포함한다)<br>2. 규칙 제14조에 따른 이의신청서<br>3. 규칙 제16조 제1항에 따른 토지매수청구서<br>4. 규칙 제17조 제2항에 따른 취득토지의 이용목적변경 승인신청서 |



(4) ①에 따라 전자문서로 제출하는 경우에는 「전자서명법」 제2조 제6호에 따른 인증서(서명자의 실지명의를 확인할 수 있는 것으로 한정한다)를 통한 본인확인의 방법으로 서명 또는 날인할 수 있다(영 제19조의5 제2항).

# 부동산 정보관리

단원 열기

부동산정책수립 및 시행을 위한 종합정보관리 및 정보제공기관과 국토교통부장관의 부동산정보체계 구축·운영에 관한 내용을 정리해 두어야 한다.

## 01 부동산정책 관련 자료 등 종합관리

(1) 국토교통부장관 또는 시장·군수·구청장은 적절한 부동산정책의 수립 및 시행을 위하여 부동산 거래상황, 주택 임대차 계약상황, 외국인 부동산 취득현황, 부동산 가격 동향 등 이 법에 규정된 사항에 관한 정보를 종합적으로 관리하고, 이를 관련 기관·단체 등에 제공할 수 있다(법 제24조 제1항).

(2) 국토교통부장관 또는 시장·군수·구청장은 정보의 관리를 위하여 관계 행정기관이나 그 밖에 필요한 기관에 필요한 자료를 요청할 수 있다. 이 경우 관계 행정기관 등은 특별한 사유가 없으면 요청에 따라야 한다(법 제24조 제2항).

(3) 정보의 관리·제공 및 자료요청은 「개인정보 보호법」에 따라야 한다(법 제24조 제3항).

## 02 부동산정보체계의 구축·운영

### 1 주 체

국토교통부장관은 효율적인 정보의 관리 및 국민편의 증진을 위하여 대통령령으로 정하는 바에 따라 부동산거래 및 주택 임대차의 계약·신고·허가·관리 등의 업무와 관련된 정보체계를 구축·운영할 수 있다(법 제25조).

## ② 대상정보

국토교통부장관은 효율적인 정보의 관리 및 국민편의 증진을 위하여 다음의 정보를 관리할 수 있는 정보체계를 구축·운영할 수 있다(영 제19조 제1항).

| |
|---|
| 1. 부동산거래 신고 정보<br>2. 검증체계 관련 정보<br>2의2. 주택 임대차 계약 신고 정보<br>2의3. 주택 임대차 계약의 변경 및 해제 신고 정보<br>3. 외국인 등의 부동산 취득·보유 신고 자료 및 관련 정보<br>4. 토지거래계약의 허가 관련 정보<br>5. 「부동산등기 특별조치법」에 따른 검인 관련 정보<br>6. 부동산 거래계약 등 부동산거래 관련 정보 |

박문각 공인중개사

**제1장** 중개실무 총설 및 중개의뢰접수
**제2장** 중개대상물의 조사·확인의무
**제3장** 거래계약체결 및 개별적 중개실무
**제4장** 경매·공매 및 매수신청대리인 등록

# PART 03

# 중개실무

# 중개실무 총설 및 중개의뢰접수

**단원 열기**

중개실무 편의 출제비율을 30% 정도로 설정하면 총 40문제 중 12문제 내외가 중개실무 전반에서 출제된다. 개업공인중개사는 부동산거래계약을 중개하는 실제적 업무를 담당하므로 권리·규제, 공부·조세확인에 대한 실무지식이 필요하고 부동산 시장분석에 대한 전문가적 지식도 필요하다. 따라서 실무문제는 출제범위가 매우 넓다고 할 수 있으나 이 부분에서는 실무범위와 과정, 중개계약의 종류별 특징과 법적 성격 정도가 1문제 출제되며 이는 기출문제를 적극 활용함으로써 충분히 대처할 수 있는 비교적 쉬운 부분에 해당된다.

## 제1절 중개실무의 의의

(1) 중개실무는 개업공인중개사가 중개의뢰인으로부터 중개를 의뢰받음으로써 시작하여 중개행위의 목적인 거래당사자 간의 계약체결을 비롯한 중개완성까지의 일체의 업무라 할 수 있다.
따라서 중개계약의 체결, 권리분석, 특징분석, 부동산의 개략적인 평가, 중개의뢰인의 설득, 중개대상물 조사·확인, 확인·설명서 작성·교부, 거래계약서 작성·교부, 거래계약서 서명 및 날인 등이 중개실무에 해당한다.

(2) 그러나 판례는 업무범위를 "개업공인중개사가 중개의뢰 당사자로부터 중개행위의 목적인 거래당사자 간의 계약체결 및 계약이행행위까지 관여하기로 하는 약정을 하였거나 대리권을 위임받아 이를 이행하는 경우에는 선량한 관리자의 주의의무를 다하여야 한다"좀 더 넓게 해석하는 태도를 보이고 있다.

## 제2절 중개실무의 일반적 과정

개업공인중개사의 업무는 중개의뢰인과의 중개계약체결로서 개시되며 그에 따른 중개활동의 결과 거래계약이 체결되면서 중개가 완성된다.



### 1 중개의뢰의 접수(중개계약)

개업공인중개사의 중개의뢰의 접수는 실질적인 중개업무의 출발점이므로 중개의뢰의 접수처리(Listing)를 소홀히 하여서는 아니 된다. 이는 개업공인중개사가 의뢰인과의 상담을 통하여 부동산의 매도, 매입, 교환, 임대차 등의 의뢰를 받아 이를 자신의 접수대장 등에 기재하는 행위이다.

### 2 중개업무 계획의 수립

부동산중개활동은 체계적이고 합리적인 계획을 수립하여야만 목표를 달성하기 용이하며 시행착오와 시간낭비를 줄일 수 있다.

### 3 중개대상물의 조사 · 확인

(1) 개업공인중개사는 의뢰접수를 받으면 공부상의 기록을 조사하여야 한다. 공부상의 자료에는 등기사항증명서, 토지대장, 건축물대장 등이 중심이 되지만 그 외에도 지적도, 임야도, 토지이용계획확인서, 분양계약서, 등기권리증, 주민등록등본 등도 확인할 필요가 있다.

(2) 개업공인중개사는 이러한 공부를 기초로 하여 대상 부동산을 면밀히 검토하고 난 다음에 현장으로 나가서 실사를 할 때 대조하여야 한다.

### 4 중개영업활동(판매활동)

개업공인중개사는 적합한 대상물의 검토, 현지안내 등을 통하여 AIDA의 원리 등을 이용하면서 취득의뢰인의 구매심리를 잘 파악하여 적절하게 대응해야 하며, 대상물이 갖고 있는 특징(Selling Point)을 적극적으로 제시함으로써 계약이 체결되도록 노력해야 한다.

## 5 거래계약의 체결(조건의 교섭)

개업공인중개사는 위의 영업활동을 통하여 매수나 임차하려는 고객을 발견하였다면 중개의뢰인 간의 거래조건 등을 조정하고 계약이 체결되면 계약서를 작성하고 서명 및 날인해야 한다. 또한 개업공인중개사는 중개대상물 확인 · 설명서를 작성하여 교부하고 , 보관하여야 한다.

## 6 물건의 인도 · 인수 및 계약의 완결

개업공인중개사의 중개에 의하여 거래당사자 간에 계약이 체결되면 그 계약 내용에 따라 거래당사자 간에 이를 이행하여 계약을 완결하는 과정이 진행된다.
즉, 중도금, 잔금과 물건의 인도 · 인수 및 소유권 이전등기 등이 행하여지는 것이다. 이러한 이행행위는 법령상 개업공인중개사의 중개실무의 범위에 해당한다고는 볼 수 없으나 판례에 따르면 의뢰인이 별도로 명시적, 묵시적 합의로 예정되어 있거나 대행을 의뢰한 경우는 실무의 범주로 포함하고 있다.

**중개실무 과정**

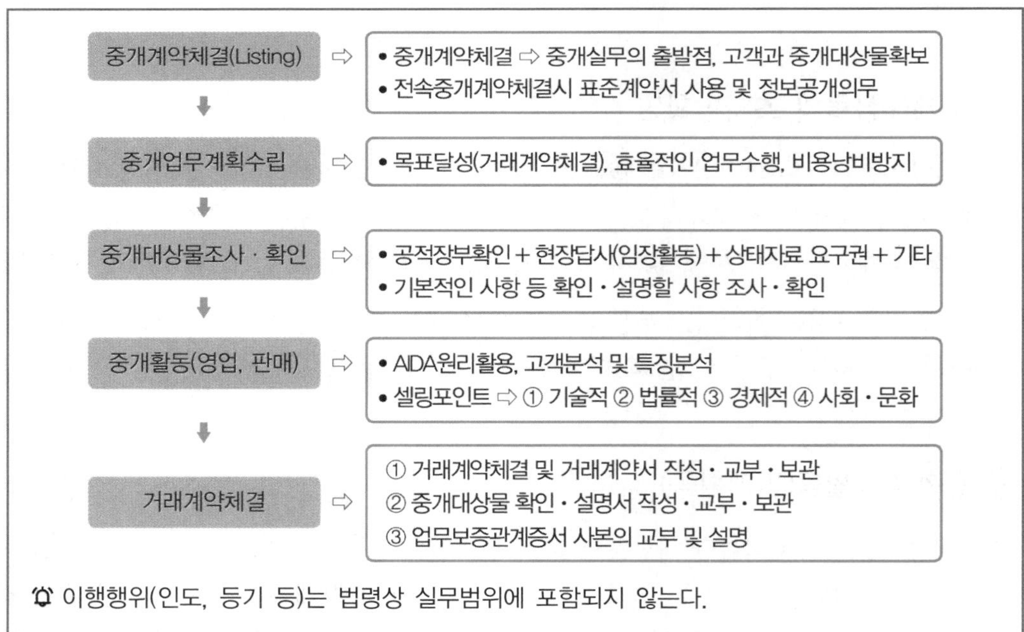

중개계약체결(Listing)
• 중개계약체결 ⇨ 중개실무의 출발점, 고객과 중개대상물확보
• 전속중개계약체결시 표준계약서 사용 및 정보공개의무
중개업무계획수립
• 목표달성(거래계약체결), 효율적인 업무수행, 비용낭비방지
중개대상물조사 · 확인
• 공적장부확인 + 현장답사(임장활동) + 상태자료 요구권 + 기타
• 기본적인 사항 등 확인 · 설명할 사항 조사 · 확인
중개활동(영업, 판매)
• AIDA원리활용, 고객분석 및 특징분석
• 셀링포인트 ⇨ ① 기술적 ② 법률적 ③ 경제적 ④ 사회 · 문화
거래계약체결
① 거래계약체결 및 거래계약서 작성 · 교부 · 보관
② 중개대상물 확인 · 설명서 작성 · 교부 · 보관
③ 업무보증관계증서 사본의 교부 및 설명
이행행위(인도, 등기 등)는 법령상 실무범위에 포함되지 않는다.

# 제 3 절 부동산중개계약

## 01 의 의

중개계약이란 개업공인중개사가 중개의뢰인으로부터 부동산의 매도·매입·임대차·교환 기타 권리의 득실변경의 행위에 관한 중개의 의뢰를 받고, 그 중개의 목적인 거래가 성립하면 보수를 지급하기로 약정함으로써 성립하는 계약을 말한다. 이는 법률행위로서 보수청구권의 근거가 되고 중개대상물 수집의 원천이라 할 수 있다.



## 02 중개계약의 유형

개업공인중개사와 의뢰인 간의 중개의뢰계약의 유형은 미국에서 주로 쓰이는 개념을 원용하여 일반중개계약, 독점중개계약, 전속중개계약, 공동중개계약, 순가중개계약으로 구분하는 것이 일반적이다.

이러한 중개계약의 구분기준은 중개권한의 부여 정도(독점성)에 따라 일반·전속·독점중개계약으로 구분하며, 또한 중개업무에 개입한 개업공인중개사의 주체 수에 따라 공동중개계약과 단독중개계약으로 구분한다. 다른 한편으로는 중개보수를 지급하는 방법에 따라 순가 또는 정가(정률)중개계약 등으로 구분하기도 한다.

### 1 일반중개계약

#### (1) 의 의

중개의뢰인이 다수의 개업공인중개사에게 경쟁적으로 중개를 의뢰하고 그중 가장 먼저 중개를 완성시킨 개업공인중개사가 보수청구권을 행사할 수 있는 계약이다.

#### (2) 특 징

① 일반중개계약은 「공인중개사법」에 명문의 규정을 둔 중개계약으로서 우리나라의 일반적 관행으로 가장 많이 행하여지는 중개계약 형태이며 법률관계가 복잡하다고 볼 수 있다.

② 개업공인중개사의 안정적인 보수 확보가 곤란하다. 개업공인중개사가 중개완성을 위하여 지출한 노력이나 시간비용 등에 대한 보상을 받을 수 없으며, 의뢰인이 직접거래를 하거나 타 개업공인중개사가 거래를 완성한 경우 보수청구권을 행사할 수 없게 된다. 따라서 중개의뢰를 받았어도 개업공인중개사는 최선의 노력을 경주하지 않으며 책임의식이 희박하다.

③ 일반적으로 개업공인중개사는 중개대상물에 대한 정보공개를 꺼리고, 빨리 거래를 성사시켜 보수를 받으려고 하므로 거래가격이 정상적인 가격보다 낮게 형성될 가능성이 있다. 결론적으로 일반중개계약은 개업공인중개사와 중개의뢰인 모두에게 불리한 계약이라고 할 수 있다.

## 2 독점중개계약

### (1) 의 의

독점중개계약이란 특정한 개업공인중개사에게 독점적으로 중개의뢰를 하는 계약형태로서 일단 중개계약이 체결되면 중개의뢰된 거래계약을 누가 성립시키느냐에 관계없이 독점중개계약을 한 개업공인중개사가 그 중개보수를 받게 된다.

### (2) 특 징

① 독점중개계약과 다른 중개계약과의 특별한 차이점은 중개의뢰를 받은 개업공인중개사에게 확실한 보수청구권이 보장되는 데 있다. 설령 소유자가 중개계약 기간 내에 매수인을 발견하여 매도한다 하더라도 개업공인중개사에게는 보수를 지급하여야 한다.

② 계약기간 안에 거래가 성사되면 보수를 보장받을 수 있으므로 개업공인중개사는 마음놓고 비용과 노력을 들여 광고나 공개 또는 안내를 할 수 있다. 또 개업공인중개사가 독점판매권을 획득하면 최선의 노력을 경주해주므로 중개완성이 조기에 이루어질 가능성이 크다는 장점이 있다.

③ 국내에서는 거의 이루어지지 않고 있지만 미국에서는 일반적으로 행해지는 계약형태이며 미국 부동산중개업협회(NAR)가 적극 권장하는 계약형태이다.

## 3 전속중개계약

### (1) 의 의

전속중개계약은 독점중개계약처럼 특정개업공인중개사에게 독점적으로 중개를 의뢰하는 계약이나 다른 점은 유효기간 이내라도 의뢰인이 스스로 발견한 상대방과 직접거래를 한 경우에는 보수(중개보수)를 지급할 필요가 없는 계약으로 「공인중개사법」에 명문의 규정을 둔 중개계약을 말한다.

### (2) 특 징

① 독점중개계약이 중개완성 주체의 여부에 관계없이 보수청구권이 인정되는 점과는 달리, 전속중개계약은 소유자가 직접 판매했을 경우는 개업공인중개사가 구입할 의사·능력·준비가 되어 있는 매수인을 발견한 것을 입증하지 못하는 한 보수를 받을 수 없다.

② 일반적인 분류와는 달리 우리나라 전속중개계약(법 제23조)의 경우에는 의뢰인이 스스로 발견한 상대방과 거래계약을 체결한 경우에는 중개보수를 지급할 의무는 없으나 중개보수의 50% 범위 내에서 개업공인중개사의 소요된 비용을 위약금으로 지급하도록 규정되어 있다.



## 4 공동중개계약

### (1) 의 의

개업공인중개사의 단체 또는 부동산거래센터 기타 2인 이상의 개업공인중개사들의 공동활동에 중개를 의뢰하는 제도로서 부동산거래정보망을 통한 중개활동이 대표적인 사례이다.

### (2) 특 징

① 1인의 개업공인중개사에게만 중개권을 부여하는 독점·전속중개계약을 전제로 그 정보를 널리 공개하여 보다 쉽게 중개를 완성시키기 위해 개업공인중개사가 개업공인중개사 단체 또는 부동산유통센터 등에 정보를 공개하고 이들과 함께 중개를 완성하는 계약이라고 볼 수 있다. 즉, 부동산거래정보망 등 정보유통기구 등을 매개로 하여 2인 이상의 개업공인중개사의 공동활동에 중개를 의뢰하는 형태인 것이다.

② 우리나라 전속중개계약의 경우 원칙적으로 부동산거래정보망 등에 정보를 공개하여야 하므로 공동중개계약의 성격을 띠고 있다. 따라서 독점 내지 전속중개계약의 발전된 형태가 공동중개계약이라고 정의할 수 있는 것이다.

③ 공동중개계약은 여러 사람의 공동활동이 이루어지므로 시간과 비용이 절약되고 신속한 중개완성이 가능하며 중개업의 조직화와 능률화에 가장 이상적인 형태라 할 수 있다. 다만, 중개활동에 참여하는 개업공인중개사의 중개기술과 지식, 신뢰성이 요구된다.

## 5 순가중개계약

### (1) 의 의

순가중개계약이란 중개의뢰인이 중개대상물의 가격을 중개의뢰시 개업공인중개사에게 제시하고 그 금액을 초과하여 거래계약을 성립시킨 경우에 그 초과액 전액을 개업공인중개사의 보수로 취득하는 것을 인정하는 중개계약을 말한다.

### (2) 특 징

① 이 계약은 중개보수가 지나치게 과다해지거나 보수수입의 확대를 목적으로 개업공인중개사와 중개의뢰인 간에 담합에 의한 가격조작을 할 우려가 있다. 이런 과대광고와 허위가격제시 등은 결국 부동산거래질서를 문란하게 할 염려가 있는 계약이라고 할 수 있다.

② 현행 「공인중개사법」에 순가중개계약 자체를 금지한다는 명문규정은 없으나 「공인중개사법」 제33조의 규정에 의해 개업공인중개사는 법정보수 및 실비 외에는 어떤 명목으로든 보수 한도액을 초과해서 받을 수 없으므로 순가중개계약을 체결한 후 실제로 법정 중개보수를 초과하여 수령한 경우 「공인중개사법」상 금지행위에 해당한다.

# 중개대상물의 조사 · 확인의무

**단원 열기**

중개실무 중 가장 중요하며 출제에 있어서도 3문제 이상이 출제되는 높은 비중을 차지하고 있는 부분으로 문제의 난이도 비교적 높다. 법령에서 규정한 9가지 확인 · 설명사항에 대하여 실무차원의 기타 부동산관련 법률까지 종합적인 지식을 묻는다. 특히, 민법, 등기법, 공법 등과 연관된 조사 및 내용, 대상별 공적장부의 특징, 분묘기지권, 장사 등에 관한 법률, 확인 · 설명서 작성 및 세부적인 내용까지 출제되므로 고득점을 위해서는 명확하고 철저한 학습과 정리가 적극적으로 요구하는 영역이다.

## 제 1 절 조사 · 확인방법

중개대상물을 조사하고 확인하는 방법은 개업공인중개사가 먼저 중개의뢰인을 통해 접수처리시 기초적 사항을 파악한 후에 각종 공부(公簿)의 확인과 직접 현장을 답사하여 확인하는 임장활동이 병행하여 이루어져야 한다.

### 01 중개의뢰인을 통한 확인

#### 1 의 의

매도나 임대의뢰를 받았을 때나 중개활동과정에서 개업공인중개사가 먼저 의뢰당사자로부터 대상부동산에 대한 기본적인 사항, 상태 등의 정보를 얻는 방법이다.

#### 2 특 징

(1) 실제 거래에 있어서 공부상 확인을 제외하고는 중개의뢰인으로부터 중개대상물의 상태에 관한 자료를 요구하여 부동산에 대한 기초자료를 수집하는 것이 일반적이다.

(2) 그러나 개업공인중개사가 요구한 자료를 의뢰인이 허위로 제공하여도 이를 믿고 중개한 개업공인중개사의 책임이 면해지는 것은 아니므로 최종적으로는 개업공인중개사가 직접 조사하거나 필요한 경우 이해관계인에 대한 탐문도 필요하다.

## 02 공부를 통한 확인

### 1 의 의

(1) 행정청에 비치된 각종 공부는 그 작성목적에 따라 일정한 사항에 대해서는 공적으로 증명하는 기능을 가지고 있으므로 이 공적장부를 통하여 중개대상물의 기본적인 사항이나 권리관계 등을 조사하는 것을 말한다. 그러나 공부로는 확인 불가능한 사항도 있고 공부가 실제로 일치하지 않을 수도 있으므로 개업공인중개사는 공부상 조사 외 현장답사 등을 병행하여야 한다.

(2) 중개의뢰인이 제출한 공부는 진정성이 없는 경우가 있으므로 중개행위 과정에서 참고자료로만 활용하여야 하며, 최종적인 판단의 자료로는 적합하지 않다. 따라서 개업공인중개사가 각종 공부를 직접 발급받아 확인하는 것이 바람직하다.



### 2 공부상 조사 · 확인사항

#### (1) 부동산의 기본적인 사실관계

토지의 소재지 · 지목 · 면적 등 기본적인 사항은 토지대장 · 임야대장을 통하여 확인하고, 건물의 소재지 · 건축연도 · 면적 · 구조 · 용도 등 기본적인 사항은 건축물대장을 통하여 확인한다. 또한 토지의 경계, 지형(토지의 모양) 등은 지적도 · 임야도를 통하여 확인한다.

#### (2) 부동산의 권리관계

소유권과 소유권을 제한하는 사항 및 제한물권에 관한 사항은 등기부등본을 통하여 확인한다.

#### (3) 공법상 이용제한 · 거래규제에 관한 사항

토지이용계획확인서에 의해 확인한다.

#### (4) 기 타

토지의 공시지가는 공시지가확인원, 상속의 진정성 및 행위능력 유무는 가족관계등록부, 환지의 경우에는 환지예정지지정증명원을 통하여 확인한다.

☑ **각종 공부와 확인사항**

| 공부의 종류 | 확인사항 | 발급처 |
|---|---|---|
| **등기사항증명서 (토지 · 건물)** | 표제부 ⇨ 부동산의 표시사항<br>갑구 ⇨ 소유권과 소유권의 제한에 관한 사항<br>을구 ⇨ 제한물권과 그 제한에 관한 사항 | 등기소 |
| **토지대장 · 임야대장** | 소재지, 지목, 면적, 소유자, 개별공시지가 | 시 · 군 · 구청 |
| **지적도 · 임야도** | 소재지(위치), 지목, 경계, 지형(토지의 모양) | 시 · 군 · 구청 |
| **건축물대장** | 소재지, 건축면적, 건축연도, 용도, 구조, 건폐율 · 용적률, 소유자 | 시 · 군 · 구청 |
| **대지권등록부** | 소재지, 대지권지분비율, 소유권지분, 소유자 | 시 · 군 · 구청 |
| **공유지연명부** | 소재지, 소유권지분, 소유자 | 시 · 군 · 구청 |
| **토지이용계획 확인서** | 공법상 이용제한, 거래규제 | 시 · 군 · 구청 |
| **환지예정지 지정증명원** | 환지예정지에 대한 지목 · 면적 등 | 사업시행청 |
| **가족관계등록부** | 상속관계, 피한정후견인 · 피성년후견인, 법정대리인 | 시 · 구 · 읍 · 면 |
| **부동산종합증명서** | 부동산종합공부를 열람하거나 부동산종합공부 기록사항의 전부 또는 일부에 관한 증명서 | 지적소관청이나 읍 · 면 · 동의 장 |

### (5) 공부상 내용의 불일치 확인

① 등기사항증명서와 각종 대장상의 기재사항이 상호 불일치하는 경우 개업공인중개사는 어떤 공부를 기준으로 조사 · 확인할 것인가에 대해서는 우선 소재지 · 지목 · 면적 · 구조 · 용도 등 물적 사항의 불일치는 토지대장(임야대장), 건축물대장을 기준으로 판단하여야 할 것이고, 다음으로 소유자의 인적 사항 · 소유지분 등 권리관계의 불일치는 등기사항증명서를 기준으로 판단하여야 할 것이다.

② 건축물대장과 토지이용계획확인서상의 공법상 제한에 관한 기재사항이 상호 불일치하는 경우에는 토지이용계획확인서를 기준으로 판단하며, 현실의 경계와 공부상의 경계가 일치하지 않는 경우에는 특별한 사정이 없는 한 현실의 경계와 관계없이 지적공부상의 경계에 의한다는 것이 판례의 태도이다.

## 03 현장조사

### 1 의 의

개업공인중개사가 현장답사를 통하여 중개대상물의 실체를 조사하고 공부상의 내용과 실제현황과의 일치 여부를 조사하는 것을 말한다.



### 2 내 용

#### (1) 미공시 사항의 확인

① 토지의 경우에는 지세 · 지반 · 토질 · 도로현황 등을, 건물은 상태 · 방향 · 부대시설 · 정원수 · 정원석 등을 확인하고, 일조 · 소음 · 진동 등 환경조건과 도로 · 대중교통 · 학교 · 편의시설 등의 입지여건을 확인한다.

② 등기부상 확인할 수 없는 점유권, 유치권, 법정지상권, 분묘기지권 등과 임차권의 존재 유무를 확인한다.

③ 입목의 경우에는 수량, 수령, 생육상태 등을 확인한다.

#### (2) 공부상의 내용과 실제의 일치 여부 확인

① 물적 사항으로 공부상의 지목 · 면적 · 경계 · 용도 · 구조 등이 실제와 일치하는지를 확인하며, 특히 지목과 면적의 경우에는 공부상의 내용과 실제가 불일치하는 예가 많으므로 주의해서 확인하여야 한다.

② 권리관계와 관련하여 등기부상의 소유자와 실제소유자가 일치하는지 여부와 의뢰인의 처분권한 보유 여부를 탐문이나 이해관계인에 대한 질문을 통하여 확인하여야 한다.

③ 입목의 경우에는 수종 · 수량 등이 공부상의 내용과 일치하는지 여부를 확인하여야 하고, 공장재단이나 광업재단의 경우에는 재단목록의 내용과 실제가 일치하는지 여부를 확인하여야 한다.

④ 공법상의 제한에 관한 사항도 토지이용계획확인서만으로는 모든 공법상의 제한을 확인할 수 없으므로 관계법령을 조사하거나 관계기관에 문의하여 확인하여야 한다.

## 제 2 절 조사 · 확인사항

개업공인중개사가 매수 등 권리취득의뢰인에게 중개대상물에 대하여 성실 · 정확하게 설명하기 위해서는 선행적으로 중개대상물에 대하여 의무적으로 조사 · 확인하여야 한다. 다만, 제3호의2 및 제10호부터 제12호까지의 사항은 주택 임대차 중개의 경우에만 적용한다.
이에 따라 개업공인중개사가 공적장부, 현장답사, 중개대상물 상태자료요구 등을 통하여 구체적으로 조사 · 확인할 내용으로 제1편 공인중개사법령(영 제21조)에서 규정하고 있는 12가지 사항을 중심으로 살펴보기로 한다.

**핵심 다지기**

**개업공인중개사가 확인 · 설명해야 하는 사항**(「공인중개사법 시행령」 제21조)

1. 중개대상물의 종류 · 소재지 · 지번 · 지목 · 면적 · 용도 · 구조 및 건축연도 등 중개대상물에 관한 기본적인 사항
2. 소유권 · 전세권 · 저당권 · 지상권 및 임차권 등 중개대상물의 권리관계에 관한 사항
3. 거래예정금액 · 중개보수 및 실비의 금액과 그 산출내역

3의2. 관리비 금액과 그 산출내역

4. 토지이용계획, 공법상의 거래규제 및 이용제한에 관한 사항
5. 수도 · 전기 · 가스 · 소방 · 열공급 · 승강기 및 배수 등 시설물의 상태
6. 벽면 · 바닥면 및 도배의 상태
7. 일조 · 소음 · 진동 등 환경조건
8. 도로 및 대중교통수단과의 연계성, 시장 · 학교와의 근접성 등 입지조건
9. 중개대상물에 대한 권리를 취득함에 따라 부담하여야 할 조세의 종류 및 세율
10. 「주택임대차보호법」에 따른 임대인의 정보 제시 의무 및 보증금 중 일정액의 보호에 관한 사항
11. 「주민등록법」에 따른 전입세대확인서의 열람 또는 교부에 관한 사항
12. 「민간임대주택에 관한 특별법」에 따른 임대보증금에 대한 보증에 관한 사항(민간임대주택인 경우만 해당한다)

### 01 중개대상물에 관한 기본적인 사항

#### 1 구체적 조사 · 확인사항

**(1) 소재지**

① 중개대상물이 토지인 경우 대상물소재지는 리 · 동 또는 이에 준하는 지역으로서 지번을 설정하는 단위지역까지 표시하고 그 뒤 지번을 표시하며 토지가 수필지인 경우는 그 필지에 해당한 지번을 모두 표시하여야 한다.

② 토지 및 건물이 중개대상물인 경우는 토지를 위와 같이 확인한 후 1필의 토지 위에 수개의 건물이 있을 수 있으므로 건물에 번호와 종류가 있는 때에는 그 번호를 그리고 부속건물도 확인하여야 한다. 특히 구분소유 건물에 있어서는 동, 층, 호수를 정확히 확인하여야 한다.

### (2) 면 적

① 개업공인중개사도 중개실무상 면적은 반드시 미터법($m^2$) 기준으로 확인하여야 정확하고 적법하다. 그러나 우리나라의 경우 아직까지도 미터법이 완전히 정착되지 않아 평단위를 사용하기도 하는데 평을 $m^2$로 환산하는 방법은 "평 $\times$ 3.3058 $=$ $m^2$", $m^2$를 평으로 환산하는 방법은 "$m^2$ $\times$ 0.3025 $=$ 평"이 된다.

② 토지는 토지대장・임야대장에 의해 필지별로 확인하고, 건물은 건축물대장에 의해 가옥번호에 따라 층별로 구분하여 확인한다. 토지대장・임야대장・건축물대장에 기재된 대로 토지는 각 필지, 건물은 층별로 면적을 표시한다.

③ 건축물이 주택일 경우는 전용면적으로 하며, 일반건축물일 경우는 연면적으로 하되 각 층별 면적을 확인하여야 한다. 용익물권 등의 설정은 1필의 토지의 일부나 건물의 일부에도 가능하므로 이 경우 그 일부를 특정하여야 한다.

④ 도시개발사업 등에 의하여 환지예정지가 지정된 경우에는 환지예정지 지정증명원에 의해 그 면적을 확인하여야 한다. 이 경우 거래의 목적물은 법률적으로는 종전 토지가 되나 거래의 기준이 되는 것은 환지면적으로 하는 것이 보통이다.

### (3) 지 목

① 지목이란 토지관리의 효율화를 위하여 토지의 주된 용도에 따라 토지의 종류를 구분・표시하는 명칭을 말하며 「공간정보의 구축 및 관리 등에 관한 법률」상 28종으로 구분된다. 토지대장・임야대장에는 지목이 정식명칭으로 기재되어 있고, 지적도・임야도에는 지목이 부호로 표시되어 있다. 따라서 지목은 토지대장과 임야대장 등을 통하여 확인한다. 현장답사 결과 대장상의 지목과 실제 지목이 일치하지 않는 경우가 있으므로 현장답사를 병행하여 조사하여야 한다.

② 환지예정지의 경우 현재 대지로 조성 중이거나 대지인 경우가 많기 때문에 종전 토지의 지목은 별 의미가 없다고 볼 수 있다. 환지예정지가 지정된 경우에는 종전의 토지에 관한 토지소유자 및 임차권자 등은 환지예정지의 지정의 효력발생일부터 환지처분의 공고가 있는 날까지 환지예정지 또는 당해 부분에 대하여 종전과 동일한 내용의 권리를 행사할 수 있으며 종전의 토지에 대하여는 이를 사용하거나 수익할 수 없다.

### (4) 경 계

① 경계란 지적도나 임야도 위에 지적측량에 의하여 지번별로 획정하여 등록한 선 또는 경계점좌표등록부에 등록된 좌표의 연결을 말한다. 「공간정보의 구축 및 관리 등에 관한 법률」 상의 경계는 지적공부에 등록하는 단위토지인 1필지의 구획선을 의미하며 이는 지상의 자연물로써 구획된 선이 아니라 공부, 즉 도면상의 경계를 말한다. 그러므로 소유권의 범위는 지적도 · 임야도에 등록된 경계선에 의해 확정된다.

② 경계는 지적도 · 임야도에 의하여 확인하고 현장답사로 다른 사람의 불법점유 여부를 확인한다. 도면상의 경계와 실제 경계가 불일치하는 경우가 있으므로 지상물의 위치 등을 파악하여 이를 확인하고 일치하지 않은 경우에는 공부상의 경계를 기준으로 하고 그 사실을 병기하여야 한다.

**판 례**

1. 어떤 토지가 지적공부상 1필지의 토지로 등록되면 그 지적공부상의 경계가 현실의 경계와 다르다 하더라도 특별한 사정이 없는 한 그 경계는 지적공부상의 등록인 지적도상의 경계에 의하여 특정되는 것이다.
2. 지적도를 작성함에 있어서 기점을 잘못 선택하는 등 기술적인 착오로 말미암아 지적도상의 경계선이 진실한 경계선과 다르게 작성되었다는 등과 같은 특별한 사정이 있는 경우에는 그 토지의 경계는 실제의 경계에 의하여야 한다.
3. 부동산의 담장 안에 시유지인 도로부지 일부가 포함된 사실은 전문가의 측량에 의하지 아니하고는 알 수 없고, 개업공인중개사가 중개대상물의 현황을 측량까지 하여 중개의뢰인에게 확인 · 설명할 의무는 없다.

### (5) 지형과 지세

① 지형은 토지의 형상을 말하는데 당해 토지의 유용성 내지 가격형성과 밀접한 관계를 지니고 있다. 통상 정방형, 장방형, 삼각형, 제형, 부정형으로 분류한다. 일반적으로 주택지는 정방형이나 장방형이, 상가는 도로에 접한 부분이 많은 장방형이, 농지는 정방형이 유용성이 높다.

② 지세란 토지의 기울기, 즉 경사도를 말하는데 주택지는 평지나 완만한 경사지가 유리하고 임야의 경우 경사도의 완급에 따라 유용성이 크게 달라진다.

③ 지형은 지적도 · 임야도로 확인하고, 지세는 현장답사를 통하여 조사 · 확인하여야 한다.

### ⑹ 건물에 관한 기본적인 사항

① **건물의 구조**: 건축물의 구조는 주구조와 지붕형태로 확인한다. 건축물의 주구조는 건축재료에 따라 철근콘크리트조, 철골철근콘크리트조, 철골조 등으로 분류하고 있다. 건축물의 지붕형태는 슬래브, 슬레이트, 함석, 토기와, 시멘트기와, 초가 등의 방법으로 구분된다.

건축물의 구조는 건축물대장으로 확인할 수 있으나 실제 건물현황과 일치하지 않는 경우가 많으므로 현장답사를 병행하는 것이 바람직하다.

② **건물의 용도**: 건축물의 용도는 건축물대장으로 확인한다. 건축물의 용도는 「건축법」상 용도로 분류되는데 「건축법 시행령」 [별표]에 규정되어 있다. 예를 들어 단독주택, 공동주택, 제1·2종 근린생활시설, 문화 및 집회시설 등이 있다. 종전의 건축물대장에는 세부용도까지 표기하였으나 건축물대장에는 기본 용도군만 표기하므로 실제 용도 확인을 위해서는 현장답사를 병행하는 것이 바람직하다.

③ **건축연도**: 건축연도(준공연도)는 건물이 얼마나 오래되었는가와 내용연수를 알기 위하여 건축물대장으로 확인하는 것이 원칙이다. 건축물대장에는 허가일자·착공일자·사용승인일자가 기재되어 있으며 '사용승인일자'를 건축연도로 한다. 증·개축 등으로 공부상의 기재와 일치하지 않을 수도 있으므로 유의하여야 한다.

④ **건축물의 방향**: 전통적으로 건축물의 남향을 선호하고 방향에 대한 확인도 중요하므로 현장답사를 통해 확인한다. 참고로, 주택의 경우 건축물의 방향은 거실이나 안방 등 주실(主室)의 방향을, 그 밖의 건축물은 주된 출입구의 방향을 기준으로 남향, 북향 등 방향을 판단한다.

## 02 중개대상물의 권리관계에 관한 사항

권리관계 조사·확인은 일차적으로 등기사항증명서를 통한 공부상의 조사이지만 등기부상 나타나지 않는 권리도 있으므로 반드시 현장답사와 병행하여야 한다. 이 경우 권리관계의 조사는 등기사항증명서상 기재된 권리의 종류는 물론 당해 권리의 진정성 여부도 포함된다.

### 1 등기사항증명서상 권리관계 확인

#### ⑴ 등기사항증명서 확인방법

① 개업공인중개사가 부동산의 중개의뢰를 받으면 먼저 등기사항증명서를 발급받아 등기사항증명서상으로 확인할 수 있는 권리자와 권리관계에 관한 사항을 조사하여야 한다.

특히 거래계약서를 작성할 때는 직전에 발급받은 등기사항증명서로 최종 권리관계를 확인하여야 한다.

등기사항을 확인할 때에는 토지·건물등기가 따로 있으므로 매각 의뢰한 토지·건물이 동일 지번이라도 토지등기부와 건물등기부를 모두 확인하여야 한다.

② 등기사항증명서 갑구에는 소유권에 관한 사항이 등기된다. 즉, 소유권의 보존·이전·처분의 제한·소멸에 관한 사항이 등기되므로 소유권에 대한 가압류·가등기·처분·압류 등과 회복등기·환매권·경매 등이 표시된다.

③ 등기사항증명서 을구에는 소유권 이외의 권리에 관한 사항이 공시된다. 즉, 지상권·지역권·전세권·저당권·부동산임차권 등과 이러한 제한물권에 대한 가등기·가압류·가처분 및 회복등기 등에 관한 사항이 공시된다.

④ 동일 부동산에 대하여 등기한 권리의 순위는 등기의 전후에 의한다. 이때 동구(同區)에서 한 등기에 대하여는 순위번호에 의하고, 별구(別區)에서 한 등기에 대하여는 접수번호에 의한다.

⑤ 부기등기의 효력의 순위는 주등기(主登記)의 순위에 의하고, 가등기를 바탕으로 한 본등기가 있을 때에는 본등기의 순위는 가등기의 순위에 의한다.

## 03 등기사항증명서로 확인할 수 없는 권리

등기능력이 있는 권리는 등기사항증명서를 통해서 알 수 있으나 등기능력이 없는 권리는 현장답사를 통하여 조사하여야 한다. 법률규정에 의한 물권변동은 등기를 하지 않아도 실체법상 물권변동의 효력이 발생하므로 이와 같은 권리관계를 확인하기 위해서는 현장답사시 이해관계인들에 대한 질문이나 탐문을 통해 파악하여야 한다.

### 1 등기능력이 없는 부동산물권

(1) 점유권과 유치권은 성질상 등기를 요하지도 않으며 등기능력도 없다. 점유라는 사실을 요건으로 하므로 그 사실이 계속되고 있는 한 인정되고, 점유의 상실에 의하여 소멸되기 때문이다. 따라서 이들 권리의 확인을 위해서는 현장답사를 하여야 한다.

(2) 분묘기지권은 물권의 성격을 지니고 법률규정에 의한 물권변동이나 등기능력은 인정되지 않으므로 현장답사를 통해 확인하여야 한다.

### 2 법률규정에 의한 물권변동

상속, 공용징수, 판결 기타 법률규정에 의한 물권변동은 등기를 하지 않아도 실체법상 물권변동의 효력이 발생한다. 그러나 등기를 하지 아니하면 이를 처분하지 못한다. 실체법상 등기사항은 아니지만 절차법상의 등기사항으로서 당사자가 이러한 등기를 신청하는 때에는 등기관은 이를 받아서 그 등기를 하여야 하고 수리를 거절하지 못한다.

**넓혀 보기**

① 상속 ⇨ 피상속인의 사망과 동시에 부동산물권은 상속인에게 등기 없이 이전된다.
② 공용징수 ⇨ 보상금의 지급을 정지조건으로 한 수용기일에 물권변동의 효력이 생긴다.
③ 판결 ⇨ 판결은 그 내용에 따라 이행판결, 확인판결, 형성판결로 나뉘는데 등기 없이 물권변동이 생기는 판결은 공유물분할판결, 상속재산분할판결과 같은 형성판결에 국한된다. 그러나 이행판결이 확정된 경우라도 승소한 당사자가 그 판결에 기해 등기를 신청하여 등기가 경료된 때에 물권변동의 효력이 생긴다.
④ 경매 ⇨ 매수인이 경락대금을 완납한 때에 등기 없이 물권변동의 효력이 생긴다.
⑤ 기타 ⇨ 신축건물의 소유권 취득, 법률행위의 무효 · 취소, 해제 · 해지에 의한 물권의 복귀, 법정지상권, 분묘기지권, 법정저당권 등

PART 03

## 04 분묘기지권 제32회, 제33회, 제34회, 제35회

### 1 의 의

분묘기지권은 판례가 인정한 지상권에 유사한 일종의 물권으로 타인의 토지에 분묘를 설치한 자가 분묘를 수호하고 봉제사하는 목적을 달성하는 데 필요한 범위 내에서 다른 사람의 토지를 사용할 수 있는 권리로서 관습법상의 특수지상권에 해당한다(대판 1993.7.16, 93다210).

### 2 분묘기지권의 성립

#### (1) 성립요건

분묘기지권은 관습법상 인정된 물권으로써 그 성립에 등기를 요하지 않으며, 분묘 내부에 사람의 해골, 유해, 유발 등 시신을 매장하여 사자를 안장한 장소라는 점이 전제되어야 하며, 봉분 등 외부에서 분묘의 존재를 인식할 수 있는 형태를 갖추어야 한다(대판 1991.10.25, 91다18040).

### (2) 분묘기지권이 성립하는 경우(판례)

① 토지소유자의 승낙을 얻어 그의 소유지 안에 분묘를 설치한 경우
② 토지소유자의 승낙 없이 분묘를 설치한 후 20년간 평온·공연하게 그 분묘의 기지를 점유함으로써 시효취득한 경우
③ 자기소유의 토지에 분묘를 설치한 자가 후에 그 분묘기지에 대한 소유권을 보유하거나 또는 분묘도 함께 이전한다는 특약을 함이 없이 토지를 매매 등으로 처분한 경우

## 3 분묘기지권의 내용

(1) 분묘기지권은 분묘의 기지 자체(봉분의 기저 부분)뿐만 아니라 그 분묘의 수호 및 제사에 필요한 범위 내에서 분묘의 기지 주위의 공지를 포함한 지역에까지 미치는 것이고 그 확실한 범위는 구체적인 경우에 개별적으로 정하여야 할 것인바(대판 1962.4.26, 9294민상1451 ; 1986.3.25, 85다카2496 ; 1988.2.23, 86다카2919), 사성(무덤 뒤를 반달형으로 둘러쌓은 둔덕)이 조성되어 있다하여 반드시 그 사성 부분을 포함한 지역에까지 분묘기지권이 미치는 것은 아니라고 할 것이다(대판 1997.5.23, 95다29086·35다29093).

(2) 분묘기지권의 존속기간에 관하여는 「민법」의 지상권에 관한 규정에 따를 것이 아니라 당사자 사이에 약정이 있는 등 특별한 사정이 있으면 그에 따를 것이며, 그런 사정이 없는 경우에는 권리자가 분묘의 수호와 봉사를 계속하는 한 그 분묘가 존속하고 있는 동안은 분묘기지권은 존속한다고 해석함이 타당하다(대판 1982.1.26, 81다1220).

(3) **지 료**

① 분묘기지권을 취득한 경우 약정이 없는 한 원칙적으로 지료가 발생하지 않는 무상이나, 토지 소유자가 재판상 또는 재판 외에서 지료를 청구하면 그때부터 지료를 지급할 의무가 발생하게 된다.

② 자기 소유 토지에 분묘를 설치한 후 그 토지를 타인에게 양도하면서 분묘를 이장하겠다는 특약을 하지 않음으로써 분묘기지권을 취득한 경우, 특별한 사정이 없는 한 분묘의 기지에 대한 토지사용의 대가로서 지료를 지급할 의무가 있다.

③ 승낙에 의하여 성립하는 분묘기지권의 경우, 성립당시에 지료를 약정한 경우에 그 약정의 효력은 분묘기지의 승계인에 대하여도 미친다.

**판 례**

오래전 분묘를 설치한 시점에서부터 소급해 지료를 모두 지급하도록 하면 장기간의 지료를 일시에 줘야 하고 이를 지체하면 분묘기지권 자체도 소멸할 수 있어 관습법상 분묘기지권의 시효취득을 인정해 온 취지에 부합하지 않는다. 따라서, 분묘기지권을 시효취득한 사람은 토지 소유자가 지료를 청구하면 그때부터 지급할 의무가 발생한다(대판 2021.4.29, 2017다228007 전원합의체).

**넓혀 보기**

"분묘기지권자의 지료 지급의무가 분묘기지권이 성립함과 동시에 발생한다는 취지의 대법원 판결(대판 1992.6.26, 92다13936)과 분묘기지권자가 지료를 지급할 필요가 없다는 취지로 판단한 대법원 판결(대판 1995.2.28, 94다37912) 등은 이 판결의 견해에 배치되는 범위 내에서 이를 모두 변경한다"고 판시했다.



(4) 분묘기지권에는 그 효력이 미치는 지역의 범위 내라고 할지라도 기존의 분묘 외에 새로운 분묘를 신설할 권능은 포함되지 아니하는 것이므로 부부 중 일방이 먼저 사망하여 이미 그 분묘가 설치되고 그 분묘기지권이 미치는 범위 내에서 그 후에 사망한 다른 일방의 합장을 위하여 쌍분(雙墳)형태의 분묘를 설치하는 것도 허용되지 않는다고 할 것이다(대판 1997.5.23, 95다29086 · 95다29093).

(5) 분묘기지권에 기하여 보전되어 오던 분묘들 가운데 일부가 그 분묘기지권이 미치는 범위 내에서 이장되었다면, 그 이장된 분묘를 위해서도 그 분묘기지권의 효력이 그대로 유지된다고 보아야 할 것이고, 다만 그 이장으로 인하여 더 이상 분묘의 수호와 봉제사에 필요 없게 된 부분이 생겨났다면 그 부분에 대한 만큼은 분묘기지권이 소멸한다. 또한 분묘기지권은 그 효력이 미치는 범위 안에서 새로운 분묘를 설치하거나 원래의 분묘를 다른 곳으로 이장할 권능은 포함되지 않는다(대판 2007.6.28, 2007다16885).

(6) 비법인사단에 있어서 총유물의 관리 및 처분은 정관 기타 계약에 정함이 없으면 사원총회의 결의에 의해야 하고, 비법인사단의 사원이 총유자의 한 사람으로서 총유물인 임야를 사용 · 수익할 수 있다 하여도 위 임야에 대한 분묘설치행위는 관습에 의한 지상권 유사의 물권을 취득하게 되는 처분행위에 해당 되어 사원총회의 결의가 필요하다(대판 2007.6. 28, 2007다16885).

## 05 장사 등에 관한 법률 제35회

### 1 입법취지

(1) **제정목적**

이 법은 장사(葬事)의 방법과 장사시설의 설치・조성 및 관리 등에 관한 사항을 정하여 보건위생상의 위해(危害)를 방지하고, 국토의 효율적 이용과 공공복리 증진에 이바지하는 것을 목적으로 한다(2001. 1. 13. 시행).

(2) **적용배제**

국가가 설치・운영하는 장사시설(자연장지는 제외한다)에 대하여는 이 법을 적용하지 아니한다(법 제3조).

### 2 용어의 정의

(1) "매장"이란 시신(임신 4개월 이후에 죽은 태아를 포함한다. 이하 같다)이나 유골을 땅에 묻어 장사하는 것을 말한다.

(2) "화장"이란 시신이나 유골을 불에 태워 장사하는 것을 말한다.

(3) "자연장(自然葬)"이란 화장한 유골의 골분(骨粉)을 수목・화초・잔디 등의 밑이나 주변에 묻어 장사하는 것을 말한다.

(4) "개장"이란 매장한 시신이나 유골을 다른 분묘 또는 봉안시설에 옮기거나 화장 또는 자연장하는 것을 말한다.

(5) "봉안"이란 유골을 봉안시설에 안치하는 것을 말한다.

(6) "분묘"란 시신이나 유골을 매장하는 시설을 말한다.

(7) "묘지"란 분묘를 설치하는 구역을 말한다.

(8) "화장시설"이란 시신이나 유골을 화장하기 위한 화장로 시설(대통령령으로 정하는 부대시설을 포함한다)을 말한다.

(9) "봉안시설"이란 유골을 안치(매장은 제외한다)하는 다음의 시설을 말한다.

| ① 분묘의 형태로 된 봉안묘<br>② 「건축법」 제2조 제1항 제2호의 건축물인 봉안당<br>③ 탑의 형태로 된 봉안탑<br>④ 벽과 담의 형태로 된 봉안담 |
|---|

(10) "자연장지(自然葬地)"란 자연장으로 장사할 수 있는 구역을 말한다.

(11) "수목장림"이란 「산림자원의 조성 및 관리에 관한 법률」 제2조 제1호에 따른 산림에 조성하는 자연장지를 말한다.

(12) "장사시설"이란 묘지 · 화장시설 · 봉안시설 · 자연장지 및 법 제28조의2, 제29조에 따른 장례식장을 말한다.

(13) "연고자"란 사망한 자와 다음의 관계에 있던 자를 말하며, 연고자의 권리 · 의무는 다음의 순서로 행사한다. 다만, 순위가 같은 자녀 또는 직계비속이 2명 이상이면 최근친(最近親)의 연장자가 우선순위를 갖는다.

| ① 배우자<br>② 자 녀<br>③ 부 모<br>④ 자녀 외의 직계비속<br>⑤ 부모 외의 직계존속<br>⑥ 형제 · 자매<br>⑦ 사망하기 전에 치료 · 보호 또는 관리하고 있었던 행정기관 또는 치료 · 보호기관의 장<br>⑧ 위 ①부터 ⑦에 해당하지 아니하는 자로서 시신이나 유골을 사실상 관리하는 자 |
|---|

## 3 매장 · 화장 및 개장의 신고

(1) 매장을 한 자는 매장 후 30일 이내에 매장지를 관할하는 특별자치시장 · 특별자치도지사 · 시장 · 군수 · 구청장(이하 "시장 등"이라 한다)에게 신고하여야 한다(법 제8조 제1항).

(2) 화장을 하려는 자는 화장시설을 관할하는 시장 등에게 신고하여야 한다(법 제8조 제2항).

(3) 개장을 하려는 자는 시신 또는 유골의 현존지(現存地) 또는 개장지를 관할하는 시장 등에게 각각 신고하여야 한다(법 제8조 제3항).

## 4 묘지 등의 설치 및 조성 제34회

### (1) 묘지의 구분

① **공설묘지**: 시·도지사 및 시장·군수·구청장은 공설묘지·공설화장시설·공설봉안시설 및 공설자연장지를 설치·조성 및 관리하여야 한다.

② **사설묘지**: 국가, 시·도지사 또는 시장·군수·구청장이 아닌 자는 다음의 구분에 따른 묘지(이하 '사설묘지'라 한다)를 설치·관리할 수 있다.

| |
|---|
| ㉠ 개인묘지: 1기의 분묘 또는 해당 분묘에 매장된 자와 배우자관계였던 자의 분묘를 같은 구역 안에 설치하는 묘지<br>㉡ 가족묘지: 「민법」에 따라 친족관계였던 자의 분묘를 같은 구역 안에 설치하는 묘지<br>㉢ 종중·문중묘지: 종중이나 문중 구성원의 분묘를 같은 구역 안에 설치하는 묘지<br>㉣ 법인묘지: 법인이 불특정 다수인의 분묘를 같은 구역 안에 설치하는 묘지 |

### (2) 묘지설치의 신고·허가

① 개인묘지를 설치한 자는 묘지를 설치한 후 30일 이내에 해당 묘지를 관할하는 시장 등에게 신고하여야 한다.

② 가족묘지, 종중·문중묘지 또는 법인묘지(「민법」에 따라 설립된 재단법인에 한정)를 설치·관리하려는 자는 해당 묘지를 관할하는 시장 등의 허가를 받아야 한다.

### (3) 사설묘지의 설치기준 면적 등

① 개인묘지는 30m²를 초과할 수 없고, 가족묘지는 100m² 이하, 종중·문중묘지는 1,000m² 이하, 법인묘지는 10만m² 이상이어야 한다.

② 공설묘지, 가족묘지, 종중·문중묘지 또는 법인묘지 안의 분묘 1기 및 그 분묘의 상석·비석 등 시설물을 설치하는 구역의 면적은 10m²(합장하는 경우에는 15m²)를 초과하여서는 아니 된다.

③ 분묘의 형태는 봉분, 평분 또는 평장으로 하되 봉분의 높이는 지면으로부터 1m, 평분의 높이는 50cm 이하이어야 한다. 봉안시설 중 봉안묘의 높이는 70cm, 봉안묘의 1기당 면적은 2m²를 초과하여서는 아니 된다.

### (4) 자연장지의 조성 등

① 국가, 시 · 도지사 또는 시장 · 군수 · 구청장이 아닌 자는 다음의 구분에 따라 수목장림이나 그 밖의 자연장지(이하 "사설자연장지"라 한다)를 조성할 수 있다.

> ㉠ 개인 · 가족자연장지: 면적이 100m² 미만인 것으로서 1구의 유골을 자연장하거나 「민법」에 따라 친족관계였던 자의 유골을 같은 구역 안에 자연장할 수 있는 구역
> ㉡ 종중 · 문중자연장지: 종중이나 문중 구성원의 유골을 같은 구역 안에 자연장할 수 있는 구역
> ㉢ 법인 등 자연장지: 법인이나 종교단체가 불특정 다수인의 유골을 같은 구역 안에 자연장할 수 있는 구역



**② 신고 · 허가**

㉠ 개인자연장지를 조성한 자는 자연장지의 조성을 마친 후 30일 이내에 관할 시장 등에게 신고하여야 한다.

㉡ 가족자연장지 또는 종중 · 문중자연장지를 조성하려는 자는 관할 시장 등에게 미리 신고하여야 한다.

㉢ 법인 등 자연장지를 조성하려는 자는 시장 등의 허가를 받아야 한다.

**③ 사설자연장지의 설치기준**

㉠ 개인 · 가족자연장지는 1개소만 조성할 수 있으며 그 면적은 개인자연장지는 30m², 가족자연장지는 100m² 미만이어야 한다.

㉡ 종중 · 문중자연장지는 종중 또는 문중별로 각각 1개소만 조성할 수 있으며 그 면적은 2,000m² 이하여야 한다.

㉢ 재단법인이 아닌 종교단체가 신도 및 그 가족관계에 있었던 자를 대상으로 조성하려 하는 자연장지는 1개소에 한하여 조성할 수 있으며 그 면적은 4만m² 이하이어야 한다.

㉣ 공공법인 및 재단법인이 조성하는 자연장지는 5만m² 이상이어야 한다.

**④ 법인 등 자연장지의 조성**

시장 등은 다음의 어느 하나에 해당하는 자에 한하여 법인 등 자연장지의 조성을 허가할 수 있다.

> ㉠ 자연장지의 조성 · 관리를 목적으로 「민법」에 따라 설립된 재단법인
> ㉡ 법령으로 정하는 공공법인 또는 종교단체

### (5) 묘지 등의 설치제한지역

**① 거리 제한**

| |
|---|
| ㉠ 종중·문중, 법인묘지는 도로·철도의 선로·하천구역 또는 그 예정지역으로부터 300m 이상, 20호 이상의 인가가 밀집한 지역, 학교, 그 밖에 공중이 수시로 집합하는 시설 또는 장소로부터는 500m 이상 떨어진 곳에 설치하여야 한다.<br>㉡ 개인·가족묘지는 도로·철도의 선로·하천구역 또는 그 예정지역으로부터 200m 이상, 20호 이상의 인가가 밀집한 지역, 학교, 그 밖에 공중이 수시로 집합하는 시설 또는 장소로부터는 300m 이상 떨어진 곳에 설치하여야 한다. |

**② 설치제한지역**

㉠ 「국토의 계획 및 이용에 관한 법률」상 녹지지역 중 묘지 등의 설치·조성이 제한되는 지역

㉡ 「수도법」상 상수원보호구역. 다만, 기존의 사원 경내에 설치하는 봉안시설 또는 대통령령으로 정하는 지역주민이 설치하거나 조성하는 일정규모 미만의 개인, 가족 및 종중·문중의 봉안시설 또는 자연장지인 경우에는 그러하지 아니하다.

㉢ 「문화유산의 보존 및 활용에 관한 법률」 및 「자연유산의 보존 및 활용에 관한 법률」에 따른 보호구역. 다만, 대통령령으로 정하는 10만$m^2$ 미만의 자연장지로서 국가유산청장의 허가를 받은 경우에는 그러하지 아니하다.

㉣ 「해양관리법」에 따른 환경관리해역

㉤ 주거지역·상업지역·공업지역, 수변구역, 접도구역, 하천구역, 농업진흥구역, 채종림, 보안림, 보전국유림, 사방지, 군사시설보호구역 등

### (6) 분묘의 설치기간

① 공설묘지 및 사설묘지에 설치된 분묘의 설치기간은 30년으로 한다.

② 설치기간이 지난 분묘의 연고자가 시·도지사, 시장·군수·구청장 또는 법인묘지의 설치·관리를 허가받은 자에게 그 설치기간의 연장을 신청하는 경우에는 1회에 한하여 그 설치기간을 30년으로 하여 연장하여야 한다.

③ 시·도지사 또는 시장·군수·구청장은 관할구역 안의 묘지 수급을 위하여 필요하다고 인정되면 조례로 정하는 바에 따라 5년 이상 30년 미만의 기간 안에서 분묘 설치기간의 연장기간을 단축할 수 있다.

### (7) 기타 묘지 및 자연장의 주요 내용

#### ① 개인묘지

㉠ 분묘의 형태는 봉분, 평분 또는 평장으로 하되, 봉분의 높이는 지면으로부터 1m, 평분의 높이는 50cm 이하여야 한다.

㉡ 석축과 인입도로의 계단을 설치할 때에는 붕괴의 우려가 없도록 하여야 하고, 개인묘지의 신고 면적 안에서 설치하여야 한다.

#### ② 가족묘지

㉠ 가족묘지는 가족당 1개소만 가능하다.

㉡ 가족묘지 중 분묘가 설치되지 아니한 지역은 잔디·화초·수목 등으로 녹화하여야 한다.

#### ③ 종중·문중묘지

㉠ 종중 또는 문중별로 각각 1개소에 한정하여 설치할 수 있다.

㉡ 종중·문중묘지 중 분묘가 설치되지 아니한 지역은 잔디·화초·수목 등으로 녹화하여야 한다.

#### ④ 법인묘지

㉠ 법인묘지에는 폭 5m 이상의 도로와 그 도로로부터 각 분묘로 통하는 충분한 진출입로를 설치하고, 주차장을 마련하여야 한다.

㉡ 묘지구역의 계곡이나 30도 이상의 급경사지역 및 배수로의 하단 부분에는 토사의 유출 및 유출 속도를 줄일 수 있는 침사지 또는 물 저장고를 설치하여야 한다.

㉢ 법인묘지의 허가 면적 중 주차장·관리시설 등 부대시설을 제외한 면적의 100분의 20 이상을 녹지 공간으로 확보하여야 한다. 다만, 잔디로 조성된 평분인 경우에는 100분의 10 이상을 녹지공간으로 확보하여야 한다.

#### ⑤ 공설묘지

㉠ 공설묘지는 지형·배수·토양 등을 고려하여 붕괴·침수의 우려가 없는 곳에 설치하여야 한다.

㉡ 공설묘지에는 폭 5m 이상의 도로와 그 도로로부터 각 분묘로 통하는 충분한 진출입로를 설치하고, 주차장을 마련하여야 한다.

㉢ 공설묘지 면적 중 주차장·관리시설 등 부대시설을 제외한 면적의 100분의 20 이상을 녹지 공간으로 확보하여야 한다. 다만, 잔디로 조성된 평분인 경우에는 100분의 10 이상을 녹지공간으로 확보하여야 한다.

⑥ **공설자연장지**

㉠ 자연장지구역의 계곡이나 30도 이상의 급경사지역 및 배수로의 하단 부분에는 토사의 유출 및 유출 속도를 줄일 수 있는 침사지 또는 물 저장고를 설치하여야 한다.

㉡ 표지는 개별 또는 공동으로 하되, 개별표지의 면적은 250$m^2$ 이하, 공동표지의 면적은 안치 구수 및 안치예정 구수를 고려하여 알맞은 크기로 주위 환경과 조화를 이루도록 하여야 한다.

㉢ 관리사무실, 유족편의시설, 공동분향단, 그 밖의 필요한 시설과 폭 5m 이상의 진입로 및 주차장을 마련하여야 한다.

⑦ **공설수목장림**

㉠ 표지는 수목 1그루당 1개만 설치할 수 있으며, 표지의 면적은 250$m^2$ 이하여야 한다.

㉡ 표지는 수목의 훼손 및 생육에 지장이 없도록 수목에 매다는 방법으로만 설치하여야 한다.

㉢ 공설수목장림구역 안에 보행로와 안내표지판을 설치하여야 한다. 다만, 관리사무실, 유족편의시설, 공동분향단, 주차장, 그 밖의 필요한 시설은 공설수목장림구역 밖에 설치할 수 있다.

### (8) 설치기간이 종료된 분묘의 처리

① 설치기간이 끝난 분묘의 연고자는 설치기간이 끝난 날부터 1년 이내에 해당 분묘에 설치된 시설물을 철거하고 매장된 유골을 화장하거나 봉안하여야 한다.

② 공설묘지 또는 사설묘지의 설치자는 연고자가 철거 및 화장 · 봉안을 하지 아니한 때에는 해당 분묘에 설치된 시설물을 철거하고 매장된 유골을 화장하여 일정 기간 봉안할 수 있다.

③ 공설묘지 또는 사설묘지의 설치자는 철거 및 봉안 조치를 하려면 미리 기간을 정하여 해당 분묘의 연고자에게 알려야 한다. 다만, 연고자를 알 수 없으면 그 뜻을 공고하여야 한다.

### (9) 타인의 토지 등에 설치된 분묘 등의 처리 등

① 토지 소유자, 묘지 설치자 또는 연고자는 다음의 분묘에 대하여 그 분묘를 관할하는 시장 등의 허가를 받아 분묘에 매장된 시신 또는 유골을 개장할 수 있다.

| ㉠ 토지 소유자의 승낙 없이 해당 토지에 설치한 분묘<br>㉡ 묘지 설치자 또는 연고자의 승낙 없이 해당 묘지에 설치한 분묘 |
|---|

② 토지 소유자, 묘지 설치자 또는 연고자가 개장을 하려면 미리 3개월 이상의 기간을 정하여 그 뜻을 해당 분묘의 설치자 또는 연고자에게 알려야 한다. 다만, 해당 분묘의 연고자를 알 수 없으면 그 뜻을 공고하여야 하며, 공고기간 종료 후에도 분묘의 연고자를 알 수 없는 경우에는 화장한 후에 유골을 일정 기간 봉안하였다가 처리하여야 하고, 이 사실을 관할 시장 등에게 신고하여야 한다.

③ 승낙 없이 설치된 분묘의 연고자는 해당 토지 소유자, 묘지 설치자 또는 연고자에게 토지사용권이나 그 밖에 분묘의 보존을 위한 권리를 주장할 수 없다.

④ 토지 소유자 또는 자연장지 조성자의 승낙 없이 다른 사람 소유의 토지 또는 자연장지에 자연장을 한 자 또는 그 연고자는 당해 토지 소유자 또는 자연장지 조성자에 대하여 토지사용권이나 그 밖에 자연장의 보존을 위한 권리를 주장할 수 없다.



### (10) 무연분묘의 처리

① 시장 등은 관할 구역 안에 있는 시신으로서 연고자가 없거나 연고자를 알 수 없는 시신에 대해서는 조례로 정하는 바에 따라 장례의식을 행한 후 일정 기간 매장하거나 화장하여 봉안하여야 한다.

② ①의 무연고 시신 등에 대한 매장 또는 봉안의 기간은 5년으로 한다. 다만, 국가 또는 사회에 공헌했다고 인정되는 사람에 대해서는 특별자치시 · 특별자치도 · 시 · 군 · 구(자치구)의 조례에 따라 5년을 초과하여 봉안할 수 있다.

③ 시장 등은 ②에 따른 매장 또는 봉안의 기간이 끝났을 때에는 매장 또는 봉안이 되었던 유골을 화장(화장된 유골은 제외)하여 장사시설 내 화장한 유골을 뿌릴 수 있는 시설에 뿌리거나 자연장하여야 한다.

④ 시장 등은 무연고자가 사망하기 전에 장기적 · 지속적인 친분관계를 맺은 사람 또는 종교활동 및 사회적 연대활동 등을 함께 한 사람, 사망하기 전에 본인이 서명한 문서 또는 유언의 방식으로 지정한 사람이 희망하는 경우에는 장례의식을 주관하게 할 수 있다.

⑤ 시장 등은 무연고 시신 등을 처리한 때에는 보건복지부령으로 정하는 바에 따라 지체 없이 공고하여야 하며, 공고한 사항을 보건복지부령으로 정하는 기간 동안(10년 이상) 보존하여야 한다.

### (11) 묘지의 사전 매매 등의 금지

공설묘지를 설치 · 관리하는 시 · 도지사와 시장 · 군수 · 구청장 또는 사설묘지를 설치 · 관리하는 자는 매장될 자가 사망하기 전에는 묘지의 매매 · 양도 · 임대 · 사용계약 등을 할 수 없다. 다만, 70세 이상인 자가 사용하기 위하여 매매 등을 요청하는 경우 등 대통령령으로 정하는 경우에는 그러하지 아니하다.

**예 제**

**1. 개업공인중개사가 「장사 등에 관한 법률」에 대해 중개의뢰인에게 설명한 것으로 틀린 것은?** 제27회

① 개인묘지는 $20m^2$를 초과해서는 안 된다.
② 매장을 한 자는 매장 후 30일 이내에 매장지를 관할하는 시장 등에게 신고해야 한다.
③ 가족묘지란 「민법」에 따라 친족관계였던 자의 분묘를 같은 구역 안에 설치하는 묘지를 말한다.
④ 시장 등은 묘지의 설치·관리를 목적으로 「민법」에 따라 설립된 재단법인에 한정하여 법인묘지의 설치·관리를 허가할 수 있다.
⑤ 설치기간이 끝난 분묘의 연고자는 설치기간이 끝난 날부터 1년 이내에 해당 분묘에 설치된 시설물을 철거하고 매장된 유골을 화장하거나 봉안해야 한다.

**해설** $30m^2$를 초과할 수 없다. **정답** ①

**2. 개업공인중개사가 분묘가 있는 토지를 매수하려는 의뢰인에게 분묘기지권에 관해 설명한 것으로 옳은 것은?** (다툼이 있으면 판례에 따름) 제33회

① 분묘기지권의 존속기간은 지상권의 존속기간에 대한 규정이 유추적용되어 30년으로 인정된다.
② 「장사 등에 관한 법률」이 시행되기 전에 설치된 분묘의 경우 그 법의 시행 후에는 분묘기지권의 시효취득이 인정되지 않는다.
③ 자기 소유 토지에 분묘를 설치한 사람이 분묘이장의 특약 없이 토지를 양도함으로써 분묘기지권을 취득한 경우, 특별한 사정이 없는 한 분묘기지권이 성립한 때부터 지료지급의무가 있다.
④ 분묘기지권을 시효로 취득한 사람은 토지소유자의 지료지급청구가 있어도 지료지급의무가 없다.
⑤ 분묘가 멸실된 경우 유골이 존재하여 분묘의 원상회복이 가능한 일시적인 멸실에 불과하여도 분묘기지권은 소멸한다.

**해설** ① 분묘기지권은 「민법」상의 지상권규정이 적용되지 않는다. 분묘에 수호·봉사를 계속 하고 그 분묘가 존속하는 한 존속한다.
② 요건에 맞으면 분묘기지권의 시효취득이 인정된다.
④ 토지소유자가 지료 지급을 청구한 때로부터는 토지소유자에게 그 분묘 부분에 대한 지료를 지급할 의무가 있다.
⑤ 분묘가 멸실된 경우라고 하더라도 유골이 존재하여 분묘의 원상회복이 가능하여 일시적인 멸실에 불과하다면, 분묘기지권은 소멸하지 않고 존속한 것으로 본다. **정답** ③

## 06 토지이용계획, 공법상의 이용제한 및 거래규제에 관한 사항

### 1 의 의

(1) 중개대상물인 부동산은 그 유용성 및 가격형성 등에 각종 공법에 의한 거래규제와 이용제한에 큰 영향을 받는다. 따라서 개업공인중개사는 각종 공법상의 이용제한과 거래규제를 확인하여 중개의뢰인의 취득목적에 맞는 토지를 중개하여야 한다.

(2) 공법상 각종 이런 규제는 일반적으로 「국토의 계획 및 이용에 관한 법률」의 용도지역·지구·구역의 지정 여부와 기타 이용제한 및 거래규제에 관한 사항은 토지이용계획확인서에 의하여 확인하고, 기타 공법에 의한 제한사항은 개별법에 의하여 확인할 수 있다.

(3) 공법상의 거래규제사항은 부동산공법으로 처분권능을 제한하여 허가증 등이 없으면 소유권이전등기를 할 수 없도록 하는 제한을 말한다. 「부동산 거래신고 등에 관한 법률」상의 토지거래허가제 및 외국인의 토지취득허가·신고제, 「농지법」상의 농지취득자격증명제, 기타 개별법상 거래규제가 해당된다.

### 2 조사·확인방법

(1) 개업공인중개사가 공법상의 이용제한 및 거래규제를 확인하기 위해서는 먼저 토지소재지를 관할하는 시·군·구청에서 발급하는 토지이용계획확인서를 발급받아 확인하여야 한다.

(2) 현재는 도시계획구역 내외를 불문하고 토지이용계획확인서로 확인하여야 한다. 시·군·구청장은 당해 지역이 지역·지구·구획 등의 경계부근에 위치하여 지형도면상 그 경계가 확실하지 아니한 경우를 제외하고는 신청인에게 토지이용계획확인서를 발급하여 준다.

(3) 토지이용계획확인서는 「토지이용규제 기본법 시행규칙」 별지 제2호 서식으로 정하여져 있는데 중요한 공법상 이용제한과 거래규제만 규정해 놓은 것이므로 토지이용계획확인서를 통해 확인할 수 없는 것은 관련 법령 및 현장답사를 통해 그 제한사항을 보충하여야 한다.

(4) 토지이용계획확인서는 공법상 이용제한과 거래규제 등을 확인하는 서면이므로 권리관계나 토지 소유자, 물리적인 사실 상태, 구체적인 행위제한에 관한 사항 등은 기재가 없으므로 알 수 없다.

■ 토지이용규제 기본법 시행규칙 [별지 제2호 서식] <개정 2009. 8. 13.>

발급번호: 발행매수: 0/0 발급일: 0000/00/00 (앞 쪽)

<table>
<tr><td colspan="6" rowspan="2">토지이용계획확인서</td><td colspan="2">처리기간</td></tr>
<tr><td colspan="2">1일</td></tr>
<tr><td rowspan="2">신청인</td><td rowspan="2">성 명</td><td colspan="2" rowspan="2"></td><td>주 소</td><td colspan="3"></td></tr>
<tr><td>전화번호</td><td colspan="3"></td></tr>
<tr><td rowspan="2">신청 토지</td><td colspan="3">소재지</td><td>지 번</td><td colspan="2">지 목</td><td>면적($m^2$)</td></tr>
<tr><td colspan="3"></td><td></td><td colspan="2"></td><td></td></tr>
<tr><td rowspan="2">지역·<br>지구 등의<br>지정 여부</td><td colspan="2">「국토의 계획 및 이용에 관한 법률」에 따른 지역·지구 등</td><td colspan="5"></td></tr>
<tr><td colspan="2">다른 법령 등에 따른 지역·지구 등</td><td colspan="5"></td></tr>
<tr><td colspan="3">「토지이용규제 기본법 시행령」 제9조 제4항 각 호에 해당되는 사항</td><td colspan="5"></td></tr>
<tr><td rowspan="2">확인도면</td><td colspan="5" rowspan="2"></td><td colspan="2">범 례</td></tr>
<tr><td colspan="2">축척 /</td></tr>
<tr><td colspan="6" rowspan="2">「토지이용규제 기본법」 제10조 제1항에 따라 귀하의 신청토지에 대한 현재의 토지이용계획을 위와 같이 확인합니다.<br><br>년 월 일<br><br>특별자치도지사<br>시장·군수·구청장 직 인</td><td colspan="2">수입증지 붙이는 곳</td></tr>
<tr><td colspan="2">수입증지 금액<br>(지방자치단체의 조례로 정함)</td></tr>
</table>

발급번호: 발행매수: 0/0 발급일: 0000/00/00 (뒤 쪽)

<table>
<tr><td>유의사항</td><td>1. 토지이용계획확인서는 「토지이용규제 기본법」 제5조 각 호에 따른 지역·지구 등의 지정 내용과 그 지역·지구 등에서의 행위제한 내용, 그리고 같은 법 시행령 제9조 제4항에서 정하는 사항을 확인해 드리는 것으로서 지역·지구·구역 등의 명칭을 쓰는 모든 것을 확인해 드리는 것은 아닙니다.<br><br>2. 「토지이용규제 기본법」 제8조 제2항 단서에 따라 지형도면을 작성·고시하지 않는 경우로서 「철도안전법」 제45조에 따른 철도보호지구, 「학교보건법」 제5조에 따른 학교환경위생 정화구역 등과 같이 별도의 지정 절차 없이 법령 또는 자치법규에 따라 지역·지구 등의 범위가 직접 지정되는 경우에는 그 지역·지구 등의 지정 여부를 확인해 드리지 못할 수 있습니다.<br><br>3. 「토지이용규제 기본법」 제8조 제3항 단서에 따라 지역·지구 등의 지정시 지형도면 등의 고시가 곤란한 경우로서 「토지이용규제 기본법 시행령」 제7조 제4항 각 호에 해당되는 경우에는 그 지형도면 등의 고시 전에 해당 지역·지구 등의 지정 여부를 확인해 드리지 못합니다.<br><br>4. "확인도면"은 해당 필지에 지정된 지역·지구 등의 지정 여부를 확인하기 위한 참고 도면으로서 법적 효력이 없고, 측량이나 그 밖의 목적으로 사용할 수 없습니다.<br><br>5. 지역·지구 등에서의 행위제한 내용은 신청인의 편의를 도모하기 위하여 관계 법령 및 자치법규에 규정된 내용을 그대로 제공해 드리는 것으로서 신청인이 신청한 경우에만 제공되며, 신청 토지에 대하여 제공된 행위제한 내용 외의 모든 개발행위가 법적으로 보장되는 것은 아닙니다.</td></tr>
<tr><td rowspan="2">지역·지구<br>등에서의<br>행위제한 내용</td><td>※ 지역·지구 등에서의 행위제한 내용은 신청인이 확인을 신청한 경우에만 기재되며, 「국토의 계획 및 이용에 관한 법률」에 따른 지구단위계획구역에 해당하는 경우에는 담당 과를 방문하여 토지이용과 관련한 계획을 별도로 확인하셔야 합니다.</td></tr>
<tr><td></td></tr>
</table>

## 3 「농지법」상 거래규제

### (1) 목 적

이 법은 농지의 소유·이용 및 보전 등에 필요한 사항을 정함으로써 농지를 효율적으로 이용하고 관리하여 농업인의 경영 안정과 농업 생산성 향상을 바탕으로 농업 경쟁력 강화와 국민경제의 균형 있는 발전 및 국토 환경 보전에 이바지하는 것을 목적으로 한다.

### (2) 용어의 정의

① "농지"란 다음에 해당하는 토지를 말한다.

㉠ 전·답, 과수원, 그 밖에 법적 지목을 불문하고 실제로 농작물 경작지 또는 다년생식물 재배지(목초·종묘·인삼·약초·잔디 및 조림용 묘목, 과수·뽕나무·유실수 그 밖의 생육기간이 2년 이상인 식물, 조경 또는 관상용 수목과 그 묘목)로 이용되는 토지. 다만, 다음의 토지는 제외된다.

| |
|---|
| ⓐ 「초지법」에 따라 조성된 초지<br>ⓑ 지목이 전·답·과수원이 아닌 토지(지목이 임야인 토지는 제외)로서 농작물 경작지 또는 다년생식물 재배지로 계속하여 이용되는 기간이 3년 미만인 토지<br>ⓒ 지목이 임야인 토지로서 산지전용허가를 거치지 아니하고 농작물의 경작 또는 다년생식물의 재배에 이용되는 토지 |

㉡ 토지의 개량시설로서 다음에 해당하는 시설이 해당된다.

| |
|---|
| ⓐ 유지(溜池: 웅덩이), 양·배수시설, 수로, 농로, 제방<br>ⓑ 농작물의 피해를 방지하기 위하여 설치한 계단·흙막이·방풍림과 그 밖에 이에 준하는 시설 |

㉢ 토지에 설치하는 농축산물 생산시설로서 농작물 경작지 또는 다년생식물의 재배지에 설치한 다음에 해당하는 시설이 해당된다.

| |
|---|
| ⓐ 고정식온실·버섯재배사 및 비닐하우스와 농림축산식품부령으로 정하는 그 부속시설<br>ⓑ 축사·곤충사육사와 농림축산식품부령으로 정하는 그 부속시설<br>ⓒ 간이퇴비장<br>ⓓ 농막·간이저온저장고 및 간이액비저장조 시설 |

② "농업인"이란 농업에 종사하는 개인으로서 다음에 해당하는 자를 말한다.

> ㉠ 1천$m^2$ 이상의 농지에서 농작물 또는 다년생식물을 경작 또는 재배하거나 1년 중 90일 이상 농업에 종사하는 자
> ㉡ 농지에 330$m^2$ 이상의 고정식온실·버섯재배사·비닐하우스, 그 밖의 농림축산식품부령으로 정하는 농업생산에 필요한 시설을 설치하여 농작물 또는 다년생식물을 경작 또는 재배하는 자
> ㉢ 대가축 2두, 중가축 10두, 소가축 100두, 가금(家禽: 집에서 기르는 날짐승) 1천수 또는 꿀벌 10군 이상을 사육하거나 1년 중 120일 이상 축산업에 종사하는 자
> ㉣ 농업경영을 통한 농산물의 연간 판매액이 120만원 이상인 자

③ "농업법인"이란 「농어업경영체 육성 및 지원에 관한 법률」 제16조에 따라 설립된 영농조합법인과 같은 법 제19조에 따라 설립되고 업무집행권을 가진 자 중 3분의 1 이상이 농업인인 농업회사법인을 말한다.

④ "농업경영"이란 농업인이나 농업법인이 자기의 계산과 책임으로 농업을 영위하는 것을 말한다.

⑤ "자경(自耕)"이란 농업인이 그 소유 농지에서 농작물 경작 또는 다년생식물 재배에 상시 종사하거나 농작업(農作業)의 2분의 1 이상을 자기의 노동력으로 경작 또는 재배하는 것과 농업법인이 그 소유 농지에서 농작물을 경작하거나 다년생식물을 재배하는 것을 말한다.

⑥ "위탁경영"이란 농지 소유자가 타인에게 일정한 보수를 지급하기로 약정하고 농작업의 전부 또는 일부를 위탁하여 행하는 농업경영을 말한다.

⑦ "농지의 전용"이란 농지를 농작물의 경작이나 다년생식물의 재배 등 농업생산 또는 농지개량 외의 용도로 사용하는 것을 말한다.

⑧ "주말·체험영농"이란 농업인이 아닌 개인이 주말 등을 이용하여 취미생활이나 여가활동으로 농작물을 경작하거나 다년생식물을 재배하는 것을 말한다.

### (3) 농지소유제한 및 상한제한

① 농지는 자기의 농업경영에 이용하거나 이용할 자가 아니면 소유하지 못한다.

② ①에도 불구하고 다음의 어느 하나에 해당하는 경우에는 농지를 소유할 수 있다(농지법 제6조, 제7조 참조). 다만, ㉠, ㉡의 소유 농지는 농업경영에 이용되도록 하여야 한다. 또한 다음과 같은 면적의 제한을 받는다.

㉠ 상속농지인 경우: 상속(상속인에게 한 유증을 포함한다)으로 농지를 취득한 자로서 농업경영을 하지 아니하는 자는 그 상속 농지 중에서 총 1만$m^2$까지만 소유할 수 있다.
㉡ 농업경영 후 이농하는 경우: 8년 이상 농업경영을 한 후 이농한 사람은 이농 당시의 소유농지 중에서 총 1만$m^2$까지만 소유할 수 있다.
㉢ 주말・체험영농인 경우: 주말・체험영농을 하려는 자는 총 1천$m^2$ 미만의 농지를 소유할 수 있다. 이 경우 면적 계산은 그 세대원 전부가 소유하는 총 면적으로 한다.
㉣ 농지를 임대하거나 무상사용하게 하는 경우에는 ㉠ 또는 ㉡에도 불구하고 임대하거나 무상사용하게 하는 기간 동안 소유 상한을 초과하는 농지를 계속 소유할 수 있다.

### ⑷ 농지취득자격증명제

#### ① 의의와 법적 성격

㉠ 농지취득자격증명제는 농민의 생활기반을 보호하고 농산물의 가격을 안정시키고 부재지주가 농지를 투기의 대상으로 하는 것을 방지하기 위해 농지를 경작할 자가 농지를 취득하도록 자격을 부여하는 제도이다.

㉡ 농지취득자격증명은 농지를 취득하는 자가 그 소유권이전등기를 신청할 때에 첨부하여야 할 서류로서 농지를 취득하는 자에게 농지취득의 자격이 있다는 것을 증명하는 것일 뿐 농지취득의 원인이 되는 매매계약 등의 효력을 발생시키는 요건은 아니다.

**판례**

1. 소정의 농지취득자격증명은 농지를 취득하는 자가 그 소유권에 관한 등기를 신청할 때에 첨부하여야 할 서류로서 농지를 취득하는 자에게 농지취득의 자격이 있다는 것을 증명하는 것일 뿐 농지취득의 원인이 되는 법률행위의 효력을 발생시키는 요건은 아니므로, 농지에 관한 명의신탁자가 명의신탁을 해지하고 그 반환을 구하는 청구를 하는 경우 수탁자는 신탁자 명의의 농지취득자격증명이 발급되지 아니하였다는 사정을 내세워서 그 청구를 거부할 수 없다(대판 2008.2.29, 2007도11029).
2. 농지에 관한 경매절차에서 이러한 농지취득자격증명 없이 낙찰허가결정 및 대금납부가 이루어지고 그에 따른 소유권이전등기까지 경료되었다 하더라도 농지취득자격증명은 그 후에 추완하여도 무방하다(대판 2008.2.1, 2006다27451).

### ② 농지취득자격증명 발급대상

| 구분 | 내용 |
|---|---|
| 필 요 | 1. 증여 · 경매 · 공매, 매매 · 교환<br>2. 상속인 이외의 자에 의한 유증<br>3. 개인의 주말 · 체험농장<br>4. 농지전용허가를 받거나 농지전용신고를 한 농지<br>5. 판결 |
| 불 요 | 1. 상속(상속인에게 한 유증포함)에 의한 농지 취득<br>2. 농지의 저당권자의 담보농지 취득<br>3. 취득시효 완성 등<br>4. 도시계획구역 내 농지(주거 · 상업 · 공업지역으로 지정된 농지)와 녹지지역 중 도시계획 사업에 필요한 농지<br>5. 토지거래허가를 받은 농지<br>6. 농지전용협의를 완료한 농지<br>7. 공유 농지의 분할로 농지를 취득<br>8. 농업법인의 합병으로 농지를 취득하는 경우<br>9. 국가 · 지방자치단체가 농지를 소유, 수용<br>10. 매립농지를 취득하여 소유하는 경우 |

### ③ 농지취득자격증명 발급절차

㉠ 농지취득자격증명을 발급받으려는 자는 ⓒ 각 호의 사항이 모두 포함된 농업경영계획서 또는 주말 · 체험영농계획서를 작성하고 농림축산식품부령으로 정하는 서류를 첨부하여 농지 소재지를 관할하는 시 · 구 · 읍 · 면의 장에게 발급신청을 하여야 한다.

㉡ 농업경영계획서 작성 면제: 단, 다음의 경우에는 농업경영계획서를 작성하지 아니하고 발급신청을 할 수 있다.

1. 시험지 · 연구지 · 실습지등 목적으로 농지를 취득하여 소유하는 경우
2. 농지전용허가(다른 법률에 따라 의제되는 인가 · 허가 · 승인 등 포함)를 받거나 농지전용신고를 한 자가 그 농지를 소유하는 경우
3. 기타

㉢ 농지위원회의 심의: 시 · 구 · 읍 · 면의 장은 농지 투기가 성행하거나 성행할 우려가 있는 지역의 농지를 취득하려는 자 등 농림축산식품부령으로 정하는 자가 농지취득자격증명 발급을 신청한 경우 법 제44조에 따른 농지위원회의 심의를 거쳐야 한다.

㉣ 발급 기간: 시·구·읍·면의 장은 다음의 기간에 신청인에게 농지취득자격증명을 발급하여야 한다.

| ㉠ 원칙: 발급 신청을 받은 날부터 – 7일<br>㉡ 농업경영계획서를 작성하지 않는 경우 – 4일<br>㉢ 농지위원회의 심의 대상의 경우 – 14일 |
|---|

④ 농지취득자격증명을 발급받아 농지를 취득하는 자가 그 소유권에 관한 등기를 신청할 때에는 농지취득자격증명을 첨부하여야 한다.

⑤ 농지취득자격증명의 발급에 관한 민원의 처리에 관하여 이 조에서 규정한 사항을 제외하고 「민원 처리에 관한 법률」이 정하는 바에 따른다.

### (5) 농업인이 아닌 개인의 주말·체험 농지

① 농업인이 아닌 개인이 주말 등을 이용하여 취미생활이나 여가활동으로 농작물을 경작하거나 다년생식물을 재배하는 것을 말한다.

② 개인이 아닌 법인의 경우에는 주말·체험영농 목적의 농지취득이 제한된다.

③ 원칙적으로 주말·체험영농 목적으로 취득하는 농지는 임대·휴경 등을 할 수 없다.

④ 주말·체험영농을 하고자 하는 자는 1,000m$^2$ 미만의 농지에 한하여 이를 소유할 수 있다. 이 경우 면적의 계산은 그 세대원 전부가 소유하는 총면적으로 한다.

⑤ 농업진흥지역 내 농지는 주말·체험영농을 목적으로 취득할 수 없다.

⑥ 농지의 면적(공유 지분의 비율 및 각자가 취득하려는 농지의 위치 표시), 노동력 및 농업기계·장비·시설의 확보 방안, 직업, 영농경력, 영농거리 등을 기재한 주말·체험영농계획서를 작성하고, 증명 서류(예 재직증명서, 농업경영체등록증, 자금조달계획서 등)를 첨부하여 시·구·읍·면의 장에게 농지취득자격증명서를 발급받아야 한다. 해당 증명 서류 제출을 거짓 또는 부정으로 한 자는 500만원 이하의 과태료를 부과한다.

⑦ 농지취득과 관련하여 통작거리 제한은 없으며 분산취득도 가능하다.

⑧ 자연재해 등 정당한 사유 없이 그 농지를 주말·체험영농에 이용하지 아니하게 되었다고 시장·군수 또는 구청장이 인정한 경우는 그 사유가 발생한 날부터 1년 이내에 해당 농지를 처분하여야 한다.

### (6) 농지의 위탁경영

농지 소유자는 다음의 경우 외에는 소유 농지를 위탁경영할 수 없다(농지법 제9조).

| ① 「병역법」에 따라 징집 또는 소집된 경우<br>② 3개월 이상 국외 여행 중인 경우<br>③ 농업법인이 청산 중인 경우<br>④ 질병, 취학, 선거에 따른 공직 취임, 부상으로 3개월 이상의 치료가 필요한 경우, 교도소·구치소 또는 보호감호시설에 수용 중인 경우, 임신 중이거나 분만 후 6개월 미만인 경우<br>⑤ 농지이용증진사업 시행계획에 따라 위탁경영하는 경우<br>⑥ 농업인이 자기 노동력이 부족하여 농작업의 일부를 위탁하는 경우 |
|---|



### (7) 농지의 임대차 또는 사용대차

① 다음의 어느 하나 등에 해당하는 경우 외에는 농지를 임대하거나 무상사용하게 할 수 없다.

㉠ 국가 등의 소유 농지를 임대하거나 무상사용하게 하는 경우

㉡ 농지이용증진사업 시행계획에 따라 농지를 임대하거나 무상사용하게 하는 경우

㉢ 질병, 징집, 취학, 선거에 따른 공직취임, 그 밖에 다음에 정하는 부득이한 사유로 인하여 일시적으로 농업경영에 종사하지 아니하게 된 자가 소유하고 있는 농지를 임대하거나 무상사용하게 하는 경우

| ⓐ 부상으로 3개월 이상의 치료가 필요한 경우<br>ⓑ 교도소·구치소 또는 보호감호시설에 수용 중인 경우<br>ⓒ 3개월 이상 국외여행을 하는 경우<br>ⓓ 농업법인이 청산 중인 경우<br>ⓔ 임신 중이거나 분만 후 6개월 미만인 경우 |
|---|

㉣ 60세 이상인 사람으로서 소유하고 있는 농지 중에서 자기의 농업경영에 이용한 기간이 5년이 넘은 농지를 임대하거나 무상사용하게 하는 경우

㉤ 농지를 주말·체험영농을 하려는 자에게 임대하거나 무상사용하게 하는 경우, 또는 주말·체험영농을 하려는 자에게 임대하는 것을 업(業)으로 하는 자에게 임대하거나 무상사용하게 하는 경우

② 농지를 임차하거나 사용대차한 임차인 또는 사용대차인이 그 농지를 정당한 사유 없이 농업경영에 사용하지 아니할 때에는 시장·군수·구청장이 농림축산식품부령으로 정하는 바에 따라 임대차 또는 사용대차의 종료를 명할 수 있다.

③ 임대차·사용대차 계약 방법과 확인은 다음과 같다.

㉠ 임대차계약(농업경영을 하려는 자에게 임대하는 경우만 해당한다)과 사용대차계약(농업경영을 하려는 자에게 무상사용하게 하는 경우만 해당한다)은 서면계약을 원칙으로 한다.

㉡ 임대차계약은 그 등기가 없는 경우에도 임차인이 농지소재지를 관할하는 시·구·읍·면의 장의 확인을 받고, 해당 농지를 인도받는 경우에는 그 다음 날부터 제3자에 대하여 효력이 생긴다.

④ 임대차 기간은 3년 이상으로 하여야 한다. 다만, 다년생식물 재배지 등 대통령령으로 정하는 농지의 경우에는 5년 이상으로 하여야 한다. 임대차 기간을 정하지 아니하거나 3년보다 짧은 경우에는 3년으로 약정된 것으로 본다.

⑤ 임대차계약의 당사자는 임대차 기간, 임차료 등 임대차계약에 관하여 서로 협의가 이루어지지 아니한 경우에는 농지소재지를 관할하는 시장·군수 또는 자치구 구청장에게 조정을 신청할 수 있고, 조정안을 임대차계약 당사자가 수락한 때에는 이를 해당 임대차의 당사자 간에 체결된 계약의 내용으로 본다.

⑥ 임대 농지의 양수인은 이 법에 따른 임대인의 지위를 승계한 것으로 본다.

### (8) **금지행위**(법 제7조의2)

누구든지 다음 각 호의 어느 하나에 해당하는 행위를 하여서는 아니 된다. 이에 위반한 경우에는 3년 이하의 징역 또는 3천만원 이하의 벌금에 처한다.

1. 농지 소유 제한이나 농지 소유 상한에 대한 위반 사실을 알고도 농지를 소유하도록 권유하거나 중개하는 행위
2. 농지의 위탁경영 제한에 대한 위반 사실을 알고도 농지를 위탁경영하도록 권유하거나 중개하는 행위
3. 농지의 임대차 또는 사용대차 제한에 대한 위반 사실을 알고도 농지 임대차나 사용대차하도록 권유하거나 중개하는 행위
4. 1.부터 3.까지의 행위와 그 행위가 행하여지는 업소에 대한 광고 행위

예 제

**개업공인중개사가 농지를 취득하려는 중개의뢰인에게 설명한 내용으로 틀린 것은?** 제27회

① 주말·체험영농을 위해 농지를 소유하는 경우 한 세대의 부부가 각각 1천$m^2$ 미만으로 소유할 수 있다.

② 농업경영을 하려는 자에게 농지를 임대하는 임대차계약은 서면계약을 원칙으로 한다.

③ 농업법인의 합병으로 농지를 취득하는 경우 농지취득자격증명을 발급받지 않고 농지를 취득할 수 있다.

④ 징집으로 인하여 농지를 임대하면서 임대차기간을 정하지 않은 경우 3년으로 약정된 것으로 본다.

⑤ 농지전용허가를 받아 농지를 소유하는 자가 취득한 날부터 2년 이내에 그 목적사업에 착수하지 않으면 해당농지를 처분할 의무가 있다.

해설 부부가 합산하여 1,000$m^2$ 미만을 소유할 수 있다. ◆ 정답 ①

PART 03

## 07 중개대상물의 상태 및 입지·환경조건 등

### 1 내·외부상태 및 각종 시설상태에 관한 사항

#### (1) 중개대상물의 내·외부상태

중개대상물의 내·외부상태를 파악하기 위하여 먼저 벽면의 균열상태와 누수 여부를 조사하고 도색 및 도배가 필요한지 여부를 조사하여야 한다.

#### (2) 각종 시설상태

① 수도의 경우 수도시설의 파손 여부나 수량의 정상적 공급 여부 등을 조사하고, 전기의 경우 조명시설의 정상적 작동상태를 조사하여야 할 것이다.

② 가스의 경우 도시가스 여부와 가스누출 여부 등을 조사하여야 한다.

③ 소방의 경우 소화전의 위치와 정상작동 여부 및 비상사다리·비상벨, 단독경보형 감지기 등을 조사·확인한다.

④ 열공급의 경우 건물에 사용되는 방식이 중앙공급식인지 개별공급식인지를 파악하며 공급되는 연료가 무엇인지를 조사하고 그 작동상태 등을 조사하여야 한다.

⑤ 승강기 유무와 승강기 상태가 양호한지 불량한지 등을 조사하여야 한다.

⑥ 주방·욕실·베란다·지하실 등의 배수상태가 양호한지 여부를 조사하여야 한다.

⑦ "그 밖의 시설물"은 가정자동화 시설(Home Automation 등 IT 관련 시설)의 설치 여부를 확인한다.

### (3) 벽면 · 바닥면 및 도배의 상태

벽면의 균열과 누수 여부, 바닥면의 수리가 필요한지, 도배가 필요한지 여부를 개업공인중개사가 매도(임대)의뢰인에게 자료 요구 및 현장방문을 병행하여 세부적으로 확인한다.

## 2 입지조건 및 환경조건 등

### (1) 도로 및 교통수단과의 연계성

도로의 경우 대상부동산과 몇 미터의 접근도로 · 이면도로가 있는지 또 그 접근의 용이성 등을 조사하여야 한다. 그리고 버스 · 지하철 등의 대중교통수단을 조사하고 이를 이용하는 데 걸리는 시간을 조사하여야 한다.

### (2) 시장 · 학교 등과의 근접성

초등학교 · 중학교 · 고등학교 등 교육시설이 어디에 있는지와 백화점 · 종합의료시설 등을 조사하고 얼마의 시간이 걸리는지 여부 등을 조사하여야 한다.

### (3) 일조 · 소음 · 진동 등 환경조건

환경조건 중 대표적이라 할 수 있는 일조의 경우 일조량이 풍부한지 풍부하지 못하면 그 원인이 무엇인지 조사하여야 한다. 그 외 소음 · 진동의 유무와 그 정도, 1km 내에 비선호 시설이 있는지 주위경관이 좋은지 등을 확인하여야 한다.

### (4) 관리에 관한 사항

① 중개대상물이 아파트 등인 경우에는 관리주체가 위탁관리인지 자치관리인지를 조사하고 경비실 유무도 함께 조사한다.

② **관리비 금액과 그 산출내역**

관리비는 직전 1년간 월평균 관리비 등을 기초로 산출한 총 금액을 조사하고, 관리비에 포함되는 비목 즉, 전기료, 수도료, 가스사용료, 난방비, 인터넷 사용료, TV 수신료 등 항목별로 내역을 확인한다. 또한 부과방식이 임대인이 직접 부과하는지 아니면 관리규약에 따라 부과하는지를 조사한다.

## 08 취득관련 조세

(1) 부동산에 관련된 조세사항 중 개업공인중개사가 의무적으로 확인·설명하여야 할 조세관련사항은 거래로 인한 취득에 관련된 조세는 ① 취득세, ② 지방교육세, ③ 농어촌특별세, ④ 인지세 등이 있다. 특히, 세율을 조사할 때에는 중과세의 여부에 대하여 조사·확인하여야 하고, 부동산을 분양받을 경우나 부동산 매매업자로부터 부동산을 취득하는 경우에는 부가가치세를 납부하는 경우도 있음을 주의하여야 한다.

(2) 주의하여야 할 것은 양도소득세의 경우에는 양도와 관련된 조세이지 취득함에 따라 부담하게 될 조세가 아니므로 취득의뢰인에 대한 의무적 설명사항은 아니나 부동산거래상 중요사항이 되므로 개업공인중개사가 전문직업인으로서 조언할 필요가 있다.



## 09 임대인의 정보 제시 의무 및 보증금 중 일정액의 보호에 관한 사항

(1) 주택임대차보호 제3조의7에 따르면 임대차계약을 체결할 때 임대인은 주택의 정보를 임차인에게 제시할 의무를 규정하고 있다.
즉, 해당 주택의 확정일자 부여일, 차임 및 보증금 등 정보와 「국세징수법」에 따른 납세증명서 및 「지방세징수법」에 따른 납세증명서를 제시하도록 하고 있다. 개업공인중개사가 해당 주택의 임대차를 중개할 때는 이를 정확하게 확인하여 임차의뢰인에게 설명하도록 하고 있다(영 제21조 제1항 제10호).

(2) 임차인은 주택에 대한 경매신청의 등기 전에 대항요건을 갖추고 보증금 중 일정액의 범위(영 제10조 제1항)에 해당하면 일정금액 이하를 다른 담보물권자보다 우선하여 변제받을 권리가 있다. 개업공인중개사는 해당 주택의 임대차를 중개할 때는 이를 확인하여 임차의뢰인에게 설명하여야 한다.

## 10 전입세대확인서의 열람 또는 교부에 관한 사항

(1) "전입세대확인서"란 주민등록표 중 해당 건물 또는 시설의 소재지에 주민등록이 되어 있는 세대주와 주민등록표 상의 동거인(말소 또는 거주불명 등록된 사람을 포함한다. 단, 생략 가능하다)의 성명과 전입일자를 확인할 수 있는 서류를 말한다. "전입세대확인서"는 소유자 본인이나 그 세대원, 임차인 본인이나 그 세대원, 매매계약자 또는 임대차계약자 본인과 위임을 받은 자가 열람 또는 등·초본교부기관의 장에게 신청할 수 있다.

(2) 개업공인중개사는 임대인이 제출한 전입세대 확인서류를 조사·확인한 후에 임차인에게 관련 내용을 설명하여야 한다.

### 11 「민간임대주택에 관한 특별법」상 "임대보증금에 대한 보증에 관한 사항"

임대사업자(임대사업자로 등록하려는 자를 포함한다)는 민간임대주택을 임대하는 경우 임대보증금에 대한 보증에 가입하여야 한다. 보증대상은 임대보증금 전액으로 한다(법 제49조 제1항, 제2항). 개업공인중개사는 등록된 민간임대주택인지 여부를 임대주택정보체계에 접속 또는 임대인에게 확인하고, 임대보증금에 대한 보증 가입 여부와 기타 권리 · 의무사항(예 계약 또는 증액 후 임대료 5% 범위 내의 증액제한, 정당한 이유 없이 임대차계약 해지 또는 재계약 거절 불가 등)을 임대인 및 임차인에게 설명해야 한다.

## 제 3 절 중개대상물 확인 · 설명서 작성

(1) 개업공인중개사가 작성해야 하는 중개대상물 확인 · 설명서는 법령에서 정하고 있는 법정서식으로 시행규칙 제16조에서 별지 제20호~제20호의4 서식으로 그 규격과 내용을 정하고 있는 것으로 내용을 변경하거나 용지의 규격 및 매수를 달리하여서는 안 된다.

(2) **법정서식의 세분화**(4종)

중개대상물의 확인 · 설명서의 서식(영문서식을 포함한다)은 다음 각 호의 구분에 따른다(규칙 제16조).

> 1. 중개대상물 확인 · 설명서[ I ](주거용 건축물) : 별지 제20호 서식
> 2. 중개대상물 확인 · 설명서[ II ](비주거용 건축물) : 별지 제20호의2 서식
> 3. 중개대상물 확인 · 설명서[III](토지) : 별지 제20호의3 서식
> 4. 중개대상물 확인 · 설명서[IV](입목 · 광업재단 · 공장재단) : 별지 제20호의4 서식

(3) **서명 및 날인 등** 제35회

개업공인중개사(법인인 경우에는 대표자, 분사무소의 책임자)가 서명 및 날인하되 해당 중개행위를 한 소속공인중개사가 있는 경우에는 소속공인중개사가 함께 서명 및 날인하여야 한다(법 제25조 제4항). 또한 거래당사자에게 교부하고 3년 동안 그 원본, 사본 또는 전자문서를 보존하여야 한다. 다만, 「전자문서 및 전자거래 기본법」에 따른 공인전자문서센터에 보관된 경우에는 의무가 없다.

(4) **중개대상물의 상태에 관한 자료요구에 불응시 조치**

개업공인중개사는 매도의뢰인 · 임대의뢰인 등이 중개대상물의 상태에 관한 자료요구에 불응한 경우에는 그 사실을 매수의뢰인 · 임차의뢰인 등에게 설명하고, 중개대상물확인 · 설명서에 기재하여야 한다(영 제21조 제2항).

■ 공인중개사법 시행규칙 [별지 제20호 서식] <개정 2024. 7. 2.> (6쪽 중 제1쪽)

# 중개대상물 확인 · 설명서[ Ⅰ ] (주거용 건축물)

( 주택 유형 : [ ] 단독주택 [ ] 공동주택 [ ] 주거용 오피스텔 )
( 거래 형태 : [ ] 매매 · 교환 [ ] 임대 )

<table>
<tr><td rowspan="2">확인 · 설명 자료</td><td>확인 · 설명 근거자료 등</td><td>[ ] 등기권리증 [ ] 등기사항증명서 [ ] 토지대장 [ ] 건축물대장 [ ] 지적도<br>[ ] 임야도 [ ] 토지이용계획확인서 [ ] 확정일자 부여현황 [ ] 전입세대확인서<br>[ ] 국세납세증명서 [ ] 지방세납세증명서 [ ] 그 밖의 자료( )</td></tr>
<tr><td>대상물건의 상태에 관한 자료요구 사항</td><td></td></tr>
</table>

<table>
<tr><th colspan="2">유의사항</th></tr>
<tr><td>개업공인중개사의 확인 · 설명 의무</td><td>개업공인중개사는 중개대상물에 관한 권리를 취득하려는 중개의뢰인에게 성실 · 정확하게 설명하고, 토지대장 등본, 등기사항증명서 등 설명의 근거자료를 제시해야 합니다.</td></tr>
<tr><td>실제 거래가격 신고</td><td>「부동산 거래신고 등에 관한 법률」 제3조 및 같은 법 시행령 [별표 1] 제1호 마목에 따른 실제 거래가격은 매수인이 매수한 부동산을 양도하는 경우 「소득세법」 제97조 제1항 및 제7항과 같은 법 시행령 제163조 제11항 제2호에 따라 취득 당시의 실제 거래가액으로 보아 양도차익이 계산될 수 있음을 유의하시기 바랍니다.</td></tr>
</table>

## Ⅰ. 개업공인중개사 기본 확인사항

<table>
<tr><td rowspan="10">① 대상 물건의 표시</td><td rowspan="3">토 지</td><td>소재지</td><td colspan="4"></td></tr>
<tr><td rowspan="2">면적(m²)</td><td rowspan="2"></td><td rowspan="2">지 목</td><td>공부상 지목</td><td></td></tr>
<tr><td>실제 이용 상태</td><td></td></tr>
<tr><td rowspan="7">건축물</td><td>전용면적(m²)</td><td colspan="2"></td><td>대지지분(m²)</td><td></td></tr>
<tr><td rowspan="2">준공년도<br>(증개축년도)</td><td rowspan="2"></td><td rowspan="2">용 도</td><td>건축물대장상 용도</td><td></td></tr>
<tr><td>실제 용도</td><td></td></tr>
<tr><td>구 조</td><td></td><td>방 향</td><td colspan="2">(기준: )</td></tr>
<tr><td>내진설계 적용 여부</td><td></td><td>내진능력</td><td colspan="2"></td></tr>
<tr><td>건축물대장상 위반건축물 여부</td><td>[ ] 위반<br>[ ] 적법</td><td>위반내용</td><td colspan="2"></td></tr>
</table>

<table>
<tr><td rowspan="3">② 권리관계</td><td rowspan="3">등기부 기재사항</td><td colspan="2">소유권에 관한 사항</td><td colspan="2">소유권 외의 권리사항</td></tr>
<tr><td>토 지</td><td></td><td>토 지</td><td></td></tr>
<tr><td>건축물</td><td></td><td>건축물</td><td></td></tr>
</table>

<table>
<tr><td rowspan="6">③ 토지이용 계획, 공법상 이용제한 및 거래 규제에 관한 사항 (토지)</td><td rowspan="3">지역 · 지구</td><td>용도지역</td><td colspan="2"></td><td>건폐율 상한</td><td>용적률 상한</td></tr>
<tr><td>용도지구</td><td colspan="2"></td><td rowspan="2">%</td><td rowspan="2">%</td></tr>
<tr><td>용도구역</td><td colspan="2"></td></tr>
<tr><td rowspan="2">도시 · 군 계획 시설</td><td rowspan="2"></td><td>허가 · 신고 구역 여부</td><td colspan="3">[ ] 토지거래허가구역</td></tr>
<tr><td>투기지역 여부</td><td colspan="3">[ ] 토지투기지역 [ ] 주택투기지역<br>[ ] 투기과열지구</td></tr>
<tr><td colspan="2">지구단위계획구역, 그 밖의 도시 · 군관리계획</td><td></td><td>그 밖의 이용제한 및 거래규제사항</td><td colspan="2"></td></tr>
</table>

(6쪽 중 제2쪽)

<table>
<tr><td rowspan="9">④ 임대차 확인사항</td><td colspan="2">확정일자 부여현황 정보</td><td colspan="3">[ ] 임대인 자료 제출 [ ] 열람 동의</td><td>[ ] 임차인 권리 설명</td></tr>
<tr><td colspan="2">국세 및 지방세 체납정보</td><td colspan="3">[ ] 임대인 자료 제출 [ ] 열람 동의</td><td>[ ] 임차인 권리 설명</td></tr>
<tr><td colspan="2">전입세대 확인서</td><td colspan="4">[ ] 확인(확인서류 첨부) [ ] 미확인(열람 · 교부 신청방법 설명)<br>[ ] 해당 없음</td></tr>
<tr><td>최우선변제금</td><td colspan="5">소액임차인범위: 만원 이하 최우선변제금액: 만원 이하</td></tr>
<tr><td rowspan="3">민간 임대 등록 여부</td><td rowspan="2">등 록</td><td colspan="3">[ ] 장기일반민간임대주택 [ ] 공공지원민간임대주택<br>[ ] 그 밖의 유형( )</td><td rowspan="2">[ ] 임대보증금 보증 설명</td></tr>
<tr><td>임대의무기간</td><td></td><td>임대개시일 </td></tr>
<tr><td colspan="5">미등록 [ ]</td></tr>
<tr><td colspan="2">계약갱신 요구권 행사 여부</td><td colspan="4">[ ] 확인(확인서류 첨부) [ ] 미확인 [ ] 해당 없음</td></tr>
</table>

<table>
<tr><td rowspan="4">개업공인중개사가 “④ 임대차 확인사항”을 임대인 및 임차인에게 설명하였음을 확인함</td><td>임대인</td><td>(서명 또는 날인)</td></tr>
<tr><td>임차인</td><td>(서명 또는 날인)</td></tr>
<tr><td>개업공인중개사</td><td>(서명 또는 날인)</td></tr>
<tr><td>개업공인중개사</td><td>(서명 또는 날인)</td></tr>
</table>

※ 민간임대주택의 임대사업자는 「민간임대주택에 관한 특별법」 제49조에 따라 임대보증금에 대한 보증에 가입해야 합니다.
※ 임차인은 주택도시보증공사(HUG) 등이 운영하는 전세보증금반환보증에 가입할 것을 권고합니다.
※ 임대차 계약 후 「부동산 거래신고 등에 관한 법률」 제6조의2에 따라 30일 이내 신고해야 합니다(신고시 확정일자 자동부여).
※ 최우선변제금은 근저당권 등 선순위 담보물권 설정 당시의 소액임차인범위 및 최우선변제금액을 기준으로 합니다.

<table>
<tr><td rowspan="8">⑤ 입지조건</td><td>도로와의 관계</td><td colspan="2">( m× m)도로에 접함<br>[ ] 포장 [ ] 비포장</td><td>접근성</td><td>[ ] 용이함 [ ] 불편함</td></tr>
<tr><td rowspan="2">대중교통</td><td>버 스</td><td colspan="3">( ) 정류장, 소요시간: ([ ] 도보 [ ] 차량 ) 약 분</td></tr>
<tr><td>지하철</td><td colspan="3">( ) 역, 소요시간: ([ ] 도보 [ ] 차량 ) 약 분</td></tr>
<tr><td>주차장</td><td colspan="4">[ ] 없음 [ ] 전용주차시설 [ ] 공동주차시설<br>[ ] 그 밖의 주차시설 ( )</td></tr>
<tr><td rowspan="3">교육시설</td><td>초등학교</td><td colspan="3">( ) 학교, 소요시간: ([ ] 도보 [ ] 차량 ) 약 분</td></tr>
<tr><td>중학교</td><td colspan="3">( ) 학교, 소요시간: ([ ] 도보 [ ] 차량 ) 약 분</td></tr>
<tr><td>고등학교</td><td colspan="3">( ) 학교, 소요시간: ([ ] 도보 [ ] 차량 ) 약 분</td></tr>
</table>

<table>
<tr><td rowspan="2">⑥ 관리에 관한 사항</td><td>경비실</td><td>[ ] 있음 [ ] 없음</td><td>관리주체</td><td>[ ] 위탁관리 [ ] 자체관리 [ ] 그 밖의 유형</td></tr>
<tr><td>관리비</td><td colspan="3">관리비 금액: 총 원<br><br>관리비 포함 비목: [ ] 전기료 [ ] 수도료 [ ] 가스사용료 [ ] 난방비<br>[ ] 인터넷 사용료 [ ] TV 수신료<br>[ ] 그 밖의 비목( )<br><br>관리비 부과방식: [ ] 임대인이 직접 부과 [ ] 관리규약에 따라 부과<br>[ ] 그 밖의 부과 방식( )</td></tr>
</table>

<table>
<tr><td>⑦ 비선호시설(1km 이내)</td><td>[ ] 없음 [ ] 있음 (종류 및 위치: )</td></tr>
</table>

<table>
<tr><td rowspan="2">⑧ 거래예정금액 등</td><td>거래예정금액</td><td colspan="3"></td></tr>
<tr><td>개별공시지가(m²당)</td><td></td><td>건물(주택) 공시가격</td><td></td></tr>
</table>

<table>
<tr><td rowspan="2">⑨ 취득시 부담할 조세의 종류 및 세율</td><td>취득세</td><td>%</td><td>농어촌특별세</td><td>%</td><td>지방교육세</td><td>%</td></tr>
<tr><td colspan="6">※ 재산세와 종합부동산세는 6월 1일 기준으로 대상물건 소유자가 납세의무를 부담합니다.</td></tr>
</table>

(6쪽 중 제3쪽)

## Ⅱ. 개업공인중개사 세부 확인사항

⑩ 실제 권리관계 또는 공시되지 않은 물건의 권리 사항

<table>
<tr><td rowspan="11">⑪ 내부 · 외부 시설물의 상태 (건축물)</td><td rowspan="2">수 도</td><td>파손 여부</td><td colspan="3">[ ] 없음 [ ] 있음 (위치: )</td></tr>
<tr><td>용수량</td><td colspan="3">[ ] 정상 [ ] 부족함 (위치: )</td></tr>
<tr><td>전 기</td><td>공급상태</td><td colspan="3">[ ] 정상 [ ] 교체 필요 (교체할 부분: )</td></tr>
<tr><td>가스(취사용)</td><td>공급방식</td><td colspan="3">[ ] 도시가스 [ ] 그 밖의 방식 ( )</td></tr>
<tr><td>소 방</td><td>단독경보형 감지기</td><td>[ ] 없음<br>[ ] 있음(수량: 개)</td><td colspan="2">※「소방시설 설치 및 관리에 관한 법률」 제10조 및 같은 법 시행령 제10조에 따른 주택용 소방시설로서 아파트(주택으로 사용하는 층수가 5개층 이상인 주택을 말한다)를 제외한 주택의 경우만 적습니다.</td></tr>
<tr><td rowspan="2">난방방식 및 연료공급</td><td>공급방식</td><td>[ ] 중앙공급<br>[ ] 개별공급<br>[ ] 지역난방</td><td>시설작동</td><td>[ ] 정상 [ ] 수선 필요 ( )<br>※ 개별 공급인 경우 사용연한 ( )<br>[ ] 확인불가</td></tr>
<tr><td>종 류</td><td colspan="3">[ ] 도시가스 [ ] 기름 [ ] 프로판가스 [ ] 연탄<br>[ ] 그 밖의 종류 ( )</td></tr>
<tr><td>승강기</td><td colspan="4">[ ] 있음 ([ ] 양호 [ ] 불량) [ ] 없음</td></tr>
<tr><td>배 수</td><td colspan="4">[ ] 정상 [ ] 수선 필요 ( )</td></tr>
<tr><td>그 밖의 시설물</td><td colspan="4"></td></tr>
</table>

<table>
<tr><td rowspan="4">⑫ 벽면 · 바닥면 및 도배 상태</td><td rowspan="2">벽 면</td><td>균 열</td><td>[ ] 없음 [ ] 있음 (위치: )</td></tr>
<tr><td>누 수</td><td>[ ] 없음 [ ] 있음 (위치: )</td></tr>
<tr><td>바닥면</td><td colspan="2">[ ] 깨끗함 [ ] 보통임 [ ] 수리 필요 (위치: )</td></tr>
<tr><td>도 배</td><td colspan="2">[ ] 깨끗함 [ ] 보통임 [ ] 도배 필요</td></tr>
</table>

<table>
<tr><td rowspan="2">⑬ 환경조건</td><td>일조량</td><td colspan="3">[ ] 풍부함 [ ] 보통임 [ ] 불충분 (이유: )</td></tr>
<tr><td>소 음</td><td>[ ] 아주 작음 [ ] 보통임<br>[ ] 심한 편임</td><td>진 동</td><td>[ ] 아주 작음<br>[ ] 보통임<br>[ ] 심한 편임</td></tr>
</table>

<table>
<tr><td>⑭ 현장안내</td><td>현장안내자</td><td>[ ] 개업공인중개사 [ ] 소속공인중개사<br>[ ] 중개보조원(신분고지 여부: [ ] 예 [ ] 아니오)<br>[ ] 해당 없음</td></tr>
</table>

※ “중개보조원”이란 공인중개사가 아닌 사람으로서 개업공인중개사에 소속되어 중개대상물에 대한 현장안내 및 일반 서무 등 개업공인중개사의 중개업무와 관련된 단순한 업무를 보조하는 사람을 말합니다.

※ 중개보조원은 「공인중개사법」 제18조의4에 따라 현장안내 등 중개업무를 보조하는 경우 중개의뢰인에게 본인이 중개보조원이라는 사실을 미리 알려야 합니다.

(6쪽 중 제4쪽)

## Ⅲ. 중개보수 등에 관한 사항

| ⑮ 중개보수 및 실비의 금액과 산출내역 | 중개보수 | | <산출내역><br>중개보수:<br>실　　비:<br>※ 중개보수는 시・도 조례로 정한 요율한도에서 중개의뢰인과 개업공인중개사가 서로 협의하여 결정하며 부가가치세는 별도로 부과될 수 있습니다. |
|---|---|---|---|
| | 실 비 | | |
| | 계 | | |
| | 지급시기 | | |

「공인중개사법」 제25조 제3항 및 제30조 제5항에 따라 거래당사자는 개업공인중개사로부터 위 중개대상물에 관한 확인・설명 및 손해배상책임의 보장에 관한 설명을 듣고, 같은 법 시행령 제21조 제3항에 따른 본 확인・설명서와 같은 법 시행령 제24조 제2항에 따른 손해배상책임 보장 증명서류(사본 또는 전자문서)를 수령합니다.

년　　　월　　　일

| 매도인<br>(임대인) | 주 소 | | 성 명 | (서명 또는 날인) |
|---|---|---|---|---|
| | 생년월일 | | 전화번호 | |
| 매수인<br>(임차인) | 주 소 | | 성 명 | (서명 또는 날인) |
| | 생년월일 | | 전화번호 | |
| 개업<br>공인중개사 | 등록번호 | | 성명(대표자) | (서명 및 날인) |
| | 사무소 명칭 | | 소속공인중개사 | (서명 및 날인) |
| | 사무소 소재지 | | 전화번호 | |
| 개업<br>공인중개사 | 등록번호 | | 성명(대표자) | (서명 및 날인) |
| | 사무소 명칭 | | 소속공인중개사 | (서명 및 날인) |
| | 사무소 소재지 | | 전화번호 | |

(6쪽 중 제5쪽)

## 작성방법(주거용 건축물)

〈작성일반〉

1. “[ ]”있는 항목은 해당하는 “[ ]”안에 √로 표시합니다.
2. 세부항목 작성시 해당 내용을 작성란에 모두 작성할 수 없는 경우에는 별지로 작성하여 첨부하고, 해당란에는 “별지 참고”라고 적습니다.

〈세부항목〉

1. 「확인·설명자료」 항목의 “확인·설명 근거자료 등”에는 개업공인중개사가 확인·설명 과정에서 제시한 자료를 적으며, “대상물건의 상태에 관한 자료요구 사항”에는 매도(임대)의뢰인에게 요구한 사항 및 그 관련 자료의 제출 여부와 ⑩ 실제 권리관계 또는 공시되지 않은 물건의 권리사항부터 ⑬ 환경조건까지의 항목을 확인하기 위한 자료의 요구 및 그 불응 여부를 적습니다.
2. ① 대상물건의 표시부터 ⑨ 취득시 부담할 조세의 종류 및 세율까지는 개업공인중개사가 확인한 사항을 적어야 합니다.
3. ① 대상물건의 표시는 토지대장 및 건축물대장 등을 확인하여 적고, 건축물의 방향은 주택의 경우 거실이나 안방 등 주실(主室)의 방향을, 그 밖의 건축물은 주된 출입구의 방향을 기준으로 남향, 북향 등 방향을 적고 방향의 기준이 불분명한 경우 기준(예 남동향 – 거실 앞 발코니 기준)을 표시하여 적습니다.
4. ② 권리관계의 “등기부 기재사항”은 등기사항증명서를 확인하여 적습니다.
   가. 대상물건에 신탁등기가 되어 있는 경우에는 수탁자 및 신탁물건(신탁원부 번호)임을 적고, 신탁원부 약정사항에 명시된 대상물건에 대한 임대차계약의 요건(수탁자 및 수익자의 동의 또는 승낙, 임대차계약 체결의 당사자, 그 밖의 요건 등)을 확인하여 그 요건에 따라 유효한 임대차계약을 체결할 수 있음을 설명(신탁원부 교부 또는 ⑩ 실제 권리관계 또는 공시되지 않은 물건의 권리사항에 주요 내용을 작성)해야 합니다.
   나. 대상물건에 공동담보가 설정되어 있는 경우에는 공동담보 목록 등을 확인하여 공동담보의 채권최고액 등 해당 중개물건의 권리관계를 명확히 적고 설명해야 합니다.
      ※ 예를 들어, 다세대주택 건물 전체에 설정된 근저당권 현황을 확인·제시하지 않으면서, 계약대상 물건이 포함된 일부 호실의 공동담보 채권최고액이 마치 건물 전체에 설정된 근저당권의 채권최고액인 것처럼 중개의뢰인을 속이는 경우에는 「공인중개사법」 위반으로 형사처벌 대상이 될 수 있습니다.
5. ③ 토지이용계획, 공법상 이용제한 및 거래규제에 관한 사항(토지)의 “건폐율 상한 및 용적률 상한”은 시·군의 조례에 따라 적고, “도시·군계획시설”, “지구단위계획구역, 그 밖의 도시·군관리계획”은 개업공인중개사가 확인하여 적으며, “그 밖의 이용제한 및 거래규제사항”은 토지이용계획확인서의 내용을 확인하고, 공부에서 확인할 수 없는 사항은 부동산종합공부시스템 등에서 확인하여 적습니다(임대차의 경우에는 생략할 수 있습니다).
6. ④ 임대차 확인사항은 다음 각 목의 구분에 따라 적습니다.
   가. 「주택임대차보호법」 제3조의7에 따라 임대인이 확정일자 부여일, 차임 및 보증금 등 정보(확정일자 부여 현황 정보) 및 국세 및 지방세 납세증명서(국세 및 지방세 체납 정보)의 제출 또는 열람 동의로 갈음했는지 구분하여 표시하고, 「공인중개사법」 제25조의3에 따른 임차인의 권리에 관한 설명 여부를 표시합니다.
   나. 임대인이 제출한 전입세대 확인서류가 있는 경우에는 확인에 √로 표시를 한 후 설명하고, 없는 경우에는 미확인에 √로 표시한 후 「주민등록법」 제29조의2에 따른 전입세대확인서의 열람·교부 방법에 대해 설명합니다(임대인이 거주하는 경우이거나 확정일자 부여현황을 통해 선순위의 모든 세대가 확인되는 경우 등에는 ‘해당 없음’에 √로 표시합니다).
   다. 최우선변제금은 「주택임대차보호법 시행령」 제10조(보증금 중 일정액의 범위 등) 및 제11조(우선변제를 받을 임차인의 범위)를 확인하여 각각 적되, 근저당권 등 선순위 담보물권이 설정되어 있는 경우 선순위 담보물권 설정 당시의 소액임차인범위 및 최우선변제금액을 기준으로 적어야 합니다.
   라. “민간임대 등록 여부”는 대상물건이 「민간임대주택에 관한 특별법」에 따라 등록된 민간임대주택인지 여부를 같은 법 제60조에 따른 임대주택정보체계에 접속하여 확인하거나 임대인에게 확인하여 “[ ]”안에 √로 표시하고, 민간임대주택인 경우 같은 법에 따른 권리·의무사항을 임대인 및 임차인에게 설명해야 합니다.

(6쪽 중 제6쪽)

※ 민간임대주택은 「민간임대주택에 관한 특별법」 제5조에 따른 임대사업자가 등록한 주택으로서, 임대인과 임차인 간 임대차계약(재계약 포함)시에는 다음의 사항이 적용됩니다.
- 「민간임대주택에 관한 특별법」 제44조에 따라 임대의무기간 중 임대료 증액청구는 5%의 범위에서 주거비 물가지수, 인근 지역의 임대료 변동률 등을 고려하여 같은 법 시행령으로 정하는 증액비율을 초과하여 청구할 수 없으며, 임대차계약 또는 임대료 증액이 있은 후 1년 이내에는 그 임대료를 증액할 수 없습니다.
- 「민간임대주택에 관한 특별법」 제45조에 따라 임대사업자는 임차인이 의무를 위반하거나 임대차를 계속하기 어려운 경우 등에 해당하지 않으면 임대의무기간 동안 임차인과의 계약을 해제·해지하거나 재계약을 거절할 수 없습니다.

마. "계약갱신요구권 행사 여부"는 대상물건이 「주택임대차보호법」의 적용을 받는 주택으로서 임차인이 있는 경우 매도인(임대인)으로부터 계약갱신요구권 행사 여부에 관한 사항을 확인할 수 있는 서류를 받으면 "확인"에 √로 표시하여 해당 서류를 첨부하고, 서류를 받지 못한 경우 "미확인"에 √로 표시하며, 임차인이 없는 경우에는 "해당 없음"에 √로 표시합니다. 이 경우 개업공인중개사는 「주택임대차보호법」에 따른 임대인과 임차인의 권리·의무사항을 매수인에게 설명해야 합니다.

7. ⑥ 관리비는 직전 1년간 월평균 관리비 등을 기초로 산출한 총 금액을 적되, 관리비에 포함되는 비목들에 대해서는 해당하는 곳에 √로 표시하며, 그 밖의 비목에 대해서는 √로 표시한 후 비목 내역을 적습니다. 관리비 부과방식은 해당하는 곳에 √로 표시하고, 그 밖의 부과방식을 선택한 경우에는 그 부과방식에 대해서 작성해야 합니다. 이 경우 세대별 사용량을 계량하여 부과하는 전기료, 수도료 등 비목은 실제 사용량에 따라 금액이 달라질 수 있고, 이에 따라 총 관리비가 변동될 수 있음을 설명해야 합니다.

8. ⑦ 비선호시설(1km 이내)의 "종류 및 위치"는 대상물건으로부터 1km 이내에 사회통념상 기피 시설인 화장장·봉안당·공동묘지·쓰레기처리장·쓰레기소각장·분뇨처리장·하수종말처리장 등의 시설이 있는 경우, 그 시설의 종류 및 위치를 적습니다.

9. ⑧ 거래예정금액 등의 "거래예정금액"은 중개가 완성되기 전 거래예정금액을, "개별공시지가(m²당)" 및 "건물(주택)공시가격"은 중개가 완성되기 전 공시된 공시지가 또는 공시가격을 적습니다[임대차의 경우에는 "개별공시지가(m²당)" 및 "건물(주택)공시가격"을 생략할 수 있습니다].

10. ⑨ 취득시 부담할 조세의 종류 및 세율은 중개가 완성되기 전 「지방세법」의 내용을 확인하여 적습니다(임대차의 경우에는 제외합니다).

11. ⑩ 실제 권리관계 또는 공시되지 않은 물건의 권리 사항은 매도(임대)의뢰인이 고지한 사항(법정지상권, 유치권, 「주택임대차보호법」에 따른 임대차, 토지에 부착된 조각물 및 정원수, 계약 전 소유권 변동 여부, 도로의 점용허가 여부 및 권리·의무 승계 대상 여부 등)을 적습니다. 「건축법 시행령」 [별표 1] 제2호에 따른 공동주택(기숙사는 제외합니다) 중 분양을 목적으로 건축되었으나 분양되지 않아 보존등기만 마쳐진 상태인 공동주택에 대해 임대차계약을 알선하는 경우에는 이를 임차인에게 설명해야 합니다.

※ 임대차계약의 경우 현재 존속 중인 임대차의 임대보증금, 월 단위의 차임액, 계약기간 및 임대차 계약의 장기수선충당금의 처리 등을 확인하여 적습니다. 그 밖에 경매 및 공매 등의 특이사항이 있는 경우 이를 확인하여 적습니다.

12. ⑪ 내부·외부 시설물의 상태(건축물), ⑫ 벽면·바닥면 및 도배 상태와 ⑬ 환경조건은 중개대상물에 대해 개업공인중개사가 매도(임대)의뢰인에게 자료를 요구하여 확인한 사항을 적고, ⑪ 내부·외부 시설물의 상태(건축물)의 "그 밖의 시설물"은 가정자동화 시설(Home Automation 등 IT 관련 시설)의 설치 여부를 적습니다.

13. ⑮ 중개보수 및 실비는 개업공인중개사와 중개의뢰인이 협의하여 결정한 금액을 적되 "중개보수"는 거래예정금액을 기준으로 계산하고, "산출내역(중개보수)"은 "거래예정금액(임대차의 경우에는 임대보증금 + 월 단위의 차임액 × 100) × 중개보수 요율"과 같이 적습니다. 다만, 임대차로서 거래예정금액이 5천만원 미만인 경우에는 "임대보증금 + 월 단위의 차임액 × 70"을 거래예정금액으로 합니다.

14. 공동중개시 참여한 개업공인중개사(소속공인중개사를 포함합니다)는 모두 서명·날인해야 하며, 2명을 넘는 경우에는 별지로 작성하여 첨부합니다.

■ 공인중개사법 시행규칙 [별지 제20호의2 서식] <개정 2021. 12. 31.>

(4쪽 중 제1쪽)

# 중개대상물 확인 · 설명서[Ⅱ] (비주거용 건축물) 제33회, 제35회

( [ ] 업무용 [ ] 상업용 [ ] 공업용 [ ] 매매 · 교환 [ ] 임대 [ ] 그 밖의 경우 )

| 확인 · 설명 자료 | 확인 · 설명 근거자료 등 | [ ] 등기권리증 [ ] 등기사항증명서 [ ] 토지대장 [ ] 건축물대장 [ ] 지적도 [ ] 임야도 [ ] 토지이용계획확인서 [ ] 그 밖의 자료( ) |
|---|---|---|
| | 대상물건의 상태에 관한 자료요구 사항 | |

| 유의사항 | |
|---|---|
| 개업공인중개사의 확인 · 설명 의무 | 개업공인중개사는 중개대상물에 관한 권리를 취득하려는 중개의뢰인에게 성실 · 정확하게 설명하고, 토지대장 등본, 등기사항증명서 등 설명의 근거자료를 제시해야 합니다. |
| 실제 거래가격신고 | 「부동산 거래신고 등에 관한 법률」 제3조 및 같은 법 시행령 [별표 1] 제1호 마목에 따른 실제 거래가격은 매수인이 매수한 부동산을 양도하는 경우 「소득세법」 제97조 제1항 및 제7항과 같은 법 시행령 제163조 제11항 제2호에 따라 취득 당시의 실제 거래가액으로 보아 양도차익이 계산될 수 있음을 유의하시기 바랍니다. |

## Ⅰ. 개업공인중개사 기본 확인사항

| ① 대상물건의 표시 | 토 지 | 소재지 | | | | |
|---|---|---|---|---|---|---|
| | | 면적($m^2$) | | 지 목 | 공부상 지목 | |
| | | | | | 실제이용 상태 | |
| | 건축물 | 전용면적($m^2$) | | | 대지지분($m^2$) | |
| | | 준공년도 (증개축년도) | | 용 도 | 건축물대장상 용도 | |
| | | | | | 실제 용도 | |
| | | 구 조 | | 방 향 | (기준: ) | |
| | | 내진설계 적용 여부 | | 내진능력 | | |
| | | 건축물대장상 위반건축물 여부 | [ ] 위반 [ ] 적법 | | 위반내용 | |

| ② 권리관계 | 등기부 기재사항 | | 소유권에 관한 사항 | | 소유권 외의 권리사항 | |
|---|---|---|---|---|---|---|
| | | | 토 지 | | 토 지 | |
| | | | 건축물 | | 건축물 | |
| | 민간 임대 등록 여부 | 등 록 | [ ] 장기일반민간임대주택 [ ] 공공지원민간임대주택 [ ] 그 밖의 유형( ) | | | |
| | | | 임대의무기간 | | 임대개시일 | |
| | | 미등록 | [ ] 해당사항 없음 | | | |
| | 계약갱신요구권 행사 여부 | | [ ] 확인(확인서류 첨부) [ ] 미확인 [ ] 해당 없음 | | | |

| ③ 토지이용 계획, 공법상 이용제한 및 거래규제에 관한 사항 (토지) | 지역 · 지구 | 용도지역 | | 건폐율 상한 | 용적률 상한 |
|---|---|---|---|---|---|
| | | 용도지구 | | % | % |
| | | 용도구역 | | | |
| | 도시 · 군 계획시설 | | 허가 · 신고 구역 여부 | [ ] 토지거래허가구역 | |
| | | | 투기지역 여부 | [ ] 토지투기지역 [ ] 주택투기지역 [ ] 투기과열지구 | |
| | 지구단위계획구역, 그 밖의 도시 · 군관리계획 | | 그 밖의 이용제한 및 거래규제사항 | | |

<table>
<tr><td rowspan="5">④ 입지조건</td><td>도로와의 관계</td><td colspan="2">(　m×　m)도로에 접함 [ ] 포장 [ ] 비포장</td><td>접근성</td><td>[ ] 용이함<br>[ ] 불편함</td></tr>
<tr><td rowspan="2">대중교통</td><td>버 스</td><td colspan="3">(　　　) 정류장, 소요시간: ( [ ] 도보 [ ] 차량) 약　　분</td></tr>
<tr><td>지하철</td><td colspan="3">(　　　) 역,　소요시간: ( [ ] 도보 [ ] 차량) 약　　분</td></tr>
<tr><td>주차장</td><td colspan="4">[ ] 없음　[ ] 전용주차시설　[ ] 공동주차시설<br>[ ] 그 밖의 주차시설 (　　　)</td></tr>
</table>

<table>
<tr><td>⑤ 관리에 관한 사항</td><td>경비실</td><td>[ ] 있음　[ ] 없음</td><td>관리주체</td><td>[ ] 위탁관리 [ ] 자체관리<br>[ ] 그 밖의 유형</td></tr>
</table>

<table>
<tr><td rowspan="2">⑥ 거래예정금액 등</td><td>거래예정금액</td><td colspan="3"></td></tr>
<tr><td>개별공시지가(m²당)</td><td></td><td>건물(주택)공시가격</td><td></td></tr>
</table>

<table>
<tr><td rowspan="2">⑦ 취득시 부담할 조세의 종류 및 세율</td><td>취득세</td><td>%</td><td>농어촌특별세</td><td>%</td><td>지방교육세</td><td>%</td></tr>
<tr><td colspan="6">※ 재산세와 종합부동산세는 6월 1일 기준 대상물건 소유자가 납세의무를 부담</td></tr>
</table>

## Ⅱ. 개업공인중개사 세부 확인사항

⑧ 실제 권리관계 또는 공시되지 않은 물건의 권리 사항

<table>
<tr><td rowspan="13">⑨ 내부·외부 시설물의 상태(건축물)</td><td rowspan="2">수 도</td><td>파손 여부</td><td colspan="3">[ ] 없음　[ ] 있음(위치:　　　)</td></tr>
<tr><td>용수량</td><td colspan="3">[ ] 정상　[ ] 부족함(위치:　　　)</td></tr>
<tr><td>전 기</td><td>공급상태</td><td colspan="3">[ ] 정상　[ ] 교체 필요(교체할 부분:　　　)</td></tr>
<tr><td>가스(취사용)</td><td>공급방식</td><td colspan="3">[ ] 도시가스 [ ] 그 밖의 방식(　　　)</td></tr>
<tr><td rowspan="2">소 방</td><td>소화전</td><td colspan="3">[ ] 없음　[ ] 있음(위치:　　　)</td></tr>
<tr><td>비상벨</td><td colspan="3">[ ] 없음　[ ] 있음(위치:　　　)</td></tr>
<tr><td rowspan="2">난방방식 및 연료공급</td><td>공급방식</td><td>[ ] 중앙공급<br>[ ] 개별공급</td><td>시설작동</td><td>[ ] 정상<br>[ ] 수선 필요 (　　)<br>※ 개별공급인 경우 사용연한 (　　)<br>[ ] 확인 불가</td></tr>
<tr><td>종 류</td><td colspan="3">[ ] 도시가스 [ ] 기름 [ ] 프로판가스 [ ] 연탄<br>[ ] 그 밖의 종류(　　　)</td></tr>
<tr><td>승강기</td><td colspan="4">[ ] 있음 ( [ ] 양호 [ ] 불량 ) [ ] 없음</td></tr>
<tr><td>배 수</td><td colspan="4">[ ] 정상 [ ] 수선 필요(　　　)</td></tr>
<tr><td>그 밖의 시설물</td><td colspan="4"></td></tr>
</table>

<table>
<tr><td rowspan="3">⑩ 벽면 및 바닥면</td><td rowspan="2">벽 면</td><td>균 열</td><td>[ ] 없음 [ ] 있음(위치:　　　)</td></tr>
<tr><td>누 수</td><td>[ ] 없음 [ ] 있음(위치:　　　)</td></tr>
<tr><td>바닥면</td><td colspan="2">[ ] 깨끗함 [ ] 보통임 [ ] 수리 필요 (위치:　　　)</td></tr>
</table>

## Ⅲ. 중개보수 등에 관한 사항

| | | | |
|---|---|---|---|
| ⑪ 중개보수 및 실비의 금액과 산출내역 | 중개보수 | | 〈산출내역〉<br><br>중개보수:<br><br>실 비: |
| | 실 비 | | |
| | 계 | | |
| | 지급시기 | | |

「공인중개사법」 제25조 제3항 및 제30조 제5항에 따라 거래당사자는 개업공인중개사로부터 위 중개대상물에 관한 확인·설명 및 손해배상책임의 보장에 관한 설명을 듣고, 같은 법 시행령 제21조 제3항에 따른 본 확인·설명서와 같은 법 시행령 제24조 제2항에 따른 손해배상책임 보장 증명서류(사본 또는 전자문서)를 수령합니다.

년 월 일

| | | | | |
|---|---|---|---|---|
| 매도인<br>(임대인) | 주 소 | | 성 명 | (서명 또는 날인) |
| | 생년월일 | | 전화번호 | |
| 매수인<br>(임차인) | 주 소 | | 성 명 | (서명 또는 날인) |
| | 생년월일 | | 전화번호 | |
| 개업<br>공인중개사 | 등록번호 | | 성명<br>(대표자) | (서명 및 날인) |
| | 사무소 명칭 | | 소속<br>공인중개사 | (서명 및 날인) |
| | 사무소 소재지 | | 전화번호 | |
| 개업<br>공인중개사 | 등록번호 | | 성명<br>(대표자) | (서명 및 날인) |
| | 사무소 명칭 | | 소속<br>공인중개사 | (서명 및 날인) |
| | 사무소 소재지 | | 전화번호 | |

(4쪽 중 제4쪽)

## 작성방법(비주거용 건축물)

〈작성일반〉

1. “[ ]”있는 항목은 해당하는 “[ ]”안에 √로 표시합니다.
2. 세부항목 작성시 해당 내용을 작성란에 모두 작성할 수 없는 경우에는 별지로 작성하여 첨부하고, 해당란에는 “별지 참고”라고 적습니다.

〈세부항목〉

1. 「확인·설명자료」 항목의 “확인·설명 근거자료 등”에는 개업공인중개사가 확인·설명 과정에서 제시한 자료를 적으며, “대상물건의 상태에 관한 자료요구 사항”에는 매도(임대)의뢰인에게 요구한 사항 및 그 관련 자료의 제출 여부와 ⑧ 실제 권리관계 또는 공시되지 않은 물건의 권리 사항부터 ⑩ 벽면까지의 항목을 확인하기 위한 자료의 요구 및 그 불응 여부를 적습니다.
2. ① 대상물건의 표시부터 ⑦ 취득시 부담할 조세의 종류 및 세율까지는 개업공인중개사가 확인한 사항을 적어야 합니다.
3. ① 대상물건의 표시는 토지대장 및 건축물대장 등을 확인하여 적습니다.
4. ② 권리관계의 “등기부 기재사항”은 등기사항증명서를 확인하여 적습니다.
5. ② 권리관계의 “민간임대 등록 여부”는 대상물건이 「민간임대주택에 관한 특별법」에 따라 등록된 민간임대주택인지 여부를 같은 법 제60조에 따른 임대주택정보체계에 접속하여 확인하거나 임대인에게 확인하여 “[ ]”안에 √로 표시하고, 민간임대주택인 경우 「민간임대주택에 관한 특별법」에 따른 권리·의무사항을 임차인에게 설명해야 합니다.

> * 민간임대주택은 「민간임대주택에 관한 특별법」 제5조에 따른 임대사업자가 등록한 주택으로서, 임대인과 임차인 간 임대차 계약(재계약 포함)시 다음과 같은 사항이 적용됩니다.
> ① 같은 법 제44조에 따라 임대의무기간 중 임대료 증액청구는 5퍼센트의 범위에서 주거비 물가지수, 인근 지역의 임대료 변동률 등을 고려하여 같은 법 시행령으로 정하는 증액비율을 초과하여 청구할 수 없으며, 임대차계약 또는 임대료 증액이 있은 후 1년 이내에는 그 임대료를 증액할 수 없습니다.
> ② 같은 법 제45조에 따라 임대사업자는 임차인이 의무를 위반하거나 임대차를 계속하기 어려운 경우 등에 해당하지 않으면 임대의무기간 동안 임차인과의 계약을 해제·해지하거나 재계약을 거절할 수 없습니다.

6. ② 권리관계의 “계약갱신요구권 행사 여부”는 대상물건이 「주택임대차보호법」 및 「상가건물 임대차보호법」의 적용을 받는 임차인이 있는 경우 매도인(임대인)으로부터 계약갱신요구권 행사 여부에 관한 사항을 확인할 수 있는 서류를 받으면 “확인”에 √로 표시하여 해당 서류를 첨부하고, 서류를 받지 못한 경우 “미확인”에 √로 표시합니다. 이 경우 「주택임대차보호법」 및 「상가건물 임대차보호법」에 따른 임대인과 임차인의 권리·의무사항을 매수인에게 설명해야 합니다.
7. ③ 토지이용계획, 공법상 이용제한 및 거래규제에 관한 사항(토지)의 “건폐율 상한 및 용적률 상한”은 시·군의 조례에 따라 적고, “도시·군계획시설”, “지구단위계획구역, 그 밖의 도시·군관리계획”은 개업공인중개사가 확인하여 적으며, “그 밖의 이용제한 및 거래규제사항”은 토지이용계획확인서의 내용을 확인하고, 공부에서 확인할 수 없는 사항은 부동산종합공부시스템 등에서 확인하여 적습니다(임대차의 경우에는 생략할 수 있습니다).
8. ⑥ 거래예정금액 등의 “거래예정금액”은 중개가 완성되기 전 거래예정금액을, “개별공시지가($m^2$당)” 및 “건물(주택)공시가격”은 중개가 완성되기 전 공시된 공시지가 또는 공시가격을 적습니다[임대차의 경우에는 “개별공시지가($m^2$당)” 및 “건물(주택)공시가격”을 생략할 수 있습니다].
9. ⑦ 취득시 부담할 조세의 종류 및 세율은 중개가 완성되기 전 「지방세법」의 내용을 확인하여 적습니다(임대차의 경우에는 제외합니다).
10. ⑧ 실제 권리관계 또는 공시되지 않은 물건의 권리 사항은 매도(임대)의뢰인이 고지한 사항(법정지상권, 유치권, 「상가건물 임대차보호법」에 따른 임대차, 토지에 부착된 조각물 및 정원수, 계약 전 소유권 변동 여부, 도로의 점용허가 여부 및 권리·의무 승계 대상 여부 등)을 적습니다. 「건축법 시행령」 별표 1 제2호에 따른 공동주택(기숙사는 제외합니다) 중 분양을 목적으로 건축되었으나 분양되지 않아 보존등기만 마쳐진 상태인 공동주택에 대해 임대차계약을 알선하는 경우에는 이를 임차인에게 설명해야 합니다.
    ※ 임대차계약의 경우 임대보증금, 월 단위의 차임액, 계약기간, 장기수선충당금의 처리 등을 확인하고, 근저당 등이 설정된 경우 채권최고액을 확인하여 적습니다. 그 밖에 경매 및 공매 등의 특이사항이 있는 경우 이를 확인하여 적습니다.
11. ⑨ 내부·외부 시설물의 상태(건축물) 및 ⑩ 벽면 및 바닥면은 중개대상물에 대하여 개업공인중개사가 매도(임대)의뢰인에게 자료를 요구하여 확인한 사항을 적고, ⑨ 내부·외부 시설물의 상태(건축물)의 “그 밖의 시설물”에는 건축물이 상업용인 경우에는 오수정화시설용량, 공업용인 경우에는 전기용량, 오수정화시설용량 및 용수시설의 내용에 대하여 개업공인중개사가 매도(임대)의뢰인에게 자료를 요구하여 확인한 사항을 적습니다.
12. ⑪ 중개보수 및 실비의 금액과 산출내역은 개업공인중개사와 중개의뢰인이 협의하여 결정한 금액을 적되 “중개보수”는 거래예정금액을 기준으로 계산하고, “산출내역(중개보수)”은 “거래예정금액(임대차의 경우에는 임대보증금 + 월 단위의 차임액 × 100) × 중개보수 요율”과 같이 적습니다. 다만, 임대차로서 거래예정금액이 5천만원 미만인 경우에는 “임대보증금 + 월 단위의 차임액 × 70”을 거래예정금액으로 합니다.
13. 공동중개시 참여한 개업공인중개사(소속공인중개사를 포함합니다)는 모두 서명·날인해야 하며, 2명을 넘는 경우에는 별지로 작성하여 첨부합니다.

■ 공인중개사법 시행규칙 [별지 제20호의3 서식] <개정 2020. 10. 27.> (3쪽 중 제1쪽)

# 중개대상물 확인 · 설명서[Ⅲ] (토지)

( [ ] 매매 · 교환 [ ] 임대 )

| | | |
|---|---|---|
| 확인 · 설명 자료 | 확인 · 설명 근거자료 등 | [ ] 등기권리증 [ ] 등기사항증명서 [ ] 토지대장<br>[ ] 건축물대장 [ ] 지적도 [ ] 임야도<br>[ ] 토지이용계획확인서 [ ] 그 밖의 자료( ) |
| | 대상물건의 상태에 관한 자료요구 사항 | |

| 유의사항 | |
|---|---|
| 개업공인중개사의 확인 · 설명 의무 | 개업공인중개사는 중개대상물에 관한 권리를 취득하려는 중개의뢰인에게 성실 · 정확하게 설명하고, 토지대장등본, 등기사항증명서 등 설명의 근거자료를 제시해야 합니다. |
| 실제 거래가격 신고 | 「부동산 거래신고 등에 관한 법률」 제3조 및 같은 법 시행령 [별표 1] 제1호 마목에 따른 실제 거래가격은 매수인이 매수한 부동산을 양도하는 경우 「소득세법」 제97조 제1항 및 제7항과 같은 법 시행령 제163조 제11항 제2호에 따라 취득 당시의 실제 거래가액으로 보아 양도차익이 계산될 수 있음을 유의하시기 바랍니다. |

## Ⅰ. 개업공인중개사 기본 확인사항

| | | | | | | |
|---|---|---|---|---|---|---|
| ① 대상물건의 표시 | 토 지 | 소재지 | | | | |
| | | 면적($m^2$) | | 지 목 | 공부상 지목 | |
| | | | | | 실제이용 상태 | |

| | | | | |
|---|---|---|---|---|
| ② 권리관계 | 등기부 기재사항 | 소유권에 관한 사항 | | 소유권 외의 권리사항 |
| | | 토 지 | | 토 지 |

| | | | | | |
|---|---|---|---|---|---|
| ③ 토지이용 계획, 공법상 이용 제한 및 거래규제에 관한 사항(토지) | 지역 · 지구 | 용도지역 | | 건폐율 상한 | 용적률 상한 |
| | | 용도지구 | | % | % |
| | | 용도구역 | | | |
| | 도시 · 군 계획시설 | | 허가 · 신고 구역 여부 | [ ] 토지거래허가구역 | |
| | | | 투기지역 여부 | [ ] 토지투기지역 [ ] 주택투기지역 [ ] 투기과열지구 | |
| | 지구단위계획구역, 그 밖의 도시 · 군관리계획 | | 그 밖의 이용제한 및 거래규제사항 | | |

| | | | | |
|---|---|---|---|---|
| ④ 입지조건 | 도로와의 관계 | ( m× m)도로에 접함<br>[ ] 포장 [ ] 비포장 | 접근성 | [ ] 용이함<br>[ ] 불편함 |
| | 대중교통 | 버 스 | ( ) 정류장, 소요시간 : ( [ ] 도보, [ ] 차량 ) 약 분 | |
| | | 지하철 | ( ) 역, 소요시간 : ( [ ] 도보, [ ] 차량 ) 약 분 | |
| ⑤ 비선호시설(1km 이내) | [ ] 없음 [ ] 있음(종류 및 위치 : ) | | | |

| | | | | |
|---|---|---|---|---|
| ⑥ 거래예정금액 등 | 거래예정금액 | | | |
| | 개별공시지가($m^2$당) | | 건물(주택)공시가격 | |

| | | | | | | |
|---|---|---|---|---|---|---|
| ⑦ 취득시 부담할 조세의 종류 및 세율 | 취득세 | % | 농어촌특별세 | % | 지방교육세 | % |
| | ※ 재산세는 6월 1일 기준 대상물건 소유자가 납세의무를 부담 | | | | | |

(3쪽 중 제2쪽)

## Ⅱ. 개업공인중개사 세부 확인사항

| ⑧ 실제 권리관계 또는 공시되지 않은 물건의 권리 사항 | |
|---|---|

## Ⅲ. 중개보수 등에 관한 사항

<table>
<tr><td rowspan="4">⑨ 중개보수 및 실비의 금액과 산출내역</td><td>중개보수</td><td></td><td rowspan="4">〈산출내역〉<br><br>중개보수:<br><br>실　　비:<br><br>※ 중개보수는 거래금액의 1천분의 9 이내에서 중개의뢰인과 개업공인중개사가 서로 협의하여 결정하며, 부가가치세는 별도로 부과될 수 있습니다.</td></tr>
<tr><td>실 비</td><td></td></tr>
<tr><td>계</td><td></td></tr>
<tr><td>지급시기</td><td></td></tr>
</table>

「공인중개사법」 제25조 제3항 및 제30조 제5항에 따라 거래당사자는 개업공인중개사로부터 위 중개대상물에 관한 확인·설명 및 손해배상책임의 보장에 관한 설명을 듣고, 같은 법 시행령 제21조 제3항에 따른 본 확인·설명서와 같은 법 시행령 제24조 제2항에 따른 손해배상책임 보장 증명서류(사본 또는 전자문서)를 수령합니다.

년　　　월　　　일

<table>
<tr><td rowspan="2">매도인<br>(임대인)</td><td>주 소</td><td></td><td>성 명</td><td>(서명 또는 날인)</td></tr>
<tr><td>생년월일</td><td></td><td>전화번호</td><td></td></tr>
<tr><td rowspan="2">매수인<br>(임차인)</td><td>주 소</td><td></td><td>성 명</td><td>(서명 또는 날인)</td></tr>
<tr><td>생년월일</td><td></td><td>전화번호</td><td></td></tr>
<tr><td rowspan="3">개업<br>공인중개사</td><td>등록번호</td><td></td><td>성명<br>(대표자)</td><td>(서명 및 날인)</td></tr>
<tr><td>사무소 명칭</td><td></td><td>소속<br>공인중개사</td><td>(서명 및 날인)</td></tr>
<tr><td>사무소<br>소재지</td><td></td><td>전화번호</td><td></td></tr>
<tr><td rowspan="3">개업<br>공인중개사</td><td>등록번호</td><td></td><td>성명<br>(대표자)</td><td>(서명 및 날인)</td></tr>
<tr><td>사무소 명칭</td><td></td><td>소속<br>공인중개사</td><td>(서명 및 날인)</td></tr>
<tr><td>사무소<br>소재지</td><td></td><td>전화번호</td><td></td></tr>
</table>

## 작성방법(토지)

〈작성일반〉

1. “[ ]”있는 항목은 해당하는 “[ ]”안에 √로 표시합니다.

2. 세부항목 작성시 해당 내용을 작성란에 모두 작성할 수 없는 경우에는 별지로 작성하여 첨부하고, 해당란에는 “별지 참고”라고 적습니다.



〈세부항목〉

1. 「확인 · 설명 자료」 항목의 “확인 · 설명 근거자료 등”에는 개업공인중개사가 확인 · 설명 과정에서 제시한 자료를 적으며, “대상물건의 상태에 관한 자료요구 사항”에는 매도(임대)의뢰인에게 요구한 사항 및 그 관련 자료의 제출 여부와 ⑧ 실제 권리관계 또는 공시되지 않은 물건의 권리 사항의 항목을 확인하기 위한 자료요구 및 그 불응 여부를 적습니다.

2. ① 대상물건의 표시부터 ⑦ 취득시 부담할 조세의 종류 및 세율까지는 개업공인중개사가 확인한 사항을 적어야 합니다.

3. ① 대상물건의 표시는 토지대장 등을 확인하여 적습니다.

4. ② 권리관계의 “등기부 기재사항”은 등기사항증명서를 확인하여 적습니다.

5. ③ 토지이용계획, 공법상 이용제한 및 거래규제에 관한 사항(토지)의 “건폐율 상한” 및 “용적률 상한”은 시 · 군의 조례에 따라 적고, “도시 · 군계획시설”, “지구단위계획구역, 그 밖의 도시 · 군관리계획”은 개업공인중개사가 확인하여 적으며, 그 밖의 사항은 토지이용계획확인서의 내용을 확인하고, 공부에서 확인할 수 없는 사항은 부동산종합공부시스템 등에서 확인하여 적습니다(임대차의 경우에는 생략할 수 있습니다).

6. ⑥ 거래예정금액 등의 “거래예정금액”은 중개가 완성되기 전 거래예정금액을, “개별공시지가”는 중개가 완성되기 전 공시가격을 적습니다(임대차의 경우에는 “개별공시지가”를 생략할 수 있습니다).

7. ⑦ 취득시 부담할 조세의 종류 및 세율은 중개가 완성되기 전 「지방세법」의 내용을 확인하여 적습니다(임대차의 경우에는 제외합니다).

8. ⑧ 실제 권리관계 또는 공시되지 않은 물건의 권리 사항은 매도(임대)의뢰인이 고지한 사항(임대차, 지상에 점유권 행사 여부, 구축물, 적치물, 진입로, 경작물, 계약 전 소유권 변동 여부 등)을 적습니다.

   ※ 임대차계약이 있는 경우 임대보증금, 월 단위의 차임액, 계약기간 등을 확인하고, 근저당 등이 설정된 경우 채권최고액을 확인하여 적습니다. 그 밖에 경매 및 공매 등의 특이사항이 있는 경우 이를 확인하여 적습니다.

9. ⑨ 중개보수 및 실비의 금액과 산출내역의 “중개보수”는 거래예정금액을 기준으로 계산하고, “산출내역(중개보수)”은 “거래예정금액(임대차의 경우에는 임대보증금 + 월 단위의 차임액 × 100) × 중개보수 요율”과 같이 적습니다. 다만, 임대차로서 거래예정금액이 5천만원 미만인 경우에는 “임대보증금 + 월 단위의 차임액 × 70”을 거래예정금액으로 합니다.

10. 공동중개시 참여한 개업공인중개사(소속공인중개사를 포함합니다)는 모두 서명 · 날인해야 하며, 2명을 넘는 경우에는 별지로 작성하여 첨부합니다.

■ 공인중개사법 시행규칙 [별지 제20호의4 서식] <개정 2020. 10. 27.> (3쪽 중 제1쪽)

# 중개대상물 확인 · 설명서[Ⅳ] (입목 · 광업재단 · 공장재단)

( [ ] 매매 · 교환 [ ] 임대 )

| 확인 · 설명 자료 | 확인 · 설명 근거자료 등 | [ ] 등기권리증 [ ] 등기사항증명서 [ ] 토지대장 [ ] 건축물대장<br>[ ] 지적도 [ ] 임야도 [ ] 토지이용계획확인서<br>[ ] 그 밖의 자료( ) |
|---|---|---|
| | 대상물건의 상태에 관한 자료요구 사항 | |

| 유의사항 | |
|---|---|
| 개업공인중개사의 확인 · 설명 의무 | 개업공인중개사는 중개대상물에 관한 권리를 취득하려는 중개의뢰인에게 성실 · 정확하게 설명하고, 토지대장등본, 등기사항증명서 등 설명의 근거자료를 제시해야 합니다. |
| 실제 거래가격 신고 | 「부동산 거래신고 등에 관한 법률」 제3조 및 같은 법 시행령 [별표 1] 제1호 마목에 따른 실제 거래가격은 매수인이 매수한 부동산을 양도하는 경우 「소득세법」 제97조 제1항 및 제7항과 같은 법 시행령 제163조 제11항 제2호에 따라 취득 당시의 실제 거래가액으로 보아 양도차익이 계산될 수 있음을 유의하시기 바랍니다. |

## Ⅰ. 개업공인중개사 기본 확인사항

| ① 대상물건의 표시 | 토 지 | 대상물 종별 | [ ] 입목 [ ] 광업재단 [ ] 공장재단 |
|---|---|---|---|
| | | 소재지 (등기 · 등록지) | |

| ② 권리관계 | 등기부 기재사항 | 소유권에 관한 사항 | 성 명 | |
|---|---|---|---|---|
| | | | 주 소 | |
| | | 소유권 외의 권리사항 | | |

| ③ 재단목록 또는 입목의 생육상태 | |
|---|---|

| ④ 그 밖의 참고사항 | |
|---|---|

| ⑤ 거래예정금액 등 | 거래예정금액 | | | |
|---|---|---|---|---|
| | 개별공시지가(m²당) | | 건물(주택)공시가격 | |

| ⑥ 취득시 부담할 조세의 종류 및 세율 | 취득세 | % | 농어촌특별세 | % | 지방교육세 | % |
|---|---|---|---|---|---|---|
| | ※ 재산세는 6월 1일 기준 대상물건 소유자가 납세의무를 부담 | | | | | |

(3쪽 중 제2쪽)

## Ⅱ. 개업공인중개사 세부 확인사항

| ⑦ 실제 권리관계 또는 공시되지 않은 물건의 권리 사항 | |
|---|---|

## Ⅲ. 중개보수 등에 관한 사항

| ⑧ 중개보수 및 실비의 금액과 산출내역 | 중개보수 | | 〈산출내역〉<br><br>중개보수:<br><br>실　　비:<br><br>※ 중개보수는 거래금액의 1천분의 9 이내에서 중개의뢰인과 개업공인중개사가 서로 협의하여 결정하며 부가가치세는 별도로 부과될 수 있습니다. |
|---|---|---|---|
| | 실 비 | | |
| | 계 | | |
| | 지급시기 | | |

「공인중개사법」 제25조 제3항 및 제30조 제5항에 따라 거래당사자는 개업공인중개사로부터 위 중개대상물에 관한 확인·설명 및 손해배상책임의 보장에 관한 설명을 듣고, 같은 법 시행령 제21조 제3항에 따른 본 확인·설명서와 같은 법 시행령 제24조 제2항에 따른 손해배상책임 보장 증명서류(사본 또는 전자문서)를 수령합니다.

년　　월　　일

| | | | | |
|---|---|---|---|---|
| 매도인<br>(임대인) | 주 소 | | 성 명 | (서명 또는 날인) |
| | 생년월일 | | 전화번호 | |
| 매수인<br>(임차인) | 주 소 | | 성 명 | (서명 또는 날인) |
| | 생년월일 | | 전화번호 | |
| 개업<br>공인중개사 | 등록번호 | | 성명<br>(대표자) | (서명 및 날인) |
| | 사무소 명칭 | | 소속<br>공인중개사 | (서명 및 날인) |
| | 사무소<br>소재지 | | 전화번호 | |
| 개업<br>공인중개사 | 등록번호 | | 성명<br>(대표자) | (서명 및 날인) |
| | 사무소 명칭 | | 소속<br>공인중개사 | (서명 및 날인) |
| | 사무소<br>소재지 | | 전화번호 | |

## 작성방법(입목 · 광업재단 · 공장재단)

〈작성일반〉

1. “[ ]”있는 항목은 해당하는 “[ ]”안에 √로 표시합니다.

2. 세부항목 작성시 해당 내용을 작성란에 모두 작성할 수 없는 경우에는 별지로 작성하여 첨부하고, 해당란에는 “별지 참고”라고 적습니다.

〈세부항목〉

1. 「확인 · 설명 자료」 항목의 “확인 · 설명 근거자료 등”에는 개업공인중개사가 확인 · 설명 과정에서 제시한 자료를 적으며, “대상물건의 상태에 관한 자료요구 사항”에는 매도(임대)의뢰인에게 요구한 사항 및 그 관련 자료의 제출 여부와 ⑦ 실제 권리관계 또는 공시되지 않은 물건의 권리 사항의 항목을 확인하기 위한 자료요구 및 그 불응 여부를 적습니다.

2. ① 대상물건의 표시부터 ⑥ 취득시 부담할 조세의 종류 및 세율까지는 개업공인중개사가 확인한 사항을 적어야 합니다.

3. ① 대상물건의 표시는 대상물건별 등기사항증명서 등을 확인하여 적습니다.

4. ② 권리관계의 “등기부 기재사항”은 등기사항증명서를 확인하여 적습니다.

5. ③ 재단목록 또는 입목의 생육상태는 공장재단의 경우에는 공장재단 목록과 공장재단 등기사항증명서를, 광업재단의 경우에는 광업재단 목록과 광업재단 등기사항증명서를, 입목의 경우에는 입목등록원부와 입목 등기사항증명서를 확인하여 적습니다.

6. ⑤ 거래예정금액 등의 “거래예정금액”은 중개가 완성되기 전의 거래예정금액을 적으며, “개별공시지가” 및 “건물(주택)공시가격”은 해당하는 경우에 중개가 완성되기 전 공시된 공시지가 또는 공시가격을 적습니다[임대차계약의 경우에는 “개별공시지가” 및 “건물(주택)공시가격”을 생략할 수 있습니다].

7. ⑥ 취득시 부담할 조세의 종류 및 세율은 중개가 완성되기 전 「지방세법」의 내용을 확인하여 적습니다(임대차의 경우에는 제외합니다).

8. ⑦ 실제 권리관계 또는 공시되지 않은 물건의 권리 사항은 매도(임대)의뢰인이 고지한 사항(임대차, 법정지상권, 법정저당권, 유치권, 계약 전 소유권 변동 여부 등)을 적습니다.

   ※ 임대차계약이 있는 경우 임대보증금, 월 단위의 차임액, 계약기간 등을 확인하고, 근저당 등이 설정된 경우 채권최고액을 확인하여 적습니다. 그 밖에 경매 및 공매 등의 특이사항이 있는 경우 이를 확인하여 적습니다.

9. ⑧ 중개보수 및 실비의 금액과 산출내역의 “중개보수”는 거래예정금액을 기준으로 계산하고, “산출내역(중개보수)”은 “거래예정금액(임대차의 경우에는 임대보증금 + 월 단위의 차임액 × 100) × 중개보수 요율”과 같이 적습니다. 다만, 임대차로서 거래예정금액이 5천만원 미만인 경우에는 “임대보증금 + 월 단위의 차임액 × 70”을 거래예정금액으로 합니다.

10. 공동중개시 참여한 개업공인중개사(소속공인중개사를 포함합니다)는 모두 서명 · 날인해야 하며, 2명을 넘는 경우에는 별지로 작성하여 첨부합니다.

## 1 중개대상물 확인 · 설명서 종류별 특징 및 작성방법 핵심체크 제31회, 제35회

### (1) 주거용 건축물 – 중개대상물 확인 · 설명서 [ Ⅰ ]

① **기본 확인사항**: ① 대상물건표시, ② 권리관계, ③ 토지이용계획, 공법상 이용제한 및 거래규제, ④ 임대차 확인사항 ⑤ 입지조건 ⑥ 관리에 관한 사항 ⑦ 비선호시설(1km 이내) ⑧ 거래예정금액 등 ⑨ 취득부담 조세의 종류 및 세율은 개업공인중개사가 확인한 사항을 기재한다.

② **세부 확인사항**: ⑩ 실제권리관계 또는 공시되지 않은 물건의 권리 사항, ⑪ 내부 · 외부 시설물의 상태, ⑫ 벽면 · 바닥면 및 도배 상태 ⑬ 환경조건 ⑭ 현장안내는 개업공인중개사의 세부적 확인사항에 해당한다.

③ **건축물의 방향**: 주택의 경우 거실이나 안방 등 주실(主室)의 방향을, 그 밖의 건축물은 주된 출입구의 방향을 기준으로 남향, 북향 등 방향을 적고 방향의 기준이 불분명한 경우는 거실 앞 발코니 기준을 표시하여 적는다.

④ **권리관계**: "등기부 기재사항"은 등기사항증명서를 확인하여 적습니다.

> ㉠ 신탁등기가 되어 있는 경우에는 수탁자 및 신탁물건(신탁원부 번호)임을 적고, 신탁원부 상의 임대차계약의 요건 등을 설명해야 한다.
> ㉡ 공동담보가 설정되어 있는 경우에는 공동담보 목록 등을 확인하여 공동담보의 채권최고액 등 의 권리관계를 명확히 적고 설명해야 한다.

⑤ **토지이용계획, 공법상 이용제한 및 거래규제에 관한 사항**(토지): 임대차의 경우에는 생략할 수 있다.

⑥ **임대차 확인사항**: ㉠ 확정일자 부여 현황 정보 및 국세 및 국세 및 지방세 체납 정보의 제출 또는 열람 동의 여부를 표시하고, 임차인의 권리에 관한 설명 여부를 표시한다.

㉡ 임대인이 전입세대 확인서류를 제출 한 경우는 확인에 표시를 한 후 설명하고, 없는 경우에는 미확인에 표시한 후, 전입세대확인서의 열람 · 교부 방법에 대해 설명한다.

㉢ 최우선변제금은 보증금 중 일정액의 범위 및 우선변제를 받을 임차인의 범위를 확인하여 각각 적는다.

㉣ 민간임대 등록 여부는 임대주택정보체계에 접속하여 확인하거나 임대인에게 확인하여 표시하고, 해당 법에 따른 권리 · 의무사항을 임대인 및 임차인에게 설명해야 한다.

㉤ "계약갱신요구권 행사 여부"는 임차인이 있는 경우 매도인(임대인)으로부터 계약갱신요구권 행사 여부에 관한 서류를 받으면 "확인"에 표시하여 해당 서류를 첨부하고, 서류를 받지 못한 경우 "미확인"에 표시하며, 임차인이 없는 경우에는 "해당 없음"에 표시한다. 이 경우 개업공인중개사는 임대인과 임차인의 권리 · 의무사항을 매수인에게 설명해야 한다.

⑦ **입지조건**: 도로, 대중교통, 주차장, 교육을 확인하여 체크한다.

⑧ **관리에 관한 사항**

| ㉠ 경비실 유무, 위탁관리 또는 자치관리인지, 그 밖의 유형인지를 체크하여야 한다.<br>㉡ 관리비는 직전 1년간 월평균 관리비 등을 기초로 산출한 총 금액을 적되, 관리비에 포함되는 비목들을 표시하고, 그 밖의 비목에 대해서는 표시한 후 비목 내역을 적습니다. 관리비 부과방식에 대해서도 체크해야 한다. |
|---|

⑨ **비선호시설**(1km 이내): 장례식장, 쓰레기 매립장 등의 유・무를 확인하여 체크한다.

⑩ **거래예정금액 등**: "개별공시지가(㎡당)" 및 "건물(주택)공시가격", 취득시 부담할 조세의 종류 및 세율: 중개가 완성되기 전의 것을 적는다. 단, 임대차는 "개별공시지가(㎡당)" 및 "건물(주택)공시가격"을 생략, 취득시 부담할 조세의 종류 및 세율을 제외한다.

⑪ **실제권리관계 또는 공시되지 않은 물건의 권리사항**: 매도(임대)의뢰인이 고지한 사항(법정지상권, 유치권, 「주택임대차보호법」에 따른 임대차, 토지에 부착된 조각물 및 정원수, 계약 전 소유권 변동 여부 등)을 적는다.

⑫ **자료요구사항**: ⑪ 내부・외부 시설물의 상태(건축물), ⑫ 벽면・바닥면 및 도배 상태와 ⑬ 환경조건은 개업공인중개사가 매도(임대)의뢰인에게 자료를 요구하여 확인한 사항을 적는다.

⑫ **소방시설**: 아파트를 제외하고 단독경보형감지기의 유・무와 수량을 확인하여 기재한다.

⑬ **현장안내**: 현장안내자가 개업공인중개사, 소속공인중개사, 중개보조원인지를 체크하여야 한다. 중개보조원은 신분고지 여부도 체크하여야 한다.

### (2) 비주거용 건축물 – 중개대상물 확인・설명서 [ Ⅱ ] 제35회

① **비주거용 건축물**: 업무용, 상업용, 공업용 건축물의 매매・교환, 임대차, 기타를 체크한다.

② **입지조건**: 주거용 건축물과 달리 교육, 판매・의료시설을 기재하지 않는다.

③ **비선호시설**(1km 이내): 유무를 체크하지 않는다.

④ **세부 확인사항**: 도배와 환경조건인 일조・소음・진동을 체크하지 않는다.

⑤ **소방시설**: 소화전, 비상벨 유무를 체크한다.

⑥ **내부・외부시설물의 상태**: "그 밖의 시설물"에는 상업용은 오수・정화시설용량, 공업용은 전기용량, 오수정화시설용량, 용수시설 내용을 개업공인중개사가 매도(임대)의뢰인에게 자료를 요구하여 확인한 사항을 적는다.

⑦ **그 밖의 사항**: 주거용 건축물과 동일하게 구성되어 있다.

### (3) 토지용 – 중개대상물 확인 · 설명서 [ Ⅲ ]

① 토지용 중개대상물 확인 · 설명서는 건축물이 없는 나대지 등의 토지를 매매, 교환, 임대차를 중개한 경우에 작성한다.

② 따라서 건축물에 관한 교육, 경비실, 수도, 전기, 환경조건 등은 기재란이 없다.

③ 입지조건에 도로, 대중교통은 체크하여야 한다.

④ 비선호시설(1km 이내) 유무를 체크하여야 한다.

⑤ 토지이용계획, 공법상 이용 제한 및 거래규제에 관한 사항은 주거용, 비주거용 건축물의 확인 · 설명서와 동일하게 기재하여야 한다.

⑥ 토지에 관한 중개대상물 표시(소재지, 지목, 면적)와 권리관계(甲과 乙)를 기재하여야 한다.

⑦ 거래예정금액 등, 취득시 부담할 조세의 종류 및 세율, 실제권리관계 또는 공시되지 않은 물건의 권리 사항, 중개보수 및 실비의 금액과 산출내역은 주거용, 비주거용 건축물의 확인 · 설명서와 동일하게 기재하여야 한다.

### (4) 입목 · 광업재단 · 공장재단 – 중개대상물 확인 · 설명서 [ Ⅳ ]

① **확인 · 설명 자료**: 개업공인중개사가 확인 · 설명과정에서 제시한 등기권리증, 등기사항증명서, 토지대장, 건축물대장, 지적도, 임야도, 토지이용계획확인서 그 밖의 자료 등을 적는다. 이는 4종 서식에 모두 공통적으로 기재할 내용이다.

② **대상물건의 상태에 관한 자료요구 사항**: 매도(임대)의뢰인에게 요구한 사항 및 그 관련 자료의 제출 여부와 그 불응 여부를 적는다. 이 또한 4종 서식에 모두 공통적으로 기재할 내용이다.

③ **대상물건표시란**: 토지에 대한 대상물 종류, 소재지(등기, 등록지)를 대상물건별 등기사항증명서 등을 확인하여 적는다.

④ 재단 목록과 입목의 생육상태를 기재하여야 한다. 그 밖의 참고사항을 기재하여야 한다.

⑤ 입목의 경우에는 입목등록원부와 입목 등기사항증명서를 확인하여 적는다.

⑥ 공장재단의 경우에는 공장재단 목록과 공장재단 등기사항증명서를, 광업재단의 경우에는 광업재단 목록과 광업재단 등기사항증명서를 확인하여 기재한다.

### ☑ 중개대상물 확인 · 설명서 4종 서식의 주요내용 비교

| 구 분 | 주거용 건축물(주거용 오피스텔) | 비주거용 건축물 | 토 지 | 입목 / 광업 · 공업 재단 |
|---|---|---|---|---|
| Ⅰ. 개업공인중개사 기본 확인사항(주거용 기준 : ①~⑨) | | | | |
| 확인 · 설명 자료 | 등기권리증, 등기사항증명서, 토지대장, 건축물대장, 지적도, 임야도, 토지이용계획 확인서, 기타 | | | |
| | 중개대상물 상태자료요구 사항 ⇨ 매도자가 불응시 기재 | | | |
| 1. 대상물건의 표시 | • 토지 : 소재지, 면적, 공부상 지목, 실제 이용 상태<br>• 건축물 : 건축물대장상 용도, 실제용도, 방향, 내진설계 적용 여부, 내진능력, 위반건축물 여부 | 좌 동 | • 소재지, 면적, 지목 - ○<br>• 건축물 - × | • 종별<br>• 소재지 (등기 · 등록지) |
| 토지대장등본 및 건축물대장등본 등을 확인하여 기재한다. | | | | |
| 2. 권리관계 | • 토지, 건축물의 등기부사항 :<br>甲 ⇨ 소유권, 乙 ⇨ 소유권 외 권리 | 좌 동 | • 토지 - 권리관계 (甲, 乙)<br>• 건축물 - × | • 권리관계 (甲, 乙)<br>• 건축물 - × |
| | | | 토지(×) | 입목(×) |
| • 등기부 기재사항은 등기사항증명서로 기재한다. | | | | |
| 3. 토지이용 계획, 공법상 제한 | • 지역, 지구, 구역<br>• 건폐율 및 용적률 상한<br>• 도시 · 군계획시설<br>• 허가 · 신고구역 여부(토지거래허가구역)<br>• 투기지역 여부 - 토지투기지역, 주택투기지역, 투기과열지구<br>• 지구단위계획구역, 그 밖의 도시 · 군관리계획<br>• 그 밖의 이용제한 및 거래규제사항 | 좌 동 | 좌 동 | 토지이용 계획(×) [단, 재단 목록 또는 입목의 생육상태 (○)] |

• 건폐율 및 용적률 상한은 시 · 군 조례에 따라 기재한다.
• "도시 · 군계획시설", "지구단위계획구역, 그 밖의 도시 · 군관리계획"은 개업공인중개사가 확인하여 적으며, "그 밖의 이용제한 및 거래규제사항"은 토지이용계획확인서의 내용을 확인하고, 공부에서 확인할 수 없는 사항은 부동산종합공부시스템 등에서 확인하여 적는다(임대차의 경우에는 생략할 수 있다).

| | | | | |
|---|---|---|---|---|
| 4. 임대차 확인사항 | 확정일자 부여현황 정보 · 국세 및 지방세 체납정보<br>전입세대 확인서 · 최우선변제금 | × | × | × |
| | • 민간임대 등록 여부 :<br>[ ] 장기일반민간임대주택,<br>[ ] 공공지원민간임대주택,<br>[ ] 단기민간임대주택,<br>[ ] 해당 없음 | 좌 동 | | |
| | • 계약갱신요구권 행사 여부 :<br>[ ] 확인(확인서류 첨부),<br>[ ] 미확인 [ ] 해당 없음 | | | |

• "민간임대 등록 여부"는 임대주택정보체계에 접속하여 확인하거나 임대인에게 확인하여 "[ ]" 안에 √하고, 권리 · 의무사항을 임차인에게 설명해야 한다.
"계약갱신요구권 행사 여부"는 임차인이 있는 경우 매도인(임대인)으로부터 계약갱신요구권 행사 여부에 관한 사항을 확인할 수 있는 서류를 받으면 "확인"에 √로 표시하여 해당 서류를 첨부하고, 서류를 받지 못한 경우 "미확인"에 √로 표시하며, 임차인이 없는 경우에는 "해당 없음"에 √로 표시한다. 또한 개업공인중개사는 임대인과 임차인의 권리 · 의무사항을 매수인에게 설명해야 한다.

| | | | | |
|---|---|---|---|---|
| 5. 입지조건 | 도로, 대중교통, 주차장, 교육시설(도/대/주/교) | • 공통 – 도/대/주<br>• 차이 – 교육 | • 공통 – 도/ 대<br>• 차이 – 주차장, 교육 | × |
| 6. 관리사항 | 경비실, 관리주체(위탁, 자체, 그 밖의) | 좌 동 | × | × |
| | 관리비 금액 : 총(        )원<br>• 관리비 포함 비목<br>• 관리비 부과방식 | × | × | × |
| 7. 비선호시설 | 장례식장 등 – 1km 이내(○) | × | ○ | × |

• 비선호시설(1km 이내)의 "종류 및 위치"는 대상물건으로부터 1km 이내에 사회통념상 기피 시설인 화장장 · 납골당 · 공동묘지 · 쓰레기처리장 · 쓰레기소각장 · 분뇨처리장 · 하수종말처리장 등의 시설이 있는 경우, 그 시설의 종류 및 위치를 적는다.

| 8. 거래예정 금액 | 거래예정금액, 개별공시지가, 건물공시가격 | 좌 동 | 좌 동 | 좌 동 |
|---|---|---|---|---|

- "거래예정금액"은 중개가 완성되기 전 거래예정금액을, "개별공시지가($m^2$당)" 및 "건물(주택)공시가격"은 중개가 완성되기 전 공시된 공시지가 또는 공시가격을 적는다.
- 임대차의 경우에는 "개별공시지가($m^2$당)" 및 "건물(주택)공시가격"을 생략할 수 있다.

| 9. 취득조세 종류, 세율 | 취득세, 농어촌특별세, 지방교육세 | 좌 동 | 좌 동 | 좌 동 |
|---|---|---|---|---|

- 재산세와 종합부동산세는 6월 1일 기준 대상물건 소유자가 납세의무를 부담한다.
- 취득시 부담할 조세의 종류 및 세율은 중개가 완성되기 전 「지방세법」의 내용을 확인하여 적는다(임대차의 경우에는 제외).

**Ⅱ. 개업공인중개사 세부 확인사항(주거용 기준 : ⑨~⑫)**

| 10. 실제 권리관계 또는 미공시물건 | 유치권, 법정지상권, 임대차, 토지에 부착된 조각물, 정원수, 계약 전 소유권 변동 등 | 좌 동 | 좌 동 | 좌 동 |
|---|---|---|---|---|

- 실제권리관계 등에 관한 사항은 (유치권, 법정지상권, 임대차, 토지에 부착된 조각물 및 정원수, 계약 전 소유권 변동 여부 등) 매도(임대)의뢰인이 고지한 사항을 기재한다. 또한 공동주택(기숙사는 제외) 중 분양을 목적으로 건축되었으나 분양되지 않아 보존등기만 마쳐진 상태인 공동주택에 대해 임대차계약을 알선하는 경우 임차인에게 설명해야 한다.
- 임대차 계약의 경우 임대보증금, 월차임액, 계약기간, 장기수선충당금의 처리 등을 확인하여 기재한다.
- 경·공매 특이사항 기재한다.

| 11. 내·외부 시설물의 상태 | 수도, 전기, 가스, 소방(단독경보형 감지기), 난방방식 및 연료공급, 승강기, 배수, 그 밖의 시설물 | 좌동(○)<br>(단, 소화전, 비상벨) | × | × |
|---|---|---|---|---|
| 12. 벽면·바닥면 및 도배 상태 | 벽면, 바닥면, 도배(○) | 좌 동<br>[단, 도배(×)] | × | × |
| 13. 환경조건 | 일조량, 소음, 진동(○) | × | × | × |
| 14. 현장안내 | 현장안내자(개업공인중개사 등)<br>중개보조원(신분고지 여부 | × | × | |

| Ⅲ. 중개보수 등에 관한 사항 | | | | |
|---|---|---|---|---|
| 15. 중개보수, 실비 | 중개보수, 실비, 산출 내역, 지급시기(○) | 좌 동 | 좌 동 | 좌 동 |

〈보충내용〉

- 주거용 건축물 기준 ⇨ ⑪⑫⑬은 중개대상물에 대해 개업공인중개사가 매도(임대)의뢰인에게 자료를 요구하여 확인한 사항을 적는다.
- 입목광업 · 공장재단에 관한 서식 ⇨ 재단목록 또는 입목의 생육상태, 그 밖의 참고사항을 기재하여야 한다.
- 개업공인중개사의 기본 확인사항 ⇨ ① 대상물건표시 ~ ⑨ 취득부담 조세의 종류 및 세율
- 개업공인중개사의 세부 확인사항 ⇨ ⑩ 실제권리관계 ~ ⑭ 현장안내
- 4종 서식 공통 ⇨ 거래예정금액, 중개보수 · 실비, 취득부담조세, 실제권리관계 또는 미공시 물건 등
- 주거용 소방시설 ⇨ 단독경보형 감지기(아파트 제외) / 반면, 비주거용 소방시설 ⇨ 소화전, 비상벨을 체크한다.
- 공동중개시 참여한 개업공인중개사(소속공인중개사를 포함)는 모두 서명 및 날인해야 하며, 2명을 넘는 경우에는 별지로 작성하여 첨부한다.

PART 03

**예제**

**1. 개업공인중개사가 주택의 임대차를 중개하면서 중개대상물 확인 · 설명서[ Ⅰ ](주거용 건축물)를 작성하는 경우 제외하거나 생략할 수 있는 것을 모두 고른 것은?** 제33회

> ㉠ 취득시 부담할 조세의 종류 및 세율
> ㉡ 개별공시지가($m^2$당) 및 건물(주택)공시가격
> ㉢ 다가구주택 확인서류 제출 여부
> ㉣ 건축물의 방향

① ㉠, ㉡
② ㉠, ㉢
③ ㉢, ㉣
④ ㉠, ㉡, ㉣
⑤ ㉡, ㉢, ㉣

**해설** ㉠ 임대차는 취득시 부담할 조세의 종류 및 세율은 제외한다(별지 제20호 서식).
㉡ 임대차는 개별공시지가($m^2$당) 및 건물(주택)공시가격을 생략할 수 있다(별지 제20호 서식)
㉢ 다가구주택 확인서류 제출 여부와 ㉣의 건축물의 방향은 매매, 임대차 등 모두 기재하여야 한다.

정답 ①

**2. 공인중개사법령상 개업공인중개사가 확인 · 설명하여야 할 사항 중 중개대상물 확인 · 설명서 [ I ](주거용 건축물), [ II ](비주거용 건축물), [ III ](토지), [ IV ](입목 · 광업재단 · 공장재단) 서식에 공통적으로 기재되어 있는 것을 모두 고른 것은?** 제31회

> ㉠ 권리관계(등기부 기재사항)
> ㉡ 비선호시설
> ㉢ 거래예정금액
> ㉣ 환경조건(일조량 · 소음)
> ㉤ 실제 권리관계 또는 공시되지 않은 물건의 권리사항

① ㉠, ㉡
② ㉡, ㉣
③ ㉠, ㉢, ㉤
④ ㉠, ㉢, ㉣, ㉤
⑤ ㉠, ㉡, ㉢, ㉣, ㉤

**해설** • ㉡의 비선호시설은 중개대상물 확인 · 설명서 중에 [ I ](주거용 건축물)과 [III](토지)에만 기재할 사항이다.
• ㉣의 환경조건(일조량 · 소음, 진동)은 중개대상물 확인 · 설명서 중에 [ I ](주거용 건축물)에만 기재할 사항이다.

❶ 정답 ③

MEMO

# 거래계약체결 및 개별적 중개실무

**단원 열기**

본 단원은 매년 3~4문제 정도가 출제되는 영역이다. 거래계약체결 부분은 민법 내용 등을 응용하여 실무문제로 출제되고 있다. 또한 검인계약서, 부동산명의신탁의 유형 및 효력도 격년제로 1문제가 출제되는 경향을 보이고 있으며 주택·상가건물 임대차보호법은 매년 각 1문제씩 판례 및 사례형으로 출제되므로 상당히 비중이 큰 단원이기에 철저한 학습을 요한다.

## 제 1 절 거래계약서 작성시 일반적인 주의사항

### 01 거래계약서 작성의 의의

(1) 부동산거래계약도 계약의 일종이므로 「민법」상 계약자유의 원칙(체결의 자유, 방식의 자유, 내용결정의 자유, 상대방 선택의 자유)이 적용된다. 계약방식의 자유란 거래당사자 간에 청약과 승낙의 의사표시가 합치되면 계약은 성립하고 반드시 거래계약서를 작성해야 하는 것은 아니라는 것이다.

(2) 「공인중개사법」은 개업공인중개사의 중개에 의하여 거래계약을 체결한 경우에 개업공인중개사는 거래계약서를 작성하고 이에 서명 및 날인하여야 한다고 규정하고 있다. 그러므로 개업공인중개사는 거래계약서를 작성하여야 하며 이는 실무상 매우 중요한 업무에 해당된다.

### 02 거래당사자의 확인

계약체결시 가장 중요하면서도 기본이 되는 사항은 계약당사자가 당해 대상물에 관한 권리이전이나 권리취득시 그 계약내용에 책임을 가지고 있느냐 하는 것이다. 만약 다른 사람 소유의 부동산을 편취하여 부동산을 매도하려 한다면 계약 자체는 무효가 될 것이며, 개업공인중개사는 이에 대한 손해배상책임문제로 분쟁에 휩싸일 수 있기 때문에 무엇보다도 계약당사자가 진정한 권리자인지를 조사·확인하는 일이 중요하다 할 것이다.

## 1 진정한 권리자 확인

(1) 우리나라 등기부에는 공신력이 없으므로 등기부상의 소유자를 믿고 거래한 경우 원칙적으로 매수인은 권리를 취득하지 못한다. 따라서 진정한 권리자 확인이 무엇보다 중요하다. 중개를 의뢰받은 개업공인중개사는 선량한 관리자의 주의로써 매도중개의뢰인이 진정한 권리자인지를 확인하여야 한다. 등기부상 명의인은 일단 소유자로 추정되므로 개업공인중개사는 등기사항증명서를 발급받고, 매도중개의뢰인으로부터 주민등록증을 제시받아 이를 대조하여 본인 여부를 확인하여야 한다.



(2) 또한 개업공인중개사는 매매의 경우뿐만 아니라 임대차에 있어서도 중개대상물에 관해 임대의 권한이 있는지의 여부를 조사·확인하여 임차인에게 정확히 설명해야 한다.

## 2 대리권자 확인

(1) 대리인이라 칭하는 사람에 대해서는 대리권 존부(存否) 여부를 확인하여야 한다. 임의대리인의 경우에는 대리권 수여사실을 입증하는 위임장을 제시받아 확인하고, 계약단계에서는 등기필증을 제시하도록 요구하여 확인하여야 한다. 위임장에는 본인의 인감증명서 첨부 여부를 확인하여야 하며, 일부 권한만 대리권을 수여받는 경우가 있으므로 그 내용도 확인하여야 한다.

(2) 그리고 본인에게 대리권 수여사실 여부 및 권한의 내용에 대해 확인을 해 두는 것이 안전하다. 본인의 부동산을 아들, 형제, 부인 등 친인척이 매도의뢰한 경우에는 반드시 대리권 수여 여부를 확인하여야만 협의의 무권대리 문제가 발생하지 않는다.

(3) 특히 부부라 하더라도 부동산의 매도는 일상가사대리 권한을 벗어나는 경우이므로 예컨대, 남편의 부동산을 부인이 매도의뢰한 경우에는 대리권한이 존재하는가를 반드시 확인하여야 한다.

(4) 개업공인중개사는 매수대리인 보다는 매도대리인이 위험성이 크므로 본인 확인을 하여야 한다. 법정대리인의 경우에는 가족관계등록부를 통하여 정당한 대리인 여부를 확인하면 된다.

(5) 또한 부동산의 소유자로부터 매매계약을 체결할 대리권을 수여받은 대리인은 특별한 사정이 없는 한 그 매매계약에서 약정한 바에 따라 중도금이나 잔금을 수령할 권한도 있다고 보아야 할 것이다(대판 1991.1.29, 90다9247 ; 1992.4.14, 91다43107).

## 3 처분능력의 확인 제35회

중개의뢰인이 진정한 권리자라 하여도 그 부동산을 처분할 수 있는 능력이 있는지 여부를 개업공인중개사는 확인하여야 한다. 왜냐하면 의사무능력자의 법률행위는 무효로 되고, 제한능력자의 법률행위는 취소할 수 있기 때문이다. 개업공인중개사가 처분능력 확인을 소홀히 하여 당사자 사이에 체결된 거래계약이 취소되는 경우에는 개업공인중개사는 보수를 받을 수 없고, 경우에 따라 손해배상책임을 부담한다.

개업공인중개사는 권리를 이전하고자 하는 중개의뢰인뿐만 아니라 권리를 취득하고자 하는 중개의뢰인도 같은 비중으로 처분능력 유무를 확인하여야 한다.

### (1) 제한능력자의 계약체결

① **「민법」상 제한능력자**: 현행 우리 「민법」상 제한능력자제도를 두고 의사표시를 요소로 하는 재산상의 법률행위에 대해 제한능력자가 단독으로 행한 경우에는 원칙적으로 취소할 수 있게 하고 있다. 「민법」은 제한능력자로 미성년자, 피한정후견인, 피성년후견인 등으로 구분하고 있다.

② **미성년자**

㉠ 19세 미만인 미성년자 여부는 가족관계증명서, 기본증명서, 주민등록증 등으로 확인하면 된다. 미성년자의 보호기관은 친권자이고, 친권자가 없는 경우에는 2차로 후견인이 된다. 이 양자를 합쳐서 법정대리인이라고 하며 이의 확인은 가족관계등록부로 한다.

㉡ 혼인 중에 있는 부모가 공동으로 친권을 행사하는 경우에는 공동대리가 됨에 유의해야 한다. 그러나 부모가 공동으로 친권을 행사하는 경우에는 일방이 공동명의로 자(子)를 대리하거나 자(子)의 법률행위에 동의한 때에는 다른 일방의 의사에 반하더라도 상대방이 선의인 한 그 효력이 있다.

③ **피한정후견인**

④ **미성년자 또는 피한정후견인과의 거래계약**

㉠ 이들과 거래를 할 때에는 원칙적으로 법정대리인과 행하거나 또는 법정대리인의 인감증명이 첨부된 동의서를 확인하고 이들과 거래계약을 체결하여야 한다. 법정대리인의 동의 없이 행한 법률행위는 미성년자, 피한정후견인 또는 법정대리인이 취소할 수 있다. 취소를 하게 되면 교부받은 계약금과 잔금을 모두 부당이득으로 반환하는 것이 아니라 제한능력자의 경우에는 취소시점을 기준으로 현존(現存)이익만 반환한다.

㉡ 다만, 미성년자나 피한정후견인이 법률행위를 함에는 항상 법정대리인의 동의가 있어야 하는 것은 아니고, 처분이 허락된 재산의 처분 등은 단독으로 임의로 할 수 있다.

⑤ **피성년후견인과의 거래계약**

한정후견인과 달리 성년후견인은 피성년후견인에 대하여 법률행위에 대한 동의권이 없고 대리권 등만을 갖고 있기 때문에 개업공인중개사는 법정대리인과 직접거래계약을 체결하여야 한다.

⑥ 개업공인중개사는 특히 후견인이 대리권을 행사하여 거래의 당사자 지위에 놓이는 경우에는 후견감독인(「민법」 제950조) 동의 여부를 항상 확인하여야 한다.



### (2) 법인 등의 계약체결

① 매도인이 법인인 경우에는 그 법인의 법인격 유무를 법인등기사항증명서를 통해 조사하여야 한다. 권리능력 있는 법인인 경우에는 그 대표자의 처분권 유무를 역시 법인등기사항증명서를 통해 확인한다. 이사는 각자 법인을 대표하는데 사단법인의 경우에는 사원총회의 의결을 통해 이사의 대표권을 제한할 수 있다. 일반적으로 법인의 채무부담행위에 대해 이사회 내지는 사원총회의 의결을 거치도록 하고 있다.

② 그런데 이러한 이사의 대표권에 관한 제한은 이를 정관에 기재하여야 그 효력이 발생한다. 나아가 이를 등기하여야만 제3자에게 대항할 수 있다. 법인의 대표에 관하여는 「민법」 중 대리에 관한 규정이 준용되므로 거래계약서 작성시에는 현명(顯名)주의 원칙을 확인하여야 한다. 재단법인에 있어 기본재산은 그 실체인 동시에 정관의 필요적 기재사항이 된다. 따라서 재단법인의 기본재산의 처분이나 편입은 모두 정관의 변경사항이 된다. 그 결과 기본재산의 처분 내지 편입에는 주무관청의 허가를 얻어야 그 효력이 발생하게 된다.

③ 법인의 종류에 따라서 부동산을 처분할 때 이해관계인의 동의나 감독자의 승낙을 얻어야 하는 경우가 많으므로 이를 확인하여야 한다. 예컨대 사립학교 법인은 비영리법인으로서 「민법」 규정을 적용받는 것 외에 「사립학교법」의 적용을 받는다. 학교교육에 직접 사용되는 학교법인의 재산 중 교지, 교실, 교사 등은 이를 매도하거나 담보에 제공할 수 없으며 학교법인이 그 기본재산을 매도, 증여, 교환 등을 하고자 할 때에는 관할청의 허가를 받아야 하거나 경미한 사항은 관할청에 신고하여야 하므로 확인하여야 한다.

예 제

**다음은 개업공인중개사가 거래계약서를 작성할 때 당사자 확인에 관한 사항이다. 틀린 것은?**

① 진정한 소유자인지 여부를 등기사항증명서와 주민등록증, 등기권리증, 탐문 등을 통하여 확인하여야 한다.

② 거래당사자의 행위능력 유무를 가족관계등록부 또는 후견등기사항증명서 등을 통하여 확인하여야 한다.

③ 법인의 경우에는 법인격의 유무와 대표자의 처분권한 유무 등을 법인등기기록의 열람 또는 법인등기사항증명서를 통하여 확인하여야 한다.

④ 거래당사자가 법정대리인이라 칭하는 경우에는 본인의 인감증명서가 첨부된 위임장으로 법정대리인 여부를 확인하여야 한다.

⑤ 상속재산의 거래를 중개하는 경우에는 상속인 전원의 동의 유무를 확인하여야 한다.

해설 법정대리인 여부는 가족관계등록부 또는 후견등기사항증명서를 통하여 확인한다. 정답 ④

### (3) 공동소유 재산 제35회

하나의 물건을 2인 이상의 다수인이 공동으로 소유하는 것을 공동소유라고 하며 「민법」상 공동소유의 유형에는 공유(共有), 합유(合有), 총유(總有) 세 가지가 있다.

#### ① 공유재산 제35회

㉠ 공유란 '물건이 지분에 의해 수인의 소유로 되는 것'이라고 규정한다. 공유자 각자가 목적물에 대하여 가지는 소유의 비율이 지분인데, 공유자 사이에는 아무런 인적 결합관계가 없으므로 각 공유자는 지분을 자유롭게 처분할 수 있다.

㉡ 공유물이 부동산인 때에는 공유자의 명의를 전부 기재하는 '지분의 등기'도 하여야 하는데 이를 등기하지 않은 때에는 그 지분은 균등한 것으로 추정되고, 따라서 실제의 지분비율을 가지고 제3자에게 대항하지 못한다.

㉢ 공유자는 언제든지 공유물의 분할을 청구할 수 있다. 공유자는 5년 내의 기간으로 분할하지 아니할 것을 약정하는 공유물분할금지특약을 할 수 있으되 이 특약은 등기되어 있는 때에만 지분의 양수인에게 대항할 수 있다.

㉣ 한편, 건물을 구분 소유하는 경우의 공용부분에 관해서는 분할이 인정되지 않는다. 공유물을 처분하거나 변경할 경우에는 다른 공유자 전원의 동의가 필요하므로 이를 확인하여야 한다.

### ② 합유재산

㉠ '법률의 규정 또는 계약에 의하여 수인이 조합체로서 물건을 소유하는 때'에 그 공동소유를 합유라고 한다.

㉡ 합유는 공유와는 달리 각 합유자에게 합유물에 대한 지분을 합유자의 전원 동의 없이 처분하지 못하며, 합유물의 분할을 청구하지 못한다.

㉢ 또한 합유물을 처분 또는 변경하는 데에는 합유자 전원의 동의가 있어야 하므로 이를 확인하여야 한다.

### ③ 총유재산

㉠ '법인이 아닌 사단의 사원이 집합체로서 물건을 소유하는 때'에 그 공동소유를 총유라고 한다. 총유의 주체는 법인이 아닌 사단인데 총유재산으로 되는 것에는 '종중재산', '교회재산', '동·리재산'이 있다.

㉡ 사단 자신이 목적물에 대한 처분권한을 가지는 점에서 각 공동소유자(사원)는 지분을 갖지 못하며 당연히 분할청구도 인정되지 않는다. 공동소유물이 부동산인 경우에는 그 사단을 등기권리자 또는 등기의무자로 하며 그 등기는 사단자체 명의로 그 대표자 또는 관리인이 이를 신청한다.

㉢ 총유물의 처분에 관하여는 사단의 정관 기타 규약에 의하며 이에 정함이 없는 경우에는 「민법」상 총유규정이 적용되므로 사원총회의 결의에 따르도록 하고 있다. 예컨대 교회와 같은 종교법인이나 종중의 재산이 매매의 목적물이 될 경우에는 교회나 종중의 정관이나 규약에 이의 처분에 관해 정하는 바가 있으면 이에 따라야 하며 이에 관해 규약 등이 없으면 사원총회의 결의에 의해야 한다.

㉣ 따라서 교회대표자나 종중대표자에 의한 재산의 처분이라 하더라도 그러한 절차를 거치지 아니한 거래는 거래상대방이 선의라 하더라도 무효가 되므로 반드시 이를 조사·확인하여야 한다.

㉤ 종중 소유의 재산은 종중원의 총유에 속하는 것이므로 그 관리 및 처분에 관하여 먼저 종중규약에 정하는 바가 있으면 이에 따라야 하고, 그 점에 관한 종중규약이 없으면 종중총회의 결의에 의하여야 하므로 이를 확인하여야 한다.

**판례**

종중대표자에 의한 종중 재산의 처분이라고 하더라도 그러한 절차를 거치지 아니한 채 한 행위는 무효이고, 이러한 법리는 종중이 다른 사람에게 속하는 권리를 처분하는 경우에도 적용된다(대판 1996.8.20, 96다18656).

**예제**

**개업공인중개사 甲이 丁소유의 X토지를 공유하고자 하는 乙과 丙에게 매매계약을 중개하였다. 다음 설명 중 옳은 것을 모두 고른 것은?** (다툼이 있으면 판례에 의함) 제21회

> ㉠ 乙의 지분이 2분의 1이고 다른 특약이 없는 경우, 乙이 X토지 전부를 사용·수익하고 있다면 丙은 乙에게 부당이득반환청구를 할 수 있다.
> ㉡ 乙의 지분이 2분의 1이고 다른 특약이 없는 경우, 乙은 단독으로 공유물의 관리에 관한 사항을 결정할 수 없다.
> ㉢ 乙의 지분이 3분의 2인 경우, 乙은 X토지의 특정된 부분을 배타적으로 사용하는 결정을 할 수 있다.
> ㉣ 乙과 丙은 X토지를 5년 내에 분할하지 않을 것을 약정할 수 있다.

① ㉠, ㉡
② ㉡, ㉣
③ ㉠, ㉡, ㉣
④ ㉡, ㉢, ㉣
⑤ ㉠, ㉡, ㉢, ㉣

**해설** ㉠㉡㉢㉣ 모두 타당하다. **정답** ⑤

### (4) 전대차 중개

① 건물의 임차인으로부터 전대차의 중개의뢰를 받은 개업공인중개사에 대하여 전대차는 원임대인의 승낙이나 동의가 없는 한 원임대인에 대해서는 효력이 없다.

② 따라서 개업공인중개사는 전대차에 대하여 원임대인이 승낙이나 동의를 하였는지 여부와 전대차기간은 얼마나 보장될 수 있는지 등 중개의뢰인이 건물을 전차하여 이를 사용함에 있어서 아무런 권리상의 하자가 없는지 여부를 선량한 관리자의 주의로써 확인하고 그 내용을 정확하게 설명해야 한다(서울지방법원 1995.10.13, 94가합107632호).

## 제 2 절 거래계약서의 기재사항 제35회

### 01 거래계약서의 필요적 기재사항 제35회

거래계약서에 기재할 사항은 거래대상물의 종류나 계약의 유형에 따라 차이가 있을 것이나 앞에서 살펴본 바와 같이 공인중개사법령에서는 개업공인중개사가 거래 계약서를 작성하는 경우에 반드시 기재할 필요적 기재사항을 규정하고 있다(영 제22조).

1. 거래당사자의 인적 사항
2. 물건의 표시
3. 계약일
4. 거래금액 · 계약금액 및 그 지급일자 등 지급에 관한 사항
5. 물건의 인도일시
6. 권리이전의 내용
7. 계약의 조건이나 기한이 있는 경우에는 그 조건 또는 기한
8. 중개대상물 확인 · 설명서 교부일자
9. 그 밖의 약정내용



이하 거래계약서에 필요적으로 기재하여야 하는 사항에 대하여 중개실무상 중요한 내용들을 좀 더 구체적으로 살펴보기로 한다.

## 1 거래당사자의 인적 사항

(1) 거래계약서에는 권리를 이전하려는 자와 취득하려는 자의 성명, 주소, 주민등록번호 등을 기재하여 인적 사항을 특정할 수 있도록 명확히 하여야 한다. 권리를 이전하려는 자(매도인 등)는 등기부등본이나 주민등록증을, 권리를 취득하려는 자(매수인 등)는 주민등록증을 보고 확인하여야 한다.

(2) 임의대리인과 계약을 체결할 때에는 본인의 인감증명서를 첨부한 위임장을 제시받아 확인한다. 계약서에는 성명 · 주민등록번호 · 주소 등을 각각 기재한다.

## 2 물건의 표시

(1) 중개대상물이 토지인 경우 소재지 · 지목 · 면적을, 건물인 경우는 소재지 · 건물번호 · 구조 · 면적 등을 토지대장 · 건축물대장 · 등기부등본을 보고 표기한다.

(2) 면적을 표시할 때 총면적의 단위면적당의 거래대금도 표시하는 것이 좋다. 즉, 토지의 매매를 중개하는 경우 이행 후에 공부상 면적과 실제면적이 일치하지 않아 분쟁이 자주 발생된다.

(3) 판례에 따르면 이때 단지 공부상 표시된 면적을 그대로 기재하여 ○○$m^2$로 기재하였다면 이것은 단지 토지를 계약서에 특정 표시한 것에 불과하며(즉, 필지 거래), 그 토지의 면적을 표시하였다고는 볼 수 없다고 한다. 그러므로 ○$m^2$당 ○○원이라고 표기하여야만 실측결과 면적이 부족하면 취득중개의뢰인은 감액청구권을 행사할 수 있다(수량을 지정한 매매). 토지매매의 경우 특약이 없는 한 필지매매로 추정하므로 감액을 인정하기 위해서는 수량을 지정한 매매로 기재함과 동시에 특약으로 감액사항을 기재하여야 한다.

(4) 한편 매매계약에 있어서 그 목적물과 대금은 반드시 계약체결 당시에 구체적으로 특정될 필요는 없고 이를 사후에라도 구체적으로 특정할 수 있는 방법과 기준이 정해져 있으면 족하다(대판 1993.6.8, 92다49447)는 판례도 있다.

## 3 물건의 인도일시

(1) 당해 대상물의 인도시기 및 이행시기를 명확히 하여야 한다. 잔금지불과 동시에 소유권이전등기에 관한 서류를 교부하고 물건을 인도하는 것이 원칙이나 이를 계약서에 분명히 기재하는 것이 좋다. 만일 이 조항이 없다면 이행최고를 하지 않는 한 그 이행시기가 확정되지 않아 불합리할 뿐만 아니라 불편하기 때문이다.

(2) 예컨대 다음과 같이 기재하면 될 것이다. "매도인은 매매대금의 잔금수령과 동시에 매수인에게 소유권이전등기에 필요한 모든 서류를 교부하고 등기절차에 협력하며, 위 부동산의 인도일은 ○○○○년 ×월 ××일로 한다"라든지 나지나 공가 상태로 인수하기로 약정하였다면 이를 기재하여 명확히 한다.

## 4 권리이전의 내용

(1) 중개대상물의 이전하는 권리의 내용을 기재한다. 이전되는 권리와 이전되지 않는 권리를 명백히 기재한다. 특히 소유권의 제한을 가하는 제한물권을 인수하기로 한 경우에는 이를 분명히 기재하여야 한다.

(2) 그 외 조세공과의 부담, 중요한 부속물이나 종물, 과실의 귀속관계를 명확히 기재하여야 후일의 분쟁의 소지를 방지할 수 있다.

## 5 거래금액 · 계약금액 및 그 지급일자 등 지급에 관한 사항

거래대금과 계약금 · 중도금 · 잔금 등을 명확히 표시하고 그 지급장소 및 지급시기를 기재한다. 거래대금을 표시할 때는 단위면적당 금액($m^2$당)을 표시하는 것이 좋다. 거래대금은 통상 계약금 · 중도금 · 잔금으로 구분하여 수수되며, 그 비율은 법에 명시된 내용이 없으므로 서로 간의 합의에 의하여 결정하면 된다. 통상은 계약금이 약 10%, 중도금이 40~50%, 나머지를 잔금으로 구성한다.

### (1) 계약금

계약금이란 계약을 체결할 때에 매수인으로부터 매도인에게 교부되는 금전으로 일반적으로 그 작용에 따라 증약금 · 해약금 · 위약금 3가지로 나누어진다. 여러 번에 걸쳐서 대금을 지급하는 경우에는 최초에 지급된 금액을 계약금으로 보게 되나 나중에 지급된 것도 계약금이라는 것이 명백한 경우에는 계약금으로 본다.

**판 례**

**주된 계약과 더불어 계약금계약을 한 당사자가 계약금의 잔금 또는 전부를 지급하지 않은 경우의 법률관계**(대판 2008.3.13, 2007다73611)

계약이 일단 성립한 후에는 당사자의 일방이 이를 마음대로 해제할 수 없는 것이 원칙이고, 다만 주된 계약과 더불어 계약금계약을 한 경우에는 「민법」 제565조 제1항의 규정에 따라 임의 해제를 할 수 있기는 하나, 계약금계약은 금전 기타 유가물의 교부를 요건으로 하므로 단지 계약금을 지급하기로 약정만 한 단계에서는 아직 계약금으로서의 효력, 즉 위 「민법」 규정에 의해 계약해제를 할 수 있는 권리는 발생하지 않는다고 할 것이다.
따라서 당사자가 계약금의 일부만을 먼저 지급하고 잔액은 나중에 지급하기로 약정하거나 계약금 전부를 나중에 지급하기로 약정한 경우, 교부자가 계약금의 잔금이나 전부를 약정대로 지급하지 않으면 상대방은 계약금 지급의무의 이행을 청구하거나 채무불이행을 이유로 계약금약정을 해제할 수 있고, 나아가 위 약정이 없었더라면 주계약을 체결하지 않았을 것이라는 사정이 인정된다면 주계약도 해제할 수도 있을 것이나, 교부자가 계약금의 잔금 또는 전부를 지급하지 아니하는 한 계약금계약은 성립하지 아니하므로 당사자가 임의로 주계약을 해제할 수는 없다.

### (2) 중도금

중도금은 이행의 착수에 해당하는 것으로서 매수인이 중도금을 지급하면 본 계약은 확정되었다고 볼 수 있다. 중도금 지급 이후에는 매도인은 계약금의 배액을 상환하여도 계약을 해제할 수 없는 것이 원칙이므로 중도금 지급시기를 명확히 기재해야 한다. 중도금을 받은 후에 매도인은 매수인이 사기로 한 부동산의 사무관리를 할 의무를 부담하므로 다른 사람에게 매도하거나 양도하면 배임죄에 해당된다.

### (3) 잔 금

① 잔금은 소유권이전등기신청 또는 물건의 인도시 지급되는 것이 일반적이다. 그러나 등기절차상 하자 · 오기 등으로 등기가 불가능하거나 지연되는 경우도 있고, 매도인이 이중매매를 할 수도 있으므로 등기절차 완료 후, 즉 등기권리증이 나온 다음에 잔금지불을 하는 것이 보다 안전하다고 할 수 있다.

② 잔금을 지불하기 전에 반드시 최종적으로 등기부등본을 확인하는 것이 좋다. 저당권 · 임차권 · 전세권 등을 인수시 해당 금액에 대한 공제를 확인하여야 하며, 각종 세금 및 공과금에 대한 정산도 잔금지불시 처리하는 것이 좋다. 구비해 온 각종 서류를 확인하고 이상이 없으면 잔금을 지불하고 영수증을 받아야 한다.

## 6 계약일, 중개대상물 확인 · 설명서 교부일자

(1) 거래계약서에는 계약일을 기재하여야 한다.

(2) 거래계약서에는 중개대상물 확인 · 설명서 교부일자를 기재하여야 한다.

## 7 계약의 조건이나 기한이 있는 경우 그 조건 또는 기한

계약의 발생 및 소멸, 이행시기 등에 조건과 기한을 붙인 경우에는 그 취지를 계약서에 명확히 기재해야 한다. 토지거래계약허가구역 안의 허가대상 토지의 매매계약이나 농지매매계약은 허가나 농지취득자격증명을 정지조건부로 매매계약서를 구성하고 불허가시에는 자동으로 해제되는 것으로 한다.

## 8 그 밖의 약정내용

「공인중개사법 시행령」에서 필요적 기재사항으로 명기하고 있는 '그 밖의 약정사항'이란 그 내용상 당사자 사이에 합의한 제반내용을 뜻한다고 볼 수 있다. 본 계약에 정해지지 않은 사항에 대해서는 「민법」의 규정이 적용될 것이나 거래당사자는 의무이행 강조와 손쉬운 해결을 하기 위해서 또는 「민법」의 적용을 배제하기 위하여 당사자 간에 합의하여 약정을 정한다. 일반적으로 부동산거래계약서상에는 다음과 같은 사항들이 약정된다.

(1) **과실의 귀속**(歸屬)

매매계약체결 후 부동산에서 발생하는 과실, 즉 수익은 목적물의 인도를 기준으로 하여 그 이전까지는 매도인에게 그 이후에는 매수인에게 귀속된다. 현실의 부동산매매계약에서는 통상 잔금지급일 수익귀속의 기준일로 정하나 당사자 간에 달리 정할 수 있다. 예컨대 "인도일이 속한 달의 수익은 매도인에게 속하고 그 익월부터는 매수인에게 속한다"라고 정할 수 있다.

(2) **매도인의 담보책임**

① 매도인의 담보책임은 「민법」의 규정에 의해서 발생하는 것이므로 비록 계약서에 명시하지 않았다 하더라도 매도인은 매수인에게 책임을 진다. 그러나 「민법」의 규정은 강행규정이 아니므로 거래당사자가 계약서에 담보책임을 명시하면 그에 따르고 또한 특약으로 당사자 사이에 이를 배제할 수 있다. 다만, 특약으로 담보책임을 면제하더라도 매도인이 이를 미리 알고 있었거나 권리를 스스로 제3자에게 설정 · 양도한 경우에는 그 특약은 무효이다.

② "甲은 乙에게 아래 표시의 건물에 대해 본 계약체결일로부터 6개월간 하자담보의 책임을 지는 것으로 하고, 이 기간 경과 후에는 일체의 책임을 지지 않는다"라는 식으로 보통 표현된다.

### (3) 위험부담

> **민법 제537조 【채무자위험부담주의】** 쌍무계약의 당사자 일방의 채무가 당사자쌍방의 책임 없는 사유로 이행할 수 없게 된 때에는 채무자는 상대방의 이행을 청구하지 못한다.



매매계약 후 그 이행을 완료하기 전에 그 목적물인 건물이 당사자인 그 누구의 책임도 없이 화재나 그 밖의 원인으로 멸실되어 채무이행을 할 수 없게 된 때에는 위험부담의 문제가 생긴다. 이 경우 「민법」은 채무자(매도인) 위험부담주의를 취하여 상대방 역시 이행을 청구하지 못한다고 규정하고 있으므로 사실 이런 약정이 없다 하더라도 별 문제는 없다. 그러나 이와는 별도로 불가항력으로 건물 등이 멸실되었을 경우에는 자동으로 계약이 해제되고 계약금을 반환하도록 규정해 놓으면 된다.

### (4) 조세공과 등의 사항

세금이나 사용료 등 기타 부담금은 원칙적으로 거래대금의 완결일자 또는 소유권이전등기신청일자로 하지만 매수인이 소유권이전등기를 게을리하고 있는 경우가 있으므로 매도인 이름으로 부과되는 조세공과(국세 · 지방세 기타 공적부담) 등의 부담금에 관한 사항을 명확히 하여야 한다.

### (5) 해제권 등

① **법정해제**: 매수인이 대금을 지급하지 아니하거나 매도인이 매매목적물을 넘겨주지 않을 때 매수인 또는 매도인은 계약을 해제하고 처음부터 계약이 없었던 것으로 하기 위하여 우선 상당한 기간을 정하고 이행을 최고(일정한 행위를 할 것을 상대방에게 요구하는 통지)할 필요가 있으며 그 최고에도 불구하고 상대방이 이행을 하지 않을 때에는 비로소 계약을 해제하게 되는 것이다.

② **약정해제**: '매수인이 매매대금을 3일 이상 지체시에는 매도인은 최고 없이 계약을 해제할 수 있다'는 표현은 약정해제권을 표현한 것이며 이는 법정해제권보다 우선한다.

### (6) 매매비용 등

① 매매계약에 관한 비용은 당사자 쌍방이 균분하여 부담한다(「민법」 제566조). 매매계약에 관한 비용이라 함은 매매거래 목적물의 측량이나 감정평가비용, 증서에 첨부하는 인지대, 공정증서 작성의 수수료 등 계약을 체결하는 데 필요한 비용을 말한다.

② 매매비용에 관한 「민법」의 규정은 강행규정이 아니어서 당사자 간의 특약이 우선하는 것이다. 현재 관행은 등기비용은 대부분 권리를 취득하는 자가 부담하는 것이 일반적이며 대법원에서도 등기비용이나 취득세, 대서료 등은 권리를 취득하는 자가 부담하는 것이 원칙이라고 판시하고 있다.

## 02 부동산거래 전자계약서시스템

### 1 의 의

(1) 첨단 ICT기술과 접목, 공인인증 · 전자서명, 부인방지 기술을 적용하여 종이 · 인감 없이도 온라인 서명으로 부동산 전자계약 체결, 실거래신고 및 확정일자 부여 자동화, 거래계약서, 확인 · 설명서 등 계약서류를 공인된 문서보관센터에 보관하는 전자적 방식(공인인증 등)의 부동산거래 계약서 작성 및 체결시스템이다.

(2) 개업공인중개사의 컴퓨터, 태블릿 PC와 중개의뢰인 등이 소지한 스마트폰을 이용하여 대면(중개사무소 방문) 또는 비대면 방식으로 전자계약을 체결하고 계약서류를 공인된 문서보관센터에 보관, 유통, 증명하는 전자문서 서비스제도이다.

### 2 부동산거래 전자계약 체결 흐름도

**(1) 개업공인중개사의 체결 흐름도**

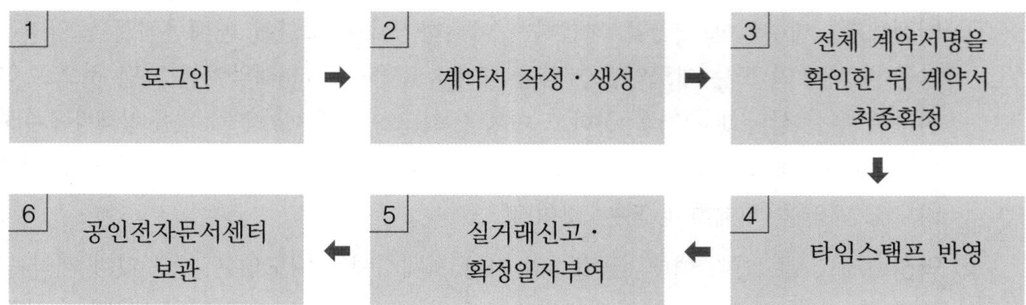

넓혀 보기

**회원가입 및 로그인**

① 개업공인중개사 및 법인사용자는 부동산거래 전자계약시스템에 접속하여 회원가입을 한다.
② 개업공인중개사 및 법인사용자는 회원약관을 확인한 뒤 약관동의를 통해 회원가입을 진행한다(약관동의 필수 체크).
③ 개업공인중개사는 본인사진 및 휴대폰 인증, 공인인증서 등록, 전자결제서비스 이용등록(선택사항)을 하여 회원가입을 완료한다.
④ 개업공인중개사는 회원가입 이후 ID/PW를 이용한 로그인, 회원가입시 등록한 공인인증서를 이용하여 로그인한다.



(2) **거래당사자**(매도인 · 임대인, 매수인 · 임차인)**의 체결 흐름도**

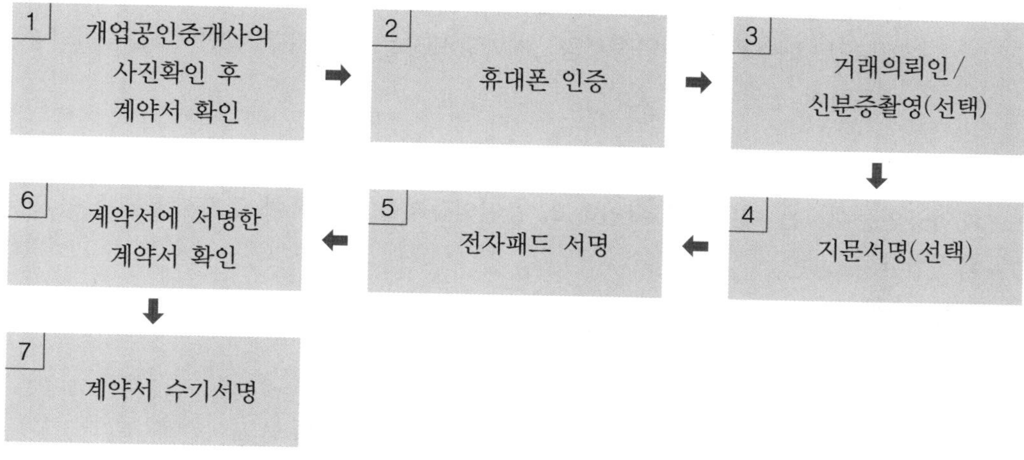


넓혀 보기

**회원가입 및 로그인**

① 거래당사자는 주민등록번호, 이름을 이용하여 휴대폰 본인확인을 통해 로그인한다.
② 거래당사자는 휴대폰 본인인증을 통해 본인확인을 진행한다. 즉, 휴대폰 본인인증은 통신사 선택 ⇨ 휴대폰정보 입력 ⇨ 보안문자 입력 ⇨ 인증번호 입력 순으로 이뤄진다.

## 3 개업공인중개사의 전자계약절차(매매 · 임대차계약)

(1) 첫 번째 단계 ⇨ 중개대상물 확인서 기본사항을 작성한다.

(2) 두 번째 단계 ⇨ 중개대상물 확인서 세부사항을 작성한다.

(3) 세 번째 단계 ⇨ 매매계약서 부동산 표시 및 계약내용을 작성한다.

(4) 네 번째 단계 ⇨ 거래인(매도 · 매수인, 임대 · 임차인)을 작성한다.

(5) 거래당사자의 계약서 확인 및 전자서명은 다음과 같다.

① **대면계약**

㉠ (Mobile) 휴대폰 본인인증: 계약당사자는 본인명의의 휴대폰으로 본인인증을 한다.

㉡ (Mobile) 신분증 사진첨부: 계약당사자는 신분증 사진촬영을 하고, 이를 계약서에 첨부한다(선택사항).

㉢ (Mobile) 전자지문서명: 계약당사자는 지문서명을 하고, 이를 계약서에 첨부한다(선택사항).

㉣ (Mobile) 매도인·매수인서명: 계약당사자는 계약서를 확인하고, 수기서명을 한다.

② **비대면계약**

㉠ 휴대폰 본인인증: 계약당사자는 본인명의의 휴대폰으로 본인인증을 한다.

㉡ 매도인·매수인 공인인증서명: 계약당사자는 계약서를 확인하고, 공인인증서를 이용하여 전자서명을 한다.

### (6) 개업공인중개사의 계약확정

개업공인중개사는 계약서를 확인하고, 공인인증서를 이용하여 전자서명을 하여 계약을 확정한다.

**넓혀 보기**

**계약의 수정 및 해제**

① 계약서 생성 이후 개업공인중개사의 전자서명 이전까지 언제든지 계약서 수정이 가능하다.
② 개업공인중개사 및 법인 사용자는 부동산거래 전자계약시스템에 로그인 후 계약완료된 계약 건에 대해 계약해제 합의서를 작성 또는 직권해제를 한다.
③ 해제시 해제사유발생일, 해제구분, 사유 등을 입력한다.

### (7) 실거래가와 확정일자 자동신고(전자계약시스템)

① **매매계약**: 실거래 자동신고 ⇨ 신고의무 면제 및 신고필증 자동발급

② **임대차계약**: 임차인의 신청 및 주민센터 방문 없이도 알아서 확정일자가 자동으로 부여된다.

③ **타임스탬프 적용**: 확정일자 자동부여가 완료되면 문서 위·변조 방지를 위해 타임스탬프를 적용한다.

부동산거래 전자계약시스템을 이용한 계약당사자들은 로그인하여 계약완료 및 실거래가 신고, 확정일자 신고조회가 가능하다.

### (8) 계약서 공인전자문서센터 보관(전자계약시스템)

계약이 완료된 전자계약문서는 공인전자문서센터로 보관되며, 보관된 문서는 5년간 보관된다.

## 4 전자계약의 특징

### (1) 「공인중개사법」적 측면(제25조, 제26조)

① 개업공인중개사는 종이 계약서 및 중개대상물 확인·설명서, 인장이 필요 없다.

② 건축물대장, 토지대장 같은 각종 부동산 서류에 대해 자동조회가 가능하므로 발급을 최소화 할 수 있다.

③ 중개대상물 확인·설명서를 먼저 작성하여 입력해야 거래계약을 체결할 수 있도록 시스템화되어 부실한 확인·설명을 사전에 차단할 수 있다.

④ 개업공인중개사는 별도로 거래계약서 및 확인·설명서, 서명 및 날인, 교부·보존의무가 없다.

⑤ 소속공인중개사도 전자계약시스템에 회원가입을 하고, 공인인증서를 발급받아 전자계약을 체결할 수 있다.

⑥ 공동중개로 전자계약을 체결하기 위해서는 모든 개업공인중개사가 전자계약시스템에 회원가입을 하고, 공인인증서를 발급받아 등록을 하여야 한다.



### (2) 경제적 측면

① 개업공인중개사는 전자계약을 체결하기 위해서는 전자계약시스템에 반드시 회원가입을 하여야 하나 거래당사자는 회원가입을 요하지 않는다.

② 대출 우대금리와 등기신청수수료를 할인받을 수 있다.

### (3) 안정성 측면

① 개업공인중개사나 당사자의 본인확인절차(개인정보 암호화, 대리인 전자계약 불가)가 확실하고, 안전하게 이루어진다.

② 타임스탬프(시간, 날짜를 표시) 기술도입과 공인전자문서센터에서 전자문서를 보관(5년)하므로 계약서 등의 위조·변조를 방지할 수 있다.

### (4) 전자계약 수정 및 해제

① 최종 전자서명이 완료되기 전까지는 계약내용을 수정할 수 있다. 최종 전자서명이 완료된 이후의 계약내용 수정은 계약해제 후 계약서를 다시 작성하여야 한다.

② 부동산거래 전자계약시스템에 로그인 후 완료된 계약 건에 대해 해제할 수 있다.

③ 개업공인중개사 및 법인사용자는 해제시 해제사유발생일, 해제구분, 사유 등을 입력한다. 해제서명이 완료된 기존의 계약 건은 해제처리된다.

### (5) 공익적 측면

① 개업공인중개사만이 전자계약을 체결할 수 있다(당사자 간 직거래시에는 불가). 따라서 무자격, 무등록자의 불법한 중개활동을 방지할 수 있다.

② 공익적 측면에서는 불법한 중개행위 차단, 다운계약서 작성이나 이중계약서 작성 등 탈법행위를 사전에 근절하는 효과가 있다.

### (6) 다른 법률과의 관계

전자계약이 체결되면 매매계약의 경우에는 부동산거래신고가, 반면에 계약이 해제된 경우에는 해제가 의제되고 주택임대차계약의 경우에는 확정일자가 자동으로 부여된다.

**예제**

**부동산 전자계약에 관한 설명으로 옳은 것은?** 제30회

① 시・도지사는 부동산거래의 계약・신고・허가・관리 등의 업무와 관련된 정보체계를 구축・운영하여야 한다.
② 부동산 거래계약의 신고를 하는 경우 전자인증의 방법으로 신분을 증명할 수 없다.
③ 정보처리시스템을 이용하여 주택임대차계약을 체결하였더라도 해당 주택의 임차인은 정보처리시스템을 통하여 전자계약인증서에 확정일자 부여를 신청할 수 없다.
④ 개업공인중개사가 부동산거래계약시스템을 통하여 부동산거래계약을 체결한 경우 부동산거래계약이 체결된 때에 부동산거래계약 신고서를 제출한 것으로 본다.
⑤ 거래계약서 작성시 확인・설명사항이 「전자문서 및 전자거래 기본법」에 따른 공인전자문서센터에 보관된 경우라도 개업공인중개사는 확인・설명사항을 서면으로 작성하여 보존하여야 한다.

**해설** ④ 부동산 거래계약 관련 정보시스템(이하 "부동산거래계약시스템"이라 한다)을 통하여 부동산 거래계약을 체결한 경우에는 부동산 거래계약이 체결된 때에 부동산거래계약 신고서를 제출한 것으로 본다.
① 국토교통부장관은 효율적인 정보의 관리 및 국민편의 증진을 위하여 부동산거래의 계약・신고・허가・관리 등의 업무와 관련된 정보체계를 구축・운영할 수 있다(법 제25조).
② 부동산 거래계약의 신고를 하는 경우 "전자서명법"에 따른 서명 또는 날인 및 당사자의 신분확인은 공인인증서를 통한 전자인증의 방법으로 할 수 있다.
③ 부동산거래계약시스템 "정보처리시스템"을 이용하여 주택임대차계약을 체결하였더라도 임차인은 전자계약인증서에 확정일자 부여를 신청할 수 있다.
⑤ 개업공인중개사는 「전자문서 및 전자거래 기본법」에 따른 공인전자문서센터에 보관된 경우는 중개대상물 확인・설명서를 별도로 보존하지 않아도 된다.

**정답** ④

# 제 3 절 계약서 검인제도

## 01 검인제도의 내용

### 1 검인대상 여부

#### (1) 검인을 받아야 하는 경우

① 검인을 받아야 하는 경우는 '계약을 원인으로 하여 토지 또는 건축물에 관한 소유권이전등기'를 신청하는 경우이다. 따라서 토지나 건축물에 대한 매매 · 교환 · 증여계약이 검인대상이며, 그 밖에 명의신탁해지약정 · 공유물분할계약도 검인대상이다.

② 등기원인을 증명하는 서면이 집행력 있는 판결서 또는 판결과 같은 효력을 갖는 조서인 때에는 당해 판결서 등에도 검인을 받아야 한다.

#### (2) 검인을 받지 않는 경우

① '토지나 건축물'이 아닌 입목 · 광업재단 · 공장재단의 소유권이전계약, '계약'이 아닌 법률의 규정에 의한 물권변동사유인 상속 · 수용 · 경매 · 압류부동산 공매를 원인으로 한 이전등기, '소유권이전'을 수반하지 않는 전세권설정계약 · 저당권설정계약 · 임대차계약을 원인으로 한 등기신청시에는 검인을 받지 않아도 되며, 당사자 중 일방이 국가나 지방자치단체인 경우도 검인을 받지 않아도 된다.

② 「국토의 계획 및 이용에 관한 법률」상 토지거래허가증을 받은 경우, 「부동산 거래신고 등에 관한 법률」에 따라 부동산거래신고를 하고 신고필증을 교부받은 경우는 검인이 의제되므로 별도의 검인을 받을 필요가 없다.

| 검인대상(유상 · 무상계약) | 검인대상에서 제외되는 계약 |
|---|---|
| ① 매매 · 교환 · 증여계약서<br>② 공유물분할계약서<br>③ 가등기에 기한 본등기<br>④ 집행력 있는 판결서, 명의신탁해지를 원인으로 하는 판결서, 화해 · 인락조서 · 조정조서 등 | ① 경매 · 공매 · 상속 · 취득시효 · 권리포기로 인한 소유권 이전등기<br>② 부동산거래신고필증을 교부 받은 경우<br>③ 토지거래허가를 받은 매매계약서<br>④ 입목, 광업재단, 공장재단의 등기<br>⑤ 주택전세계약서, 지상권설정계약서<br>⑥ 소유권이전청구권보전의 가등기<br>⑦ 국가 · 지방자치단체가 계약의 일방 당사자 |

## 2 검인절차

### (1) 검인신청자

계약서에 검인신청인을 표시하여 검인을 신청할 수 있는 자는 계약을 체결한 당사자 중 1인이나 그 위임을 받은 자, 계약서를 작성한 변호사와 법무사 및 개업공인중개사가 신청할 수 있다. 다만, 개업공인중개사는 중개의뢰인의 요청이 있더라도 검인신청을 해주어야 할 법령상 의무는 없다.

### (2) 검인의 관할청

① 검인신청의 관할청은 부동산의 소재지를 관할하는 시장 · 군수 · 구청장 또는 그 권한의 위임을 받은 자이다. 시장 · 군수 · 구청장으로부터 검인의 권한을 위임받을 수 있는 자는 읍 · 면 · 동장으로 한다. 시장 · 군수 · 구청장이 읍 · 면 · 동장에게 검인의 권한을 위임한 때에는 지체 없이 관할 등기소장에게 그 뜻을 통지하여야 한다.

② 2개 이상의 시 · 군 · 구에 있는 수개의 부동산의 소유권이전을 내용으로 하는 계약서 또는 판결서 등을 검인받고자 하는 경우에는 그중 1개의 시 · 군 · 구를 관할하는 시장 등에게 검인을 신청할 수 있다.

### (3) 검인신청서면의 제출

계약서에는 다음 사항이 필수적으로 기재되어야 한다.

① 당사자

② 목적부동산

③ 계약연월일

④ 대금 및 그 지급일자 등 지급에 관한 사항 또는 평가액 및 그 차액의 정산에 관한 사항

⑤ 부동산개업공인중개사가 있을 때에는 부동산개업공인중개사

⑥ 계약의 조건이나 기한이 있을 때에는 그 조건 또는 기한

### (4) 검인계약서의 교부 및 사본 송부

① 검인신청을 받은 관할 시장 · 군수 · 구청장은 계약서 또는 판결서 등의 형식적 요건의 구비 여부만을 확인하고 그 기재에 흠결이 없다고 인정한 때에는 지체 없이 검인을 하여 검인신청인에게 교부하여야 한다.

② 시장 · 군수 · 구청장 또는 그 권한의 위임을 받은 자가 계약서에 검인을 한 때에는 그 계약서 또는 판결서 등의 사본 2통을 작성하여 1통은 보관하고 1통은 부동산의 소재지를 관할하는 세무서장에게 송부하여야 한다.

③ 2개 이상의 시 · 군 · 구에 있는 수개의 부동산의 소유권이전을 내용으로 하는 계약서 등의 검인을 한 시장 · 군수 · 구청장 그 각 부동산의 소재지를 관할하는 세무서장에게 그 계약서 등의 사본 1통을 각각 송부하여야 한다.

## 3 전매시 검인신청의무 및 제재

### (1) 계약 후 전매시 검인위반

부동산의 소유권을 이전받을 것을 내용으로 하는 계약을 체결한 자가 그 부동산에 대하여 다시 제3자와 소유권이전을 내용으로 하는 계약이나 제3자에게 계약당사자의 지위를 이전하는 계약을 체결하고자 할 때에는 먼저 체결된 계약의 계약서에 검인을 받아야 한다. 이를 위반할 경우 1년 이하의 징역이나 3천만원 이하의 벌금에 처한다. 이 규정은 미등기전매나 중간생략등기를 방지하려는 데 그 취지가 있다 할 것이다.

### (2) 탈법 · 탈세 · 투기목적 미등기 전매와 등기원인 ⇨ 허위기재

조세부과를 면하려 하거나 다른 시점 간의 가격변동에 따른 이득을 얻으려 하거나 소유권 등 권리변동을 규제하는 법령의 제한을 회피할 목적으로 미등기 전매를 한 경우 및 소유권이전등기를 신청하여야 할 자가 그 등기를 신청함에 있어서 등기신청서에 등기원인을 허위로 기재하여 등기를 신청하거나 소유권이전등기 외의 등기를 신청한 경우에는 3년 이하의 징역이나 1억원 이하의 벌금에 처한다(법 제8조).

**판례**

1. 중간생략등기의 합의하에 최종 매수인과 최초 매도인을 당사자로 하는 토지거래허가를 받아 최초 매도인으로부터 최종 매수인 앞으로 경료된 소유권이전등기는 무효이다. ⇨ 즉, 각 매매계약의 당사자는 각각의 매매계약에 관하여 토지거래허가를 받아야 한다(대판 1997.3.14, 96다22464).

2. 부동산등기 특별조치법령상 조세포탈과 부동산투기 등을 방지하기 위하여 위 법률 제2조 제2항 제8조 제1호에서 등기하지 아니하고 제3자에게 전매하는 행위를 일정 목적범위 내에서 형사처벌하도록 되어 있으나 이로써 순차매도한 당사자 사이의 중간생략등기합의에 관한 사법상 효력까지 무효로 한다는 취지는 아니다(대판 1993.1.26, 92다39112).

예제

**개업공인중개사의 중개로 매도인 甲의 토지가 乙에게 매각되어 계약서의 검인을 받고자 하는 경우 틀린 것은?**

① 甲은 검인신청을 하기 위해서는 계약서의 원본 또는 판결서 등의 정본을 제출하여야 한다.
② 甲의 주소지를 관할하는 시장·군수 또는 구청장에게 검인신청을 하여야 한다.
③ 계약서를 작성한 개업공인중개사도 검인을 신청할 수 있다.
④ 검인신청을 받은 관할 시장·군수·구청장은 계약서의 형식적 요건의 구비 여부만을 확인한다.
⑤ 甲과 乙이 서로 대가적인 채무를 부담하는 경우에는 반대급부의 이행이 완료된 날로부터 60일 이내에 소유권이전등기신청을 하여야 한다.

해설 계약서의 검인은 부동산 소재지를 관할하는 시장·군수 또는 구청장에게 신청하여야 한다.

◆ 정답 ②

# 제4절 부동산 실권리자명의 등기에 관한 법률 제33회, 제34회

## 01 부동산실명제도

### 1 제정목적

부동산에 관한 소유권 기타 물권을 실체적 권리관계에 부합하도록 실권리자의 명의로 등기함으로써 부동산등기제도를 악용한 투기·탈세 등 반사회적 행위를 방지하고 부동산 거래의 정상화, 부동산가격의 안정을 도모하여 국민경제의 건전한 발전에 이바지함을 목적으로 한다.

### 2 명의신탁약정

#### (1) 명의신탁약정의 의의

부동산에 관한 소유권이나 기타 물권을 보유한 자 또는 사실상 취득하거나 취득하려고 하는 자(실권리자)가 다른 사람과의 사이에서 대내적으로 실권리자가 부동산에 관한 물권을 보유하거나 보유하기로 하고 그에 관한 등기는 그 다른 사람의 명의로 하기로 하는 약정(위임·위탁매매의 형식에 의하거나 추인에 의한 경우 포함)을 말한다.

(2) **명의신탁약정의 효력**

① 명의신탁약정 및 명의신탁약정에 따른 등기로 이루어진 부동산에 관한 물권변동은 무효로 한다. 다만, 부동산에 관한 물권을 취득하기 위한 계약에서 명의수탁자가 어느 한쪽 당사자가 되고 상대방 당사자는 명의신탁약정이 있다는 사실을 알지 못한 경우에 그 등기는 유효하다.

② 명의신탁약정 및 명의신탁약정에 따른 등기의 무효는 제3자에게 대항하지 못한다.



**판례**

제3자는 명의신탁의 사실에 대한 선의·악의를 불문하고 완전히 유효하게 소유권 등 물권을 취득한다. 다만, 명의수탁자로부터 신탁재산을 매수한 제3자가 명의수탁자의 배임행위에 적극 가담한 경우에는 명의수탁자와 제3자 사이의 계약은 반사회적 법률행위로써 무효가 된다(대판 1992.6.9, 91다29842).

### 3 실권리자명의 등기의무

누구든지 부동산에 관한 물권을 명의신탁약정에 의하여 명의수탁자의 명의로 등기하여서는 아니 된다(법 제3조 제1항).

## 02 명의신탁약정에서 제외되는 경우

### 1 양도담보 및 가등기담보

채무의 변제를 담보하기 위하여 채권자가 부동산에 관한 물권을 이전받거나 가등기하는 경우에는 명의신탁약정에서 제외된다. 이 경우에는 채무의 변제를 담보하기 위하여 채권자가 부동산에 관한 물권을 이전받는 경우에는 채무자·채권금액 및 채무변제를 위한 담보라는 뜻이 기재된 서면을 등기신청서와 함께 등기관에게 제출하여야 한다.

### 2 상호명의신탁

부동산의 위치와 면적을 특정하여 2인 이상이 구분소유하기로 약정하고 그 구분소유자의 공유로 등기하는 경우에는 명의신탁약정에서 제외된다.

### ③ 신탁재산

「신탁법」 또는 「자본시장과 금융투자업에 관한 법률」에 따른 신탁재산인 사실을 등기하는 경우에는 명의신탁약정에서 제외된다.

## 03 종중, 배우자 및 종교단체에 대한 특례

### ① 특례가 인정되는 명의신탁

1. 종중이 보유한 부동산에 관한 물권을 종중(종중과 그 대표자를 같이 표시하여 등기한 경우 포함) 외의 자의 명의로 등기한 경우
2. 배우자 명의로 부동산에 관한 물권을 등기한 경우
3. 종교단체의 명의로 그 산하 조직이 보유한 부동산에 관한 물권을 등기한 경우

### ② 특례가 인정되는 명의신탁의 법률관계

(1) 조세포탈이나 강제집행의 면탈 또는 법령상 제한의 회피를 목적으로 하는 경우를 제외하고는 명의신탁약정의 효력이 인정되고 명의수탁자로의 등기이전도 유효하다.

(2) 내부적으로 신탁자가 소유권을 보유하므로 신탁자는 명의신탁약정을 해지하고 수탁자에 대해 이전등기청구권을 행사할 수 있다.

## 04 명의신탁약정의 유형과 효력 제35회

### ① 2자 간 등기명의신탁(이전형 명의신탁)

(1) **유 형**

2자 간 등기명의신탁이란 명의신탁자가 소유하던 부동산을 명의수탁자의 명의로 가장매매·증여하여 등기를 이전하는 형태를 말한다.

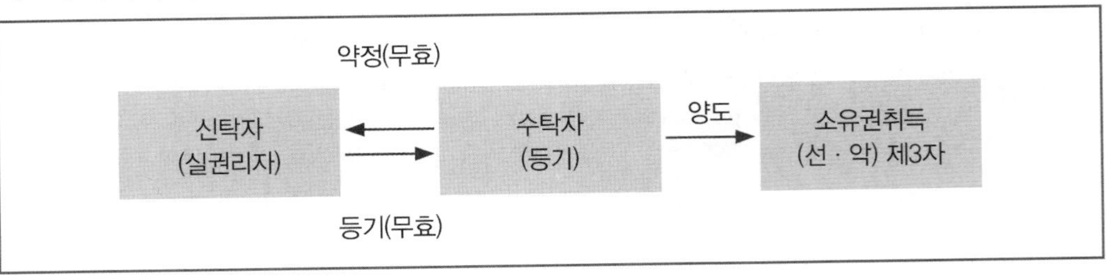

### (2) 효 력

① 명의신탁자와 명의수탁자 사이의 명의신탁약정 및 소유권이전등기는 무효이고 이에 따라 소유권은 명의신탁자에게 귀속된다.

② 명의신탁약정이 무효이므로 신탁자는 신탁약정해지에 의한 이전등기청구를 할 수 없다. 그러나 명의신탁약정에 의한 물권변동도 무효이므로 신탁자는 수탁자를 상대로 원인무효를 이유로 그 등기의 말소를 구할 수 있으며, 나아가 진정명의회복을 원인으로 한 이전등기를 구할 수도 있다(대판 2002.9.6, 2002다35157). 단, 명의신탁자가 자신의 명의로 소유권을 이전하고자 하면 과징금과 처벌을 감수하여야 한다.

③ "부동산실명법에 위반한 양자 간 명의신탁의 경우 명의수탁자가 신탁받은 부동산을 임의로 처분하여도 명의신탁자에 대한 관계에서 횡령죄가 성립하지 아니한다(대판 2021.2.18, 2016도18761 전원합의체). 이는 부동산실명법 시행 전에 이루어졌고 같은 법이 정한 유예기간 이내에 실명등기를 하지 아니함으로써 그 명의신탁약정 및 이에 따라 행하여진 등기에 의한 물권변동이 무효로 된 후에 처분행위가 이루어진 경우에도 마찬가지로 적용된다. 다만, 수탁자는 처분하고 받은 이익은 신탁자에게 부당이득으로 반환하여야 한다.

④ 수탁자가 처분시에 제3자는 선·악을 불문하고 소유권을 취득한다. 다만, 제3자가 수탁자의 배신행위에 적극 가담한 경우에는 반사회적인 법률행위로 무효이다.

## 2 3자 간 등기명의신탁(중간생략형 명의신탁) 제32회, 제35회

### (1) 유 형

3자 간 등기명의신탁이란 명의신탁자가 원소유자(매도인)로부터 부동산을 매수하면서 명의신탁약정에 기초하여 명의수탁자의 명의를 빌어 등기를 이전하는 형태를 말한다.

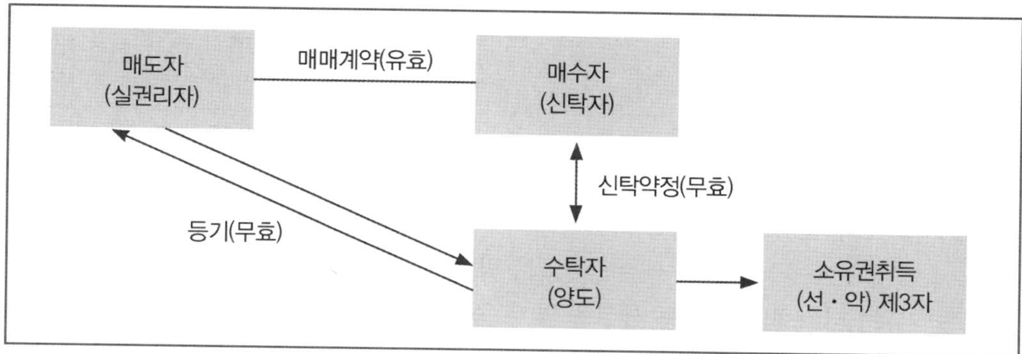

### (2) 효 력

① 명의신탁약정 및 소유권이전등기는 무효이고 소유권은 원소유자에게 귀속된다.

② 부동산취득의 원인계약은 무효로 되지 않으므로 명의신탁자는 매도인에 대한 소유권이전등기청구권을 보전하기 위해 매도인을 대위하여 명의수탁자 명의의 등기를 말소하고 원소유자를 상대로 계약을 원인으로 하는 소유권이전을 청구할 수 있다.

③ 명의수탁자가 부동산을 제3자에게 처분한 경우 판례는 "명의신탁자는 신탁부동산의 소유권을 가지지 아니하고, 명의수탁자 역시 명의신탁자에 대하여 직접 신탁부동산의 소유권을 이전할 의무를 부담하지는 아니하므로 신탁부동산의 소유자도 아닌 명의신탁자에 대한 관계에서 명의수탁자가 횡령죄에서 말하는 '타인의 재물을 보관하는 자'의 지위에 있다고 볼 수 없다."라고 판시하여 횡령죄를 인정하지 않는다.
물론 명의수탁자가 수탁부동산을 처분하고 받은 이익은 명의신탁자에게 부당이득으로 반환하여야 한다.

## 3 계약명의신탁(위임형 명의신탁) 제31회

### (1) 유 형

계약명의신탁이란 신탁자의 위임에 따라 수탁자가 자기 이름으로 매도인으로부터 부동산을 취득한 다음 등기 역시 수탁자의 이름으로 경료하는 경우를 말한다.

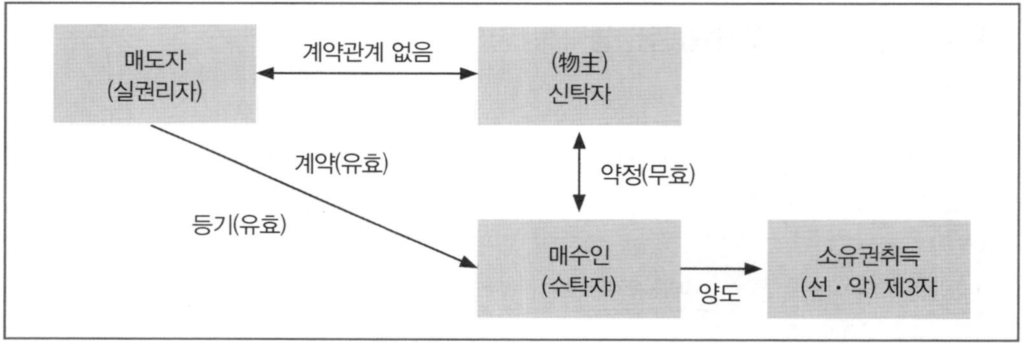


### (2) 효 력

① **매도인이 선의인 경우**

㉠ 매도인(원소유자)과 매수인(명의수탁자) 사이의 법률관계: 매도인(원소유자)이 명의신탁약정이 있다는 사실을 알지 못한 경우에는 그 물권변동은 유효하고, 그 결과 매수인(명의수탁자)이 신탁재산에 대한 소유권을 유효하게 취득한다.

**판례**

**매도인의 선의 판단시기**

명의신탁자와 명의수탁자가 계약명의신탁약정을 맺고 명의수탁자가 당사자가 되어 매도인과 부동산에 관한 매매계약을 체결하는 경우 그 계약과 등기의 효력은 매매계약을 체결할 당시 매도인의 인식을 기준으로 판단해야 하고, 매도인이 계약 체결 이후에 명의신탁약정 사실을 알게 되었다고 하더라도 위 계약과 등기의 효력에는 영향이 없다(대판 2018.4.10, 2017다257715).

---

㉡ 명의신탁자와 명의수탁자의 법률관계: 명의신탁자와 매수인(명의수탁자) 간의 명의신탁약정은 무효이다.

㉢ 명의수탁자의 처분행위: 매도인(원소유자)과 매수인(명의수탁자) 사이의 소유권이전등기는 유효하여 명의수탁자가 완전히 유효한 부동산물권을 취득하게 되므로 명의수탁자가 부동산을 제3자에게 처분하더라도 명의수탁자는 횡령죄를 구성하지 않는다.

② **매도인이 악의인 경우**

㉠ 매도인(원소유자)과 매수인(명의수탁자) 사이의 법률관계: 매도인(원소유자)이 명의신탁약정이 있다는 사실을 안 경우에는 그 물권변동은 무효이고, 매매계약도 무효이다. 따라서 매도인(원소유자)은 명의수탁자에게 소유권이전등기의 말소를 청구할 수 있고, 매수인(명의수탁자)은 매도인(원소유자)에게 매매대금의 반환을 청구할 수 있다.

㉡ 명의신탁자와 명의수탁자의 법률관계: 명의신탁자와 명의수탁자 간의 명의신탁약정은 무효이다.

㉢ 명의수탁자의 처분행위: 수탁자가 이 부동산을 제3자에게 처분하더라도 수탁자는 횡령죄를 구성하지 않는다(대판 2012.12.13, 2010도10515).

## 05 위반시의 제재 등

### 1 벌 칙

**(1) 5년 이하의 징역 또는 2억원 이하의 벌금**(법 제7조 제1항)

① 실명등기의무를 위반한 명의신탁자

② 양도담보사실 기재의무를 위반한 채권자 및 채무자를 허위로 기재하여 제출하게 한 실채무자

(2) **3년 이하의 징역 또는 1억원 이하의 벌금**(법 제7조 제2항): 명의수탁자

(3) **양벌규정**(법 제12조의2)

법인 또는 단체의 대표자나 법인·단체 또는 개인의 대리인·사용인 및 그 밖의 종업원이 그 법인·단체 또는 개인의 업무에 관하여 벌칙조항의 위반행위를 하면 그 행위자를 벌하는 외에 그 법인·단체 또는 개인에게도 해당 조문의 벌금형을 과한다. 다만, 법인·단체 또는 개인이 그 위반행위를 방지하기 위하여 해당 업무에 관하여 상당한 주의와 감독을 게을리하지 아니한 경우에는 그러하지 아니하다.

## 2 과징금(법 제10조)

당해 부동산 평가금액의 30% 범위 내에서 부과한다.

> ① 명의신탁자
> ② 양도담보사실 기재의무를 위반한 채권자·채무자를 허위로 기재하여 제출하게 한 실채무자

## 3 이행강제금(법 제6조)

(1) 과징금을 부과받은 자는 지체 없이 해당 부동산에 관한 물권을 자신의 명의로 등기하여야 하는바 이를 이행하지 않으면 이행강제금을 부과한다.

(2) 과징금 부과일로부터 1년 경과시 부동산평가액의 10%를 부과한다.

(3) 1차 이행강제금 부과일로부터 다시 1년이 경과한 경우 부동산평가액의 20%를 다시 부과한다.

## 4 장기미등기자

(1) 소유권을 취득한 후 등기를 이전해야 하는 날로부터 3년이 지나도록 소유권이전등기를 신청하지 아니한 등기권리자에 대하여는 부동산평가액의 100분의 30의 범위에서 과징금을 부과한다.

(2) 장기미등기자가 과징금을 부과받고도 소유권이전등기를 신청하지 아니한 때에는 이행강제금을 부과한다.

(3) 장기미등기자는 5년 이하의 징역 또는 2억원 이하의 벌금에 처한다.

**판 례**

1. 소유자인 甲으로부터 부동산을 명의신탁해 달라는 부탁을 받은 피고인이 乙 몰래 乙 명의로 위 부동산에 관한 소유권이전등기를 경료한 경우, 乙 명의의 소유권이전등기는 아무런 원인관계 없이 제3자의 명의로 이루어진 등기로서 '명의신탁약정'에 의하여 '명의수탁자'의 명의로 이루어진 등기가 아니므로 명의신탁약정금지 위반으로 볼 수 없어 처벌(3년 이하의 징역 또는 1억원 이하의 벌금, 법 제7조 제2항)할 수 없다(대판 2007.10.25, 2007도4663).
2. 명의신탁관계는 당사자 사이의 내부관계에서는 신탁자가 소유권을 보유하되 외부관계에서는 수탁자가 완전한 소유자로서 행세하기로 약정함으로써 성립하는 것이지 명의신탁 목적물이 반드시 신탁자의 자금으로 취득되어야만 성립하는 것은 아니다(대판 2008.2.14, 2007다69148 · 69155).
3. 명의신탁자는 애초부터 당해 부동산의 소유권을 취득할 수 없었으므로 위 명의신탁의 무효로 인하여 명의신탁자가 입은 손해는 당해 부동산 자체가 아니라 명의수탁자에게 제공한 매수자금이라 할 것이다.
4. 부동산 경매절차에서 대금을 부담하는 자가 타인의 명의로 경락허가결정을 받기로 약정하여 그에 따라 경락이 이루어진 경우, 그 경매절차에서 경락인의 지위에 서게 되는 사람은 어디까지나 그 명의인이므로 경매 목적 부동산의 소유권은 경락대금을 실질적으로 부담한 자가 누구인가와 상관없이 대외적으로는 물론 대내적으로도 그 명의인이 취득한다.
5. 명의수탁자가 명의신탁자의 재물을 보관하는 자라고 할 수 없으므로 명의수탁자가 신탁받은 부동산을 임의로 처분하여도 명의신탁자에 대한 관계에서 횡령죄가 성립하지 아니한다(대판 2016.5.19, 2014도6992 전원합의체).

**예 제**

**1. 개업공인중개사가 중개의뢰인에게 「부동산 실권리자명의 등기에 관한 법률」의 내용에 관하여 설명한 것으로 옳은 것을 모두 고른 것은?** (다툼이 있으면 판례에 따름) 제33회

> ㉠ 부동산의 위치와 면적을 특정하여 2인 이상이 구분소유하기로 하는 약정을 하고 그 구분소유자의 공유로 등기한 경우, 그 등기는 「부동산 실권리자명의 등기에 관한 법률」 위반으로 무효이다.
> ㉡ 배우자 명의로 부동산에 관한 물권을 등기한 경우 조세 포탈, 강제집행의 면탈 또는 법령상 제한의 회피를 목적으로 하지 아니하는 경우 그 등기는 유효하다.
> ㉢ 명의신탁자가 계약의 당사자가 되는 3자 간 등기명의신탁이 무효인 경우 명의신탁자는 매도인을 대위하여 명의수탁자 명의의 등기의 말소를 청구할 수 있다.

① ㉠　　② ㉡
③ ㉠, ㉢　　④ ㉡, ㉢
⑤ ㉠, ㉡, ㉢

**해설** ㉠은 이 법 적용이 제외된다.

다만, 다음 각 목의 경우는 제외한다(법 제2조 제1호 단서).

가. 채무의 변제를 담보하기 위하여 채권자가 부동산에 관한 물권을 이전받거나 가등기하는 경우
나. 부동산의 위치와 면적을 특정하여 2인 이상이 구분소유하기로 하는 약정을 하고 그 구분소유자의 공유로 등기하는 경우
다. 「신탁법」 또는 「자본시장과 금융투자업에 관한 법률」에 따른 신탁재산인 사실을 등기한 경우

정답 ④

**2. 甲은 乙과 乙 소유의 X부동산의 매매계약을 체결하고, 친구 丙과의 명의신탁약정에 따라 乙로부터 바로 丙 명의로 소유권이전등기를 하였다. 이와 관련하여 개업공인중개사가 甲과 丙에게 설명한 내용으로 옳은 것을 모두 고른 것은?** (다툼이 있으면 판례에 따름) 제30회

㉠ 甲과 丙 간의 약정이 조세포탈, 강제집행의 면탈 또는 법령상 제한의 회피를 목적으로 하지 않은 경우 명의신탁약정 및 그 등기는 유효하다.
㉡ 丙이 X부동산을 제3자에게 처분한 경우 丙은 甲과의 관계에서 횡령죄가 성립하지 않는다.
㉢ 甲과 乙 사이의 매매계약은 유효하므로 甲은 乙을 상대로 소유권이전등기를 청구할 수 있다.
㉣ 丙이 소유권을 취득하고 甲은 丙에게 대금 상당의 부당이득반환청구권을 행사할 수 있다.

① ㉠, ㉢
② ㉠, ㉣
③ ㉡, ㉢
④ ㉠, ㉡, ㉣
⑤ ㉡, ㉢, ㉣

**해설** 이 문제에서는 3자 간 명의신탁(중간생략명의신탁)에 관한 내용을 묻고 있다.
㉠ 특례가 인정되지 않으므로 甲과 丙 간의 명의신탁약정 및 그 등기는 모두 무효이다.
㉣ 甲과 丙 간의 명의신탁약정 및 그 등기는 모두 무효이므로 丙은 소유권을 취득할 수 없고, 원칙적으로 매도인 乙에게 복귀한다.
따라서 타당한 내용은 ㉡과 ㉢만이다.

정답 ③

## 제 5 절 주택임대차보호법 제33회, 제34회

### 01 입법목적 및 적용범위

#### 1 입법목적

「주택임대차보호법」은 주거용 건물의 임대차에 관하여 「민법」에 대한 특례를 규정함으로써 국민 주거생활의 안정을 보장함을 목적으로 한다.

## 2 적용범위

### (1) 주거용 건물에 적용

① 「주택임대차보호법」은 주거용 건물의 임대차에 관하여 적용된다. 판례는 주거용 건물인지의 여부는 공부상만을 기준으로 하는 것이 아니라 그 실제 용도에 따라 결정하여야 한다고 한다.

② 사실상 주거용 건물이라고 볼 수 있다면 본건물이든 부속건물이든 상관없고 관청의 허가 여부, 등기 여부를 불문하고 적용된다.



**판 례**

주거용 건물의 전부 또는 일부의 임대차에 관하여 적용된다고 규정하고 있을 뿐 임차주택이 관할관청의 허가를 받은 건물인지 등기를 마친 건물인지 아닌지를 구별하고 있지 아니하다. 즉, 미등기, 무허가 건물도 적용된다(대판 2009.8.20, 2009다26879).

③ 임차주택의 일부가 점포, 사무실, 창고, 공장 등 비주거용으로 사용되는 경우에도 적용된다. 이 경우 전체적으로 보아 주거용 부분이 주가 되고, 비주거용 부분은 부수적인 경우가 되는 것을 의미한다.

**판 례**

1. 임대차 계약체결 당시를 기준으로 주거용·비주거용건물을 구별한다. 따라서 임대차 계약 후에 주거용으로 개조를 하였다면 부적용, 계약 후에 임차인이 임대인의 동의를 얻어 주택으로 개조를 한 경우에는 그 시점부터 적용을 받는다(대판 1986.1.21, 85다카1367).
2. 건물 등기부상 '건물내역'을 제한하고 있지도 않으므로 점포 및 사무실로 사용되던 건물에 근저당권이 설정된 후 그 건물이 주거용 건물로 용도 변경되어 이를 임차한 소액임차인도 보증금 중 일정액을 근저당권자보다 우선하여 최우선변제를 받을 권리가 있다(대판 2009.8.20, 2009다26879).

### (2) 인적 적용범위

① 외국인도 「주택임대차보호법」의 적용을 받을 수 있다. 즉, 외국인 또는 외국국적 동포가 구 「출입국관리법」이나 「재외동포의 출입국과 법적 지위에 관한 법률」에 따라 외국인등록이나 체류지 변경신고 또는 국내거소신고나 거소이전신고를 한 경우, 「주택임대차보호법」에서 주택임대차의 대항력 취득 요건으로 규정하고 있는 주민등록과 동일한 효력이 있기에 주택의 인도와 실제거주를 하는 경우라면 대항요건을 갖추었다고 할 수 있다.

② 법인이 임차인인 경우는 원칙적으로 적용되지 않는다. 따라서 법인이 주택을 임차하면서 그 소속 직원 명의로 주민등록을 하고 확정일자를 구비한 경우 우선변제권이 인정되지 않는다(대판 1997.7.11, 96다7236).

③ 다음의 법인이 일정한 요건을 구비한 경우에는 예외적으로 이 법의 적용을 받을 수 있는바 주택도시기금을 재원으로 하여 저소득층의 무주택자에게 주거생활 안정을 목적으로 전세임대주택을 지원하는 법인이 주택을 임차한 후 지방자치단체의 장 또는 그 법인이 선정한 입주자가 그 주택에 관하여 인도와 주민등록을 마쳤을 때에는 대항력을 인정하고, 임대차계약서상에 확정일자를 갖춘 경우에는 우선변제권을 인정한다.

> ㉠ 「한국토지주택공사법」에 따른 한국토지주택공사
> ㉡ 「지방공기업법」에 따라 주택사업을 목적으로 설립된 지방공사

④ 「중소기업기본법」 제2조에 따른 중소기업에 해당하는 법인이 소속 직원의 주거용으로 주택을 임차한 후 그 법인이 선정한 직원이 해당 주택을 인도받고 주민등록을 마쳤을 때에는 다음 날부터 제3자에 대하여 효력이 생긴다. 또한 임대차가 끝나기 전에 그 직원이 변경된 경우에는 그 법인이 선정한 새로운 직원이 주택을 인도받고 주민등록을 마친 경우에도 같다.

### (3) 미등기 전세(채권적 전세)에도 적용

등기하지 아니한 주택전세계약에 관하여 이를 준용한다. 이 경우 '전세금'을 임대차의 '보증금'으로 본다.

### (4) 일시사용을 위한 임대차의 미적용

주거용 건물의 임대차일지라도 일시사용을 위한 임대차임이 명백한 경우에는 적용되지 않는다. 일시사용을 위한 임대차인지의 여부는 임대차의 목적, 동기, 기간의 장단 기타의 여러 사정을 종합해서 판단해야 한다.

**판례**

1. 「주택임대차보호법」이 적용되는 임대차로서는 반드시 임차인과 주택의 소유자인 임대인 사이에 임대차계약이 체결된 경우에 한정된다고 할 수는 없고, 주택의 소유자는 아니지만 주택에 관하여 적법하게 임대차계약을 체결할 수 있는 권한을 가진 임대인과 임대차계약이 체결된 경우도 포함된다(대판 2012.7.26, 2012다45689).
2. 경매절차에서 주택을 경락받았으나 아직 매각대금을 납부하지 않은 최고가매수신고인에 불과한 자로부터 임차한 경우에는 임차인이 주택을 인도받아 전입신고를 마치고 임대차계약서에 확정일자를 받았다 하더라도 우선변제권을 취득할 수 없다(대판 2014.2.27, 2012다93794).

## 02 존속기간의 보장 제32회

### 1 임대차의 존속기간

#### (1) 최단기간

기간을 정하지 아니하거나 2년 미만으로 정한 임대차는 그 기간을 2년으로 본다. 다만, 임차인은 2년 미만으로 정한 기간이 유효함을 주장할 수 있다(법 제4조 제1항). 따라서 2년 미만으로 정한 임대차계약도 유효하게 성립할 수 있다. 다만, 임차인만이 2년 미만으로 정한 기간이 유효함을 주장할 수 있고, 임대인은 이를 주장할 수 없다.

#### (2) 임대차의 지속

임대차기간이 끝난 경우에도 임차인이 보증금을 반환받을 때까지는 임대차관계가 존속되는 것으로 본다(법 제4조 제2항).

#### (3) 경매에 의한 임차권의 소멸

임차권은 임차주택에 대하여 「민사집행법」에 따른 경매가 행하여진 경우에는 그 임차주택의 경락에 따라 소멸한다. 다만, 보증금이 모두 변제되지 아니한 대항력이 있는 임차권은 그러하지 아니하다(법 제3조의5).

**판 례**

**경락에 의하여 소멸하지 아니하는 임차권의 내용에 대항력뿐만 아니라 우선변제권도 포함되는지 여부**

이는 "임대차가 종료된 경우에도 임차인이 보증금을 반환받을 때까지 임대차관계는 존속하는 것으로 본다."라고 규정한 같은 법 제4조 제2항과 동일한 취지를 경락에 의한 임차권 소멸의 경우와 관련하여 주의적·보완적으로 다시 규정한 것으로 보아야 하므로 소멸하지 아니하는 임차권의 내용에 대항력뿐만 아니라 우선변제권도 당연히 포함되는 것으로 볼 수는 없다(대판 2006.2.10, 2005다21166).

### 2 계약의 법정갱신(묵시적 갱신, 자동갱신)

#### (1) 법정갱신

임대인이 임대차기간이 끝나기 6개월 전부터 2개월 전까지의 기간에 임차인에게 갱신거절(更新拒絶)의 통지를 하지 아니하거나 계약조건을 변경하지 아니하면 갱신하지 아니한다는 뜻의 통지를 하지 아니한 경우에는 그 기간이 끝난 때에 전 임대차와 동일한 조건으로 다시 임대차한 것으로 본다. 임차인이 임대차기간이 끝나기 2개월 전까지 통지하지 아니한 경우에도 또한 같다(법 제6조 제1항). 이 경우 임대차의 존속기간은 2년으로 본다(법 제6조 제2항).

### (2) 법정갱신 후 해지통지

계약이 묵시적으로 갱신된 경우 임차인은 언제든지 임대인에게 계약해지를 통지할 수 있고, 이 해지는 임대인이 그 통지를 받은 날부터 3개월이 지나면 그 효력이 발생한다(법 제6조의2). 이 경우도 임차인만이 해지통지를 할 수 있고, 임대인은 할 수 없다.

### (3) 예 외

2기의 차임액에 달하도록 차임을 연체하거나 그 밖의 임차인으로서의 의무를 현저히 위반한 임차인에 대해서는 위의 법정갱신이 인정되지 않는다(법 제6조 제3항).

## 3 계약갱신요구권 등 제35회

### (1) 계약갱신요구권

법정갱신(법 제6조 제1항)에도 불구하고 임대인은 임차인이 임대차기간이 끝나기 6개월 전부터 2개월 전까지 계약갱신을 요구할 경우 정당한 사유 없이 거절하지 못한다(법 제6조의3 제1항).

다만, 다음 각 호의 어느 하나에 해당하는 경우에는 그러하지 아니하다.

1. 임차인이 2기의 차임액에 해당하는 금액에 이르도록 차임을 연체한 사실이 있는 경우
2. 임차인이 거짓이나 그 밖의 부정한 방법으로 임차한 경우
3. 서로 합의하여 임대인이 임차인에게 상당한 보상을 제공한 경우
4. 임차인이 임대인의 동의 없이 목적 주택의 전부 또는 일부를 전대(轉貸)한 경우
5. 임차인이 임차한 주택의 전부 또는 일부를 고의나 중대한 과실로 파손한 경우
6. 임차한 주택의 전부 또는 일부가 멸실되어 임대차의 목적을 달성하지 못할 경우
7. 임대인이 다음 각 목의 어느 하나에 해당하는 사유로 목적 주택의 전부 또는 대부분을 철거하거나 재건축하기 위하여 목적 주택의 점유를 회복할 필요가 있는 경우
   가. 임대차계약 체결 당시 공사시기 및 소요기간 등을 포함한 철거 또는 재건축 계획을 임차인에게 구체적으로 고지하고 그 계획에 따르는 경우
   나. 건물이 노후·훼손 또는 일부 멸실되는 등 안전사고의 우려가 있는 경우
   다. 다른 법령에 따라 철거 또는 재건축이 이루어지는 경우
8. 임대인(임대인의 직계존속·직계비속을 포함한다)이 목적 주택에 실제 거주하려는 경우
9. 그 밖에 임차인이 임차인으로서의 의무를 현저히 위반하거나 임대차를 계속하기 어려운 중대한 사유가 있는 경우

### (2) 갱신요구권의 횟수 및 기간

임차인은 계약갱신요구권을 1회에 한하여 행사할 수 있다. 이 경우 갱신되는 임대차의 존속기간은 2년으로 본다(법 제6조의3 제2항).

### (3) 갱신요구권의 효과

갱신되는 임대차는 전 임대차와 동일한 조건으로 다시 계약된 것으로 본다. 다만, 차임과 보증금은 법 제7조의 범위에서 증감할 수 있다(법 제6조의3 제3항). 따라서 증액청구는 임대차계약 또는 증액이 있은 후 1년 이내에는 하지 못하며, 약정한 차임이나 보증금의 20분의 1의 금액을 초과하지 못한다. 다만, 시・도(특별자치도) 지역별 임대차 시장 여건 등을 고려하여 20분의 1의 범위에서 증액청구의 상한을 조례로 달리 정할 수 있도록 하였다.

### (4) 갱신요구권 행사 후 계약해지

갱신되는 임대차의 해지에 관하여는 법 제6조의2를 준용한다. 따라서 임차인은 언제든지 임대인에게 계약해지(解止)를 통지할 수 있으며, 임대인이 그 통지를 받은 날부터 3개월이 지나면 그 효력이 발생한다(법 제6조의3 제4항).

### (5) 임대인의 기망과 손해배상

① 임대인 및 직계존속・직계비속이 목적 주택에 실제 거주하려는 사유(법 제6조의3)로 갱신을 거절하였음에도 불구하고 갱신요구가 거절되지 아니하였더라면 갱신되었을 기간이 만료되기 전에 정당한 사유 없이 제3자에게 목적 주택을 임대한 경우 임대인은 갱신거절로 인하여 임차인이 입은 손해를 배상하여야 한다(법 제6조의3 제5항).

② 손해배상액은 거절 당시 당사자 간에 손해배상액의 예정에 관한 합의가 이루어지지 않는 한 다음 각 호의 금액 중 큰 금액으로 한다(법 제6조의3 제6항).

> ㉠ 갱신거절 당시 월차임(차임 외에 보증금이 있는 경우에는 그 보증금을 월 단위의 차임으로 전환한 금액. 즉, "환산월차임")의 3개월분에 해당하는 금액
> ㉡ 임대인이 제3자에게 임대하여 얻은 환산월차임과 갱신거절 당시 환산월차임 간 차액의 2년분에 해당하는 금액
> ㉢ 법 제6조의3 제1항 제8호의 사유로 인한 갱신거절로 인하여 임차인이 입은 손해액

## 03 대항력 제31회, 제35회

### 1 대항력의 인정

#### (1) 대항력의 의미

대항력이란 그 주택의 소유권이 매매나 증여, 경매 등을 통하여 제3자에게 이전된 경우에도 임차인이 여전히 임차권을 주장할 수 있다는 것을 의미한다.

### (2) 대항요건

① 주택의 임차권은 그 등기가 없는 경우에도 임차인이 주택의 인도(입주)와 주민등록을 마친 때에는 그 다음 날부터 제3자에 대하여서도 대항력을 갖게 된다. 이 경우 전입신고를 한 때에 주민등록이 된 것으로 본다(법 제3조 제1항).

② '다음 날'은 '다음 날 오전 0시'를 말한다. 주민등록의 신고는 행정청에 도달하기만 하면 신고로서의 효력이 발생하는 것이 아니라 행정청이 수리한 경우에 비로소 신고의 효력이 발생한다(대판 2009.1.30, 2006다17850).

### (3) 대항력 인부

① 주택임차인이 대항요건을 갖춘 경우에도 선순위 권리자가 있을 때는 대항력을 갖지 못한다. 예를 들어 임차인이 대항요건을 갖춘 후에 임차주택이 매매되었을 때 주택의 양수인에 대해서는 대항력을 주장할 수 있으나 선순위 저당권자가 임차주택의 경매를 실행할 때 임차인은 경락인에게 대항할 수 없다. 따라서 주택임차인이 대항력을 갖기 위해서는 최선순위 담보권자보다 먼저 대항요건을 갖추어야 한다.

② 주택임차인의 전입신고와 같은 날짜에 저당권설정등기가 이루어졌다면 해당 주택의 경매가 실행될 때 임차인은 경락인에게 대항할 수 없다. 왜냐하면 임차인의 대항력은 전입신고 다음 날을 기준으로 효력이 발생하기 때문이다.

③ 임차권이 대항력을 갖추고 저당권이 후순위로 설정되었다 하더라도 그 저당권설정등기 이후에 증액한 보증금으로써는 그 주택의 경락인에게 대항할 수 없다(대판 1990.8.24, 90다11377).

**판 례**

**대항력**

1. 주민등록이 공부상의 표시와 일치하지 않은 경우는 대항력을 취득하지 못한다. 즉, 전입신고가 잘못되거나 건물의 실제 동 표시가 공부와 다른 경우 및 주민등록상 동·호수 표시가 기재되지 않은 경우에는 보호받을 수 없다(대판 2000.6.9, 2000다8069 등).
2. 다가구주택의 경우 세입자가 전입신고서에 지번만 기재하여도 대항력을 인정받을 수 있지만(대판 1997.11.11, 97다29530), 다세대주택의 경우에는 지번뿐만 아니라 등기부상의 동·호수까지 정확히 기재하여야 대항력을 보장받을 수 있다고 한다(대판 2000.4.7, 99다66212). 그리고 다가구용 단독주택을 임차한 사람이 그 지번을 기재하여 전입신고를 함으로써 대항력을 취득한 후에는 그 건물이 다세대 주택으로 변경되어도 이미 취득한 대항력을 상실하지 않는다(대판 2007.2.8, 2006다70516).
3. 일시 다른 곳으로 이전하더라도 대항력은 상실하는 것이 원칙이다. 임차인 본인뿐만 아니라 임차인의 배우자나 자녀 등 가족의 주민등록도 대항력을 갖춘 것으로 본다(대판 1996.1.26, 95다30338).

4. 대항요건은 주택의 인도와 주민등록을 마친 것으로 족하고, 반드시 새로운 이해관계인이 생기기 전까지 임대인에게 보증금 전부를 지급하여야 하는 것은 아니다(대판 2001.1.19, 2000다61855). 또한 임대차계약 당사자가 기존 채권을 임차보증금으로 전환하여 임대차계약을 체결하였다는 사정만으로 임차인이 대항력을 갖지 못한다고 볼 수는 없다(대판 2002.1.8, 2001다47535).

5. 임차인이 임대인의 승낙을 받아 임차주택을 전대하고 그 전차인이 주택을 인도받아 자신의 주민등록을 마친 때에는 그때로부터 임차인은 대항력을 취득한다(대판 2001.1.19, 2000다55645).

6. 입주 및 전입신고를 한 주택의 소유자가 그 주택을 타인에게 매도함과 동시에 종전의 상태를 유지한 채 그 주택을 다시 임차한 경우, 주택임차권의 대항력은 주택양수인의 소유권이전등기일 익일부터 임차인으로서 대항력을 갖는다(대판 2000.2.11, 99다59306).

7. 아파트 수분양자가 분양자로부터 열쇠를 교부받아 임차인을 입주케 하고 임차인이 「주택임대차보호법」상 대항력을 갖춘 후, 수분양자가 분양계약상 아파트 입주를 위하여 요구되는 의무를 다하지 못하여 분양계약이 해제되어 수분양자가 주택의 소유권을 취득하지 못한 사안에서, 임차인은 아파트 소유자인 분양자에 대하여 임차권으로 대항할 수 있다(대판 2008.4.10, 2007다38908).



## 2 대항력의 세부내용

### (1) 임대인의 지위승계

① 임차주택의 매수인이나 상속·경매 등으로 권리를 승계한 자는 임대인의 지위를 승계한 것으로 본다. 따라서 임차물의 사용·수익과 차임은 물론 보증금에 관한 권리·의무도 양수인에게 승계된다.

② 임차인의 보증금반환채권이 가압류된 상태에서 임대주택이 양도되었다면, 양수인이 제3채무자의 지위를 승계하며, 이 경우 가압류채권자는 양수인에 대해서만 가압류의 효력을 주장할 수 있다(대판 2013.1.17, 2011다49523 전원합의체).

③ 매매계약의 이행으로 매매목적물을 인도받은 매수인은 그 물건을 사용·수익할 수 있는 지위에서 그 물건을 다른 사람에게 적법하게 임대할 수 있으며, 이러한 지위에 있는 매수인으로부터 매매계약이 해제되기 전에 매매목적물인 주택을 임차하여 주택의 인도와 주민등록을 마침으로써 「주택임대차보호법」에 의한 대항요건을 갖춘 임차인은 계약해제로 인하여 권리를 침해받지 않는 제3자에 해당하므로 이 경우 계약해제로 소유권을 회복한 매도인은 임대인의 지위를 승계한다(대판 2009.1.30, 2008다65617).

### (2) 지위승계에 대한 이의제기

임차인이 임대인의 지위승계를 원하지 않는 경우에는 임차인이 임차주택의 양도사실을 안 때로부터 상당한 기간 내에 이의를 제기함으로써 승계되는 임대차관계의 구속으로부터 벗어날 수 있으며, 이러한 경우에는 양도인의 임차인에 대한 보증금반환채무는 소멸하지 않는다(대판 2002.9.4, 2001다64615).

## 04 보증금의 회수

### 1 우선변제권(대항요건 + 확정일자) 제31회

### (1) 의 의

대항요건과 임대차계약증서(대항력 있는 법인의 경우 법인과 임대인 사이의 임대차계약증서를 말함)상의 확정일자를 갖춘 임차인은 「민사집행법」상의 경매나 「국세징수법」상의 공매시 임차주택(대지 포함)의 환가대금에서 후순위권리자 그 밖의 채권자보다 우선하여 보증금을 변제받을 권리가 있다(법 제3조의2 제2항). 즉, 담보물권과 유사한 효력이 인정되는 것이다.

넓혀 보기

**전세권과 임대차의 구별**

① 전세권은 전세금을 지급하고 다른 사람의 부동산을 점유하여 그 부동산의 용도에 좇아 사용·수익하며 그 부동산 전부에 대하여 후순위권리자 기타 채권자보다 전세금의 우선변제를 받을 권리를 내용으로 하는 물권이다.
② 임대차는 당사자 일방이 상대방에게 목적물을 사용·수익하게 할 것을 약정하고 상대방이 이에 대하여 차임을 지급할 것을 약정함으로써 그 효력이 발생하는 채권계약으로서, 임차인이 「주택임대차보호법」상의 대항요건을 갖추거나 「민법」 제621조의 규정에 의한 주택임대차등기를 마치더라도 채권계약이라는 성질을 갖는다.

### (2) 확정일자 부여 및 임대차 정보제공 등(법 제3조의6)

① 확정일자는 주택 소재지의 읍·면사무소, 동 주민센터 또는 시(특별시·광역시·특별자치시는 제외하고, 특별자치도는 포함한다)·군·구(자치구를 말한다)의 출장소, 지방법원 및 그 지원과 등기소 또는 「공증인법」에 따른 공증인(이하 "확정일자부여기관"이라 한다)이 부여한다(제1항).

② 확정일자부여기관은 해당 주택의 소재지, 확정일자 부여일, 차임 및 보증금 등을 기재한 확정일자부를 작성하여야 한다. 이 경우 전산처리정보조직을 이용할 수 있다.

③ 확정일자는 확정일자번호, 확정일자 부여일 및 확정일자부여기관을 주택임대차계약증서에 표시하는 방법으로 부여한다.

④ 주택의 임대차에 이해관계가 있는 자는 확정일자부여기관에 해당 주택의 확정일자 부여일, 차임 및 보증금 등 정보의 제공을 요청할 수 있다. 이 경우 요청을 받은 확정일자부여기관은 정당한 사유 없이 이를 거부할 수 없다(제3항).

⑤ 임대차계약을 체결하려는 자는 임대인의 동의를 받아 확정일자부여기관에 해당 주택의 확정일자 부여일, 차임 및 보증금 등 정보의 제공을 요청할 수 있다(제4항).

⑥ 확정일자를 부여받거나 정보를 제공받으려는 자는 수수료를 내야 한다(제5항).

⑦ 확정일자부에 기재하여야 할 사항, 주택의 임대차에 이해관계가 있는 자의 범위, 확정일자부여기관에 요청할 수 있는 정보의 범위 및 수수료, 그 밖에 확정일자부여사무와 정보제공 등에 필요한 사항은 대통령령 또는 대법원규칙으로 정한다(제6항).



### (3) 임대인의 정보 제시 의무(법 제3조의7)

임대차계약을 체결할 때 임대인은 다음 각 호의 사항을 임차인에게 제시하여야 한다.

① 해당 주택의 확정일자 부여일, 차임 및 보증금 등 정보. 다만, 임대인이 임대차계약을 체결하기 전에 임대차계약을 체결하려는 자가 확정일자부여기관에 정보제공을 요청할 수 있도록 동의함으로써 이를 갈음할 수 있다.

② 「국세징수법」에 따른 납세증명서 및 「지방세징수법」에 따른 납세증명서. 다만, 임대인이 임대차계약을 체결하기 전에 「국세징수법」에 따른 미납국세와 체납액의 열람 및 「지방세징수법」에 따른 미납지방세의 열람에 각각 동의함으로써 이를 갈음할 수 있다.

### (4) 우선변제권의 내용

① 우선변제권은 확정일자를 받은 당일 발생한다. 다만, 우선변제권은 확정일자만으로는 그 효력이 발생하지 않고 대항력이 전제되어야 한다. 따라서 주택의 임차인이 주택의 인도와 주민등록을 마친 당일 또는 그 이전에 임대차계약증서상에 확정일자를 갖춘 경우 우선변제권은 대항력과 마찬가지로 주택의 인도와 주민등록을 마친 다음 날을 기준으로 발생한다.

② 임대차계약의 갱신으로 보증금이 증액된 경우에는 다시 확정일자를 받아야 하고, 증액된 보증금에 대한 우선변제권은 소급하지 않는다.

③ 확정일자를 받았다 하여 채권인 임차권이 물권으로 변하는 것은 아니므로 경매신청권이나 전전세권이 인정되지는 않는다.

④ 임차인은 임차주택을 양수인에게 인도하지 않으면 보증금을 수령할 수 없다(법 제3조의2 제3항). 즉, 임차인이 경매절차에서 배당요구를 하여 배당금을 수령하기 위해서는 당해 주택을 매수인(경락인)에게 먼저 인도하여야 한다.

⑤ 우선변제권 있는 임차인이라도 경매절차에서 배당요구의 종기까지 배당요구를 해야 배당을 받을 수 있다. 다만, 임차권등기가 첫 경매개시결정등기 전에 등기된 경우에는 임차인이 별도의 배당요구를 하지 않아도 배당받을 수 있다.

**판 례**

1. 「주택임대차보호법」상의 대항력과 우선변제권의 두 가지 권리를 함께 가지고 있는 임차인이 우선변제권을 선택하여 제1경매절차에서 보증금 전액에 대하여 배당요구를 하였으나 보증금 전액을 배당받을 수 없었던 때에는 경락인에게 대항하여 이를 반환받을 때까지 임대차관계의 존속을 주장할 수 있을 뿐이고, 임차인의 우선변제권은 경락으로 인하여 소멸하는 것이므로 제2경매절차에서 우선변제권에 의한 배당을 받을 수 없다(대판 2001.3.27, 98다4552).
2. 주택임차인이 그 지위를 강화하고자 별도로 전세권설정등기를 마친 경우, 주택임차인이 「주택임대차보호법」 제3조 제1항의 대항요건을 상실하면 이미 취득한 「주택임대차보호법」상의 대항력 및 우선변제권을 상실한다(대판 2007.6.28, 2004다69741).
3. 확정일자를 받은 임대차계약서가 당사자 사이에 진정하게 작성되었다면 아파트의 명칭과 동·호수의 기재를 누락한 경우라도 우선변제권을 인정한다. 확정일자는 임대인과 임차인 사이의 담합으로 임차보증금의 액수를 사후에 변경하는 것을 방지하고자 하는 취지일 뿐, 대항요건으로 규정된 주민등록과 같이 당해 임대차의 존재사실을 제3자에게 공시하고자 하는 것이 아니기 때문이다(대판 1999.6.11, 99다7992).
4. 「주택임대차보호법」상의 대항력과 우선변제권을 모두 가지고 있는 임차인이 보증금을 반환받기 위하여 보증금반환청구 소송의 확정판결 등 집행권원을 얻어 임차주택에 대하여 스스로 강제경매를 신청하였다면 특별한 사정이 없는 한 대항력과 우선변제권 중 우선변제권을 선택하여 행사한 것으로 보아야 하고, 이 경우 우선변제권을 인정받기 위하여 배당요구의 종기까지 별도로 배당요구를 하여야 하는 것은 아니다(대판 2013.11.14, 2013다27831).
5. [1] 대항요건 및 확정일자를 갖춘 임차인과 소액임차인은 임차주택과 그 대지가 함께 경매될 경우뿐만 아니라 임차주택과 별도로 그 대지만이 경매될 경우에도 그 대지의 환가대금에 대하여 우선변제권을 행사할 수 있고, 임대차 성립 당시 임대인의 소유였던 대지가 타인에게 양도되어 임차주택과 대지의 소유자가 서로 달라지게 된 경우에도 마찬가지이다.
[2] 미등기 주택의 임차인이라도 임차주택 대지의 환가대금에 대하여 「주택임대차보호법」상 우선변제권을 행사할 수 있다(대판 2007.6.21, 2004다26133 전원합의체).
6. 우선변제권을 가진 임차인으로부터 임차권과 분리하여 임차보증금반환채권만을 양수한 채권양수인은 「주택임대차보호법」상의 우선변제권을 행사할 수 있는 임차인에 해당한다고 볼 수 없다. 다만, 이와 같은 경우에도 채권양수인이 일반 금전채권자로서의 요건을 갖추어 배당요구를 할 수 있다(대판 2010.5.27, 2010다10276).

예제

**甲 소유의 X주택에 대하여 임차인 乙이 주택의 인도를 받고 2025. 6. 3. 10:00에 확정일자를 받으면서 주민등록을 마쳤다. 그런데 甲의 채권자 丙이 같은 날 16:00에, 다른 채권자 丁은 다음날 16:00에 X주택에 대해 근저당권설정등기를 마쳤다. 임차인 乙에게 개업공인중개사가 설명한 내용으로 옳은 것은?** (다툼이 있으면 판례에 따름)

제30회 수정

① 丁이 근저당권을 실행하여 X주택이 경매로 매각된 경우, 乙은 매수인에 대하여 임차권으로 대항할 수 있다.

② 丙 또는 丁 누구든 근저당권을 실행하여 X주택이 경매로 매각된 경우, 매각으로 인하여 乙의 임차권은 소멸한다.

③ 乙은 X주택의 경매시 경매법원에 배당요구를 하면 丙과 丁보다 우선하여 보증금 전액을 배당받을 수 있다.

④ X주택이 경매로 매각된 후 乙이 우선변제권 행사로 보증금을 반환받기 위해서는 X주택을 먼저 법원에 인도하여야 한다.

⑤ X주택에 대해 乙이 집행권원을 얻어 강제경매를 신청하였더라도 우선변제권을 인정받기 위해서는 배당요구의 종기까지 별도로 배당요구를 하여야 한다.

해설 ① X주택이 경매로 매각된 경우에 임차인 乙은 2025. 6. 3. 10:00에 확정일자를 받으면서 주민등록을 마쳤으므로 익일 6월 4일에 대항력이 발생한다. 따라서 저당권자 丙보다 후순위가 되어 乙은 대항할 수 없다.
③ 임차인 乙의 배당순위는 丙보다는 후순위이고, 익일 6월 4일 0시부터 대항력 및 우선변제권이 발생하므로 丁보다 선순위로 보증금 전액을 배당받는다.
④ 임차인 乙이 우선변제권 행사로 보증금을 반환받기 위해서는 X주택을 먼저 매수인에게 인도하고 법원에 "매수인 명도확인서"를 제출하고 배당금을 수령해야 한다.
⑤ 임차인 乙이 이 X주택에 대해 집행권원(보증금반환 판결 등)을 얻어 강제경매를 신청한 경우에는 별도로 배당요구를 하지 않아도 된다.

❶ 정답 ②

## (5) 우선변제권의 승계

① 금융기관 등이 우선변제권을 취득한 임차인의 보증금반환채권을 계약으로 양수한 경우에는 양수한 금액의 범위에서 우선변제권을 승계한다(법 제3조의2 제7항).

② 우선변제권을 승계한 금융기관 등은 다음의 어느 하나에 해당하는 경우에는 우선변제권을 행사할 수 없다(법 제3조의2 제8항).

| ㉠ 임차인이 대항요건을 상실한 경우<br>㉡ 임차권등기가 말소된 경우<br>㉢ 「민법」 제621조에 따른 임대차등기가 말소된 경우 |
|---|

③ 금융기관 등은 우선변제권을 행사하기 위하여 임차인을 대리하거나 대위하여 임대차를 해지할 수 없다(법 제3조의2 제9항).

### (6) 이의신청

우선변제의 순위와 보증금에 대하여 이의가 있는 이해관계인은 경매법원 또는 체납처분청에 이의를 신청할 수 있다(법 제3조의2 제4항).

이 경우 이의신청을 받은 체납처분청은 이해관계인이 이의신청일부터 7일 이내에 임차인 또는 우선변제권을 승계한 금융기관 등을 상대로 소를 제기한 것을 증명하면 해당 소송이 끝날 때까지 이의가 신청된 범위 안에서 임차인 또는 우선변제권을 승계한 금융기관 등에 대한 보증금의 변제를 유보하고 남은 금액을 배분하여야 한다.

이 경우 유보된 보증금은 소송의 결과에 따라 배분한다(법 제3조의2 제6항).

## 2 최우선변제(대항요건 + 소액보증금) 제31회, 제35회

### (1) 의 의

소액임차인은 자신의 보증금 중 일정액에 대하여 「민사집행법」에 의한 경매나 「국세징수법」에 의한 공매절차에서 다른 담보물권자보다도 우선하여 변제받을 수 있다(강학상 최우선변제라 한다).

### (2) 요 건

최우선변제를 받을 임차인 및 보증금 중 일정액의 범위와 기준은 주택임대차위원회의 심의를 거쳐 대통령령으로 정한다.

**☑ 종전 소액보증금의 기준 및 보호금액(변천)**

① 2018년 9월 18일부터 ~ 2021년 5월 10일까지

| 지역 구분 | 소액임차보증금 | 최우선변제금액 한도 |
|---|---|---|
| **서울특별시** | 1억 1천만원 이하 | 3천700만원까지 |
| **과밀억제권역**(서울특별시 제외), **세종특별자치시, 용인시 및 화성시** | 1억원 이하 | 3천400만원까지 |
| **광역시**(과밀억제권역과 군 지역 제외), **안산시, 김포시, 광주시 및 파주시** | 6천만원 이하 | 2천만원까지 |
| **그 밖의 지역** | 5천만원 이하 | 1천700만원까지 |

② 현행 2023년 2월 21일부터 최우선변제를 받을 수 있는 임차인의 보증금과 보증금액은 지역별로 다음과 같다.

| 지역 구분 | 소액임차보증금 | 최우선변제금액 한도 |
|---|---|---|
| **서울특별시** | 1억 6천5백만원 이하 | 5천5백만원까지 |
| **과밀억제권역**(서울특별시 제외), **세종특별자치시, 용인시, 화성시 및 김포시** | 1억 4천5백만원 이하 | 4천8백만원까지 |
| **광역시**(과밀억제권역과 군 지역은 제외), **안산시, 광주시, 파주시, 이천시 및 평택시** | 8천 5백만원 이하 | 2천8백만원까지 |
| **그 밖의 지역** | 7천 5백만원 이하 | 2천5백만원까지 |

㉠ 다만, 2023년 2월 21일 이전에 임차주택에 대하여 담보물권을 취득한 자에 대해서는 종전의 규정에 따른다. 따라서 임대차계약 체결 당시에는 소액임차인에 해당한다고 하더라도 종전 규정에 의할 경우 선순위 저당권자와의 관계에서 소액임차인에 해당하지 않을 수 있다는 점을 주의하여야 한다.

㉡ 대항요건의 구비 및 유지: 임차인이 최우선변제권을 취득하려면 당해 주택에 대한 경매신청의 등기 전에 대항요건을 갖추어야 한다. 이러한 대항요건은 배당요구의 종기까지 계속 존속하고 있어야 한다.

### (3) 보호금액의 제한

① 임차인의 보증금 중 일정액이 주택가액의 2분의 1을 초과하는 경우에는 주택가액(대지의 가액을 포함)의 2분의 1에 해당하는 금액까지만 우선변제권이 있다(영 제10조 제2항).

② 하나의 주택에 임차인이 2명 이상이고, 그 각 보증금 중 일정액을 모두 합한 금액이 주택가액의 2분의 1을 초과하는 경우에는 그 각 보증금 중 일정액을 모두 합한 금액에 대한 각 임차인의 보증금 중 일정액의 비율로 그 주택가액의 2분의 1에 해당하는 금액을 분할한 금액을 각 임차인의 보증금 중 일정액으로 본다(영 제10조 제3항).

③ 하나의 주택에 임차인이 2명 이상이고 이들이 그 주택에서 가정공동생활을 하는 경우에는 이들을 1명의 임차인으로 보아 이들의 각 보증금을 합산한다(영 제10조 제4항).

### (4) 최우선변제권의 내용

① 확정일자는 최우선변제를 받기 위한 요건에 해당하지 않는다. 다만, 소액임차인이라도 '보증금 전부'에 대하여 다른 담보권자보다 우선하여 변제받을 수는 없으므로 확정일자를 갖추는 것이 유리하다 할 것이다.

② 소액임차인의 소액보증금반환채권은 「민사집행법」에서 규정하는 배당요구가 필요한 배당요구채권에 해당하므로 최우선변제를 받기 위해서는 배당요구의 종기까지 배당요구를 하여야 한다.

③ 소액임차인으로서 임대차계약을 체결하더라도 종전 규정에 의할 경우 선순위 저당권자와의 관계에서 소액임차인에 해당하지 않을 수 있으므로 최우선변제를 주장할 수 있는지 얼마까지 배당을 받을 수 있는지는 당해 주택이 위치한 지역과 소액보증금 그리고 선순위 담보물권 설정일을 확인하여 판단하여야 한다.

**판 례**

1. 점포 및 사무실로 사용되던 건물에 근저당권이 설정된 후 그 건물이 주거용 건물로 용도 변경되어 이를 임차한 소액임차인도 특별한 사정이 없는 한 「주택임대차보호법」 제8조에 의하여 보증금 중 일정액을 근저당권자보다 우선하여 변제받을 권리가 있다(대판 2009.8.20, 2009다26879).
2. 채권자가 채무자 소유의 주택에 관하여 채무자와 임대차계약을 체결하고 전입신고를 마친 다음 그곳에 거주하였다고 하더라도, 임대차계약의 주된 목적이 주택을 사용・수익하려는 것에 있는 것이 아니고 소액임차인으로 보호받아 선순위 담보권자에 우선하여 채권을 회수하려는 것에 주된 목적이 있었던 경우에는 그러한 임차인을 「주택임대차보호법」상 소액임차인으로 보호할 수 없다(대판 2002.3.12, 2000다24184).
3. 실제 임대차계약의 주된 목적이 주택을 사용・수익하려는 것인 이상, 처음 임대차계약을 체결할 당시에는 보증금액이 많아 「주택임대차보호법」상 소액임차인에 해당하지 않았지만 그 후 새로운 임대차계약에 의하여 정당하게 보증금을 감액하여 소액임차인에 해당하게 되었다면, 그 임대차계약이 통정허위표시에 의한 계약이어서 무효라는 등의 특별한 사정이 없는 한 그러한 임차인은 같은 법상 소액임차인으로 보호받을 수 있다.
4. 최우선변제는 대지의 환가대금에 대해서도 인정된다. 다만, 나대지에 저당권이 설정된 후 지상에 건물이 신축된 경우 건물의 소액임차인은 그 저당권 실행에 따른 대지의 환가대금에 대하여 우선변제를 받을 수 없다.

## 3 보증금반환청구소송

### (1) 집행개시의 요건

임차인(대항력이 있는 법인 포함)이 임차주택에 대하여 보증금반환청구소송의 확정판결 그 밖의 이에 준하는 집행권원에 기한 경매를 신청하는 경우에는 「민사집행법」 제41조의 규정에도 불구하고 반대의무의 이행(주택의 인도) 또는 이행의 제공을 집행개시의 요건으로 하지 아니한다(법 제3조의2 제1항).

즉, 집을 비워주지 않고도 집행권원에 의한 경매를 신청할 수 있다. 이는 임차인이 보증금을 반환받기 위해 경매를 신청하는 경우 주택의 인도를 경매개시 요건으로 한다면 임차인은 경매기간 중 대항력을 상실하게 되어 임차인의 보호가 사실상 어렵기 때문에 임차인의 경매신청권을 실질적으로 보장하기 위해서 둔 규정이라 할 수 있다.

### (2) 「소액사건심판법」의 적용

「소액사건심판법」 제6조, 제7조, 제10조 및 제11조의2의 규정은 임차인이 임대인에 대하여 제기하는 보증금반환청구소송에 관하여 이를 준용한다(법 제13조). 민사소송은 그 절차가 까다롭고 비용이 과다하게 요구되므로 신속한 소송절차로 임차인을 보호하기 위해서 「소액사건심판법」을 준용하도록 특칙을 정한 것이다.

### (3) 담보책임

「주택임대차보호법」에 의하여 임대차의 목적이 된 주택(즉, 대항력 있는 주택임차권)이 매매 또는 경매의 목적물이 된 경우에는 임대인은 매수인에 대하여 담보책임을 져야 한다(법 제3조 제3항, 「민법」 제575조 제1·3항, 제578조).



## 05 임차권등기명령제 제31회, 제35회

### 1 제도적 취지

「주택임대차보호법」은 임대차가 종료한 후 보증금을 반환받지 못한 임차인이 법원에 임차권등기명령을 신청하여 임차권등기가 경료되면 대항력 또는 우선변제권을 취득하도록 하고, 만약 임차인이 이미 대항력과 우선변제권을 보유한 자인 경우에는 종전의 대항력과 우선변제권을 유지하며, 임차권등기 이후에는 주택의 점유와 주민등록의 요건을 갖추지 아니하더라도 임차인이 종전에 가지고 있던 대항력과 우선변제권이 유지되도록 함으로써 임차권등기의 효력을 강화하고 임차인이 자유롭게 주거를 이전할 수 있도록 규정하고 있다.

### 2 요건 및 절차

### (1) 신청자

① 임대차가 끝난 후 보증금을 반환받지 못한 임차인은 임차주택의 소재지를 관할하는 지방법원, 지방법원지원 또는 시·군 법원에 임차권등기명령을 신청할 수 있다(법 제3조의3 제1항).

② 금융기관 등은 임차인을 대위하여 임차권등기명령을 신청할 수 있다. 이 경우 "임차인'’은 "금융기관 등"으로 본다(법 제3조의3 제9항).

### (2) 신청서

임차권등기명령의 신청서에는 다음의 사항을 적어야 하며, 신청의 이유와 임차권등기의 원인이 된 사실을 소명하여야 한다(법 제3조의3 제2항).

① 신청의 취지 및 이유
② 임대차의 목적인 주택(임대차의 목적이 주택의 일부분인 경우에는 해당 부분의 도면을 첨부한다)
③ 임차권등기의 원인이 된 사실(임차인이 대항력을 취득하였거나 우선변제권을 취득한 경우에는 그 사실)
④ 그 밖에 대법원규칙으로 정하는 사항

### (3) 비용부담

임차인은 임차권등기명령의 신청 및 그에 따른 임차권등기와 관련하여 든 비용을 임대인에게 청구할 수 있다(법 제3조의3 제8항).

### (4) 항 고

임차권등기명령신청을 기각하는 결정에 대하여 임차인은 항고할 수 있다(법 제3조의3 제4항).

## 3 임차권등기의 효력 제35회

(1) 임차권등기명령의 집행에 따른 임차권등기를 마치면 임차인은 대항력 및 우선변제권을 취득한다. 다만, 임차인이 임차권등기 이전에 이미 대항력 또는 우선변제권을 취득한 경우에는 그 대항력 또는 우선변제권은 그대로 유지되며, 임차권등기 이후에는 대항요건을 상실하더라도 이미 취득한 대항력 또는 우선변제권을 상실하지 아니한다(법 제3조의3 제5항).

(2) 임차권등기명령의 집행에 의한 임차권등기가 끝난 주택(임대차의 목적이 주택의 일부분인 경우에는 해당 부분으로 한정한다)을 그 이후에 임차한 임차인은 최우선변제를 받을 권리가 없다(법 제3조의3 제6항). 다만, 임차권등기명령에 의한 등기 이후에 임차한 임차인도 확정일자에 의한 우선변제권은 인정된다.

(3) 임차권등기명령의 집행에 의하여 임차권등기를 한 경우라도 물권으로 변하는 것은 아니므로 경매신청권이 인정되지는 않는다. 다만, 배당요구를 하지 않아도 배당받을 수 있음은 전술한 바와 같다.

(4) 임차권등기가 경료된 후에 있어서 이행지체에 빠진 임대인의 보증금 반환의무와 임차인의 임차권등기 말소의무는 동시이행관계에 있는 것이 아니고, 임대인의 보증금 반환의무가 임차인의 임차권등기 말소의무보다 먼저 이행되어야 할 의무이다(대판 2005.6.9, 2005다4529).

### 4 「민법」에 따른 주택임대차등기의 효력

(1) 주택임대차에 관하여 「민법」 제621조에 따라 경료된 임차권등기의 효력에는 「주택임대차보호법」상 임차권등기의 효력규정을 준용한다(법 제3조의4 제1항). 따라서 임차인이 「민법」에 따라 임대인의 협력을 얻어 임차권등기를 한 경우에도 대항력과 우선변제력이 모두 인정되고, 당해 주택을 나중에 임차한 임차인은 최우선변제권이 인정되지 않는다.

(2) 임차인이 대항력이나 우선변제권을 갖추고 「민법」 규정에 따라 임대인의 협력을 얻어 임대차등기를 신청하는 경우에는 신청서에 「부동산등기법」상 기재사항 외에 다음의 사항을 적어야 하며, 이를 증명할 수 있는 서면(임대차의 목적이 주택의 일부분인 경우에는 해당 부분의 도면을 포함한다)을 첨부하여야 한다(법 제3조의4 제2항).

| ① 주민등록을 마친 날<br>② 임차주택을 점유한 날<br>③ 임대차계약증서상의 확정일자를 받은 날 |
|---|



## 06 그 밖의 사항

### 1 주택임차권의 승계

#### (1) 제도의 취지

임차인이 사망한 경우 「민법」의 일반 원칙에 따라 임차권에 대한 상속이 이루어지면 임차인과 동거하고 있는 법정상속인이 아닌 자(사실혼의 배우자, 상속권 없는 직계존속 등)는 상속을 받지 못하고 주거를 상실할 우려가 있다. 「주택임대차보호법」은 이러한 경우를 대비하여 다음과 같은 규정을 두고 있다.

#### (2) 승 계

**① 법정상속인이 있는 경우**

㉠ 임차인이 사망할 당시 상속인이 그 주택에서 가정공동생활을 하고 있었던 때에는 상속인이 임차권을 승계한다.

㉡ 임차인이 사망할 당시 상속인이 그 주택에서 가정공동생활을 하고 있지 아니한 경우에는 그 주택에서 가정공동생활을 하던 사실상의 혼인관계에 있는 자와 2촌 이내의 친족이 공동으로 임차인의 권리와 의무를 승계한다(법 제9조 제2항).

② **법정상속인이 없는 경우**

㉠ 임차인이 상속인 없이 사망한 경우에는 그 주택에서 가정공동생활을 하던 사실상의 혼인관계에 있는 자가 임차인의 권리와 의무를 승계한다(법 제9조 제1항).

㉡ 임차인이 상속인 없이 사망한 경우 사실혼 배우자가 임차인과 가정공동생활을 하지 않은 경우에는 임차권은 상속인이 없는 재산이 되어 국고에 귀속된다. 다만, 사실혼 배우자는 「민법」 제1057조의2 규정의 특별연고자에 해당하므로 청구에 의해 상속재산의 전부 또는 일부를 부여받을 수 있다.

### (3) 승계의 효과

① 주택임차권이 승계되면 임대차관계에서 생긴 채권·채무는 임차인의 권리·의무를 승계한 자에게 귀속된다(법 제9조 제4항). 즉, 임차주택에 거주할 권리, 승계 전에 발생한 연체차임과 손해배상의무, 보증금반환청구권 등이 승계인에게 귀속된다.

② 승계권자는 임차인이 사망한 후 1개월 이내에 임대인에 대하여 반대의사를 표기함으로써 임차권의 승계를 포기할 수 있다(법 제9조 제3항). 반대의사를 표시함이 없이 위의 기간을 경과하게 되면 법률상 당연히 승계되는 것으로 보아야 한다.

**예제**

**개업공인중개사가 중개의뢰인에게 「주택임대차보호법」의 내용에 관하여 설명한 것으로 틀린 것은?** (단, 임차인은 자연인임) 제33회

① 「주택임대차보호법」은 주거용 건물의 임대차에 적용되며, 그 임차주택의 일부가 주거 외의 목적으로 사용되는 경우에도 적용된다.
② 임차인의 계약갱신요구권의 행사를 통해 갱신되는 임대차의 존속기간은 2년으로 본다.
③ 임차인은 임차주택에 대한 경매신청의 등기 전에 대항요건을 갖추지 않은 경우에도 보증금 중 일정액에 대해서는 다른 담보물권자보다 우선하여 변제받을 권리가 있다.
④ 임차인이 대항력을 갖춘 경우 임차주택의 양수인은 임대인의 지위를 승계한 것으로 본다.
⑤ 임차권등기명령의 집행에 따른 임차권등기를 마친 임차인은 이후 대항요건을 상실하더라도 이미 취득한 대항력 또는 우선변제권을 상실하지 아니한다.

**해설** 임차인은 임차주택에 대한 경매신청의 등기 전에 대항요건을 갖추어야 보증금 중 일정액에 대해서는 다른 담보물권자보다 우선하여 변제받을 권리가 있다. **정답** ③

## 2 차임 · 보증금의 증감청구

### (1) 증감청구

당사자는 약정한 차임이나 보증금이 임차주택에 관한 조세, 공과금, 그 밖의 부담의 증감이나 경제사정의 변동으로 인하여 적절하지 아니하게 된 때에는 장래에 대하여 그 증감을 청구할 수 있다(법 제7조 제1항).

### (2) 증액제한



① 증액청구는 약정한 차임이나 보증금의 20분의 1의 금액을 초과하지 못한다. 다만, 특별시 · 광역시 · 특별자치시 · 도 및 특별자치도는 관할 구역 내의 지역별 임대차 시장 여건 등을 고려하여 본문의 범위에서 증액청구의 상한을 조례로 달리 정할 수 있다(법 제7조 제2항). 그리고 증액청구는 임대차계약 또는 약정 차임 등의 증액이 있은 후 1년 이내에는 이를 하지 못한다(법 제7조 제1항 단서, 영 제8조).

② 특별시 · 광역시 · 특별자치시 · 도 및 특별자치도에 따라 증액청구 상한이 달라질 수 있다.

③ 증액제한은 묵시의 갱신이나 계약갱신요구권에 따른 계약에는 적용되나 다만, 임대차계약이 종료된 후 재계약을 하거나 또는 임대차계약 종료 전이라도 당사자의 합의로 차임 등이 증액된 경우에는 적용되지 않는다.

④ 임차인의 감액청구에는 감액의 상한과 청구의 횟수 제한규정도 없다.

## 3 월차임 전환시 산정률의 제한

보증금의 전부 또는 일부를 월 단위의 차임으로 전환하는 경우에는 그 전환되는 금액에 다음 각 호 중 낮은 비율을 곱한 월차임의 범위를 초과할 수 없다(법 제7조의2).

| |
|---|
| ① 「은행법」에 따른 은행에서 적용하는 대출금리와 해당 지역의 경제 여건 등을 고려하여 대통령령으로 정하는 비율(연 1할)<br>② 한국은행에서 공시한 기준금리에 대통령령으로 정하는 이율(연 2%)을 더한 비율 |

## 4 초과 차임 등의 반환청구

임차인이 법정 증액비율을 초과하여 차임 또는 보증금을 지급하거나 법정 월차임 산정률을 초과하여 차임을 지급한 경우에는 초과 지급된 차임 또는 보증금 상당금액의 반환을 청구할 수 있다(법 제10조의2).

## 5 주택임대차표준계약서 사용

주택임대차계약을 서면으로 체결할 때에는 법무부장관이 국토교통부장관과 협의하여 정하는 주택임대차 표준계약서를 우선적으로 사용한다. 다만, 당사자가 다른 서식을 사용하기로 합의한 경우에는 그러하지 아니하다(법 제30조).

## 6 편면적 강행규정

「주택임대차보호법」의 규정에 위반된 약정으로서 임차인에게 불리한 것은 그 효력이 없다(법 제10조).

## 7 주택임대차분쟁조정위원회(법 제14조)

### (1) 취 지

> **법 제14조 【주택임대차분쟁조정위원회】** ① 이 법의 적용을 받는 주택임대차와 관련된 분쟁을 심의·조정하기 위하여 대통령령으로 정하는 바에 따라 「법률구조법」 제8조에 따른 대한법률구조공단의 지부, 「한국토지주택공사법」에 따른 한국토지주택공사의 지사 또는 사무소 및 「한국부동산원법」에 따른 한국부동산원의 지사 또는 사무소에 주택임대차분쟁조정위원회를 둔다. 특별시·광역시·특별자치시·도 및 특별자치도(이하 "시·도"라 한다)는 그 지방자치단체의 실정을 고려하여 조정위원회를 둘 수 있다.

주택임대차와 관련된 분쟁을 심의·조정하기 위하여 대한법률구조공단의 지부, 한국토지주택공사의 및 한국부동산원에 주택임대차분쟁조정위원회를 두고, 특별시·광역시·특별자치시·도 및 특별자치도는 그 지방자치단체의 실정을 고려하여 조정위원회를 둘 수 있도록 함으로써 서민의 주거안정대책을 마련했다는 데 의미가 있다.

### (2) 조정위원회

**조정위원회의 심의·조정 사항**

| ㉠ 차임 또는 보증금의 증감에 관한 분쟁<br>㉡ 임대차 기간에 관한 분쟁<br>㉢ 보증금 또는 임차주택의 반환에 관한 분쟁<br>㉣ 임차주택의 유지·수선 의무에 관한 분쟁<br>㉤ 그 밖에 대통령령으로 정하는 주택임대차에 관한 분쟁 |
|---|

### (3) **조정위원회의 구성**(법 제16조)

#### ① 구 성

㉠ 조정위원회는 위원장 1명을 포함하여 5명 이상 30명 이하의 위원으로 성별을 고려하여 구성한다.

㉡ 조정위원회의 위원은 조정위원회를 두는 기관에 따라 공단 이사장, 공사 사장, 감정원 원장 또는 조정위원회를 둔 지방자치단체의 장이 각각 임명하거나 위촉한다.

㉢ 조정위원회의 위원은 주택임대차에 관한 학식과 경험이 풍부한 사람으로서 다음 어느 하나에 해당하는 사람으로 한다. 이 경우 ⓐ부터 ⓓ까지에 해당하는 위원을 각 1명 이상 위촉하여야 하고, 위원 중 5분의 2 이상은 ⓑ에 해당하는 사람이어야 한다.

> ⓐ 법학·경제학 또는 부동산학 등을 전공하고 대학이나 공인된 연구기관에서 부교수 이상 또는 이에 상당하는 직에 재직한 사람
> ⓑ 판사·검사 또는 변호사로 6년 이상 재직한 사람
> ⓒ 감정평가사·공인회계사·법무사 또는 공인중개사로서 주택임대차 관계 업무에 6년 이상 종사한 사람
> ⓓ 「사회복지사업법」에 따른 사회복지법인과 그 밖의 비영리법인에서 주택임대차 분쟁에 관한 상담에 6년 이상 종사한 경력이 있는 사람
> ⓔ 해당 지방자치단체에서 주택임대차 관련 업무를 담당하는 4급 이상의 공무원
> ⓕ 그 밖에 주택임대차 관련 학식과 경험이 풍부한 사람으로서 대통령령으로 정하는 사람

㉣ 조정위원회의 위원장은 위 ⓑ에 해당하는 위원 중에서 위원들이 호선한다.

㉤ 조정위원회위원장은 조정위원회를 대표하여 그 직무를 총괄한다.

㉥ 조정위원회위원장이 부득이한 사유로 직무를 수행할 수 없는 경우에는 조정위원회위원장이 미리 지명한 조정위원이 그 직무를 대행한다.

㉦ 조정위원의 임기는 3년으로 하되 연임할 수 있으며, 보궐위원의 임기는 전임자의 남은 임기로 한다.

㉧ 조정위원회는 조정위원회위원장 또는 위 ⓑ에 해당하는 조정위원 1명 이상을 포함한 재적위원 과반수의 출석과 출석위원 과반수의 찬성으로 의결한다.

㉨ 그 밖에 조정위원회의 설치, 구성 및 운영 등에 필요한 사항은 대통령령으로 정한다.

### (4) **조정절차**(법 제22조)

① 조정위원회의 위원장은 신청인으로부터 조정신청을 접수한 때에는 지체 없이 조정절차를 개시하여야 한다(제1항).

② 조정위원회의 위원장은 ①에 따라 조정신청을 접수하면 피신청인에게 조정신청서를 송달하여야 한다. 이 경우 법 제21조 제2항을 준용한다(제2항).

③ 조정서류의 송달 등 조정절차에 관하여 필요한 사항은 대통령령으로 정한다.

### (5) **처리기간**(법 제23조)

① 조정위원회는 분쟁의 조정신청을 받은 날부터 60일 이내에 그 분쟁조정을 마쳐야 한다. 다만, 부득이한 사정이 있는 경우에는 조정위원회의 의결을 거쳐 30일의 범위에서 그 기간을 연장할 수 있다.

② 조정위원회는 기간을 연장한 경우에는 기간 연장의 사유와 그 밖에 기간 연장에 관한 사항을 당사자에게 통보하여야 한다.

### (6) **조정의 성립**(법 제26조)

① 조정위원회가 조정안을 작성한 경우에는 그 조정안을 지체 없이 각 당사자에게 통지하여야 한다.

② 조정안을 통지받은 당사자가 통지받은 날부터 14일 이내에 수락의 의사를 서면으로 표시하지 아니한 경우에는 조정을 거부한 것으로 본다.

③ 각 당사자가 조정안을 수락한 경우에는 조정안과 동일한 내용의 합의가 성립된 것으로 본다.

④ 합의가 성립한 경우 조정위원회위원장은 조정안의 내용을 조정서로 작성한다. 조정위원회위원장은 각 당사자 간에 금전, 그 밖의 대체물의 지급 또는 부동산의 인도에 관하여 강제집행을 승낙하는 취지의 합의가 있는 경우에는 그 내용을 조정서에 기재하여야 한다.

### (7) **집행력의 부여**(법 제27조)

강제집행을 승낙하는 취지의 내용이 기재된 조정서의 정본은 「민사집행법」 제56조에도 불구하고 집행력 있는 집행권원과 같은 효력을 가진다.

## 제 6 절 상가건물 임대차보호법 제33회, 제35회

### 01 제정목적

「상가건물 임대차보호법」은 상가건물임대차에 관하여 「민법」에 대한 특례를 규정하여 국민 경제생활의 안정을 보장함을 목적으로 한다(법 제1조).



### 02 적용대상

#### 1 대상건물

(1) 상가건물(법 제3조 제1항에 따른 사업자등록의 대상이 되는 건물을 말한다)의 임대차(임대차 목적물의 주된 부분을 영업용으로 사용하는 경우를 포함한다)에 대하여 적용한다. 다만, 법 제14조의2에 따른 "상가건물임대차위원회"의 심의를 거쳐 대통령령으로 정하는 보증금액을 초과하는 임대차에 대하여는 그러하지 아니하다(법 제2조 제1항). 「상가건물 임대차보호법」 '사업자 등록'의 범위는 「부가가치세법」, 「소득세법」 또는 「법인세법」 규정에 의한 사업자 등록 모두로 규정하고 있다(법 제3조 제1항).

(2) 상가건물에 해당하는지 여부는 공부상 표시가 아닌 건물의 현황 · 용도 등에 비추어 영업용으로 사용하느냐에 따라 실질적으로 판단하여야 한다. 사업자 등록의 장소인 사업장은 '상가건물' 뿐만 아니라 개인의 주택이나 공업용 건물 등 통상적인 의미의 비상업용 건물도 사업자 등록이 되어 있다면 동법의 보호대상 건물에 포함되는 것으로 보아야 할 것이다.

(3) 상가건물의 임차인이더라도 비영리사업을 위한 임차인은 이 법을 적용받지 못한다. 따라서 단순히 상품의 보관 · 제조 · 가공 등 사실행위만이 이루어지는 공장 · 창고 등은 영업용으로 사용하는 경우라고 할 수 없으나 그곳에서 그러한 사실행위와 더불어 영리를 목적으로 하는 활동이 함께 이루어진다면 「상가건물 임대차보호법」 적용대상인 상가건물에 해당한다.

**판 례**

임차인이 상가건물의 일부를 임차하여 도금작업을 하면서 임차부분에 인접한 컨테이너 박스에서 도금작업의 주문을 받고 완성된 도금제품을 고객에게 인도하여 수수료를 받는 등 영업활동을 해 온 사안에서, 임차부분과 이에 인접한 컨테이너 박스는 일체로써 도금작업과 더불어 영업활동을 하는 하나의 사업장이므로 위 임차부분은 「상가건물 임대차보호법」이 적용되는 상가건물에 해당한다고 보아야 하는데도, 그와 같은 사정은 고려하지 않고 임차의 주된 부분이 영업용이 아닌 사실행위가 이루어지는 공장으로써 「상가건물 임대차보호법」의 적용대상이 아니라고 본 원심 판단에는 법리오해의 위법이 있다(대판 2011.7.28, 2009다40967).

## 2 대상 보증금액의 범위

### (1) 지역별 적용대상 보증금액의 범위

「상가건물 임대차보호법」이 적용되는 상가임대차의 보증금액의 범위는 다음과 같다(법 제2조 제1항 단서, 영 제2조 제1항).

| 지역 구분 | 법적용 보증금 |
|---|---|
| **서울특별시** | 9억원 이하 |
| **「수도권정비계획법」에 따른 과밀억제권역**(서울특별시는 제외) **및 부산광역시** | 6억 9천만원 |
| **광역시(과밀억제권역에 포함된 지역과 군지역, 부산광역시는 제외), 세종특별자치시, 파주시, 화성시, 안산시, 용인시, 김포시 및 광주시** | 5억 4천만원 |
| **그 밖의 지역** | 3억 7천만원 |

### (2) 차임의 환산보증금

보증금액을 정함에 있어서는 해당 지역의 경제여건 및 임대차 목적물의 규모 등을 감안하여 지역별로 구분하여 규정하되 '보증금 외에 차임이 있는 경우'에는 그 차임액에 「은행법」에 의한 금융기관의 대출금리 등을 감안하여 '대통령령이 정하는 비율'을 곱하여 환산한 금액을 포함하여야 한다(법 제2조 제2항). '보증금 외에 차임이 있는 경우'의 차임액은 월 단위의 차임액으로 하며(영 제2조 제2항), '대통령령이 정하는 비율'이라 함은 1분의 100을 말한다(영 제2조 제3항).

### (3) 「상가건물 임대차보호법」의 일부 적용

환산합산보증금이 「상가건물 임대차보호법」의 전면 적용되는 지역별 적용대상 보증금액을 초과하는 임대차라 하더라도 다음의 일부 규정은 적용된다.

① 대항력(제3조)
② 계약갱신요구권(제10조 제1항, 제2항, 제3항 본문)
③ 계약갱신의 특례(제10조의2) ⇨ 보증금액을 초과하는 임대차의 계약갱신의 경우에는 당사자는 상가건물에 관한 조세, 공과금, 주변 상가건물의 차임 및 보증금, 그 밖의 부담이나 경제사정의 변동 등을 고려하여 차임과 보증금의 증감을 청구할 수 있다.
④ 임차인의 권리금의 정의, 권리금회수기회 보호, 권리금 적용제외(제10조의3~5)
⑤ 표준권리금계약서(제10조의6) ⇨ 국토교통부장관은 법무부장관과 협의를 거쳐 임차인과 신규임차인이 되려는 자의 권리금 계약 체결을 위한 표준권리금계약서를 정하여 그 사용을 권장할 수 있다.
⑥ 권리금평가기준 고시(제10조의7)

⑦ 상가건물임대차표준계약서(제19조) ⇨ 법무부장관은 국토교통부장관과 협의를 거쳐 보증금, 차임액, 임대차기간, 수선비 분담 등의 내용이 기재된 상가건물임대차표준계약서를 정하여 그 사용을 권장할 수 있다.
⑧ 차임연체와 계약해지(제10조의8)
⑨ 6개월 한시법 ⇨ 제10조의9(계약 갱신요구 등에 관한 임시 특례) 임차인이 이 법 시행일부터 6개월까지의 기간 동안 연체한 차임액은 법 제10조 제1항 제1호, 제10조의4 제1항 단서 및 법 제10조의8의 적용에 있어서는 차임연체액으로 보지 아니한다. 이 경우 연체한 차임액에 대한 임대인의 그 밖의 권리는 영향을 받지 아니한다.



### 3 그 밖의 적용 대상

#### (1) 미등기전세에의 준용

「상가건물 임대차보호법」은 목적건물을 등기하지 아니한 전세계약에 관하여 이를 준용한다. 이 경우 '전세금'은 '임대차의 보증금'으로 본다(법 제17조).

#### (2) 법인에 적용 여부

현행 「소득세법」이나 「부가가치세법」, 「법인세법」에서의 사업자 등록대상은 개인(외국인)뿐만 아니라 법인도 포함하고 있다. 따라서 「상가건물 임대차보호법」은 임차인이 법인인 경우에도 적용된다고 본다.

#### (3) 일시사용을 위한 임대차

「상가건물 임대차보호법」은 일시사용을 위한 임대차임이 명백한 경우에는 이를 적용하지 아니한다(법 제16조).

## 03 임대차기간의 보장

### 1 임대차의 기간

#### (1) 최단기간 보장

기간을 정하지 아니하거나 기간을 1년 미만으로 정한 임대차는 그 기간을 1년으로 본다. 다만, 임차인은 1년 미만으로 정한 기간이 유효함을 주장할 수 있다(법 제9조 제1항). 따라서 1년 미만으로 정한 임대차계약도 유효하며, 임차인은 임의대로 1년이나 계약에서 정한 기간 중 1가지를 선택하여 유효한 임대차기간으로 주장할 수 있다.

### (2) 임대차의 존속

임대차가 종료한 경우에도 임차인이 보증금을 반환받을 때까지는 임대차 관계는 존속하는 것으로 본다(법 제9조 제2항). 따라서 1년의 임대차기간이 종료되었으나 임대인이 보증금을 반환하기 이전이라면 정당한 임차권에 의거하여 당해 상가건물을 사용・수익할 수 있으며, 이런 경우 권리・의무관계는 계속 유지되므로 종전에 정한 월차임은 임차인이 부담해야 한다.

### (3) 차임연체와 계약해지

임차인의 차임연체액이 3기의 차임액에 달하는 때에는 임대인은 계약을 해지할 수 있다(법 제10조의8).

**판 례**

1. 임대차가 갱신된 경우, 임차인이 갱신 전부터 차임을 연체하기 시작하여 갱신 후에 차임연체액이 3기의 차임액에 이른 때에도 임대인은 계약을 해지할 수 있다(대판 2014.7.24, 2012다28486).
2. 임대인 지위가 양수인에게 승계된 경우 이미 발생한 연체차임채권은 따로 채권양도의 요건을 갖추지 않는 한 승계되지 않고, 따라서 양수인이 연체 차임채권을 양수받지 않은 이상 승계 이후의 연체 차임액이 3기 이상의 차임액에 달하여야만 비로소 임대차계약을 해지할 수 있다(대판 2008.10.9, 2008다3022).

## 2 임차인의 계약갱신요구권 제31회, 제35회

(1) 임대인은 임차인이 임대차기간이 만료되기 6개월 전부터 1개월 전까지 사이에 계약갱신을 요구할 경우 정당한 사유 없이 거절하지 못한다. 임대인의 동의를 얻어 전대차한 경우에 전차인은 임차인을 대위하여 계약갱신요구권을 행사할 수 있다. 주의할 것은 다음 사유의 어느 하나에 해당 하더라도 임차인은 계약갱신을 요구할 수 있으며 다만, 임대인이 임차인의 갱신요구를 거절할 수 있다는 점이다. 임대인이 임차인의 계약갱신요구를 거절할 수 있는 사유는 다음과 같다(법 제10조 제1항).

① 임차인이 3기의 차임액에 해당하는 금액에 이르도록 차임을 연체한 사실이 있는 경우
② 임차인이 거짓이나 그 밖의 부정한 방법으로 임차한 경우
③ 서로 합의하여 임대인이 임차인에게 상당한 보상을 제공한 경우
④ 임차인이 임대인의 동의 없이 목적 건물의 전부 또는 일부를 전대한 경우
⑤ 임차인이 임차한 건물의 전부 또는 일부를 고의나 중대한 과실로 파손한 경우
⑥ 임차한 건물의 전부 또는 일부가 멸실되어 임대차의 목적을 달성하지 못할 경우

⑦ 임대인이 다음의 어느 하나에 해당하는 사유로 목적 건물의 전부 또는 대부분을 철거하거나 재건축하기 위하여 목적 건물의 점유를 회복할 필요가 있는 경우
㉠ 임대차계약 체결 당시 공사시기 및 소요기간 등을 포함한 철거 또는 재건축 계획을 임차인에게 구체적으로 고지하고 그 계획에 따르는 경우
㉡ 건물이 노후·훼손 또는 일부 멸실되는 등 안전사고의 우려가 있는 경우
㉢ 다른 법령에 따라 철거 또는 재건축이 이루어지는 경우
⑧ 그 밖에 임차인이 임차인으로서의 의무를 현저히 위반하거나 임대차를 계속하기 어려운 중대한 사유가 있는 경우



(2) 임차인의 계약갱신요구권은 최초의 임대차기간을 포함한 전체 임대차기간이 10년을 초과하지 아니하는 범위에서만 행사할 수 있다(법 제10조 제2항).

(3) 갱신되는 임대차는 전 임대차와 동일한 조건으로 다시 계약된 것으로 본다. 다만, 차임과 보증금은 증액제한 규정에 의한 범위에서 증감할 수 있다(법 제10조 제3항).
한편, 법 제2조 제1항 단서에 따른 보증금액을 초과하는 임대차의 계약갱신의 경우는 증액 청구 당시 보증금 또는 차임의 5% 초과금지 규정은 미적용되나 당사자는 상가건물에 관한 조세, 공과금, 주변 상가건물의 차임 및 보증금, 그 밖의 부담이나 경제사정의 변동 등을 고려하여 차임과 보증금의 증감을 청구할 수 있다(법 제10조의2).

**판례**

임차인의 계약갱신요구권은 임차인이 임대차기간이 만료되기 6개월 전부터 1개월 전까지 사이에 계약의 갱신을 요구하면 그 단서에서 정하는 사유가 없는 한 임대인이 그 갱신을 거절할 수 없는 것을 내용으로 하여서 임차인의 주도로 임대차계약의 갱신을 달성하려는 것이다. 이에 비하여 법정갱신은 임대인이 위와 같은 기간 내에 갱신거절의 통지 또는 조건변경의 통지를 하지 아니하면 임대차기간이 만료된 때에 임대차의 갱신을 의제하는 것으로서, 기간의 만료로 인한 임대차관계의 종료에 임대인의 적극적인 조치를 요구한다. 이와 같이 이들 두 법조항상의 각 임대차갱신제도는 그 취지와 내용을 서로 달리하는 것이므로, 임차인의 갱신요구권에 관하여 전체 임대차기간을 5년으로 제한하는 같은 조 제2항의 규정은 같은 조 제4항에서 정하는 법정갱신에 대하여는 적용되지 아니한다(대판 2010.6.10, 2009다64307).

## 3 법정갱신(묵시적 갱신) 제31회

(1) 임대인이 임대차기간이 만료되기 6개월 전부터 1개월 전까지 임차인에게 갱신거절의 통지 또는 조건변경의 통지를 하지 아니한 경우에는 그 기간이 만료된 때에 전 임대차와 동일한 조건으로 다시 임대차한 것으로 본다. 이 경우에 임대차의 존속기간은 1년으로 본다(법 제10조 제4항). 임차인은 언제든지 임대인에게 계약해지의 통고를 할 수 있고, 임대인이 통고를 받은 날부터 3개월이 지나면 효력이 발생한다(법 제10조 제5항).

(2) 임대인이 임대차기간 만료 전 6개월부터 1개월 이내에 갱신거절의 통지나 조건변경의 통지를 하더라도 임차인이 이 기간 내에 계약갱신요구를 행사할 경우 거절사유가 없는 한 임대인은 임차인의 계약갱신요구권에 대항하지 못한다.

(3) 또한 임차인이 계약갱신요구의 거절사유에 해당하더라도 임대인이 상기 기간 이내에 갱신거절의 통지나 조건변경의 통지를 하지 않을 경우 임대차계약은 묵시적 갱신이 된 것으로 볼 수 있다.

## 4 경매로 인한 임차권의 소멸

임차권은 임차건물에 대하여 「민사집행법」에 따른 경매가 실시된 경우에는 그 임차건물이 매각되면 소멸한다. 다만, 보증금이 전액 변제되지 아니한 대항력이 있는 임차권은 그러하지 아니하다(법 제8조).

**예제**

**개업공인중개사 甲의 중개로 乙은 丙 소유의 서울특별시 소재 X상가건물에 대하여 보증금 10억원에 1년 기간으로 丙과 임대차계약을 체결하였다. 乙은 X건물을 인도받아 2025. 3. 10. 사업자등록을 신청하였으며 2025. 3. 13. 임대차계약서상의 확정일자를 받았다. 이 사례에서 상가건물 임대차보호법령의 적용에 관한 甲의 설명으로 틀린 것은?** 제31회 수정

① 乙은 2025. 3. 11. 대항력을 취득한다.
② 乙은 2025. 3. 13. 보증금에 대한 우선변제권을 취득한다.
③ 丙은 乙이 임대차기간 만료되기 6개월 전부터 1개월 전까지 사이에 계약갱신을 요구할 경우, 정당한 사유 없이 거절하지 못한다.
④ 乙의 계약갱신요구권은 최초의 임대차기간을 포함한 전체 임대차기간이 10년을 초과하지 아니하는 범위에서만 행사할 수 있다.
⑤ 乙의 계약갱신요구권에 의하여 갱신되는 임대차는 전 임대차와 동일한 조건으로 다시 계약된 것으로 본다.

해설 「상가건물 임대차보호법」은 사업자등록의 대상이 되는 영업용 건물로서 환산보증금이 일정 금액 이하(예 서울특별시 9억원 이하)인 임대차에 대해서 적용됨이 원칙이다.
따라서, 위 사례에서 丙소유의 상가를 乙이 보증금 10억원에 임대차 계약을 체결하였으므로 이 법이 적용되지 않는다. 따라서, 최우선변제나 우선변제권은 인정되지 않는다. 정답 ②

## 04 대항력 제31회, 제35회

### 1 대항요건

임대차는 그 등기가 없는 경우에도 임차인이 건물의 인도와 「부가가치세법」 제5조, 「소득세법」 제168조 또는 「법인세법」 제111조에 따른 의한 사업자 등록을 신청하면 그 다음 날부터 제3자에 대하여 효력이 생긴다(법 제3조 제1항).



### 2 대항력의 내용

임차건물의 양수인(그 밖에 임대할 권리를 승계한 자를 포함한다)은 임대인의 지위를 승계한 것으로 본다(법 제3조 제2항). 이때 양수인의 범위는 "그 밖에 임대할 권리를 승계한 자를 포함한다."라고 규정하고 있으므로 임차건물의 매수인뿐만 아니라 상속・증여・경매 등을 원인으로 소유권을 취득한 자도 포함한다.

**판 례**

소유권이전등기청구권을 보전하기 위한 가등기가 경료된 후에 대항력을 취득한 임차인은 그 가등기에 기하여 본등기를 경료한 자에게 대항할 수 없다(대판 2007.6.28, 2007다25599).

## 05 보증금의 회수 제31회, 제35회

### 1 우선변제권 제31회, 제35회

#### (1) 요 건

① 대항요건을 갖추고 임대차계약서상의 확정일자를 받은 임차인은 「민사집행법」에 의한 경매 또는 「국세징수법」에 의한 공매시 임차건물(임대인 소유의 대지를 포함)의 환가대금에서 후순위권리자 그 밖의 채권자보다 우선하여 보증금을 변제받을 권리가 있다(법 제5조 제2항).

② 임차인은 임차건물을 양수인에게 인도하지 아니하면 ①에 따른 보증금(배당금)을 받을 수 없다(법 제5조 제3항).

#### (2) 확정일자 부여 및 임대차정보의 제공 등

① 확정일자는 상가건물의 소재지 관할 세무서장이 부여한다(법 제4조 제1항).

② 관할 세무서장은 해당 상가건물의 소재지, 확정일자 부여일, 차임 및 보증금 등을 기재한 확정일자부를 작성하여야 한다. 이 경우 전산정보처리조직을 이용할 수 있다.

③ 상가건물의 임대차에 이해관계가 있는 자와 임대차계약을 체결하려는 자는 임대인의 동의를 받아 관할 세무서장에게 해당 상가건물의 확정일자 부여일, 차임 및 보증금 등 정보의 제공을 요청할 수 있다. 이 경우 요청을 받은 관할 세무서장은 정당한 사유 없이 이를 거부할 수 없다(법 제4조 제3항).

④ 임대차계약을 체결하려는 자는 임대인의 동의를 받아 관할 세무서장에게 ③에 따른 정보제공을 요청할 수 있다(법 제4조 제4항).

⑤ 확정일자부에 기재하여야 할 사항, 상가건물의 임대차에 이해관계가 있는 자의 범위, 관할 세무서장에게 요청할 수 있는 정보의 범위 및 그 밖에 확정일자 부여사무와 정보제공 등에 필요한 사항은 대통령령으로 정한다.

### (3) 우선변제권의 승계

① 금융기관 등이 우선변제권을 취득한 임차인의 보증금반환채권을 계약으로 양수한 경우에는 양수한 금액의 범위에서 우선변제권을 승계한다(법 제5조 제7항).

② 우선변제권을 승계한 금융기관 등은 다음 각 호의 어느 하나에 해당하는 경우에는 우선변제권을 행사할 수 없다(법 제5조 제8항).

| ㉠ 임차인이 대항요건을 상실한 경우<br>㉡ 임차권등기가 말소된 경우<br>㉢「민법」제621조에 따른 임대차등기가 말소된 경우 |
|---|

③ 금융기관 등은 우선변제권을 행사하기 위하여 임차인을 대리하거나 대위하여 임대차를 해지할 수 없다(법 제5조 제9항).

### (4) 이의신청

우선변제의 순위와 보증금에 대하여 이의가 있는 이해관계인은 경매법원 또는 체납처분청에 이의를 신청할 수 있다. 이의신청을 받은 체납처분청은 이해관계인이 이의신청일부터 7일 이내에 임차인을 상대로 소를 제기한 것을 증명한 때에는 그 소송이 종결될 때까지 이의가 신청된 범위에서 임차인에 대한 보증금의 변제를 유보하고 남은 금액을 배분하여야 한다. 이 경우 유보된 보증금은 소송 결과에 따라 배분한다(법 제5조 제4항 · 제6항).

## 2 최우선변제권

### (1) 요건과 내용

① 임차인은 보증금 중 일정액을 다른 담보물권자보다 우선하여 변제받을 권리가 있다. 이 경우 임차인은 건물에 대한 경매신청의 등기 전에 대항요건을 갖추어야 한다(법 제14조 제1항).

② 우선변제를 받을 임차인 및 보증금 중 일정액의 범위와 기준은 임대건물가액(임대인 소유의 대지가액을 포함한다)의 2분의 1 범위에서 해당 지역의 경제 여건, 보증금 및 차임 등을 고려하여 법 제14조의2에 따른 "상가건물임대차위원회"의 심의를 거쳐 대통령령으로 정한다(법 제14조 제3항).



### (2) 최우선변제대상 보증금과 보호금액

① **대상 보증금 및 보호금액**: 최우선변제를 받을 임차인은 보증금과 차임이 있는 경우 차임을 환산한 금액과 보증금의 합계가 다음의 구분에 의한 금액 이하인 임차인으로 한다(영 제6조). 이 규정 시행(2014. 1. 1.) 전에 임차건물에 대하여 담보물권을 취득한 자에 대해서는 종전의 규정에 따른다.

| 지역 구분 | 소액임차보증금 | 최우선변제금액 한도 |
|---|---|---|
| **서울특별시** | 6천500만원 이하 | 2천200만원까지 |
| **과밀억제권역**<br>(서울특별시 제외) | 5천500만원 이하 | 1천900만원까지 |
| **광역시**(과밀억제권역과 군 지역 제외),<br>**안산시, 용인시, 김포시 및 광주시** | 3천8백만원 이하 | 1천300만원까지 |
| **그 밖의 지역** | 3천만원 이하 | 1천만원까지 |

② **보호범위 제한**

㉠ 임차인의 보증금 중 일정액이 상가건물의 가액의 2분의 1을 초과하는 경우에는 상가건물의 가액의 2분의 1에 해당하는 금액에 한하여 우선변제권이 있다.

㉡ 하나의 상가건물에 임차인이 2인 이상이고, 그 각 보증금 중 일정액의 합산액이 상가건물의 가액의 2분의 1을 초과하는 경우에는 그 각 보증금 중 일정액의 합산액에 대한 각 임차인의 보증금 중 일정액의 비율로 그 상가건물의 가액의 2분의 1에 해당하는 금액을 분할한 금액을 각 임차인의 보증금 중 일정액으로 본다(영 제7조 제3항).

판례

1. 상가건물 일부 임대차의 경우, 사업자등록이 「상가건물 임대차보호법」상 대항력 요건으로서 제3자에 대한 관계에서 유효한 임대차 공시방법이 되기 위해서는 사업자등록신청시 임차 부분을 표시한 도면을 첨부하여야 한다(대판 2011.11.24, 2010다56678).
2. 임차인이 「상가건물 임대차보호법」상의 대항력 또는 우선변제권 등을 취득한 후에 목적물의 소유권이 제3자에게 양도된 다음 새로운 소유자와 임차인이 종전 임대차계약의 효력을 소멸시키려는 의사로 별개의 임대차계약을 새로이 체결한 경우, 임차인이 종전 임대차계약을 기초로 발생하였던 대항력 또는 우선변제권 등을 새로운 소유자 등에게 주장할 수 없다(대판 2013.12.12, 2013다211919).
3. 상가건물의 공유자인 임대인이 임차인에게 갱신 거절의 통지를 하는 행위는 실질적으로 임대차계약의 해지와 같이 공유물의 임대차를 종료시키는 것이므로 공유물의 관리행위에 해당하여 공유자의 지분의 과반수로써 결정하여야 한다(대판 2010.9.9, 2010다37905).
4. 임대인이 그 소유 건물의 다른 부분에서 제3자에게 임차인의 영업 등 수익활동을 해할 우려가 있는 행위를 하지 아니하도록 할 의무를 부담하는 내용의 묵시적 약정을 인정할 수 있다(대판 2010.6.10, 2009다64307).
5. 임차인이 수 개의 구분점포를 동일한 임대인에게서 임차하여 하나의 사업장으로 사용하면서 단일한 영업을 하는 경우 등과 같이, 임차인과 임대인 사이에 구분점포 각각에 대하여 별도의 임대차관계가 성립한 것이 아니라 일괄하여 단일한 임대차관계가 성립한 것으로 볼 수 있는 때에는, 비록 구분점포 각각에 대하여 별개의 임대차계약서가 작성되어 있더라도 구분점포 전부에 관하여 환산한 보증금액의 합산액을 기준으로 우선변제를 받을 임차인의 범위를 판단하여야 한다(대판 2015.10.29, 2013다27152).

## 3 보증금반환청구소송 등

### (1) 소액사건심판법 준용

임차인이 임대인에게 제기하는 보증금반환청구소송에 관하여는 「소액사건심판법」 제6조·제7조·제10조 및 제11조의2를 준용한다(법 제18조).

### (2) 임차인의 경매에 대한 특례

임차인이 임차건물에 대하여 보증금반환청구소송의 확정판결, 그 밖에 이에 준하는 집행권원에 의하여 경매를 신청하는 경우에는 「민사집행법」 제41조의 규정에 불구하고 반대의무의 이행이나 이행의 제공을 집행개시의 요건으로 하지 아니한다(법 제5조 제1항).

### (3) 담보책임

「상가건물 임대차보호법」에 의하여 임대차의 목적이 된 건물이 매매 또는 경매의 목적물이 된 경우에는 임대인은 매수인에 대하여 담보책임을 져야 한다(법 제3조 제3항, 「민법」 제575조 제1항·제3항, 제578조).

**예제**

**개업공인중개사가 선순위 저당권이 설정되어 있는 서울시 소재 상가건물(「상가건물 임대차보호법」이 적용됨)에 대해 임대차기간 2024. 10. 1.부터 1년, 보증금 5천만원, 월차임 100만원으로 임대차를 중개하면서 임대인 甲과 임차인 乙에게 설명한 내용으로 옳은 것은?** 제30회 수정

① 乙의 연체차임액이 200만원에 이르는 경우 甲은 계약을 해지할 수 있다.
② 차임 또는 보증금의 감액이 있은 후 1년 이내에는 다시 감액을 하지 못한다.
③ 甲이 2025. 4. 1.부터 2025. 8. 31. 사이에 乙에게 갱신거절 또는 조건 변경의 통지를 하지 않은 경우, 2025. 10. 1. 임대차계약이 해지된 것으로 본다.
④ 상가건물에 대한 경매개시 결정등기 전에 乙이 건물의 인도와 「부가가치세법」에 따른 사업자등록을 신청한 때에는 보증금 5천만원을 선순위 저당권자보다 우선변제 받을 수 있다.
⑤ 乙이 임대차의 등기 및 사업자등록을 마치지 못한 상태에서 2025. 1. 5. 甲이 상가건물을 丙에게 매도한 경우, 丙의 상가건물 인도청구에 대하여 乙은 대항할 수 없다.

해설 ⑤ 乙이 대항요건을 갖추지 못한 상태에서 상가건물이 丙에게 매도되었으므로 乙은 丙의 인도청구에 대항할 수 없다.
① 차임연체액이 3기의 차임액에 달하는 때에는 임대인은 계약을 해지 가능하므로 300만원에 이르러야 계약을 해지할 수 있다.
② 증액청구(5% 이내)는 임대차계약 또는 약정한 차임 등의 증액이 있은 후 1년 이내에는 하지 못한다. 감액청구는 임차인에게 유리하므로 원칙적으로 제한이 없다.
③ 임대인이 임대차기간 만료 전 6개월부터 1개월까지에 임차인에 대하여 갱신거절의 통지 또는 조건을 변경하지 아니한 경우에는 그 기간이 만료된 때에 전임대차와 동일한 조건으로 다시 임대차한 것으로 본다.
④ 경매가 된 경우에 최우선변제를 받을 임차인은 보증금과 차임이 있는 경우 보증금과 차임을 환산한 금액의 합계액이 서울시는 6,500만원 이하이어야 한다. 따라서 이 경우는 환산보증금이 1억 5천만원이므로 최우선변제권은 인정되지 않는다.

정답 ⑤

## 06 임차권등기명령 제35회

### 1 임차권등기명령의 신청절차

(1) 임대차가 종료된 후 보증금을 돌려받지 못한 임차인은 임차건물의 소재지를 관할하는 지방법원, 지방법원지원 또는 시·군법원에 임차권등기명령을 신청할 수 있다(법 제6조 제1항).

(2) 임차권등기명령을 신청할 때에는 다음의 사항을 기재하여야 하며, 신청이유 및 임차권등기의 원인이 된 사실을 소명하여야 한다(법 제6조 제2항).

> ① 신청취지 및 이유
> ② 임대차의 목적인 건물(임대차의 목적이 건물의 일부분인 경우에는 그 부분의 도면을 첨부)
> ③ 임차권등기의 원인이 된 사실(임차인이 대항력을 취득하였거나 우선변제권을 취득한 경우에는 그 사실)
> ④ 그 밖에 대법원 규칙으로 정하는 사항

(3) 임차인은 임차권등기명령의 신청 및 그에 따른 임차권등기와 관련하여 소요된 비용을 임대인에게 청구할 수 있다(법 제6조 제8항).

(4) 임차권등기명령신청을 기각하는 결정에 대하여 임차인은 항고할 수 있다(법 제6조 제4항).

## 2 등기의 효력 제35회

(1) 임차권등기명령의 집행에 따른 임차권등기를 마치면 임차인은 대항력 및 우선변제권을 취득한다. 다만, 임차인이 임차권등기 이전에 이미 대항력 또는 우선변제권을 취득한 경우에는 그 대항력 또는 우선변제권이 그대로 유지되며, 임차권등기 이후에는 대항요건을 상실하더라도 이미 취득한 대항력 또는 우선변제권을 상실하지 아니한다(법 제6조 제5항).

(2) 임차권등기명령의 집행에 따른 임차권등기를 마친 건물(임대차의 목적이 건물의 일부분인 경우에는 그 부분으로 한정한다)을 그 이후에 임차한 임차인은 최우선변제를 받을 권리가 없다(법 제6조 제6항).

(3) 임차권등기명령의 집행에 따라 임차권등기가 경료된 경우라도 물권으로 전환되는 것은 아니므로 이에 기해 경매를 신청할 수는 없다.

## 3 「민법」에 따른 상가건물임대차 등기의 효력

상가임대차에 관하여 「민법」 제621조에 따라 경료된 임차권등기의 효력에는 「상가건물임대차보호법」상 임차권등기의 효력규정을 준용한다(법 제7조 제1항). 따라서 임차인이 「민법」에 따라 임대인의 협력을 얻어 임차도권 등기를 한 경우에도 대항력과 우선변제력이 모두 인정되고, 당해 상가건물을 나중에 임차한 임차인은 최우선변제권이 인정되지 않는다.

## 07 권리금 보호

### 1 권리금의 정의 등

#### (1) 권리금

권리금이란 임대차 목적물인 상가건물에서 영업을 하는 자 또는 영업을 하려는 자가 영업시설·비품, 거래처, 신용, 영업상의 노하우, 상가건물의 위치에 따른 영업상의 이점 등 유형·무형의 재산적 가치의 양도 또는 이용대가로서 임대인, 임차인에게 보증금과 차임 이외에 지급하는 금전 등의 대가를 말한다(법 제10조의3).

#### (2) 권리금 계약

권리금 계약이란 신규임차인이 되려는 자가 임차인에게 권리금을 지급하기로 하는 계약을 말한다.

#### (3) 권리금 평가기준의 고시

국토교통부장관은 권리금에 대한 감정평가의 절차와 방법 등에 관한 기준을 고시할 수 있다(법 제10조의7).

### 2 권리금 회수기회 보호 등

#### (1) 임차인의 권리금회수 방해금지

임대인은 임대차기간이 끝나기 6개월 전부터 임대차 종료시까지 다음 어느 하나에 해당하는 행위를 함으로써 권리금 계약에 따라 임차인이 주선한 신규임차인이 되려는 자로부터 권리금을 지급받는 것을 방해하여서는 아니 된다. 다만, 계약갱신거절의 어느 하나에 해당하는 사유가 있는 경우에는 그러하지 아니하다(법 제10조의4 제1항).

① 임차인이 주선한 신규임차인이 되려는 자에게 권리금을 요구하거나 임차인이 주선한 신규임차인이 되려는 자로부터 권리금을 수수하는 행위
② 임차인이 주선한 신규임차인이 되려는 자로 하여금 임차인에게 권리금을 지급하지 못하게 하는 행위
③ 임차인이 주선한 신규임차인이 되려는 자에게 상가건물에 관한 조세, 공과금, 주변 상가건물의 차임 및 보증금, 그 밖의 부담에 따른 금액에 비추어 현저히 고액의 차임과 보증금을 요구하는 행위
④ 그 밖에 정당한 사유 없이 임대인이 임차인이 주선한 신규임차인이 되려는 자와 임대차계약의 체결을 거절하는 행위

### (2) 임차인의 권리금보호가 되지 않는 경우

다음의 어느 하나에 해당하는 경우에는 임대인이 임차인이 주선한 신규임차인이 되려는 자와 임대차계약의 체결을 거절할 수 있는 정당한 사유가 있는 것으로 보아 권리금보호가 인정되지 않는다(법 제10조의4 제2항).

> ① 임차인이 주선한 신규임차인이 되려는 자가 보증금 또는 차임을 지급할 자력이 없는 경우
> ② 임차인이 주선한 신규임차인이 되려는 자가 임차인으로서의 의무를 위반할 우려가 있거나 그 밖에 임대차를 유지하기 어려운 상당한 사유가 있는 경우
> ③ 임대차 목적물인 상가건물을 1년 6개월 이상 영리목적으로 사용하지 아니한 경우
> ④ 임대인이 선택한 신규임차인이 임차인과 권리금 계약을 체결하고 그 권리금을 지급한 경우

**판 례**

**권리금의 방해 여부**

'임대차 목적물인 상가건물을 1년 6개월 이상 영리목적으로 사용하지 아니한 경우란, 임대인이 임대차 종료 후 임대차 목적물인 상가건물을 1년 6개월 이상 영리목적으로 사용하지 아니하는 경우를 말하고, 이 기간은 임대인이 상가건물을 영리목적으로 사용하지 않는 상태에서 처분하고, 새로운 소유자가 영리목적으로 사용하지 않은 기간을 합쳐서 1년 6개월 이상이 되는 경우는 임대인에게 정당한 사유를 인정할 수 있어 권리금에 대한 방해행위가 되지 않는다(대판 2022. 1.14, 2021다272346).

### (3) 임대인의 손해배상 책임

① 임대인이 자신의 방해행위로 인하여 임차인에게 손해를 발생하게 한 때에는 그 손해를 배상할 책임이 있다(법 제10조의4 제3항).

② 손해배상액은 신규임차인이 임차인에게 지급하기로 한 권리금과 임대차 종료 당시의 권리금 중 낮은 금액을 넘지 못한다.

③ 임차인이 임대인에게 손해배상을 청구할 권리는 임대차가 종료한 날부터 3년 이내에 행사하지 아니하면 시효의 완성으로 소멸한다(법 제10조의4 제4항).

### (4) 임차인의 정보제공 의무

임차인은 임대인에게 임차인이 주선한 신규임차인이 되려는 자의 보증금 및 차임을 지급할 자력 또는 그 밖에 임차인으로서의 의무를 이행할 의사 및 능력에 관하여 자신이 알고 있는 정보를 제공하여야 한다(법 제10조의4 제5항).

### (5) 권리금보호 적용제외

권리금 회수기회 보호는 다음 어느 하나에 해당하는 상가건물 임대차의 경우에는 적용하지 아니한다(법 제10조의5).

> ① 임대차 목적물인 상가건물이 「유통산업발전법」 제2조에 따른 대규모점포 또는 준대규모점포의 일부인 경우
> ② 임대차 목적물인 상가건물이 「국유재산법」에 따른 국유재산 또는 「공유재산 및 물품 관리법」에 따른 공유재산인 경우



### (6) 표준권리금계약서의 작성

국토교통부장관은 법무부장관과 협의를 거쳐 임차인과 신규임차인이 되려는 자의 권리금 계약 체결을 위한 표준권리금계약서를 정하여 그 사용을 권장할 수 있다(법 제10조의6).

## 08 그 밖의 사항

### 1 상가건물임대차 표준계약서의 작성

법무부장관은 국토교통부장관과 협의를 거쳐 보증금, 차임액, 임대차기간, 수선비 분담 등의 내용이 기재된 상가건물임대차표준계약서를 정하여 그 사용을 권장할 수 있다(법 제19조).

### 2 차임증감청구권

(1) 차임 또는 보증금이 임차건물에 관한 조세, 공과금, 그 밖의 부담의 증감이나 「감염병의 예방 및 관리에 관한 법률」 제2조 제2호에 따른 제1급감염병 등에 의한 경제사정의 변동으로 인하여 상당하지 아니하게 된 경우에는 당사자는 장래의 차임 또는 보증금에 대하여 증감을 청구할 수 있다.

(2) 그러나 증액의 경우에는 대통령령으로 정하는 기준에 따른 비율을 초과하지 못한다. 따라서 차임 또는 보증금의 증액청구는 청구 당시의 차임 또는 보증금의 100분의 5의 금액을 초과하지 못한다(영 제4조).

판례

이 증액비율을 초과하여 지급하기로 하는 차임에 관한 약정은 그 초과하는 범위 내에서 무효이고, 만일 초과 지급한 경우 임차인은 부당이득으로 반환을 청구할 수 있다(대판 2014.4.30, 2013다35115).

(3) 증액 청구는 임대차계약 또는 약정한 차임 등의 증액이 있은 후 1년 이내에는 하지 못한다(법 제11조 제2항).

(4) 「감염병의 예방 및 관리에 관한 법률」 제2조 제2호에 따른 제1급감염병에 의한 경제사정의 변동으로 차임 등이 감액된 후 임대인이 (1)에 따라 증액을 청구하는 경우에는 증액된 차임 등이 감액 전 차임 등의 금액에 달할 때까지는 같은 항 단서를 적용하지 아니한다(법 제11조 제3항).

## 3 월차임 전환시 산정률의 제한

보증금의 전부 또는 일부를 월 단위의 차임으로 전환하는 경우에는 그 전환되는 금액에 다음 둘 중 낮은 비율을 곱한 월차임(月借賃)의 범위를 초과할 수 없다(법 제12조).

> ① 「은행법」에 따른 은행에서 적용하는 대출금리와 해당 지역의 경제 여건 등을 고려하여 대통령령으로 정하는 비율(영 제5조 ⇨ 연 1할2푼)
> ② 한국은행에서 공시한 기준금리에 대통령령으로 정하는 배수(영 제5조 ⇨ 4.5배)를 곱한 비율

## 4 전대차의 준용

(1) 계약갱신요구, 보증금초과 계약갱신증감, 차임 등의 증감청구권, 월차임 전환시 산정률의 제한, 차임연체와 계약해지 규정, 계약갱신요구 등에 관한 임시 특례(갱신청구, 차임연체와 해지) 등은 전대인과 전차인의 전대차 관계에 적용한다(법 제13조 제1항).

(2) 임대인의 동의를 받고 전대차계약을 체결한 전차인은 임차인의 계약갱신요구권 행사기간 이내에 임차인을 대위(代位)하여 임대인에게 계약갱신요구권을 행사할 수 있다(법 제13조 제2항).

## 5 상가건물임대차분쟁조정위원회

(1) 이 법의 적용을 받는 상가건물 임대차와 관련된 분쟁을 심의·조정하기 위하여 대통령령으로 정하는 바에 따라 대한법률구조공단의 지부, 한국토지주택공사의 지사 또는 사무소 및 「한국부동산원법」에 따른 한국감정원의 지사 또는 사무소에 상가건물임대차분쟁조정위원회를 둔다.
특별시·광역시·특별자치시·도 및 특별자치도는 그 지방자치단체의 실정을 고려하여 조정위원회를 둘 수 있다(법 제20조 제1항).

(2) 조정위원회는 다음 각 호의 사항을 심의·조정한다.

| ① 차임 또는 보증금의 증감에 관한 분쟁<br>② 임대차 기간에 관한 분쟁<br>③ 보증금 또는 임차상가건물의 반환에 관한 분쟁<br>④ 임차상가건물의 유지·수선 의무에 관한 분쟁<br>⑤ 권리금에 관한 분쟁<br>⑥ 그 밖에 대통령령으로 정하는 상가건물 임대차에 관한 분쟁 |
|---|

"대통령령으로 정하는 상가건물 임대차에 관한 분쟁"은 다음 각 호의 분쟁을 말한다(영 제9조).

| ① 임대차계약의 이행 및 임대차계약 내용의 해석에 관한 분쟁<br>② 임대차계약 갱신 및 종료에 관한 분쟁<br>③ 임대차계약의 불이행 등에 따른 손해배상청구에 관한 분쟁<br>④ 공인중개사 보수 등 비용부담에 관한 분쟁<br>⑤ 상가건물임대차표준계약서의 사용에 관한 분쟁<br>⑥ 그 밖에 이에 준하는 분쟁으로서 위원장이 조정이 필요하다고 인정하는 분쟁 |
|---|

## 6 편면적 강행규정

「상가건물 임대차보호법」의 규정에 위반된 임대인과 임차인 간의 약정으로서 임차인에게 불리한 것은 그 효력이 없다(법 제15조).

### ☑ 「주택임대차보호법」과 「상가건물 임대차보호법」의 비교

| 구 분 | 주택임대차보호법 | 상가건물 임대차보호법 |
|---|---|---|
| 물적 적용대상 | 보증금의 다과(多寡)에 관계없이 적용 | 보증금액이 일정액을 초과하면 적용(×) |
| 인적 적용대상 | 임차인이 법인인 경우 적용(×) | 임차인이 법인인 사업자라도 적용 |
| 존속기간 보장 | • 최단기간 ⇨ 2년<br>• 갱신요구권(1회 한함 ⇨ 2년) | • 최단기간 ⇨ 1년<br>• 갱신요구권(10년 범위 내) |
| 대항요건 +<br>확정일자 우선변제 | • 인도 + 주민등록<br>• 확정일자부여기관 ⇨ 확정일자 | • 인도 + 사업자등록 신청<br>• 관할 세무서장에게 확정일자 |
| 최우선변제 | 환가대금의 2분의 1 범위 내에서 | 환가대금의 2분의 1 범위 내에서 |
| 증액제한 | 차임 또는 보증금의 5% 이내 | 차임 또는 보증금의 5% 이내 |
| 임대차위원회 및<br>분쟁조정위원회 | 있다 | 있다 |
| 법정갱신 제도 | 임대인 ⇨ 만료 전 6개월~2개월<br>임차인 ⇨ 만료 전~2개월 | 임대인 ⇨ 만료 전 6개월~1개월<br>임차인 ⇨ 규정 없음 |

MEMO

# Chapter 04 경매 · 공매 및 매수신청대리인 등록

**단원 열기**

부동산 경·공매 분야에서 매년 1~2문제 정도, 매수신청대리인 등록 등에 관한 대법원규칙에서도 매년 1문제 정도를 출제하고 있다. 특히, 개업공인중개사에게도 매수신청대리가 허용되면서 경·공매의 종류 및 특징, 비교, 권리분석, 민사집행법에 따른 경매절차 등이 심도 있고 난이도 있는 지문들로 출제되고 있다. 따라서 고득점을 위해서는 좀 더 철저한 학습과 정리가 요구된다.

## 제1절 경·공매실무

### 01 법원경매의 종류

#### (1) 강제경매

① 강제경매란 집행권원에 기초하여 채무자 소유의 부동산을 압류한 후 환가(매각)하여 그 매각대금으로 채권자의 금전채권의 만족을 얻음을 목적으로 하는 강제집행 절차를 말한다. 강제경매는 금전채권의 부동산에 대한 강제집행방법의 하나이며, 부동산에 대한 강제집행방법에는 강제경매 외에 강제관리가 있다. 이러한 강제경매는 채무자의 일반재산에 대한 집행이며, 예견되지 않은 경매로서 인적(人的) 책임의 성격을 갖는다.

② 강제경매신청을 하기 위해서는 집행권원이 있어야 하는데 집행권원에는 다음과 같은 것들이 있다.

> 1. 확정된 이행판결: 이행의 소에서 받은 승소판결문
> 2. 가집행선고부 판결: 가집행을 할 수 있음을 선고한 판결
> 3. 확정된 지급명령: 지급명령에 대하여 채무자의 이의가 없어 확정된 것
> 4. 각종조서: 화해조서, 조정조서, 청구인낙조서 등
> 5. 공증된 금전채권문서: 공증인이 일정한 금액의 지급이나 대체물 또는 유가증권의 일정한 수량의 급여를 목적으로 하는 청구에 관하여 작성한 공정증서로서 채무자가 강제집행을 승낙한 취지의 기재가 있는 것

#### (2) **임의경매**(담보권 실행을 위한 경매)

① 의 의

㉠ 임의경매는 저당권·질권·전세권 등 담보권의 실행을 위한 실질적 경매와 공유물분할을 위한 경매나 상사계약에 있어서 자조매각 등 「민법」, 「상법」 등의 법률의 규정에 의한 환가를 위한 형식적 경매로 구별되나 통상 임의경매라 함은 담보권 실행 경매를 의미하며 그 실행에 집행권원을 요하지 않는다.

㉡ 담보권 실행을 위한 경매는 채무자의 특정재산에 대한 강제집행이고, 예견된 경매이며, 물적(物的) 책임의 성격을 갖는다. 임의경매에는 강제경매절차에 관한 규정이 대부분 준용된다.

② **실행요건**

| ㉠ 유효한 담보물권의 존재<br>㉡ 피담보채권의 존재<br>㉢ 채무의 변제기 도래 및 이행지체 |
|---|



## 02 권리분석 제31회, 제33회, 제34회, 제35회

법원경매에 있어서는 낙찰자(매수인)가 인수책임을 지므로 철저한 권리분석이 필요하다. 물적 부담인 권리분석의 기준은 소멸주의와 인수주의로 구별된다.

### (1) 소멸주의

소멸주의에 해당되는 권리는 매각으로 인하여 모두 소멸하여 말소촉탁의 대상이 된다. 따라서 이들 권리는 매각대금으로 배당처리된다.

① 매각부동산 위의 모든 저당권은 매각으로 소멸한다. 또한 근저당권 및 담보가등기도 그 설정의 순위 또는 배당요구에 불문하고 모두 소멸하게 된다.

② 압류 및 가압류등기는 원칙적으로 소멸한다. 다만, 전소유자의 채권자에 의하여 경료된 선순위의 압류·가압류등기는 신소유자의 채권자에 의한 경매시 소멸되지 않는다.

③ 경매개시결정의 등기는 경매종결시 말소촉탁의 대상이 되므로 언제나 소멸한다.

④ 지상권·지역권·전세권 및 임차권은 저당권·압류채권·가압류채권에 대항할 수 없는 경우에는 매각으로 소멸한다. 즉, 임차권 등이 저당권 등보다 후순위로 설정된 경우라면 언제나 소멸한다. 또한 저당권 등에 대항할 수 없는 가등기, 환매등기 등도 모두 소멸한다.

### (2) 인수(부담)주의

인수주의에 해당되는 권리는 매각이 되더라도 경락인(매수인)에게 그대로 인수되어 부담으로 남게 된다.

이들 권리는 경매부동산의 매각대금 외에서 해결되어야 하고, 결국 경락인이 인수하여야 하므로 입찰참가자가 인수되는 금액을 차감하여 응찰하거나 입찰을 기피하게 되어 유찰의 원인으로 작용하게 된다.

① 유치권, 법정지상권은 설정의 순위에 관계없이 매수인이 인수하여야 한다. 다만, 압류의 효력이 발생한 이후에 점유한 유치권자는 경매절차의 매수인에게 대항할 수 없다.

**판례**

채무자 소유의 부동산에 강제경매개시결정의 기입등기가 경료되어 압류의 효력이 발생한 이후에 채무자가 부동산에 관한 공사대금 채권자에게 그 점유를 이전함으로써 유치권을 취득하게 한 경우 점유자가 유치권을 내세워 경매절차의 매수인에게 대항할 수 없다(대판 2005.8.19, 2005다22688).

② 매수인은 유치권자에게 그 유치권으로 담보하는 채권을 변제할 책임이 있다(「민사집행법」 제91조 제5항).

**판례**

이는 매수인은 유치권자에게 유치권으로 담보하는 채권을 변제할 채무는 없으나 유치권자에게 유치권으로 담보하는 채권을 변제하여야 목적물을 인도받을 수 있다는 의미이다. 따라서 유치권자는 매수인에 대하여 그 피담보채권의 변제가 있을 때까지 유치목적물인 부동산의 인도를 거절할 수 있을 뿐이고 그 피담보채권의 변제를 청구할 수는 없다(대판 1996.8.23, 95다8713).

③ 저당권, 근저당권 등의 권리보다 앞서 설정된 지상권 · 지역권 · 전세권 · 임차권 및 보전가등기 등은 매수인이 인수한다. 따라서 임차권이 가장 선순위로 설정된 경우라면 매수인이 인수하여야 한다. 다만, 전세권의 경우에는 전세권자가 배당요구를 하면 매각으로 언제나 소멸한다.

④ 말소기준권리란 저당권, 근저당권, 압류, 가압류, 담보가등기, 경매개시결정등기 등 소멸되는 권리 중 가장 선순위의 권리를 말한다. 따라서 말소기준권리보다 선순위로 설정된 권리는 매수인이 인수하게 되고, 말소기준권리보다 후순위로 설정된 권리는 소멸하게 된다.

단, 유치권(예외 있음)이나 법정지상권은 순위에 상관없이 매수인이 인수하여야 함을 주의하여야 한다.

**☑ 물적 부담의 권리분석**

| 소멸주의 | 인수주의 |
|---|---|
| • 저당권, 근저당, 담보가등기<br>• 가압류등기(압류등기) | • 유치권(예외 있음)<br>• 분묘기지권<br>• 법정지상권 |
| 말소기준권리보다 앞서 설정된 전세권 중 배당요구의 종기까지 배당요구를 한 전세권 | |

| 말소기준권리보다 뒤에 설정된 용익물권 등<br>㉠ 용익물권 – 지상권, 지역권, 전세권<br>㉡ 임차권<br>㉢ 대항요건을 갖춘 주택 · 상가임차권<br>㉣ 가등기, 가처분등기, 환매등기 | 말소기준권리보다 앞서 설정된 용익물권 등<br>좌동(㉠, ㉡, ㉢, ㉣) |
|---|---|
| 경매개시결정등기보다 늦게 경료된 용익물권 등<br>상동(㉠, ㉡, ㉢, ㉣) | 경매개시결정등기보다 앞선 용익물권 등<br>(단, 그보다 앞선 담보물권이 없어야 함)<br>좌동(㉠, ㉡, ㉢, ㉣) |

PART 03

**예제**

**매수신청대리인으로 등록한 개업공인중개사가 매수신청대리 위임인에게 「민사집행법」의 내용에 관하여 설명한 것으로 틀린 것은?** (다툼이 있으면 판례에 따름) 제33회

① 후순위 저당권자가 경매신청을 하면 매각부동산 위의 모든 저당권은 매각으로 소멸된다.
② 전세권 및 등기된 임차권은 저당권 · 압류채권 · 가압류채권에 대항할 수 없는 경우에는 매각으로 소멸된다.
③ 유치권자는 유치권이 성립된 목적물을 경매로 매수한 자에 대하여 그 피담보채권의 변제를 청구할 수 있다.
④ 최선순위 전세권은 그 전세권자가 배당요구를 하면 매각으로 소멸된다.
⑤ 매수인은 매각대금을 다 낸 때에 매각의 목적인 권리를 취득한다.

**해설** 유치권자는 매수인에 대하여 그 피담보채권의 변제가 있을 때까지 유치 목적물인 부동산의 인도를 거절할 수 있을 뿐이고 그 피담보채권의 변제를 청구할 수는 없다(대판 1996.8.23, 95다8713). **정답** ③

## 03 경매절차

### 경매절차도

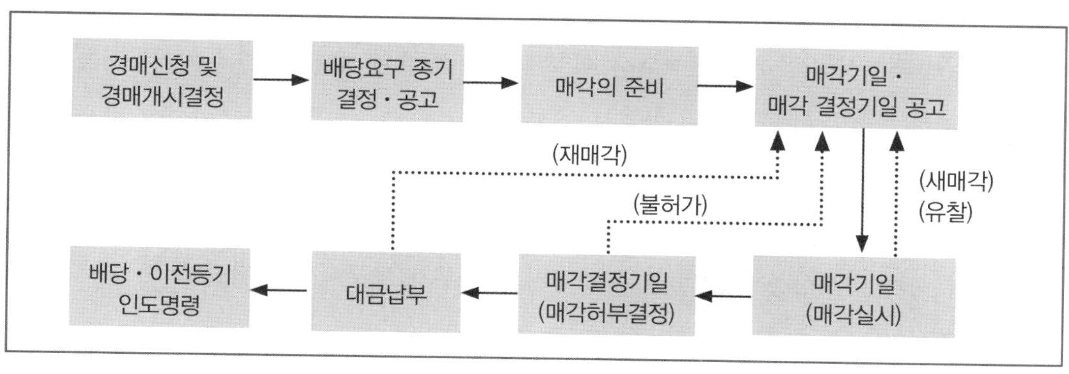

## 1 경매신청 및 경매개시결정

### (1) 경매신청

① 강제경매 신청시에는 집행력 있는 정본(집행권원에 집행문이 부여된 것)을 제출하여야 하고, 담보권실행경매를 신청할 경우에는 담보권존재서면을 제출하여야 한다.

② 미등기의 건물이라도 채무자의 소유로써 건축허가나 건축신고가 된 건물이라면 강제경매를 신청할 수 있다.

### (2) 경매개시결정

① 경매신청이 접수되면 집행법원은 신청서의 기재 및 첨부서류에 의하여 경매에 필요한 요건 등에 관하여 형식적 심사를 하여 적법하다고 인정되면 경매개시결정을 한다. 경매절차를 개시하는 결정에는 동시에 그 부동산의 압류를 명하여야 하며, 압류는 채무자에게 그 결정이 송달된 때 또는 경매개시결정의 등기가 된 때에 효력이 생긴다.

② 강제경매절차 또는 담보권 실행을 위한 경매절차를 개시하는 결정을 한 부동산에 대하여 다른 강제경매의 신청이 있는 때에는 법원은 다시 경매개시결정을 하고, 먼저 경매개시결정을 한 집행절차에 따라 경매한다(민사집행법 제86조 제1항).
먼저 경매개시결정을 한 경매신청이 취하되거나 그 절차가 취소된 때에는 법원은 잉여주의가 인정되는 한도 안에서 뒤의 경매개시결정에 따라 절차를 계속 진행하여야 한다.

③ 후일 경매신청이 취하되면 압류의 효력은 소멸된다. 다만, 매수신고가 있은 뒤 경매신청을 취하하는 경우에는 최고가매수신고인 또는 매수인과 차순위매수신고인의 동의를 받아야 그 효력이 생긴다.

### (3) 경매개시결정등기

집행법원이 경매개시결정을 하였을 때에는 그 사유를 등기부에 기입할 것을 등기관에게 직권으로 촉탁하여야 하며, 등기관은 위 촉탁에 의하여 경매개시결정의 기입등기를 한다.

### (4) 경매개시결정의 송달

채무자에 대한 경매개시결정의 송달은 경매절차 진행의 적법·유효요건으로 되어 있기 때문에 경매개시결정정본을 채무자에게 송달한다. 임의경매의 경우에는 소유자에게 송달하여야 하나 실무상은 대개의 경우 소유자와 채무자 모두에게 송달한다.

## 2 배당요구의 종기 결정 · 공고

종전의 「민사소송법」에서는 매각결정기일(낙찰기일)까지 배당요구를 할 수 있었으나 새로운 「민사집행법」에서는 법원이 정한 배당요구의 종기까지만 배당요구를 할 수 있도록 하고 있다.

### (1) 결정 · 공고

집행법원은 압류의 효력이 생긴 때부터 1주일 내에 절차에 필요한 기간을 고려하여 배당요구를 할 수 있는 종기를 첫 매각기일 이전으로 정하는 결정을 하고, 경매개시결정을 한 취지 및 배당요구의 종기를 공고한다.



### (2) 배당요구의 필요성 여부

① **배당요구채권자**: 배당요구채권자란 배당요구의 종기까지 배당요구를 해야 배당을 받을 수 있는 자를 말하며, 배당요구의 종기까지 배당요구를 하지 않은 경우에는 선순위채권자라도 경매절차에서 배당을 받을 수 없게 될 뿐만 아니라 자기보다 후순위채권자로서 배당을 받은 자를 상대로 별도의 소송으로 부당이득반환청구를 하는 것도 허용되지 않는다.

② **당연배당채권자**: 배당요구의 종기까지 배당요구를 하지 않아도 배당받을 수 있는 채권자를 말하며 ㉠ 배당요구의 종기까지 경매신청을 한 압류채권자, ㉡ 첫 경매개시결정등기 전에 등기한 가압류채권자, ㉢ 첫 경매개시결정등기 전에 등기된 저당권 · 전세권 그 밖의 우선변제청구권으로서 매각으로 소멸하는 채권자, ㉣ 첫 경매개시결정등기 전에 임차권등기명령의 집행에 따라 임차권등기를 한 자 등이 여기에 해당한다.

### (3) 배당요구의 철회금지

배당요구에 따라 매수인이 인수하여야 할 부담이 바뀌는 경우 배당요구를 한 채권자는 배당요구의 종기가 지난 뒤에 이를 철회하지도 못한다.

## 3 매각의 준비

환가의 준비절차로서 집행관에게 부동산의 현황에 관하여 조사를 명하고, 감정인에게 부동산을 평가하게 한다.

### (1) 현황조사

집행법원은 경매개시결정을 한 후 지체 없이 집행관에게 부동산의 현상 · 점유관계 · 차임 또는 임대차 보증금의 액수 그 밖의 현황에 관하여 조사할 것을 명하고, 현황조사 결과 알게 된 임차인에 대하여 즉시 배당요구의 종기까지 법원에 그 권리신고 및 배당요구를 할 것을 통지하여야 한다.

### (2) 공무소 및 이해관계인에 대한 채권신고의 최고

집행법원은 경매개시결정 후 조세 그 밖의 공과를 주관하는 공무소에 대하여 목적부동산에 관한 채권의 유무와 한도를 배당요구의 종기까지 통지하여 줄 것을 최고하고, 등기부에 기입된 부동산 위의 권리자 등에 대하여 자신의 채권의 원금 · 이자 · 비용 그 밖의 부대채권에 관한 계산서를 배당요구의 종기까지 제출할 것을 최고한다.

### (3) 부동산의 평가 및 최저매각가격의 결정

집행법원은 등기관으로부터 기입등기의 통지를 받은 후 평가명령을 발하여 감정인으로 하여금 경매부동산을 평가하게 하고, 그 평가액을 참작하여 최저매각가격을 정한다.

### (4) 입찰물건명세서의 작성 · 비치

집행법원은 입찰물건명세서를 작성하여 현황조사보고서 및 감정평가서와 함께 매각기일의 1주일 전까지 법원에 비치하여 일반인이 열람할 수 있도록 한다.

## 4 매각기일 및 매각결정기일의 지정 · 공고

(1) 집행법원은 매각준비절차가 끝나면 직권으로 매각기일을 지정 · 공고하되 최초의 매각기일은 공고일로부터 14일 이상의 간격을 두어야 한다.

(2) 매각기일을 지정함과 동시에 직권으로 매각결정기일을 지정 · 공고하는데 대개 매각기일로부터 7일 후로 정한다.

## 5 매각의 실시

### (1) 매각방법

① **종류**: 현행 「민사집행법」에 의한 부동산의 매각방법은 아래의 3가지 방법이 있다.

| ㉠ 매각기일에 하는 호가경매<br>㉡ 매각기일에 입찰 및 개찰하게 하는 기일입찰<br>㉢ 입찰기간 내에 입찰하게 하여 매각기일에 개찰하는 기간입찰 |
|---|

② **1기일 2회 입찰**: 호가경매 또는 기일입찰의 방법에 의한 매각기일에서 매각기일을 마감할 때까지 허가할 매수가격의 신고가 없는 때에는 집행관은 즉시 매각기일의 마감을 취소하고 같은 방법으로 매수가격을 신고하도록 최고할 수 있다.

### (2) 매각기일의 진행

매각방법 중 기일입찰방식을 기준으로 서술한다.

① 집행관에 의하여 입찰이 개시되면 입찰자는 입찰표를 작성하여 입찰봉투에 넣어 입찰함에 투입하는 형식으로 입찰표를 제출하며, 이로써 매수신고를 한 것으로 본다. 입찰보증금은 최저매각가격의 10분의 1에 해당하는 금액으로 하고 보증금봉투에 넣어 입찰표와 함께 다시 입찰봉투에 넣어 입찰함에 투입하는 형식으로 제출한다.

② 입찰은 취소·변경 또는 교환할 수 없다.

③ 공유자 또는 임차인은 매각기일까지 보증을 제공하고 최고매수신고가격과 같은 가격으로 채무자의 지분 또는 임대주택을 우선 매수하겠다는 신고를 할 수 있다.

### (3) 입찰의 종결 제31회

① **입찰의 마감 및 개찰**: 매각기일을 마감할 때까지 허가할 매수가격의 신고가 없는 때에는 집행관은 즉시 매각기일의 마감을 취소하고 같은 방법으로 매수가격을 신고하도록 최고하여야 한다.

② **최고가매수신고인의 결정**: 개찰결과 최고의 가격으로 응찰하고 소정의 입찰보증금을 제출한 자로 판명된 자를 최고가매수신고인으로 결정한다. 만약, 최고의 가격으로 응찰하고 입찰보증금도 제출한 자가 2인 이상일 경우에는 그들만을 상대로 추가입찰을 실시한다.

③ **차순위매수신고인의 결정**: 차순위매수신고는 그 신고액이 최저매각가격 이상이어야 하고 또 최고가매수신고가격에서 그 보증금액을 공제한 금액을 초과한 경우에만 할 수 있다. 차순위매수신고를 한 자가 2인 이상인 때에는 신고가격이 높은 사람을 차순위매수신고인으로 정하고, 신고가격이 같을 때에는 추첨에 의하여 차순위매수신고인을 정한다.

④ **매수신청보증금의 반환**: 집행관은 매각절차의 종결을 고지한 후 최고가매수신고인 및 차순위매수신고인 이외의 입찰자에게 그들이 제출한 입찰보증금을 즉시 반환한다.

### (4) 유찰시 새매각(신매각)

매각기일에 매수인이 없는 경우에는 법원은 최저매각가격을 저감(통상 20%)하고 새매각기일을 정하여 다시 매각을 실시한다.

**☑ 매수신청인의 참가자격 여부**

| 매수신청을 할 수 없는 자 | 매수신청을 할 수 있는 자 |
|---|---|
| • 매각절차에 관여한 집행관 및 그 친족<br>• 경매부동산을 평가한 감정인 및 그 친족<br>• 집행법원을 구성하는 법관, 담임법원사무관<br>• 채무자<br>• 재매각에 있어서 전 매수인<br>• 경매관련죄로 유죄의 판결을 받고 2년이 경과되지 아니한 자 | • 채권자<br>• 담보권자<br>• 제3취득자<br>• 물상보증인(임의경매의 경우)<br>• 채무자의 가족<br>• 외국인 |

## 6 매각결정기일

### (1) 매각허가 · 불허가의 결정

① 법원은 미리 지정된 기일(매각기일부터 1주 이내)에 매각결정기일을 열어 매각의 허부에 관하여 이해관계인의 진술을 듣고 직권으로 법이 정한 이의사유가 있는지 여부를 조사한 다음 매각의 허가 또는 불허가결정을 선고한다.

② 여러 개의 부동산을 매각하는 경우에 한 개의 부동산의 매각대금으로 모든 채권자의 채권액과 강제집행비용을 변제하기에 충분하면 일괄매각의 경우를 제외하고 다른 부동산의 매각을 허가하지 아니한다(과잉매각금지). 이 경우 채무자는 그 부동산 가운데 매각할 것을 지정할 수 있다.

③ 경매목적물의 취득에 관청의 증명이나 허가를 필요로 하는 경우(예 농지의 경우 농지취득자격증명)라도 그 증명이나 허가는 매각결정기일까지 보완하면 되므로 매수신청시에 그 증명이나 허가가 있음을 증명할 필요는 없다.

### (2) 매각허부에 대한 즉시항고

① 이해관계인은 매각허가 여부의 결정에 따라 손해를 볼 경우에만 그 결정에 대하여 즉시항고를 할 수 있으며 즉시항고는 결정을 고지한 날부터 1주일 내에 제기하여야 하는바 1주일의 기간은 매각허부결정 선고일로부터 일률적으로 진행된다. 또한 매각허가에 정당한 이유가 없거나 결정에 적은 것 외의 조건으로 허가하여야 한다고 주장하는 매수인(경락인) 또는 매각허가를 주장하는 매수신고인도 즉시항고를 할 수 있다.

② 매각허가결정에 대하여 항고를 하고자 하는 사람은 보증으로 매각대금의 10분의 1에 해당하는 금전 또는 법원이 인정한 유가증권을 공탁하여야 한다. 이때 채무자 및 소유자는 자신이 한 항고가 기각된 때에는 보증으로 제공한 금전이나 유가증권을 돌려줄 것을 요구하지 못한다.



### (3) 불허가에 의한 새매각(신매각)

법원은 매각을 허가하지 아니하고 다시 매각을 명하는 때에는 직권으로 새 매각기일을 정하여야 한다. 이때에는 최저매각가격의 저감률의 적용이 없다.

## 7 매각대금의 납부 제31회

### (1) 대금지급(납부)기한

① 매각허가결정이 확정되면 법원은 대금의 지급기한을 정하여 이를 매수인(경락인)에게 통지하며, 매수인은 대금지급기한까지 언제든지 매각대금을 납부할 수 있다.

② 채권자가 매수인인 경우에는 매각결정기일이 끝날 때까지 법원에 신고하고 배당받아야 할 금액을 제외한 대금을 배당기일에 낼 수 있다(상계신고).

### (2) 대금납부의 효과

매수인(경락인)은 매각대금을 완납한 때에 경매의 목적인 권리를 확정적으로 취득한다. 이에 따라 차순위매수신고인은 매수인이 대금을 납부함으로써 매수의 책임을 면하고 즉시 보증금을 반환받을 수 있다.

### (3) 대금미납에 대한 법원의 조치

① 매수인이 대금지급기한까지 대금납부의무를 완전히 이행하지 아니한 때에는 차순위매수신고인에 대한 매각허부결정을 하고 새로이 대금지급기한을 정한다. 차순위매수신고인이 없거나 차순위매수신고인이 대금지급기한까지 대금납부를 하지 않으면 집행법원은 직권으로 부동산의 재매각을 명하여야 한다. 재매각절차에도 종전에 정한 최저매각가격, 그 밖의 매각조건을 적용한다.

② 매수인(경락인)이 재매각기일의 3일 전까지 대금, 지연이자(연 20%)와 절차비용을 지급한 때에는 재매각절차를 취소하여야 한다. 이 경우 차순위매수신고인이 매각허가결정을 받았던 때에는 위 금액을 먼저 지급한 매수인이 매매목적물의 권리를 취득한다.

③ 재매각절차에서 전매수인은 매수신청을 할 수 없으며 매수신청의 보증을 돌려줄 것을 요구하지 못한다.

**핵심 다지기**

**새매각과 재매각 비교정리**

**1. 새매각(신경매)**

새매각이라 함은 매각(입찰)을 실시하였으나 매수인(경락인)이 결정되지 않았기 때문에 다시 기일을 지정하여 실시하는 매각절차를 말한다. 새매각은 다음의 경우 실시한다.

① 매각기일에 허가할 매수가격의 신고가 없는 경우
② 매각결정기일에 법원이 최고가 매수신고인에 대하여 매각을 허가할 수 없는 사유가 있어 매각을 불허하거나 매각허가결정이 항고심에서 취소된 경우
③ 매수가격의 신고 후에 천재지변 그 밖의 자기가 책임질 수 없는 사유로 인하여 부동산이 훼손되어 최고가 매수신고인이나 매수인(경락인)의 신청에 의하여 매각불허가결정을 하거나 매각허가결정을 취소한 경우

위의 경우에 있어서 최저매각가격의 저감이 문제되는바 ①의 경우는 집행법원이 최저매각가격을 상당한 정도로 저감할 수 있으나 ②의 경우는 최저매각가격을 저감할 수 없다. 또한 ③의 경우는 감정인으로 하여금 다시 부동산을 평가하게 하여 최저매각가격을 결정하고 멸실된 경우에는 경매절차를 취소하여야 한다.

**2. 재매각(재경매)**

재매각이란 매각허가결정 확정 후 집행법원이 지정한 대금지급기한 내에 매수인(경락인)이 매각대금지급의무를 완전히 이행하지 아니하고 차순위매수신고인도 없는 경우에, 법원이 직권으로 다시 실시하는 매각절차를 말한다. 다만, 매수인(경락인)이 재매각기일의 3일 전까지 대금·지연이자와 절차비용을 지급한 때에는 재매각절차를 취소하여야 한다. 재매각에 있어서는 최저매각가격의 저감률 적용이 없는 등 종전 매각과 동일한 매각조건으로 실시한다.

**3. 양자의 차이**

새매각과 재매각은 매각절차를 다시 실시한다는 점에서는 유사하나, 새매각은 매각허가결정에 이르지 아니하였거나 매각허가결정의 확정에 이르지 아니한 경우에 실시하는 절차인데 반하여, 재매각은 매각허가결정이 확정된 후 매수인(경락인)이 대금지급의무를 이행하지 않는 경우에 행해지는 절차인 점에서 차이가 있다.

## 8 배당절차

### (1) 배당기일 지정 및 배당요구

① 매수인이 매각대금을 완납하면 법원은 배당에 관한 진술 및 배당을 실시할 기일(배당기일)을 정하여 이해관계인과 배당을 요구한 채권자에게 통지하여 배당을 한다.

② 각 채권자는 배당요구의 종기까지 법원에 채권의 원금, 이자, 비용 그 밖에 부대채권의 계산서를 제출하여야 한다. 계산서를 제출하지 아니한 때에는 법원은 배당요구서와 그 밖에 기록에 첨부된 증빙서류에 의하여 채권액을 계산하며, 계산서를 제출하지 아니한 채권자는 배당요구의 종기 이후에는 채권액을 보충할 수 없다.

### (2) 배 당

① 배당이란 부동산의 경매절차로 인한 매각대금으로 채권자의 채권변제에 충당하는 절차이다. 매각대금이 각 채권자를 만족시키지 못하는 때에는 권리의 우선순위에 따라 매각대금을 배분한다.

② 법원은 각 채권자의 채권을 모두 만족시키고 잔액이 있으면 채무자에게 교부하지만, 부족한 경우가 일반적이므로 법원은 「민법」, 「상법」, 그 밖의 법률에 의하여 각 채권자에게 그 우선순위에 따라 배당을 한다.

### (3) 배당의 원칙

① 담보물권과 각종 법률에 의해 우선순위를 정한 채권은 「민법」, 「상법」, 세법, 민사특별법 등 법률에 따라 배당의 우선순위가 결정된다. 배당을 요구한 일반채권자는 채권발생 시기의 선·후에 관계없이 채권금액 비율로 평등배당(안분배당)을 받는다.

② 물권 상호 간의 순위, 즉 전세권, 저당권, 질권, 가등기담보권 등의 배당의 우선순위는 설정등기일 선·후에 의한다.

③ 물권과 가압류채권의 순위는 가압류보다 물권의 설정이 빠른 경우에는 당연히 물권이 선순위이고, 물권의 설정보다 가압류가 빠른 경우에는 동순위로 취급되어 채권금액 비율로 평등배당(안분배당)을 받는다.

④ 확정일자 임차인과 물권의 순위는 임차인이 대항요건과 확정일자를 갖추어 우선변제권이 발생한 날과 물권 설정등기일을 비교하여 배당의 우선순위를 결정한다.

### (4) 배당의 순위

| 배당순위 | 배당채권 |
|---|---|
| 0순위 | • 경매비용<br>• 저당부동산의 제3취득자의 필요비 · 유익비 등 비용상환청구권 |
| 1순위 | • 주택임차인 · 상가임차인의 소액임차보증금 중 일정액<br>• 임금채권 중 일정액 ⇨ 근로자의 최종 3개월분 임금채권, 3년분 퇴직금채권, 재해보상금채권 |
| 2순위 | 당해세(경매부동산에 부과된 국세 · 지방세)와 체납가산금 |
| 3순위 | 법정기일이 담보물권 · 임차보증금채권보다 앞선 국세 · 지방세 |
| 4순위 | 담보물권(저당권 · 전세권 · 가등기담보권), 임차보증금채권(확정일자구비 임차권) |
| 5순위 | 일반임금채권(우선변제되는 임금채권 제외) |
| 6순위 | 법정기일이 담보물권 · 임차보증금채권보다 늦은 당해세 이외의 국세 · 지방세 |
| 7순위 | 세금 외의 공과금(의료보험료 · 국민연금보험료 · 산업재해보상보험료) |
| 8순위 | 일반채권(확정일자 없는 임차보증금채권 등) |

## 9 소유권이전등기의 촉탁

매수인이 대금을 완납하면 매각부동산의 소유권을 취득하므로 집행법원은 매수인 명의의 소유권이전등기 및 매수인이 인수하지 아니하는 부동산상의 부담의 말소등기를 등기관에 촉탁한다. 다만, 그 등기와 말소의 비용은 매수인의 부담이므로 매수인으로부터 주민등록표등본, 등록세영수필통지서 및 영수필확인서, 국민주택채권매입필증 등 첨부서류가 제출되었을 때 집행법원은 비로소 소유권이전등기 등을 촉탁하게 된다.

## 10 인도명령

(1) 법원은 매수인(경락인)이 대금을 낸 뒤 6개월 이내에 신청하면 채무자 · 소유자 또는 부동산 점유자에 대하여 부동산을 매수인에게 인도하도록 명할 수 있다. 다만, 점유자가 매수인에게 대항할 수 있는 권원에 의하여 점유하고 있는 것으로 인정되는 경우에는 그러하지 아니하다.

(2) 법원이 채무자 및 소유자 외의 점유자에 대하여 인도명령을 하려면 그 점유자를 심문하여야 한다. 다만, 그 점유자가 매수인에게 대항할 수 있는 권원에 의하여 점유하고 있지 아니함이 명백한 때 또는 이미 그 점유자를 심문한 때에는 그러하지 아니하다.

**예 제**

**법원은 X부동산에 대하여 담보권 실행을 위한 경매절차를 개시하는 결정을 내렸고, 최저매각가격을 1억원으로 정하였다. 기일입찰로 진행되는 이 경매에서 매수신청을 하고자 하는 중개의뢰인 甲에게 개업공인중개사가 설명한 내용으로 옳은 것은?** 제30회

① 甲이 1억 2천만원에 매수신청을 하려는 경우, 법원에서 달리 정함이 없으면 1천 2백만원을 보증금액으로 제공하여야 한다.

② 최고가매수신고를 한 사람이 2명인 때에는 법원은 그 2명뿐만 아니라 모든 사람에게 다시 입찰하게 하여야 한다.

③ 甲이 다른 사람과 동일한 금액으로 최고가매수신고를 하여 다시 입찰하는 경우, 전의 입찰가격에 못 미치는 가격으로 입찰하여 매수할 수 있다.

④ 1억 5천만원의 최고가매수신고인이 있는 경우, 법원에서 보증금액을 달리 정하지 않았다면 甲이 차순위매수신고를 하기 위해서는 신고액이 1억 4천만원을 넘어야 한다.

⑤ 甲이 차순위매수신고인인 경우 매각기일이 종결되면 즉시 매수신청의 보증을 돌려줄 것을 신청할 수 있다.

**해설** ④ 차순위 매수신고인의 결정은 〈최고가 − 보증금 뺀 금액보다 넘는 가격〉이다.

① 매수신청보증금은 최저매각가격의 10%이다. 따라서 1천만원을 보증금액으로 제공하여야 한다. 응찰가격의 10%가 아니다.

② 최고가매수신고를 한 사람이 2명인 때에는 법원은 그들만으로 추가 입찰한다.

③ 甲이 다른 사람과 동일한 금액으로 최고가매수신고를 하여 다시 입찰하는 경우에는 전의 입찰가격에 못 미치는 가격으로는 매수할 수 없다.

⑤ 차순위매수신고인의 매수신청의 보증금은 최고가매수인이 매각대금을 완납하면 즉시 매수신청 보증금의 반환을 요구할 수 있다.

정답 ④

## 04 공 매

### 1 의 의

(1) 넓은 의미에서의 공매란 법률의 규정에 의하여 공적인 기관에서 강제적으로 행해지는 매매를 말하고, 좁은 의미로는 「국세징수법」에 의하여 국세 · 지방세를 체납한 체납자의 재산을 압류하여 공개매각하는 처분을 말한다.

(2) 현재 이 업무는 대부분 한국자산관리공사가 맡고 있다. 한국자산관리공사가 관리하는 부동산매각과 관련하여 일반인을 상대로 직접 처리하는 경우는 크게 4가지로 나눌 수가 있다. 그러나 공매는 한국자산관리공사 이외에 국가 · 지방자치단체 등도 시행할 수 있다.

## 2 공매의 종류

### (1) 비업무용 부동산(수탁부동산) 공매

금융기관이 채권정리를 위하여 법원경매과정에서 담보물을 경락받아 취득한 비업무용 부동산이나 재무구조 개선목적의 기업 소유 비업무용 부동산을 한국자산관리공사가 이들 기관의 대리인으로서 일반인에게 매각하는 공매이다. 법원경매와 비교하여 장점을 살펴보면 다음과 같다.

① 3개월 이상 매수대금을 미리 납부하면 그 기간만큼의 정기예금이자 상당액을 감면해 주고, 할부구입도 가능하다.

② 자금사정이 어려우면 중도에 매수자 변경(명의변경)이 가능하다.

③ 유찰된 경우 다음 차수의 입찰시간까지 앞 공매에서 팔리지 않은 조건으로 수의계약을 할 수 있다.

④ 주택·공장의 경우 대금의 3분의 1 이상만 납부하고도 입주가 가능하다.

⑤ 대금을 완납하기 전이라도 담보를 제공하면 소유권을 이전받아 사용·처분할 수 있고, 은행담보로 활용할 수 있다.

⑥ 토지거래허가지역에 위치한 부동산이라도 3번 이상 유찰된 경우 토지거래허가가 면제된다.

### (2) 유입부동산 공매

한국자산관리공사가 부실채권정리기금으로 금융기관의 부실채권을 양수하여 부실채권을 회수하는 과정에서 담보부동산을 한국자산관리공사의 명의로 취득하여 일반인에게 매각하는 공매이다.

### (3) 고정자산 공매

금융기관 구조조정의 과정에서 퇴출된 정리은행의 본·지점건물 등 업무용 및 비업무용 부동산을 한국자산관리공사가 매수하여 다시 일반인에게 매각하는 공매이다. 현재는 시행되고 있지 않다.

### (4) 압류부동산 공매

이것은 세무서나 구청 등이 부과한 국세·지방세를 체납했을 경우 체납자의 재산을 압류하여 한국자산관리공사에 매각처분을 의뢰한 것이다. 명칭만 공매일 뿐 그 특징 및 성격은 경매와 거의 동일하므로 권리분석이 복잡하고, 대금의 분할납부가 인정되지 않으며, 명도책임이 낙찰자에게 있다. 또한 토지거래허가가 면제된다.

### ☑ 경매와 공매의 비교

| 구 분 | 경 매 | 공 매 | |
|---|---|---|---|
| | | 압류부동산공매 | 비업무용 부동산 공매 |
| 권리분석 | 매수인 | 매수인 | 필요성이 적음 |
| 명도책임 | 매수인 | 매수인 | 금융기관 또는 기업체 |
| 유찰시 저감률 | 10～30%<br>(통상 20%) | 10% 저감<br>최초 매각금액의<br>50% 한도 | 3회차부터 10% 저감 |
| 수의계약 | 불가능 | 불가능 | 가 능 |
| 대금납부 | 일시불 | 일시불 | 할부가능 최장 5년 |
| 매수자 변경 | 불가능 | 불가능 | 가 능 |
| 대금납부 전 점유사용 | 불가능 | 불가능 | 가 능<br>(3분의 1 이상 납부시) |
| 토지 거래허가 | 면 제 | 면 제 | 면제 안 됨<br>(단, 3회 이상 유찰시 면제) |
| 농지취득 자격증명 | 필 요 | 필 요 | 필 요 |
| 장 · 단점 | • 가격이 공매보다 싸다.<br>• 물량이 많다. | 압류부동산공매는 법원경매와 유사하다. 단, 방식은 공매의 방식이고 가격인하가 10%라는 점이 다르다. | • 대금납부 조건이 유리하다.<br>• 권리분석이 용이하다. |

# 제 2 절 매수신청대리인 등록 등 제33회, 제34회, 제35회

## 01 총 칙

### 1 개 설

현행 「공인중개사법」은 법인인 개업공인중개사와 공인중개사인 개업공인중개사에게 「민사집행법」에 의한 경매대상 부동산의 매수신청대리업을 허용하고 이를 영위하기 위해서는 대법원 규칙으로 정하는 요건을 갖추어 법원에 등록을 하고 감독을 받도록 규정하고 있다. 이러한 취지에 따라 대법원 규칙 및 예규가 제정되어 시행되고 있는바 이하 「공인중개사의 매수신청대리인 등록 등에 관한 규칙」과 「공인중개사의 매수신청대리인 등록 등에 관한 예규」에 대하여 상술한다.

### 2 대리권의 범위 및 대상물

#### (1) 매수신청대리권의 범위 제31회

법원에 매수신청대리인으로 등록한 개업공인중개사가 매수신청대리의 위임을 받은 경우 다음의 행위를 할 수 있다(규칙 제2조).

| ① 매수신청 보증의 제공<br>② 입찰표의 작성 및 제출<br>③ 차순위매수신고<br>④ 매수신청의 보증을 돌려줄 것을 신청하는 행위<br>⑤ 공유자의 우선매수신고<br>⑥ 구 「임대주택법」상 임차인의 임대주택 우선매수신고<br>⑦ 공유자 또는 임대주택 임차인의 우선매수신고에 따라 차순위매수신고인으로 보게 되는 경우 그 차순위매수신고인의 지위를 포기하는 행위 |
|---|

#### (2) 매수신청대리의 대상물

매수신청대리인으로 등록한 개업공인중개사는 다음의 물건에 대한 경매시에 매수신청대리를 할 수 있다(규칙 제3조).

| ① 토 지<br>② 건물 그 밖의 토지의 정착물<br>③ 「입목에 관한 법률」에 따른 입목<br>④ 「공장 및 광업재단 저당법」에 따른 공장재단, 광업재단 |
|---|

## 02 매수신청대리인 등록

### 1 의 의

매수신청대리인이 되고자 하는 개업공인중개사는 중개사무소(법인인 개업공인중개사의 경우에는 주된 중개사무소) 소재지 관할 지방법원장에게 매수신청대리인 등록을 하여야 한다(규칙 제4조).



### 2 등록요건

매수신청대리인 등록을 하고자 하는 자는 다음의 요건을 갖추어야 한다(규칙 제5·6조).

| 부동산중개업 등록요건 | 매수신청대리 등록요건 |
|---|---|
| ① 실무교육 이수(사원, 임원 전원)<br>② 보증(보증보험·공제·공탁) 설정 ⇨ 등록 후<br>③ 결격사유에 해당하지 않을 것 | ① 실무교육 이수(대표자만)<br>② 보증(보증보험·공제·공탁) 설정 ⇨ 등록 전<br>③ 결격사유에 해당하지 않을 것 |

### 3 등록의 결격사유

다음에 해당하는 자는 매수신청대리인 등록을 할 수 없다(규칙 제6조).

① 매수신청대리인 등록이 취소된 후 3년이 지나지 아니한 자. 단, 중개사무소의 폐업신고에 의한 등록취소는 제외한다.
② 경매관련 죄로 유죄판결을 받고 그 판결 확정일부터 2년이 지나지 아니한 자
③ 매수신청대리업무정지처분을 받고 폐업신고를 한 자로서 업무정지기간(폐업에 불구하고 진행되는 것으로 본다)이 경과되지 아니한 자
④ 매수신청대리업무정지처분을 받은 개업공인중개사인 법인의 업무정지의 사유가 발생한 당시의 사원 또는 임원이었던 자로서 당해 개업공인중개사에 대한 업무정지기간이 경과되지 아니한 자
⑤ 결격사유에 해당하는 자가 사원 또는 임원으로 있는 법인인 개업공인중개사

### 4 등록신청

#### (1) 등록관할청

중개사무소(법인인 개업공인중개사의 경우에는 주된 중개사무소) 소재지 관할 지방법원장이다.

### (2) 등록신청서류

등록신청서에 다음의 서류를 첨부해야 한다(예규 제2조 제1항).

> ① 공인중개사 자격증 사본
> ② 법인의 등기사항증명서(법인인 경우에 한한다). 다만, 「전자정부법」 제38조 제1항의 규정에 따른 행정정보의 공동이용을 통하여 그 서류에 대한 정보를 확인할 수 있는 경우에는 그 확인으로 갈음할 수 있다.
> ③ 중개사무소등록증 사본
> ④ 실무교육 이수증 사본
> ⑤ 여권용 사진(3.5cm × 4.5cm) 2매
> ⑥ 보증을 설정하였음을 증명하는 보증보험증서 사본, 공제증서 사본 또는 공탁증서 사본

### (3) 등록신청수수료

매수신청대리인 등록신청수수료는 공인중개사의 경우 2만원, 법인인 개업공인중개사의 경우 3만원이고, 정부수입인지로 납부하여야 한다(예규 제2조 제2항).

### (4) 종별변경

매수신청대리인 등록을 한 개업공인중개사가 종별을 달리하여 업무를 하고자 하는 경우에는 등록신청서를 다시 제출하여야 한다. 이 경우 종전에 제출한 서류는 이를 제출하지 아니할 수 있으며, 종전의 등록증은 이를 반납하여야 한다(예규 제2조 제4항).

## 5 행정정보의 제공요청

(1) 법원행정처장은 국토교통부장관, 시장 · 군수 · 구청장 또는 공인중개사협회가 보유 · 관리하고 있는 개업공인중개사에 관한 행정정보가 필요한 경우에는 국토교통부장관, 시장 · 군수 · 구청장 또는 협회에게 이용목적을 밝혀 당해 행정정보의 제공, 정보통신망의 연계, 행정정보의 공동이용 등의 협조를 요청할 수 있다(규칙 제7조 제1항).

(2) 법원행정처장으로부터 협조요청을 받은 국토교통부장관, 시장 · 군수 · 구청장 또는 협회는 정당한 사유가 없는 한 이에 응하여야 한다(규칙 제7조 제2항).

## 6 등록처분 및 등록증의 교부

### (1) 등록처분

매수신청대리인 등록신청을 받은 지방법원장은 14일 안에 공인중개사인 개업공인중개사나 법인인 개업공인중개사로 종별을 구분하여 등록을 하여야 한다(예규 제2조 제3항).

### (2) 등록증의 교부 및 재교부

① 지방법원장은 매수신청대리인 등록을 한 자에 대해서는 매수신청대리인 등록증을 교부하여야 한다(규칙 제8조 제1항).

② 등록증을 교부받은 자가 등록증을 잃어버리거나 못쓰게 된 경우와 등록증의 기재사항의 변경으로 인하여 다시 등록증을 교부받고자 하는 경우에는 재교부를 신청할 수 있다(규칙 제8조 제2항).



## 7 게시의무

개업공인중개사는 등록증 등 다음 사항을 당해 중개사무소 안의 보기 쉬운 곳에 게시하여야 한다(규칙 제9조, 예규 제5조).

| ① 등록증<br>② 매수신청대리 보수표<br>③ 보증의 설정을 증명할 수 있는 서류 |
|---|

## 8 명칭 · 휘장 등 표시 금지의무

매수신청대리인 등록을 한 개업공인중개사는 그 사무소의 명칭이나 간판에 고유한 지명 등 법원행정처장이 인정하는 특별한 경우를 제외하고는 '법원'의 명칭이나 휘장 등을 표시하여서는 아니 된다(규칙 제23조 제1항).

## 9 실무교육

### (1) 의 의

매수신청대리인 등록을 하고자 하는 개업공인중개사(법인인 개업공인중개사의 경우에는 공인중개사인 대표자)는 등록신청일 전 1년 이내에 법원행정처장이 지정하는 지방법원 본원 소재 교육기관에서 부동산경매에 관한 실무교육을 이수하여야 한다. 다만, 폐업신고 후 1년 이내에 다시 등록신청을 하고자 하는 자는 그러하지 아니하다(규칙 제10조 제1항).

### (2) 실무교육의 내용

① 실무교육에는 평가가 포함되어야 하며, 교육시간은 32시간 이상 44시간 이내로 한다(예규 제6조 제1항).

② 실무교육은 직업윤리, 「민사소송법」, 「민사집행법」, 경매실무 등 필수과목 및 교육기관이 자체적으로 정한 부동산경매 관련과목의 수강과 교육과목별 평가로 한다(예규 제6조 제2항).

### (3) 교육기관의 지정

실무교육에 필요한 전문인력 및 교육시설을 갖추고 객관적 평가기준을 마련한 다음의 기관 또는 단체는 법원행정처장에게 그 지정승인을 요청할 수 있다(예규 제6조 제3항).

| ① 대학 또는 전문대학으로서 부동산관련학과가 개설된 학교<br>② 공인중개사협회 |
|---|

## 10 손해배상책임의 보장

### (1) 손해배상책임

매수신청대리인이 된 개업공인중개사는 매수신청대리를 함에 있어서 고의 또는 과실로 인하여 위임인에게 재산상 손해를 발생하게 한 때에는 그 손해를 배상할 책임이 있다(규칙 제11조 제1항).

### (2) 보증의 설정

① **설정시기**: 매수신청대리인 등록신청 전에 설정하여야 한다.

② **설정방법**: 보증보험 또는 협회의 공제에 가입하거나 공탁하여야 한다.

③ **설정금액**(규칙 제13조 제1항)

㉠ 법인인 개업공인중개사의 보증금액: 4억원 이상

㉡ 분사무소의 보증금액: 분사무소마다 2억원 이상을 추가로 설정

㉢ 개인인 개업공인중개사의 보증금액: 2억원 이상

### (3) 보증관련 설명 · 교부의무

매수신청의 위임을 받은 개업공인중개사는 매수신청인에게 손해배상책임의 보장에 관한 다음의 사항을 설명하고 관계증서의 사본을 교부하거나 관계증서에 관한 전자문서를 제공하여야 한다(규칙 제11조 제4항).

| ① 보장금액<br>② 보증보험회사, 공제사업을 행하는 자, 공탁기관 및 그 소재지<br>③ 보장기간 |
|---|

### (4) 공탁금 회수 제한

공탁한 공탁금은 매수신청대리인이 된 개업공인중개사가 폐업, 사망 또는 해산한 날부터 3년 이내에는 이를 회수할 수 없다(규칙 제11조 제3항).

### (5) 보증의 변경 및 재설정

① 보증을 다른 보증으로 변경하고자 하는 경우에는 이미 설정한 보증의 효력이 있는 기간 중에 다른 보증을 설정하고, 그 증빙서를 갖추어 관할지방법원장에게 제출하여야 한다(예규 제10조 제1항).

② 보증보험 또는 공제에 가입한 개업공인중개사로서 보증기간의 만료로 인하여 다시 보증을 설정하고자 하는 자는 당해 보증기간 만료일까지 다시 보증을 설정하고, 관할지방법원장에게 제출하여야 한다(예규 제10조 제2항).

### (6) 보증보험금의 지급 및 재가입 · 보전

① 매수신청인이 손해배상금으로 보증보험금, 공제금 또는 공탁금을 지급받고자 하는 경우에는 당해 매수신청인과 매수신청대리인이 된 개업공인중개사와의 손해배상합의서, 화해조서, 확정된 법원의 판결서 사본 또는 그 밖의 이에 준하는 효력이 있는 서류를 첨부하여 보증기관에 손해배상금의 지급을 청구하여야 한다(예규 제11조 제1항).

② 매수신청대리인이 된 개업공인중개사가 보증보험금, 공제금 또는 공탁금으로 손해배상을 한 때에는 15일 이내에 보증보험 또는 공제에 다시 가입하거나 공탁금 중 부족하게 된 금액을 보전하여야 한다(예규 제11조 제2항).

## 11 휴업 · 폐업

### (1) 휴업 또는 폐업의 신고

① 매수신청대리인은 매수신청대리업을 휴업(3개월을 초과하는 경우), 폐업 또는 휴업한 매수신청대리업을 재개하고자 하는 때에는 감독법원에 그 사실을 미리 신고하여야 한다. 휴업기간을 변경하고자 하는 때에도 같다(규칙 제13조의2 제1항).

② 매수신청대리업을 휴업, 폐업, 휴업한 매수신청대리업의 재개 또는 휴업기간의 변경을 하고자 하는 때에는 예규에서 정하는 신고서에 매수신청대리인등록증을 첨부(휴업 또는 폐업의 경우에 한한다)하여 감독법원에 미리 신고하여야 한다. 법인인 개업공인중개사의 매수신청대리인의 분사무소의 경우에도 같다(예규 제11조의2 제1항).

### (2) 휴업기간

휴업은 6개월을 초과할 수 없다(규칙 제13조의2 제2항).

## 03 매수신청대리업무 제35회

### 1 매수신청대리행위 제31회

**(1) 대리행위방식**(대리권증명서면의 제출)

① 개업공인중개사는 대리행위를 하는 경우 각 대리행위마다 대리권을 증명하는 문서(본인의 인감증명서가 첨부된 위임장과 대리인등록증 사본 등)를 제출하여야 한다. 법인인 개업공인중개사의 경우에는 대표자의 자격을 증명하는 문서를 추가로 제출하여야 한다. 다만, 같은 날 같은 장소에서 법정대리행위를 동시에 하는 경우에는 하나의 서면으로 갈음할 수 있다(규칙 제14조 제1・2항).

② 대리권을 증명하는 문서는 매 사건마다 제출하여야 한다. 다만, 개별매각의 경우에는 매 물건번호마다 제출하여야 한다(예규 제12조 제1항).

③ 위임장에는 사건번호, 개별매각의 경우 물건번호, 대리인의 성명과 주소, 위임내용, 위임인의 성명과 주소를 기재하고, 위임인의 인감도장을 날인하여야 한다(예규 제12조 제2항).

**(2) 개업공인중개사의 출석**

개업공인중개사가 대리행위를 함에 있어서는 매각장소 또는 집행법원에 직접 출석하여야 한다(규칙 제14조 제3항).

**예제**

**「공인중개사의 매수신청대리인 등록 등에 관한 규칙」의 내용으로 옳은 것은?** 제27회

① 중개사무소의 개설등록을 하지 않은 공인중개사라도 매수신청대리인으로 등록할 수 있다.
② 매수신청대리인으로 등록된 개업공인중개사는 매수신청대리행위를 함에 있어 매각장소 또는 집행법원에 중개보조원을 대리출석하게 할 수 있다.
③ 매수신청대리인이 되고자 하는 법인인 개업공인중개사는 주된 중개사무소가 있는 곳을 관할하는 지방법원장에게 매수신청대리인 등록을 해야 한다.
④ 매수신청대리인으로 등록된 개업공인중개사는 매수신청대리의 위임을 받은 경우 법원의 부당한 매각허가결정에 대하여 항고할 수 있다.
⑤ 매수신청대리인으로 등록된 개업공인중개사는 본인의 인감증명서가 첨부된 위임장과 매수신청대리인등록증 사본을 한 번 제출하면 그 다음 날부터는 대리행위마다 대리권을 증명할 필요가 없다.

**해설** ① 개업공인중개사만 매수신청대리의 등록을 할 수 있다.
② 중개보조원이 대리출석 할 수는 없다.
④ 즉시항고는 매수신청대리권에 포함되지 않는다.
⑤ 대리행위마다 대리권 증명문서를 제출하여야 한다.

**정답 ③**

## 2 사건카드의 작성 · 보존 제35회

### (1) 사건카드의 작성

개업공인중개사는 매수신청대리 사건카드를 비치하고 사건을 위임받은 때에는 사건카드에 위임받은 순서에 따라 일련번호, 경매사건번호, 위임받은 연월일, 보수액과 위임인의 주소 · 성명 그 밖의 필요한 사항을 기재하고, 서명 · 날인하여야 한다(규칙 제15조 제1항).

### (2) 서명 · 날인

사건카드의 서명 · 날인에는 「공인중개사법」 규정에 따라 등록한 인장을 사용하여야 한다(규칙 제15조 제2항).

### (3) 사건카드의 보존

개업공인중개사가 사건카드를 작성한 경우 이를 5년간 보존하여야 한다(규칙 제15조 제1항).



## 3 매수신청대리 대상물의 확인 · 설명 제35회

### (1) 확인 · 설명의무

① **내용**: 개업공인중개사가 매수신청대리를 위임받은 경우 매수신청대리 대상물의 권리관계, 경제적 가치, 매수인이 부담하여야 할 사항 등에 대하여 위임인에게 성실 · 정확하게 설명하고 등기사항증명서 등 설명의 근거자료를 제시하여야 한다(규칙 제16조 제1항).

② **확인 · 설명사항**(예규 제14조 제1항)

| ㉠ 당해 매수신청대리 대상물의 표시 및 권리관계<br>㉡ 법령의 규정에 따른 제한사항<br>㉢ 당해 매수신청대리 대상물의 경제적 가치<br>㉣ 당해 매수신청대리 대상물에 관한 소유권을 취득함에 따라 부담 · 인수하여야 할 권리 등의 사항 |
|---|

### (2) 확인 · 설명서의 작성 · 교부 · 보존의무

개업공인중개사는 위임계약을 체결한 경우 확인 · 설명사항을 서면으로 작성하여 서명 · 날인한 후 위임인에게 교부하고, 그 사본을 사건카드에 철하여 5년간 보존하여야 한다(규칙 제16조 제2항).

## 4 보수 및 영수증 제32회

### (1) 보 수

개업공인중개사는 매수신청대리에 관하여 위임인으로부터 예규에서 정한 보수표의 범위 안에서 소정의 보수를 받는다. 이 경우 보수 이외의 명목으로 돈 또는 물건을 받거나 예규에서 정한 보수 이상을 받아서는 아니 된다(규칙 제17조 제1항).

### (2) 보수의 설명의무

개업공인중개사는 보수표와 보수에 대하여 이를 위임인에게 위임계약 전에 설명하여야 한다(규칙 제17조 제2항).

### (3) 실 비

개업공인중개사는 위임인으로부터 매수신청대리 대상물의 권리관계 등의 확인 또는 매수신청대리의 실행과 관련하여 발생하는 실비를 받을 수 있다. 다만, 매수신청대리에 필요한 통상의 실비는 보수에 포함된 것으로 본다(예규 제15조 제2항).

### (4) 영수증의 교부

개업공인중개사는 보수를 받은 경우 예규에서 정한 양식에 의한 영수증을 작성하여 서명·날인한 후 위임인에게 교부하여야 한다(규칙 제17조 제3항).

### (5) 보수의 지급시기 제31회

보수의 지급시기는 매수신청인과 매수신청대리인의 약정에 따르며 약정이 없을 때에는 매각대금의 지급기한일로 한다(규칙 제17조 제5항).

넓혀 보기

**매수신청대리 보수 및 실비**

**1. 상담 및 권리분석 보수**

(1) 보 수

50만원의 범위 안에서 당사자의 합의에 의하여 결정한다.

(2) 주의사항

① 4개 부동산 이상의 일괄매각의 경우에는 3개를 초과하는 것부터 1부동산당 5만원의 범위 안에서 상한선을 증액할 수 있다(예를 들어, 5개 부동산의 일괄매각의 경우 3개를 초과하는 2개 때문에 60만원까지로 보수의 상한선 범위가 증액될 수 있음).

② 개별매각의 여러 물건을 함께 분석하는 경우에는 1부동산당 5만원의 범위 안에서 상한선을 증액할 수 있다.

**2. 매수신청대리 보수**

(1) 매각허가결정이 확정되어 매수인으로 된 경우의 보수
감정가의 1% 이하 또는 최저매각가격의 1.5% 이하의 범위 안에서 당사자의 합의에 의하여 결정한다.

(2) 최고가매수신고인 또는 매수인으로 되지 못한 경우의 보수
50만원의 범위 안에서 당사자의 합의에 의하여 결정한다.

**3. 실 비**

(1) 실 비
30만원의 범위 안에서 당사자의 합의에 의하여 결정한다.

(2) 주의사항

① 실비는 매수신청대리와 관련하여 발생하는 특별한 비용(원거리 출장비, 원거리 교통비 등)으로써 개업공인중개사는 이에 관한 영수증 등을 첨부하여 청구하여야 한다.

② 매수신청대리와 관련하여 발생하는 통상의 비용(등기사항증명서 비용, 근거리 교통비 등)은 위 보수에 당연히 포함된 것으로 보고 별도로 청구하지 않는다.



## 04 개업공인중개사의 의무 제35회

### 1 공정한 업무수행의무

개업공인중개사는 신의와 성실로써 공정하게 매수신청대리업무를 수행하여야 한다(규칙 제18조 제1항). 개업공인중개사는 매각절차의 적정과 매각장소의 질서유지를 위하여 「민사집행법」의 규정 및 집행관의 조치에 따라야 한다(규칙 제18조 제3항).

### 2 비밀준수의무

개업공인중개사는 다른 법률에서 특별한 규정이 있는 경우를 제외하고는 그 업무상 알게 된 비밀을 누설하여서는 아니 된다. 개업공인중개사가 그 업무를 떠난 경우에도 같다(규칙 제18조 제2항).

### 3 각종 신고의무 제31회, 제35회

#### (1) 의 의

개업공인중개사는 일정한 사유가 발생한 경우 그 사유가 발생한 날로부터 10일 이내에 지방법원장에게 그 사실을 신고하여야 한다(규칙 제18조 제4항).

### (2) 신고사항

| |
|---|
| ① 중개사무소를 이전한 경우<br>② 중개업을 휴업 또는 폐업한 경우<br>③ 공인중개사자격이 취소된 경우<br>④ 공인중개사자격이 정지된 경우<br>⑤ 중개사무소 개설등록이 취소된 경우<br>⑥ 중개업무가 정지된 경우<br>⑦ 분사무소를 설치한 경우 |

## 4 금지행위

개업공인중개사는 다음의 행위를 하여서는 아니 된다(규칙 제18조 제5항).

| |
|---|
| ① 이중으로 매수신청대리인 등록신청을 하는 행위<br>② 매수신청대리인이 된 사건에 있어서 매수신청인으로서 매수신청을 하는 행위<br>③ 동일 부동산에 대하여 이해관계가 다른 2인 이상의 대리인이 되는 행위<br>④ 명의대여를 하거나 등록증을 대여 또는 양도하는 행위<br>⑤ 다른 개업공인중개사의 명의를 사용하는 행위<br>⑥ 「형법」상 경매·입찰방해죄에 해당하는 행위<br>⑦ 사건카드 또는 확인·설명서에 허위기재하거나 필수적 기재사항을 누락하는 행위<br>⑧ 그 밖에 다른 법령에 따라 금지되는 행위 |

# 05 지도 및 감독

## 1 감독 일반

### (1) 협회에 대한 감독

법원행정처장은 매수신청대리업무에 관하여 협회를 감독한다(규칙 제19조 제1항).

### (2) 협회지부 및 개업공인중개사에 대한 감독

① 지방법원장은 매수신청대리업무에 관하여 관할 안에 있는 협회의 시·도지부와 매수신청대리인 등록을 한 개업공인중개사를 감독한다(규칙 제19조 제2항).

② 지방법원장은 법규를 위반하였다고 인정되는 개업공인중개사에 대하여 해당 법규에 따른 상당한 처분을 하여야 한다(규칙 제19조 제4항).

## 2 감독상 명령(규칙 제20조)

### (1) 감독상 명령권자

① 지방법원장

② 감독사무를 위탁받은 지원장

### (2) 감독상 명령 대상자

매수신청대리인 등록을 한 개업공인중개사

### (3) 감독상 명령의 내용(행정명령 · 행정조사)

지방법원장 또는 감독의 사무를 행하는 지원장은 매수신청대리인 등록을 한 개업공인중개사에게 매수신청대리업무에 관한 사항에 대하여 보고하게 하거나 자료의 제출 그 밖에 필요한 명령을 할 수 있고, 소속공무원으로 하여금 중개사무소에 출입하여 장부 · 서류 등을 조사 또는 검사하게 할 수 있다.

## 3 감독업무의 위탁(규칙 제19조 제3항)

### (1) 위탁권자

지방법원장

### (2) 수탁권자

지원장과 협회의 시 · 도 지부

### (3) 위탁업무의 내용

매수신청대리업무에 대한 감독 사무

### (4) 실시결과의 보고

위탁받은 지원장과 협회의 시 · 도 지부는 그 실시결과를 지체 없이 지방법원장에게 보고하여야 한다.

### (5) 시 · 도 지부의 감독권

지방법원장으로부터 위탁받아 감독의 사무를 행하는 협회의 시 · 도 지부는 중개사무소 출입 · 조사 또는 검사를 할 수 있다(규칙 제20조 제2항).

## 4 등록취소 및 업무정지

### (1) 필요적 등록취소사유

지방법원장은 다음에 해당하는 경우에는 등록을 취소하여야 한다(규칙 제21조 제1항).

① 개업공인중개사가 「공인중개사법」상 등록의 결격사유에 해당하는 경우
② 「공인중개사법」상 중개업의 폐업신고를 한 경우
③ 「공인중개사법」상 공인중개사자격이 취소된 경우
④ 「공인중개사법」상 중개사무소 개설등록이 취소된 경우
⑤ 등록 당시 이 규칙에 의한 등록요건을 갖추지 않았던 경우
⑥ 등록 당시 이 규칙에 의한 결격사유가 있었던 경우

### (2) 임의적 등록취소사유

지방법원장은 다음에 해당하는 경우에는 등록을 취소할 수 있다(규칙 제21조 제2항).

① 등록 후 이 규칙에 의한 등록요건을 갖추지 못하게 된 경우
② 등록 후 이 규칙에 의한 결격사유가 있게 된 경우
③ 사건카드를 작성하지 아니하거나 보존하지 아니한 경우
④ 확인·설명서를 교부하지 아니하거나 보존하지 아니한 경우
⑤ 보수 이외의 명목으로 돈 또는 물건을 받은 경우, 예규에서 정한 보수를 초과하여 받은 경우, 보수의 영수증을 교부하지 아니한 경우
⑥ 비밀누설, 질서유지 조치불이행, 금지행위를 한 경우
⑦ 감독상의 명령이나 중개사무소의 출입, 조사 또는 검사에 대하여 기피, 거부 또는 방해하거나 거짓으로 보고 또는 제출한 경우
⑧ 최근 1년 이내에 이 규칙에 따라 2회 이상 업무정지처분을 받고 다시 업무정지처분에 해당하는 행위를 한 경우

### (3) 필요적 업무정지사유

지방법원장은 개업공인중개사(분사무소 포함)가 다음에 해당하는 경우에는 기간(1개월~2년)을 정하여 매수신청대리업무를 정지하는 처분을 하여야 한다(규칙 제22조 제1항).

① 「공인중개사법」상 휴업 또는 이 규칙상 휴업하였을 경우
② 「공인중개사법」상 공인중개사자격을 정지당한 경우
③ 「공인중개사법」상 중개업무의 정지를 당한 경우
④ 임의적 등록취소(감독상 명령 제외)사유 중 어느 하나에 해당하는 경우

### (4) 임의적 업무정지사유

지방법원장은 매수신청대리인 등록을 한 개업공인중개사(분사무소 포함)가 다음에 해당하는 경우에는 기간(1개월~2년)을 정하여 업무의 정지를 명할 수 있다(규칙 제22조 제2항).

| ① 「민사집행법」 제108조(매각장소의 질서유지 위반)에 해당하는 경우<br>② 등록증 등을 게시하지 아니한 경우<br>③ 등록인장을 사용하지 아니하여 사건카드, 확인 · 설명서, 보수영수증에 서명 · 날인한 경우<br>④ 사무소 이전 등의 신고를 하지 아니한 경우<br>⑤ 감독상 명령 등을 위반한 경우<br>⑥ '법원'의 명칭이나 휘장 등을 표시하였을 경우<br>⑦ 그 밖에 이 규칙에 따른 명령이나 처분에 위반한 경우 |
|---|



### (5) 처분의 사전 · 사후절차

① **사전 서면통지**: 지방법원장은 매수신청대리인 등록을 한 개업공인중개사에 대하여 등록취소, 업무정지의 처분을 할 경우에는 당해 위반행위를 조사 · 확인한 후 위반사실, 징계처분의 내용과 그 기간 등을 서면으로 명시하여 통지하여야 한다(예규 제18조 제1항).

② **의견진술의 기회 부여**: 지방법원장은 등록취소, 업무정지처분을 하고자 하는 때에는 10일 이상의 기간을 정하여 개업공인중개사에게 구술 또는 서면(전자문서를 포함한다)에 의한 의견진술의 기회를 주어야 한다. 이 경우 지정된 기일까지 의견진술이 없는 때에는 의견이 없는 것으로 본다(예규 제18조 제2항).

③ **관리대장에 기재**: 지방법원장은 등록취소 또는 업무정지처분을 한 때에는 등록취소 · 업무정지 관리대장에 기재하여 5년간 보존하여야 한다(예규 제18조 제3항).

④ **표시제거 및 사실표시의무**: 개업공인중개사는 매수신청대리인 등록이 취소된 때에는 사무실 내 · 외부에 매수신청대리업무에 관한 표시 등을 제거하여야 하며, 업무정지처분을 받은 때에는 업무정지사실을 당해 중개사무소의 출입문에 표시하여야 한다(규칙 제23조 제2항).

⑤ **등록증의 반납**

㉠ 등록취소처분을 받은 개업공인중개사는 처분을 받은 날로부터 7일 이내에 관할 지방법원장에게 등록증을 반납하여야 한다(예규 제18조 제4항).

㉡ 중개사무소의 개설등록이 취소된 경우로서 개인인 개업공인중개사가 사망한 경우에는 그 개업공인중개사와 세대를 같이하고 있는 자, 법인인 개업공인중개사가 해산한 경우에는 당해 법인의 대표자 또는 임원이었던 자가 등록취소처분을 받은 날로부터 7일 이내에 등록증을 관할 지방법원장에게 반납하여야 한다(예규 제18조 제5항).

예제

**매수신청대리인으로 등록한 개업공인중개사 甲이 매수신청대리 위임인 乙에게 「공인중개사의 매수신청대리인 등록 등에 관한 규칙」에 관하여 설명한 내용으로 틀린 것은?** (단, 위임에 관하여 특별한 정함이 없음) 제32회

① 甲의 매수신고액이 차순위이고 최고가매수신고액에서 그 보증액을 뺀 금액을 넘는 때에만 甲은 차순위매수신고를 할 수 있다.
② 甲은 乙을 대리하여 입찰표를 작성・제출할 수 있다.
③ 甲의 입찰로 乙이 최고가매수신고인이나 차순위매수신고인이 되지 않은 경우, 甲은 「민사집행법」에 따라 매수신청의 보증을 돌려 줄 것을 신청할 수 있다.
④ 乙의 甲에 대한 보수의 지급시기는 당사자 간 약정이 없으면 매각허가결정일로 한다.
⑤ 甲은 기일입찰의 방법에 의한 매각기일에 매수신청대리행위를 할 때 집행법원이 정한 매각장소 또는 집행법원에 직접 출석해야 한다.

해설 보수의 지급시기는 매수신청인과 매수신청대리인의 약정에 따르며 약정이 없을 때에는 매각대금의 지급기한일로 한다(규칙 제17조 제5항). ❶ 정답 ④

MEMO

# 제35회 기출문제

# 부록 제35회 기출문제

**01** **공인중개사법령상 공인중개사 정책심의위원회**(이하 "위원회"라 함)**에 관한 설명으로 옳은 것은?**

① 위원회는 국무총리 소속으로 한다.
② 손해배상책임의 보장에 관한 사항은 위원회의 심의사항에 해당하지 않는다.
③ 위원회 위원장은 위원이 제척사유에 해당하는 데에도 불구하고 회피하지 아니한 경우에는 해당 위원을 해촉할 수 있다.
④ 위원회에서 심의한 중개보수 변경에 관한 사항의 경우 시·도지사는 이에 따라야 한다.
⑤ 국토교통부장관이 직접 공인중개사자격시험을 시행하려는 경우에는 위원회의 의결을 미리 거쳐야 한다.

**해설** ① 국토교통부에 정책심의위원회를 둘 수 있다(임의적 기구).
② 심의 사항이다.
③ 국토교통부장관은 위원이 제척사유에 해당하는 데에도 불구하고 회피하지 아니한 경우에는 해당 위원을 해촉(解囑)할 수 있다.
④ 공인중개사 정책심의위원회에서 심의한 사항 중에 공인중개사의 시험 등 공인중개사의 자격취득에 관한 사항의 경우에는 "시·도지사"는 이에 따라야 한다.

**02** **공인중개사법령상 법인인 개업공인중개사가 중개업과 함께 할 수 <u>없는</u> 업무는?** (단, 다른 법률의 규정은 고려하지 않음)

① 주택의 임대업
② 상업용 건축물의 분양대행
③ 부동산의 이용·개발 및 거래에 관한 상담
④ 중개의뢰인의 의뢰에 따른 도배·이사업체의 소개
⑤ 개업공인중개사를 대상으로 한 중개업의 경영기법 및 경영정보의 제공

해설 ① 주택 및 상가 건축물의 임대업이나 매매업은 불가하다.

법인인 개업공인중개사는 다른 법률에 규정된 경우를 제외하고는 중개업 및 다음의 업무를 함께 할 수 있다.

1. 상업용 건축물 및 주택의 임대관리 등 부동산의 관리대행
2. 부동산의 이용·개발 및 거래에 관한 상담
3. 개업공인중개사를 대상으로 한 중개업의 경영기법 및 경영정보의 제공
4. 상업용 건축물 및 주택의 분양대행
5. 그 밖에 중개업에 부수되는 업무로서 중개의뢰인의 의뢰에 따른 도배·이사업체의 소개 등 주거이전에 부수되는 용역의 알선하는 업무
6. 개업공인중개사는 「민사집행법」에 의한 경매 및 「국세징수법」 그 밖의 법령에 의한 공매대상 부동산에 대한 권리분석 및 취득의 알선과 매수신청 또는 입찰신청의 대리를 할 수 있다.



## 03 공인중개사법령상 개업공인중개사의 휴업의 신고 등에 관한 설명으로 틀린 것은?

① 법인인 개업공인중개사가 4개월간 분사무소의 휴업을 하려는 경우 휴업신고서에 그 분사무소설치 신고확인서를 첨부하여 분사무소의 휴업신고를 해야 한다.

② 개업공인중개사가 신고한 휴업기간을 변경하려는 경우 휴업기간 변경신고서에 중개사무소등록증을 첨부하여 등록관청에 미리 신고해야 한다.

③ 관할 세무서장이 「부가가치세법 시행령」에 따라 공인중개사법령상의 휴업신고서를 함께 받아 이를 해당 등록관청에 송부한 경우에는 휴업신고서가 제출된 것으로 본다.

④ 등록관청은 개업공인중개사가 대통령령으로 정하는 부득이한 사유가 없음에도 계속하여 6개월을 초과하여 휴업한 경우 중개사무소의 개설등록을 취소할 수 있다.

⑤ 개업공인중개사가 휴업한 중개업을 재개하고자 등록관청에 중개사무소재개신고를 한 경우 해당 등록관청은 반납 받은 중개사무소등록증을 즉시 반환해야 한다.

해설 ② 3개월을 초과하는 휴업·폐업은 반드시 등록증을 첨부하여 사전에 방문하여 신고하나, 휴업기간 변경신고는 변경신고서에 의해 등록관청에 미리 신고하여야 한다. 따라서, 등록증을 첨부할 수 없으니 방문 또는 전자신고 모두 가능하다.

Answer 1. ⑤ 2. ① 3. ②

**04** **공인중개사법령상 공인중개사인 개업공인중개사 甲과 그에 소속된 소속공인중개사 乙에 관한 설명으로 <u>틀린</u> 것을 모두 고른 것은?**

| |
|---|
| ㉠ 甲과 乙은 실무교육을 받은 후 2년마다 등록관청이 실시하는 연수교육을 받아야 한다.<br>㉡ 甲이 중개를 의뢰받아 乙의 중개행위로 중개가 완성되어 중개대상물 확인·설명서를 작성하는 경우 乙은 甲과 함께 그 확인·설명서에 서명 또는 날인하여야 한다.<br>㉢ 乙이 甲과의 고용관계 종료 신고 후 1년 이내에 중개사무소의 개설등록을 신청한 경우 개설등록 후 1년 이내에 실무교육을 받아야 한다. |

① ㉠　② ㉡　③ ㉠, ㉢
④ ㉡, ㉢　⑤ ㉠, ㉡, ㉢

**해설** ㉠ 실무교육을 받은 개업공인중개사 및 소속공인중개사는 실무교육을 받은 후 2년마다 시·도지사가 실시하는 연수교육을 받아야 한다(법 제34조 제4항).
㉡ 개업공인중개사(법인인 경우에는 대표자, 분사무소의 책임자)가 서명 및 날인하되 해당 중개행위를 한 소속공인중개사가 있는 경우에는 소속공인중개사가 함께 서명 및 날인하여야 한다(법 제25조 제4항).
㉢ 소속공인중개사 乙이 고용관계 종료 신고 후 1년 이내에 중개사무소의 개설등록을 신청하려는 경우나 고용관계 종료 신고 후 1년 이내에 고용 신고를 다시 하려는 경우는 실무교육을 받지 않아도 된다.

**05** **공인중개사법령상 고용인의 신고 등에 관한 설명으로 옳은 것은?**

① 등록관청은 중개보조원의 고용 신고를 받은 경우 이를 공인중개사협회에 통보하지 않아도 된다.
② 개업공인중개사는 소속공인중개사를 고용한 경우에는 소속공인중개사가 업무를 개시한 날부터 10일 이내에 등록관청에 신고하여야 한다.
③ 개업공인중개사가 고용할 수 있는 중개보조원의 수는 개업공인중개사와 소속공인중개사를 합한 수의 5배를 초과하여서는 아니 된다.
④ 개업공인중개사는 소속공인중개사와의 고용관계가 종료된 때에는 고용관계가 종료된 날부터 30일 이내에 등록관청에 신고하여야 한다.
⑤ 소속공인중개사에 대한 고용 신고를 받은 등록관청은 공인중개사협회에게 그 소속공인중개사의 공인중개사 자격 확인을 요청하여야 한다.

**해설** ① 협회에 통보할 사항이다.
② 개업공인중개사는 소속공인중개사 또는 중개보조원을 고용한 경우에는 교육을 받도록 한 후 업무개시 전까지 등록관청에 신고(전자문서에 의한 신고를 포함한다)하여야 한다.
④ 10일 이내에 등록관청에 신고하여야 한다.
⑤ 등록관청은 자격증을 발급한 시·도지사에게 그 소속공인중개사의 자격 확인을 요청하여야 한다.

**06** 공인중개사법령상 부동산거래질서교란행위에 해당하지 않는 것은?

① 공인중개사자격증 양도를 알선한 경우
② 중개보조원이 중개업무를 보조하면서 중개의뢰인에게 본인이 중개보조인이라는 사실을 미리 알리지 않은 경우
③ 개업공인중개사가 중개행위로 인한 손해배상책임을 보장하기 위하여 가입해야 하는 보증보험이나 공제에 가입하지 않은 경우
④ 개업공인중개사가 동일한 중개대상물에 대한 하나의 거래를 완성하면서 서로 다른 둘 이상의 거래계약서를 작성한 경우
⑤ 개업공인중개사가 거래당사자 쌍방을 대리한 경우

**해설** ③ "업무보증설정제도"는 부동산거래질서교란행위에 해당되지 않는다.
누구든지 다음의 "부동산거래질서교란행위"를 발견하는 경우 그 사실을 신고센터(한국부동산원)에 신고(서면 또는 전자문서)할 수 있다.

1. 자격증 및 등록증 양도·대여금지, 유사명칭의 사용금지, 중개사무소개설등록, 중개보조원의 고지의무, 중개보조원 5배 초과 고용금지, 제33조 제1항 제2항 금지행위, 업무상 비밀준수, 법인의 겸업제한 위반, 게시의무, 문자사용, 중개대상물 확인, 설명위반, 주택임대차 중개시 설명의무를 위반
2. 2중등록금지, 2중소속금지, 2중사무소설치금지, 임시중개시설물, 2중계약서 작성을 위반하는 행위 또는 거짓·부정하게 등록한 자
3. 부동산거래신고 위반, 부동산거래의 해제등신고 또는 금지행위(거짓신고 요구, 거짓신고 조장·방조, 의무 아닌 자가 거짓신고, 가장 매매 또는 해제신고)를 위반

부록

Answer 4. ⑤ 5. ③ 6. ③

**07** **공인중개사법령상 개업공인중개사가 다음의 행위를 하기 위하여 법원에 등록해야 하는 것을 모두 고른 것은?** (단, 법 제7638호 부칙 제6조 제2항은 고려하지 않음)

> ㉠ 「민사집행법」에 의한 경매대상 부동산의 매수신청의 대리
> ㉡ 「국세징수법」에 의한 공매대상 부동산의 입찰신청의 대리
> ㉢ 중개행위에 사용할 인장의 변경
> ㉣ 중개행위로 인한 손해배상책임을 보장하기 위한 보증보험의 가입

① ㉠　　② ㉠, ㉡　　③ ㉡, ㉣
④ ㉠, ㉡, ㉢　　⑤ ㉠, ㉢, ㉣

**해설** ㉠ 개업공인중개사가 경매대상 부동산의 매수신청 또는 입찰신청의 대리를 하고자 하는 때에는 법원에 등록을 하고 그 감독을 받아야 한다.
㉡ 개업공인중개사는 공매대상 부동산에 대한 권리분석 취득의 알선과 매수신청 또는 입찰신청의 대리는 법원 등록 없이 할 수 있다.
㉢㉣ 법원에 등록할 사항이 아니다.

**08** **공인중개사법령상 소속공인중개사를 둔 개업공인중개사가 중개사무소 안의 보기 쉬운 곳에 게시하여야 하는 것을 모두 고른 것은?**

> ㉠ 소속공인중개사의 공인중개사자격증 원본
> ㉡ 보증의 설정을 증명할 수 있는 서류
> ㉢ 소속공인중개사의 고용신고서
> ㉣ 개업공인중개사의 실무교육 수료확인증

① ㉠, ㉡　　② ㉠, ㉣　　③ ㉡, ㉢
④ ㉢, ㉣　　⑤ ㉠, ㉡, ㉣

**해설** ㉢㉣ 중개사무소 안의 보기 쉬운 곳에 게시하여야 할 사항이 아니다.

**게시사항**

> 1. 등록증 원본(분사무소는 신고확인서 원본)
> 2. 개업공인중개사 및 소속공인중개사의 자격증 원본
> 3. 중개보수 및 실비의 요율 및 한도액 표
> 4. 사업자등록증
> 5. 업무보증 설정 증명증서
> 단, 실무교육이수증, 협회회원 등록증, 고용신고서 등은 게시사항이 아니다.

**09** 공인중개사법령상 중개사무소의 개설등록에 관한 설명으로 틀린 것은?

① 금고 이상의 형의 집행유예를 받고 그 유예기간이 만료된 날부터 2년이 지나지 아니한 자는 개설등록을 할 수 없다.

② 공인중개사협회는 매월 중개사무소의 등록에 관한 사항을 중개사무소등록・행정처분등통지서에 기재하여 다음 달 10일까지 시・도지사에게 통보하여야 한다.

③ 외국에 주된 영업소를 둔 법인의 경우에서는 「상법」상 외국회사 규정에 따른 영업소의 등기를 증명할 수 있는 서류를 제출하여야 한다.

④ 개설등록의 신청을 받은 등록관청은 개업공인중개사의 종별에 따라 구분하여 개설등록을 하고, 개설등록 신청을 받은 날부터 7일 이내에 등록신청인에게 서면으로 통지하여야 한다.

⑤ 공인중개사인 개업공인중개사가 법인인 개업공인중개사로 업무를 하고자 개설등록신청서를 다시 제출하는 경우 종전의 등록증은 이를 반납하여야 한다.

부록

해설 ② 등록관청은 매월 중개사무소의 등록・행정처분 및 신고 등에 관한 사항을 중개사무소등록・행정처분등통지서에 기재하여 다음 달 10일까지 공인중개사협회에 통보하여야 한다(규칙 제6조).

**10** 공인중개사법령상 개업공인중개사와 중개의뢰인의 중개계약에 관한 설명으로 틀린 것은?

① 일반중개계약은 계약서의 작성 없이도 체결할 수 있다.

② 전속중개계약을 체결하면서 유효기간을 3개월 미만으로 약정한 경우 그 유효기간은 3개월로 한다.

③ 전속중개계약을 체결한 개업공인중개사는 중개대상물의 권리자의 인적 사항에 관한 정보를 공개해서는 안 된다.

④ 중개의뢰인은 일반중개계약을 체결하면서 거래예정가격을 포함한 일반중개계약서의 작성을 요청할 수 있다.

⑤ 임대차에 대한 전속중개계약을 체결한 개업공인중개사는 중개의뢰인의 비공개 요청이 없어도 중개대상물의 공시지가를 공개하지 아니할 수 있다.

해설 ② 3개월을 원칙으로 하되 별도의 약정이 있으면 약정이 우선한다. 따라서, 당사자 간에 2개월로 약정한 경우는 2개월이 유효기간이 된다.

Answer 7. ① 8. ① 9. ② 10. ②

**11** **공인중개사법령상 부동산거래정보망의 지정 및 이용에 관한 설명으로 옳은 것은?**

① 「전기통신사업법」의 규정에 의한 부가통신사업자가 아니어도 국토교통부령으로 정하는 요건을 갖추면 거래정보사업자로 지정받을 수 있다.
② 거래정보사업자로 지정받으려는 자는 공인중개사의 자격을 갖추어야 한다.
③ 거짓이나 그 밖의 부정한 방법으로 거래정보사업자로 지정받은 경우 그 지정은 무효이다.
④ 법인인 거래정보사업자의 해산으로 부동산거래정보망의 계속적인 운영이 불가능한 경우 국토교통부장관은 청문 없이 그 지정을 취소할 수 있다.
⑤ 부동산거래정보망에 정보가 공개된 중개대상물의 거래가 완성된 경우 개업공인중개사는 3개월 이내에 해당 거래정보사업자에게 이를 통보하여야 한다.

해설 ① 지정을 받을 수 있는 자는 「전기통신사업법」의 규정에 의한 부가통신사업자로서 국토교통부령으로 정하는 요건을 갖춘 자로 한다.
② 공인중개사의 자격을 요하지 않으며, 개인 개업공인중개사, 일반인, 법인사업자도 지정받을 수 있다.
③ 국토교통부장관은 청문을 거쳐 그 지정을 취소할 수 있다.
⑤ 개업공인중개사는 부동산거래정보망에 중개대상물에 관한 정보를 거짓으로 공개하여서는 아니 되며, 해당 중개대상물의 거래가 완성된 때에는 지체 없이 이를 해당 거래정보사업자에게 통보하여야 한다(법 제24조 제7항).

**12** **공인중개사법령상 개업공인중개사가 계약금 등을 금융기관에 예치하도록 거래당사자에게 권고하는 경우 예치명의자가 될 수 없는 자는?**

① 개업공인중개사
② 거래당사자 중 일방
③ 부동산 거래계약의 이행을 보장하기 위하여 계약 관련서류 및 계약금 등을 관리하는 업무를 수행하는 전문회사
④ 국토교통부장관의 승인을 얻어 공제사업을 하는 공인중개사협회
⑤ 「은행법」에 따른 은행

해설 ② 거래당사자, 소속공인중개사, 중개보조원은 예치명의자가 될 수 없다.
**예치명의자**: 개업공인중개사 또는 은행, 공제사업자, 신탁업자, 보험회사, 계약금 등 및 계약 관련 서류를 관리하는 업무를 수행하는 전문회사, 체신관서이다.

**13** **공인중개사법령상 누구든지 시세에 부당한 영향을 줄 목적으로 개업공인중개사 등의 업무를 방해해서는 아니 되는 행위를 모두 고른 것은?**

> ㉠ 중개의뢰인과 직접 거래를 하는 행위
> ㉡ 안내문, 온라인 커뮤니티 등을 이용하여 특정 가격 이하로 중개를 의뢰하지 아니하도록 유도하는 행위
> ㉢ 정당한 사유 없이 개업공인중개사 등의 중개대상물에 대한 정당한 표시·광고행위를 방해하는 행위
> ㉣ 단체를 구성하여 특정 중개대상물에 대하여 중개를 제한하거나 단체 구성원 이외의 자와 공동중개를 제한하는 행위

① ㉠, ㉢　② ㉠, ㉣　③ ㉡, ㉢
④ ㉠, ㉡, ㉣　⑤ ㉡, ㉢, ㉣

**해설** ③ 누구든지 시세에 부당한 영향을 줄 목적으로 다음 각 호의 어느 하나의 방법으로 개업공인중개사 등의 업무를 방해해서는 아니 된다(법 제33조 제2항).

> 1. 안내문, 온라인 커뮤니티 등을 이용하여 특정 개업공인중개사 등에 대한 중개의뢰를 제한하거나 제한을 유도하는 행위
> 2. 안내문, 온라인 커뮤니티 등을 이용하여 중개대상물에 대하여 시세보다 현저하게 높게 표시·광고 또는 중개하는 특정 개업공인중개사 등에게만 중개의뢰를 하도록 유도함으로써 다른 개업공인중개사 등을 부당하게 차별하는 행위
> 3. 안내문, 온라인 커뮤니티 등을 이용하여 특정 가격 이하로 중개를 의뢰하지 아니하도록 유도하는 행위
> 4. 정당한 사유 없이 개업공인중개사 등의 중개대상물에 대한 정당한 표시·광고 행위를 방해하는 행위
> 5. 개업공인중개사 등에게 중개대상물을 시세보다 현저하게 높게 표시·광고하도록 강요하거나 대가를 약속하고 시세보다 현저하게 높게 표시·광고하도록 유도하는 행위

㉠㉣ 법 제33조 제1항에 해당하는 개업공인중개사 등의 금지행위에 해당하는 내용이다.

**14** **공인중개사법령상 다음의 행위를 한 자에 대하여 3년의 징역에 처할 수 있는 경우는?**

① 거짓이나 그 밖의 부정한 방법으로 중개사무소의 개설등록을 한 경우
② 공인중개사가 다른 사람에게 자기의 성명을 사용하여 중개업무를 하게 한 경우
③ 등록관청의 관할 구역 안에 2개의 중개사무소를 둔 경우
④ 개업공인중개사가 천막 그 밖에 이동이 용이한 임시 중개시설물을 설치한 경우
⑤ 공인중개사가 아닌 자로서 공인중개사 또는 이와 유사한 명칭을 사용한 경우

**해설** ① 3년 이하의 징역 또는 3천만원 이하의 벌금형에 해당된다.
②③④⑤는 모두 1년 이하의 징역 또는 1천만원 이하의 벌금형에 해당된다.

**Answer** 11. ④　12. ②　13. ③　14. ①

부록

**15** **공인중개사법령상 중개보수 등에 관한 설명으로 틀린 것은?**

① 개업공인중개사의 중개업무상 과실로 인하여 중개의뢰인 간의 거래행위가 무효가 된 경우 개업공인중개사는 중개의뢰인으로부터 소정의 보수를 받을 수 없다.
② 주택의 중개에 대한 보수는 중개의뢰인 쌍방으로부터 각각 받되, 그 금액은 시·도의 조례로 정하는 요율한도 이내에서 중개의뢰인과 개업공인중개사가 서로 협의하여 결정한다.
③ 중개보수의 지급시기는 개업공인중개사와 중개의뢰인 간의 약정에 따르되, 약정이 없을 때에는 중개대상물의 거래대금 지급이 완료된 날로 한다.
④ 중개대상물인 주택의 소재지와 중개사무소의 소재지가 다른 경우 중개보수는 중개대상물의 소재지를 관할하는 시·도의 조례에서 정한 기준에 따라야 한다.
⑤ 개업공인중개사는 중개의뢰인으로부터 중개대상물의 권리관계 등의 확인에 소요되는 실비를 받을 수 있다.

해설 ④ 중개대상물의 소재지와 중개사무소의 소재지가 다른 경우, 개업공인중개사는 중개사무소의 소재지를 관할하는 시·도의 조례에서 정한 기준에 따라 보수 및 실비를 받아야 한다.

**16** **공인중개사법령상 개업공인중개사 업무정지의 기준에서 개별기준에 따른 업무정지기간이 6개월인 것은?**

① 인장등록을 하지 않거나 등록하지 않은 인장을 사용한 경우
② 거래정보사업자에게 공개를 의뢰한 중개대상물의 거래가 완성된 사실을 그 거래정보사업자에게 통보하지 않은 경우
③ 부동산거래정보망에 중개대상물에 관한 정보를 거짓으로 공개한 경우
④ 중개대상물 확인·설명서를 보존기간 동안 보존하지 않은 경우
⑤ 법령상의 전속중개계약서 서식에 따르지 않고 전속중개계약을 체결한 경우

해설 ①②④⑤는 개별기준에 따른 업무정지기간이 3개월이다.
③ 개별기준에 따른 업무정지기간이 6개월에 해당하는 내용은 다음과 같다.

| 위반 행위 | 기 간 |
|---|---|
| 1. 최근 1년 이내에 이 법에 따라 2회 이상 업무정지 또는 과태료의 처분을 받고 다시 과태료 처분에 해당하는 행위를 한 경우 | 6개월 |
| 2. 임의적 등록취소의 각 호의 하나를 최근 1년 이내에 1회 위반한 경우 | 6개월 |
| 3. 결격사유자인 소속공인중개사 또는 중개보조원으로 둔 경우. 다만, 사유가 발생한 날부터 2개월 이내에 사유를 해소한 경우는 해당되지 않는다. | 6개월 |
| 4. 중개대상물에 관한 정보를 거짓으로 공개한 경우 | 6개월 |

**17** **공인중개사법령상 공인중개사인 개업공인중개사의 중개사무소 개설등록 취소사유에 해당하지 않는 경우는?**

① 중개대상물 확인·설명서를 교부하지 아니한 경우
② 거짓으로 중개사무소의 개설등록을 한 경우
③ 업무정지기간 중에 중개업무를 한 경우
④ 공인중개사인 개업공인중개사가 개업공인중개사인 법인의 사원·임원이 된 경우
⑤ 개업공인중개사가 사망한 경우

해설 ① 업무정지 사유에 해당된다.
②③④⑤는 모두 절대적 등록취소 사유에 해당된다.

**절대적 등록취소사유**

1. 개인인 개업공인중개사가 사망하거나 개업공인중개사인 법인이 해산한 경우
2. 거짓이나 그 밖의 부정한 방법으로 중개사무소의 개설등록을 한 경우
3. 결격사유에 해당하게 된 경우. 다만, 같은 항 제12호에 따른 결격사유에 해당하는 경우로서 그 사유가 발생한 날부터 2개월 이내에 그 사유를 해소한 경우는 그러하지 아니하다.
4. 이중으로 중개사무소의 개설등록을 한 경우
5. 다른 개업공인중개사의 소속공인중개사·중개보조원 또는 개업공인중개사인 법인의 사원·임원이 된 경우

5의2. 개업공인중개사와 소속공인중개사를 합한 수의 5배를 초과하여 중개보조원을 고용한 경우

6. 다른 사람에게 자기의 성명 또는 상호를 사용하여 중개업무를 하게 하거나 중개사무소등록증을 양도 또는 대여한 경우
7. 업무정지기간 중에 중개업무를 하거나 자격정지처분을 받은 소속공인중개사로 하여금 자격정지기간 중에 중개업무를 하게 한 경우
8. 최근 1년 이내에 이 법에 의하여 2회 이상 업무정지처분을 받고 다시 업무정지처분에 해당하는 행위를 한 경우

부록

Answer 15. ④ 16. ③ 17. ①

**18** **공인중개사법령상 국토교통부장관이 공인중개사협회의 공제사업 운영에 대한 개선조치로서 명할 수 있는 것이 아닌 것은?**

① 가치가 없다고 인정되는 자산의 손실 처리
② 공제사업의 양도
③ 불건전한 자산에 대한 적립금의 보유
④ 업무집행방법의 변경
⑤ 자산의 장부가격의 변경

**해설** ② 공제사업의 양도는 국토교통부장관의 공제사업 운영에 대한 개선조치로서 명할 수 있는 내용에 해당되지 않는다.

**개선조치 명령이 가능한 사항**

| | |
|---|---|
| 1. 자산의 장부가격의 변경 | 2. 자산예탁기관의 변경 |
| 3. 업무집행 방법의 변경 | 4. 불건전한 자산 적립금의 보유 |
| 5. 가치 없는 자산 손실 처리 | |

**19** **공인중개사법령상 개업공인중개사가 중개를 완성한 때에 작성하는 거래계약서에 기재하여야 하는 사항을 모두 고른 것은?**

㉠ 권리이전의 내용
㉡ 물건의 인도일시
㉢ 계약의 조건이나 기한이 있는 경우에는 그 조건 또는 기한
㉣ 중개대상물 확인·설명서 교부일자

① ㉠, ㉣ ② ㉡, ㉢ ③ ㉠, ㉡, ㉢
④ ㉠, ㉡, ㉣ ⑤ ㉠, ㉡, ㉢, ㉣

**해설** ㉠㉡㉢㉣은 모두가 거래계약서에 기재하여야 할 사항이다.

**〈참고〉 필수적 기재사항**

1. 거래당사자의 인적 사항
2. 물건의 표시
3. 계약일
4. 거래금액(대금)과 계약금액 및 그 지급일자 등 지급에 관한 사항
5. 물건의 인도일시
6. 권리이전의 내용
7. 계약의 조건이나 기한이 있는 경우에는 그 조건 또는 기한
8. 중개대상물확인·설명서 교부일자
9. 그 밖의 약정내용(특약)

**20** **공인중개사법령상 중개대상물 확인 · 설명서[Ⅱ](비주거용 건축물)에서 개업공인중개사 기본 확인사항이 아닌 것은?**

① 토지의 소재지, 면적 등 대상물건의 표시
② 소유권 외의 권리사항 등 등기부 기재사항
③ 관리비
④ 입지조건
⑤ 거래예정금액

해설 ③ 주거용 건축물의 중개대상물 확인 · 설명서에서 개업공인중개사 기본 확인사항에 해당된다. ①②④⑤는 주거용 건축물과 비주거용 건축물의 중개대상물 확인 · 설명서 모두에서 개업공인중개사 기본 확인사항에 해당된다.

부록

**21** **공인중개사법령상 공인중개사협회의 업무에 해당하는 것을 모두 고른 것은?**

ㄱ 회원의 윤리헌장 제정 및 그 실천에 관한 업무
ㄴ 부동산 정보제공에 관한 업무
ㄷ 인터넷을 이용한 중개대상물에 대한 표시 · 광고 모니터링 업무
ㄹ 회원의 품위유지를 위한 업무

① ㄱ, ㄹ　② ㄴ, ㄷ　③ ㄱ, ㄴ, ㄷ
④ ㄱ, ㄴ, ㄹ　⑤ ㄱ, ㄴ, ㄷ, ㄹ

해설 ㄱㄴㄹ은 모두 공인중개사협회의 고유업무에 해당한다.
ㄷ 국토교통부장관은 인터넷을 이용한 중개대상물에 대한 표시 · 광고가 법 규정을 준수하는지 여부를 모니터링 할 수 있다.

Answer 18. ② 19. ⑤ 20. ③ 21. ④

**22** **부동산 거래신고 등에 관한 법령상 토지거래허가구역**(이하 "허가구역"이라 함)**의 지정에 관한 설명으로 옳은 것은?**

① 허가구역이 둘 이상의 시·도의 관할구역에 걸쳐 있는 경우 해당 시·도지사가 공동으로 지정한다.

② 토지의 투기적인 거래 성행으로 지가가 급격히 상승하는 등의 특별한 사유가 있으면 7년 이내의 기간을 정하여 허가구역을 지정할 수 있다.

③ 허가구역의 지정은 시장·군수 또는 구청장이 허가구역 지정의 통지를 받은 날부터 5일 후에 그 효력이 발생한다.

④ 허가구역 지정에 관한 공고 내용의 통지를 받은 시장·군수 또는 구청장은 지체 없이 그 공고 내용을 관할 등기소의 장에게 통지해야 한다.

⑤ 허가구역 지정에 관한 공고 내용의 통지를 받은 시장·군수 또는 구청장은 그 사실을 7일 이상 공고해야 하고, 그 공고 내용을 30일간 일반이 열람할 수 있도록 해야 한다.

해설 ① 허가구역이 둘 이상의 시·도의 관할 구역에 걸쳐 있는 경우 국토교통부장관이 지정한다.
② 5년 이내
③ 허가구역의 지정은 국토교통부장관 또는 시·도지사가 허가구역의 지정을 공고한 날부터 5일 후에 그 효력이 발생한다.
⑤ 통지를 받은 시장·군수 또는 구청장은 지체 없이 그 사실을 7일 이상 공고하고, 그 공고 내용을 15일간 일반이 열람할 수 있도록 하여야 한다.

**23** **부동산 거래신고 등에 관한 법령상 부동산 거래계약의 변경신고사항이 <u>아닌</u> 것은?**

① 거래가격
② 공동매수의 경우 매수인의 추가
③ 거래 지분 비율
④ 거래대상 부동산의 면적
⑤ 거래 지분

해설 ② 공동매수의 경우 일부 매수인의 변경, 즉 매수인 중 일부가 제외되는 경우만 해당한다. 따라서, 공동매수의 경우 매수인의 추가 또는 교체의 경우는 변경신고가 불가하다.

**거래계약의 변경신고 사항**

거래당사자 또는 개업공인중개사는 부동산 거래계약 신고 내용 중 다음 각 호의 어느 하나에 해당하는 사항이 변경된 경우에는 「부동산등기법」에 따른 부동산에 관한 등기신청 전에 신고관청에 신고 내용의 변경을 신고할 수 있다.

1. 거래 지분 비율
2. 거래 지분
3. 거래대상 부동산 등의 면적
4. 계약의 조건 또는 기한
5. 거래가격
6. 중도금 · 잔금 및 지급일
7. 공동매수의 경우 일부 매수인의 변경(매수인 중 일부가 제외되는 경우만 해당한다)
8. 거래대상 부동산 등이 다수인 경우 일부 부동산 등의 변경(거래대상 부동산 등 중 일부가 제외되는 경우만 해당한다)
9. 위탁관리인의 성명, 주민등록번호, 주소 및 전화번호(휴대전화번호를 포함한다)



**24** **부동산 거래신고 등에 관한 법령상 주택 임대차계약의 신고에 관한 설명으로 옳은 것은?** (단, 다른 법률에 따른 신고의 의제는 고려하지 않음)

① A특별자치시 소재 주택으로서 보증금이 6천만원이고 월 차임이 30만원으로 임대차계약을 신규 체결한 경우 신고 대상이다.

② B소재 주택으로서 보증금이 5천만원이고 월 차임이 40만원으로 임대차계약을 신규 체결한 경우 신고 대상이 아니다.

③ 자연인 甲과 「지방공기업법」에 따른 지방공사 乙이 신고 대상인 주택 임대차계약을 체결한 경우 甲과 乙은 관할 신고관청에 공동으로 신고하여야 한다.

④ C광역시 D군 소재 주택으로서 보증금이 1억원이고 월 차임이 100만원으로 신고된 임대차계약에서 보증금 및 차임의 증감 없이 임대차 기간만 연장하는 갱신계약은 신고 대상이 아니다.

⑤ 개업공인중개사가 신고 대상인 주택 임대차계약을 중개한 경우 해당 개업공인중개사가 신고하여야 한다.

**해설** ①④ "대통령령으로 정하는 금액을 초과하는 임대차 계약"이란 보증금이 6천만원을 초과하거나 월 차임이 30만원을 초과하는 주택 임대차 계약(계약을 갱신하는 경우로서 보증금 및 차임의 증감 없이 임대차 기간만 연장하는 계약은 제외한다)을 말한다(영 제4조의3 제1항).
② 보증금 또는 차임 둘 중에 하나만 해당되어도 신고하여야 한다.
③ 임대차계약당사자 중 일방이 국가 등인 경우에는 국가 등인 乙이 신고하여야 한다.
⑤ 임대차계약당사자는 임대차 계약의 체결일부터 30일 이내에 주택 소재지를 관할하는 신고관청에 공동으로 신고하여야 한다. 따라서 개업공인중개사는 신고의무가 없다.

**Answer** 22. ④ 23. ② 24. ④

**25** **부동산 거래신고 등에 관한 법령상 부동산거래신고에 관한 설명으로 틀린 것은?**

① 거래당사자 또는 개업공인중개사는 부동산 거래계약 신고 내용 중 거래 지분 비율이 잘못 기재된 경우 신고관청에 신고 내용의 정정을 신청할 수 있다.

② 자연인 甲이 단독으로 「주택법」상 투기과열지구 외에 소재하는 주택을 실제 거래가격 6억원으로 매수한 경우 입주 예정 시기 등 그 주택의 이용계획은 신고사항이다.

③ 법인이 주택의 매수자로서 거래계약을 체결한 경우 임대 등 그 주택의 이용계획은 신고사항이다.

④ 부동산의 매수인은 신고인이 부동산거래계약 신고필증을 발급받은 때에 「부동산등기 특별조치법」에 따른 검인을 받은 것으로 본다.

⑤ 개업공인중개사가 신고한 후 해당 거래계약이 해제된 경우 그 계약을 해제한 거래당사자는 해제가 확정된 날부터 30일 이내에 해당 신고관청에 단독으로 신고하여야 한다.

해설 ⑤ 신고한 후 거래계약이 해제, 무효 또는 취소된 경우 해제 등이 확정된 날부터 30일 이내에 해당 신고관청에 공동으로 신고하여야 한다. 다만, 거래당사자 중 일방이 신고를 거부하는 경우에는 단독으로 신고할 수 있다. 주의할 점은 개업공인중개사는 신고의무가 없고 재량사항이다.

**26** **부동산 거래신고 등에 관한 법령상 외국인 등의 대한민국 안의 부동산**(이하 "국내 부동산"이라 함) **취득에 관한 설명으로 틀린 것은?** (단, 상호주의에 따른 제한은 고려하지 않음)

① 정부 간 기구는 외국인 등에 포함된다.

② 외국의 법령에 따라 설립된 법인이 건축물의 신축으로 국내 부동산을 취득한 때에는 부동산을 취득한 날부터 60일 이내에 신고관청에 취득신고를 하여야 한다.

③ 외국인이 국내 부동산을 취득하는 교환계약을 체결하였을 때에는 계약체결일부터 60일 이내에 신고관청에 취득신고를 하여야 한다.

④ 외국인이 국내 부동산을 매수하기 위하여 체결한 매매계약은 부동산 거래신고의 대상이다.

⑤ 국내 부동산을 가지고 있는 대한민국국민이 외국인으로 변경된 경우 그 외국인이 해당 부동산을 계속보유하려는 때에는 외국인으로 변경된 날부터 6개월 이내에 신고관청에 계속보유신고를 하여야 한다.

해설 ② 부동산을 취득한 날부터 6개월 이내에 신고관청에 취득신고를 하여야 한다.

| 구 분 | | 신고 기간 |
|---|---|---|
| 사후 신고 | 계 약 | 계약 체결일부터 60일 이내 신고<br>예 교환, 증여 계약<br>※ 매매계약은 부동산거래신고를 하여야 한다. |
| | 계약 외 | ㉠ 취득한 날로부터 6개월 이내 신고<br>※ 합병, 판결, 환매권, 경매, 상속<br>㉡ 건축물의 신축·증축, 개축·재축 |
| | 계속 보유 | 외국인으로 변경된 날로부터 6개월 이내 |

## 27 부동산 거래신고 등에 관한 법령상 '허가구역 내 토지거래에 대한 허가'의 규정이 적용되지 않는 경우를 모두 고른 것은?

> ㉠ 「부동산 거래신고 등에 관한 법률」에 따라 외국인이 토지취득의 허가를 받은 경우
> ㉡ 「공익사업을 위한 토지 등의 취득 및 보상에 관한 법률」에 따라 토지를 환매하는 경우
> ㉢ 「한국농어촌공사 및 농지관리기금법」에 따라 한국농어촌공사가 농지의 매매를 하는 경우

① ㉠　　② ㉡　　③ ㉠, ㉢
④ ㉡, ㉢　　⑤ ㉠, ㉡, ㉢

**제14조【국가 등의 토지거래계약에 관한 특례 등】** ② 다음 각 호의 경우에는 제11조(허가구역 내 토지거래에 대한 허가)를 적용하지 아니한다.
1. 「공익사업을 위한 토지 등의 취득 및 보상에 관한 법률」에 따른 토지의 수용
2. 「민사집행법」에 따른 경매
3. 그 밖에 대통령령으로 정하는 경우
   ㉠ 「주택법」에 따른 사업계획의 승인을 받아 조성한 대지를 공급하는 경우
   ㉡ 「국유재산법」상 국유재산을 일반경쟁입찰로 처분하는 경우
   ㉢ 「공유재산 및 물품 관리법」 공유재산을 일반경쟁입찰로 처분하는 경우
   ㉣ 한국자산관리공사가 경쟁입찰을 거쳐서 매각하는 경우 또는 매각이 의뢰되어 3회 이상 공매하였으나 유찰된 토지를 매각하는 경우
   ㉤ 국세 및 지방세의 체납처분 또는 강제집행을 하는 경우 등이 있다(기타 내용은 영 제11조 제3항 참조).

Answer 25. ⑤ 26. ② 27. ⑤

**28** **부동산 거래신고 등에 관한 법령상 부동산거래신고의 대상이 아닌 것은?**

① 「주택법」에 따른 조정대상지역에 소재하는 주택의 증여계약
② 「공공주택 특별법」에 따른 부동산의 공급계약
③ 토지거래허가를 받은 토지의 매매계약
④ 「택지개발촉진법」에 따른 부동산 공급계약을 통하여 부동산을 공급받는 자로 선정된 지위의 매매계약
⑤ 「빈집 및 소규모주택 정비에 관한 특례법」에 따른 사업시행계획인가로 취득한 입주자로 선정된 지위의 매매계약

해설 ① 토지, 건축물(공급계약, 지위)에 대한 매매계약이 신고대상이다.

**29** **甲의 저당권이 설정되어 있는 乙소유의 X주택을 丙이 임차하려고 한다. 개업공인중개사가 중개의뢰인 丙에게 임대차계약 체결 후 발생할 수 있는 상황에 관하여 설명한 내용으로 옳은 것은?** (다툼이 있으면 판례에 따름)

① 丙이 X주택을 인도받고 그 주소로 동거하는 자녀의 주민등록을 이전하면 대항력이 인정되지 않는다.
② 丙이 부동산임대차 등기를 한 때에도 X주택을 인도받고 주민등록의 이전을 하지 않으면 대항력이 인정되지 않는다.
③ 乙이 보증금반환채권을 담보하기 위하여 丙에게 전세권을 설정해 준 경우, 乙은 丙의 전세권을 양수한 선의의 제3자에게 연체차임의 공제 주장으로 대항할 수 있다.
④ 丙이 「주택임대차보호법」상 최우선변제권이 인정되는 소액임차인인 때에도 甲의 저당권이 실행되면 丙의 임차권은 소멸한다.
⑤ 丙이 임대차계약을 체결한 후 丁이 X주택에 저당권을 설정 받았는데, 丁이 채권을 변제받지 못하자 X주택을 경매한 경우 甲의 저당권과 丙의 임차권은 매각으로 소멸하지 않는다.

해설 ① 주민등록이라는 대항요건은 임차인 본인뿐만 아니라 그 배우자나 자녀 등 가족의 주민등록을 포함한다.
② 부동산임대차 등기를 하면 등기 경료시에 대항력을 취득한다.
③ 乙은 丙의 전세권을 양수한 선의의 제3자에게 연체차임의 공제 주장으로 대항할 수 없다.
⑤ 甲의 저당권이 말소기준권리가 되기 때문에 甲의 저당권과 함께 후순위인 丙의 임차권은 매각으로 소멸한다.

**30** **개업공인중개사가 「민사집행법」에 따른 강제경매에 관하여 중개의뢰인에게 설명한 내용으로 틀린 것은?**

① 법원이 경매절차를 개시하는 결정을 할 때에는 동시에 그 부동산의 압류를 명하여야 한다.
② 압류는 부동산에 대한 채무자의 관리·이용에 영향을 미치지 아니한다.
③ 제3자는 권리를 취득할 때에 경매신청 또는 압류가 있다는 것을 알았을 경우에도 압류에 대항할 수 있다.
④ 경매개시결정이 등기된 뒤에 가압류를 한 채권자는 배당요구를 할 수 있다.
⑤ 이해관계인은 매각대금이 모두 지급될 때까지 법원에 경매개시결정에 대한 이의신청을 할 수 있다.

해설 ③ 제3자는 경매신청 또는 압류에 대항할 수 없다.
①②④⑤ 「민사집행법상」의 경매절차에 모두 부합하다.



**31** **개업공인중개사 甲은 「공인중개사의 매수신청대리인 등록 등에 관한 규칙」에 따라 매수신청대리인으로 등록한 후 乙과 매수신청대리에 관한 위임계약을 체결하였다. 이에 관한 설명으로 옳은 것은?**

① 甲이 법인이고 분사무소를 1개 둔 경우 매수신청대리에 따른 손해배상책임을 보장하기 위하여 설정해야 하는 보증의 금액은 6억원 이상이다.
② 甲은 매수신청대리 사건카드에 乙에게서 위임받은 사건에 관한 사항을 기재하고 서명 날인 한 후 이를 3년간 보존해야 한다.
③ 甲은 매수신청대리 대상물에 대한 확인·설명 사항을 서면으로 작성하여 사건카드에 철하여 3년간 보존해야 하며 乙에게 교부할 필요는 없다.
④ 등기사항증명서는 甲이 乙에게 제시할 수 있는 매수신청대리 대상물에 대한 설명의 근거자료에 해당하지 않는다.
⑤ 甲이 중개사무소를 이전한 경우 14일 이내에 乙에게 통지하고 지방법원장에게 그 사실을 신고해야 한다.

해설 ② 매수신청대리 사건카드 5년간 보존
③ 위임인 乙에게 확인·설명 사항을 서면으로 작성·교부하여야 하며, 5년간 보존해야 한다.
④ 개업공인중개사는 등기사항증명서 등 설명의 근거자료를 제시하고 매수신청대리 대상물의 권리관계, 매수인이 부담하여야 할 사항 등을 위임인에게 성실·정확하게 설명하여야 한다.
⑤ 개업공인중개사는 중개사무소를 이전한 경우 10일 안에 지방법원장에게 신고하여야 한다.

Answer 28. ① 29. ④ 30. ③ 31. ①

**32** **개업공인중개사가 구분소유권의 목적인 건물을 매수하려는 중개의뢰인에게 「집합건물의 소유 및 관리에 관한 법률」에 관하여 설명한 내용으로 옳은 것은?**

① 일부의 구분소유자만이 공용하도록 제공되는 것임이 명백한 공용부분도 구분소유자 전원의 공유에 속한다.

② 대지의 공유자는 그 대지에 구분소유권의 목적인 1동의 건물이 있을 때에도 그 건물 사용에 필요한 범위의 대지에 대해 분할을 청구할 수 있다.

③ 구분소유자는 공용부분을 개량하기 위해서 필요한 범위에서 다른 구분소유자의 전유부분의 사용을 청구할 수 있다.

④ 전유부분이 속하는 1동의 건물의 설치 또는 보존의 흠으로 인하여 다른 자에게 손해를 입힌 경우에는 그 흠은 전유부분에 존재하는 것으로 추정한다.

⑤ 대지사용권이 없는 구분소유자는 대지사용권자에게 대지사용권을 시가(時價)로 매도할 것을 청구할 수 있다.

**해설** ① 일부의 구분소유자만이 공용하도록 제공되는 것임이 명백한 공용부분은 그들 구분소유자의 공유에 속한다.
② 그 대지의 공유자는 그 건물 사용에 필요한 범위의 대지에 대하여는 분할을 청구하지 못한다.
④ 그 흠은 공용부분에 존재하는 것으로 추정한다.
⑤ 대지사용권을 가지지 아니한 구분소유자가 있을 때에는 그 구분소유자에 대하여 구분소유권을 시가(時價)로 매도할 것을 청구할 수 있다.

**33** **개업공인중개사가 중개의뢰인에게 건물의 소유를 목적으로 한 토지임대차를 중개하면서 임대인을 상대로 지상건물에 대한 매수청구권을 행사할 수 있는 임차인에 대하여 설명하였다. 이에 해당하는 자를 모두 고른 것은?** (다툼이 있으면 판례에 따르며, 특별한 사정은 고려하지 않음)

> ㉠ 종전 임차인이 신축한 건물을 매수한 임차인
> ㉡ 차임연체를 이유로 계약을 해지당한 임차인
> ㉢ 건물을 신축하였으나 행정관청의 허가를 받지 않은 임차인
> ㉣ 토지에 지상권이 설정된 경우 지상권자로부터 그 토지를 임차하여 건물을 신축한 임차인

① ㉠, ㉡　② ㉡, ㉢　③ ㉢, ㉣
④ ㉠, ㉡, ㉣　⑤ ㉠, ㉢, ㉣

**해설** ㉡ 임차인의 차임연체 등 채무불이행으로 임대차가 해지된 경우에는 갱신청구의 가능성이 없으므로 지상물매수청구는 불가능하다.

**34** **개업공인중개사가 소유자 甲으로부터 X주택을 임차한 「주택임대차보호법」상 임차인 乙에게 임차권등기명령과 그에 따른 임차권등기에 대하여 설명한 내용으로 옳은 것을 모두 고른 것은?** (다툼이 있으면 판례에 따름)

> ㉠ 법원의 임차권등기명령이 甲에게 송달되어야 임차권등기명령을 집행할 수 있다.
> ㉡ 乙이 임차권등기를 한 이후에 甲으로부터 X주택을 임차한 임차인은 최우선변제권을 가지지 못한다.
> ㉢ 乙이 임차권등기를 한 이후 대항요건을 상실하더라도, 乙은 이미 취득한 대항력이나 우선변제권을 잃지 않는다.
> ㉣ 乙이 임차권등기를 한 이후에는 이행지체에 빠진 甲의 보증금반환의무가 乙의 임차권등기 말소의무보다 먼저 이행되어야 한다.

① ㉡, ㉢　② ㉠, ㉡, ㉣　③ ㉠, ㉢, ㉣
④ ㉡, ㉢, ㉣　⑤ ㉠, ㉡, ㉢, ㉣

**해설** ㉠ 임대인에게 임차권등기명령이 송달되기 전에도 임차권등기명령을 집행할 수 있다(주택임대차보호법 제3조의3 제3항).

**35** **개업공인중개사가 X토지를 공유로 취득하고자 하는 甲, 乙에게 설명한 내용으로 옳은 것을 모두 고른 것은?** (다툼이 있으면 판례에 따름)

> ㉠ 甲의 지분이 1/2, 乙의 지분이 1/2인 경우, 乙과 협의 없이 X토지 전체를 사용・수익하는 甲에 대하여 乙은 X토지의 인도를 청구할 수 있다.
> ㉡ 甲의 지분이 2/3, 乙의 지분이 1/3인 경우, 甲이 X토지를 임대하였다면 乙은 그 임대차의 무효를 주장할 수 없다.
> ㉢ 甲의 지분이 1/3, 乙의 지분이 2/3인 경우, 乙은 甲의 동의 없이 X토지를 타인에게 매도할 수 없다.

① ㉠　② ㉡　③ ㉠, ㉢
④ ㉡, ㉢　⑤ ㉠, ㉡, ㉢

**해설** ㉠ 乙은 甲에 대하여 X토지의 인도를 청구할 수 없다. 다만, 「민법」 제214조에 따른 방해배제청구권은 행사할 수 있다.

**Answer** 32. ③ 33. ⑤ 34. ④ 35. ④

**36** **甲이 乙로부터 乙 소유의 X주택을 2020. 1. 매수하면서 그 소유권이전등기는 자신의 친구인 丙에게로 해 줄 것을 요구하였다**(이에 대한 丙의 동의가 있었음). **乙로부터 X주택의 소유권이전등기를 받은 丙은 甲의 허락을 얻지 않고 X주택을 丁에게 임대하였고, 丁은 X주택을 인도받은 후 주민등록을 이전하였다. 그런데 丁은 임대차계약 체결 당시에 甲의 허락이 없었음을 알고 있었다. 이에 대하여 개업공인중개사가 丁에게 설명한 내용으로 틀린 것은?** (다툼이 있으면 판례에 따름)

① 丙은 X주택의 소유권을 취득할 수 없다.
② 乙은 丙을 상대로 진정명의 회복을 위한 소유권이전등기를 청구할 수 있다.
③ 甲은 乙과의 매매계약을 기초로 乙에게 X주택의 소유권이전등기를 청구할 수 있다.
④ 丁은 甲 또는 乙에 대하여 임차권을 주장할 수 있다.
⑤ 丙은 丁을 상대로 임대차계약의 무효를 주장할 수 없지만, 甲은 그 계약의 무효를 주장할 수 있다.

**해설** ⑤ 위 사례는 제3자 간 등기명의신탁에 해당된다. 명의신탁자 甲은 명의신탁약정 및 물권변동의 무효를 가지고 선·악을 불문하고 제3자인 丁에게 대항하지 못한다. 따라서, 甲은 대항력을 취득한 임차인 丁에게 그 계약의 무효를 주장할 수 없다.

**37** **개업공인중개사가 중개의뢰인에게 「주택임대차보호법」상 계약갱신요구권에 관하여 설명한 것으로 옳은 것은?**

① 임차인은 최초의 임대차기간을 포함한 전체 임대차기간이 10년을 초과하지 아니하는 범위에서 계약갱신요구권을 행사할 수 있다.
② 임차인뿐만 아니라 임대인도 계약갱신요구권을 행사할 수 있다.
③ 임차인이 계약갱신요구권을 행사하여 임대차계약이 갱신된 경우 임차인은 언제든지 임대인에게 계약해지를 통지할 수 있다.
④ 임차인이 계약갱신요구권을 행사하여 임대차계약이 갱신된 경우 임대인은 차임을 증액할 수 없다.
⑤ 임차인이 계약갱신요구권을 행사하려는 경우 계약기간이 끝난 후 즉시 이를 행사하여야 한다.

**해설** ①② 임차인은 계약갱신요구권을 1회에 한하여 행사할 수 있다. 이 경우 갱신되는 임대차의 존속기간은 2년으로 본다.
④ 임대인은 증액을 청구할 수 있으며 증액청구는 약정한 차임이나 보증금의 20분의 1의 금액을 초과하지 못한다. 또한 임대차계약 또는 증액이 있은 후 1년 이내에는 하지 못한다.
⑤ 임대인은 임차인이 임대차기간이 끝나기 6개월 전부터 2개월 전까지 계약갱신을 요구할 수 있다.

**38** **개업공인중개사가 상가건물을 임차하려는 중개의뢰인 甲에게 「상가건물 임대차보호법」의 내용에 관하여 설명한 것으로 틀린 것은?**

① 甲이 건물을 인도 받고 「부가가치세법」에 따른 사업자등록을 신청하면 그 다음날부터 대항력이 생긴다.

② 확정일자는 건물의 소재지 관할 세무서장이 부여한다.

③ 임대차계약을 체결하려는 甲은 임대인의 동의를 받아 관할 세무서장에게 건물의 확정일자 부여일 등 관련 정보의 제공을 요청할 수 있다.

④ 甲이 거짓이나 그 밖의 부정한 방법으로 임차한 경우 임대인은 甲의 계약갱신요구를 거절할 수 있다.

⑤ 건물의 경매시 甲은 환가대금에서 우선변제권에 따른 보증금을 지급받은 이후에 건물을 양수인에게 인도하면 된다.

해설 ⑤ 임차인이 경매절차에서 배당금을 수령하기 위해서는 임차건물을 양수인에게 인도하지 아니하면 보증금을 받을 수 없다.

**39** **개업공인중개사가 토지를 매수하려는 중개의뢰인에게 분묘기지권에 관하여 설명한 내용으로 옳은 것을 모두 고른 것은?** (다툼이 있으면 판례에 따름)

> ㉠ 분묘기지권을 시효취득한 사람은 시효취득한 때부터 지료를 지급할 의무가 발생한다.
> ㉡ 특별한 사정이 없는 한 분묘기지권자가 분묘의 수호와 봉사를 계속하는 한 그 분묘가 존속하는 동안은 분묘기지권이 존속한다.
> ㉢ 분묘기지권을 취득한 자는 그 분묘기지권의 등기 없이도 그 분묘가 설치된 토지의 매수인에게 대항할 수 있다.

① ㉡　② ㉠, ㉡　③ ㉠, ㉢
④ ㉡, ㉢　⑤ ㉠, ㉡, ㉢

해설 ㉠ 분묘기지권자는 토지소유자가 지료 지급을 청구한 때로부터는 토지소유자에게 그 분묘 부분에 대한 지료를 지급할 의무가 있다.

Answer 36. ⑤ 37. ③ 38. ⑤ 39. ④

**40** **토지를 매수하여 사설묘지를 설치하려는 중개의뢰인에게 개업공인중개사가 장사 등에 관한 법령에 관하여 설명한 내용으로 옳은 것은?**

① 개인묘지를 설치하려면 그 묘지를 설치하기 전에 해당 묘지를 관할하는 시장 등에게 신고해야 한다.

② 가족묘지를 설치하려면 해당 묘지를 관할하는 시장 등의 허가를 받아야 한다.

③ 개인묘지나 가족묘지의 면적은 제한을 받지만, 분묘의 형태나 봉분의 높이는 제한을 받지 않는다.

④ 분묘의 설치기간은 원칙적으로 30년이지만, 개인묘지의 경우에는 3회에 한하여 그 기간을 연장할 수 있다.

⑤ 설치기간이 끝난 분묘의 연고자는 그 끝난 날부터 1개월 이내에 해당 분묘에 설치된 시설물을 철거하고 매장된 유골을 화장하거나 봉안해야 한다.

해설 ① 개인묘지를 설치한 자는 묘지를 설치한 후 30일 이내에 해당 묘지를 관할하는 시장 등에게 신고하여야 한다.

③ 분묘의 봉분은 지면으로부터 1m, 평분의 높이는 50cm, 봉안시설 중 봉안묘의 높이는 70cm를 초과하여서는 아니 된다.

④ 1회에 한하여 30년으로 하여 연장하여야 한다. 다만, 5년 이상 30년 미만의 기간 내에서 조례로 단축할 수 있다.

⑤ 설치기간이 끝난 분묘의 연고자는 그 끝난 날부터 1년 이내에 해당 분묘에 설치된 시설물을 철거하고 매장된 유골을 화장하거나 봉안해야 한다.

Answer 40. ②

# INDEX

## 찾아보기

# INDEX 찾아보기

INDEX

ㅊ



INDEX

## ㅌ



## ㅍ



## ㅎ



## 기타

# 방송 시간표

## 방송대학TV

▶ 기본이론 방송

▶ 문제풀이 방송

▶ 모의고사 방송

※ 본 방송기간 및 방송시간은 사정에 의해 변동될 수 있습니다.

박문각 공인중개사

방송대학TV 방송기간 2025. 1. 13 ~ 7. 2
방송시간 ┌ 본방송: 월~수 오전 7시 ~ 7시 30분
└ 재방송: 토 오전 6시 ~ 7시 30분(3회 연속방송)

# TV방송 편성표

## 기본이론 방송 (1강 30분, 총 75강)

| 순서 | 날짜 | 요일 | 과목 |
|---|---|---|---|
| 1 | 1. 13 | 월 | 부동산학개론 1강 |
| 2 | 1. 14 | 화 | 민법·민사특별법 1강 |
| 3 | 1. 15 | 수 | 공인중개사법·중개실무 1강 |
| 4 | 1. 20 | 월 | 부동산공법 1강 |
| 5 | 1. 21 | 화 | 부동산공시법령 1강 |
| 6 | 1. 22 | 수 | 부동산학개론 2강 |
| 7 | 1. 27 | 월 | 민법·민사특별법 2강 |
| 8 | 1. 28 | 화 | 공인중개사법·중개실무 2강 |
| 9 | 1. 29 | 수 | 부동산공법 2강 |
| 10 | 2. 3 | 월 | 부동산공시법령 2강 |
| 11 | 2. 4 | 화 | 부동산학개론 3강 |
| 12 | 2. 5 | 수 | 민법·민사특별법 3강 |
| 13 | 2. 10 | 월 | 공인중개사법·중개실무 3강 |
| 14 | 2. 11 | 화 | 부동산공법 3강 |
| 15 | 2. 12 | 수 | 부동산공시법령 3강 |
| 16 | 2. 17 | 월 | 부동산세법 1강 |
| 17 | 2. 18 | 화 | 부동산학개론 4강 |
| 18 | 2. 19 | 수 | 민법·민사특별법 4강 |
| 19 | 2. 24 | 월 | 공인중개사법·중개실무 4강 |
| 20 | 2. 25 | 화 | 부동산공법 4강 |
| 21 | 2. 26 | 수 | 부동산공시법령 4강 |
| 22 | 3. 3 | 월 | 부동산세법 2강 |
| 23 | 3. 4 | 화 | 부동산학개론 5강 |
| 24 | 3. 5 | 수 | 민법·민사특별법 5강 |
| 25 | 3. 10 | 월 | 공인중개사법·중개실무 5강 |
| 26 | 3. 11 | 화 | 부동산공법 5강 |
| 27 | 3. 12 | 수 | 부동산공시법령 5강 |
| 28 | 3. 17 | 월 | 부동산세법 3강 |
| 29 | 3. 18 | 화 | 부동산학개론 6강 |
| 30 | 3. 19 | 수 | 민법·민사특별법 6강 |
| 31 | 3. 24 | 월 | 공인중개사법·중개실무 6강 |
| 32 | 3. 25 | 화 | 부동산공법 6강 |
| 33 | 3. 26 | 수 | 부동산공시법령 6강 |
| 34 | 3. 31 | 월 | 부동산세법 4강 |
| 35 | 4. 1 | 화 | 부동산학개론 7강 |
| 36 | 4. 2 | 수 | 민법·민사특별법 7강 |
| 37 | 4. 7 | 월 | 공인중개사법·중개실무 7강 |
| 38 | 4. 8 | 화 | 부동산공법 7강 |
| 39 | 4. 9 | 수 | 부동산공시법령 7강 |
| 40 | 4. 14 | 월 | 부동산세법 5강 |
| 41 | 4. 15 | 화 | 부동산학개론 8강 |
| 42 | 4. 16 | 수 | 민법·민사특별법 8강 |
| 43 | 4. 21 | 월 | 공인중개사법·중개실무 8강 |
| 44 | 4. 22 | 화 | 부동산공법 8강 |
| 45 | 4. 23 | 수 | 부동산공시법령 8강 |
| 46 | 4. 28 | 월 | 부동산세법 6강 |
| 47 | 4. 29 | 화 | 부동산학개론 9강 |
| 48 | 4. 30 | 수 | 민법·민사특별법 9강 |
| 49 | 5. 5 | 월 | 공인중개사법·중개실무 9강 |
| 50 | 5. 6 | 화 | 부동산공법 9강 |
| 51 | 5. 7 | 수 | 부동산공시법령 9강 |
| 52 | 5. 12 | 월 | 부동산세법 7강 |
| 53 | 5. 13 | 화 | 부동산학개론 10강 |
| 54 | 5. 14 | 수 | 민법·민사특별법 10강 |
| 55 | 5. 19 | 월 | 공인중개사법·중개실무 10강 |
| 56 | 5. 20 | 화 | 부동산공법 10강 |
| 57 | 5. 21 | 수 | 부동산공시법령 10강 |
| 58 | 5. 26 | 월 | 부동산세법 8강 |
| 59 | 5. 27 | 화 | 부동산학개론 11강 |
| 60 | 5. 28 | 수 | 민법·민사특별법 11강 |
| 61 | 6. 2 | 월 | 부동산공법 11강 |
| 62 | 6. 3 | 화 | 부동산세법 9강 |
| 63 | 6. 4 | 수 | 부동산학개론 12강 |
| 64 | 6. 9 | 월 | 민법·민사특별법 12강 |
| 65 | 6. 10 | 화 | 부동산공법 12강 |
| 66 | 6. 11 | 수 | 부동산세법 10강 |
| 67 | 6. 16 | 월 | 부동산학개론 13강 |
| 68 | 6. 17 | 화 | 민법·민사특별법 13강 |
| 69 | 6. 18 | 수 | 부동산공법 13강 |
| 70 | 6. 23 | 월 | 부동산학개론 14강 |
| 71 | 6. 24 | 화 | 민법·민사특별법 14강 |
| 72 | 6. 25 | 수 | 부동산공법 14강 |
| 73 | 6. 30 | 월 | 부동산학개론 15강 |
| 74 | 7. 1 | 화 | 민법·민사특별법 15강 |
| 75 | 7. 2 | 수 | 부동산공법 15강 |

과목별 강의 수

**부동산학개론: 15강 / 민법·민사특별법: 15강**
**공인중개사법·중개실무: 10강 / 부동산공법: 15강 / 부동산공시법령: 10강 / 부동산세법: 10강**

방송대학TV 방송기간 문제풀이: 2025. 7. 7 ~ 8. 20 모의고사: 2025. 8. 25 ~ 10. 1
방송시간 ┌ 본방송: 월~수 오전 7시 ~ 7시 30분
└ 재방송: 토 오전 6시 ~ 7시 30분(3회 연속방송)

# TV방송 편성표

## 문제풀이 방송(1강 30분, 총 21강)

| 순서 | 날짜 | 요일 | 과목 | 순서 | 날짜 | 요일 | 과목 |
|---|---|---|---|---|---|---|---|
| 1 | 7. 7 | 월 | 부동산학개론 1강 | 12 | 7. 30 | 수 | 부동산세법 2강 |
| 2 | 7. 8 | 화 | 민법·민사특별법 1강 | 13 | 8. 4 | 월 | 부동산학개론 3강 |
| 3 | 7. 9 | 수 | 공인중개사법·중개실무 1강 | 14 | 8. 5 | 화 | 민법·민사특별법 3강 |
| 4 | 7. 14 | 월 | 부동산공법 1강 | 15 | 8. 6 | 수 | 공인중개사법·중개실무 3강 |
| 5 | 7. 15 | 화 | 부동산공시법령 1강 | 16 | 8. 11 | 월 | 부동산공법 3강 |
| 6 | 7. 16 | 수 | 부동산세법 1강 | 17 | 8. 12 | 화 | 부동산공시법령 3강 |
| 7 | 7. 21 | 월 | 부동산학개론 2강 | 18 | 8. 13 | 수 | 부동산세법 3강 |
| 8 | 7. 22 | 화 | 민법·민사특별법 2강 | 19 | 8. 18 | 월 | 부동산학개론 4강 |
| 9 | 7. 23 | 수 | 공인중개사법·중개실무 2강 | 20 | 8. 19 | 화 | 민법·민사특별법 4강 |
| 10 | 7. 28 | 월 | 부동산공법 2강 | 21 | 8. 20 | 수 | 부동산공법 4강 |
| 11 | 7. 29 | 화 | 부동산공시법령 2강 | | | | |

과목별 강의 수

**부동산학개론: 4강 / 민법·민사특별법: 4강**
**공인중개사법·중개실무: 3강 / 부동산공법: 4강 / 부동산공시법령: 3강 / 부동산세법: 3강**

## 모의고사 방송(1강 30분, 총 18강)

| 순서 | 날짜 | 요일 | 과목 | 순서 | 날짜 | 요일 | 과목 |
|---|---|---|---|---|---|---|---|
| 1 | 8. 25 | 월 | 부동산학개론 1강 | 10 | 9. 15 | 월 | 부동산공법 2강 |
| 2 | 8. 26 | 화 | 민법·민사특별법 1강 | 11 | 9. 16 | 화 | 부동산공시법령 2강 |
| 3 | 8. 27 | 수 | 공인중개사법·중개실무 1강 | 12 | 9. 17 | 수 | 부동산세법 2강 |
| 4 | 9. 1 | 월 | 부동산공법 1강 | 13 | 9. 22 | 월 | 부동산학개론 3강 |
| 5 | 9. 2 | 화 | 부동산공시법령 1강 | 14 | 9. 23 | 화 | 민법·민사특별법 3강 |
| 6 | 9. 3 | 수 | 부동산세법 1강 | 15 | 9. 24 | 수 | 공인중개사법·중개실무 3강 |
| 7 | 9. 8 | 월 | 부동산학개론 2강 | 16 | 9. 29 | 월 | 부동산공법 3강 |
| 8 | 9. 9 | 화 | 민법·민사특별법 2강 | 17 | 9. 30 | 화 | 부동산공시법령 3강 |
| 9 | 9. 10 | 수 | 공인중개사법·중개실무 2강 | 18 | 10. 1 | 수 | 부동산세법 3강 |

과목별 강의 수

**부동산학개론: 3강 / 민법·민사특별법: 3강**
**공인중개사법·중개실무: 3강 / 부동산공법: 3강 / 부동산공시법령: 3강 / 부동산세법: 3강**

**연구 집필위원**

| | | | | |
|---|---|---|---|---|
| 최상준 | 정지웅 | 김상진 | 윤영기 | 송성호 |
| 신정환 | 고종원 | 고형석 | 변병목 | 김성수 |
| 박용덕 | 김해영 | 김재홍 | | |


제36회 공인중개사 시험대비 **전면개정판**

# 2025 박문각 공인중개사

## 기본서 2차 공인중개사법·중개실무

**초판발행** | 2024. 11. 5. **2쇄발행** | 2024. 11. 10. **편저** | 최상준 외 박문각 부동산교육연구소
**발행인** | 박 용 **발행처** | (주)박문각출판 **등록** | 2015년 4월 29일 제2019-000137호
**주소** | 06654 서울시 서초구 효령로 283 서경빌딩 4층
**팩스** | (02)584-2927 **전화** | 교재주문·학습문의 (02)6466-7202



정가 39,000원 ISBN 979-11-7262-287-9 / ISBN 979-11-7262-286-2(2차 세트)

# 박문각 출판 홈페이지에서 **공인중개사 정오표**를 **활용**하세요!

보다 빠르고, 편리하게 법령의 제·개정 내용을 확인하실 수 있습니다.

[ 클릭 ]

**박문각 공인중개사 정오표의 장점**

- 공인중개사 1회부터 함께한 박문각 공인중개사 전문 교수진의 철저한 제·개정 법령 감수
- 과목별 정오표 업데이트 서비스 실시! (해당 연도 시험 전까지)
- 박문각 공인중개사 온라인 "교수학습 Q&A"에서 박문각 공인중개사 교수진에게 직접 문의·답변